TRAITÉ-FORMULAIRE

THÉORIQUE ET PRATIQUE

DES

SOCIÉTÉS COMMERCIALES

PRINCIPAUX OUVRAGES DU MÊME AUTEUR

Manuel pratique et commentaire de la loi sur les Bénéfices de Guerre (3ᵉ édition), 1 volume in-16, *broché*. . . . . . . **10** fr.

L'Avocat-Conseil, manuel encyclopédique de droit usuel et pratique (9ᵉ édition). *Édition complète,* 2 volumes in-16, *reliés.* . **70** fr.

Ce que tout commerçant doit savoir, manuel pratique de droit et d'usages commerciaux, 1 volume in-16, *broché* . . . . . **8** fr.
relié . . . . . **10** fr.

Impôt sur le revenu (*épuisé*).

Le registre du commerce, 1 fascicule in-16, *broché* . . . . **2** fr.

SOUS PRESSE :

Traité-formulaire théorique et pratique des sociétés commerciales.

EN PRÉPARATION :

Des sociétés étrangères en France.

Des émissions de titres dans les sociétés par actions.

TRAITÉ-FORMULAIRE

THÉORIQUE ET PRATIQUE

DES

SOCIÉTÉS COMMERCIALES

PAR

Léon PARISOT

Administrateur-Liquidateur de Sociétés
Rédacteur à la « Gazette des Tribunaux »
Ancien Secrétaire d'Arbitre-Rapporteur près le Tribunal
de Commerce de la Seine

RÈGLES GÉNÉRALES DES SOCIÉTÉS COMMERCIALES
SOCIÉTÉS EN NOM COLLECTIF
SOCIÉTÉS EN COMMANDITE SIMPLE
ASSOCIATIONS EN PARTICIPATION

T. I

PARIS
ALBIN MICHEL, EDITEUR
22, rue Huyghens (14e)

1922

AVANT-PROPOS

La matière des Sociétés — une des plus complexes et des plus vastes — a fait l'objet de nombreux traités. Les uns, très complets et par suite très volumineux, contiennent, en des textes nécessairement ardus, de savantes études sur les innombrables questions soulevées ; ce sont de doctes travaux qui, ainsi qu'un auteur estimé l'a très judicieusement fait remarquer, sont malheureusement peu accessibles au public. Les autres sont des manuels, de lecture moins rébarbative, excellents pour la plupart, mais auxquels en règle générale on peut faire le reproche d'être trop concis.

Nous avons pensé qu'entre ces ouvrages, si distants les uns des autres, les uns très substantiels, les autres très succincts, un travail serait particulièrement utile aux intéressés qui, faisant abstraction de toutes controverses, contiendrait, avec la stricte théorie indispensable, l'exposé pratique des solutions qu'il importe de connaître, le tout, étayé d'une abondante documentation avec toutes références utiles, qu'on ne rencontre nulle part dans les manuels existants, malgré l'intérêt considérable que cette partie présente.

Ce projet ayant reçu l'approbation unanime des personnalités auxquelles nous avions tenu à le soumettre, nous nous sommes mis au travail, et c'est ainsi que nous publions aujourd'hui le TRAITÉ FORMULAIRE THÉORIQUE ET PRATIQUE DES SOCIÉTÉS COMMERCIALES.

Conçu dans le même esprit que nos ouvrages antérieurs, nous avons tout sacrifié à la clarté, notre but étant que ce traité puisse être fructueusement consulté par tous indistinctement, même par les personnes les plus étrangères aux questions du Droit.

A cet effet, nous avons évité dans la plus large mesure les expressions techniques, nous attachant à parler, autant que faire se pouvait, le langage de tout le monde, sans aucune prétention de forme ni de style.

Plus que jamais en raison de la situation économique créée par la guerre, dont les conséquences feront sentir leur répercussion pendant de longues années, l'avenir est aux puissants. Plus que jamais, les paroles de l'Ecclésiaste prennent de la vérité et de la force : *Væ soli.* En affaires, l'avenir est aux groupements des capitaux, des énergies et des connaissances. Malheur à l'homme seul. Prise entre les puissantes organisations que chaque jour voit naître, et ne pouvant lutter faute de moyens suffisants contre la concurrence toujours de plus en plus âpre, son affaire, frappée d'inertie, est inévitablement appelée à péricliter, voire à disparaître.

Le succès de demain appartient aux sociétés.

C'est pourquoi l'heure de la parution de cet ouvrage nous a paru particulièrement propice.

Par l'abondance de sa documentation, qui contient l'analyse de la jurisprudence et l'étude de la législation les plus récentes, par la variété de ses formules et les multiples annotations pratiques qui les accompagnent, par le nombre des questions qu'il traite et des conseils d'intérêt pratique qu'il renferme, il s'adresse indistinctement à tous ceux qui, de près ou de loin, fondateurs, souscripteurs, bailleurs de fonds, actionnaires, créanciers sociaux, créanciers personnels des associés, etc., ont un intérêt quelconque dans une société. A chacun il indique la limite de ses droits et l'étendue de ses devoirs, — ce qu'il doit savoir et ce qu'il doit faire.

L'ouvrage est divisé en deux volumes. Le premier contient, avec l'examen des conditions essentielles à la formation du contrat de société et des règles qui sont communes à toutes les sociétés, quel que soit leur type, l'étude approfondie des sociétés « de personnes » : c'est-à-dire des sociétés en nom collectif et des sociétés en commandite simple. Il se termine par l'étude des règles particulières à l'association en participation, et les textes des lois fondamentales régissant les sociétés.

Le second tome est consacré aux sociétés par actions. Après une étude très poussée portant sur les diverses valeurs que les sociétés peuvent être appelées à émettre, il y est traité de la société anonyme, de la société en commandite par actions, de la société anonyme à capital et personnel variables, ainsi que des questions fiscales auxquelles la matière des sociétés donne naissance. Un chapitre spécial est consacré aux manœuvres et aux fraudes en matière d'émission de titres. Enfin la dernière partie traite de la faillite et de la liquidation — amiable et judiciaire — des sociétés.

Des tables très complètes rendent les recherches extrêmement faciles et permettent de trouver instantanément la solution ou le simple renseignement désirés.

Les formules contenues dans l'ouvrage sont d'ordre général. Elles doivent être plus ou moins modifiées suivant le but poursuivi. Il est facile de concevoir, en effet, qu'il ne saurait exister de formules passe-partout susceptibles d'être transcrites servilement et utilisées indifféremment par tous et dans tous les cas. Chaque espèce ayant ses besoins propres, son objectif particulier, et, conséquemment, comportant des stipulations qui demandent à être spécialement adaptées à ces besoins et à cet objectif.

C'est pourquoi, afin de fixer les intéressés dans la mesure la plus large, les exemples de formules ont été multipliés à dessein.

On s'inspirera donc de ces diverses formules, en prenant dans chacune d'elles les clauses jugées utiles et en retranchant les autres. A ce sujet, nous rappellerons que les statuts constituant la charte de la société, le régime sous lequel elle vivra, on ne saurait trop s'attacher à les rédiger de façon impeccable ; aussi bien des statuts mal rédigés et incomplets entraînent-ils toujours de graves et inévitables difficultés ; non seulement ils entravent la marche normale et fructueuse de la société, mais encore ils peuvent, en maintes circonstances, l'entacher de nullité radicale. Il faut, en cette matière, être particulièrement circonspect et prudent. Méconnaître cette vérité, c'est s'exposer — et exposer les autres — aux pires mécomptes.

Puisse ce travail rendre aux intéressés les services que nous pensons et recevoir d'eux l'accueil favorable qu'ont partout rencontré nos précédents ouvrages, tels sont les deux souhaits que nous formulons en le publiant.

Léon PARISOT.

9, rue Richepanse, Paris (8ᵉ).

Octobre 1921.

EXPLICATION DES PRINCIPALES ABRÉVIATIONS ET BIBLIOGRAPHIE

Art.	Article.
Cassation, 8 avril 1903.	Arrêt de la Cour de Cassation du 8 avril 1903.
C. civ	Code civil.
C. de Comm.	Code de commerce.
C. p.	Code pénal.
Cons. d'État, 15 juin 1906. . . .	Arrêt du Conseil d'État du 15 juin 1906.
Dalloz, 88, 1, 429.	Dalloz, Jurisprudence générale. Recueil périodique et critique de jurisprudence, de législation et de doctrine, année 1888, 1re partie, page 429.
Dalloz, c. civ. ann., art. 1865, n° 128	Nouveau code civil Dalloz, annoté et expliqué d'après la jurisprudence et la doctrine. Publié sous la direction de MM. Gaston Priollet et Charles Vergé. Voir le n° 128, sous l'article 1865.
Décr.	Décret .
Gaz. des Soc., 1902, 328	Gazette des Sociétés et du Droit financier. Revue mensuelle de législation, de doctrines et de jurisprudence, en matière de Sociétés et de droit financier. Année 1902, page 328.
Gaz. des Trib., 12 avr. 1919 . . .	Gazette des Tribunaux. Journal quotidien de Jurisprudence et de débats judiciaires. N° du 12 avril 1919.
Gaz. du Pal., 18 juin 1921 . . .	Journal du soir judiciaire quotidien, feuille du 18 juin 1921.
Journ. des Not., art. 32,027 . . .	Journal des Notaires et des Avocats et jurisprudence du notariat, voir article 32,027.
Journ. des Soc., 1917, 120. . . .	Journal des Sociétés civiles et commerciales. Revue pratique de jurisprudence, de doctrine et de législation, publiée par Houpin et Bosvieux. Année 1917, page 120.
Journ. des Trib. de Comm., 1918, 211.	Journal des Tribunaux de Commerce. Année 1918, page 211.
Jurispr. const.	Jurisprudence constante.
Jurispr. Gén. Dalloz. Société n° 1129.	Jurisprudence générale Dalloz. Voir au mot Société, n° 1129.
L.	Loi.
Le Droit, 23 mars 1913. . . .	Le Droit, Journal des tribunaux, feuille du 23 mars 1913.
Le Droit, 5 février 1921. . . .	Le Droit, Journal des Tribunaux. Quotidien. N° du 5 février 1921.

N° 1400	Voir N° 1400 de l'ouvrage.
Not.	Plusieurs décisions en ce sens. Notamment...
Nouv. Rép. Gén. Prat., art. 829. .	Nouveau répertoire général pratique de Jurisprudence et de Législation, publié sous la direction de M. Gabriel Commaille. Voir article 829.
Nouv. Rev. Synth. 1920, 3654. . .	Nouvelle Revue synthétique, trimestrielle des solutions pratiques, extraits des arrêts, jugements et décisions judiciaires. Voir année 1920, n° 3654.
Paris, 20 avr. 1920 et Grenoble, 18 juin 1920'.	Arrêt de la Cour de Paris, en date du 20 avril 1920 et arrêt de la Cour de Grenoble du 18 juin 1920.
Préc.	Précité.
Rec. Gaz. des Trib., 1912, 2, 235.	Recueil mensuel de la Gazette des Tribunaux, année 1912, 2° partie, page 235.
Rec. Nantes, 1920, 250	Jurisprudence commerciale et maritime de Nantes, année 1920, page 250.
Rev. des Soc., 19, 215	Revue des Sociétés. Jurisprudence, doctrine, législation française et étrangère sur les Sociétés, fondée par A. Vavasseur, année 1919, page 215.
Sirey, 96, 1, 319	Recueil général des Lois et arrêts, fondé par J.-B. Sirey. Année 1896, 1re partie, page 319.
Trib. civ. Rennes, 27 janvier 1921.	Jugement du tribunal civil de Rennes du 27 janvier 1921.
Trib. de Comm. Seine, 3 mars 1903.	Jugement du Tribunal de commerce de la Seine du 3 mars 1903.

Arthuys	TRAITÉ DES SOCIÉTÉS COMMERCIALES, par F. Arthuys. 3° édition.
Baudry-Lac. — Wahl. . .	DE LA SOCIÉTÉ, DU PRÊT, DU DÉPÔT, par G. Baudry-Lacantinerie et A. Wahl, 3° édition.
Beslay	COMMENTAIRE THÉORIQUE ET PRATIQUE DU CODE DE COMMERCE, par François Beslay et Paul Lauras, tome V, Des Sociétés, édition 1869.
Decugis.	TRAITÉ PRATIQUE DES SOCIÉTÉS PAR ACTIONS, par Henri Decugis, 3° édition.
Delangle	DES SOCIÉTÉS COMMERCIALES, par M. Delangle, édition 1843.
Dolbeau	LIQUIDATION DE SOCIÉTÉS. MANUEL. FORMULAIRE A L'USAGE DES LIQUIDATEURS AMIABLES OU DÉSIGNÉS PAR LES TRIBUNAUX, par André Dolbeau, édition 1915.
Hémard.	THÉORIE ET PRATIQUE DES NULLITÉS DE SOCIÉTÉS ET DES SOCIÉTÉS DE FAIT, par J. Hémard, édition 1912.
Houpin et Bosvieux . .	TRAITÉ GÉNÉRAL DES SOCIÉTÉS CIVILES ET COMMERCIALES ET DES ASSOCIATIONS, par C. Houpin et H. Bosvieux, 3°, 4° et 5° éditions.
Jacquemont	LE DÉLIT DE MENSONGE DANS LES SOCIÉTÉS PAR ACTIONS, par André Jacquemont, édition 1914.
Lecouturier	MANUEL-FORMULAIRE DES SOCIÉTÉS PAR ACTIONS, par Émile Lecouturier, 8° édition.

Lyon-Caen et Renault. . . TRAITÉ DE DROIT COMMERCIAL, tome second, 1ᵉˢ et 2ᵉ parties, *Des Sociétés*.

Mathieu. . . . . COMMENTAIRE DE LA LOI sur les sociétés des 24-29 juillet 1867, par A. Mathieu et A. Bourguignat, édition 1868.

Mouret . . . . RESPONSABILITÉ DES FONDATEURS ET ADMINISTRATEURS DE sociétés, par Henri Mouret, 2ᵉ édition.

Nyssens et Corbiau . . . TRAITÉ DES SOCIÉTÉS COMMERCIALES, par Albert Nyssens et Jean Corbiau, édition 1895.

Rousseau . . . . DES SOCIÉTÉS FRANÇAISES ET ÉTRANGÈRES. Traité théorique et pratique, par Rodolphe Rousseau, 4ᵉ édition.

Thaller. . . . . TRAITÉ ÉLÉMENTAIRE DE DROIT COMMERCIAL, par E. Thaller, 4ᵉ édition.

TABLE DES MATIÈRES

TABLE DES MATIÈRES [1]

1. Voir Index alphabétique général des matières et la table des formules à la fin
du tome second.

CHAPITRE IV. — **Quand y a-t-il Société ?** 211

Contrats qui se rapprochent de la société, **401** et suiv. — Affectio societatis, **401.** — Règle à suivre pour éviter la confusion, **403.** — Quelques
cas où il n'y a pas société, **405** et suiv. —, **413, 417, 424, 425.** —
Quelques cas où il y a société, **415, 416, 418, 419, 420, 421, 422,
423, 426.** — Un commis intéressé peut-il être assimilé à un associé ?
407 et suiv. — Prêt, **411, 422.** — Bail, **413.** — Ouverture de crédit,
415. — Divers, **416** et suiv. — Copropriété de navires, communauté d'intérêts ou société ? **428** 211

CHAPITRE V. — **Règles communes à toutes les sociétés commerciales.** . . 221

Forme et preuve du contrat de société, **429** et suiv. — Nécessité d'un
acte écrit, **429.** — Défaut d'acte écrit. — Conséquences, **430** et suiv. —
Modifications aux statuts. Écrit, **440** et suiv. — Cas où la société doit être
constatée par acte authentique, **442** et suiv. — Conséquences du défaut
d'acte écrit vis-à-vis des tiers, **445** et suiv. — Contre-lettre, **450.** —
Promesse de société non réalisée, **451** et suiv. — Publication des sociétés
commerciales. — Publicité imposée sous peine de nullité, **406** et suiv. —
Dépôts aux greffes des tribunaux de paix et de commerce, **462** et suiv. —
Publication dans le journal d'annonces légales, **461, 465** et suiv. — Ce
que doit contenir l'extrait de publication, **466** et suiv. — Choix du journal d'annonces légales, **472.** — Liste des journaux d'annonces légales du
département de la Seine, **472.** — Tarif des annonces légales dans le département de la Seine, note du n° **472.** — Pluralité d'établissements. Publicité dans le lieu de chacun d'eux, **473.** — Point de départ du délai de
publicité légale, **474** et suiv. — Moyen de justification de la publication

DEUXIÈME PARTIE

TITRE PREMIER

Sociétés en nom collectif

TITRE II

Sociétés en commandite simple

TITRE III

Association en participation

TEXTES LÉGISLATIFS

TRAITÉ - FORMULAIRE

THÉORIQUE ET PRATIQUE

DES

SOCIÉTÉS COMMERCIALES

PREMIÈRE PARTIE

CHAPITRE PREMIER

PRÉLIMINAIRES

1. — Quelques mots d'historique. — La nécessité de se grouper, de s' « associer » afin d'obtenir par la réunion des efforts, du travail, des capitaux et autres ressources matérielles, un résultat plus appréciable et plus fructueux que par un travail ou des efforts isolés, s'est imposée de tout temps aux hommes.

Aux époques les plus reculées, l'idée d'association a été mise en pratique. Les textes ne nous disent-ils pas qu'à Rome il était de nombreuses sociétés entre banquiers (*argentarii*), et que d'autres, qui étaient les plus importantes, étaient celles de « publicains » (*societates vectigalium*) dont l'objet était d'affermer les impôts. Le bénéfice de ces sociétés était constitué par la différence entre le montant des impôts qu'elles parvenaient à percevoir et le prix du fermage qu'elles avaient à acquitter.

En France, au Moyen Age, les associations prirent une très grande

1

extension : sociétés de marchands, sociétés d'agriculteurs, sociétés de serfs. C'est à cette époque que se multiplia un contrat à forme particulière, le « contrat de commande » duquel la société en *commandite* de notre droit actuel a tiré son origine.

Puis, dans les temps modernes, des sociétés à forme nouvelle se créèrent : les sociétés *par actions*, — sociétés anonymes et sociétés en commandite par actions. Ce sont elles qui, aujourd'hui tendent le plus à se développer.

Aussi bien, cette faveur est-elle justifiée.

Ne sont-ce pas en effet les sociétés par actions, qui, seules, ont permis par le groupement d'énormes capitaux, l'exécution des plus remarquables travaux publics de tous les temps ? — Ces sociétés n'ont-elles pas rendu dans toutes les branches de l'activité humaine, industrie, commerce, finance, les plus éclatants services ?

2. — D'aucuns, en se groupant, en s'associant ont, soit un but scientifique, soit un but littéraire, soit un but religieux ou politique, etc., etc. D'autres poursuivent un but uniquement pécuniaire, uniquement lucratif. Quand, dans ce dernier cas, l'intérêt consiste dans la réalisation d'un bénéfice et dans son partage entre tous les membres du groupement, on donne alors à celui-ci, le nom de *société*.

3. — Si l'on compare, en France, la législation concernant les associations et celles concernant les sociétés, on s'aperçoit que celles-ci profitent d'une bien plus grande liberté que celles-là.

Il existe plusieurs raisons à cela, notamment les suivantes :

a) Les associations, quand elles ne sont pas perpétuelles, sont toujours constituées pour une fort longue durée. Conséquemment leurs biens — biens de mainmorte — n'étant pas aliénés par elles, sont ainsi soustraits à la circulation, ce qui nuit considérablement au développement de la richesse publique.

b) D'autre part, les associations ont donné lieu, dans le passé, à de très graves abus : désordres provoqués par les associations (voire crimes perpétrés à leur instigation) plus spécialement à l'époque de la Révolution : atteintes portées à la liberté du travail, par les corporations de métiers des anciens régimes, etc.

Toutes choses qui ne sont évidemment pas à craindre avec les sociétés.

Non pas que celles-ci — du moins les sociétés par actions — ne vont pas sans offrir entre des mains habiles, quelques inconvénients et même parfois de graves abus.

Elles se prêtent beaucoup plus aisément que les autres sociétés aux fraudes, dont peuvent être victimes les associés eux-mêmes et les créanciers sociaux, au seul profit des fondateurs et des administrateurs. Dans tous les pays, les législateurs se sont ingéniés à faire échec à ces fraudes sans qu'il soit permis de dire que, nulle part, on y soit parvenu. En effet, à peine de nouvelles règles sont-elles édictées que des fondateurs avisés élèvent une combinaison nouvelle échappant totalement à ces règles.

A mesure que des lois nouvelles sont faites pour déjouer les fraudes connues, disent deux éminents jurisconsultes, des combinaisons, nouvelles aussi, sont trouvées pour les tourner. Cette sorte de lutte explique que, depuis une quarantaine d'années, il n'est pas de matière sur laquelle on ait autant légiféré dans les grands pays de l'Europe que sur celle des sociétés par actions.

(*Loc. cit.* Lyon-Caen et Renaud, Traité de Droit commercial, Des Sociétés, T. II, p. 8.)

Nous avons vu les avantages des sociétés par actions : nous venons de voir les inconvénients qu'elles peuvent offrir. Toute chose a son mauvais côté. Au surplus, doit-on ajouter, qu'ici comme ailleurs, la fraude est l'exception.

4. — Différentes acceptions du mot « Société ». — Dans le langage courant on emploie indistinctement le mot « société » pour désigner soit l'union de plusieurs personnes qui sont jointes pour quelque affaire en vue de quelque intérêt, — soit l'autre, le *contrat* lui-même qui lie ces personnes.

Plus exactement et juridiquement, le terme « société » s'entend pour *l'être moral*, l'être distinct, qui constitue la société en dehors de la personne même des associés.

5. — Définition de la « Société ». — La société, dit l'article 1832 du code civil, est un contrat par lequel deux ou plusieurs personnes conviennent de mettre quelque chose en commun, dans le but de partager le bénéfice qui pourra en résulter.

A quoi, il y a lieu d'ajouter : — ou de supporter en commun, les pertes qui pourront en être la conséquence. Car si l'article 1832 ne parle pas de la contribution aux pertes, cette lacune est comblée par le § 2 de l'article 1855 du code civil qui dit que serait nulle « la stipulation qui affranchirait de toute contribution aux pertes les sommes ou effets mis dans le fonds de société par un ou plusieurs des associés ».

Il est en effet de l'essence même du contrat de société que chacun des associés profite d'une part dans les bénéfices, et supporte une part dans les pertes. Aucun d'eux ne peut, soit en mettant la main sur tous les profits réalisés, soit en s'exemptant de toutes les pertes survenues, bénéficier seul de tous les avantages sociaux. Ces deux prohibitions procèdent du même principe. Aussi bien, une telle clause serait-elle manifestement contraire à l'idée que fait naître spontanément à l'esprit le contrat de société.

Toutefois, la part contributive dans la perte peut être limitée par une clause du pacte social. Il ne s'agit pas, ici, en effet, de l'affranchissement complet aux pertes qu'interdit formellement la loi, il s'agit seulement d'une « limitation » de la perte, ou contribution restreinte. C'est ainsi qu'il est parfaitement permis de stipuler que tel ou tel des associés « ne contribueront aux pertes que jusqu'à concurrence de leur mise seulement ».

Cette clause et ses conséquences seront étudiées plus loin, en même temps que seront indiquées les conditions indispensables à sa validité.

6. — Distinction entre la « société » et l'« association ». — Etymologiquement les deux termes « société » et « association » sont synonymes ; ils dérivent en effet, des mots latins *socius* et *societas*. C'est pour cette raison sans doute, que très souvent, dans le langage courant, on les emploie indifféremment l'un pour l'autre.

En droit, au contraire, ils sont pris dans des sens différents et même nettement opposés.

C'est ainsi que, nous l'avons vu, le code civil définit la *société* le « contrat par lequel deux ou plusieurs personnes conviennent de mettre quelque chose en commun, dans la vue de *partager le bénéfice* qui pourra en résulter ».

Et que l'article 1er de la loi du 1er juillet 1901 définit l'*association* la convention « par laquelle deux ou plusieurs personnes mettent en commun, d'une façon permanente, leurs connaissances ou leur activité *dans un but autre que de partager des bénéfices* ».

Donc, d'après ces textes, la « société » est une réunion de personnes qui mettent quelque chose en commun dans un but exclusivement lucratif, — et l'« association » est une réunion de personnes qui mettent quelque chose en commun dans un but autre qu'un but pécuniaire.

7. — Caractère du contrat de société. — La société est un contrat :

1° Synallagmatique, — les contractants s'obligeant réciproquement les uns envers les autres (art. 1102 C. civ.).

D'où, comme conséquence, l'application des articles 1184 et 1325 du code civil [1].

2° A titre onéreux, — en raison de ce que chacun des associés est tenu de faire un « apport », soit en industrie, soit en espèces, ou autres biens (art. 1106 C. civil.) [2].

3° Commutatif, — du moins d'après l'opinion prédominante [3].

4° Nommé (art 1107 C. civ.), — cela ne fait pas de doute.

Est-il aussi consensuel ? [4]

Certainement oui, lorsqu'il s'agit d'une société civile ; si, en effet, le code civil (art. 1834) impose un écrit c'est uniquement pour l'administration de la preuve, et non pour la formation même de la société. Mais lorsqu'il s'agit d'une société commerciale la question est autre et sa solution est fort discutée. De nombreux auteurs pen-

---

1. *Texte de l'art. 1184 du Code civil :* « La condition résolutoire est toujours sous- « entendue dans les contrats synallagmatiques, pour le cas où l'une des deux par- « ties ne satisfera point à son changement.

« Dans ce cas, le contrat n'est point résolu de plein droit. La partie envers la- « quelle l'engagement n'a point été exécuté, a le choix ou de forcer l'autre à l'exé- « cution de la convention lorsqu'elle est possible, ou d'en demander la résolution « avec dommages-intérêts.

« La résolution doit être demandée en justice, et il peut être accordé au défen- « deur un délai selon les circonstances. »

Texte de l'art. 1325 du Code civil : « Les actes sous seing privé qui contiennent « des conventions synallagmatiques, ne sont valables qu'autant qu'ils ont été faits « en autant d'originaux qu'il y a de parties ayant un intérêt distinct.

« Il suffit d'un original pour toutes les personnes ayant le même intérêt.

« Chaque original doit contenir la mention du nombre des originaux qui en ont « été faits. »

« Néanmoins le défaut de mention que les originaux ont été faits doubles, tri- « ples, etc. ne peut être opposé par celui qui a exécuté de sa part la convention « portée dans l'acte.

2. *Texte de l'art. 1106 du Code civil :* « Le contrat à *titre onéreux* est celui qui « assujettit chacune des parties à donner ou à faire quelque chose. »

3. Le contrat est *commutatif*, dit l'article 1104 du Code civil « lorsque chacune « des parties s'engage à donner ou à faire une chose qui est regardée comme l'équi- « valent de ce qu'on lui donne, ou de ce qu'on fait pour elle ».

4. On entend par contrat *consensuel* le contrat qui se forme par le seul consen- tement des parties.

sent avec juste raison que l'écrit est nécessaire à l'existence même de la société.

8. — Division des sociétés. — Les sociétés se divisent en deux classes principales : Les sociétés « civiles » et les sociétés « commerciales ».

Il ne sera nullement question ici des sociétés civiles. Le présent ouvrage étant exclusivement consacré à l'étude des sociétés commerciales.

9. — Intérêt que présente la distinction des sociétés commerciales d'avec les sociétés civiles. — Cet intérêt est très grand et montre d'autant mieux l'importance de cette distinction.

En effet :

1° Toutes les sociétés de commerce (à l'exception seulement des sociétés en participation[1]) sont assujetties à des formalités de publicité qui doivent être rigoureusement remplies au moment même de leur constitution ; formalités ayant pour objet de porter à la connaissance des tiers, les statuts et les changements qui peuvent y être ultérieurement apportés.

Au contraire, aucune formalité de publicité n'est imposée par la loi aux sociétés civiles, lors de leur constitution.

2° Les sociétés de commerce, doivent, comme tout commerçant, tenir des livres, conformément aux articles 8 et suivants du Code de commerce ; et, seuls, ces livres, régulièrement tenus, ont la force probante attachée par la loi aux livres de commerce.

Au contraire, la tenue des livres n'est pas prescrite pour les sociétés civiles ; et si elles en tiennent, leurs livres n'ont pas d'autre force probante que celle que la loi accorde aux registres et papiers domestiques (voy. art. 1329 à 1332 C. civ., 12 et 13 C. de com.).

3° Les sociétés commerciales (autres que les sociétés en participation) peuvent être, comme tous autres commerçants, déclarées en faillite ou mises en état de liquidation judiciaire (L. du 4 mars 1889).

Les sociétés civiles ne le peuvent pas.

4° Les différends qui s'élèvent entre associées sont : a) si la société est commerciale, de la compétence du tribunal de commerce ; b) si la société est civile, de la compétence du tribunal civil.

5° Les actions des créanciers de la société contre les associés, se

---

1. Ou plus exactement des « associations » en participation car, ainsi qu'on le verra en son temps, la participation n'est pas une société.

prescrivent : en règle générale par trente ans dans la société civile ; par cinq ans, à partir de la dissolution de la société, lorsqu'il s'agit d'une société commerciale.

6° Dans les sociétés commerciales, tous les associés sont solidairement obligés envers les créanciers sociaux quand leurs engagements ne sont pas expressément limités au montant de leurs apports.

Dans les sociétés civiles, au contraire, chacun des associés n'est tenu que pour une part virile (art. 1863 C. Civ.).

7° Les directeurs des sociétés anonymes, bien que n'étant pas commerçants en leur propre nom, sont électeurs et éligibles aux tribunaux de commerce.

Les directeurs de sociétés civiles ne le sont pas, quand eux-mêmes ne sont pas commerçants.

On voit, d'après ceci, qu'il importe de distinguer ces deux catégories de sociétés et que les conséquences de cette distinction sont capitales.

10. — Mais sur quelles données se baser pour la faire ? La loi ne nous en fournit aucune.

Et ceci est regrettable, car, bien souvent, cette distinction offre de bien grandes difficultés dans la pratique.

Pour reconnaître si une société est civile ou commerciale on doit par-dessus tout considérer son *objet*. Celui-ci est-il civil ? La société est civile. Au contraire a-t-elle pour objet des actes commerciaux ? Elle est commerciale.

En d'autres termes, on considère uniquement la nature des opérations que la société fait ou se propose de faire. Ce qui revient à dire qu'on distingue les sociétés civiles des sociétés commerciales, absolument de la même manière qu'on distingue les commerçants des non-commerçants (art. 1er C. de com.) (Cass. 3 février 1902. *Dalloz*, 1902, 1294).

On peut aussi se référer aux règles résultant des articles 632 et 633 du code de commerce, qui donnent la désignation des actes de commerce.

11. — Comme on le voit d'après ceci, il n'y a aucunement lieu de s'attacher à rechercher la qualité personnelle des associés ; la qualité juridique de la société étant essentiellement distincte de la qualité juridique individuelle de tous ceux qui la composent. Peu importe donc que ceux-ci soient commerçants ou pas.

De même, il n'y a pas lieu de s'attacher davantage à la dénomination qui a été donnée à la société ; une simple manifestation de volonté ne pouvant pas modifier le caractère juridique de la société. C'est la nature seule de l'acte qui fait la loi (Bordeaux, 4 août 1856, *Dalloz*, 57, 2, 77. — Paris, 15 février 1868, *Sirey*, 69, 2, 329. — Cass. 18 décembre 1871, *Dalloz*, 72, 1, 9. — 28 janvier 1884, *Journ. des Soc.* 1885, 328. — 8 novembre 1892, *Sirey*, 93, 1, 32. — Seine, 3 décembre 1900, *Journ. des Soc.* 1901, 213. — 26 février 1904. *Gaz. du Pal.* 5 octobre 1904. — Paris, 6 juillet 1904, *Gaz des Trib.* 19 octobre 1904, et *Rec. Gaz. des Trib.* 1905, 2ᵉ sem. 2, 34 — Cass. 20 juillet 1906, *R. Soc.* 1907, 56).

En résumé, pour déterminer la nature, civile ou commerciale, d'une société, il importe de rechercher le sens, la portée et les conséquences juridiques du contrat dans les clauses et stipulations de la convention (Paris, 6 juillet 1904, *préc.*).

C'est ainsi que si, d'après le pacte social, une société — quels que soient son objet et sa dénomination — se trouve constituée dans une forme qui n'est admise que par le code de commerce et la loi du 24 juillet 1867, elle doit être considérée comme commerciale (Cassation, 7 janvier 1908, *Rec. Gaz. des Trib.* 1908, 2ᵉ sem.; 1, 130 [1]).

12. — Que décider lorsqu'une société civile fait des actes de commerce ou lorsqu'une société de commerce fait des actes civils [2]?

Ce sont, dans ce cas, les actes les plus fréquents et aussi les plus importants de la société qu'il y a lieu de prendre en considération, pour en déterminer le caractère (Paris, 15 février 1872, *Sirey*, 75, 2, 289. — Cass. 12 décembre 1887, *Sirey*, 88, 1, 319,

[1] Jugé en ce sens que la division du capital d'une société en parts dont la cession peut s'effectuer par simple tradition rend absolument illusoire le recours illimité par part civile que les créanciers d'une société civile doivent pouvoir exercer contre chacun des associés, puisque, dans ces conditions, il est impossible aux créanciers de la société de connaître leurs débiteurs et d'exercer leur action contre le détenteur d'un titre qui passe, sans formalités, de mains en mains. Que dès lors, peu importe que les statuts ne contiennent aucune limitation de la responsabilité des associés à leurs apports ; que cette limitation résulte, en fait, du mode adopté pour la division du capital social en parts égales, librement cessibles, et qu'elle est contraire aux prescriptions légales en matière de sociétés civiles. Que par suite, la société qui a adopté cette forme, caractéristique de la société anonyme, eût-elle un objet civil, tombe sous le coup des dispositions de la loi du 1ᵉʳ août 1893 et doit, en conséquence, être déclarée commerciale (Trib. de Comm. de la Seine, 20 février 1912. *Rec. Gaz. des Trib.* 1912, 2, 319).

[2] Bien entendu il ne s'agit ici que d'actes *répétés*, et non d'actes isolés.

Dalloz, 88, 1, 429. — Cass. 11 juin 1888, *Sirey,* 90, 1, 516. — Grenoble, 13 juin 1893, *Sirey,* 94, 2, 36. — Trib. civ. Seine, 25 février 1896, *Journ. des Soc.* 97, 359).

13. — QUELQUES EXEMPLES DE SOCIÉTÉS CIVILES ET DE SOCIÉTÉS COMMERCIALES. — Il ne peut être évidemment question ici que d'*exemples* destinés à éclairer les intéressés dans certains cas où existe une réelle difficulté de distinction.

Aussi bien, ne saurait-on prétendre à faire une nomenclature complète en une semblable matière.

14. — *a*) Sociétés civiles.

Sont *civiles* notamment :

La société passée entre le titulaire de brevets d'inventions et un capitaliste pour la vente de licences de brevet (Trib. de com. Seine, 21 juillet 1858. *T. C.,* page 409).

Les sociétés passées en vue d'élevage de chevaux, de bétail, de vente du lait, d'exploitation de vignobles, de mises en valeur d'immeubles, de sociétés fourragères (Besançon, 19 février 1884, *Rev. Soc.* 84, 297, Orléans, 22 février 1887, *Sirey,* 90, 2, 47. — Caen, 28 mars 1887, *Journ. des Soc.* 88, 591, Toulouse, 30 décembre 1895, *Journ. des Soc.* 96, 284. — Cassation, 22 février 1898, *Journ. des Soc.* 98, 250).

Les sociétés immobilières, c'est-à-dire les sociétés formées en vue de l'achat d'immeubles avec intention de les revendre ou de les louer (Cass. 31 juillet 1899, *Dalloz,* 1900, 1, 190). Mais la décision diffère lorsque l'achat porte sur des constructions en vue de les démolir et de vendre les matériaux, — ou sur une coupe de bois pour l'abattre et la vendre (Cass. 29 avril 1885, *Sirey,* 86, 1, 118).

La société ayant pour objet l'exploitation d'une source d'eau minérale ou thermale (Paris, 21 juin 1884, *Journ. des Soc.* 88, 108).

Les sociétés minières (Nancy, 28 novembre 1840, Dalloz, 41, 2, 81. — Cass. 8 mai 1905, *Dalloz,* 1905, 1, 430. *Journ. des Soc.* 1905, 251, *Sirey,* 1910, 1, 555. — Paris, 31 mai 1904, *Journ. des Soc.* 1904, 498 ; *Not.*).

La société ayant pour objet l'édification et l'exploitation d'un canal maritime (Panama) (Trib. civ. Seine, 4 février 1889. — Paris, 8 mars 1889, *Sirey,* 89, 2. 225).

Celle constituée pour la distribution des eaux dans une ville (Paris,

21 juin 1884, *Journ. des Soc.* 1888, 108). — Seine, 31 décembre 1900, *R. Soc.* 1901, 136).

Celle constituée pour la direction d'une maison d'éducation (Toulouse, 26 mai 1903, *R. Soc.* 1904, 57).

Les sociétés de chasse, de sport, de courses (Cass. 18 novembre 1865, *Dalloz*, 66, 1, 455, Rouen, 27 décembre 1899 (*R. Soc.* 1900, 182. — Poitiers, 20 janvier 1909, *Sirey*, 1909, 2, 55. — Cass. 25 octobre 1909, *Sirey*, 1909, 1, 560).

La société formée pour la construction d'un marché (Paris 11 décembre 1830, *Dalloz*, n° 198-3°).

L'exploitation d'une carrière, quand la main-d'œuvre n'est pas l'objet spéculatif principal de la société (Cass. 12 novembre 1887, *Sirey*, 88, 1, 319).

La société coopérative de consommation lorsqu'elle ne vend qu'à ses seuls adhérents les marchandises qu'elle achète (Cass. 22 novembre 1911, *Sirey*, 1912, 1, 5).

15. — *b*) Sont commerciales notamment :

La société ayant pour but la publication d'un journal (Paris, 2 août 1828, *Dalloz*, n° 208. — Rennes, 6 janvier 1875, *Rec. Nantes*, 75, 1, 171).

La société constituée pour l'exploitation d'une carrière (Bordeaux, 29 février 1832, *Dalloz*, n° 236.—Caen, 26 janvier 1836, *Dalloz*, ibid.).

Celle qui a pour but la découverte de nouveaux appareils et la vente des brevets les concernant (Cass. 20 juillet 1906, *Sirey*, 1910, 1, 313).

La société constituée pour l'entreprise de spectacles publics (Alger, 26 avril 1898, *Journ. des Soc.* 99, 355).

Les sociétés d'éclairage par le gaz ou l'électricité (Lyon, 4 juillet 1890, *Sirey*, 92, 2, 275).

La société ayant pour objet une entreprise de transport par terre ou par eau (Cass. 3 février 1902, *R. Soc.* 1902, 212).

Celle ayant pour but l'achat d'effets publics pour les négocier (Cass. 5 mars 1879. — Lyon, 9 janvier 1890, *R. dr. comm.* art. 224).

La société en vue d'exploitation d'immeubles, lorsque cette exploitation emporte des opérations offrant un caractère évident de spéculation (Aix, 5 août 1868, *Sirey*, 68, 2, 334. — Cass. 20 avril 1868, *Sirey*, 69, 1, 217. — 29 février 1885, *Sirey*, 86, 1, 118).

La société constituée pour la construction d'un pont (Cass. 23 août 1848, *Dalloz*, n° 225).

Les sociétés ayant pour objet des entreprises de fournitures (article 632 C. de Comm.).

Les sociétés d'entreprises de travaux publics, avec fournitures de matériaux (Cass. 3 février 1902, *Dalloz*, 1902, 1, 294. — *Journ. des Soc.* 1902, 348).

16. — Législation des sociétés commerciales. — On a souvent émis le vœu que la matière si complexe des sociétés soit régie, en France, par une loi unique, par un texte coordonné.

Peut-être un jour nous apportera-t-il cette surprise...

En l'attendant, nous devons prendre les règles qui les concernent, un peu partout, dans le code civil, dans le code de commerce, et dans un certain nombre de lois spéciales qui ont complété ou modifié les articles du code de commerce.

Les articles 1832 à 1873 du code civil sont particulièrement importants en ce sens qu'ils régissent aussi bien les sociétés commerciales — à défaut de dérogation résultant des lois ou des usages de commerce — que les sociétés civiles.

Les articles 1984 à 2010 du même code, relatifs au mandat, dont les règles sont applicables aux administrateurs et aux commissaires, dans les sociétés par actions (art. 32 C. de comm. et 9, 43, et 44 de la loi du 24 juillet 1867).

Les articles 18 à 64 du code de commerce, dont les textes ont été plusieurs fois complétés et modifiés par des lois spéciales. Ces articles concernent spécialement les sociétés commerciales, mais régissent également les sociétés par actions ayant un objet civil.

Enfin, les lois qui réglementent les sociétés commerciales sont les suivantes :

La loi du 17 juillet 1856, qui a abrogé l'arbitrage forcé entre les associés dans les sociétés de commerce.

La loi du 30 mai 1857, sur la condition des sociétés étrangères en France.

La loi du 24 juillet 1867 ; — loi fondamentale des sociétés qui a modifié les dispositions primitives du code de commerce sur les sociétés anonymes, remplacé la loi du 17 juillet 1856 sur les sociétés en commandite par actions ainsi que les articles 42 à 46 du code de commerce concernant la publicité des sociétés, abrogé la loi du 6 mai 1863 qui modifiait les articles 27 et 28 du code de commerce, et celle du 23 mai 1863 sur les sociétés à responsabilité limitée, et réglementé les sociétés à capital variable.

La loi du 1er août 1893 complétant la loi du 24 juillet 1867 et en modifiant quelques dispositions.

La loi du 16 novembre 1903, complétant l'article 34 du Code de commerce, et l'article 3 de la loi du 24 juillet 1867 en ce qui concerne les actions de priorité et les actions d'apports, et modifiant une loi du 9 juillet 1902, laquelle complétait l'article 34 du Code de commerce.

La loi du 30 janvier 1907, (article 3) relative aux souscriptions et placements de titres par voie de publicité, et les décrets des 27 février 1907, portant création du bulletin annexe au *Journal Officiel* et 28 avril 1918 relatif au prix de vente de ce bulletin, et aux prix d'abonnement.

Les lois des 17 mars 1909 et qui contiennent certaines dispositions applicables à la vente et à la mise en société des fonds de commerce, des marques de fabrique et des brevets d'invention.

La loi du 22 novembre 1913, portant modification de l'article 34 du Code de commerce et des articles 27 et 31 de la loi du 24 juillet 1867.

La loi du 26 avril 1917 sur les sociétés anonymes à participation ouvrière et complétant la loi du 26 juillet 1867 (art. 72 à 80).

17. — On peut encore citer un certain nombre de dispositions concernant des sociétés dont il ne sera pas question dans cet ouvrage, celui-ci étant uniquement consacré, ainsi qu'il a été dit déjà, aux sociétés commerciales. Notamment les suivantes à titre indicatif :

La loi du 5 novembre 1804, sur les sociétés de crédit agricole, et celles des 31 mars 1899 et 4 juillet 1900.

Les lois des 30 novembre 1894, 31 mars 1896, 12 avril 1906, 10 avril 1908, 13 juillet 1911, 25 décembre 1912, concernant les habitations à bon marché.

La loi du 1er juillet 1901, relative au contrat d'association complétée par les lois des 4 décembre 1902, et 17 juillet 1903, les décrets des 16 août 1901 et celui du 28 novembre 1902.

La loi du 23 avril 1906, relative à la création de sociétés de crédit maritime, et celle du 25 mars 1910.

La loi du 9 avril 1898, concernant la responsabilité dans les accidents dont les ouvriers sont victimes dans leur travail[1].

1. Modifiée ou complétée par les lois des 30 juin 1899, 22 mars 1902, 31 mars 1905, 12 avril 1906, 30 janvier 1907 (art. 2), 10 juillet 1907, 26 mars 1908, 13 décembre 1912, 15 juillet 1914, 5 mars 1917.

La loi du 17 mars 1905, relative aux sociétés d'assurances sur la vie humaine, et celle du 19 décembre 1907.

Le décret du 22 janvier 1868, concernant les sociétés anonymes d'assurances à primes et les sociétés d'assurances mutuelles.

La loi du 3 juillet 1913, relative aux sociétés d'épargne.

18. — Dispositions fiscales relatives aux sociétés. — Les dispositions fiscales concernant les sociétés commerciales sont éparpillées dans un grand nombre de lois spéciales ou générales. Elles seront étudiées à leurs places respectives sous le titre des Questions fiscales, inséré dans le tome II de l'ouvrage.

19. — Lacunes de la législation française. — Il ressort de ce qui a été dit sous le n° 16 que les diverses dispositions légales constituant le statut des sociétés commerciales se trouvent disséminées dans de fort nombreuses lois ; d'où cette conséquence regrettable : absence complète d'idées d'ensemble provenant du défaut de cohésion.

Et le plus surprenant, c'est que malgré la quantité et la variété des textes en cette matière, celle-ci n'est encore traitée à l'heure actuelle que d'une façon incomplète. C'est ainsi notamment que nulle part ils n'ont prévu ni réglementé la *liquidation* des sociétés, matière cependant très importante en raison des diverses questions que les liquidations soulèvent.

Il est à espérer qu'une loi comblera un jour cette singulière et bien regrettable lacune.

CHAPITRE II

CONDITIONS NÉCESSAIRES A LA FORMATION DU CONTRAT DE SOCIÉTÉ

20. — **Eléments essentiels.** — Les conditions essentielles à la formation du contrat de société sont les suivantes :

1° D'abord, *toutes les conditions exigées pour l'existence et la validité des contrats en général* (art. 1108 et suiv. C. civ.) c'est-à-dire :

a) Le consentement de chacun des contractants ;
b) Sa capacité de contracter ;

c) Un objet certain ; ,

d) Une cause licite ; un objet licite.

2° Ensuite, *les conditions spéciales que le Code impose aux contrats de société,* qui sont :

e) Un apport effectué par chacun des associés (art. 1833 C. civ.) ;

f) L'intention de réaliser un bénéfice avec le capital commun (art. 1832 C. civ.) ;

g) Le partage des bénéfices entre tous les associés (même art.) ;

h) La participation aux pertes (art. 1855 C. civ.) ;

3° Enfin une condition particulière dont la loi ne porte pas mention, mais sur laquelle les auteurs sont généralement d'accord :

i) L'intention de former une société [1], — *affectio societatis.*

Il va être question sous les numéros qui suivent des éléments énumérés en 1°. Ceux indiqués en 2° et 3° feront l'objet des n°ˢ 136 et suivants.

§ Iᵉʳ. — *Consentement.*

21. — Règles. — Il est manifeste qu'il ne peut exister aucun contrat pas plus de société que d'autres, — sans le libre et plein consentement de chacun de tous ceux qui contractent.

Le consentement doit être valablement donné et doit porter sur les divers éléments qui sont nécessaires à la formation du contrat, c'est-à-dire : le but, l'objet, la durée de la société (Cass. 25 mai 1886, *Sirey*, 87, 1, 268. — Orléans, 28 juillet 1887, *Dalloz*, 88, 2, 258).

De plus, ainsi qu'on vient de le voir (n° 20, *i*) le consentement doit emporter nettement l'intention de former une société.

22. — Consentement vicié et nul. — Si le consentement est vicié, il est nul et le contrat n'est pas valable.

Ainsi, sont viciés et nuls :

1° Le consentement obtenu par la *violence,* ou surpris par suite d'un *dol* (art. 1109 C. civ.) quand, du moins, ce dol a eu un effet déterminant (Cass. 14 juillet 1862, *Dalloz*, 62, 1, 429) ou qu'il a été pratiqué par la production de documents ayant pour objet de le

---

1. Cassation 8 janvier 1872 et 20 décembre 1893 (*Dalloz*, 72, 1, 194 et 94, 1, 224). Mais il n'y a pas de société entre les parties tant qu'il n'existe qu'un simple projet entre elles (Trib. de Comm. Seine, 11 mai 1898, *Journ. des Soc.*, 1899, p. 92).

rendre vraisemblable (Trib. de Com. Seine, 12 juin 1897, *Dalloz*, 97, 2, 480).

Dans ces deux cas, l'action en nullité est soumise aux règles posées par les articles 1111 et suivants du code civil [1].

2° Le consentement donné par *erreur.*

23. — DOL. — Lorsqu'il y a eu *dol* prouvé, et que ce dol a eu pour but et pour résultat de faire entrer une personne dans une société, la nullité de celle-ci sera prononcée à la demande de l'in-

ARTICLE 1111

1. La violence exercée contre celui qui a contracté l'obligation, est une cause de nullité, encore qu'elle ait été exercée par un tiers autre que celui au profit duquel la convention a été faite.

ARTICLE 1112

Il y a violence, lorsqu'elle est de nature à faire impression sur une personne raisonnable, et qu'elle peut lui inspirer la crainte d'exposer sa personne ou sa fortune à un mal considérable et présent.

On a égard, en cette matière, à l'âge, au sexe et à la condition des personnes.

ARTICLE 1113

La violence est une cause de nullité du contrat, non seulement lorsqu'elle a été exercée sur la partie contractante, mais encore lorsqu'elle l'a été sur son époux ou sur son épouse, sur ses descendants ou ses ascendants.

ARTICLE 1114

La seule crainte révérencielle envers le père, la mère, ou autre ascendant, sans qu'il y ait eu violence exercée, ne suffit point pour annuler le contrat.

ARTICLE 1115

Un contrat ne peut plus être attaqué pour cause de violence, si, depuis que la violence a cessé, ce contrat a été approuvé, soit expressément, soit tacitement, soit en laissant passer le temps de la restitution fixé par la loi.

ARTICLE 1116

Le dol est une cause de nullité de la convention lorsque les manœuvres pratiquées par l'une des parties sont telles, qu'il est évident que, sans ces manœuvres, l'autre partie n'aurait pas contracté.

Il ne se présume pas, et doit être prouvé.

ARTICLE 1117

La convention contractée par erreur, violence ou dol, n'est point nulle de plein droit ; elle donne seulement lieu à une action en nullité ou en rescision...

Dans tous les cas où l'action en nullité ou en rescision d'une convention n'est pas limitée à un moindre temps par une loi particulière, cette action dure *dix ans.*

Ce temps ne court, dans le cas de violence, que du jour où celle-ci a cessé ; dans le cas d'erreur ou de dol, du jour où ils ont été découverts (Art. 1304, C. civ.).

téressé. Car en effet (art. 1116 C. civ.) le dol entraîne la nullité de la société lorsque les manœuvres pratiquées par ses représentants ont été telles que, sans elles, l'associé trompé n'aurait pas contracté. C'est ce qu'on entend lorsqu'on dit que, pour qu'il y ait eu dol, il faut qu'il y ait eu une influence déterminante sur la conclusion de l'entrée dans la société.

Il est essentiel, — remarquons-le bien — que le dol ait été pratiqué par les représentants mêmes de la société : uniquement pratiqué par un tiers, il ne donnerait lieu qu'à une action en dommages-intérêts de l'intéressé contre ce tiers.

Le dol se manifeste de diverses manières, mais il emporte toujours des manœuvres tendancieuses, des déclarations mensongères, des dissimulations, etc. Exemples : *a*) agissements frauduleux à l'aide de faux renseignements tels que la représentation de fausses expertises relatives à la puissance productive de l'usine mise en société ; — *b*) production de bilans faux, portant indication de bénéfices majorés ou inexistants ; — *c*) assertion de faits inexistants, tels que la production de sondages non opérés, de marchés non existants, etc. Et ce, de quelque manière que le dol ait été perpétré soit par le moyen de prospectus, soit individuellement et verbalement ou par lettres.

Jugé qu'il y a dol lorsque l'un des associés dissimule les charges dont est grevé son apport (Trib. civ. Seine, 30 mars 1893, *Rev. des Soc.* 1893, 284).

Mais que décider, en cas de production de simples renseignements ou indications incomplets, de silence sur certains défauts de l'entreprise, d'espoirs, — non des promesses, — sur le succès probable de l'exploitation, de réticences ou obscurités ? — Dans l'un quelconque de ces cas, il n'y a pas dol et, conséquemment, il ne saurait pas y avoir de ce seul chef consentement vicié : c'est à la partie sollicitée d'entrer dans l'affaire qu'il appartient de se renseigner, de se documenter, de vérifier l'exactitude de ce qu'on lui affirme, de réunir tous les éléments d'appréciation sur la situation qu'on lui expose (V. not. Trib. Comm. Seine, 13 janvier 1908, *Journ. des Trib. de Comm.* 1909, p. 206). Si elle ne l'a pas fait, elle ne peut que s'en prendre à elle-même des conséquences de son imprévoyance, de sa négligence et de sa volontaire crédulité.

24. — L'appréciation d'un dol est une question de fait ; le juge doit apprécier les moyens dont disposait la partie trompée pour, d'après la situation respective des parties en cause, connaître la vérité sur le point qui a fait l'objet de la tromperie (Cass. 14 juill. 1862. *Dalloz*, 62, 1, 429, 30 juillet 1895. *Dalloz*, 96, 1, 132).

25. — ERREUR. — En notre matière, l'erreur sur la « substance » même du contrat paraîtrait n'entraîner qu'une nullité relative, telle que l'erreur portant sur la nature de la société. Si, par exemple, un associé, dont l'engagement serait limité au montant de son apport, avait contracté une société civile, croyant contracter une société commerciale [1].

26. — Par contre, le consentement serait nul si l'erreur portait sur la « personne » notamment dans les sociétés en nom collectif et les sociétés en commandite, où la qualité des contractants est justement considérée comme primordiale.

En ce cas, pour être valable, le consentement doit, de façon expresse, être donné, en vue de la personne avec laquelle on contracte.

Ainsi, dans une société en nom collectif, si un associé que ses cocontractants croyaient être un commerçant estimé et honorable, n'était en réalité qu'un flibustier du même nom, la société serait annulable.

Elle le serait également si, lors de la passation du contrat de société, l'un des associés se trouvait être en état de faillite récemment déclarée et ignorée de ses coassociés (Trib. civ. Seine, 13 fév. 1880, *Journ. des Soc.* 1880, p. 357).

27. — Quant à l'erreur « sur la chose », elle n'est seulement susceptible d'entraîner l'annulation de la société que lorsqu'elle concerne les qualités substantielles de la chose, celles que les parties ont considéré comme essentielles et sans lesquelles elles ne seraient pas entrées en société.

Exemple : un associé s'est trompé sur la nature de l'industrie commune.

L'appréciation de ces qualités essentielles est une question de fait, dont le tribunal, juge du fond, est souverain juge.

Mais, les erreurs les plus courantes n'ont aucun effet sur la validité du contrat de société. Il en est ainsi notamment des erreurs portant sur la valeur des apports, sur les chances de succès de l'en-

---

1. ARTHUYS, tome I, n° 10.

treprise, ou lorsqu'un associé s'est trompé soit sur l'importance de l'usine exploitée en société, soit sur l'état de prospérité de la société.

Dans ces divers cas, la nullité de la société ne peut être obtenue : l'associé lésé est victime de sa confiance et de sa crédulité et c'est à lui d'en supporter les conséquences.

28. — L'erreur n'aurait aucune influence sur la validité du consentement si, dans une société de capitaux, elle ne portait que sur un actionnaire, par exemple s'il était établi que cet actionnaire n'est qu'un titulaire apparent, agissant pour le compte d'une tierce personne.

Mais il apparaît que si, dans une société en commandite par actions, l'erreur portait sur la personne du gérant, la nullité de la société pourrait être obtenue. Car, dans ce cas, il en est comme en matière de sociétés de personnes : les considérations personnelles prédominent et ce sont les qualités propres du ou des associés (connaissances spéciales ou techniques, situation sur la place, relations, renommée, fortune, loyauté, etc., etc.) qui déterminent à entrer dans la société.

29. — **Comment le consentement peut être donné. — Mandataire.** — Le consentement peut être donné soit par le contractant lui-même intervenant en personne dans le contrat, soit par son *mandataire.*

En effet, de même qu'en tout autre contrat, une partie peut se faire représenter par un mandataire, dans le contrat de société.

D'après les termes de l'article 1988 du code civil, il faut conclure que, dans ce cas, une procuration *spéciale* et expresse est nécessaire.

Un mandat général serait insuffisant (Cass. 20 mars 1860, *Sirey,* 61, 1, 61).

En outre, dans tous les cas où l'acte de société doit obligatoirement être fait en la forme authentique, il est essentiel que la procuration soit donnée en la même forme.

30. — **Porté fort.** — On peut, dit l'article 1120 du code civil, se « porter fort » pour un tiers, en promettant le fait de celui-ci ; sauf l'indemnité contre celui qui s'est porté fort, ou qui a promis de faire ratifier, si le tiers refuse de tenir l'engagement.

Aucune restriction n'ayant lieu à cet égard, en matière de sociétés il s'ensuit qu'une personne agissant sans aucun mandat peut contracter une société au nom d'un tiers, simplement en se portant fort pour ce tiers, dont il promet la ratification.

Si, ensuite, le tiers ratifie, la société est valablement constituée, elle existe, et elle a son plein effet : *entre les associés* à partir du jour même où le contrat a été passé ; *au regard des tierces personnes*, à compter seulement du jour de la ratification (Cass. 10 juillet 1850. *Sirey*, 51, 1, 128).

Si, au contraire, le tiers ne ratifie pas, non seulement il reste entièrement étranger an contrat, mais, celui qui s'est porté fort pour lui peut être passible de dommages-intérêts envers ceux avec lesquels il avait ainsi contracté et qui éprouvent un préjudice du fait de la non-ratification.

§ II. — *Capacité.*

31. — Capacité de contracter. — Toute personne peut contracter, dit l'article 1113 du Code civil, « si elle n'en est pas déclarée incapable par la loi. »

Donc, la capacité est la règle, l'incapacité l'exception. Et quiconque est habile à contracter s'il n'en est pas spécialement déclaré incapable par la loi.

32. — INCAPABLES. — Les personnes que, d'une manière générale, la loi déclare incapables de contracter sont :

Les *mineurs,*
Les *interdits,*
Les *femmes mariées,* — dans les cas exprimés par la loi.
Et généralement tous ceux à qui sont interdits certains actes.

Donc, en principe, toute personne autre que celles qui viennent d'être dites a pleine capacité juridique pour être partie contractante dans un contrat de société.

33. — Capacité plus ou moins étendue suivant le caractère de l'engagement. — En matière de sociétés, des engagements très divers peuvent peser sur les associés. Il s'ensuit que, suivant l'importance et la nature de ces engagements, leur capacité à contracter doit être plus ou moins étendue.

Ainsi, une personne qui contracte une société en nom collectif, ou qui devient gérante d'une société en commandite ou d'une association en participation fait un acte de *disposition*. En s'engageant ainsi solidairement, indéfiniment, elle engage son patrimoine. Par suite de cet engagement sa fortune entière peut être compromise. Sa capacité de contracter doit donc être absolue puisque emportant le pouvoir de « disposer » en tout ou en partie de sa fortune. De même si elle entrait comme membre dans une société civile, ou si elle souscrivait des actions non entièrement libérées :

En résumé, il faut pour pouvoir contracter une société commerciale à responsabilité illimitée, avoir la capacité d'être *commerçant*.

34. — Au contraire, quiconque se borne à souscrire des actions entièrement libérées (ou des obligations), ou bien, à verser une certaine somme à titre de commandite, ne fait là qu'un placement, qu'un simple acte *d'administration*, comme on dit en droit. Ainsi, il n'est engagé que jusqu'à concurrence du montant de sa mise, de son apport. Et alors, dans ce cas, les règles de sa capacité sont moins sévères : il lui suffit, pour s'engager, d'avoir seulement le droit « d'administrer » son patrimoine.

On examinera ces deux sortes d'engagements, sous les numéros qui suivent, en traitant chaque catégorie d'incapables. Voir aussi nᵒˢ 1387, 1561 et 1624.

35. — **Mineur non émancipé.** — Le mineur non émancipé, c'est-à-dire le mineur en tutelle ou sous puissance paternelle est l'incapable, au sens absolu du terme. Non seulement il n'a pas le droit de contracter, mais il n'a même pas celui d'administrer les biens qui composent sa fortune. C'est son tuteur (art. 450 C. civ.) — ou son père, s'il est sous puissance paternelle (art. 389, C. civ.) — qui les administre pour lui, et qui, seul, le représente dans tous les actes civils.

Il ne peut donc ni s'engager dans une société commerciale, comme associé ou comme commanditaire, ni même souscrire des actions de commerce, libérées ou non.

Et le tuteur peut-il, au nom de son pupille, contracter une société ? — Il ne le peut pas. Toutefois, en vertu du pouvoir qu'il a d'administrer les biens de son pupille, le tuteur peut souscrire, au nom de ce dernier, des actions libérées ou non. C'est là un acte d'administration, un placement qui n'emporte nullement la qualité de commerçant. Mais cependant, — même s'il est le père, — il ne le peut valablement qu'après avoir obtenu l'autorisation préalable du conseil de famille, et qu'après homologation par le tribunal civil de la délibération au cours de laquelle ce placement a été autorisé.

Rappelons que les capitaux d'un mineur non émancipé ne peuvent être employés que dans les conditions imposées par la loi du 27 février 1880[1].

Ce qui vient d'être dit pour le tuteur, s'applique également au père administrateur légal des biens de son enfant mineur.

36. — Mineur émancipé. — Par l'émancipation (art. 476 et suiv. C. Civ.) le mineur acquiert une capacité *relative* qui tient le milieu entre l'incapacité absolue du mineur en tutelle ou soumis à la puissance paternelle, et à la capacité absolue du majeur, maître de ses droits[2].

Ainsi, il est certains actes que le mineur émancipé peut faire seul, sans l'assistance ni l'autorisation préalable de quiconque : ce sont les actes de « pure administration ».

Il en est certains autres qu'il ne peut faire sans l'assistance de son curateur. Certains autres encore pour lesquels il est assimilé au mineur en tutelle. Et certains autres, enfin, qui lui sont entièrement interdits par la loi (Voir art. 481 et suiv. C. Civ.)

37. — Le mineur émancipé peut donc « administrer » son patrimoine, mais il ne peut « s'obliger ».

Ayant capacité pour administrer, il peut acheter des actions libé-

---

1. Voir le texte de cette loi, note du n° 1495.

2. De plein droit, le mineur est émancipé par le mariage.

A défaut de mariage, le mineur peut être émancipé :

a) Par son père — ou, à défaut du père, par sa mère — lorsqu'il a atteint l'âge de *quinze ans* révolus.

Cette émancipation s'opère par la seule déclaration du père ou de la mère reçue par le juge de paix assisté de son greffier.

b) Par son conseil de famille — quand le mineur n'a plus ni père ni mère — mais seulement lorsque le conseil de famille l'en juge capable.

Dans ce cas, il ne peut être émancipé qu'à l'âge de *dix-huit ans* révolus, et l'émancipation résulte de la délibération du conseil de famille qui l'a autorisée, et de la déclaration que le juge de paix (comme président de ce conseil) aura faite dans la même délibération « que le mineur est émancipé. »

A noter que lorsque le tuteur n'aura fait aucune diligence pour l'émancipation du mineur, dont il vient d'être question en b et qu'un ou plusieurs parents ou alliés de ce mineur, au degré de cousin germain ou à des degrés plus proche, le jugeront capable d'être émancipé, ils pourront requérir le juge de paix de convoquer le conseil de famille pour délibérer à ce sujet, et que le juge de paix devra déférer à cette réquisition.

rées et y souscrire, car c'est un placement, et un placement est un acte d'administration. Mais il ne peut souscrire des actions non libérées, cette souscription constituant pour lui, un engagement qui lui est interdit. De même il peut verser une commandite à un commerçant, car c'est, ici encore, un placement. N'étant tenu que jusqu'à concurrence de sa commandite, il ne contracte pas en effet d'engagement au delà.

38. — Enfin, il ne peut pas entrer dans une société commerciale en nom, non plus que contracter une société civile.

Du moins, il ne le peut pas seul, c'est-à-dire de sa propre autorité. Mais, ainsi qu'on va voir, il le peut lorsqu'il y est autorisé et a satisfait à certaines formalités.

39. — Pour pouvoir contracter une société, il faut avoir la capacité juridique d'être « commerçant ».

Or, la loi permet d'habiliter tout mineur à faire le commerce, à la condition qu'il soit « émancipé. »

Voici ce que dispose à ce sujet, l'article 2 du code de commerce : « Tout mineur émancipé de l'un ou l'autre sexe, âgé de dix-huit ans « accomplis qui voudra profiter de la faculté que lui accorde l'ar- « ticle 487 du code civil, de faire le commerce ne pourra en com- « mencer les opérations, ni être réputé majeur quant aux enga- « gements par lui contractés pour faits de commerce : 1° s'il n'a « préalablement été autorisé par son père ou par sa mère, en cas « de décès, interdiction ou absence du père, ou à défaut du père « et de la mère par une délibération du conseil de famille, homologuée « par le tribunal civil ; 2° si, en outre, l'acte d'autorisation n'a été « enregistré et affiché au greffe du tribunal de commerce du lieu « où le mineur veut établir son domicile. »

Ces formalités strictement remplies, le mineur a toute capacité juridique pour être commerçant ; il est (art. 487 C. Civ.) réputé majeur pour les faits relatifs à ce commerce.

Toutefois, — remarque importante — il importe, afin d'éviter des difficultés éventuelles, que l'autorisation donnée au mineur émancipé (par le père, la mère ou le conseil de famille) ne soit pas limitée, c'est-à-dire que le mineur n'ait pas simplement été autorisé à faire le commerce : il faut que cette autorisation comporte le droit de le faire *en société*, — en qualité d'associé.

Ainsi, le mineur pourra entrer dans une société commerciale soit à titre de commandité, soit à titre d'associé en nom collectif, etc., et ainsi seulement car, en dehors d'une autorisation expresse, il ne le pourrait pas.

40-1. — On notera que s'il y fait apport de biens immobiliers, l'autorisation spéciale du conseil de famille homologuée par le tribunal civil de première instance lui est nécessaire (Riom, 2 mai 1907, *Dall.* 1908, 2, 109).

40-2. — FORMULE D'AUTORISATION DONNÉE PAR LE PÈRE OU LA MÈRE. L'autorisation donnée au mineur de faire le commerce — et de le faire en société — doit être *expresse*. Elle peut être donnée par acte passé devant le juge de paix ou devant un notaire et même lorsqu'elle émane du père ou de la mère, par acte sous seing privé.

En voici le cadre :

Le soussigné M. Jean Marin... (*profession*) demeurant à..., rue... n°...
Déclare, par le présent, autoriser son fils, Louis Eugène Marin, demeurant à..., rue... n°... mineur actuellement âgé de... (*par exemple* : dix-neuf ans et huit mois) comme étant né à... le..., émancipé suivant déclaration reçue par M. le juge de paix du canton de... le... mil neuf cent vingt...

A faire le commerce de... et à contracter dans toutes sociétés constituées dans le but d'exploitation de ce commerce, et notamment dans la société... (en nom collectif, ou en commandite simple, anonyme ou en commandite par actions) que le mineur Marin se propose de contracter avec M..., avec siège social projeté à..., rue... n°.

En conséquence, le soussigné déclare autoriser son fils à faire, seul et sans autre autorisation de sa part, tous les actes et opérations relatifs aux opérations commerciales de ladite société, et à remplir les fonctions qui pourront lui être dévolues dans cette dernière, le tout de la même manière que s'il était majeur.

Déclinant dès à présent toute responsabilité quant aux obligations que le mineur pourra contracter pour les besoins du commerce social, sans aucune garantie de la part du soussigné.

Pour faire publier la présente autorisation, tous pouvoirs sont donnés au porteur d'un des exemplaires du présent.

Donné à... le... mil neuf cent vingt...

(*Signature*) [1].

---

1. L'autorisant doit faire précéder sa signature des mots : *Bon pour autorisation* écrits de sa main.

Si l'autorisation était donnée par la mère en cas de décès, d'absence [1] ou d'interdiction du père, la formule serait ainsi modifiée :

La soussignée, Mme Renée Marguerite Chaumont,... (*profession*) demeurant à..., rue... n°..., veuve de M. Jean Marin (*ou* : agissant par suite d'absence de M. Jean Marin, son mari, ladite absence déclarée par jugement rendu par le tribunal de première instance de... le..., mil neuf cent vingt... ; *ou* : agissant par suite de l'interdiction de M. Jean Marin, son mari, interdiction prononcée par jugement prononcé par le tribunal de première instance de..., le...)

Déclare, par le présent autoriser son fils, Louis Eugène Marin.... (*le surplus comme en la formule précédente*).

L'acte d'autorisation doit être rédigé sur papier timbré, enregistré (droit fixe de 6 francs) et affiché ainsi qu'il va être dit.

40-3. — AFFICHAGE DE L'AUTORISATION. — L'acte d'autorisation dont il vient d'être question doit, pour être valable à l'égard des tiers, être « enregistré » sur un registre spécialement tenu à cet effet au greffe du tribunal de commerce du lieu du siège social, et « affiché » dans l'auditoire du même tribunal.

Cette double formalité a pour objet de rendre l'autorisation publique.

Dans le cas où il n'existe pas de tribunal de commerce dans l'arrondissement où la société dans laquelle le mineur doit entrer ou aura son siège, l'enregistrement et l'affichage doivent avoir lieu au greffe du tribunal civil, ce tribunal faisant fonctions de tribunal de commerce.

41. — **Remarque.** — Ce qui vient d'être dit *suprà* n°ˢ 35 à 43 pour le mineur émancipé, s'applique également cela va de soi, à la fille mineure émancipée.

Elle peut donc, elle aussi, être habilitée à faire le commerce et contracter une société.

---

1. A bien remarquer qu'il ne s'agit pas ici de « non-présence », mais bien d'absence : l'« absent », en droit, est celui qui a disparu de son domicile depuis un certain temps, dont on est sans nouvelles aucunes et dont l'existence est devenue incertaine pour tous.

Les règles et la procédure de l'absence sont fixées par les articles 112 et suivants du code civil.

42-1. — Un mineur peut-il contracter une société avec son père ? [1]. — Aucun texte ne l'interdit et aucune considération d'ordre juridique ne semble devoir militer en faveur de l'interdiction.

Mais, dans ce cas, l'autorisation nécessaire au mineur, qui vient d'être dite, ne peut évidemment pas émaner du père, — ni même de la mère dont le consentement pourrait ne pas avoir toute la liberté désirable, c'est au conseil de famille qu'il appartient alors de donner l'autorisation nécessaire. Ainsi, en a décidé un arrêt de la cour de Paris, du 20 février 1858 (*Dalloz* 58, 2, 55).

Voir ce qui est dit sous les numéros 59 et suivants.

42-2. — Enfant naturel mineur reconnu. — Tout ce qui a été dit *supra* n°s 35 et suivants s'applique au cas d'enfant « légitime » ou *légitimé* [2]. S'il s'agit d'un enfant naturel *reconnu* [3], les mêmes dispositions sont applicables, sauf ce qui va être dit.

Il n'y a pas d' « administration légale » en cas de puissance paternelle naturelle : celui des parents naturels qui exerce la puissance paternelle n'administre les biens de son enfant mineur qu'en qualité de tuteur légal et sous le contrôle d'un subrogé tuteur qu'il doit faire nommer dans les trois mois de son entrée en fonctions ou qui est nommé d'office, conformément aux dispositions du paragraphe suivant ; il n'a droit à la jouissance légale qu'à partir de la nomination du subrogé tuteur, si elle n'a pas eu lieu dans le délai ci-dessus indiqué.

Les fonctions dévolues au conseil de famille des enfants légitimes sont remplies à l'égard des enfants naturels par le tribunal de première instance au lieu du domicile légal du parent investi de la tutelle, au moment où il a reconnu son enfant, et du tribunal du lieu de la résidence de l'enfant, s'il n'est pas reconnu ; le tribunal statue en chambre du conseil, après avoir entendu ou appelé le père et la mère de l'enfant, s'il a été reconnu, soit à la requête de l'un d'eux, soit à la requête du ministère public, soit d'office, sur toutes les questions relatives à l'organisation ou à la surveillance de la tutelle desdits mineurs.

1. Rien ne s'oppose à ce qu'une société anonyme soit constituée entre les membres d'une même famille. (Nantes, 11 décembre 1908, *Journ. des Soc.*, 1908, 130).

2. Rappelons que l'enfant né hors du mariage peut être légitimé par le mariage subséquent de ses père et mère lorsque ceux-ci l'ont légalement reconnu avant leur mariage ou qu'ils le reconnaissent dans l'acte même de la célébration.

3. Voy. art. 334 et suiv. C. civ.

Par conséquent, l'émancipation habilitant le mineur à faire le commerce — et, par suite, à être membre d'une société commerciale ne peut être prononcée que par le conseil de famille, composé comme on vient de voir, lorsqu'il s'agit d'un enfant naturel reconnu. (Voir *b*, note du n° 36).

43. — Interdit [1]. — L'interdit est assimilé au mineur, dit l'article 507 du code civil, pour sa personne et pour ses biens : les lois sur la tutelle des mineurs s'appliqueront à la tutelle des interdits.

Par conséquent, tout ce qui est dit plus haut sous le n° 30, concerne l'interdit comme le mineur non émancipé.

Mais comment s'assurer, avant de contracter, qu'une personne est en état d'interdiction ? On s'en assurera au greffe du tribunal civil et de la cour du domicile de cette personne, ainsi que dans les études de notaires de l'arrondissement de ce domicile, où, aux termes de l'article 501 du code civil, l'arrêt ou le jugement prononçant l'interdiction doit être inscrit sur un tableau spécialement destiné à cet effet.

44. — Personne pourvue d'un conseil judiciaire [2]. — Une personne pourvue d'un conseil judiciaire est inhabile à former une société civile ou à constituer une société commerciale et cela, même avec l'assistance de son conseil.

Il a même été jugé que, suivant les circonstances, une société peut être annulée si elle a été formée avec un individu contre lequel une demande en nomination de conseil judiciaire est introduite devant le tribunal (Rouen, 1er décembre 1897, *Journ. des Soc.* 1898, 317).

Toutefois, une personne pourvue d'un conseil judiciaire, peut faire partie d'une société commerciale en qualité d'associé *com-*

1. Le majeur qui est dans un état habituel d'imbécillité, de démence ou de fureur, doit être interdit, même lorsque cet état présente des intervalles lucides. (Art. 489, C. civ.).

Voir, en ce qui concerne les personnes qui peuvent provoquer l'interdiction, et la procédure en cette matière, les articles 490 et suivants du code civil.

2. Il peut être défendu aux prodigues, dispose l'article 513 du code civil, de plaider, de transiger, d'emprunter, de recevoir un capital mobilier et d'en donner décharge, d'aliéner ou de grever leurs biens d'hypothèques sans l'assistance d'un conseil qui leur est nommé par le tribunal civil du lieu de leur domicile.

Quant aux personnes qui peuvent demander la nomination d'un conseil judiciaire et à la procédure à suivre, voir les articles 514 et 515 du code civil.

mandataire, a-t-il été jugé, car, la qualité de commanditaire n'est pas incompatible avec la situation de pourvu de conseil judiciaire (Cass., 28 mars 1892. *Dalloz*, 92, 1, 265).

On notera que le moyen de s'assurer si une personne est ou n'est pas pourvue d'un conseil judiciaire est le même que celui qui a été indiqué *suprà* n° 43 pour le cas d'interdiction.

45. — Aliéné. — Aucun texte ne frappant d'incapacité absolue les individus non interdits qui sont placés dans des établissements d'aliénés, il s'ensuit que les actes passés par eux ne sont pas nuls de plein droit : ils sont seulement « annulables » lorsqu'il est établi qu'ils ont été faits en état de démence (art. 39, L. 30 juin 1838).

Conséquemment ces personnes ne sont pas incapables de contracter : et une société contractée par eux serait parfaitement valable s'il n'était pas établi qu'elle l'a été dans un moment où elles se trouvaient en état de démence.

En fait, traiter avec elles est manquer à la plus élémentaire prudence.

46. — Femme. — La capacité de la femme varie suivant que celle-ci est mariée, veuve, divorcée, séparée de corps ou séparée de biens.

Nous allons examiner ces divers états et leurs conséquences quant à la capacité de la femme.

47. — Femme mariée. — La femme mariée ne peut, en quoi que ce soit, valablement contracter sans le concours de son mari en l'acte ou son consentement par écrit (art. 217 C. civ.) Elle ne peut donc, sans ce concours ou consentement, former une société.

D'après quelques auteurs, il n'est pas nécessaire que l'autorisation du mari soit expresse : une autorisation tacite résultant des circonstances (par exemple la non-opposition du mari) suffit. Voir en ce sens, un vieil arrêt de Cassation du 27 avril 1841 (*Sirey*, 41, 1, 385).

Mais, à tous égards — et l'on ne saurait trop le recommander à ceux qui se proposent de contracter avec une femme mariée — il est de beaucoup préférable d'exiger que celle-ci rapporte une autorisation écrite de son mari. On évitera ainsi des difficultés dont les conséquences pourraient être graves.

Et, ici, de même que pour le mineur émancipé, une autorisation générale de faire le commerce est insuffisante (voir n° 39), une autorisation spécialement donnée en vue de la société à contracter est nécessaire (Cass. 8 décembre 1891, *Sirey*, 92, 1, 393, 1er mars 1897, *Sirey*, 97, 1, 352) [1].

Avec une telle autorisation la femme est habile à faire partie d'une société en nom collectif ou en commandite, à faire partie du conseil d'administration d'une société anonyme, à être nommée administratrice déléguée, etc.

Voir une formule d'autorisation :

Le soussigné... (*prénoms, nom, domicile et qualité*) demeurant à..., rue... n°...

Déclare, par le présent, autoriser spécialement Mme..., son épouse, *prénoms et nom de jeune fille*) demeurant avec lui, à contracter dans la société en nom collectif (ou : en commandite simple, *ou* anonyme, *ou* en commandite par actions) que Mme... se propose de contracter avec M... demeurant à..., rue... n°..., et M... demeurant à..., rue... n°..., la société projetée ayant pour objet.., avec siège social à..., rue... n°...

(*S'il y a lieu* : A souscrire tel nombre d'actions que bon semblera à Mme..., dans ladite société, à libérer celles-ci, à assister à toutes assemblées constitutives ou autres ordinaires ou extraordinaires, ainsi qu'à accepter toutes fonctions qui pourraient, le cas échéant, lui être dévolues dans cette société, soit comme membre du conseil d'administration, soit même comme administratrice déléguée).

(*S'il y a lieu également* : Faire, à ladite société tous apports en numéraire ou en nature que bon semblera à Mme... et notamment y apporter... [*indication de l'apport spécialement autorisé*].)

En conséquence, le soussigné déclare autoriser Mme... à faire seule et sans son assistance tous les actes et opérations commerciales nécessités par l'objet de la société (ainsi que tous ceux relatifs aux fonctions sociales qui pourraient lui être confiées).

Pour faire publier la présente autorisation tous pouvoirs sont donnés au porteur d'un des exemplaires du présent acte.

Donné à... le... mil neuf cent vingt...

(*Signature*) [2].

---

1. Ceci s'explique en raison de ce que si l'autorisation générale de faire le commerce est essentiellement révocable, il n'en est pas du tout de même de l'autorisation de s'associer donnée à la femme : cette dernière autorisation ne peut plus en effet être révoquée, tant que dure la société (Cass. 4 juillet 1888, *Sirey*, 91, 1, 113). Par là, on voit quel intérêt le mari a de connaître les personnes avec lesquelles sa femme se propose de s'associer.

2. L'autorisant doit faire précéder sa signature des mots :

Bon pour autorisation maritale

Les formalités imposées pour une telle autorisation sont identiquement les mêmes que celles imposées à l'autorisation donnée au mineur émancipé ; on se reportera donc à ce qui a été dit à ce sujet *suprà* nᵒˢ 40-2, *in fine* et 40-3 [1].

48. — Remarque. — D'après un arrêt de la Cour de Paris, du 14 juin 1907, — et il est d'autres décisions en ce sens, — une femme mariée sous le régime de la communauté peut, avec l'autorisation de son mari, faire à une société formée entre elle et des tiers, apport d'un bien appartenant à la communauté. (*Journ. des Soc.* 1908, 498, — *Rev. des Soc.* 1907, 428).

49. — D'autres décisions, il résulte que, en cas de régime dotal [1], et lorsque la femme a le droit, en vertu d'une clause expresse de son contrat de mariage, d'aliéner ses biens « dotaux » immobiliers, ces biens peuvent faire l'objet d'un apport par elle en société, attendu que cet apport ne constitue autre chose qu'une manière d'aliénation ; et que lorsque l'apport ainsi fait est payé en actions par la société, le remploi imposé par le contrat de mariage n'est obligatoire que lors de la cession des actions d'apport ou de la liquidation de la société (Not. Trib. civ. Seine, 2 août 1900, *Journ. des Soc.* 1901, 176). — Voir nᵒ 373.

Quand son contrat de mariage ne lui permet pas d'aliéner ses biens dotaux, la femme mariée sous le régime dotal ne peut engager que ses biens « paraphernaux » puisque dans ce cas ses biens dotaux sont inaliénables, même du consentement du mari [3].

---

1. La femme mariée pourrait-elle, lorsque son mari refuse son autorisation, se faire autoriser par justice à contracter seule une société ? — D'après l'opinion générale des auteurs, la femme ne peut, lorsque le mari lui refuse son autorisation, se faire autoriser par justice à faire le commerce, — et, partant, à contracter une société.

Toutefois la jurisprudence tend de plus en plus à admettre le contraire.

2. Sous le régime dotal, la dot de la femme est *inaliénable* ; l'administration et les revenus en appartiennent exclusivement au mari pour le support des charges du ménage.

Les biens dotaux sont ceux qui sont constitués en dot à la femme.

Les modalités de ce régime matrimonial, très rigoureuses, mais que les intéressés ont le droit d'atténuer dans une certaine mesure, sont fixées par les articles 1542 et suivants du code civil.

3. On entend par biens paraphernaux, les biens extradotaux d'une femme mariée sous le régime dotal, autrement dit ce qui reste en dehors de la dot qu'elle s'est constituée et qu'elle a apportée à son mari.

A la différence des biens dotaux (Voy. note précédente) les biens paraphernaux

50. — L'incapacité civile de la femme mariée dont il vient d'être question sous les n°ˢ 47 et suivants, n'emporte interdiction pour elle de contracter sans autorisation maritale qu'en matière de société en nom collectif ou en commandite simple, et qu'en matière de société civile : la femme mariée ayant parfaitement le droit de souscrire des actions libérées de sociétés anonymes et de sociétés en commandite par actions, souscriptions qui ne sont autres que de simples « placements » (voir n° 35)

Il en est ainsi plus spécialement encore et *à fortiori* de l'emploi que fait la femme mariée, conformément à la loi du 13 juillet 1907, des capitaux composant le produit de son travail personnel, et des économies en provenant.

51. — En ce qui concerne la question de savoir si une femme peut contracter une société particulière avec son mari, voir n°ˢ 63 et suivants.

52. — Femme veuve. — N'étant plus soumise à l'autorité maritale, et ayant, à partir du moment du décès de son mari, recouvré le plein exercice de sa capacité de contracter qu'elle possédait, étant fille majeure, au moment de son mariage, la femme veuve est habile à contracter toutes sociétés civiles et commerciales.

53. — Femme divorcée. — De même que la mort, le divorce dissout les conventions matrimoniales ; la communauté, s'il y en a une, est liquidée ; chaque époux reprend l'entière administration de son patrimoine.

D'autre part, à compter du jour où le divorce est devenu définitif par la transcription sur les registres de l'état civil du jugement qui l'a prononcé, la femme est totalement affranchie de l'autorisation maritale.

Par suite, elle a, dès lors, pleine capacité pour contracter seule et sans autorisation de quiconque, toutes sociétés civiles et commerciales.

---

sont de droit, quittes de toute contribution aux charges du ménage. Leurs revenus appartiennent à la femme qui en a la libre disposition, à moins que tous ses biens soient paraphernaux, auquel cas la femme contribue aux charges du ménage à concurrence du tiers de ses revenus.

La femme a l'administration et la jouissance de ses biens paraphernaux, mais elle ne peut les aliéner sans l'autorisation de son mari.

Le régime des biens paraphernaux est réglé par les articles 1574 et suivants du code civil.

54. — FEMME SÉPARÉE DE CORPS. — La séparation de corps a
pour effet (art. 311 § 3, C. civ.) de rendre à la femme le plein exercice de sa capacité civile, sans qu'elle ait besoin de recourir à l'autorisation de son mari, ou de justice.

Par suite, elle peut, elle aussi, contracter toutes sociétés civiles
ou commerciales sans autorisation de quiconque.

55-1. — FEMME SÉPARÉE DE BIENS. — La femme séparée de biens —
contractuellement ou judiciairement — étant demeurée soumise à
l'autorité maritale ne peut contracter une société, civile ou commerciale, sans l'autorisation de son mari.

Tout ce qui a été dit précédemment sous les numéros 46 à 51
s'applique aussi bien à la femme séparée de biens qu'à la femme
soumise à tout autre régime matrimonial.

55-2. — FEMME MARIÉE MINEURE. — La femme mariée, mineure,
étant émancipée par son mariage, est habilitée à faire le commerce
et, par suite, à contracter une société si, bien entendu l'autorisation
lui en est donnée par son mari de façon expresse, de la manière
indiquée *suprà* n° 47.

Toutefois, il faut noter que cette question est controversée[1].

56. — Failli. — Aux termes du paragraphe 1ᵉʳ de l'article 443
du code de commerce, le jugement déclaratif de la faillite emporte
de plein droit, à partir de sa date, dessaisissement pour le failli de
l'administration de tous ses biens, même de ceux qui peuvent lui
échoir tant qu'il est en état de faillite.

D'où il suit que, son patrimoine étant, dès cette date, devenu
pour lui indisponible, il se trouve dès lors dans l'impossibilité d'en
pouvoir faire l'apport à une société.

Mais si le jugement déclaratif de faillite emporte, pour le failli,
dessaisissement de l'administration de son patrimoine, ainsi qu'on
vient de le voir, il n'emporte nullement, pour lui, incapacité de contracter.

Conséquemment, rien ne s'oppose à ce qu'il contracte et s'oblige,
dans une société, à la seule condition que son engagement nouveau
ne diminue en rien le gage de ses créanciers ; ce qui emporte pour

---

1. Dans notre sens, RUBEN DE COUDER, Dictionnaire de Droit commercial, FEMME
n° 137.

lui interdiction absolue de faire apport de tout ou partie des biens de l'administration desquels il est dessaisi. Il s'ensuit donc qu'il peut apporter son « industrie » à une société, même lorsque sa faillite est clôturée pour insuffisance d'actif.

57. — Ayant obtenu son concordat, et celui-ci étant homologué, le failli recouvre la disposition absolue de ses biens et rien ne s'oppose à ce qu'il en fasse alors l'apport à une société.

58. — **Liquidé judiciaire.** — Ce qui vient d'être dit sous les deux numéros qui précèdent s'applique également au liquidé judiciaire.

59. — **Auteur et son ou ses successibles.** — On a vu précédemment (n° 42)[1] qu'un mineur peut valablement contracter une société avec son père, l'association entre successibles étant permise par la loi, aux termes de l'article 854 du code civil ainsi conçu : «... il « n'est pas dû de rapport[2] pour les associations faites sans fraude « entre le défunt et l'un de ses héritiers, lorsque les conditions en ont « été réglées par un acte authentique. »

Mais, on voit, d'après ce texte, que, bien qu'une telle société soit valable, il importe, pour que le ou les coassociés successibles ne soient pas, plus tard, astreints au « rapport » à la succession de leur auteur, que la société soit constatée par acte authentique. C'est une condition essentielle, à défaut de laquelle le rapport des bénéfices réalisés par le successible dans la société ainsi constituée, serait incontestablement dû.

Ainsi il a été jugé notamment :

Que les bénéfices qu'un successible a tirés d'une société (dans l'espèce une association en participation) formée entre le défunt et lui, sans que les conditions en aient été réglées par acte authentique,

---

1. Voir la note du même numéro.

2. En droit français, l'égalité est l'âme des partages : tous les enfants d'une personne décédée ont droit — sans distinction d'âge ni de sexe — à une part égale dans la succession du *de cujus*.

C'est pour maintenir cette égalité que la loi a institué l'obligation du *rapport*.

Le « rapport » est l'obligation imposée par la loi à tout héritier, venant en ordre utile dans une succession, de remettre, de « rapporter » à la masse active de cette succession, tout ce qu'il a reçu du défunt par donation entre vifs directement, ou indirectement, à moins que les dons ne lui aient été faits expressément « par préciput et hors part » ou « avec dispense de rapport » (art. 843 C. civ.).

sont soumis au rapport; alors même que l'existence et la sincérité
de cette société sont certaines. (Paris, 28 décembre 1854, *Dalloz*, 56,
2, 279, — et sur pourvoi, Cass. 31 juillet 1855, *Dalloz*, 55, 1,
286, — Paris, 2 août 1860, *Dalloz*, 62, 1, 140). Qu'il en est
ainsi, même si l'acte sous seing privé a été enregistré (Cass. 29 décembre 1858, *Dalloz*, 51, 1, 219)... et publié dans les formes légales.
(Cass. 31 juillet 1855 précité). Mais, en ce cas, il peut être accordé
une indemnité au successible pour son concours aux affaires de la
société et les risques courus par ses capitaux (Cass. 17 août 1864,
Sirey, 65, 1, 121).

Que l'héritier qui a reçu à titre gratuit le capital d'une commandite et la part attribuée au commanditaire dans les bénéfices de la
société, en doit le rapport à la succession du donateur (Bordeaux,
10 mars 1892, *Dalloz*, 92, 2, 351).

60. — Malgré le texte formel de l'article 854, la jurisprudence
admet un tempérament à ce principe.

Jugé ainsi :

Que le seul fait que l'acte d'association entré le *de cujus* et son
héritier n'a pas été dressé en la forme authentique, n'entraîne pas
nécessairement le rapport à la succession, des bénéfices réalisés
par l'héritier, s'il est prouvé que ces bénéfices ne constituent pas
des libéralités, mais doivent être considérés comme une juste rétribution du concours apporté par l'héritier dans les affaires sociales
et du risque couru par ses capitaux. (Douai, 21 juin 1906, *Dalloz*,
1908, 2, 225).

Que la règle d'après laquelle les tribunaux peuvent, suivant les
circonstances, décider que le défunt a eu l'intention de dispenser
le donataire du rapport, s'applique également au cas où les avantages résultant pour un héritier d'une association ayant existé entre
lui et le *de cujus*, ne jouissent pas de la dispense de rapport résultant de l'article 854 du code civil, par suite de ce que l'acte de
société n'a pas eu l'authenticité exigée par cet article. (Paris, 28 décembre 1854, précité. — V. aussi Cassation 31 décembre 1855,
Dalloz, 56, 1, 359).

61. — Dans ce cas spécial, on le voit, la forme authentique empêche toute difficulté quant au rapport, et donne toute sécurité au
successible à cet égard.

La société constituée par acte authentique entre le défunt et l'un de ses héritiers ne donne pas lieu à rapport lorsque l'héritier est associé aux mêmes conditions que le serait un étranger ; il importe peu, par suite, que la part de bénéfice accordée à cet héritier soit supérieure à sa part dans l'actif social, s'il peut être utile à la Société par son industrie ou par son travail. (Douai, 21 juin 1906, précité [1]).

62. — Etranger: — En France, le commerce est libre ; conséquemment, tout étranger est admis à y exercer un commerce au même titre que les nationaux (sauf certains droits privés) même s'il n'a pas été autorisé à domicile.

Il s'ensuit qu'il peut constituer toute société civile ou commerciale ou s'y intéresser en qualité d'associé, en nom collectif, de commandité, de commanditaire, etc, sans formalité spéciale et sous la seule réserve — comme tout autre — de se soumettre aux prescriptions des lois régissant la société dans laquelle il est intéressé.

63-1. — Société entre époux. — La loi n'a prévu nulle part la nullité de la société constituée entre époux, mais, bien qu'il n'y ait pas unanimité chez les auteurs la majorité, en doctrine, et une jurisprudence constante, admettent cette nullité.

Évitant toute discussion doctrinale, et nous en tenant seulement à la jurisprudence, on doit donc conclure que toute société — ou association — existant entre époux est nulle.

Et cela, aussi bien lorsque la société est postérieure que lorsqu'elle est concomitante ou antérieure au mariage. Fort nombreuses sont les décisions en ce sens. *Not.* : Paris, 14 avril 1856, *Dalloz*, 56, 2, 231, — 9 mars 1859, *Dalloz*, 60, 2, 12. Cass. 7 février 1860 *Sirey* 60, 1, 414, — Trib. de Comm. Seine, 12 novembre 1869, *Journ. des Trib. de comm.* p. 194. — Cass. 6 février 1888, *Dalloz*, 88, 1, 401, — 8 décembre 1891, *Dalloz*, 92, 1, 117, — 27 juin 1893, *Sirey*, 94, 1, 25, Paris, 10 décembre 1896, *Dalloz*, 97, 2, 125, — Agen, 22 mars 1899, *Dalloz*, 99, 2, 474, Nîmes, 24 avril 1900, *Sirey*, 1902, 2, 302. — Nancy, 9 février 1901, *Dalloz*, 1902, 2, 140, *Sirey*, 1905, 2, 30 *Journ. des Not.*, 27, 413. — Cass. 23 avril 1902, *Dalloz*,

---

1. Jugé que la règle en vertu de laquelle le rapport est dû par le successible, des gains réalisés par lui dans une société conclue avec le défunt, par acte sous seing privé, ne peut pas être étendue à la société formée entre le défunt et le conjoint du successible ; que ce conjoint ne saurait être considéré comme personne interposée (Aix, 14 avril 1858, *Dalloz* 59, 1, 219, — Dijon, 23 janvier 1866, *Sirey*, 66, 2-196.)

1902, 1, 309, — 9 mai 1902. *Dalloz*, 1903, 1, 207. — Grenoble 21 mai 1902, *Dalloz*, 1903, 5, 690. — Cassation 11 avril 1906, *Dalloz*, 1908, 1, 284, — 19 mai 1908, *Dalloz* 1908, 1, 359, *Journ. des Not.* 29,615. — 23 janvier 1912, *Journ. des Soc.* 1912, 426 ¹. *Journ. des Not.*, 30,738, — et 3 juillet 1917, *Ibid.* 32,399, obs.).

D'après la jurisprudence, cette nullité est d'ordre public, comme dérogeant au principe de l'immutabilité des conventions matrimoniales, et comme portant atteinte aux règles de l'autorité maritale. D'où il suit que le mariage entre deux associés entraîne nécessairement la dissolution de la société, laquelle n'a plus, dès lors, qualité pour ester en justice (Nîmes, 18 décembre 1886, *Dalloz*, 86, 1, 117, *Sirey*, 87, 1, 384. Paris, 23 mai 1919, *Gaz. des Trib.* 12 octobre 1919, *Journ. des Not.*, 32,399 et *Rec. Gaz. des Trib.* 1919, 2, 343). Et dans ce cas, on admet seulement qu'il y a une société de fait.

63-2. — Donc, le mariage des associés — et peu importe qu'il soit postérieur ou antérieur à la constitution de la société, — entraîne la dissolution de celle-ci.

Mais il est bien évident que ceci n'a lieu que dans les sociétés constituées en considération de la personne de l'associé *intuitu personæ ;* en d'autres termes dans les sociétés en nom collectif et en commandite simple ², — et non pas dans les sociétés par actions sociétés en commandite ou anonymes, où le mari et la femme peuvent très bien se trouver tous deux actionnaires sans que résulte de ce fait la dissolution de la société. Aussi bien, serait-il difficile de concevoir que la société du canal de Suez serait dissoute du fait qu'une de ses actionnaires aurait épousé un de ses actionnaires. Il sera revenu sur cette question *infrà* n° 65.

63-3. — Jugé que le mari, chef de la communauté conjugale a le droit d'insérer dans le contrat de société qu'il passe avec des tiers, une clause ayant pour objet de maintenir l'existence de la

---

1. Dans le même sens, Paris 24 janvier 1885, (*Dalloz*, 88, 1, 401). Cet arrêt décide en outre que lorsqu'elle figure dans l'acte de société, la femme ne doit pas être considérée comme associée, s'il résulte des qualités de l'acte que les deux époux ont été considérés comme ne constituant qu'une seule partie et si, en conséquence, il ne leur a été ouvert qu'un compte pour tous les deux conjointement sur les livres de la société. Et ce, alors même que la signature sociale aurait été attribuée à la femme et qu'il aurait été stipulé que la société continuerait à subsister, en cas de prédécès du mari, entre elle et le tiers associé.

2. Et dans les sociétés civiles.

société jusqu'au terme convenu afin d'éviter une liquidation inopportune et ruineuse. Ainsi, il peut stipuler que dans le cas où sa femme ou lui viendrait à mourir avant ce terme, le survivant recueillerait, à partir du décès de son conjoint, la part intégrale, tant en prélèvements qu'en bénéfices, attribuée à ce dernier, la succession de l'époux prédécédé ne pouvant réclamer que les sommes qui seraient dues à cet associé à raison de son compte courant dans la société. Des stipulations de cette nature, faites sans fraude dans l'intérêt de la société ne sauraient être déclarées nulles comme contraires à l'ordre public [1] (Paris, 24 janvier 1885, *Dalloz*, 88, 1, 401).

64. — En résumé, deux époux peuvent faire partie de sociétés différentes ; la femme peut être habilitée par son mari (voir nos 46 et suiv.) pour contracter une société avec un ou plusieurs tiers ; mais les deux époux ne peuvent valablement contracter dans une même société, fût-ce même à côté de tiers (Nîmes, 24 août 1900, *Rev. des Soc.* 1900, 397). Et cela, quel que soit leur régime matrimonial (même celui de la séparation de biens) et quelle que soit la forme de société envisagée ou d'association.

Toutefois, lorsqu'il est établi, en fait, que les intérêts des époux n'ont pas été divisés (autrement dit qu'ils n'ont pas fait d'apports distincts et que, mariés sous le régime de la communauté, ils avaient en agissant le même intérêt) une femme pourrait cependant figurer avec son mari dans une société constituée avec des tiers (Nîmes, 24 avril 1900, préc. Nancy, 9 février 1901, préc. Trib. civ. Seine, 6 mars 1891 et 18 février 1896, *Jour. des Soc.* 1896, 437, 19 décembre 1903, *Journ. des Soc.* 1904, 228).

65. Lorsqu'il s'agit d'une société de capitaux dans laquelle chacun des époux placerait des fonds par le moyen de souscriptions d'actions dans une société anonyme, ou de versement de commandite, la nullité de la société ne s'expliquerait pas en raison de ce que, ici, les intérêts des époux ne sont pas divisés. Il apparaît donc,

---

1. Ni comme contenant une donation nulle d'après les articles 1097 et 1099 du code civil.

Mais de telles stipulations, s'il en résulte un avantage pour l'un des époux, donnent lieu à « récompense » à la communauté conjugale par application de ce principe qu'aucun des époux ne doit s'enrichir au détriment de celle-ci.

À noter encore que le fonds social est la propriété exclusive de la société ; que, par suite, il n'entre pas dans la communauté légale existant entre un associé et sa femme.

et de nombreux auteurs l'admettent très justement, que deux époux peuvent valablement se rencontrer soit dans une société anonyme comme actionnaires souscripteurs (mais non pas, notons-le, comme actionnaires apporteurs) soit dans une société en commandite, comme commanditaires.

Toutefois deux époux ne pourraient pas figurer parmi les sept associés qui sont obligatoires pour la constitution d'une société anonyme car ils ne compteraient que pour une tête et le nombre d'associés exigé par la loi ne serait pas atteint (Cassation 14 décembre 1881, *Sirey*, 83, 1, 33). Dans ce cas, il faudrait qu'il y ait six associés indépendamment du mari et de la femme.

66-1. — La nullité d'une société contractée entre époux ou entre deux époux et des tiers n'empêche pas qu'une société de fait ait existé et, conséquemment la liquidation s'en imposera (Cassation 7 mars 1888 *Journ. des Not.* 23,999 — 27 juin 1893, préc.— Grenoble 21 mai 1902, préc., — Cassation 19 mai 1908, préc.).

En effet, cette nullité ne met pas obstacle à ce qu'une telle association, alors qu'elle a un but licite, ne produise des rapports de fait dont l'équité exige qu'il soit tenu compte entre les deux associés (Indépendamment des arrêts qui viennent d'être cités : Cassation, 5 mai 1902, *Dalloz*, 1903, 1, 207, 11 avril 1906, *Dalloz*, 1908, 1, 284).

La jurisprudence considère donc, comme on voit, les sociétés entre époux comme des sociétés de fait jusqu'au jour où leur nullité est prononcée. (Voy. *infrà* n° 1239-2).

66-2. — **Sociétés entre concubins** — Contrairement à ce qu'il en est en matière de sociétés entre époux, les sociétés entre concubins sont parfaitement valables. Aussi bien, est-ce logique, car ici les arguments en vertu desquels la nullité des sociétés entre époux est admise, n'existent plus. Il ne peut, en effet, y avoir atteinte aux droits maritaux ni à l'immutabilité des conventions matrimoniales. Et, au surplus, il n'existe aucune raison particulière pour qu'on puisse interdire à deux personnes qui, bien que vivant une vie commune, sont, en droit, étrangères l'une à l'autre, de s'associer, alors que le droit de s'associer est accordé par la loi à toutes personnes étrangères entre elles, de la façon la plus large.

Toutefois, quand nous disons que les sociétés entre concubins sont valables, entendons-nous bien : encore faut-il ajouter : à la condition qu'elles aient un objet licite, c'est-à-dire la collaboration commune à une entreprise commune dans le but d'en partager les bénéfices.

Car il est bien évident que si tel n'était pas le but, si celui-ci était par exemple, pour un des concubins de retenir l'autre dans ses relations illégitimes, le contrat serait nul et sans effet, comme ayant une cause contraire aux bonnes mœurs (art. 1133, C. ci.).

66-3. Le plus habituellement, les sociétés entre concubins ne sont pas régulièrement constatées par écrit et publiées ; elles existent à l'état de sociétés créées de fait. Pour cette raison, en reparlerons-nous lors de l'étude de cette catégorie spéciale de sociétés. Voir à ce sujet *infrà* n°ˢ 780 et suivants.

67. — Qu'advient-il dans le cas où **une société a été contractée avec une personne inhabile à contracter** ? Ainsi qu'il a été dit sous le n° 64 la société constituée entre deux époux est nulle : c'est le seul cas de nullité radicale de société.

Toute autre contractée par un incapable est, non plus ainsi radicalement nulle, mais simplement « entachée » de nullité. Cette nullité est purement *relative*, ce qui signifie qu'une décision de justice est nécessaire pour prononcer l'annulation de la société, et que tant qu'une telle décision n'a pas été rendue, cette société existe et vaut comme toute autre société régulière.

Qui est recevable à demander cette nullité ? L'incapable seul et ses représentants légaux, bien entendu à l'exclusion de tous ceux qui ont contracté avec lui, et ce, en conformité de la règle posée par l'article 1125 du code civil (Trib. de com. Seine, 18 décembre 1907, *Journ. des Soc.* 1908, p. 278).

68. — Mais, est-ce à dire que les associés capables qui ont contracté avec lui soient entièrement désarmés et impuissants devant le vice de nullité qui pèse sur leur société et dans l'incertitude préjudiciable où ils se trouvent, résultant de ce qu'ils sont constamment sous la menace d'une nullité ?

Les auteurs les plus autorisés décident que non, et ce, avec juste raison, car, aussi bien, importe-t-il de sauvegarder les intérêts légitimes des associés ainsi que ceux des tiers. Il y a lieu de tenir compte, disent MM. Lyon-Caen et Renault [1] de ce que la société est

---

1. *Traité de Droit commercial*, T. II, première partie, n° 81.

un contrat successif ou continu. Sans doute, pour le passé, l'associé incapable peut, selon son intérêt, tenir la société pour valable ou en demander l'annulation. Mais pour l'avenir, il ne peut contraindre ses associés à rester avec lui en société sous la menace perpétuelle d'une demande en nullité. Ceux-ci peuvent le mettre en demeure d'opter entre le maintien de la société ou la nullité dont lui seul peut se prévaloir, dérivant de son incapacité.

Ils ne bénéficient toutefois de cette faculté que si l'incapacité a cessé et que s'ils sont de bonne foi, autrement dit s'ils ont ignoré l'incapacité de celui avec lequel ils ont contracté.

Si en présence de cette mise en demeure, l'incapable déclare tenir la société pour valable, cette option, faite en période de capacité, vaut « confirmation » de l'acte contre lequel la loi admettait l'action en nullité, (art. 1338 C. civ.) ; par suite, la société est considérée avoir toujours été valable.

Si, au contraire, l'incapable se décide pour la nullité, il devra exercer l'action que lui confère l'article 1125 du code civil. Et dans le cas où il n'exercerait pas son action en nullité, ses coassociés capables, se basant sur sa décision, et trouvant un juste motif de dissolution dans l'incertitude où il les laisse, seraient en droit de demander au tribunal — et d'obtenir — la dissolution de la société (art. 1871, C. civ.).

§ III. — *Objet certain.* —

69. Objet social. Un « objet certain qui forme la matière de l'engagement » est une des quatre conditions essentielles qu'exige l'article 1108 du code civil pour la validité de toute convention.

En notre matière ce sont les « apports », la « mise en commun » qui constituent l'objet social.

Il en sera question plus loin sous les nᵒˢ 178 et suivants.

§ IV. — *Objet licite.*

70. — Objet ou cause licite. — Toute société, dit l'article 1833 du code civil, doit avoir un « objet licite ». Il faut entendre ici par objet le « but » de la société ou plus exactement le but de l'entreprise en vue de l'exploitation de laquelle la société est créée.

D'après l'article 1133 du code civil, la cause est illicite quand elle est prohibée par la loi, quand elle est contraire aux bonnes mœurs ou à l'ordre public.

71. — Jugé (Lyon, 13 octobre 1908, *Journ. des Soc.* 1909, 325) que le caractère illicite d'une société se détermine non pas par ses actes illicites en eux-mêmes, mais uniquement par son objet.

72. — Indiquer tous les cas où l'objet social est illicite serait chose extrêmement difficile, sinon impossible ; aussi bien, cette désignation devrait-elle embrasser, comme le disent Nyssens et Corbiau [1] « le champ illimité de la perversité humaine ».

On va voir d'après la jurisprudence, et à simple titre indicatif quelques-uns de ces cas.

73. — Sont nulles pour cause d'objet illicite les sociétés constituées :

Pour faire la contrebande, aussi bien en France qu'à l'étranger. (Douai, 11 novembre 1907, *Dalloz*, 1908, 2, 15, *Journ. des Soc.* 1909, 13).

Pour frauder le fisc (Cassation 8 novembre 1880, *Dalloz*, 81. 1. 115).

Pour l'exploitation d'une maison de tolérance.

Pour exploiter un trafic d'influence (Cassation 24 février 1893, *Dalloz*, 93, 1, 393).

Pour pratiquer l'usure, fabriquer de la fausse monnaie, ou fabriquer et vendre les objets dont l'Etat s'est réservé le monopole (allumettes, tabac, cartes à jouer, poudre de chasse, de guerre, de mines, etc.).

Pour publier et vendre des gravures ou livres obscènes.

74. — Sont encore nulles, comme ayant un objet illicite, les sociétés constituées :

Pour entraver la liberté du commerce ou des conventions (Bordeaux, 2 janvier 1900, *Sirey*, 1901, 2, 225), ou la liberté des enchères, Seine, 8 décembre 1887, *Rev. des Soc.* 1888, 67).

Entre deux huissiers, pour l'exploitation de leurs offices en commun (Toulouse, 18 janvier 1866, *Dalloz*, 66, 2, 6; Pau, 8 juin 1891, *Dalloz*, 92, 2, 174).

1. Tome 1, n° 46.

Pour l'exploitation soit entre confrères soit avec des tiers d'une étude d'avoué (Cass. 26 février 1851, *Sirey*, 51, 1, 327), de notaire (Cassation 15 janvier 1855, *Sirey*, 55, 1, 257) d'une charge de courtier maritime (Cassation 25 janvier 1887, *Sirey*, 87, 1, 224).

Pour la fabrication et la vente de remèdes secrets (Paris, 5 février 1889, *Dalloz*, supplément, Sociétés, n° 92, Cassation 23 mai 1905, *Sirey*, 1906, 1, 275, *Dalloz*, 1906, 1, 412).

Pour l'exploitation d'une officine de pharmacie entre un pharmacien diplômé et un ou des tiers, alors même que ceux-ci ne seraient que commanditaires ou bailleurs de fonds (Paris, 28 juin 1898, *Sirey*, 99, 1, 71, Trib. de Comm. Seine, 25 octobre 1899, *Journ. des Soc.* 1900, 228, Trib. de Comm. Seine, 29 avril 1909, *Rev. des Soc.* 1910, 206). Voir n° suivant.

Pour l'exploitation d'un cabinet médical (Alger, 11 mars 1894, *Sirey*, 95, 2, 237). Voir n° suivant.

Pour l'exploitation d'un cabinet de chirurgien-dentiste entre un dentiste et une personne non pourvue du diplôme de chirurgien-dentiste, si cette dernière devait donner des soins nécessaires à la bouche. (Cassation, 19 novembre 1895, *Dalloz*, 96, 1, 300). Voir n° suivant.

Pour acheter des valeurs à lots et faire participer les adhérents au bénéfice des tirages auxquels ces valeurs participent (Seine, 16 octobre 1902, *Rev. des Soc.* 1903, 23).

Pour l'exploitation d'une maison de jeu (Cassation 16 août 1864, *Dalloz*, 65, 1, 192) sauf, évidemment, dans les cas prévus par la loi du 15 juin 1907 concernant les cercles et les casinos des stations balnéaires, thermales ou climatériques (Trib. de Grasse, 5 avril 1911, *Gaz. des Trib.* 12 juill. 1911).

Pour l'exploitation de loteries, en France, non autorisées (Cassation 18 décembre 1899, *Dalloz*, 1903, 1, 369).

Pour hausser, accaparer ou monopoliser les marchandises ou denrées (Seine, 26 septembre 1898, *Journ. des Soc.* 99, 96).

Pour organiser et exploiter la circulation d'effets de complaisance (Amiens, 4 mai 1878, *Dalloz* supplément, Sociétés, n° 89), dans le but de se créer un mutuel crédit.

75. — Si, comme on vient de le voir, un pharmacien ne peut valablement s'associer avec un non-pharmacien pour l'exploitation d'une officine pharmaceutique, un pharmacien peut parfaitement, par contre, s'associer avec un ou plusieurs pharmaciens diplômés pour une telle exploitation (Riom, 16 juin 1906, *Journ. des Soc.* 1910, 118).

De même, un médecin peut valablement s'associer avec un ou plusieurs tiers non diplômés, pour l'exploitation d'une clinique ou d'une maison de santé, dont la direction médicale lui est exclusivement réservée. (Seine, 3 juin 1901, *Gaz. des Trib.* 1902, 2, 494, Seine, 6 décembre 1999, *Journ. des Soc.* 1900, 320. — V. aussi Seine, 20 janvier 1905, *Gaz. des Trib.* 1er mars 1905).

De même encore, une société peut être valablement constituée pour l'exploitation d'un cabinet dentaire entre un dentiste diplômé et un mécanicien dentiste dont le rôle consisterait exclusivement à fabriquer des pièces dentaires (Rouen, 26 juillet 1906, *Dalloz*, 1907, 2, 334).

76. — Par contre, la loi du 2 juillet 1862 autorise les agents de change à s'adjoindre, pour l'exploitation de leur charge, des bailleurs de fonds et à constituer ainsi avec eux une sorte de société en commandite.

Pareillement, les facteurs à la halle, peuvent valablement constituer une société pour l'exploitation de leurs fonctions; lesquelles constituent une simple agence de commission et non pas une charge publique (Cassation 30 avril 1900. *Gaz. des Trib.* 1er septembre 1900).

77. — Ajoutons qu'un pharmacien, un notaire, un avoué ou un huissier peuvent parfaitement prendre des élèves ou des clercs et leur payer, en plus de leurs appointements fixes, une part dans les bénéfices réalisés par l'officine ou par l'étude.

Rien ne s'oppose à ces conventions, lesquelles, remarquons-le, ne sont citées ici que pour mémoire, en raison de ce qu'elles ne constituent ni une association en participation, ni à plus forte raison, une société : il s'agit exclusivement là, d'un contrat de louage de services avec allocation d'un complément de traitement par le moyen d'une participation proportionnelle.

FORMULES

Sous les numéros qui suivent, sont données un certain nombre de formules variées à titre d'exemples. Nous avons tenu à en insérer de nombreuses afin que, soit en les prenant séparément, soit en les combinant, les intéressés puissent arrêter celle qui leur paraîtra le plus exactement s'appliquer à leur cas.

78. — Camionnage.

La Société a pour objet :

L'entreprise de camionnage et de roulage et toutes opérations commerciales et industrielles ou financières pouvant se rattacher directement ou indirectement à cet objet.

79. — Transports.

La Société a pour objet :

1° Le transport par toutes voies maritimes ou fluviales ainsi que par voie de terre, de toutes marchandises et de tous produits ;

2° L'exécution des travaux de manutention, embarquement, débarquement, transbordement et remorquage des marchandises et produits de toute nature ;

3° L'exécution des opérations de toute nature se rapportant à l'exploitation et à la vie du navire : achats, ventes, consignations, affrétements, réception, expédition, fournitures, approvisionnements, travaux, représentations, transports, chargements, déchargements, c'est-à-dire toutes les opérations comprises sous le terme général de « shipping ».

4° L'importation et l'exportation de toutes marchandises quelconques, l'achat et la vente desdites marchandises, soit directement, soit à la commission ou de toute autre manière ou à destination de tous pays ;

5° Les opérations de commission, consignation, transit, camionnage et autres, relatives aux dites marchandises ;

6° L'acquisition, par voie d'apport ou autrement, de tous établissements ou entreprises ayant un objet similaire à celui de la société ;

7° L'achat, la vente, la location, la construction, l'exploitation, la réparation et l'aménagement de tous biens mobiliers, immobiliers et maritimes, de tout matériel terrestre, maritime ou fluvial fixe roulant ou flottant, et notamment de remorqueurs et de chalands et en général de tout matériel, nécessaire ou utile à la réalisation de l'une des branches quelconques de l'objet social ;

8° Et généralement, toutes opérations industrielles, maritimes, financières, commerciales, se rattachant à un titre quelconque à l'objet social, lesdites opérations étant faites soit directement, soit par voie de participation, de création de sociétés nouvelles, de souscriptions d'actions, d'apports, de fusions, d'absorption ou de toute autre manière, tant en France qu'aux colonies et à l'étranger.

80. — Autre.

La Société a pour objet :

1º L'entreprise de transports maritimes et terrestres, l'affrétement, l'assurance, l'entrepôt, le camionnage, le dédouanement de tous objets et de toutes marchandises; la commission et la représentation de toutes entreprises industrielles ou commerciales ;

2º Toutes opérations ou entreprises et acquisitions d'établissements se rattachant à l'industrie des transports maritimes ou terrestres et aux opérations commerciales précitées ;

3º La participation directe ou indirecte à toutes opérations ou entreprises pouvant se rattacher à l'un des objets précités ;

4º Et généralement tous actes et toutes opérations se rapportant à l'objet social indiqué qui pourront être jugés nécessaires ou simplement utiles au développement de la société.

81-1. — Touage et remorquage.

La Société a pour objet :

1º L'exploitation d'un service de touage sur chaîne noyée pour le remorquage des bateaux sur la Saône, entre... et..., conformément à l'autorisation accordée par décret de M. le Président de la République, en date du... mil neuf cent vingt... ;

2º L'exploitation d'un service de remorquage des bateaux sur la Saône, par remorqueurs ou par tous autres modes de traction, ainsi que tous services et entreprises accessoires se rattachant au touage et au remorquage ;

3º Toutes opérations commerciales, industrielles et financières, mobilières et immobilières se rattachant aux objets ci-dessus énoncés.

La société pourra, sous la seule réserve des stipulations du cahier des charges annexé au décret du...., s'intéresser directement ou indirectement à l'exploitation de toutes sociétés ou affaires ayant un objet analogue ou similaire au sien ou s'y rattachant directement ou indirectement, et ce, dans tous les pays, par voie de cession, de fusion, de souscription ou d'achat d'actions et par tous autres moyens.

81-2. — Chemin de fer d'intérêt local.

La présente société a pour objet la construction et l'exploitation du chemin de fer d'intérêt local à voie normale (ou :, à voie étroite de... par exemple un mètre) de... à..., comprenant une longueur approximative de... kilomètres, et dont l'utilité publique a été déclarée par la loi du... ci-dessus énoncée [1].

Et toutes autres lignes lignes qui pourront être ultérieurement acquises par voie de concession ou autrement.

82. — Télégraphie, téléphonie.

La Société a pour objet :

1° L'achat, la vente, l'installation, la location, l'entretien et l'exploitation en France et à l'étranger de tous appareils de télégraphie, de téléphonie et de signalisation sans fil, ainsi que de tous appareils connexes, destinés à l'utilisation industrielle et commerciale des ondes radio-électriques et quelle que soit cette utilisation, soit à bord des navires, soit dans des postes fixes à terre, soit sur des aéroplanes ou du matériel de transport, quelle qu'en soit la nature ;

2° La création de Sociétés ou la prise d'intérêt sous quelque forme que ce soit, dans toutes les Sociétés ou entreprises ayant des objets similaires aux objets ci-dessus ;

3° Et généralement toutes opérations commerciales, industrielles, financières, mobilières ou immobilières, se rattachant directement ou indirectement aux objets ci-dessus énumérés.

83. — Téléphonie. Pièces de petite mécanique.

La Société a pour objet :

1° L'exploitation commerciale et industrielle d'appareils et accessoires téléphoniques du système..., ainsi que la fabrication et la vente de tous

1. *L'intitulé des statuts de la société anonyme créée pour cet objet se rédigerait ainsi :*

M. Louis... A..., Ingénieur civil, demeurant à..., rue... n°...

Agissant en qualité de concessionnaire de la construction et de l'exploitation de la ligne de chemin de fer d'intérêt local à voie de..., de largeur, de..., à..., d'une longueur approximative de... kilomètres ; la dite concession ayant fait l'objet d'une convention passée entre lui et M. le préfet du département de..., le..., déclarée d'utilité publique par une loi du..., promulguée au *Journal Officiel* du... suivant.

A établi ainsi qu'il suit les statuts de la Société anonyme qu'il s'est engagé à substituer, en vertu de l'article... de la convention ci-dessus visée.

Il est formé, etc.

ARTICLE PREMIER.

ARTICLE X...

M. A... apporte gratuitement à la société la concession du chemin de fer de... à... dite ci-dessus. Il la met entièrement en ses lieu et place ; à la charge par elle de supporter, à partir du jour de sa constitution définitive, les charges et obligations de toute nature résultant de ladite concession.

Etc.

appareils électriques, de toutes pièces de petite mécanique et l'exploitation commerciale de tous brevets et inventions s'y rattachant ainsi que toutes opérations commerciales, industrielles, financières et immobilières, pouvant s'y rattacher directement ou indirectement ;

2° La participation de la société dans toutes entreprises accessoires ou connexes, par voie de création de sociétés nouvelles, d'apport, de vente, d'achat, de fusion ou autrement.

84. — Fonte.

La Société a pour objet :

1° La fabrication de produits en fonte bruts ou travaillés, ainsi que celle d'articles de chauffage et de bâtiments, de poëleries et de tôleries dans toutes usines ;

2° L'achat des matières premières ;

3° La vente des produits fabriqués ;

4° Et généralement toutes opérations industrielles, commerciales, financières, mobilières et immobilières se rattachant directement ou indirectement à l'objet de la présente société ;

La société pourra également s'intéresser directement ou indirectement à l'exploitation de toutes sociétés ou affaires ayant un caractère similaire ou analogue au sien ou s'y rapportant directement ou indirectement et ce, en tous pays, par voie d'apport, de cession, de fusion, de souscription ou d'achat d'actions et par tous autres moyens.

85. — Charpentes en fer, serrurerie de bâtiments et d'art.

La Société a pour objet :

1° L'entreprise de constructions et de charpentes en fer, de serrurerie de bâtiments, de serrurerie d'art ;

2° L'acquisition et l'exploitation d'un établissement industriel de serrurerie et de constructions en fer exploité actuellement par la Société..... en liquidation, situé à....., avenue de..... (19e arrondissement) avec ateliers et annexes à..... (Seine), avenue..... n°.....

3° La prise à bail avec ou sans promesse de vente de toutes les constructions et de tous les terrains dans lesquels cet établissement est actuellement exploité, ainsi que de tous autres immeubles qui pourront devenir nécessaires à l'objet de la société ;

4° L'acquisition des constructions et des terrains sus-indiqués, ainsi que celle de tous biens mobiliers ou immobiliers, la revente, l'échange ou la location avec ou sans promesse de vente de ces mêmes biens mobiliers ou immobiliers ;

5° L'édification de toutes constructions ;

6° La participation directe ou indirecte sous toutes espèces de formes à toutes affaires commerciales, industrielles ou financières pouvant faciliter l'extension ou le développement de la société ;

Et généralement toutes opérations commerciales, industrielles ou financières se rattachant de près ou de loin à l'objet de la société.

86. — Cheminées d'usines.

La Société a pour objet :

1° La construction de cheminées d'usines en briques radiales, briques mécaniques ou autres, pour tous usages, à toutes hauteurs ;

2° L'exhaussement, le redressement, cerclages, réparations, démolition des parties détériorées et reconstructions des cheminées, sans arrêt du fonctionnement ;

3° La fourniture et la pose des paratonnerres de tous systèmes ;

4° Tous autres travaux de construction que la société estimerait utile d'entreprendre, c'est-à-dire, en général, toutes les opérations mobilières, immobilières, industrielles, commerciales ou financières se rattachant à l'objet ainsi défini de ladite société.

87. — Pierre de taille.

La Société a pour objet :

Tous travaux et fournitures intéressant la pierre de taille, et généralement toutes opérations industrielles, commerciales, financières, mobilières et immobilières se rattachant d'une manière quelconque à l'objet ci-dessus indiqué.

88. — Constructions. — Travaux publics et privés.

La Société a pour objet :

1° L'entreprise et l'exécution de toutes constructions, de tous travaux de toute nature, publics ou privés ;

2° L'exploitation de toutes entreprises de travaux publics ou particuliers ;

3° L'achat et la vente, la préparation de tous matériaux propres à la construction ;

4° L'étude pour le compte de tiers, de projets de constructions et autres ;

5° L'achat et l'installation de toutes usines, de tous immeubles, etc... ;

La société pourra aussi entreprendre, directement ou par participation ou de toute autre manière, toutes opérations financières, commerciales, industrielles, mobilières ou immobilières, en France et à l'étranger, se rattachant directement ou indirectement aux objets ci-dessus.

89. — Autre.

La Société a pour objet la centralisation de toutes entreprises de constructions d'ordre technique, commercial, industriel et financier et en conséquence :

1° La fabrication, l'achat, la vente du ciment, du plâtre, de la chaux, des agglomérés armés ou non armés et généralement tous matériaux de construction, naturels ou artificiels ;

2° Toutes entreprises de travaux publics ou particuliers ;

3° L'étude, la recherche, l'obtention, l'acquisition, la location, l'amodiation et l'exploitation de toutes minières et carrières et la transformation et le commerce de tous produits de celles-ci ;

4° La recherche, l'obtention, la négociation de tous monopoles, privilèges, concessions, brevets ou licences se rapportant à l'objet social ;

5° Toutes participations financières ou autres et toutes entreprises de constructions ou d'exploitation ;

6° Toutes opérations d'exportation ou d'importation et notamment la création d'organismes particuliers destinés à favoriser l'expansion en tous pays, tant au point de vue financier qu'au point de vue technique, industriel et commercial de toutes entreprises de construction et d'exploitation ;

7° La création, la reprise, la cession, l'échange et l'exploitation, la vente, l'installation, soit pour son compte, soit pour le compte de tous tiers, de toutes usines, ateliers de construction, etc... ;

8° La recherche, l'étude, la création, l'organisation, la gérance, la réorganisation, le contrôle, l'achat, l'exécution, l'exploitation, la mise en vente, soit pour son compte, soit pour le compte de tiers, soit même par voie de constitution de sociétés anonymes ou de sociétés d'études ayant ou non un objet spécial de toutes affaires ou entreprises financières, industrielles, commerciales, mobilières et immobilières se rapportant à la construction ;

9° La participation de la société dans toutes opérations commerciales, industrielles ou financières, pouvant se rapporter à l'un des objets ci-dessus par voie de création de sociétés nouvelles ou de participation d'apports de fusion ou alliance avec toutes autres sociétés créés ou à créer.

Et généralement toutes opérations commerciales, industrielles, mobilières, immobilières ou financières, se rattachant directement ou indirectement en totalité ou en partie à l'un quelconque des objets ci-dessus.

Le tout en France, colonies, pays de protectorat et à l'étranger.

4

90. — Briqueterie.

La société a pour objet :

1° L'exploitation de briqueteries, la fabrication, l'achat et la vente de briques, tuiles, etc...

2° L'entreprise de travaux publics ou privés ainsi qu'aux particuliers et notamment la participation au déblaiement des ruines accumulées, pendant la guerre ou la reconstruction des centres détruits ;

3° La fabrication, l'achat et la vente de ciments, chaux, etc, et de tous les matériaux se rapportant à la construction ;

4° La participation directe ou indirecte de la société dans toutes les opérations financières, commerciales, industrielles, mobilières ou immobilières en France ou à l'étranger, pouvant se rattacher à l'un des objets précités par voie de création de sociétés nouvelles françaises ou étrangères, d'apports, souscriptions, achat de titres ou droits sociaux, fusions, association en participation ou autrement ;

5° L'acquisition, la location, la prise à bail et la vente de tous biens meubles ou immeubles nécessaires à la société et rentrant dans son objet social.

91. — Commerce et industrie de produits chimiques.

La société a pour objet directement ou indirectement en France, dans les colonies et pays de protectorat ainsi qu'à l'étranger ;

1° Le commerce et l'industrie des produits chimiques, engrais et matières premières ;

2° La création de tous comptoirs desdits produits ;

3° L'exploitation et la mise en valeur de toutes usines et de toutes mines ;

4° L'obtention de toutes concessions ;

5° La prise de tous brevets et licences, en France et à l'étranger, se rapportant directement ou indirectement à l'objet de la société ;

6° La cession partielle ou totale aux conditions que la société avisera, de toutes concessions et licences ;

7° La création de toutes sociétés filiales ou autres ou la participation dans toutes sociétés se rattachant directement ou indirectement à l'objet de la présente société, par voie d'apports, de souscriptions, d'achats de titres et de droits sociaux, de fusions, d'associations, etc.... ;

8° L'acquisition de tous immeubles nécessaires aux besoins de la société ;

Et généralement toutes opérations commerciales, industrielles, mobilières, immobilières ou financières pouvant se rattacher directement ou indirectement à l'objet de la société.

92. — Autre.

La société a pour objet directement ou indirectement en France, dans les colonies françaises, pays de protectorat et à l'étranger ;

La fabrication et le commerce de tous produits chimiques ou autres pour l'entretien de cuirs, chaussures, cuivres, métaux, etc..., tels que cirages, pâtes liquides, encaustiques, etc... ;

La participation de la société dans toutes les opérations commerciales ou industrielles se rattachant aux mêmes fabrications et commerce, par voie de création de sociétés nouvelles, d'apport, de souscription ou d'achat de titres ou droits sociaux, de fusion, d'association ou autrement.

Et généralement toutes opérations industrielles, commerciales ou financières, mobilières et immobilières, se rattachant d'une manière quelconque à l'objet ci-dessus.

93. — Liquéfaction des gaz.

La société a pour objet :

L'étude, la prise, l'achat, la vente et l'exploitation de tous brevets ou inventions relatifs à la liquéfaction des gaz, à la production industrielle du froid, de l'air liquide, de l'oxygène, de l'azote, de l'hydrogène, de l'acide carbonique, du chlore et de tous autres gaz, leurs applications ou utilisations ; la concession de toutes licences totales ou partielles desdits brevets ;

La production industrielle du froid, de l'air liquide, leurs applications ou utilisations, la production et la liquéfaction des gaz, notamment de l'oxygène, de l'azote, de l'hydrogène, de l'acide carbonique et du chlore, leurs applications ou utilisations, sous toutes formes, sans distinction d'état ni de provenance ;

L'achat, la vente, la fabrication, l'utilisation de tous produits se rattachant directement ou indirectement à l'objet ci-dessus, ainsi que tous sous-produits résultant de leur fabrication ou de leur emploi, de toutes machines ou appareils servant à les utiliser ou à les appliquer, et plus particulièrement enfin l'achat, la vente, la fabrication, l'utilisation de tous produits, métaux ou alliages dérivant ou résultant d'une utilisation de l'oxygène, de l'azote, de l'hydrogène, de l'acide carbonique ou du chlore à l'état pur, mélangé ou combiné, notamment de tous produits oxygénés, azotés, hydrogénés ou chlorés ;

La constitution de tous syndicats, participations ou sociétés, sous toutes formes ; la prise d'intérêts en quelque pays, sous quelque forme que ce soit, notamment par voie d'apport, participations, souscriptions ou achat d'actions, d'obligations ou de tous titres quelconques, ou encore sous forme de commandite dans toutes entreprises ou sociétés ayant un objet principal ou secondaire, se rattachant directement ou indirectement à celui de la présente société, ou de nature à favoriser le développement de ses affaires ;

L'affermage, avec ou sans promesse de vente ou d'apport, de tout ou partie des biens mobiliers ou immobiliers de la société ; la fusion ou alliage de la présente société avec toutes autres sociétés ;

La prise à bail, avec ou sans promesse de vente, ou l'acquisition, par voie d'apport ou autrement, de tout ou partie de biens mobiliers et immobiliers, dépendant de maisons ou sociétés, dont le commerce ou l'industrie serait similaire à ceux de la présente société ;

Et, généralement, toutes opérations commerciales, industrielles, financières, mobilières ou immobilières se rattachant à l'objet de la présente société.

94. — Verrerie industrielle et chirurgicale.

La société a pour objet :

1° L'exploitation de l'industrie de souffleur de verre, la fabrication d'instruments de précision en verre pour chimie et chirurgie, et, en général, tout ce qui intéresse l'industrie du verre ;

2° L'acquisition, la prise à bail, la création et l'exploitation de tous immeubles pour l'installation de ladite industrie et, en général, toutes opérations commerciales, industrielles ou financières, mobilières ou immobilières, pouvant faciliter l'extension et le développement de l'industrie objet de la société ;

3° L'exploitation des biens et droits ci-après apportés à la société par M. X... ;

4° La participation directe ou indirecte de la société dans toutes opérations de même nature, soit par la création de sociétés nouvelles, d'apport, de fusion, de commandites, d'avances, de prêts, d'achats de titres et généralement de toutes manières quelconques.

95. — Mâchefer, scories, etc.

La présente société se propose de vulgariser les emplois divers des sous-produits ou déchets de toute nature résultant de l'utilisation des combustibles solides, liquides et gazeux, en mettant ces sous-produits à la disposition de la consommation aux conditions les plus avantageuses possibles, compatibles avec la sauvegarde bien comprise des intérêts des producteurs.

En conséquence, et dans toute la mesure où elle le pourra, en France, aux colonies, dans tous les pays de protectorat, comme à l'étranger, elle réalisera les opérations ci-après dont l'énumération est simplement indicative et non limitative :

1° L'achat direct ou indirect, aux entreprises industrielles, administrations publiques ou privées et à toutes usines ou toutes personnes, des scories, escarbilles, cendres, mâchefers, et, en général, de tous déchets et résidus produits et sous-produits de la combustion dans les appareils de toute nature employés dans l'industrie et chez les particuliers ;

2° L'acquisition et la cession de tous contrats ou marchés relatifs à ces matières ;

3° L'exploitation sous toutes ses formes, par voie directe, de ces contrats ou marchés ainsi que de toute entreprise ayant trait à la transformation de ces déchets, la préparation, la fabrication et la vente des produits ainsi transformés, ainsi que de leurs sous-produits et dérivés ;

4° L'acquisition, l'achat, l'obtention, la vente et l'exploitation sous toutes ses formes, la cession de tous brevets, licences, procédés ou marques de fabrique se rapportant aux industries, commerce et produits exploités par la société ;

5° L'exploitation directe ou indirecte par toutes voies, de toutes entreprises, industries et commerces connexes, ou susceptibles d'être utiles d'une manière quelconque à la société, notamment toutes entreprises, industries et commerces connexes, ou susceptibles d'être utiles d'une manière quelconque à la société, notamment toutes entreprises relatives aux transports, aux combustibles, à la fabrication d'appareils de chauffage et sous-produits de ces industries ;

6° La constitution, la création et l'exploitation de toutes sociétés ou entreprises filiales, de toutes agences ou succursales des exploitations faisant l'objet de la société ;

7° L'acquisition, la prise à bail, l'affermage et la location de tous terrains ou immeubles, ainsi que la création, l'aménagement et l'exploitation de tous bâtiments, usines, ateliers, bureaux, magasins pouvant servir d'une manière quelconque à l'un des objets de la société ;

8° L'obtention, l'exploitation directe ou indirecte et la rétrocession de toutes concessions publiques ou privées ;

9° L'acquisition et le trafic de toutes actions, obligations, bons, titres ou autres valeurs de sociétés françaises ou étrangères, ayant ou non un objet semblable à celui de la présente société ;

10° La cession, la vente, l'échange, la location, l'aliénation totale ou partielle de tous biens, meubles ou immeubles de la société ;

11° La participation, sous toutes ses formes, y compris la fusion, dans toutes sociétés, syndicats, consortium ou autres associations, créées ou à créer, françaises ou étrangères, ayant directement ou indirectement des exploitations de même nature que celles qui font l'objet de la société ;

12° Et, généralement, toutes opérations commerciales, financières, industrielles, mobilières ou immobilières se rattachant ou non, directement ou indirectement à l'un des objets ci-dessus énumérés.

N.-B. — *Dans les statuts de la société dont les objets viennent d'être transcrits, figure la clause suivante qu'il pourra être, le cas échéant, utile d'insérer :*

Dans l'établissement des contrats d'acquisition de matières faisant l'objet de son activité, la société pourra intéresser ses cédants aux bénéfices résultant de son activité suivant une formule qui sera établie une fois pour toutes par le Conseil d'administration et qui sera la même pour tous les cédants d'une même catégorie.

96. Appareils d'éclairage et chauffage.

La société a pour objet :

1° L'exploitation de l'établissement industriel et commercial qui sera ci-après apporté à la société ;

2° La fabrication et le commerce en tous pays, et sous toutes formes, de tous appareils d'éclairage et de chauffage à l'usage public ou privé, du matériel des chemins de fer et de tout ce qui peut concerner directement ou indirectement la forge, la fonderie, la mécanique, la chaudronnerie, la ferblanterie, la verrerie, l'optique et l'électricité ;

3° Et généralement toutes opérations industrielles, commerciales, financières, mobilières ou immobilières, se rattachant directement ou indirectement à l'objet de la société, ou à tous objets similaires ou connexes.

La société pourra s'intéresser à toutes entreprises ou sociétés dont le commerce ou l'industrie serait similaire ou de nature à développer ses propres commerce et industrie, faire toutes opérations rentrant dans son objet, soit seule, soit en participation, soit en association, soit par cession, location ou régie, soit par tout autre mode, créer toutes sociétés, fusionner ou s'allier avec toutes autres sociétés ayant un objet semblable, accessoire ou connexe.

97. — Papier, carton.

La société a pour but :

La fabrication et la vente du papier, du carton, des pâtes de bois et de chiffons et de tous produits similaires, ainsi que leur utilisation par tous moyens à toutes applications industrielles.

La création, l'acquisition, la location et l'exploitation de tous établissements industriels et commerciaux, en tous pays et de toutes carrières, mines, etc..., et notamment l'acquisition et l'exploitation de l'usine située à..... appelée Papeterie de...

L'acquisition et la location de forces motrices hydrauliques, et de toutes usines de production d'énergie, et l'utilisation, la location, le transport et la vente de cette énergie.

La participation directe ou indirecte dans toutes opérations industrielles ou commerciales pouvant se rattacher à l'objet social, par voie de création de sociétés nouvelles, d'apport, de souscription ou achat de titres ou droits sociaux, fusion, association ou autrement.

Toutes opérations industrielles, commerciales ou financières, mobilières ou immobilières pouvant se rattacher directement ou indirectement à l'objet social, ou pouvant en faciliter l'extension ou le développement.

98-1. — Bois (colonies et métropole).

La société a pour objet :

L'exploitation de coupes de bois dans la région de.... (Cameroun) sur l'estuaire de la rivière du même nom et la mise en valeur de toutes concessions forestières qui pourront être obtenues dans ladite région ;

La création, la location, l'acquisition, la construction et l'installation d'usines, établissements, ateliers, machines et matériel nécessaires pour la coupe des bois, leur transport, leur transformation par voie mécanique, physique ou chimique ;

Le traitement, la vente et le commerce en tous pays des produits et sous-produits et toutes opérations accessoires à l'exploitation des bois ;

Et généralement toutes opérations connexes, tant par leur nature que par leur situation, ou entreprises commerciales, industrielles, financières, mobilières ou immobilières de culture, d'industrie, de commerce et de transport qui seraient de nature à faciliter, favoriser ou développer l'industrie et le commerce de la société tant aux colonies de la Côte d'Afrique que sur le territoire de la métropole.

98-2. — Autre.

Le commerce d'exportation et d'importation des bois de toute nature et de toute provenance ;

L'achat, la vente et le commerce, sous toutes formes, du bois ;

Et, généralement, toutes opérations et entreprises mobilières ou immobilières, industrielles, commerciales et financières se rattachant directement ou indirectement à l'objet social et même à tous autres objets qui seraient de nature à favoriser et à développer l'industrie et le commerce de la société.

La société peut faire toutes ces opérations pour son compte ou pour le compte de tiers, et soit seule, soit en participation, association ou société avec tous tiers et autres sociétés, et les réaliser et exécuter sous quelque forme que ce soit.

En outre, la société peut prendre tous intérêts et participations dans toutes sociétés ou entreprises similaires et non similaires, mais de nature à favoriser les opérations sociales, et cela par la création de sociétés spéciales au moyen d'apports, par la souscription ou l'achat d'actions, obligations ou autres titres, par l'achat de droits sociaux, par tous traités d'union ou autres conventions, et généralement par toutes formes quelconques.

99. — Fabrication, achat et vente de perles et autres objets en matières plastiques.

La société a pour objet :

La fabrication, l'achat et la vente de perles et autres objets en matières plastiques ou autres, la vente et l'achat de toutes matières premières et de tous produits fabriqués ;

L'obtention, l'exploitation, l'achat et la vente de tous brevets, licences, procédés de fabrication et marques de fabrique ayant le même objet ;

La construction, l'acquisition, la location, l'exploitation de toutes usines et établissements industriels et commerciaux ;

La participation dans toutes opérations commerciales ou industrielles en France ou à l'étranger pouvant se rattacher à l'industrie faisant l'objet de la société, par voie de création de sociétés nouvelles, d'apport de souscription, d'achats de titres ou droits sociaux, fusion, participation ou autrement ;

Et généralement toutes opérations commerciales industrielles, financières, mobilières ou immobilières pouvant se rattacher directement ou indirectement aux différents objets ci-dessus indiqués.

100. — Matières plastiques.

La société a pour objet :

L'exploitation 1° de la formule d'une matière plastique nouvelle, dénommée..... ; 2° d'un procédé de moulage spécial à cette matière, tous deux apportés ci-après par M. X... ;

La prise des brevets français et étrangers couvrant ladite formule et ledit procédé de moulage ;

La fabrication à l'aide de cette matière plastique nouvelle, spécialement de Têtes de Poupées et généralement de jouets souples ou rigides ;

Le commerce des objets ainsi fabriqués ;

L'étude et la mise au point des différentes applications industrielles du..... et des matières plastiques genre....., la prise du brevet couvrant lesdites applications ;

Et généralement tous actes et toutes opérations de tous ordres, notamment industrielles, commerciales et financières, se rapportant à l'objet social sus-indiqué, nécessaires ou simplement utiles au développement de la société.

101. — Création, publication de Journaux et Revues.

La présente société a pour objet en France, aux colonies, dans les pays de protectorat et à l'étranger :

1° La création et l'exploitation, sous toutes ses formes, par voie directe ou indirecte, de tous journaux, revues, périodiques, publications d'intérêt général et d'intérêt local ou plus professionnel et plus spécialement la reprise, la mise en valeur et l'exploitation de l'organe bi-mensuel dit..... ;

2° La création et l'exploitation, par voie directe ou indirecte, de toute entreprise connexe ou susceptible d'être utile aux intérêts de la société, notamment de toute entreprise de fabrication de papier, d'impression, d'édition, de toute agence de publicité, de renseignements industriels et commerciaux ou de correspondance ;

3° L'acquisition, la construction, la location de tous immeubles et l'aménagement de tous locaux nécessaires d'une façon quelconque aux besoins de la société ;

4° La participation sous toutes ses formes dans toutes entreprises ou sociétés, syndicats, consortiums, créés ou à créer, français ou étrangers, ayant ou non un objet de même nature que celui de la présente société ;

5° L'aliénation totale ou partielle, par toutes voies, des biens meubles ou immeubles de la société ;

6° Et généralement toutes opérations industrielles, commerciales, financières, mobilières ou immobilières, se rattachant directement ou indirectement à l'un des objets ci-dessus énumérés [1].

---

[1] *Le cas échéant :*

La régie de publicité de tous journaux, revues ou publications périodiques ou autres, de tous bulletins d'associations ou de chambres syndicales, d'ouvrages de documentation, de guides, et généralement de toutes publications ayant un intérêt de publicité.

Si la société doit exploiter un annuaire :

La création et l'exploitation sous toutes ses formes, par voie directe ou indirecte de tous annuaires d'intérêt général, local ou professionnel et plus spécialement l'édition et la publicité de l'annuaire Y... de l'industrie du...

102. — Autre.

La société a pour objet :

1° La publication du journal quotidien...... ;

2° La création, l'achat, la vente, la gérance, l'affermage et la négo-ciation de toutes autres publications ; la création de succursales s'il y a lieu, et généralement toutes opérations financières, commerciales, mobi-lières et immobilières se rattachant aux susdites publications, tant en France qu'à l'étranger.

103. — Blanchissage.

La société a pour objet :

L'exploitation de l'usine ci-après apportée ;

Le blanchissage à façon, l'achat, la location et la vente du linge, la fabrication, la vente et le nettoyage de la literie ;

La création ou l'acquisition et l'exploitation de tous établissements ayant le même but ;

La participation directe ou indirecte de la société dans toutes opéra-tions commerciales ou industrielles pouvant se rattacher à l'un des objets précités par voie de création de sociétés nouvelles d'apport, souscription ou achat de titres ou droits sociaux, fusion, association ou participation ou autrement.

Et généralement toutes opérations commerciales, industrielles, immo-bilières, mobilières et financières se rattachant directement ou indirec-tement aux objets ci-dessus spécifiés.

104. — Fabrication et vente d'outillage mécanique.

La société a pour objet la fabrication en France et la vente en France et à l'étranger de l'outillage mécanique.

Et généralement toutes les opérations commerciales, financières ou industrielles mobilières ou immobilières se rattachant directement ou indirectement à l'objet social.

105. — Autre.

La société a pour objet toutes opérations industrielles ou commerciales, sous quelque forme que ce soit, relatives à la construction, à la vente et au commerce de tous articles quelconques se rattachant directement ou indirectement aux industries électriques ou mécaniques, l'exécution de toutes entreprises d'électricité, de mécanique, ou de travaux publics, l'achat et la vente de tous immeubles, matériels, fonds de commerce relatifs à leur industrie, valeurs, actions, obligations se rattachant aux industries électriques ou mécaniques, ainsi qu'à la construction et à l'exploitation des moteurs à explosion.

106. — Construction, Fabrication de toutes natures.

Cette société a pour objet :

Toutes constructions et fabrications de toutes natures et en toutes matières ;

L'achat et la transformation de ces matières ;

L'entreprise et l'exécution de tous travaux et fournitures ;

La vente et la location de toutes constructions et fabrications, leurs réparations et transformations ;

La création, l'acquisition, l'exploitation, la gérance, la vente, l'échange, la location de tous fonds industriels et commerciaux de toutes usines, chantiers et magasins de toutes natures ;

La prise, l'acquisition, l'obtention et l'exploitation de tous brevets, licences, marques, procédés, concessions, leur cession ou leur apport, la concession de toutes licences d'exploitation ;

Toutes opérations commerciales, financières, industrielles, mobilières et immobilières se rattachant directement ou indirectement à l'un des objets susénoncés ou à tous objets similaires ou connexes et de nature à favoriser le développement des affaires sociales, le tout tant par elle-même que comme intermédiaire, pour le compte de tiers et en participation.

En outre, la société pourra participer, directement ou indirectement dans toutes opérations de cette nature, soit par voie de création de sociétés françaises et étrangères, d'apports à des sociétés déjà existantes, de fusion ou d'alliance avec elles, de cession à ces sociétés de tout ou partie de ses biens et droits mobiliers et immobiliers, de souscriptions, achats et ventes de titres et droits sociaux de commandite, d'avances, de prêts et autrement,

Elle pourra exercer son activité en tous pays, notamment dans les régions dévastées par la guerre.

107. — Métaux.

La société a pour objet, directement ou indirectement en France, dans les colonies françaises, pays de protectorat français et à l'étranger ;

L'achat des métaux bruts ou laminés, leur usinage, soit direct, soit indirect et au moyen de tous travaux donnés à façon ;

L'achat de tous produits, matières premières ou autres destinés ou pouvant servir à cette industrie ;

La vente et l'achat de tous métaux usinés ou non ;

L'acquisition, la construction, la prise à bail, avec ou sans promesse de vente, de toutes usines et de tous immeubles destinés à l'industrie et au commerce de la société ; la revente de ces immeubles ;

L'étude, la prise, l'achat, la mise en valeur, l'exploitation et la vente de tous brevets français et étrangers, certificats d'addition et brevets de perfectionnement, procédés, inventions, marques de fabriques, moyens de fabrication, se rattachant directement ou indirectement à l'industrie de la société ; la concession de toutes licences totales ou partielles desdits brevets ;

La constitution de tous syndicats, participations ou sociétés sous toutes formes, la prise d'intérêt en quelque pays et sous quelque forme que ce soit, notamment par voie d'apport, participation, souscription ou achat d'actions, d'obligations ou de tous titres quelconques, ou encore sous forme de commandite dans toutes entreprises ou sociétés ayant un objet principal ou secondaire se rattachant directement ou indirectement à celui de la présente société ou de nature à favoriser le développement de ses affaires ;

L'affermage avec ou sans promesse de vente où d'apport de tout ou partie des biens mobiliers et immobiliers, actifs ou passifs, dépendant de maisons ou sociétés dont le commerce ou l'industrie serait similaire à ceux de la société ;

La prise à bail avec ou sans promesse de vente ou l'acquisition, par voie d'apport ou autrement, de tout ou partie de biens mobiliers ou immobiliers, actifs et passifs, dépendant de maisons ou sociétés dont le commerce ou l'industrie serait similaire à ceux de la société ;

Et, généralement, toutes opérations commerciales, industrielles, financières, mobilières ou immobilières, se rattachant directement ou indirectement à l'objet de la société ; ces opérations pourront avoir lieu soit en France, soit à l'étranger.

108-1. — Mécanique et Electricité.

La société a pour objet, en France, aux colonies, dans les pays de protectorat et à l'étranger :

1° La reprise et l'exploitation, sous toutes ses formes, des établissements industriels et commerciaux actuellement exploités sous la raison « X... père ».

2° L'exploitation, sous toutes ses formes, par voie directe ou indirecte, de toute entreprise française ou étrangère se rattachant d'une manière quelconque, à l'étude, à la fabrication, à la construction et au commerce de tous organes, machines, accessoires, produits et articles métalliques, mécaniques ou électriques et plus spécialement de tous objets ou appareils concernant la ferronnerie et cuivrerie d'art, la manutention mécanique, l'ameublement métallique, l'agencement général de théâtres et

tous autres locaux, l'industrie de l'éclairage, l'équipement et l'appareil-
lage électriques, ainsi que la fabrication générale de meubles en bois ou
autres matières ;

3° L'exploitation directe ou indirecte de toutes entreprises industrielles, commerciales, financières ou minières connexes ou susceptibles
d'être utiles, d'une manière quelconque, à la société, particulièrement
de toutes industries métallurgiques ou mécaniques de toutes scieries, de
tout commerce de bois ou autres matières premières ;

4° L'obtention, l'acquisition, l'exploitation directe ou indirecte et la
cession de tous brevets, licences, procédés, modèles ou marques de fabrique se rapportant aux industries, commerces et produits de la société ;

5° L'acquisition, la location de tous terrains ou immeubles, ainsi que
la création, l'aménagement et l'exploitation de tous ateliers, usines, bureaux et magasins pouvant servir, d'une manière quelconque à la société ;

6° L'acquisition, la souscription et la négociation de toutes actions,
obligations, titres et valeurs de sociétés françaises ou étrangères, ainsi
que la participation, sous toutes ses formes, y compris la fusion, dans
toutes associations ou entreprises, françaises ou étrangères, ayant directement ou indirectement le même objet que la société ;

7° La cession, la location, l'aliénation totale ou partielle des biens,
meubles et immeubles de la société ;

8° Et généralement toutes opérations commerciales, financières, industrielles, mobilières ou immobilières se rattachant directement ou indirectement à l'un des objets ci-dessus énumérés.

108-2. — Installations et exploitation de chutes d'eau.

La société a pour objet :

L'étude, l'achat, l'aménagement, l'installation et l'exploitation des
chutes du bassin de..., (Haute-Savoie) et, d'une manière générale de
toutes chutes d'eau ;

La production, l'utilisation, le transport et le commerce de l'énergie
électrique sous toutes ses formes ;

L'installation et l'exploitation de stations thermiques dont la puissance pourrait venir en aide aux stations hydro-électriques ;

La fabrication et la vente de tous produits électro-métallurgiques et
électro-chimiques ;

La création, l'achat, la location et l'exploitation de toutes usines
hydro-électriques, électro-métallurgiques et électro-chimiques ;

L'obtention, l'achat, l'exploitation et la rétrocession de toutes concessions et autorisations relatives à la distribution de l'énergie électrique
pour tous usages ainsi que celles relatives à la distribution du gaz ou
de l'eau ;

L'étude et la réalisation pour son compte personnel ou pour le compte de tiers, de tous travaux publics et particuliers concernant l'électricité en général ;

La participation directe ou indirecte à toutes les opérations ou entreprises pouvant se rattacher à l'un des objets précités par voie de création de sociétés nouvelles, de participation à leur constitution ou à l'augmentation de capital de sociétés existantes, d'apport, de vente, de location de tout ou partie de l'actif, de fusion ou autrement ;

L'affermage total ou partiel des industries, commerces et établissements quelconques de la société ;

Et généralement toutes opérations mobilières ou immobilières, financières, commerciales, industrielles et agricoles, se rattachant directement ou indirectement aux objets ci-dessus.

109-1. — Forges et Ateliers.

La société a pour objet l'exploitation des Forges et Ateliers de.... et dépendances, et généralement toutes opérations financières, commerciales et industrielles, se rattachant directement ou indirectement, soit à la métallurgie, soit à l'utilisation et transformation des forces motrices, usines ou produits de la société, quel qu'en soit le lieu.

109-2. — Constructions mécaniques. Fonderies, forges.

La construction et l'exploitation d'usines de construction mécaniques, de fonderies, forges, etc., de chantiers ou d'ateliers pour le travail du bois ainsi que l'achat et la vente de ces produits et d'une façon générale de toutes opérations sans exception rentrant dans le domaine de l'art de l'ingénieur et spécialement l'exploitation d'une usine mécanique, sise à...

Elle a également pour objet toutes opérations d'industrie, de commerce, de finance, de banque, de crédit et de commission, se rapportant aux objets ci-dessus.

Et généralement toutes opérations : industrielles, financières, commerciales, mobilières ou immobilières, se rattachant directement ou indirectement à son objet principal, le tout en France, dans les colonies et pays de protectorat et à l'étranger.

110-1. — Banque.

La société a pour objet de faire pour elle-même, pour le compte de tiers ou en participation, en France ou à l'étranger, toutes opérations de banque, d'escompte, de crédit, de commission et de change, toutes souscriptions ou émissions, tous achats, vente et placements de fonds d'Etat, actions, obligations et autres titres, ainsi que toutes opérations financières pouvant se rattacher aux objets ou à l'un des objets ci-dessus spécifiés.

110-2. — Opérations financières, commerciales, industrielles et agricoles.

La société a pour objet l'étude et la réalisation de toutes opérations financières, commerciales, industrielles ou agricoles.

Elle peut notamment :

Prêter son concours à toutes collectivités, à toutes sociétés ou associations déjà constituées, soit pour le développement de leurs exploitations, soit pour leur transformation ;

Constituer toutes sociétés, associations, syndicats ou participations civiles ou commerciales ;

Prendre dans ces sociétés, associations, syndicats ou participations une ou plusieurs parts d'intérêt, par voie d'apport, souscriptions ou achat d'actions ou de toute autre manière ;

Négocier, pour son compte ou pour le compte de tiers par voie d'émission ou autrement, toutes valeurs, actions, parts ou obligations ;

Créer ou émettre tous bons ou obligations gagés ou non, notamment en représentation de toutes subventions, redevances ou annuités ;

Consentir tous crédits, avec ou sans garantie ;

Accepter tous mandats d'administration ou de contrôle ;

Tenir et vérifier toutes comptabilités ;

Rechercher toutes concessions, les exploiter, les céder ou en faire apport ;

Et généralement faire, tant en France que dans les Colonies, Pays de Protectorat ou à l'étranger, toutes opérations de banque et de crédit, mobilières ou immobilières se rattachant directement ou indirectement à l'objet social.

111. — Opérations de prêts fonciers, d'ouvertures de crédit et d'avances sur nantissements.

La société a pour objet principal de faire, en France, aux colonies, dans les pays de protectorat, et le cas échéant à l'étranger, soit pour elle-même, soit pour le compte de tiers, directement ou en participation, toutes opérations de prêts hypothécaires et d'avances sur garantie hypothécaire.

Notamment elle peut :

Consentir des prêts sur hypothèque aux propriétaires d'immeubles, à longue ou à courte échéance remboursables par annuités, ou de toute autre manière ; ouvrir des crédits en compte courant sur hypothèque, à la condition que, pour chaque immeuble hypothéqué, l'importance du prêt qu'il garantit n'excède pas 60 % de la valeur de l'immeuble, cette valeur déterminée suivant le prix d'acquisition ou d'après expertise.

Acquérir par voie de cession ou autrement, ou rembourser avec subrogation des créances hypothécaires sur immeubles ;

Acquérir, souscrire, escompter, accepter en gage et aliéner tous titres ou valeurs garantis par une hypothèque et prêter sur ces titres ou valeurs ;

Acquérir, par voie d'enchère ou autrement tels immeubles que le conseil d'administration jugera nécessaires et notamment tous immeubles hypothéqués à son profit, en vue d'une meilleure ou plus rapide réalisation de ses créances, ainsi que tous autres immeubles qui augmenteraient la valeur de ceux hypothéqués ou déjà acquis, ou qui faciliteraient leur réalisation ; procéder par les mêmes voies à l'aliénation desdits immeubles ;

Traiter avec toutes compagnies d'assurances, en vue de faciliter la libération des débiteurs ;

Faire toutes avances et autres opérations garanties par un nantissement régulier ; s'intéresser par voie d'apport, ouverture de crédit, participation, prêt, fusion, avance, souscription, achat d'actions et d'obligations, et de toute autre manière, dans toutes sociétés existantes ou à créer, ayant un objet similaire au sien ou de nature à faciliter la réalisation de ses créances ; créer et constituer au besoin de telles sociétés ; passer tous contrats avec les sociétés en question ;

Recevoir des fonds en comptes courants, productifs d'intérêts ou non ; employer les fonds déposés aux diverses opérations sus-indiquées comme rentrant dans l'objet de la société, ainsi qu'en reports sur ses propres obligations, et sur toutes autres valeurs mobilières ; généralement faire toutes opérations financières, industrielles, commerciales ou autres, se rattachant directement ou indirectement aux objets sus-indiqués ;

Délivrer des certificats multiples ou fractionnés en représentation d'engagements d'Etats, de provinces, de municipalités, d'institutions publiques, d'entreprises particulières, de personnes morales, déposés dans ses caisses, et faire toutes productions de titres et tous actes de représentation et de surveillance auxquels la possession de ces titres peut donner lieu.

Par contre, la société s'interdit toute opération d'achat, de report, ou d'avances sur ses propres actions.

112. — Assurance, « tous risques. »

La société a pour objet :

1° Les opérations d'assurances directes dites *Tous Risques* garantissant des risques divers tant en France qu'à l'étranger, ainsi que les opérations de coassurances et de réassurances portant sur le même objet et les mêmes pays ;

2° Toutes opérations financières, commerciales industrielles, mobilières ou immobilières, se rattachant directement ou indirectement à l'objet social ci-dessus défini, et

Toutes participations, directes ou indirectes, et sous quelque forme que ce soit, dans toutes opérations ayant un objet semblable ou analogue.

Sont exclues en France les assurances sur la vie humaine et les assurances couvrant l'incendie seul.

113. — Parfumerie, maroquinerie, bijouterie, articles de fantaisie.

La société a pour objet :

1° L'achat et la vente, soit au comptant, soit à crédit, soit encore par voie de représentation ou à la commission, de tous produits de parfumerie de toutes marques, articles de maroquinerie, de bijouterie, articles de haute fantaisie et de tous articles quelconques s'y rapportant ;

2° La création, l'achat, l'exploitation, l'acquisition ou la vente de tous fonds de commerce ou industriels relatifs auxdits produits et articles ;

3° Toutes opérations industrielles, financières, mobilières, immobilières et autres pouvant se rattacher directement ou indirectement au but principal énuméré aux deux alinéas qui précèdent ;

4° Sa participation directe ou indirecte dans toutes opérations commerciales ou industrielles pouvant aussi se rattacher tant au but principal qu'aux opérations énumérées au numéro 3, ce par voie de création de sociétés nouvelles, d'apports, de fusion ou autrement.

114-1. — Imprimerie et papeterie.

La société a pour objet :

1° L'exploitation commerciale et industrielle de l'imprimerie et de la papeterie, et de tous brevets et inventions s'y rattachant, ainsi que toutes opérations commerciales, industrielles, financières, mobilières et immobilières pouvant s'y rattacher directement ou indirectement ;

2° La participation de la société dans toutes entreprises accessoires ou connexes, par voie de création de sociétés nouvelles, d'apport, de vente, d'achat de fusion ou autrement.

114-2. — Encres et articles de bureau.

La société a pour objet :

La fabrication et la vente en gros, tant en France, dans les colonies françaises et pays de protectorat qu'à l'étranger, des encres à écrire, des

5

encres à dessin et des encres à tampon de la marque X..., dont l'apport sera fait ci-après à la société, ainsi que toutes autres marques que la société pourrait créer ou acquérir, et la fabrication et la vente en gros, dans les mêmes pays, des colles liquides, gommes à effacer, de la marque X..., ainsi que de toutes autres marques que la société pourra acquérir ou créer ;

La fabrication et la vente en gros dans les mêmes pays, de tous articles de bureau, tels que : encres en poudre, cires à cacheter, règles, porte-plumes, crayons, stylographes, buvards, sous-mains, etc., et d'une manière générale de tous articles employés dans les bureaux et administrations ;

L'acquisition et la création de toutes fabriques ou marques d'articles dont la fabrication et la vente font l'objet de la présente société ;

La participation à toutes opérations commerciales ou industrielles, en France, dans les colonies, pays de protectorat et à l'étranger, pouvant se rattacher directement ou indirectement à l'industrie de la société, par voie de création de sociétés nouvelles, d'apport, de fusion, de prise d'intérêt ou autrement ;

Et généralement, toutes opérations financières, commerciales, industrielles, mobilières et immobilières, se rattachant directement ou indirectement aux objets ci-dessus.

115. — Modes.

Cette société a pour objet la fabrication et la vente de chapeaux de femme et des articles de modes se rattachant à l'objet de la société et de nature à favoriser son développement ainsi que toutes opérations industrielles, commerciales ou financières, mobilières ou immobilières de nature à faciliter ce développement. Enfin, la participation à toutes entreprises similaires ou accessoires par voie de création de sociétés nouvelles, d'apport, de ventes, d'achats, de fusions ou autres moyens quelconques.

Elle a plus spécialement pour objet l'achat et l'exploitation du fonds de commerce de modes existant à Paris, rue....., n°... appartenant à Mme...

116. — Restaurant.

La société a pour objet :

Toutes les opérations se rattachant soit directement, soit indirectement au commerce et à l'industrie du restaurant, tant en France qu'à l'étranger, et notamment et sans que l'énumération ci-dessous soit limitative :

La création, l'achat, la prise en gérance (avec ou sans promesse de vente), la location et l'exploitation de tous fonds de commerce et de restaurant ;

La vente, la mise en gérance (avec ou sans promesse de vente), la cession de gérance, la location de tous fonds de commerce et de restaurant, achetés, gérés ou créés par la société.

L'achat, l'aménagement, l'exploitation, la location (avec ou sans promesse de vente), soit comme bailleur, soit comme preneur, ou la vente de tous établissements se rapportant à l'industrie et au commerce du restaurant ;

La location (avec ou sans promesse de vente), soit comme bailleur, soit comme preneur, l'achat, l'édification de tous immeubles jugés nécessaires à la société, leur aménagement et leur vente ;

La participation directe ou indirecte de la société dans toutes les opérations commerciales, industrielles, mobilières ou immobilières ou financières pouvant se rattacher principalement ou accessoirement à l'un des objets précités, par voie de création de sociétés nouvelles, d'apports, de fusion, souscriptions, achats de titres ou droits sociaux ou autrement.

117. — Ravitaillement.

La société a pour objet :

L'achat et la vente en gros, demi-gros et détail de tous liquides et denrées diverses se rattachant à l'alimentation et généralement toutes opérations agricoles, commerciales, industrielles, mobilières, immobilières et financières pouvant se rattacher directement ou indirectement aux objets ci-dessus.

Le tout en France, colonies, pays de protectorat et à l'étranger.

118. — Docks et Entrepôts.

La société a pour objet :

L'exploitation de tous entrepôts de marchandises et toutes opérations commerciales, industrielles, financières, mobilières ou immobilières pouvant se rattacher directement ou indirectement à cet objet.

119. — Vins, liqueurs et spiritueux.

La société a pour objet, tant en France, ses colonies et pays de protectorat, qu'à l'étranger :

1º Le commerce des vins et liqueurs, spiritueux et autres liquides ;

2º L'acquisition ou la prise à bail de tous immeubles construits ou non, de tous matériels d'exploitation, fonds de commerce et de tous biens mobiliers nécessaires au commerce et à l'industrie dont s'agit ; l'édification de toutes constructions ;

3° La constitution de toutes sociétés filiales, la participation par voie de fusion, apports, souscriptions, achats de titres ou droits quelconques dans toutes sociétés ou entreprises ayant un objet similaire ou connexe à la présente société ;

4° Et généralement toutes opérations, commerciales, industrielles, financières, mobilières et immobilières, se rattachant d'une façon quelconque auxdits objets et pouvant être nécessaires ou utiles à la réalisation des affaires de la société.

120-1. — Représentations commerciales et industrielles.

La société a pour objet :

L'exploitation de l'agence de la maison de vins de champagne X....., à Paris, telle qu'elle existe et se comporte à la connaissance des parties ;

L'achat et la vente de ces vins ;

L'achat, la prise en location, et la construction de tous bureaux, magasins et locaux quelconques nécessaires à l'exploitation ;

Et généralement toutes opérations commerciales, industrielles et financières ayant un intérêt quelconque, direct ou indirect avec l'objet général de la société.

120-2. — Autre.

La société a pour objet :

1° La constitution d'agences de représentations industrielles destinées à développer les affaires entre la France, ses colonies et les nations étrangères, dans toute la mesure compatible avec la politique économique internationale adoptée par le gouvernement français.

2° L'étude de tous les problèmes intéressant les relations économiques de la France avec les nations étrangères compatibles avec cette politique ;

3° La création de bureaux d'études industrielles ou de bureaux d'ingénieurs-conseils, en France, aux colonies et à l'étranger, destinés à la préparation des affaires, les projets techniques, etc... ;

4° L'étude et la création de tous organismes de vente ou d'achat en commun, de tous comptoirs, de toutes sociétés industrielles, commerciales ou financières destinés à développer les relations économiques de la France ;

5° Notamment l'étude, l'achat, la construction, l'exploitation, la location, la vente de tous moyens de transport ou de communication par terre, par mer ou par les airs entre les divers pays du monde ;

6° La participation directe ou indirecte, sous quelque forme que ce soit, dans toutes entreprises se rattachant à l'objet social, soit par voie de création de sociétés nouvelles, d'apport à des sociétés déjà existantes, de souscription, de fusion, d'amodiation, de cession, de location ou autrement ;

7° Et, d'une façon générale, toutes opérations industrielles, commerciales, financières, maritimes, mobilières et immobilières se rattachant directement ou indirectement à l'objet qui précède qui seraient de nature à être utiles à son développement.

121. — Commerce d'importation et d'exportation. — Commission.

La société a pour objet :

1° Le commerce, l'achat et la vente, l'importation et l'exportation de tous produits, objets, matières fabriquées ou non, matériel, outillage machines, etc..., en un mot, de toutes marchandises généralement quelconques, tant au Maroc et en France que dans les colonies, pays de protectorat et à l'étranger.

2° La représentation et la commission tant au Maroc qu'en France, dans les colonies et pays de protectorat relativement auxdits produits, objets, matières et marchandises.

3° Toutes opérations commerciales et industrielles sous quelque forme et en quelque pays que ce soit, ainsi que toutes opérations financières, mobilières et immobilières, se rattachant directement ou indirectement aux objets ci-dessus spécifiés.

122. — Exploitation théâtrale.

La société a pour objet :

Spécialement l'exploitation du théâtre..... sous quelque forme que ce soit :

Et généralement l'exploitation du spectacle sous toutes ses formes, et de toutes industries s'y rattachant, cinématographiques ou autres ; la prise à bail de tous locaux nécessaires, leur aménagement ou transformation ; l'exploitation de toutes attractions qui seraient jugées rémunératrices ; l'achat, la vente, la location, l'exploitation de tous immeubles, brevets, machines, combinaisons se rapportant à ces industries.

Elle peut s'intéresser par voie d'apport, de cession, d'intervention financières, d'achat d'actions, d'obligations ou autres valeurs, ou par tout autre moyen, dans toutes entreprises ou sociétés similaires, fusionner avec ces entreprises ou sociétés, elle peut en un mot faire d'une façon générale toutes opérations industrielles ou commerciales se rattachant directement ou indirectement, sans limitation de pays en tout ou partie, à la réalisation de son objet et au développement de ses opérations.

L'objet de la société pourra être étendu à toutes opérations quelles qu'elles soient, même étrangères à l'un des objets précités, en vertu d'une délibération de l'Assemblée générale extraordinaire prise conformément à l'article... ci-après.

123. — Exploitation cinématographique.

La société a pour objet :

L'exploitation sous toutes ses formes du cinématographe et de toutes autres industries s'y rattachant ; la prise à bail de tous locaux nécessaires, leur aménagement ou transformation ; l'exploitation de toutes autres attractions qui seraient jugées rémunératrices, jointes aux exploitations cinématographiques ou même indépendantes ; l'achat, la vente, la location, l'exploitation de tous immeubles, brevets, machines, combinaisons se rapportant à ces industries.

Elle peut s'intéresser par voie d'apport, de cession, d'intervention financière, d'achat d'actions, d'obligations ou autres valeurs, ou par tout autre moyen, dans toutes entreprises ou sociétés similaires, fusionner avec ces entreprises ou sociétés, elle peut en un mot faire d'une façon générale toutes opérations industrielles, commerciales, financières, mobilières et immobilières se rattachant directement ou indirectement à la réalisation de son objet et au développement de ses opérations.

Ces opérations auront lieu principalement à..... et accessoirement en tous autres pays.

L'objet de la société pourra être étendu à toutes opérations quelles qu'elles soient, même étrangères à l'un des objets précités, en vertu d'une délibération de l'Assemblée extraordinaire prise conformément à l'article... ci-après.

124. — Commerce de beurres, fromages et produits de laiterie.

La société a pour objet :

Le commerce du beurre, du fromage, et de tous autres produits de laiterie et, en général, de tous produits alimentaires, ainsi que toutes opérations de leur préparation, fabrication et conservation ;

La commission et la représentation de toute maison ou société française ou étrangère, pour le commerce des produits alimentaires ;

L'acquisition, la vente ou la cession de toute marque, tout brevet, toute licence ;

La prise à bail et l'achat de toutes usines, de tous ateliers ou magasins nécessaires aux opérations de la société ;

L'aliénation par vente, échange ou apport, de la totalité ou de partie du domaine de la société ; l'affermage de l'ensemble ou d'une fraction quelconque du même domaine ;

Toutes participations ou prises d'intérêt dans toutes sociétés ou affaires de même nature ou pouvant s'y rattacher par voie de fusion, apport, souscription, achat de titres, ou autres droits sociaux, ou de toute autre manière ;

Toutes opérations industrielles, commerciales, financières, immobilières ou mobilières se rattachant directement ou indirectement aux objets ci-dessus spécifiés.

125. — Autre.

La société a pour objet en France, aux colonies et à l'étranger :

Le commerce du lait, la fabrication des produits extraits du lait ou du lait écrémé (tels que : caséine, caillebotte, sucre de lait, acide lactique), la fabrication du beurre, du lait condensé, du lait en poudre, des matières plastiques et de tous produits dans lesquels le lait ou un sous-produit du lait entre pour une part ou à une assimilation ou connexité quelconque et, plus particulièrement l'exploitation du fonds de commerce dont il sera parlé ci-après.

La participation ou prise d'intérêt dans toute société ou affaire de même nature ou pouvant s'y rattacher par voie de fusion, apport, souscription, achat de titres ou droits sociaux ou de toute autre manière.

Et généralement toutes opérations industrielles, commerciales, financières, mobilières ou immobilières se rattachant directement ou indirectement aux objets ci-dessus spécifiés.

126. — Distillerie.

La société a pour objet :

Le commerce, l'achat et la vente, l'importation et l'exportation de toutes boissons, spiritueux, vins, cidres, liqueurs, sirops, pommes et de tous produits alimentaires ;

La fabrication et la rectification des alcools, eaux-de-vie de cidre, marc et autres ;

La fabrication des cidres, poirés et de leurs dérivés ;

La fabrication de tous produits alimentaires ;

Le commerce de fûts vides ;

L'acquisition, la cession, la fabrication et la location de wagons, wagons-réservoirs, bateaux maritimes ou fluviaux, véhicules automobiles ou à vapeur, et de tous autres moyens de transport quelconques, utiles à l'importation ou à l'exportation des alcools, vins et spiritueux et autres boissons, et de toutes denrées ou au développement de leur commerce ;

La construction, l'installation, l'entretien et l'exploitation de toutes voies ferrées ou de raccordement ;

La location, avec ou sans promesse de vente, et l'acquisition de tous immeubles, usines, établissements ou fonds de commerce utiles à la société ;

La participation directe ou indirecte de la société dans toutes opérations commerciales ou industrielles pouvant se rattacher à l'un des objets précités, par voie de création de sociétés nouvelles, d'apport, souscription ou achat de titres ou droits sociaux, fusion, association en participation ou autrement.

Et généralement toutes opérations commerciales, industrielles, immobilières, mobilières ou financières se rattachant directement ou indirectement aux objets ci-dessus spécifiés.

L'Assemblée générale, réunie extraordinairement, pourra à quelque époque que ce soit, modifier le présent article, ces modifications industrielles dussent-elles avoir pour conséquence la transformation de l'objet social.

127. — Terrains.

La société a pour objet :

1° La mise en valeur des terrains apportés ci-après et leur revente en bloc ou en détail ;

2° L'acquisition de tous terrains et de tous immeubles nouveaux, l'acceptation de toutes promesses de vente préalables à ces acquisitions, à leur mise en vente et à leur revente, ou à leur amodiation, la prise à bail, la location ou la sous-location de tous immeubles ;

3° L'acquisition et l'exploitation de toutes autres affaires pouvant intéresser la société ;

4° Toutes opérations industrielles, financières ou commerciales qui se rapporteraient, fût-ce indirectement, à son objet principal ou qui pourraient avoir pour résultat un développement de ses opérations et notamment toutes participations ou intérêts dans des opérations industrielles, financières ou commerciales en cours ou à créer de quelque nature qu'elles soient.

La société pourra également consentir tous prêts sous forme d'ouverture de crédit, obligation, transport, quittance et subrogation, ou autrement, avec ou sans garantie immobilière, recueillir toutes options, les céder, servir d'intermédiaire pour toutes opérations analogues, donner ou accepter toutes antériorités.

128. — Société immobilière.

La société a pour objet :

L'acquisition par quelque mode que ce soit, la prise à bail ou location de tous immeubles bâtis ou non bâtis, situés en en France, leur mise en valeur, notamment par l'édification ou la transformation de constructions pour toutes destinations et par tous travaux de viabilité ;

Leur administration et leur exploitation par bail, location ou autrement ;

L'aliénation de tout ou partie des immeubles sociaux par voie de vente, échange ou apport en société et généralement toutes opérations auxquelles ces immeubles pourront donner lieu.

129-1. — Pêcheries.

La société a pour objet :

Toutes opérations en tous pays se rapportant directement ou indirectement :

1° A l'établissement et l'exploitation de pêcheries maritimes ou autres et des industries connexes ;

2° Au commerce de tous produits, sous-produits ou denrées provenant desdites exploitations ou industries.

Plus particulièrement, son but immédiat sera :

La pêche, l'achat, la vente ou la revente de toutes espèces de poissons ;

La fabrication et l'utilisation des huiles et farines de poisson, des rogues et des conserves de poisson, l'industrie des colles, des peaux et des écailles de poisson, sous quelque forme que ce soit ;

Le séchage et la salaison, le transport en frigorifique ou en viviers de toutes espèces de poissons comestibles et la vente de ces produits ;

L'étude, la recherche, la prise ou l'acquisition sous toutes formes, le dépôt, la cession et l'apport de tous brevets, marques et procédés, l'acquisition également sous toutes formes, la concession et l'apport de toutes licences de brevets ;

Toutes opérations commerciales, financières, industrielles, mobilières, et immobilières, se rattachant directement ou indirectement à l'un des objets sus-énoncés ou à tous objets similaires ou connexes, et qui seraient de nature à favoriser et à développer l'industrie et le commerce de la société ;

Le tout, tant pour elle-même que pour le compte de tiers en participation ;

La participation directe ou indirecte de la société dans toutes opérations de cette nature, soit par voie de création de sociétés, d'apports à des sociétés déjà existantes, de fusion ou alliance avec elles, de cession ou de location à ces sociétés ou à toutes autres personnes de droits mobiliers et immobiliers, de souscription, achats et ventes de titres et droits sociaux, de commandite, d'avances, de prêts et autrement.

129-2. — Autre.

L'objet de la société est celui ci-après détaillé, qui est indicatif et non limitatif :

1° L'achat direct ou indirect du poisson ou de tous produits de mer, en provenance des pêcheurs des côtes de France, ses colonies ou protectorats, soit dans les ports mêmes, soit au large sur les lieux de pêche, soit en tous autres lieux maritimes ou terrestres ;

2° La conservation du poisson ou de tous produits de mer, tant ainsi achetés qu'appartenant à des tiers et leur transport dans toutes localités de France, ses colonies ou protectorats, ou de l'étranger ;

3° La vente du poisson ou de tous produits de mer, sous toutes leurs formes, soit frais pour l'alimentation directe, soit conservés, fumés ou salés, soit sous forme de déchets et produits divers, en gros et en détail, dans toutes localités de France, ses colonies ou protectorats, ou de l'étranger ;

4° L'exercice direct de toutes pêches en mer et l'élevage direct de tous poissons ou produits de mer ;

5° L'achat de tous poissons de produits de mer, à tous états, frais, conservés ou congelés, à tous producteurs ou intermédiaires de France, ses colonies ou protectorats, ou de l'étranger, l'importation, la vente et l'exportation de ces produits ;

6° L'acquisition, la location, la vente, l'installation et l'exploitation de tous biens meubles et immeubles, quels qu'ils soient, notamment terrains, bâtiments, usines, entrepôts frigorifiques ou non, navires et bateaux de transport ou de pêche, frigorifiques ou non, dépôts, machines, fonds d'industrie ou de commerce, magasins et restaurants, brevets ou licences, etc., nécessaires ou utiles à l'objet de la société, sans aucune limitation de genre, d'espèce ou de catégorie ;

7° La participation sous une forme quelconque, directe ou indirecte par représentation, association, fusion, absorption, achat de titres ou créances dans toutes entreprises ou sociétés, anonymes ou non, exerçant des industries semblables ou similaires à celles ci-dessus indiquées ;

8° L'extension de toutes les opérations ci-dessus aux poissons et produits d'eau douce en particulier, et plus généralement à toutes matières alimentaires, quelles qu'elles soient, comme viande, légumes, beurre, œufs, lait, fruits, etc. ;

9° Plus généralement toutes opérations industrielles, commerciales, financières, mobilières ou immobilières, se rattachant directement ou indirectement, soit à la pêche, sous toutes ses formes, soit à l'armement, aux constructions navales, à l'alimentation et à l'approvisionnement général, à l'industrie de conservation par le froid et aux commerces en découlant, soit à toute industrie connexe ou similaire, dans le sens le plus large du mot.

130-1. — Usine à gaz.

La société a pour objet l'exploitation de l'usine à gaz de X... (Calvados) ainsi que l'achat ou la construction et l'exploitation d'autres usines à gaz et de tous autres procédés d'éclairage.

130-2. — Distribution et vente de l'énergie électrique (éclairage, chauffage, force motrice).

La société a pour objet :

1° L'obtention de toutes concessions publiques ou privées, et spécialement d'une concession d'Etat pour le transport et la distribution pour tous usages de l'énergie électrique dans les régions de la France ;

2° La production, l'achat, la transformation, le transport, la distribution et la vente de l'énergie électrique, pour l'éclairage, le chauffage, la force motrice et toutes autres applications, commerciales ou industrielles, publiques ou privées, dont l'électricité peut et pourra être susceptible à quelque titre que ce soit dans le présent et dans l'avenir ;

3° La construction de lignes de transport de force, de postes, de transformation, d'une manière générale de tout ce qui peut coopérer au transport de l'énergie électrique tant dans les zones concédées à la société que dans toute autre région ;

4° La construction, la location, l'achat, la vente et l'exploitation de toutes usines hydrauliques ou thermiques productrices d'énergie électrique et de toutes installations concernant les industries rentrant dans l'objet social, et toutes autres industries en dérivant. L'exploitation et l'utilisation sous toutes formes de toutes chutes d'eau et de tout cours d'eau, leur dérivation, leur aménagement en vue de la création de la force hydraulique ;

5° La fabrication et le commerce de tous appareils et outillages se rapportant directement ou indirectement à la production ou à l'utilisation de l'énergie électrique ;

6° L'achat et la souscription d'actions, parts d'intérêts, obligations et tous titres de toutes sociétés civiles ou commerciales déjà existantes ou à créer, ayant un objet analogue ;

7° L'obtention, l'achat, la vente et l'exploitation de tous brevets d'in-

vention se rapportant aux diverses industries faisant l'objet de la société,
l'acquisition et la concession de toutes licences ;

8° La création, l'entretien et l'exploitation de toutes entreprises, publiques ou privées, de transport commun et de traction, avec ou sans
concession, et notamment de toutes lignes de tramways ou de transports fluviaux ;

Et généralement toutes opérations financières, commerciales, industrielles, mobilières et immobilières se rapportant directement ou indirectement aux objets ci-dessus détaillés.

130-3. — Savonnerie.

La société a pour objet :

1° La fabrication et l'exploitation de tous les produits d'huile et savons
portant la marque...

2° Toutes opérations financières, commerciales, industrielles, mobilières et immobilières se rattachant directement ou indirectement à la
fabrication ou au traitement des matières premières, produits et sous-
produits employés ou tirés des huiles, savons, matières grasses, etc...,
et d'une manière générale, l'exploitation de tous les corps gras.

3° La création, l'achat et l'exploitation de toutes usines ou raffineries,
de tous fonds de commerce ou entrepôts ainsi que le matériel s'y rattachant.

4° L'obtention, l'acquisition ou l'exploitation de tous brevets utiles à
son industrie.

5° La création, l'achat, la transformation de l'exploitation de toutes
succursales, agences ou dépôts en France, dans les colonies ou posses-
sions françaises, dans tous les pays soumis au protectorat français, à
l'étranger et généralement toutes opérations financières, industrielles,
commerciales, mobilières et immobilières se rattachant directement ou
indirectement à l'objet de la société.

6° La société pourra faire toutes ces opérations en France, à l'étranger
ainsi que dans les colonies françaises et dans les pays de protectorat,
soit par elle-même, soit en participation avec toutes personnes ou toutes
sociétés.

131. — Exploitation de mines et minerais.

La société a pour objet, directement ou indirectement :

L'étude, la recherche, l'obtention et l'acquisition, sous toutes formes
de concessions de mines et de tous gisements de minerais ou autre substances se trouvant en tous pays, notamment en Alsace-Lorraine ;

La mise en valeur, l'exploitation industrielle et commerciale, l'amodiation, l'affermage et la cession de ces concessions et gisements ;

L'extraction, l'achat, le traitement, le transport, la transformation par tous procédés, l'échange et la vente de tous minerais, produits, sous-produits, dérivés et alliages ;

La création, l'acquisition, l'exploitation de tous moyens et voies de transports ;

La participation de la société dans toutes opérations commerciales ou industrielles pouvant se rattacher à l'un des objets précités, par voie de création de sociétés nouvelles, françaises ou étrangères, d'apport, de commandite, souscription ou achat de titres ou droits sociaux, de fusion, d'alliance, d'association en participation ou autrement ;

Et, généralement, toutes opérations commerciales, industrielles, immobilières, mobilières et financières se rattachant directement ou indirectement, en totalité ou en partie, à l'un quelconque des objets de la société ou à tous objets similaires ou connexes.

132. — Autre.

La société a pour objet :

L'exploitation des mines de houille de....., des forêts et autres immeubles appartenant à la société et généralement tout ce qui se rattache à l'exploitation desdites mines, prêts et immeubles, ainsi que les autres mines qu'elle pourrait acquérir ou prendre à bail dans l'avenir ;

L'obtention ou l'acquisition et l'exploitation directe ou indirecte de toutes usines pour l'utilisation et la vente des produits et sous-produits desdites mines et de leurs dérivés : gaz, produits chimiques ou autres, l'acquisition et l'exploitation directe ou indirecte de toute usine de production électrique ;

La création, acquisition ou exploitation directe ou indirecte de toutes affaires industrielles, commerciales ou financières pouvant se rattacher directement ou indirectement à l'industrie minière ou métallurgique, et ce, par voie de création de sociétés nouvelles, d'apport, souscription ou achat de titres ou droits sociaux, fusion, association ou participation ou autrement ;

Et généralement toutes opérations industrielles, commerciales, mobilières, immobilières et financières, se rattachant directement ou indirectement aux objets ci-dessus spécifiés, ainsi que la participation à ces opérations, sous quelque forme que ce soit, en France, dans ses colonies, pays de protectorat et à l'étranger.

La société pourra enfin s'intéresser dans toutes affaires industrielles ou commerciales, par voie de participation, souscription, achat d'actions ou autrement.

133. — Autre.

La société a pour objet :

La prise en location :

1° Des concessions suivantes : ...

2° Des constructions servant à l'exploitation de ces mines, machines, matériel et outils ;

3° Des terrains ci-après : ...

4° Et de toutes autres concessions tant en France que dans les colonies, pays de protectorat et à l'étranger.

L'achat, la location ou la vente et l'exploitation de toutes mines de fer, de cuivre et de tous autres métaux ; l'extraction, le traitement et la vente des minerais de soufre, pyrites de cuivre et de fer, ainsi que toutes opérations industrielles, civiles et commerciales relatives à cet effet, dans tous les pays.

134. — Produits chimiques et mines.

La société a pour objet :

1° L'exploitation industrielle et commerciale, la mise en valeur, par elle-même ou par des tiers, des gisements de potasse et autres substances se trouvant en..... ;

2° L'étude, l'obtention et la mise en valeur de toutes concessions, l'affermage de toutes mines ou usines appartenant à des particuliers ou à l'Etat, leur rachat ou leur revente; la fabrication, le traitement ou la vente de tous produits potassiques ou autres ; la construction de toutes usines; l'acquisition et l'exploitation de tous procédés, brevets ou licences ayant trait à la transformation desdits produits ;

3° La prise de tous intérêts sous toutes formes, dans toutes entreprises minières et commerciales analogues, soit par voie de création de sociétés nouvelles, soit par voie d'affiliation à tous groupements syndicaux, d'apports, fusion, soit sous forme d'achat d'actions, parts, etc... ;

4° Et généralement toutes opérations commerciales, financières, industrielles, mobilières ou immobilières pouvant se rattacher directement ou indirectement à l'objet social.

135. — Habitations à bon marché.

La société a pour objet :

1° De réaliser, dans les conditions et pour l'application de la législation sur les habitations à bon marché, soit l'acquisition, la construction, la vente ou la location d'habitations salubres et à bon marché, ainsi que de leurs dépendances ou annexes, tels que jardins, bains et lavoirs, soit l'amélioration et l'assainissement d'habitations existantes, et la vente ou la location de jardins formant dépendances des habitations, soit l'achat d'immeubles destinés à ces usages ;

2°. De réaliser, le cas échéant, la création et l'exploitation de bains-douches, la création, la vente et la location de jardins ouvriers ou l'application de l'article permier de la loi du 10 avril 1908.

Elle peut, à cet effet, acquérir, construire, aliéner, prendre et donner en location.

Elle peut, dans le même but, faire des prêts en vue soit de la construction ou de l'achat d'immeubles destinés à des habitations à bon marché, soit l'acquisition de champs ou jardins, et, à cet effet, contracter des emprunts et négocier toutes garanties qu'elle aurait elle-même reçues de ses emprunteurs.

Ses opérations seront limitées aux immeubles situés dans le département de...

§ V. — *Conditions essentielles, spéciales au contrat de société.*

136. — Ces conditions sont celles qui ont été énumérées plus haut sous le n° 20, en 2° et 3°. Leur examen va faire l'objet des sous-titres qui suivent.

APPORT

137. — **Chaque associé doit faire un « apport ».**

Aux termes du § 2 de l'article 1833 du Code civil, chaque associé est tenu de faire, à la société, un apport consistant soit en argent ou autres biens, soit en son industrie.

La question des apports, en raison de son importance, nécessitant un certain développement, fera l'objet d'un chapitre spécial (Voir n°° 178 et suiv.).

RÉALISATION D'UN BÉNÉFICE AVEC LE CAPITAL MIS EN COMMUN

138. — **Condition essentielle.** — L'article 1832 du Code civil dit que le contrat de société doit être formé en vue de partager le bénéfice qui pourra en résulter. D'où il suit que le but

essentiel de toute société est la réalisation d'un « bénéfice » et cette
conséquence que les « associations » qui n'ont pas pour but la réalisation de bénéfices ne constituent pas, pour ce motif, de véritables
sociétés.

Ce caractère distinctif du contrat de société énoncé dans l'article 1832 se trouve confirmé par la loi du 1er juillet 1901, qui définit
ainsi l' « association » en son article 1er : « convention par laquelle
« deux ou plusieurs personnes mettent en commun d'une façon
« permanente leurs connaissances ou leur activité *dans un but autre*
« *que de partager les bénéfices* ».

139. — En outre, il n'est pas suffisant, pour qu'il y ait société,
qu'un bénéfice ait été réalisé : il faut aussi que ce bénéfice résulte
de l'exploitation commune (Cass. 29 novembre 1897, *Dalloz*, 98,
1, 108, *Sirey*, 1902, 1, 15, 4 août 1909, *Dalloz*, 1910, 1, 153), qu'il
soit recueilli en commun et destiné à être partagé entre tous les
associés.

140. — Jugé ainsi :
Que deux commerçants qui mettent en commun une certaine
somme d'argent, pour en jouir alternativement pendant un temps
déterminé, et chacun pour son commerce particulier, ne contractent
pas une société au sens légal (Cass., 4 juillet 1826, *Jur. Gén. Dalloz*, Société, n° 104). Mais par contre, si la somme ainsi mise en
commun était employée à une opération faite de compte à demi par
ces deux commerçants, leur convention serait une société (*Ibid.*
Société, n° 105).

Que la convention par laquelle deux agents d'assurances s'engagent à se partager entre eux les droits de courtage provenant de
leurs opérations peut être considérée comme n'ayant pas le caractère d'une société, en raison de ce que, bien qu'il y ait partage de
bénéfices, ces bénéfices sont non pas réalisés en commun, mais
poursuivis isolément (Cass. 29 novembre 1831, *Jur. Gén. Dalloz*,
Société, n° 108).

141. — C'est pour un motif semblable à celui qui vient d'être
dit sous les deux numéros qui précèdent, que les « tontines » ne
sont pas des sociétés [1]. En effet si, dans ces associations, chacune des

---

1. On entend par « tontine » la société de créanciers de rentes perpétuelles ou
viagères, qui est constituée sous la condition que les rentes des prédécédés accroî-

parties se propose bien de réaliser un bénéfice, il n'en reste pas moins que ce bénéfice ne provient pas de l'exploitation commune d'un fonds commun et que, de plus, il n'est pas partageable entre tous les contractants.

142. — Donc, la combinaison qui n'a pas pour objet la réalisation d'un bénéfice commun, réalisé avec le fonds commun, et partageable entre tous les adhérents, constitue une « association » et non une société [2].

Cette distinction offre son intérêt, en ce sens que la capacité juridique des sociétés n'est pas du tout la même que celle des associations. Celles-ci n'ont pas, comme celles-là, le pouvoir d'acquérir, de posséder, de plaider à moins d'une loi spéciale ou d'une autorisation résultant d'un décret rendu en Conseil d'État contenant reconnaissance d'utilité publique.

La capacité juridique de quelques associations a été réglementée par des lois particulières ; notamment par la loi du 1er juillet 1901, sur les associations, par celle du 1er avril 1898, sur les secours mutuels.

143. — **Que faut-il entendre exactement par « bénéfice » ?** — En d'autre termes, le bénéfice à partager doit-il nécessairement consister en une somme d'argent ?

La question est vivement débattue entre les auteurs. Mais la Cour de cassation a décidé qu'il suffit que le bénéfice consiste en un avantage commun appréciable à prix d'argent (13 mai 1857, *Dalloz*, 57, 1, 201, — 26 décembre 1886, *Dalloz*, 87, 1, 311), et il n'apparaît pas qu'on puisse opposer un argument péremptoire à cette solution.

---

tront aux survivants, soit en totalité, soit jusqu'à une certaine concurrence. C'est, en d'autres termes, une association dans laquelle plusieurs personnes mettent un fonds en commun, ce fonds étant destiné à être réparti, à une époque fixée, entre les survivants, avec les intérêts accumulés et les parts des associés décédés.

La première tontine, en France, fût autorisée par une ordonnance royale, en 1653.

Le nom de tontine, donné à ce genre d'association, vient de ce que c'est un certain Lorenzo Tonti qui, le premier, en conçut l'idée et la mit en pratique. Les associations tontinières furent fort longtemps en grande faveur et celle-ci ne déclina que lors de l'apparition des assurances sur la vie qui, progressivement, les remplacèrent, sans toutefois les faire entièrement disparaître.

2. Ainsi une société constituée pour éviter des pertes aux associés, n'est pas une société mais une association (Cassation 15 avril 1902. *Sirey*, 1903, 1, 289 ; voir aussi Cassation 25 avril 1910, *Dalloz*, 1911, 1, 473).

PARTAGE DES BÉNÉFICES ENTRE TOUS LES ASSOCIÉS

144. — Partage du bénéfice réalisé avec les fonds communs. — D'une part, l'article 1832 du code civil dit que le contrat de société doit être fait dans le but de « partager le bénéfice » qui pourra résulter de la chose mise en commun, — et d'autre part, l'article 1833 dit que la société doit être contractée « pour l'intérêt commun des parties ».

D'où il suit qu'il est de l'essence même du contrat de société d'être formé en vue de procurer un bénéfice à répartir entre « tous » les associés (Cassation, 20 décembre 1893, *Dalloz*, 94, 1, 224, — 3 mars 1903, *Dalloz*, 1904, 1, 257). A défaut de cette répartition, de ce « partage », la société serait *léonine* et nulle comme contraire à cette essence.

145. — C'est ainsi que la convention qui donnerait à l'un des associés la totalité des bénéfices sociaux serait radicalement nulle (article 1855, C. civ.).

Et ceci s'applique à toutes les sociétés, même aux sociétés en participation (Cassation, 18 mai 1896, *Dalloz*, 96, 1, 249).

Aurait encore un caractère léonin la société dans laquelle un des associés ne toucherait que l'intérêt de son apport, alors que tous ses coassociés toucheraient seuls, outre les intérêts de leur mise de fonds, les bénéfices réalisés par l'entreprise sociale (Lyon, 22 juin 1896, *Journ. des Soc.*, 1897, p. 207).

146. — Mais, sauf la prohibition résultant de l'article 1855 du code civil, qui vient d'être dite, les associés sont entièrement libres de fixer entre eux, de la manière qui leur convient, la répartition des bénéfices communs.

C'est ainsi qu'ils peuvent subordonner à une condition la part dans les bénéfices de l'un ou de plusieurs d'entre eux.

Jugé en ce sens qu'est valable la clause par laquelle il est stipulé que si les bénéfices s'élèvent à telle somme ils appartiendront à tel associé et que, s'ils excèdent cette somme, l'excédent réalisé appartiendra à l'autre associé (Cassation, 9 juillet 1885, *Dalloz*, 86, 1, 301).

147. — Jugé encore notamment :

Que l'article 1855 du code civil n'interdit que l'attribution exclusive du bénéfice total à un seul des associés nommément désigné dans le contrat ; qu'en conséquence, rien ne s'oppose à ce qu'il soit stipulé, dans le contrat de société, que la totalité des bénéfices appartiendra exclusivement à l'associé « survivant ». Et ce, alors surtout qu'il est stipulé dans le même contrat que durant le cours de la société, le partage des bénéfices se fera par parts égales, de telle manière que l'attribution faite à l'associé survivant ne s'applique qu'aux bénéfices que les associés auront pu accumuler volontairement. (Trib. de Comm. Troyes, 19 mars 1900, *Dalloz*, 190, 2, 47. V. aussi Cassation, 18 août 1868, *Jur. Gén. Dalloz*, supp. Société, 193).

Que la clause par laquelle la totalité des bénéfices est attribuée à l'un des associés, sous une condition éventuelle ou aléatoire n'est valable que pendant le temps seulement qu'existe cette condition : que du jour même où, par suite des circonstances, l'éventualité se trouverait être un fait définitivement accompli, cette clause deviendrait léonine et, par conséquent, nulle (Cass. 16 novembre 1858, *Dalloz*, 59, 1, 39).

Que les associés peuvent convenir que l'un d'entre eux aura droit, au lieu d'une quote-part dans les bénéfices, à une somme fixe déterminée, et qu'il aura droit à cette somme même s'il n'y avait pas de bénéfices. Que, cependant, si la somme ainsi forfaitairement allouée devait, par son importance, vraisemblablement absorber l'intégralité des bénéfices, cette convention serait nulle comme renfermant un moyen détourné d'éluder la disposition prohibitive de l'article 1855 du code civil. (Cassation, 20 juin 1888, *Rec. Sirey*, 1889, 1, 8).

Qu'on peut valablement convenir que l'un des associés, dont l'apport consiste dans son industrie, aura le choix pendant un délai déterminé, d'opter entre une somme annuelle fixe ou une part dans les bénéfices (Cassation, 7 décembre 1836, *Jur. Gén. Dalloz*, Société, 421).

148. — Alors même que les mises des associés sont égales, est valable la clause qui stipule que l'un d'eux aura une part de bénéfices plus forte que l'autre ; sous réserve toutefois que la part de l'associé qui reçoit le moins ne soit pas minime au point d'être illusoire.

Inversement, malgré l'inégalité des mises, les associés peuvent s'attribuer des parts égales dans les bénéfices. (Cassation, 27 mars 1861, *Dalloz*, 61, 1, 161).

Mais serait nulle la société dans laquelle un associé toucherait
seulement les intérêts de son apport social, alors que ses coassociés toucheraient seuls, en outre, des mêmes intérêts, sur leurs mises les bénéfices réalisés par la société (Lyon, 22 mai 1896, *Journ. des
Soc.*, 97, 207).

149. — Est permise la stipulation d'après laquelle un associé
supportera les trois quarts dans les pertes et aura droit à un quart
dans les bénéfices alors qu'un autre ne supportera qu'un quart des
pertes et prendra les trois quarts des bénéfices. Mais on notera
qu'un tel mode de répartition ne pourrait être adopté par l'assemblée générale contrairement aux statuts (Trib. Civ. Seine, 9 mars 1887,
Jur. Gén. Dalloz, supplément SOCIÉTÉ, 382).

En d'autres termes, il n'est pas interdit d'attribuer à chaque associé des parts différentes dans les bénéfices et dans les pertes, la
seule condition requise étant que chacun d'eux y participe dans une
proportion, telle qu'elle ne puisse être considérée comme illusoire.

150. — Une dernière question :
Un associé peut-il, à titre de clause pénale, être privé de toute part
dans les bénéfices? — Il a été jugé que oui (Cassation, 16 nov. 1858,
Dalloz, 59, 1, 39) l'article 1855 du code civil ne s'appliquant pas à
ce cas [1].

151. — **Mode et temps du partage des bénéfices.** — La loi
ne fixe ni le mode d'après lequel doit être fait le partage des bénéfices, ni l'époque de ce partage ; ils sont donc essentiellement dépen-
dants de la volonté des intéressés.

C'est le contrat de société, lequel fait la loi des parties, qui doit
fixer toutes les conditions relatives à ce partage. A cet égard, on ne
saurait trop recommander que la clause qui les règle soit rédigée
avec beaucoup de précision et de clarté, afin d'obvier à de sérieuses
difficultés ultérieures.

---

1. L'espèce était la suivante : l'acte social contenait une clause stipulant que la
part de bénéfices revenant à l'associé chargé de surveiller les dépenses serait, au
cas où ces dépenses excéderaient une somme préfixée, réduite suivant une proportion de nature à annihiler complètement cette part.

Mais d'après l'arrêt en question, sauf aux tribunaux à ordonner la dissolution de
la société, à compter du moment où l'associé, par l'effet de cette clause, s'est trouvé
privé de toute participation aux bénéfices.

152. INVENTAIRE. — Du silence de la loi à l'égard de l'époque à laquelle doit être effectué le partage des bénéfices et la répartition des pertes, car il en est de même en ce qui concerne les pertes, il résulte qu'en principe c'est seulement à l'expiration de la société que les associés peuvent déterminer l'importance des bénéfices (et se les partager) ou du montant des pertes (et se le répartir).

Mais, dans la pratique, ceci n'irait pas sans offrir de sérieux inconvénients ; aussi est-il d'usage, dans les statuts mêmes, de stipuler que la durée de la société sera fractionnée en un certain nombre d'exercices (d'une durée de douze mois, le plus généralement) — qu'à la fin de chacun de ces exercices (le 30 juin ou le 31 décembre habituellement) un « inventaire » des valeurs actives et passives de la société sera dressé par les associés et que les bénéfices révélés par cet inventaire [1] seront distribués entre les associés, dans les proportions respectives stipulées dans le pacte social, ou à défaut de convention à cet égard, dans les proportions qui vont être dites sous le numéro suivant.

153. — QU'ADVIENDRAIT-IL SI L'ACTE DE SOCIÉTÉ NE DÉTERMINAIT PAS CES CONDITIONS ? — Bien que ce cas soit plutôt l'exception, il peut se présenter, et le code l'a prévu.

Si les statuts ne déterminent pas la part de chaque associé dans les bénéfices (ainsi d'ailleurs que dans les pertes) la part de chacun est en proportion de sa mise dans les fonds de la société (art. 1853 C. civ., § 1er) [2].

Mais il n'en est ainsi, remarquons-le bien, que lorsque les statuts ne mentionnent pas la part de chacun des associés dans les bénéfices et dans les pertes. Car, si les parts des associés avaient été conventionnellement fixées, cette convention ferait la loi des parties, sous réserve, toutefois, de ce qui vient d'être dit *supra* n° 144 et suivants.

Ainsi, la Cour de cassation a décidé dans ce sens que lorsque deux personnes ont constitué une société entre elles pour l'exploitation d'une industrie, les bénéfices réalisés, sauf convention contraire, doivent être partagés par moitié (16 novembre 1886, *Dalloz*, 87, 1, 391).

1. Comprenez la partie de l'actif net qui excède le capital de la société. Voir à ce sujet *infrà* n° 157 et 158.
2. Jugé que ceci s'applique aux associations en participation comme à toute autre société (Rennes, 29 avril 1881, *Dalloz*, 84, 1, 357, et son pourvoi, Cassation, 1er août 1883, *Ibid.*).

La Cour de Nancy a décidé (14 mars 1868) qu'il ne doit être tenu compte, pour la détermination des parts dans les bénéfices et les pertes, que des apports dont le montant a été fixé lors de la constitution de la société et non pas de ce qui a été apporté par les associés successivement et au fur et à mesure des besoins de la société (*Dalloz*, 69, 2, 92). D'où cette conséquence que pour les sommes ou valeurs apportées successivement et ultérieurement à la constitution de la société, l'associé ne serait considéré à leur égard que comme un créancier de celle-ci et qu'elles n'augmenteraient pas la part de bénéfice auquel il a droit.

Quant à celui qui n'a apporté que son « industrie », sa part dans les bénéfices sociaux (ou dans les pertes) est réglée comme si sa mise eût été égale à celle de l'associé qui a le moins apporté (art. 1853, C. civ. § 2).

154. — Règlement des parts par un associé ou par un tiers. — Quand les associés sont convenus de s'en rapporter à l'un d'eux ou à un tiers pour le règlement des parts dans les bénéfices et les pertes, ce règlement ne peut être attaqué sauf si, de toute évidence, il est contraire à l'équité (art. 1854, C. civ., § 1er).

L'équité en effet, est l'âme du contrat de société : *societas jus quodammodo fraternitatis in se habet.* Si elle n'a pas été observée, le règlement peut être attaqué, mais, remarquons-le bien, il ne peut l'être que dans ce cas.

La nomination de l'associé ou du tiers chargé de déterminer les parts dans les bénéfices ou dans les pertes peut être faite soit dans les statuts mêmes, soit dans un acte postérieur. Dans ce dernier cas si, dans la suite, un des associés se refusait de concourir à la nomination, ou si les associés ne pouvaient se mettre d'accord sur le choix, c'est au tribunal du lieu du siège social qu'il appartiendrait de désigner l'arbitre.

155. — Nulle réclamation n'est admise en cas d'action contre un règlement inéquitable, s'il s'est écoulé plus de *trois mois* depuis que l'associé qui se prétend lésé a eu connaissance du règlement, ou si celui-ci a reçu de sa part un commencement d'exécution (art. 1854 C. civ., § 2).

Le délai accordé par la loi est très court, comme on voit; ceci s'explique, sans doute, de ce fait que les intéressés sont présumés avoir acquiescé en quelque sorte par avance à la décision d'un homme auquel ils avaient donné plein pouvoir.

Ainsi, il a été jugé que la disposition de l'article 1854 qui accorde à chacun des associés le droit d'attaquer le règlement de sa part établi par un tiers se réfère uniquement au cas où les associés ont donné à ce tiers le pouvoir de fixer *in abstracto* leur part dans les bénéfices et dans les pertes, et non pas au cas où ils ont eu seulement recours à ce tiers pour déterminer *in concreto* la part respective de chacun (Cassation, 26 mai 1897, *Dalloz*, 98, 1, 99, *Sirey*, 1, 347).

156. — *Quid* lorsque l'acte de société ne fixe aucune époque pour le partage des bénéfices ? — Quand les statuts ne mentionnent pas les dates auxquelles le partage des bénéfices doit être effectué — ce qui est l'exception — ce partage ne peut être fait qu'à l'expiration de la société. A moins que tous les associés ne se mettent d'accord sur la fixation d'une ou plusieurs dates plus rapprochées. Dans ce cas, il est indispensable que cet accord, complétant les statuts, soit constaté par un acte.

Tel est le principe, du moins en matière de société civile car, en matière de société commerciale, on admet que, lorsqu'il n'a rien été convenu en ce qui concerne la répartition périodique des bénéfices, on devrait supposer que, dans l'intention des intéressés, il devait y avoir, annuellement, un partage des bénéfices (*Jurispr. Gén. Dalloz*, Société, 387, C. civ. *ann. Dalloz*, art. 1853, n° 12) [1].

157. — Détermination des bénéfices. — Pour savoir, l'époque du partage des bénéfices arrivée, si une société est en gain ou en perte, il y a lieu d'établir une comparaison entre la valeur estimative de tous les objets qui, primitivement, composaient le fonds social et la valeur des objets dont il se compose actuellement.

Il n'existe de bénéfices à partager que lorsqu'il a été déduit de l'ensemble des valeurs sociales actuelles non seulement les capitaux qui constituaient primitivement le fonds social, soit d'après la convention primitive, soit d'après les additions qui y auraient été faites ultérieurement, mais aussi les dettes sociales, les frais d'administration, de gestion, les détériorations par l'usage des machines, matériel, instruments, ustensiles, et effets dont se sert la société, ainsi

---

1. Dans le même sens, Lyon-Caen et Renault, t. II, n° 56, *op. cit.*.

que la dépréciation des marchandises, des matières premières en stock, etc...

Si le bilan ne comprend que des valeurs en espèces, la détermination du bénéfice est extrêmement aisée.

Mais il n'en est plus de même lorsqu'il comporte des éléments sujets à des variations de cours et de valeur ou à des détériorations. Ici, un travail d'estimation s'impose, qui demande beaucoup de délicatesse, de prudence et de sûreté d'appréciation.

158. — Jugé :

Que ne doivent pas être compris dans les bénéfices d'une année déterminée les résultats d'une opération réalisée au cours de cette année, dont le produit n'avait pas encore été versé à la société, alors surtout que ce produit faisait l'objet d'une question litigieuse. Et qu'il en est ainsi même lorsque ce produit a été encaissé intégralement dans la suite (Paris, 9 mars 1888, *Dalloz*, 89, 2, 71).

Que la plus-value acquise par la réalisation des valeurs affectées à la constitution du fonds de réserve d'une société ne doit pas être assimilée aux bénéfices ordinaires produits par les opérations de la société et n'est pas immédiatement partageable (Paris, 9 mai 1876, *Dalloz*, 78, 1, 273).

Le même arrêt décide que, dans une société par actions, l'assemblée générale peut décider que la plus grande partie de cette plus value sera employée à la libération des actions, le surplus étant porté à un fonds de prévoyance spécial [1].

159. — Sanction. — Quant à la sanction dans le cas où les associés ont violé la disposition de l'article 1855 du code civil concernant la répartition des bénéfices, voir n° 168.

PARTICIPATION AUX PERTES

160. — Chaque associé doit contribuer aux pertes sociales. — En cas de pertes résultant de l'exploitation de la chose mise en commun, chaque associé, dans quelque société que ce soit, subit une part contributive dans ces pertes ; et ce, inévitablement car il ne peut s'y soustraire. En effet la participation de « tous »

---

1. *Ibid.* et C. civ. annoté *Dalloz*, art. 1853, n° 20.

les associés aux pertes sociales est, comme la participation de tous les associés dans les bénéfices (n° 144), une des conditions essentielles à la validité du contrat de société, — même de l'association en participation.

C'est ce qui résulte clairement du § 2 de l'article 1855 du code civil d'après lequel serait nulle « la stipulation qui affranchirait de toute contribution aux pertes les sommes ou effets mis dans le fonds de la société par un ou plusieurs des associés. »

A quoi on peut ajouter : sans qu'il y ait lieu de distinguer si la garantie a été donnée par la société elle-même ou si elle l'a été par un ou plusieurs de ses membres (Seine, 28 février 1902, *Rev. des Soc.*, 1903, 66) [1].

Quelle est, suivant les circonstances, l'importance de cette part contributive? C'est ce que nous allons rechercher.

161. — Montant de la contribution aux pertes. — La seule condition imposée par la loi est que *chaque* associé supporte une part de la perte : cette condition remplie, les associés sont entièrement libres de déterminer comme ils l'entendent, dans leurs statuts, le montant de la quote-part de chacun.

Il en est donc ici absolument comme en matière de partage des bénéfices (Voir n°s 144 et suiv.). La seule chose exigée est que la disposition de l'article 1855, § 2 soit respectée (Cassation 23 mai 1900, *Dalloz*, 1901, 1, 101).

162. — Et, ici encore, alors même que les mises des associés seraient égales, la clause qui stipulerait que l'un d'eux aurait une part plus forte dans les pertes que l'autre, serait valable. Et, réciproquement, malgré l'inégalité de leurs mises, les associés pourraient valablement mettre à leur charge respective des parts égales dans les pertes.

A cet égard, ce qui a été dit plus haut sous les n°s 148 et 149, est également applicable ici.

163. — La part contributive de chaque associé, dans les pertes sociales, est généralement exprimée dans les statuts, de même que la part dans les bénéfices. On ne saurait trop conseiller qu'il en soit toujours ainsi. Et, dans ce cas, les règles dites sous le présent titre sont applicables.

1. Voir *infrà* note du n° 210.

Voici quelques précisions pour le cas où il n'en serait pas ainsi :

Si le pacte social détermine la part de chaque associé dans les bénéfices et est muet sur la contribution aux pertes, la part de chacun des associés dans celles-ci doit être proportionnelle à sa part dans les bénéfices [1] (Cassation, 25 août 1869, *Dalloz*, 69, 1, 467).

Dans le cas où il n'y a pas parité entre les apports des associés et la répartition des bénéfices entre eux [2], la part de chacun des associés dans les dettes doit être proportionnelle à sa part dans les bénéfices et non à l'importance de son apport [3].

164. — Jugé :

Que la nullité de la stipulation par laquelle un des associés serait affranchi de toute contribution aux pertes serait encourue alors même : que cette stipulation serait contenue non dans les statuts mais dans un acte distinct; qu'elle n'obligerait envers l'associé ainsi exonéré que quelques-uns de ses co-associés; et qu'elle ne serait consentie que pour un temps limité (Cassation 14 juin 1882, *Dalloz*, 84, 1, 222).

Que la stipulation affranchissant l'un des associés des pertes est nulle alors même que, par compensation, un autre ou tous les autres associés ont une plus forte part dans les bénéfices (Cassation 16 janvier 1867, *Dalloz*, 84, 1, 222. — Paris, 14 avril 1883, *Dalloz*, 84, 1, 222).

Qu'est nul comme contraire à l'article 1855 du code civil, l'engagement contracté par le gérant d'une société, de, à une certaine époque, rembourser à son commanditaire le montant de sa commandité, au cas où, à cette époque, les bénéfices sociaux n'avaient pas atteint un chiffre préfixé (Douai, 26 avril 1888, *Jur. Gén. Dalloz*, Société, 198).

Qu'est licite la clause de statuts par laquelle un des associés est affranchi de toute contribution aux pertes tant que celles-ci n'excèderont pas le capital apporté par ses coassociés; qu'une telle clause ne saurait être assimilée au pacte léonin prohibé par l'article 1855 du code civil (Paris, 7 juillet 1869, *Sirey*, 70, 2, 47).

---

1. *Jurispr. Gén. Dalloz*, Société, 379.
2. Soit que les apports étant inégaux les bénéfices doivent être partagés par portions égales, soit que les mises étant égales les bénéfices doivent se partager par portions inégales.
3. *Jurispr. Gén. Dalloz*, Société, 181.

Que, de même, dans une société en nom collectif, il peut être valablement stipulé qu'un des associés sera affranchi, envers ses co-associés, de toute contribution aux dettes qui excèderont l'actif social (Paris, 15 mars 1866, *Sirey*, 66, 2, 235).

Qu'est valable, comme n'étant pas contraire à l'article 1855 du code civil, la reconnaissance que fait un associé à son coassocié d'une dette dont la cause est inexprimée, même si elle a pour objet de garantir ce dernier des pertes subies par la société dissoute le jour même, le code n'interdisant que l'assurance pour les pertes éventuelles, alors qu'une telle stipulation porte règlement sur des pertes consommées (Cassation 23 mai 1900, *Dalloz*, 1901, 1, 101; *Sirey*, 1900, 1, 388).

Que n'est pas contraire à la disposition de l'article 1855, la clause qui impose au gérant d'une société l'obligation de contracter une assurance sur la vie dont le capital serait payable, après son décès, à l'un de ses coassociés dans le cas où ce dernier ne pourrait retirer sa mise (Cassation, 9 juin 1890, *Dalloz*, 90, 1, 409).

165. — Jugé encore :

Que la clause par laquelle un associé ne sera tenu des pertes que jusqu'à concurrence de sa propre mise est valable, *entre associés* (Paris, 15 mars 1866, *Jur. Gén. Dalloz*, Société, 526).

Mais qu'une telle clause [1] portant limitation de la responsabilité d'un associé à sa mise, ne peut être valablement opposée aux tiers qu'à la condition qu'elle ait été portée à leur connaissance (Cassation, 21 février 1883, *Dalloz*, 83, 1, 217).

Que les commanditaires peuvent, dans leurs rapports respectifs et au regard des associés en nom, limiter le montant de leur part contributoire aux dettes sociales, à une partie seulement de leur commandite. Que cette clause dérogatoire à l'article 26 du code de commerce est valable entre les associés [2] et confère à celui qui en bénéficie une action personnelle contre ses coassociés (Cassation, 11 juillet 1892, *Dalloz*, 92, 1, 485).

Mais que l'associé commanditaire bénéficiaire d'une telle stipulation qui se trouve créancier de la société pour tout l'excédent de la portion de sa commandite à laquelle il a limité sa part contribu-

1. Il suffit pour qu'une telle clause soit régulièrement portée à la connaissance des tiers, lorsqu'il s'agit d'une société commerciale (anonyme, en commandite ou en nom collectif) qu'elle ait été régulièrement publiée.

2. Mais elle n'est pas opposable aux tiers.

tive dans les dettes de la société ne peut pas exercer son droit de créance au préjudice des créanciers sociaux (Cassation 9 mai 1863, *Dalloz*, 65, 1, 277).

Que rien n'empêche un associé de se faire garantir par un *tiers*, par exemple par une compagnie d'assurances, contre les risques qu'emporte sa qualité d'associé, cette convention étant indubitablement licite (Trib. civ. Seine, 25 mai 1894, *Journ. des Soc.*, 1895, 328. Voir aussi Cassation, 9 juin 1890, *Dalloz*, 90, 1, 309).

Qu'ainsi, chacun des associés peut parfaitement se faire garantir par un *tiers* le recouvrement de son apport et les bénéfices qu'il espère réaliser dans la société ; mais qu'il ne pourrait valablement faire une telle convention avec son *coassocié*, car, dans ce cas, elle n'aurait d'autre objet que d'affranchir l'associé stipulant de toute contribution aux dettes, ce que l'article 1855 interdit (Douai, 26 avril 1888, *Jur. Gén. Dalloz*, Société, 198).

166. — Quant aux arrangements pris dans les statuts eu égard au mode de règlement, par un des associés de sa part dans la perte, ils constituent de simples « atermoiements » et non la dispense prohibée par la loi (Aix, 20 juillet 1896, *Dalloz*, 99, 1, 162).

167. — En résumé, il ressort des décisions citées sous les numéros 164 et 165 que la stipulation exemptant un associé de toute contribution aux pertes sociales n'entraîne nullité que lorsque l'exonération des risques est complète ; qu'une exonération partielle — mais, bien entendu, effective — est suffisante pour que la clause soit valable (Angers, 10 mai 1897, *Journ. des Soc.*, 1898, 164).

Mais ajoutons qu'une contribution insignifiante équivaudrait à une exonération complète et serait par conséquent nulle (Angers, *préc.*, Cassation, 17 avril 1837, *Sirey*, 37, 1, 275).

REMARQUE RELATIVE A LA STIPULATION DE REPRISE « FRANC ET QUITTE » D'UN BIEN APPORTÉ EN JOUISSANCE. — Les règles rapportées sous les numéros qui précèdent s'appliquent au cas d'apports faits « en propriété ». Il y a lieu d'examiner maintenant ce qu'il en est quant à la contribution aux pertes, en cas d'apports en jouissance seulement.

Dans ce cas, la part contributoire de l'associé apporteur dans les pertes peut se réduire à une simple privation d'intérêts, le cas échéant. Mais, pour ce, il importe que l'intention de ne mettre en société que la « jouissance du capital » ressorte clairement de la convention (*Jurisp. Gén. Dalloz*, Société, 731).

Ainsi, jugé notamment que la clause par laquelle une personne s'oblige à rembourser à une autre le montant total des sommes que cette dernière lui a avancées pour l'exploitation d'un commerce, sans être en droit de lui faire supporter les pertes éventuelles pouvant résulter de l'exploitation de ce fonds n'est pas contraire à la règle posée par l'article 1855 du code civil ; que, par suite, cette clause n'est pas exclusive du contrat de société, alors que les fonds avancés et mis en commun consistaient dans la jouissance d'un capital, laquelle restait nécessairement soumise aux pertes sociales, la partie qui avait avancé les fonds étant exposée à ne rien retirer de l'intérêt de ceux-ci ; et que l'on peut, dès lors, attribuer à une convention de cette nature les effets d'une société et non pas ceux d'un prêt (Cassation, 20 décembre 1893, *Dalloz*, 94, 1, 224, C. civ. annoté *Dalloz*, art. 1855, 94) [1].

168. — Sanction de la clause de non-contribution d'un associé aux dettes. — Lorsque les associés ont violé les prohibitions de l'article 1855 du code civil, soit en ce qui concerne l'attribution des bénéfices, soit en ce qui concerne la contribution aux pertes, est-ce le contrat de société lui-même qui est nul dans son entier, ou cette nullité frappe-t-elle uniquement la clause léonine ?

C'est non pas seulement cette dernière mais la convention de société tout entière qui est frappée de nullité. Ainsi en décident de nombreux arrêts (*Not.* Cassation, 14 juin 1882, *Dalloz*, 84, 1, 222, Bordeaux, 3 février 1890. *Réc. de Bord.*, 1890, 1, 225, Trib. civ. Vervins, 31 juillet 1902, *Dalloz*, 1903, 2, 425 et 426).

169. — Quant aux effets de cette nullité, pour le passé, il a été jugé (Paris, 7 janvier 1901) qu'une telle société « de fait » qui a fonctionné doit être liquidée d'après les dispositions de l'article 1853 du Code civil et que, par suite, les pertes souffertes doivent être

---

1. *Quid* en ce qui concerne l'apporteur en industrie ?

Lorsque l'apport d'un associé consiste uniquement dans son « industrie » (voy. *infrà* n°° 359 et suiv.), il est permis de convenir qu'il ne participera pas aux pertes sociales si cette industrie est tellement précieuse ou si elle nécessite de sa part de tels soins qu'il paraisse équitable d'en faire la compensation avec les risques de perte ; mais, dans ce cas, si les pertes absorbent les bénéfices, il aura travaillé pour rien et, en fait, il aura perdu sa mise.

Mais si l'apporteur en industrie stipule qu'il aura droit à la rémunération de son travail même si les résultats sociaux sont déficitaires, cette convention ne saurait valoir comme société ; ce serait alors un contrat de louage d'ouvrage (*Jurispr. Gén. Dalloz*, Société, 423 et 424).

réparties entre les associés dans la mesure fixée par cet article (*Journ. des Soc.*, 1902, 57).

170. — Stipulations relatives à la répartition des pertes sociales quant au mode et au temps de cette répartition. — Voir à cet égard ce qui a été dit sous les numéros 151 à 155. Les règles étudiées sous ces numéros, s'appliquant aussi bien à la répartition des pertes qu'au partage des bénéfices.

Voir n° 173-1.

171. — Si, dans un acte de société, les parts de chacun des associés dans les bénéfices ont été fixées inégalement sans que rien n'ait été stipulé à l'égard des pertes, ces dernières doivent être réparties entre les associés proportionnellement à la part que chacun d'eux aurait eu dans les bénéfices quand bien même les mises des associés seraient égales. Jugé que l'arrêt qui décide ainsi, par interprétation des statuts, ne viole aucun texte (Cassation, 25 juin 1902, *Dalloz*, 1902, 1, 395).

172. — Détermination des pertes. — De même que le bénéfice, la perte est déterminée par la comparaison entre la valeur de tous les éléments actifs et celle de toutes les valeurs passives de la société.

Se reporter à ce sujet à ce qui a été dit plus haut sous les numéros 152, 157, et 158.

173-1. — Époque de règlement des pertes. — C'est à l'expiration de la société — à moins de stipulation contraire dans les statuts, — que le montant des pertes sociales révélées par chaque inventaire (voir n° 152), est réglé.

Mais — remarque importante — aucune part de bénéfice ne peut être distribuée aux associés tant que le déficit de la société n'a pas été comblé.

173-2. — Dissolution de la société en cas de perte de tout ou partie du capital social. — On rencontre fréquemment, — spécialement dans les statuts de sociétés en nom collectif, — une clause stipulant qu'en cas de perte d'une quotité déterminée du capital social, (moitié, deux tiers ou trois quarts) la société sera dissoute, et sa dissolution pourra être demandée.

Cette clause n'est ni imposée par un texte quelconque ni une clause de style ; elle présente un réel intérêt; et il est des circonstances où l'on se félicite de l'avoir insérée dans le pacte social. Elle est à conseiller car elle est la prudence.

INTENTION DE CONTRACTER UNE SOCIÉTÉ

174. — Affectio societatis. — La dernière condition exigée pour qu'il y ait formation de société est que chaque partie, en s'obligeant, ait nettement l'intention, la volonté de contracter « une société » autrement dit de participer effectivement aux chances de gain et aux risques de perte qui sont inhérents à cette convention : c'est *l'affectio societatis*.

Conséquemment, il importe que le consentement soit donné et exprimé de telle manière — ou dans de telles conditions — qu'il s'en dégage nettement l'intention de former une société chez tous les contractants.

175. — Aucune difficulté à cet égard quand, dans l'acte, le caractère de la société est clairement défini.

Il ne peut s'en élever — et c'est là qu'apparaît l'intérêt de l'*affectio societatis* — qu'en présence de contrats dont le caractère n'est pas défini ou qui présentent, avec le contrat de société, une affinité telle qu'une confusion peut aisément se produire à leur égard.

Un certain nombre de contrats présentant une grande analogie avec le contrat de société, il y aura intérêt à examiner les principaux d'entre eux ; leur analyse va faire l'objet des numéros 401 et suivants.

176.— Pour l'instant, nous ajouterons que lorsqu'il y a doute sur la question de savoir si on se trouve réellement ou non en présence d'un contrat de société, c'est par l' « intention » des parties que la question doit être résolue.

Ont-elles ou n'ont-elles pas eu *l'affectio societatis*, autrement dit l'intention de contracter une société ? tel est le point essentiel que les tribunaux doivent rechercher (Cassation, 3 mars 1903, *Dalloz*, 1904, 1, 257, *Sirey*, 1903, 1, 344. — 28 avril 1903, *Sirey*, 1903, 1, 472. — Trib. de Comm. Nantes, 12 juillet 1905, *Rev. des Soc.*, 1907, 76).

ACTE ÉCRIT ET PUBLICITÉ

177. — Autres conditions imposées par la loi aux contrats de sociétés commerciales. — On a vu précédemment (n°ˢ 20 et suiv.) quelles sont les conditions imposées par la loi pour la validité de tout contrat de société.

A cette énumération, il importe d'en ajouter deux qui, bien que l'une n'affecte pas la validité même du contrat, n'en ont pas moins une importance considérable puisqu'elles concernent le moyen d'établir la preuve de l'existence du contrat de société, — et celui de rendre les stipulations insérées dans les statuts opposables aux tiers.

La première condition emporte, pour les sociétés commerciales, l'obligation d'un acte *écrit*.

La seconde emporte, pour les associés, l'obligation de satisfaire à une *publicité* dans un lieu et dans un temps déterminés.

Ces deux conditions ne sont citées ici que pour mémoire. En raison de leur importance, leur étude fera l'objet de paragraphes spéciaux (Voir n°ˢ 429 et suiv. et 460 et suiv.).

CHAPITRE III

APPORTS. — PRINCIPES GÉNÉRAUX

178. Chaque associé doit obligatoirement faire un « apport » à la société. — La loi est impérative à cet égard : chaque associé est tenu de faire à la société un « apport » consistant, soit en capitaux, soit en autres biens, soit en son industrie (§.2, art. 1833, C. civ.).

C'est qu'en effet l'apport est de l'essence même du contrat de société. L'article 1832 du code civil donne de la société la définition que nous avons précédemment énoncée : contrat par lequel des personnes conviennent de « mettre quelque chose en commun » en vue de partager le bénéfice qui en pourra résulter. C'est dans les apports que consiste la chose « mise en commun » et, par suite, sans cette chose apportée à la communauté, sans apports, il n'y a pas société.

179. — Les biens mis en société afin d'être exploités dans l'intérêt commun des contractants ne sont autres que les « apports » et constituent le capital social.

L'apport consiste donc dans la chose — susceptible d'être évaluée en espèces — qu'un associé cède à la société, à la charge par celle-ci de lui fournir une part dans les bénéfices qu'elle réalisera.

180. — Il y a apport véritable quand, en équivalent de sa mise dans la société, il reçoit de celle-ci des actions ou parts de fondateur ou une part des bénéfices sociaux à venir.

S'il recevait une somme d'argent de la société (ou si celle-ci la versait aux créanciers de l'associé) il y aurait non pas un apport mais une vente.

Et s'il recevait à la fois des actions ou une part dans les bénéfices à réaliser, et une somme en espèces, il y aurait apport pour partie et vente pour le surplus (Seine, 28 juillet 1887, *Journ. des Soc.* 1888, 445), autrement dit, il y aurait apport « mixte ».

181. — Ainsi, dans l'hypothèse d'un contractant qui ne ferait pas d'apport, ce contractant serait non pas un associé mais un « donataire » parce que, participant aux bénéfices produits par une chose dans laquelle il n'aurait rien mis, il bénéficierait dès lors non plus de la contre-valeur ou mieux du produit de sa mise, mais d'une véritable libéralité à titre gratuit (Paris, 26 novembre 1885, *Dalloz*, 87, 1, 419).

Le contrat ne serait donc, à son égard, qu'une donation entre vifs, (car il serait nul en ce qui le concerne en tant que société) et qui plus est, ne serait qu'une donation entre vifs de « biens à venir »; donation qui, aux termes de l'article 943 du Code civil, serait radicalement nulle, comme contraire au caractère primordial de la donation qui est, pour celui qui fait la libéralité, le dépouillement *actuel* de la chose par lui donnée.

182. — Du fait que chaque associé doit obligatoirement faire un apport à la société, il découle que la chose composant cet apport doit nécessairement exister au moment de la formation de la société ; mais est-il nécessaire, pour que celle-ci ne soit pas nulle, que cet apport subsiste jusqu'à l'expiration de la société ?

Non. Celle-ci ne serait pas annulable par suite de la disparition de la perte de l'apport. Mais cette perte pourrait en entraîner la dissolution.

183. — L'apport fait par chacun des associés doit être « réel ». De même la société serait inexistante s'il n'y avait pas d'apports, de même elle le serait si les apports étaient purement fictifs (Seine, 9 décembre 1903, *Journ. des Soc.* 1904, 222, — Seine, 10 avril 1902, *Gaz. des Trib.* du 6 juin 1902).

L'apport serait « fictif » s'il ne présentait aucune valeur réelle ou si sa valeur était insignifiante.

184. — Jugé ainsi que l'apport d'immeubles acquis avant la constitution de la société et dont le prix d'achat n'a pu être acquitté qu'avec des fonds provenant d'un emprunt contracté par la société elle-même, doit être considéré comme un apport fictif (Cassation, 14 juin 1887, *Dalloz*, 87, 1, 417).

185. — En quoi peuvent consister les apports. — Les apports peuvent consister en toute espèce de biens qui se trouvent dans le commerce et sont susceptibles d'une évaluation en argent.

C'est ainsi qu'on peut aussi bien apporter l'usufruit, ou même la jouissance d'une chose, que la propriété même de cette chose.

D'une manière générale, toutes choses mobilières et immobilières corporelles et incorporelles, peuvent être mises en société.

Une chose ou un droit aléatoire peut même y être mise (Paris, 27 juin 1888, *Rev. des Soc.* 88, 483).

186. — La loi dit qu'on peut apporter son « industrie ». Il faut entendre ce terme dans le sens le plus large, car il embrasse toutes les qualités humaines susceptibles d'une application utile, qu'elles soient physiques, intellectuelles ou morales (Voir n° 359). Ainsi, peuvent valablement faire l'objet d'un apport notamment : des capitaux en numéraire (voir nos 228 et suiv.), des terrains, des constructions, une usine, (voir nos 223 et suiv.), des meubles (voir nos 254 et suiv.), un brevet d'invention (voir nos 310 et suiv.), une marque de fabrique (voir nos 329 et suiv.), un fonds de commerce (voir nos 265 et suiv.), une mine, des droits d'auteur, ou le droit exclusif de publier un ouvrage, une concession administrative (de tramways, de chemins de fer, etc...), un navire, un procédé industriel, une clientèle, un secret utile, des actions de sociétés régulièrement constituées, même des choses futures (voir numéro suivant).

187. — Jugé que peuvent faire l'objet d'apports :

Le crédit commercial d'une personne, à la condition, toutefois, que l'apporteur coopère effectivement et activement aux affaires sociales.

Par « crédit commercial », il faut entendre exclusivement celui qui repose sur la confiance qu'inspire l'apporteur par sa loyauté à remplir ses engagements, par son habileté dans les affaires, ses connaissances spéciales, sa fortune, ses antécédents commerciaux et l'estime publique — le « crédit » — dont il jouit. Les tribunaux ont qualité pour apprécier si, au cas où un contractant apporte sa clientèle, son concours, ses relations, il y a apport réel et société sérieuse (*Jur. Gén. Dalloz*, Société, 89 et 90. Besançon, 10 juillet 1902, *Sirey*, 1904, 2, 89). — Mais, par contre, un crédit politique, autrement dit l'influence due aux relations politiques et sociales à l'exercice de fonctions publiques, ne saurait être valablement mis en société.

Les choses « futures » (Toulouse, 9 décembre 1885; *Rev. des Soc.* 1886, 456, — Trib. de Comm. Seine, 9 janvier 1901, *Journ. des Soc.* 1901, 214 [1]).

La jouissance d'une somme d'argent (Cassation, 20 décembre 1893, *Dalloz*, 94, 1, 224 [2]).

Un immeuble dont le prix était impayé et a dû être avancé par la société (Trib. Seine, 5 juin 1883, *Rev. des Soc.* 83, 730).

Un immeuble grevé d'hypothèques, à la charge par l'apporteur de rapporter mainlevées et certificats de radiation des inscriptions dans un délai fixé. Sauf, évidemment, toutes précautions utiles pour garantir la société contre toutes poursuites des créanciers. Mais la société serait nulle si les inscriptions hypothécaires absorbaient la valeur de l'immeuble frappé par elles et apporté. (Cassation, 22 février 1892, *Sirey*, 93, 1, 149, — 6 mai 1903, *Journ. des Soc.* 1904, 18, — Douai, 10 octobre 1903, *Ibid.* 1904, 270 [3]). — Jugé que l'associé qui ne justifie pas, dans le délai qui avait été statutairement convenu, de la radiation des inscriptions hypothécaires qui grevaient le ou les immeubles par lui apportés est passible de dommages-intérêts envers la société (Douai, 10 décembre 1903, *Journ. des Soc.* 1904, 270).

Les connaissances professionnelles. (Paris, 16 novembre 1854, *Sirey*, 54, 2, 618).

---

1. Mais on ne pourrait, même en société, faire apport de la succession d'une personne encore vivante et déterminée, tout pacte sur succession non ouverte étant interdit par la loi (Voy. art. 791, et 1600, C. civ.).

2. *Contrà*, Amiens, 26 mai 1906, (*Sirey*, 1909, 2, 9).

3. Si la société prenait à sa charge les dettes privilégiées ou hypothécaires qui grèvent l'immeuble apporté, il y aurait lieu pour l'estimation de la valeur de l'apport de diminuer d'autant la valeur nette de cet immeuble. Mais ce mode n'est pas à conseiller en raison des droits d'enregistrement particuliers qu'il entraîne et dont il sera question dans le tome second du présent ouvrage lors de l'étude des questions fiscales.

L'actif d'une société ressortant d'un inventaire régulier, alors
même que cet apport serait fait à charge par la société d'acquitter
le passif si, bien entendu, les apporteurs n'ont reçu en contre-partie
que la valeur de l'actif net, défalcation faite de ce passif (Cassation, 3 janvier 1900, *Sirey*, 1901, 1, 321).

Une ouverture de crédit (Trib. Charleroi, 26 mars 1879, *Journ. du Dr. Intern. priv.* t. IX, 1882, p. 637, Bruxelles, 25 juillet 1908, *Journ. des Soc.* 1909, 313).

Une marque de fabrique, (Paris, 11 février 1888, *Rev. des Soc.* 1888, 527).

Un « nom ». — Toutefois, si ce nom était de nature à faire naître une confusion entre les produits exploités par la société et d'autres produits connus, non seulement la société serait illicite, mais le tiers lésé serait fondé à l'empêcher de fonctionner en exerçant contre elle une action en concurrence déloyale (Trib. civ. Seine, 2 août 1890, *Le Droit Indust.* 1890, 340). — Jugé qu'en cas d'apport, par un associé, de son nom commercial, il y a lieu de considérer — à défaut de précision dans les statuts à cet égard — que le nom n'est apporté qu'à titre de jouissance seulement (Bordeaux, 30 mars 1892, *Gaz. du Pal.* 1893, 22e partie, 4).

Une concession administrative, notamment un marché de fournitures (Cassation 16 avril 1872, *Dalloz*, 73, 1, 73).

Une promesse de vente (V. toutefois ce qui est dit *infrà*, numéro 189).

Un brevet d'invention (Riom, 30 avril 1894, *Journ. des Soc.* 1895, 105).

188. — Peuvent encore faire l'objet d'apports en société :
Des créances et effets de commerce, (nos 256 et suiv.).
Des valeurs nominatives, (no 263).
Des marchandises et des matières premières, (nos 303 et suiv.).
Du matériel.
De l'outillage.
Des concessions de travaux publics.
Des concessions coloniales.

189. — Sont, d'après la jurisprudence, considérés comme fictifs :
Les apports de frais, études et démarches, faits en vue de constituer la société (Besançon, 27 mars 1903, *Journ. des Soc.* 1904,

254, — Montpellier, 20 mai 1903, *Ibid.* — Trib. Seine, 2 novembre 1910, *Ibid.* 1911, 445).

L'apport d'une promesse de vente dont le prix était encore totalement dû. (Paris, 4 avril 1883, *Dalloz*, 84,2, 122. — Riom, 5 janvier 1893, *Rec. de Riom*, 93, 193).

La thèse consacrée par ces deux décisions sera-t-elle constante en jurisprudence ? Il est permis d'en douter. Car, comme le dit fort justement un auteur [1], la promesse de vente pour un prix déterminé présente une valeur certaine qui peut faire l'objet d'un apport en société, étant entendu que ce n'est que sur cette valeur que le montant de l'apport doit être fixé. Il est manifeste, en effet, que l'apporteur a pu obtenir une promesse de vente pour un prix avantageux, l'apport de son droit à une société, procure de ce fait, à cette dernière, un avantage aisément appréciable en espèces, qui, équitablement, peut et doit être rénuméré [2].

D'autre part, il est choquant de soutenir que le fondateur d'une société ne peut être rémunéré, pour l'apport qu'il fait à celle-ci des frais d'études, de démarches, de déplacements, de temps passé et des déboursés qu'il a été appelé à faire de ce chef. Il en serait donc de sa poche, en fin de compte !

Pour remédier à cela — qui n'est pas admissible — de manière à satisfaire chacun, et la jurisprudence, on fait, ainsi que le rapporte un auteur [3], subir une augmentation à la valeur totale des apports en nature. Et c'est parfaitement équitable. D'ailleurs, la société n'est constituée que si la promesse de vente se réalise tout au moins lorsqu'elle porte sur une chose qui devait constituer l'unique objet de l'exploitation de la société. En ce sens, Aix, 24 février 1907, (*Journ. des Soc.* 1909, 440).

**190. — Origine de la propriété de l'apporteur. — En principe il n'y a aucunement lieu de rechercher la manière dont l'associé est devenu propriétaire de la chose qu'il met en société : peu

1. Hémard, *Théorie et pratique des nullités de sociétés*, n° 22, p. 38, *loc. cit.*

2. Aussi bien, n'existe-t-il aucun motif fondé pour obliger un apporteur à se dessaisir gratuitement au profit d'un tiers — fût-ce même au profit d'une société — d'un droit ou d'un avantage dont il est bénéficiaire ; nul ne pouvant être contraint de faire une libéralité gratuite si telle n'est pas son intention.

Mais, évidemment, il n'en devrait pas être ainsi si le prix stipulé en la promesse de vente apportée était exagéré ou seulement représentatif de la valeur réelle de la chose faisant l'objet de la promesse.

3. Décugis, n° 44, p. 40, *loc. cit.*

importe, en effet, qu'il en soit possesseur par suite d'achat, d'échange, de don ou de legs ; la seule chose exigée est qu'il en soit incontestablement le seul et véritable propriétaire et que, par suite de l'apport qu'il en fait, cette chose devienne *ipso facto* partie intégrante de l'actif social.

Mais, en pratique, il est de l'intérêt des associés, s'ils veulent se prémunir contre toutes revendications éventuelles, de s'assurer du droit de propriété de leur coassocié apporteur par l'examen de ses titres.

Il est même à conseiller, lorsqu'il s'agit d'un apport d'immeubles, d'établir, dans les statuts, l'origine de la propriété, au moins trentenaire, du bien apporté [1].

Voir à cet égard n° 251.

Jugé que, serait valable, l'apport fait par un contractant d'une chose provenant d'une libéralité à lui faite par un de ses coassociés même. (Cassation, 5 janvier 1886, *Dalloz*, 86, 1, 122).

191. — L'apport peut se composer de choses de natures différentes. — Sous la seule réserve que l'apport soit réel (voir n° 123) les associés ont toute liberté quant à la diversité de natures des choses mises par eux en société.

Non seulement les biens apportés par les associés peuvent être de natures diverses (l'un apportant des capitaux, un second des immeubles, un troisième sa seule industrie, etc.), mais encore un même contractant peut apporter simultanément des choses de différentes natures. Ainsi, à titre d'exemple, il peut faire apport tout à la fois d'un fonds de commerce, de capitaux, d'un brevet d'invention, de l'usine qu'il exploite, etc...

Sans cette faculté, la constitution et le fonctionnement des sociétés seraient extrêmement difficiles, sinon impossibles.

192. — Les apports des associés peuvent être d'inégales valeurs. — Il n'est pas exigé que les apports des associés soient d'égale valeur : chacun d'eux compose sa mise comme il l'entend et suivant l'importance qui lui convient (voir n° 148).

Exemple : un associé peut mettre en commun un capital de plu-

---

1. Ceci en raison de ce que, en vertu de l'article 2262 du code civil, toutes les actions sont prescrites par trente ans, sans que celui qui allègue cette prescription soit obligé d'en rapporter un titre ou qu'on puisse lui opposer l'exception déduite de la mauvaise foi.

sieurs centaines de mille francs alors que son associé peut parfaitement ne faire un apport que, par exemple, d'une chose d'une valeur d'une trentaine de mille francs.

193. — L'inégalité des apports n'a d'autre conséquence que celle-ci : son influence sur la répartition des bénéfices et les pertes sociales.

A cet égard, il est très important de faire remarquer que, *toujours*, les apports doivent être évalués dans les statuts (n° 153). A défaut de cette indication et pour l'attribution des bénéfices et la répartition des pertes, au cas où elles n'auraient pas été fixées dans l'acte, la valeur de chaque mise ne pourrait être déterminée que par une estimation amiable ou, à défaut d'accord, par le moyen d'une expertise.

194. — **Remarques.** — D'après la majorité des auteurs, il n'est pas indispensable que l'apport soit immédiatement versé ; il suffit qu'il soit promis.

195. — On a vu sous le numéro 181 que si un associé ne faisait pas d'apport, la société serait nulle. Si aucun des associés n'en faisait, elle ne pourrait se former.

Serait considéré comme ne faisant pas d'apport, l'associé qui n'aurait jamais eu, ou qui n'avait plus, la propriété du ou des biens qui devaient constituer sa mise (Seine, 10 janvier 1911, *Journ. des Soc.* 1911, 452). — Il en serait de même si les biens composant l'apport n'avaient jamais existé ou n'existaient plus (Paris, 28 mai 1886, *Journ. des Trib. de Com.*, 1887, 234).

196. — **Apport de biens indivis.** — L'apport peut consister, pour les associés, en une seule et unique chose dont ils seraient copropriétaires et qu'ils conviendraient d'exploiter dans un intérêt commun.

C'est le cas — fréquent — d'héritiers qui constituent une société pour exploiter l'usine (par exemple) qu'exploitait précédemment leur auteur commun, décédé, dans la succession duquel ils l'ont recueillie et qui en font l'apport conjoint et indivis.

Même lorsque la société ne comprend pas d'autre associé que ceux qui ont fait l'apport (c'est le cas prévu par le dernier alinéa de l'article 3 de la loi du 24 juillet 1867) il s'opère une mutation

de propriété au profit de la société commerciale, personne morale [1].
Voir formule D'APPORT de bien indivis, numéro 383.

197. — Apports « en nature » et apports « en espèces ».
— Il y a lieu de distinguer entre les apports *en nature* et les apports *en espèces*.

Cette distinction trouve son intérêt dans ce fait qu'en matière de sociétés en commandite par actions et de sociétés anonymes des formalités spéciales de vérification sont imposées par la loi du 24 juillet 1867 aux apports faits en nature, qui ne le sont pas aux apports faits en espèces.

Il sera traité de ces formalités aux titres de la société anonyme et de la société en commandite par actions dans le tome second du présent ouvrage.

198. — Remarque. — Ainsi qu'il a été dit précédemment (n° 185) on peut aussi bien faire apport à une société de l'usufruit et même de la simple jouissance d'une chose, que de la toute-propriété elle-même de cette chose. Enfin on peut apporter un « droit » sur une chose ou son « industrie ».

Nous allons examiner sous les numéros qui suivent les principes généraux qui règlent ces divers apports.

199. — Les associés sont respectivement débiteurs de leurs apports respectifs. — Chaque associé, dit l'article 1843 du Code civil, est débiteur envers la société de tout ce qu'il a promis d'y apporter.

Ceci résulte de ce que, ainsi que nous l'avons vu (n° 7) le contrat de société est un contrat « communicatif ». Chaque associé s'engage à donner (apporter, céder) ou à faire une chose, en vue qu'on lui donne ou qu'on lui fasse l'équivalent de cette chose ; par suite, chacun d'eux est débiteur envers la société de ce qu'il a promis.

200. — Sur la question de savoir si les créanciers hypothécaires de la société doivent être payés, sur l'immeuble social, avant les

---

1. L'apport fait par des mineurs, à une société, des droits indivis qui leur appartiennent sur des immeubles ne saurait être assimilé à une vente et comme tel, aux formalités spéciales prescrites en matière de ventes d'immeubles appartenant à des mineurs. Pour que cet apport soit valable, il suffit qu'il soit fait par le tuteur, au nom des mineurs, en vertu d'une délibération du conseil de famille, homologuée par le tribunal civil (Riom, 2 mai 1907, *Dalloz*, 1908, 2, 109).

créanciers hypothécaires de chaque associé, la Cour de cassation a consacré l'affirmative, attendu que l'immeuble social a été hypothéqué spécialement à une créance sociale et qu'il ne peut pas y avoir d'actif social pour l'un des associés, avant la liquidation du passif (10 mai 1831, *Sirey*, 31, 1, 202).

201. — **Apport majoré.** — Jugé que lorsqu'un apport a été dolosivement majoré et a fait l'objet d'une attribution d'actions, la société a le droit tout en conservant l'apport, de se faire restituer par l'associé qui l'a fait, la partie des actions qui est représentative de la majoration (Trib. de Comm. Seine, 26 février 1907, *Journ. des Soc.* 1908, 67, — Paris, 3 février 1910, *Ibid.* 1911, 121).

Il y a donc, en ce cas, réduction du nombre des actions d'apport.

Dans les sociétés en nom collectif et commandite simple, en cas d'apport majoré, l'apporteur serait débiteur envers la société du montant de la majoration par lui faite, et sa part dans les bénéfices devrait subir une réduction proportionnelle à cette majoration s'il ne se libérait pas de l'importance de celle-ci envers la société, dont le capital se trouverait diminué d'autant.

Le fait de majorer son apport constitue une tromperie qui, le cas échéant, pourrait être susceptible d'entraîner la dissolution de la société.

202. — **Apport en toute-propriété.** — En cas d'apport d'un bien, mobilier ou immobilier, en pleine propriété, il s'opère une transmission de ce bien par l'associé apporteur, à la société qui, ainsi qu'il sera dit plus loin (nos 575 et suiv.) constitue une « personne morale » entièrement distincte de la personne des associés.

Cette transmission s'opère immédiatement, par le simple effet de la convention (art. 1138, C. civ.).

Et l'effet de cette transmission de propriété a pour effet de créer, entre l'associé apporteur et la société, des rapports juridiques semblables à ceux d'un vendeur vis-à-vis de son acquéreur. D'où les conséquences qui vont être dites.

203. — Mais ajoutons que ces apports n'existent qu'entre l'associé et la société seulement : car, à l'égard des tiers, la mutation de propriété ne devient définitive et ne peut leur être opposée qu'après certaines formalités qui varient suivant la nature du bien apporté et qui seront exposées lors de l'examen de la nature des biens composant l'apport. Voir à cet égard IMMEUBLES (n°s 241 et suiv), FONDS DE COMMERCE (n°s 268 et suiv.), BREVETS D'INVENTION (n°s 312 et suiv.).

204. — DÉLIVRANCE DE LA CHOSE APPORTÉE. — En ce qui concerne la délivrance du bien meuble ou immeuble par lui apporté en société, l'associé est soumis aux règles posées par les articles 1136 et 1137 du code civil [1] et par les articles 1604 à 1607, et 1609 à 1611 du même code [2].

---

(1) ARTICLE 1136

L'obligation de donner emporte celle de livrer la chose et de la conserver jusqu'à la livraison, à peine de dommages et intérêts envers le créancier.

ARTICLE 1137

L'obligation de veiller à la conservation de la chose, soit que la convention n'ait pour objet que l'utilité de l'une des parties, soit qu'elle ait pour objet leur utilité commune, soumet celui qui en est chargé à y apporter tous les soins d'un bon père de famille.

Cette obligation est plus ou moins étendue relativement à certains contrats, dont les effets, à cet égard, sont expliqués sous les titres qui les concernent.

(2) ARTICLE 1604

La délivrance est le transport de la chose vendue en la puissance et possession de l'acheteur.

ARTICLE 1605

L'obligation de délivrer les immeubles est remplie de la part du vendeur lorsqu'il a remis les clefs, s'il s'agit d'un bâtiment, ou lorsqu'il a remis les titres de propriété.

ARTICLE 1606

La délivrance des effets mobiliers s'opère :
Ou par la tradition réelle,
Ou par la remise des clefs des bâtiments qui les contiennent,
Ou même par le seul consentement des parties, si le transport ne peut pas s'en faire au moment de la vente, ou si l'acheteur les avait déjà en son pouvoir à un autre titre.

ARTICLE 1607

La tradition des droits incorporels se fait, ou par la remise des titres, ou par l'usage que l'acquéreur en fait du consentement du vendeur.

ARTICLE 1609

La délivrance doit se faire au lieu où était, au temps de la vente, la chose qui en fait l'objet, s'il n'en a été autrement convenu.

ARTICLE 1610

Si le vendeur manque à faire la délivrance dans le temps convenu entre les par-

205. — RISQUES QUANT A LA CHOSE APPORTÉE. — De ce que le transfert de la propriété de la chose apportée s'opère instantanément, par le seul fait de la convention (n° 142) il résulte que les risques passent immédiatement à la charge de la société en conformité de la règle *res perit domino*, lorsque, du moins, l'apport consiste en un corps certain (telle usine, tels bâtiments, etc.). — (Voir n° 158).

206. — Mais quand l'apport consiste en une chose *in genere* [1] la propriété, ici, n'étant plus transférée par la seule convention des parties, mais seulement par *l'individualisation* de cette chose, il s'ensuit que la perte (risques) passe à la société uniquement si la chose apportée a été individualisée, et à partir seulement du moment où elle l'a été. Et que si cette chose n'était pas individualisée, la perte resterait à la charge exclusive de l'associé apporteur qui, par suite, ne serait pas libéré envers la société, et resterait tenu à faire son apport.

207. — FRUITS DE LA CHOSE APPORTÉE. Quand l'apport consiste en un corps certain (n° 205) l'associé apporteur cesse d'avoir droit à tout ce qu'a produit ce corps (tant fruits naturels que fruits civils [2]) depuis le moment de la convention, — ou de celui de l'entrée en jouissance de la société.

Si donc, postérieurement à ce moment, il avait perçu la totalité ou partie des fruits de la chose par lui apportée, il devrait en faire la restitution à la société.

Toutefois, si la société avait été contractée sous condition suspen-

---

ties, l'acquéreur pourra, à son choix, demander la résolution de la vente, ou sa mise en possession, si le retard ne vient que du fait du vendeur.

ARTICLE 1611

Dans tous les cas, le vendeur doit être condamné aux dommages et intérêts, s'il résulte un préjudice pour l'acquéreur, du défaut de délivrance au terme convenu.

1. Par exemple : du grain, du vin, de l'argent, etc...

2. En droit, on entend par « fruits » d'une chose les produits périodiques et réguliers de cette chose, obtenus sans que sa substance en soit altérée.

Les fruits naturels sont ceux qui sont le produit spontané de la chose, exemples : le bois, les foins, le blé. — Le produit (lait, laine, etc.) et le croît (les petits) des animaux sont également des fruits naturels.

Les fruits civils sont ceux qu'on obtient par le seul effet de la convention. Tels sont : les intérêts de sommes d'argent, les arrérages des rentes, le produit des baux.

Les fruits naturels s'acquièrent par la perception. Les fruits civils s'acquièrent jour par jour.

sive, les fruits échus *pendente conditione* n'appartiendraient pas à la société, alors même que la condition viendrait à se réaliser [1].

208. — Au cas où la société n'aurait pas été mise en possession de la chose apportée à l'époque convenue, et où l'apporteur aurait négligé d'en percevoir les fruits, il en serait néanmoins débiteur envers la société, en raison de ce que cette dernière aurait pu les percevoir si elle avait été mise en possession au jour qui avait été convenu. Et ce, sans qu'une mise en demeure préalable soit nécessaire. En outre, si de ce retard était résulté un préjudice réel pour la société, l'associé apporteur pourrait être tenu à des dommages-intérêts.

209. — ÉVICTION. — GARANTIE. — Lorsque l'apport consiste en un corps certain, et que la société en est évincée, l'associé en est garant envers elle, de la même manière qu'un vendeur envers son acquéreur (art. 1845 C. civ.).

La garantie n'est due par l'apporteur que si aucune faute n'est imputable à la société et si l'origine du trouble est antérieure aux statuts (Cassation, 9 décembre 1863, *Sirey*, 64, 1, 405).

Pour échapper, en cas d'éviction, à l'action en garantie, l'associé apporteur, peut, en remplacement des choses frappées d'éviction, offrir à la société d'autres choses semblables [2].

210. — PRIVILÈGE DE L'APPORTEUR. — Lorsqu'il y a apport véritable (n° 180), autrement dit lorsque l'associé reçoit comme équivalent de son apport soit des actions, soit une part dans les bénéfices sociaux à venir, l'apporteur ne jouit d'aucun privilège sur la chose apportée par lui en société [3].

---

1. *Jurispr. Gén. Dalloz*, Société, 332.

2. Toutefois, il n'en pourrait plus être ainsi si l'apport — consistant en un corps certain (n° 205 — avait été affecté par le pacte social à un usage particulier ; par exemple si, s'agissant d'un immeuble spécial, celui-ci dût être exploité au profit de la société. (*Jurisp. Gén. Dalloz*, Société, 347).

3. C'est ainsi qu'il a été jugé que les apports des associés ne sauraient être garantis par une inscription de privilège ou de nantissement, et que la stipulation qui, dans le contrat, aurait cet objet, serait nulle, comme ayant pour effet, contrairement aux règles posées par l'article 1855 du code civil, d'affranchir l'associé de toute contribution aux pertes. (Paris, 21 mars 1914, *Rec. Gaz. des Trib.*, 1914, 2, 452).

En effet, comme on sait, la clause en vertu de laquelle un associé serait affranchi de toute contribution aux pertes serait nulle, (n°° 160 et suiv.), comme contraire à l'essence même de la société. Mais la clause qui affranchirait un apport de la perte,

Mais, s'il reçoit de la société une somme d'argent (à l'exclusion d'actions ou de part dans les bénéfices) il y a vente, nous le savons, et alors l'apporteur bénéficie du même privilège que le vendeur. (Orléans, 11 mai 1882, *Journ. des Soc.* 83, 437).

211. — Apport en usufruit ou en jouissance. — On peut apporter en société aussi bien le droit d'usufruit d'une chose que la propriété même de cette chose.

Exemple : ayant un droit réel d'usufruit sur tel immeuble, je fais apport de ce droit à une société.

212. — De même, on peut apporter la simple jouissance d'une chose.

Exemple : propriétaire de tels bâtiments, j'apporte la jouissance de ces bâtiments à une société, pour tout le temps de son existence — ou bien : locataire de ces mêmes bâtiments, j'apporte à la société la jouissance résultant du bail qui m'a été consenti, et ce, pour toutes les années en restant à courir.

213. — Quand, dans les statuts, il n'a été précisé que l'apport était fait en toute-propriété ou en jouissance, c'est aux tribunaux qu'il appartient d'apprécier, d'après les circonstances.

214. — Risques. — Si les choses dont la jouissance seulement a été mise en société sont des corps certains et déterminés, qui ne se consomment pas par l'usage, elles sont aux risques de l'associé propriétaire (art. 1851, C. civ. § 1er) Voir n° 205.

215. — Si ces choses se consomment (choses fongibles), si elles se détériorent en les gardant, si elles ont été destinées à être vendues, ou si elles ont été mises dans la société sur une estimation portée par un inventaire, elles sont aux risques de la société (article 1851, § 2, C. civ.) Voir n° 206.

216. — Répétition. — Quand la chose a été estimée, l'associé ne peut « répéter » que le montant de son estimation (art. 1851, C. civ., dernier al.).

---

serait valable, si cet apport constituait en réalité un prêt. (*Dalloz*, C. civ. ann. 43 et suiv., 100). C'était précisément l'espèce dans laquelle la décision qui vient d'être citée a été rendue.

217. — **Perte d'une chose promise en toute-propriété ou en jouissance par l'apporteur.** — Lorsqu'un des associés a promis de mettre en commun la propriété d'une chose, la perte de cette chose, survenue avant que la mise en soit effectuée, entraîne la dissolution de la société par rapport à tous les associés (art. 1867, C. civ., al. 1ᵉʳ).

A cet égard, la loi suppose que la société n'étant pas encore propriétaire de la chose, celle-ci n'a pu périr pour elle et, par suite, elle se trouve dissoute en raison de ce que l'associé ne possède plus le bien qui devait contribuer à composer le fonds commun.

218. — Cette disposition qui semble être en contradiction avec ce qui a été dit sous le n° 205 s'applique d'après l'opinion des auteurs, à des cas — d'ailleurs fort rares — où la société n'a pu devenir propriétaire par le seul effet du consentement des parties, et où la chose a péri avant la transmission de la propriété [1].

219. — Dans le cas du numéro 217, la société n'est pas dissoute par la perte de la chose dont la propriété lui a été transmise (art. 1867, C. civ. *in fine*).

220. — La société est dissoute dans tous les cas par la perte de la chose lorsque la « jouissance » seule de cette chose a été mise en commun et que la propriété en est demeurée entre les mains de l'associé apporteur (Art. 1867, C. civ., al. 2).

221. — **Capital social.** — **Augmentation et réduction.** — L'ensemble de tous les apports faits par les associés, tant en nature qu'en capitaux, constitue le fonds commun plus couramment appelé « capital social ».

Ce capital peut se trouver augmenté dans la suite du fait de nouveaux apports par les associés, — ou réduit par suite de perte matérielle d'éléments actifs.

222. — Les associés peuvent-ils, par leur seule volonté, augmenter ou réduire le capital social ?

A défaut d'une clause spéciale dans les statuts, l'augmentation ne pourra être amiablement décidée que du consentement unanime

---

1. Houpin et Bosvieux, *Traité général des Sociétés civiles et commerciales*, éd. 1918, t. I, n° 67, p. 102, *loc. cit.*

des associés ; s'il n'y avait pas unanimité, l'opération ne serait pas possible. Et alors, dans le cas où la société ne pourrait plus continuer à vivre sans cette augmentation, la seule ressource serait de, à la demande de la majorité des associés, faire prononcer, par le tribunal, la dissolution de la société.

On voit, d'après ceci, combien il est important de prévoir ce cas (ainsi d'ailleurs que le suivant) dans les statuts, et d'y insérer la clause grâce à laquelle l'augmentation du capital social pourra être décidée contre une minorité.

223. — De même, à défaut de clause statutaire, le consentement de tous les associés est exigé pour la réduction du capital.

224. — Ce qui vient d'être dit sous les numéros 222 et 223 n'est pas applicable aux sociétés par actions, lesquelles sont soumises à des règles particulières relativement à l'augmentation ou à la réduction de leur capital.

225. — En dehors de son apport, chaque associé peut verser, dans la société, des sommes en compte courant. — Indépendamment de son ou de ses apports, tout associé peut verser dans la caisse sociale des sommes en compte courant, pour les besoins de la société, de la même manière que le ferait un tiers. Mais pour les capitaux ainsi versés par lui, il doit être traité non pas comme un associé, mais comme un créancier de la société.

Conséquemment, cet associé ne serait pas recevable, alors que son crédit en compte courant serait supérieur à celui d'un de ses coassociés, à prélever l'excédent en sa faveur sur les valeurs de la société ; son droit — si ces valeurs étaient insuffisantes pour rembourser entièrement les deux comptes courants, — se bornerait à une partie de l'actif proportionnel à sa créance (Cassation, 21 juillet 1879, Dalloz, 82, 1, 77).

226. — Vérification des apports. — Dans les sociétés de personnes (en nom collectif, en commandite simple) c'est à tous les associés qu'il appartient de vérifier l'état des choses apportées, leur consistance réelle et leur valeur, et de voir si celle-ci est rationnellement en proportion des exigences de l'apporteur. Ici, aucune formalité particulière n'est prescrite et, conséquemment, les associés ont toute liberté quant au mode d'appréciation.

Mais il n'en est pas de même lorsqu'un apport est fait à une société par actions [1]; dans ce cas, la vérification de l'apport doit être effectuée en observant strictement les règles qu'impose impérativement la loi et qui seront dites [2] aux titres de la SOCIÉTÉ ANONYME, — et de la SOCIÉTÉ EN COMMANDITE PAR ACTIONS.

227. — Apports divers. — Les principes généraux régissant les apports, ainsi exposés sous les numéros qui précèdent, il reste à étudier maintenant les règles particulières applicables à certains apports et les formalités imposées pour qu'ils soient ou valables ou opposables aux tiers.

APPORT DE CAPITAUX

228. — Versement de l'apport. — Sanctions. — L'associé qui fait un apport en espèces, doit suivant le cas en verser le montant, à la date fixée dans les statuts, ou aux époques fixées par les gérants ou les administrateurs de la société, ou enfin par l'assemblée générale [3].

Il est débiteur de son apport envers la société et celle-ci a, à son encontre, tous les droits d'un créancier ordinaire.

On notera qu'il ne pourrait opposer la compensation de ce qu'il doit verser, avec ce que l'un de ses coassociés pourrait lui devoir à un titre quelconque (*Jurispr. Gén. Dalloz,* Société, 329) [4].

229. — Alors qu'en matière de droit commun les intérêts des sommes dues ne courent qu'à partir du jour de la demande en justice (Voir art. 1153, C. civ.) en matière de société, les intérêts courent à compter du jour même où le numéraire constituant l'apport aurait dû être versé [5].

1. Aussi bien au moment même de sa formation qu'au cours de son existence.

2. V. tome second du présent ouvrage.

3. En effet, le plus souvent, la société a gros avantage à ne pas exiger le versement intégral immédiat des apports stipulés. Cela lui évite — à une époque où ses opérations n'en sont qu'à leur début et n'ont pas encore acquis un développement suffisant; à une époque où les bénéfices sont nuls ou encore insignifiants — de se grever de la lourde charge pécuniaire qu'entraînerait pour elle le service des intérêts aux associés pour leur apport en espèces.

4. De ce que chacun des créanciers est débiteur envers la société de tout ce qu'il a promis d'y apporter, il s'ensuit que le syndic d'une société déclarée en faillite a le droit de demander à chaque associé si celui-ci ne s'est pas acquitté, le montant total de sa mise sociale (Cassation, 20 octobre 1886, *Dalloz,* 87, 1, 117).

5. A moins cependant que les statuts ne contiennent une dérogation à ce principe (Lyon, 7 avril 1865, *Dalloz,* 65, 2, 178).

C'est ce qui résulte du premier alinéa de l'article 1846 du code civil, ainsi conçu : « L'associé qui devait apporter une somme dans « la société, et qui ne l'a point fait, devient, de plein droit, et sans « demande, débiteur des intérêts de cette somme, à compter du « jour où elle devait être payée [1]. »

En cas d'appel de fonds au cours de la société, les intérêts de retard courent du jour de cet appel (Paris, 15 juillet 1871, *Dalloz*, 72, 2, 242).

Ces intérêts sont dus et ils sont acquis de plein droit à la société sans qu'elle ait aucunement à faire la preuve de l'existence d'un préjudice ; et ce, même si une clause statutaire stipulait le droit, pour l'associé, de prélever les intérêts de ce même apport, s'il avait été versé (Aix, 1er mars et 22 juillet 1869, *Dalloz*, 70, 2, 219) (Voir aussi Cass., 28 juin 1904, *Journ. des Soc.* 1906, 56).

230. — Indépendamment de ces intérêts, l'associé en retard pourrait, le cas échéant, être condamné à de plus amples dommages-intérêts (art. 1846, C. civ. *in fine*).

Il en serait ainsi, par exemple, si la société établissait que le retard de cet apport a diminué ses moyens de telle sorte qu'elle a manqué quelque entreprise ou quelque opération desquelles elle eût retiré des bénéfices.

Aussi bien, pour la fixation du montant des dommages-intérêts, examine-t-on exclusivement le préjudice souffert par la société : c'est l'emploi probable des capitaux qu'aurait fait celle-ci, qui est seul envisagé pour l'évaluation du préjudice souffert par elle.

231. — L'associé en défaut ne dispose d'aucun moyen de se soustraire au paiement des intérêts qu'il doit du fait de son retard (n° 228) non plus qu'à celui des dommages-intérêts complémentaires auxquels il peut être condamné. La preuve qu'il pourrait offrir d'établir que le retard de son apport n'a aucunement préjudicié à la société, serait inopérante. (*Not.* Cassation, 14 novembre 1899, *Dalloz*, 1900, 1, 99).

232. — FORMULE. — Voir formule d'apport des capitaux n° 382-2.

---

[1]. Jugé que sont prescriptibles par cinq ans les intérêts dûs par l'associé pour retard dans le versement de son apport en argent (Cassation, 17 février 1869, *Dalloz*, 69, 1, 144).

APPORT D'IMMEUBLES

233. — Terrains, contenance. — Lorsqu'un associé apporte un immeuble en société et qu'il fait cet apport sans aucune garantie de contenance, aucune réclamation ne peut lui être ultérieurement adressée par la société, du fait que le terrain apporté a une contenance moindre que celle indiquée aux statuts; inversement cet associé ne peut non plus élever aucune réclamation dans le cas où la contenance réelle du terrain qui a fait l'objet de son apport se trouve lui être révélée supérieure à celle qu'il a indiquée dans le pacte social et il ne peut rien demander à la société de ce fait.

Ici donc, aucune difficulté.

234. — Mais si l'apport a été fait « avec » garantie de la contenance indiquée, — ou si l'apport étant fait « sans » garantie, la différence entre la contenance exprimée dans les statuts et la contenance réelle se trouve être très sensible, — en est-il de même?

Cette question est controversée.

D'après de nombreux auteurs, il y a lieu, dans ce cas, d'appliquer à la société la règle de l'article 1619 du code civil, lequel dispose, en matière de vente que « ... soit que la vente soit d'un « corps certain et limité, soit qu'elle ait pour objet des fonds distincts et séparés, soit qu'elle commence par la mesure, ou par la « désignation de l'objet vendu suivie de la mesure, l'expression de « cette mesure ne donne lieu à aucun supplément de prix, en faveur « du vendeur, pour l'excédent de mesure, ni en faveur de l'acqué- « reur, à aucune diminution du prix pour moindre mesure qu'au- « tant que la différence de la mesure réelle à celle exprimée au « contrat est *d'un vingtième* en plus ou en moins, eu égard à la « valeur de la totalité des objets vendus, s'il n'y a stipulation con- « traire. »

D'autres auteurs soutiennent que, lorsqu'il y a excédent ou déficit de contenance, les tribunaux doivent apprécier en dehors de toute application par voie d'analogie avec la règle posée par cet article 1619, si la différence existante est suffisamment importante pour entraîner la résolution du contrat, ou si, au contraire, il y a lieu de se borner à accorder une indemnité à la société pour la remplir de ce qu'elle a reçu en moins, ou à l'associé pour lui payer ce qu'il a apporté en plus.

235. — Jugé qu'en cas d'apport de terrains à une société, avec expression de leur mesure, le déficit de leur contenance ne donne lieu à une réduction du prix qu'autant qu'il excède un vingtième, en conformité de l'article 1619 du code civil, si c'est une véritable vente qui a été dissimulée sous l'apparence d'un apport social (Cassation, 14 janvier 1862, *Dalloz*, 62, 1, 91)[1].

236. — Personnellement, nous estimons que là est la solution. Et que la question posée au début du n° 234 doit être solutionnée de la manière suivante :

S'il y a apport véritable (n° 180) autrement dit si l'associé apporteur a été payé en actions ou en une part des bénéfices sociaux à réaliser, la règle de l'article 1619 ne s'applique pas.

Si, par contre, en équivalence de son apport, l'associé a reçu une somme d'argent, il n'y a plus apport, mais « vente » et, dans ce cas, la règle posée par l'article 1619 reçoit son application.

237. — **Immeubles bâtis et non bâtis.** — **Servitudes.** — Ainsi qu'on l'a vu (n° 209), l'associé est garant de son apport envers la société, absolument de la même manière qu'un vendeur l'est à l'égard de l'immeuble par lui vendu, vis-à-vis de son acheteur (art. 1845, C. civ.).

De là, cette conséquence logique, que l'associé doit la garantie à la société quant aux servitudes passives non apparentes qui peuvent grever le ou les immeubles, bâtis ou non, apportés par lui. Et que si ces immeubles se trouvent être grevés de telles servitudes, il y a lieu d'appliquer, par analogie avec ce qui se passe en pareil cas en matière de vente, la disposition de l'article 1638 du code civil, d'après lequel si le bien vendu « se trouve grevé, sans qu'il en ait « été fait de déclaration, de servitudes non apparentes, et qu'elles « soient de telle importance qu'il y ait lieu de présumer que l'ac- « quéreur n'aurait pas acheté s'il en avait été instruit, il peut « demander la résiliation du contrat, si mieux il n'aime se conten- « ter d'une indemnité ».

238. — Conséquemment donc, en une telle occurence, et quand la charge résultant de la servitude est telle que, si les associés l'avaient connue à temps, ils n'auraient pas constitué la société, ils

---

1. V. *Jurispr. Gén. Dalloz*, société, 340.

ont le droit ou de demander la résiliation du contrat ou de demander une indemnité, à leur choix exclusif.

239. — Il en serait de même si l'associé avait déclaré qu'une servitude existait au profit de l'immeuble apporté (servitude active) alors qu'en fait cette servitude serait inexistante.

240. — **Lésion.** — Aux termes de l'article 1674 du code civil lorsque le vendeur a été lésé de plus de sept douzièmes dans le prix de l'immeuble par lui vendu, il a toujours le droit de demander la rescision de la vente.

Pareillement, si un associé souffrait d'une telle lésion dans le prix de l'immeuble dont il a fait apport, serait-il fondé à demander la résolution des statuts ? Non. Il est, en effet, admis que le motif de cette disposition est spécial à la vente et ne se retrouve pas dans le contrat de société.

241. — **Formalités à remplir pour que la mutation de propriété ou d'usufruit résultant de l'apport soit opposable aux tiers.** — Transcription au bureau des hypothèques. — Quand l'apport consiste en un ou plusieurs immeubles, la propriété n'en est juridiquement transférée à la société, à l'égard des tiers, que par la transcription de l'acte de société au bureau des hypothèques du lieu de la situation du ou des immeubles apportés (Cassation, 8 mars 1875, *Dalloz*, 76, 1, 369, — 25 avril 1893, *Dalloz*, 93, 1, 320, — 3 juillet 1899, *Journ. des Soc.*, 1899, 400).

Et cela, en vertu de l'article 1er de la loi du 23 mars 1855, d'après lequel : « Sont transcrits au bureau des hypothèques de la situation « des lieux : 1° tout acte entre vifs translatif de propriété immo- « bilière, ou *de droits réels susceptibles d'hypothèques* ; 2° de tout « acte portant renonciation à ces mêmes droits... »

242. — Il résulte de ces mots « ou de droits réels susceptibles d'hypothèques » et d'ailleurs également de l'article 2118 du code civil, que tout contrat (et par suite l'acte de société) emportant transmission de l'usufruit de biens immobiliers, doit également être transcrit.

243. — Est également soumis à la formalité de la transcription, l'apport d'un simple droit personnel de jouissance si, du moins, la durée de cette jouissance est supérieure à dix-huit ans.

Il y a ici, en effet, un droit analogue à celui du preneur à bail : or, l'article 2 de la loi de 1855 précitée dispose que les baux d'une durée de plus de dix-huit années doivent être transcrits.

Certains auteurs soutiennent que même si la durée de la jouissance est inférieure à ce laps, l'apport doit être transcrit.

Enfin, est également soumis à la transcription l'apport d'un usufruit immobilier.

244. — La société étant une personne morale, une personnalité juridique, la transcription (n° 240) est également nécessaire quand l'apport consiste en immeubles appartenant conjointement à tous les associés. En effet, par suite de cet apport, les propriétaires indivis perdent leur droit de propriété qui passe immédiatement à la société : il y a donc translation de propriété, dans les termes de l'article 1er de la loi du 23 mars 1855.

245. — Lorsque les immeubles apportés se trouvent situés dans plusieurs arrondissements, la transcription doit être opérée dans chaque bureau des hypothèques de ces arrondissements.

246. — Si l'apport se compose tout à la fois d'immeubles et de meubles, il y a lieu de ne faire transcrire qu'un extrait — littéral — des statuts, extrait contenant l'apport immobilier et les parties essentielles de l'acte de société.

Jugé que l'extrait qui contiendrait simplement la partie relative aux apports immobiliers, serait insuffisant (*Sirey*, 62, 1, 962).

247. — A défaut de transcription, le ou les immeubles apportés resteraient susceptibles d'être grevés d'hypothèques du chef de l'associé apporteur, postérieurement à son apport (*Not.* Cassation, 25 avril 1893, *Dalloz*, 93, 1, 320).

La propriété ne serait transférée seulement qu'à l'égard de l'associé et de la société ; elle ne le serait pas au regard des tiers.

248. — Au cas où il surviendrait, postérieurement à l'apport, des inscriptions hypothécaires du chef de l'associé apporteur, les administrateurs de la société, ou les gérants seraient personnellement responsables — s'ils étaient coupables du défaut de transcription ou même seulement de transcription tardive — du préjudice qui en pourrait résulter pour la société.

249. — Purge des hypothèques. — De même qu'un acquéreur, la société au profit de qui la propriété d'immeubles est transmise, par suite d'apports, est soumise, en cas d'opportunité, à l'accomplissement de purge des hypothèques tant légales qu'inscrites.

En ce qui concerne ces formalités qui, d'ailleurs, exigent l'intervention d'un avoué, voir les articles 2181 et suivants du code civil.

Pour saisir l'importance de l'accomplissement des formalités de purge, il faut se souvenir que les créanciers qui ont privilège ou hypothèque inscrite sur un immeuble, le suivant en quelque main qu'il passe, pour être colloqués et payés suivant l'ordre de leurs créances ou de leurs inscriptions, il s'ensuit que si le tiers qui devient détenteur de l'immeuble ne remplit pas les formalités requises pour purger sa propriété, il demeure, par le seul effet des inscriptions, obligé comme détenteur à toutes les dettes hypothécaires. Et, dans ce cas, il est tenu ou bien de payer tous les intérêts et capitaux exigibles, ou bien de délaisser l'immeuble hypothéqué, sans aucune réserve.

Or, la simple transcription des titres translatifs de propriété (n⁰ˢ 241 et suiv.) ne purgeant pas les privilèges et hypothèques établis sur l'immeuble, le détenteur de l'immeuble, pour se garantir des poursuites des créanciers privilégiés ou hypothécaires du précédent propriétaire, doit accomplir les formalités de purge[1].

Et, le cas échéant, la société à laquelle est fait apport d'un immeuble grevé d'hypothèques ou de privilèges, agira prudemment qui satisfera à ces formalités.

250. — **Remarques d'intérêt pratique.** — La détermination précise de la valeur du ou des immeubles constituant un apport n'est pas toujours chose aisée. Pourquoi elle exige une minutieuse attention.

S'il s'agit d'un terrain, la base se trouvera évidemment être le prix d'acquisition, compte tenu toutefois de la plus-value qu'a pu acquérir l'immeuble ; et alors on prendra en considération la valeur des terrains voisins. — Si l'apporteur a recueilli le terrain dans une succession, on se basera sur son estimation portée dans le partage, compte tenu, ici encore de la plus-value acquise, d'après les immeubles voisins.

S'il s'agit d'un immeuble avec constructions, le montant du ou

---

1. C'est qu'en effet le vendeur ne transmet à l'acquéreur que la propriété et les droits qu'il avait lui-même sur la chose vendue ; et il les transmet sous l'affectation des mêmes privilèges et hypothèques dont il était chargé (V. 2166 et suiv. C. civ.).

des loyers (si cet immeuble est loué), le prix d'acquisition, le total
du prix de revient des constructions et aussi la valeur du terrain,
d'après celle des terrains voisins, sont autant d'éléments d'appréciation.

Le plus généralement — et c'est d'une sage prudence — les parties s'en remettent à l'appréciation d'un homme de l'art, architecte
ou entrepreneur, pour l'estimation des bâtiments. Ce mode offre un
intérêt particulier lorsqu'il s'agit de constructions profondément
remaniées ou anciennes.

251. — En matière d'immeubles, la prescription est de trente
ans (art. 2262, C. civ.). Par conséquent, pour être assurée de toute
sécurité, la société doit exiger que tout associé apporteur d'immeubles lui justifie, par la production de titres réguliers, que sa propriété
(à lui et à ses précédents auteurs, vendeur, etc.) remonte à trente
ans au moins.

Un examen attentif de ces titres s'impose, qui, pour assurer pleine
sécurité à la société, doit être fait par un homme de loi, seul compétent à cet égard.

252. — Il y a lieu également de considérer si l'associé apporteur
est marié ou non, ainsi que s'il est ou a été tuteur de mineurs ou
d'interdits.

On sait en effet que la femme mariée a une « hypothèque légale »
(hypothèque non soumise à la formalité de l'inscription) sur tous
les biens immobiliers de son mari, et que, pareillement, les pupilles,
mineurs ou interdits, ont une même hypothèque sur tous les biens
de leur tuteur (art. 2121, C. civ.).

Si l'apporteur est marié, il est indispensable que sa femme renonce
à son hypothèque légale sur acte authentique (L. 13 février 1889),
ou, ce qui simplifie les choses, qu'elle fasse l'apport, dans les statuts, conjointement avec son mari.

Si l'associé apporteur a été tuteur, il y a lieu de remplir les formalités de purge, dites sous le n° 249.

253-1. — Enfin, relativement à la situation hypothécaire de
l'immeuble, il importe également que la société soit exactement
fixée.

A cet effet, on devra requérir au bureau des hypothèques la délivrance d'un état des inscriptions et d'un état des transcriptions tant

du chef de l'apporteur que de celui des précédents propriétaires.

C'est alors, si l'existence d'inscriptions hypothécaires est révélée par ces états, qu'il y a lieu de spécifier en termes non équivoques que l'associé devra justifier de la radiation de ces inscriptions dans le délai de... et, le cas échéant, qu'il y a lieu de remplir les formalités de purge dont il a été question *suprà* (n° 249).

253-2. — FORMULE. — Voir formules d'apports d'immeubles n°⁸ 384 et suivants.

APPORT DE MEUBLES

254. — **Aucunes formalités particulières.** — L'apport d'objets mobiliers est parfait à l'égard des tiers, par la seule « tradition » — autrement dit par la remise, par la livraison des objets apportés. Aucune formalité autre n'est imposée en ce qui le concerne.

255. — Un tiers qui, de bonne foi, recevrait de l'associé un meuble antérieurement apporté par lui à la société, en deviendrait propriétaire, en vertu de la règle « en fait de meubles, la possession vaut titre » (art. 2279, C. civ.).

APPORT DE CRÉANCES, D'EFFETS EN PORTEFEUILLE, ET DE VALEURS NOMINATIVES

256. — **Apport de créances.** — Lorsque l'apport consiste en une ou plusieurs créances, l'associé apporteur, à défaut de convention spéciale, en garantit seulement l'existence. Autrement dit, il ne garantit pas la solvabilité du ou des débiteurs et, par suite, en cas d'impaiement à l'échéance, la société n'a aucun recours contre lui.

Afin de faire acquérir toute sécurité à la société, et de lui éviter toute perte à cet égard, il est bon d'insérer dans les statuts une clause par laquelle l'associé apporteur garantit l'entier recouvrement des créances qu'il met dans le fonds commun, dans un délai fixé.

257. — Bien entendu, il appartient aux associés de vérifier l'existence et le montant des créances apportées par leur coassocié, et de n'accepter comme apport que celles qui leur paraissent présenter de sérieuses présomptions d'acquittement à échéance.

S'il s'en trouvait de très anciennes, ou ayant fait déjà l'objet de renouvellements, il serait sage de les écarter.

258. — *Signification aux débiteurs.* — En cas d'apport constitué par des créances apportées à la société, la cession s'opère instantanément entre l'associé apporteur et la société, mais ces créances ne sont transmises à l'égard des tiers (des débiteurs) que par la signification qui leur en est faite de l'acte constatant la cession ou par l'acceptation des débiteurs dans un acte authentique (Paris, 18 décembre 1884, *Dalloz*, 86, 2, 15 [1], — Cassation, 24 décembre 1894, *Ibid.*, 95, 1, 206, — Seine, 8 avril 1905, *Journ. des Soc.*, 1906, 139).

Ces décisions sont d'ailleurs conformes à la règle posée par l'article 1690 du code civil.

En l'absence d'une signification ou d'une acceptation les créanciers de l'associé apporteur conservent le droit de former saisie-arrêt sur les créances apportées, alors même qu'ils auraient eu connaissance de la cession, si, du moins, aucune fraude ne leur est imputable (Cassation, 28 avril 1869, *Dalloz*, 69, 1, 445, — 7 juillet 1897, *Ibid*, 98, 1, 483).

259. — La signification aux débiteurs ou leur acceptation sont également requises en cas d'apport à une société de créances comprises dans l'ensemble d'un actif commercial. (Cassation, 28 avril 1869, préc.).

260. — Le même arrêt décide (comme celui cité *suprà* note du n° 258), que ne peut suppléer à cette signification (ou acceptation) la publicité prescrite en matière de sociétés commerciales.

A noter toutefois qu'un arrêt (Bordeaux, 5 août 1868) a décidé qu'une société nouvelle, qui est substituée activement et passivement à une ancienne société, dissoute et en liquidation, peut poursuivre les débiteurs de celle-ci, sans être obligée de leur faire la signification prescrite par l'article 1690 du code civil, les publicités

---

1. Le même arrêt décide que les mesures de publicité prescrites au moment de la constitution d'une société commerciale ne peuvent suppléer à l'omission de la signification au débiteur ou à son acceptation dans un acte authentique, pour le transport des créances apportées à la société, et que celle-ci doit subir, vis-à-vis des tiers, les conséquences de cette omission (V. aussi *Dalloz*, C. civ. ann. art. 1690, 181).

Voir cependant *infrà*, n° 260.

exigées pour la constitution des sociétés commerciales, tenant lieu dans ce cas, de notification aux tiers. (*Dalloz*, 69, 2, 111. — *Id.* C. civ. ann. art. 1690, 184).

261. — Apport d'effets de commerce. — En ce qui concerne l'apports d'effets de commerce, la garantie due par l'apporteur est la même qu'en cas d'apport de créances.

À l'égard des tiers, la transmission de l'apport d'effets à ordre a lieu à partir de l'endossement.

262. — Ce qui vient d'être dit sous le numéro 257 s'applique également ici.

On ajoutera seulement que la transmission de l'apport, à l'égard des tiers, n'a lieu, s'il s'agit d'un titre à ordre, qu'à partir de l'endossement [1].

263. — Apports de valeurs nominatives. — Au regard de l'associé et de la société, la cession résultant de l'apport en société de valeurs nominatives, s'opère au moment même de la convention.

Mais, à l'égard des tiers, la transmission n'a lieu qu'à partir du « transfert ».

264. — FORMULES. — Voir formules d'apports d'effets de commerce n° 382-2, de créances commerciales, n° 389, de créance sur un particulier, n° 393, et d'apport de valeurs nominatives et au porteur, n° 384.

APPORT D'UN FONDS DE COMMERCE

265. — Eléments. — Les éléments constitutifs d'un fonds de commerce sont :

L'enseigne et le nom commercial ;
La clientèle et l'achalandage ;
Le droit au bail ;
Le mobilier commercial ;
Le matériel et l'outillage servant à l'exploitation du fonds ;
Les brevets d'invention, licences, marques de fabrique et de com-

---

1. *Jurispr. Gén. Dalloz*, Suppl., Société, 114. Lyon-Caen et Renault, t. II, n° 21, *op. cit.*

merce, les dessins et modèles industriels, et généralement les droits de propriété industrielle, littéraire ou artistique qui y sont attachés. L. 19 mars 1909, art. 9).

Tous ces éléments peuvent, ensemble ou séparément, faire l'objet d'un apport en société.

Cet apport, en raison du caractère juridique particulier du « fonds de commerce » est soumis à des formalités particulières que nous allons étudier sous les nos 267 et suiv.

266. — Signalons auparavant qu'à défaut de désignation précise, le fonds de commerce ne se compose exclusivement que : 1° de la clientèle et de l'achalandage ; 2° de l'enseigne et du nom commercial ; 2° et du droit au bail.

D'où il suit que lorsque le fonds apporté comprend en outre, soit du matériel, de l'outillage, du mobilier d'exploitation, des marchandises, soit encore des brevets d'invention, licences, des marques, dessins, modèles, etc..., il importe que chacun de ces éléments soit nommément spécifié dans l'apport, de façon que celui-ci ne fasse aucun doute en ce qui les concerne [1].

267. — Distinction. — En matière de fonds de commerce et pour le motif qui va être exposé dans un instant (nos 268 et suiv.), il est d'un intérêt primordial de considérer s'il y a réellement « apport » du fonds ou « vente » (n° 180).

Il y aura *vente* lorsque la valeur du fonds en sera payée par la société, au titulaire, soit en espèces (au comptant ou à terme), soit en obligations de la société. En ce dernier cas, il faut admettre en effet que, les obligations étant remboursables en espèces à une date préfixée, la remise d'obligations, en paiement, équivaut à un paiement en espèces effectué « à terme ».

Par contre, il y aura « apport » si, comme on sait, il était attribué au titulaire du fonds de commerce, en contre-partie de la valeur

1. Jugé qu'équivaut à l'apport intégral de la maison de commerce mise en société, l'apport, dans une société constituée pour l'exploitation de cette maison, de la différence entre son actif et son passif, telle qu'elle sera déterminée par un inventaire postérieur, à charge par la société de payer le passif ; et que les créanciers de l'associé qui a fait cet apport ont action directe contre la société ainsi chargée de l'acquittement de son passif, même à raison de créances omises dans l'inventaire ; qu'en effet, dans ce cas, la société est réputée avoir entendu prendre à sa charge le passif constaté par un inventaire conforme au véritable état des affaires de l'entreprise commerciale qui lui a été apportée. (Cassation, 28 juin 1865, *Dalloz*, 65, 1, 360).

de ce fonds, soit des actions, soit des parts d'intérêts, soit une part dans les bénéfices sociaux à venir.

268. — Publicité prescrite par la loi en cas de vente ou d'apport en société d'un fonds de commerce. — La loi du 17 mars 1909 (modifiée par la loi du 31 juillet 1913) relative à la vente et au nantissement des fonds de commerce [1], prescrit en cas de vente ou d'apport de fonds en société des mesures spéciales de publicité ayant pour but de porter la mutation à la connaissance des créanciers du vendeur ou de l'apporteur.

En cas de *vente* ou *d'apport* vient-on de dire, et non pas — singularité — en cas d' « échange » car par une anomalie difficile à expliquer, la loi du 17 mars 1909 ne prescrit aucune publicité en cas d'échange d'un fonds de commerce. Cela ne peut provenir que d'un oubli vraiment surprenant et regrettable. Car il y a aussi bien mutation de propriété en cas d'échange d'un fonds qu'en cas de vente de ce fonds, et l'on ne voit pourquoi il y aurait différence de traitement entre eux.

Sous cette réserve, ces mesures de publicité sont judicieuses et parfaites en soi, car elles mettent obstacle à ce que le propriétaire d'un fonds de commerce, dans le but de soustraire son actif aux poursuites éventuelles, cède ou apporte en société ce fonds, qui est le gage de ses créanciers, à leur insu et au préjudice de leurs droits, — plus spécialement au préjudice des droits de ses créanciers chirographaires [2].

Si, en effet, les droits des créanciers « inscrits » sur un fonds de commerce sont toujours sauvegardés, quoi qu'il arrive, puisque leur privilège — de par l'effet de son inscription — suit ce fonds en quelques mains qu'il passe, absolument comme l'hypothèque suit l'immeuble grevé, il n'en est pas de même pour les créanciers « non inscrits ». D'où cette conséquence que, à leur égard, le possesseur du fonds pourrait dissimuler son apport et se rendre insolvable en cédant ses actions d'apport, ses parts de fondateur, etc. de la main à la main.

Pourquoi la publicité en question est une mesure utile, qui empêche des fraudes nombreuses.

---

1. Voir le texte de cette loi, à sa date, en fin du présent tome.
2. Le créancier « chirographaire » est celui qui ne bénéficie d'aucun privilège ni d'aucune inscription (hypothécaire ou de nantissement) sur les biens de son débiteur.

269. — Les articles 3 et 7 de la loi du 17 mars 1909 règlent les forme et délais de cette publicité. Il est utile d'en rappeler la teneur :

ARTICLE 3

Rédaction définitive de la loi du 31 juillet 1913.

« Toute vente ou cession de fonds de commerce, consentie même
« sous condition ou sous la forme d'un autre contrat, ainsi que toute
« mise en société ou toute attribution de fonds de commerce par
« partage ou licitation, sera, dans la quinzaine de sa date, publiée à
« la diligence de l'acquéreur, sous forme d'extrait ou d'avis, dans un
« journal d'annonces légales du ressort du tribunal de commerce
« où se trouve le fonds, ou, à défaut, dans un journal d'annonces
« légales de l'arrondissement...

« L'extrait ou avis contiendra la date de l'acte, les noms, prénoms
« et domiciles de l'ancien et du nouveau propriétaire, la nature et
« le siège du fonds, l'indication du délai ci-après fixé pour les oppo-
« sitions et une élection de domicile dans le ressort du tribunal.

« La publication sera renouvelée du huitième au quinzième jour
« après la première insertion.

« Dans dix jours au plus tard après la seconde insertion, tout
« créancier du précédent propriétaire, que sa créance soit ou non
« exigible, pourra former au domicile élu, par simple acte extra-judi-
« ciaire, opposition au paiement du prix ; l'opposition, à peine de
« nullité, énoncera le chiffre et les causes de la créance et contien-
« dra une élection de domicile dans le ressort du tribunal de la
« situation du fonds. Le bailleur ne peut former opposition pour
« loyers en cours ou à échoir, et ce nonobstant toutes stipulations
« contraires. Aucun transport amiable ou judiciaire du prix, ou de
« portion du prix, ne sera opposable aux créanciers qui se seront
« ainsi fait connaître dans ce délai.

« Au cas d'opposition au paiement du prix, le vendeur pourra, en
« tout état de cause, après l'expiration du délai de dix jours, se
« pourvoir en référé devant le président du tribunal civil afin d'ob-
« tenir l'autorisation de toucher son prix malgré l'opposition, à la
« condition de verser à la caisse des dépôts et consignations, ou aux
« mains d'un tiers commis à cet effet, somme suffisante, fixée par
« le juge des référés, pour répondre éventuellement des causes de
« l'opposition dans le cas où il se reconnaîtrait ou serait jugé débi-
« teur. Le dépôt ainsi ordonné sera affecté spécialement aux mains

« du tiers détenteur, à la garantie des créances pour sûreté des-
« quelles l'opposition aura été faite, et privilège exclusif de tout
« autre leur sera attribué sur ledit dépôt, sans que, toutefois, il
« puisse en résulter transport judiciaire au profit de l'opposant ou
« des opposants en cause à l'égard des autres créanciers opposants
« au vendeur, s'il en existe. A partir de l'exécution de l'ordonnance
« de référé, l'acquéreur sera déchargé et les effets de l'opposition
« seront transportés sur le tiers détenteur.

« Le juge des référés n'accordera l'autorisation demandée que s'il
« lui est justifié par une déclaration formelle de l'acquéreur mis en
« cause, faite sous sa responsabilité personnelle et dont il sera pris
« acte, qu'il n'existe pas d'autres créanciers opposants que ceux
« contre lesquels il est procédé. L'acquéreur, en exécutant l'ordon-
« nance, ne sera pas libéré de son prix à l'égard des autres créan-
« ciers opposants antérieurs à ladite ordonnance s'il en existe.

« Si l'opposition a été faite sans titre et sans cause ou est nulle
« en la forme, et s'il n'y a pas instance engagée au principal, le
« vendeur pourra se pourvoir en référé devant le président du tri-
« bunal civil, à l'effet d'obtenir l'autorisation de toucher son prix
« malgré l'opposition.

« L'acquéreur qui, sans avoir fait, dans les formes prescrites, les
« publications ou avant l'expiration du délai de dix jours aura payé
« son vendeur, ne sera pas libéré à l'égard des tiers. »

ARTICLE 7

« Dans la quinzaine de la publication de l'acte de société conte-
« nant apport d'un fonds de commerce, tout créancier non inscrit
« de l'associé qui a fait l'apport fera connaître au greffe du tribunal
« de commerce où le dépôt a eu lieu, sa qualité de créancier et
« la somme qui lui est due ; il lui sera délivré par le greffier un
« récépissé de sa déclaration.

« Si le fonds est apporté dans une société déjà formée, les créan-
« ciers non inscrits de l'associé auquel le fonds appartenait feront
« la déclaration au greffe du tribunal de commerce de la situation
« du fonds, dans la quinzaine de la publication de l'acte constatant
« l'apport, effectuée en conformité de l'article 3 ci-dessus.

« A défaut par les coassociés, ou l'un d'eux, de former dans la
« quinzaine suivante une demande en annulation de la société ou de
« l'apport, ou si l'annulation n'en est pas prononcée, la société est

« tenue solidairement avec le débiteur principal au paiement du
« passif déclaré dans le délai ci-dessus et justifié. »

La rédaction de ces articles est obscure ; les délais qu'ils fixent
s'expliquent malaisément, surtout si on les rapproche de celui qu'impose l'article 56 de la loi du 24 juillet 1867, pour la publication des
actes de sociétés commerciales (voir n°ˢ 460 et suiv.)

Il nous semble inutile de faire ressortir ici les contradictions
regrettables qui existent entre ces divers articles, ce qui nous obligerait à nous étendre sans grand avantage pratique. Nous nous
bornerons à exposer ce qu'il y a lieu de faire soit en cas d'apport
d'un fonds de commerce, (numéros suivants) soit en cas de vente d'un
fonds à une société (n° 290).

270. Publicité, en cas d' « apport » d'un fonds de commerce. — Sur la question de savoir quelle publicité doit être faite
en cas d'apport d'un fonds de commerce, il y a lieu de considérer si
cet apport a lieu à l'époque de la constitution même de la société,
ou s'il est fait à une société existante qui procède à une augmentation de son capital.

271. — Apport fait a une société en formation. — En ce cas, il
n'y a pas d'autre publicité que celle à laquelle sont soumises toutes
les sociétés commerciales, et qui est dite plus loin sous les numéros 460 et suivants [1].

C'est à partir du jour de cette publication que court le délai de
QUINZAINE fixé par l'article 7 de la loi du 17 mars 1909 (n° 269), dans
lequel tout créancier non inscrit de l'associé qui fait l'apport du
fonds doit se faire connaître et faire connaître le montant de ce qui
lui est dû, au greffe du tribunal de commerce.

272. — Apport fait a une société déja existante. — En ce
cas, la publicité doit être faite dans les délais fixés à l'article 3 de
la loi de 1909, modifiée par la loi du 31 juillet 1913. (Voy. *suprà*,
n° 269).

Conséquemment, la société à laquelle l'apport est fait doit, dans
la QUINZAINE du jour de l'apport [2] porter celui-ci à la connaissance

1. Il est souvent procédé dans la pratique à la publicité spéciale de la loi de
1909, même en cas d'apport d'un fonds de commerce à une société en formation.
Cette publication est surabondante.

2. En cas de société par actions (anonyme ou commandite) ce délai de quinzaine

9

du public (afin que les créanciers de l'apporteur en soient avisés et puissent prendre les dispositions nécessaires à la défense de leurs intérêts) par le moyen d'un avis inséré dans un journal d'annonces légales publié dans le ressort du tribunal de commerce du lieu où se trouve le fonds de commerce apporté, — ou, à défaut, dans un journal de l'arrondissement publiant les annonces légales.

Pour l'indication de ces journaux, voir n° 472.

273. — Cette première publication devra être renouvelée du *huitième* au *quinzième* jour après la première insertion (art. 3, § 3, L. 17 mars 1909, *suprà*, n° 269).

274. — Chaque insertion doit contenir : 1° la date de l'acte constatant l'apport ; 2° les prénoms, nom et domicile de l'apporteur ; 3° la désignation et le siège de la société auquel l'apport est fait ; 4° l'indication de la nature et du siège du fonds apporté ; 5° l'indication du délai fixé pour les oppositions ; 6° une élection de domicile dans le ressort du tribunal (même art., § 2).

275. — Voici d'ailleurs, suivant le cas, le cadre de l'avis à publier [1] :

ne court qu'à partir du jour de la seconde assemblée générale car l'augmentation du capital d'une société par actions ne devient définitive qu'au moment de la deuxième assemblée générale.

1. Bien que ce ne soit pas utile, certaines personnes tiennent cependant à faire les publications de la loi de 1909 lors de l'apport d'un fonds de commerce à une société *en formation* (voy. note du n° 271). Voici, à leur intention, le cadre de l'insertion à publier :

AVIS D'OPPOSITIONS

PREMIÈRE INSERTION

Suivant acte sous signatures privées, en date à.. du... 192... enregistré à... le... n°... (*ou* : suivant acte reçu par M°... notaire à... le...) M... (*prénoms, nom, profession et domicile*), a établi les statuts de la société anonyme qu'il se proposait de fonder, sous la dénomination de... au capital... pour une durée de..., à compter du jour de sa constitution définitive.

Ladite société ayant son siège social à..., rue... n° et pour objet...

Dans ces statuts, le fondateur a fait apport à ladite société (*ou* : M... [*prénoms, nom, profession et domicile*] pour ce intervenant, a fait apport à ladite société) du fonds de commerce de... exploité par lui à..., rue, n°, ensemble... (*comme en la formule I, ci-dessus*).

L'entrée en jouissance a été fixée au jour de la constitution définitive de la société.

En rémunération de cet apport, M... doit recevoir... actions de... francs chacune, entièrement libérées de ladite société.

Cet apport est devenu définitif par le fait de la constitution, définitive de la so-

I. — Apport d'un fonds de commerce a une société de personnes

AVIS D'OPPOSITIONS

Première insertion

Suivant acte sous signatures privées en date à... du... 192..., enregistré à...le... n°... aux droits de... ¹ M... (*prénoms, nom profession et domicile*) a fait apport à la société X... et Cie, société en nom collectif dont le siège est à..., rue..., n°..., constituée entre : 1° M... (*prénoms, nom, profession et domicile*) ; 2° M... (*Idem*) ; 3° M... etc. par acte sous signatures privées en date à... du... 192...; enregistré à...le... aux droits de... ¹; ladite société ayant pour objet...:

Du fonds de commerce de... exploité par l'apporteur à... rue... n°..., ensemble, la clientèle, l'achalandage, le nom, l'enseigne (et les marques de fabrique et de commerce) dépendant dudit fonds.

Et :

1° Des objets mobiliers servant à l'exploitation de ce fonds ;

2° Du droit au bail des lieux où celui-ci est exploité, ainsi que du montant des loyers versés d'avance sur ce bail ;

3° Et des marchandises dépendant du fonds de commerce apporté.

L'entrée en jouissance a été fixée au... 192...

Les oppositions, s'il y a lieu, seront reçues dans les dix jours de la seconde insertion, au siège de la société X... et Cie, à..., rue..., n°...

Pour la seconde insertion, la rédaction est la suivante :

AVIS D'OPPOSITIONS

Seconde insertion

Suivant acte etc... (*comme ci-dessus littéralement jusqu'à*) :

Les oppositions, s'il y a lieu, seront reçues dans les dix jours de la présente insertion, au siège de la société X et Cie, à..., rue..., n°...

ciété résultant des deux assemblées générales constitutives tenues le... et le...

Les oppositions s'il y a lieu, seront reçues dans les dix jours de la seconde insertion, à..., rue... n°..., au siège de la société anonyme... (*dénomination*).

Pour la seconde insertion, la rédaction est la même, sauf le dernier alinéa :

Les oppositions, s'il y a lieu, seront reçues dans les dix jours de la précédente insertion, à..., rue..., n°... etc...

1. *Ou :* suivant acte reçu par Me... notaire à... le...

II. — Apport d'un fonds de commerce a une société par actions :

AVIS D'OPPOSITIONS

Première insertion

1. — Suivant acte sous signatures privées en date à... du... 192...,
enregistré à... le... [1] M... (*prénoms, nom, profession et domicile*) a établi les statuts d'une société anonyme (*ou : en commandite par actions*)
dénommée « Société anonyme des anciens Établissements Y... », dont
le siège est à... rue..., n°... Ladite société constituée au capital de... pour
une durée de... années, a été définitivement constituée le...

2. — Suivant acte sous signatures privées en date à... du... 192...,
enregistré à... le... n°..., aux droits de... [1], M... (*prénoms, nom, profession et domicile*) a apporté à ladite société le fonds de commerce
de... exploité par lui à..., rue... n°..., ensemble... (*comme en I, ci-dessus*).

En rémunération de son apport, l'apporteur doit recevoir... actions
de... francs, chacune, entièrement libérées de ladite société.

L'augmentation de capital résultant de cet apport est devenue définitive par suite d'une assemblée générale des actionnaires, en date du...
192...

Les oppositions, s'il y a lieu, seront reçues dans les dix jours de la
seconde insertion à..., rue... n°..., au siège de la société anonyme des
anciens établissements Y...

Pour la seconde insertion, la rédaction est identique, sauf la fin :

Les oppositions, s'il y a lieu, seront reçues dans les dix jours de la
présente insertion, à... rue... n°..., au siège de la société anonyme des
anciens établissements Y...

**276. — Succursales. — Publicité dans le lieu de chacune
des succursales.** — Quand le fonds de commerce apporté comprend des succursales situées dans des arrondissements différents, il
n'y a pas de publicité spéciale à faire, si l'apport en est effectué à
une société au moment même de sa constitution. Car, ainsi qu'on le
verra (n° 473) la publicité d'une société comprenant plusieurs maisons
et succursales doit être faite dans chacun des arrondissements du

1. *Ou :* Suivant acte passé devant M°... notaire à... le... 192... etc.

lieu de ces dernières, et, par conséquent, la publicité relative au fonds se confond avec celle relative à la société elle-même.

277. — Mais si l'apport est fait à une société déjà formée, la publication doit en être faite, dans les délais et de la manière dite aux numéros 272 et 273, dans un journal d'annonces légales de chacun des arrondissements où ces maisons et succursales ont leur siège (Arg. Art. 4, L. 17 mars 1909).

278. — **Déclaration des créanciers inscrits et non inscrits, sur le fonds apporté.** — L'article 7 de la loi de 1909 ne parle que des créanciers non inscrits, mais il est de toute logique d'admettre que les créanciers inscrits ne peuvent avoir des droits moindres.

Dans la QUINZAINE de la publication de l'acte de société contenant apport du fonds (que celui-ci soit apporté au moment de la constitution de la société ou qu'il soit apporté à une société déjà formée) les créanciers de l'associé apporteur doivent faire, au greffe du tribunal de commerce où l'acte a été déposé, la déclaration de leur qualité et de la somme qui leur est due.

Par créanciers de l'apporteur, il faut entendre *tous* les créanciers ; aucune distinction n'étant à faire entre ceux dont la créance est échue ou non, conditionnelle ou pas. De même qu'il n'y a pas lieu de distinguer si la créance est privilégiée, garantie ou non. Et ce, de quelque nature que soit la créance, commerciale ou non commerciale.

279. — Jugé que le délai de quinzaine dont il vient d'être question est de rigueur. Qu'ainsi doit être considérée comme tardive, et par conséquent sans effet, la déclaration faite au greffe le seizième jour seulement après la publication des statuts (Trib. de Com., Seine, 7 janvier 1910, *Journ, des Soc.* 1910, 227).

Voir pour le cas de défaut de déclaration *infrà* n°ˢ 282 et 283.

280. — **Ce que les associés ont à faire en présence de déclarations régulières de créanciers de l'apporteur.** — Dans la QUINZAINE du jour de l'expiration du délai de déclaration (numéro précédent), les associés ou l'un d'eux doivent former soit une demande en résolution de la société (s'il s'agit d'une société qui se constitue), soit une demande en annulation de l'apport, lorsqu'il s'agit de l'apport à une société déjà existante.

281. — C'est au tribunal qu'il appartient de décider souverainement si la demande doit être accueillie ou rejetée. Ainsi par exemple, il peut la rejeter lorsqu'il lui apparaît que la solvabilité personnelle de l'associé apporteur est suffisante pour répondre, envers la société, de tout ce que celle-ci aurait pu être obligée de payer à ses créanciers.

Car il va sans dire que l'associé apporteur reste personnellement tenu de l'acquittement de ses dettes, et que si la société, sur poursuites des créanciers, a été contrainte de payer celles-ci, en tout ou en partie, elle a son recours contre son apporteur jusqu'à concurrence de tout ce qu'elle a payé pour lui. Mais, évidemment, la valeur de ce recours est exclusivement dépendante de la solvabilité de l'associé apporteur.

282. — SANCTIONS. — Lorsque les associés ou l'un d'eux seulement n'ont introduit aucune demande en annulation — de société ou d'apport (n° 280), — ou lorsque la demande a été formée après l'expiration du délai imparti, — ou enfin lorsque le tribunal n'a pas admis la demande en annulation, la société est *solidairement* responsable avec l'associé apporteur du paiement de tout ce qui est dû aux créanciers de ce dernier qui ont déclaré leurs créances dans les conditions et délai dits sous le n° 278. Sauf, bien entendu, ainsi qu'on vient de le voir en fin du numéro précédent, le recours de la société contre l'apporteur.

283. — Dans le cas où, les publications ayant été régulièrement faites, les créanciers non inscrits (créanciers chirographaires), ou l'un ou quelques-uns d'entre eux seulement n'ont pas fait en temps voulu la déclaration au greffe prescrite, ils perdent *ipso facto* tout droit de réclamer quelque paiement que ce soit à la société ; ils n'ont plus que leur droit de poursuites directes contre leur débiteur et sur ses biens personnels (Nantes, 22 juillet 1911, *Journ. des Soc.* 1912, 521).

On voit d'après ceci quel intérêt ils ont à accomplir les formalités que leur impose la loi.

284. — Quant aux créanciers inscrits sur le fonds, s'ils ne font pas dans le délai fixé (n° 278) la déclaration de leurs créances — déclaration qui, d'ailleurs, ne leur est pas imposée, — ils n'en conservent pas moins leur gage et leur droit y attaché (n° 268) de se faire payer par tout détenteur du fonds aussi bien que par leur débiteur personnel. Ils pourraient donc, par conséquent, se faire payer directement par la société bénéficiaire de l'apport, — sauf ici encore le recours de celle-ci contre l'associé apporteur.

285. — Remarque. — La publicité spéciale organisée par la loi du 17 mars 1909 n'est imposée qu'en cas d'apport en toute-propriété, apport immédiat, apport à terme ou apport conditionnel.

L'apport « en jouissance » seulement en est dispensé. Ce qui s'explique puisque, en ce cas, il n'y a pas dépossession, l'apporteur restant propriétaire de son fonds de commerce.

286. — Apport conditionnel. — De tout ce qui vient d'être dit sous les numéros précédents, il résulte qu'en cas d'apport d'un fonds de commerce à une société — quelle que soit l'époque à laquelle cet apport est fait : au moment même de la constitution de la société ou pendant le cours de son existence — la société est toujours exposée à des risques de difficultés avec les créanciers possibles de l'apporteur.

De plus, elle peut craindre que le montant des dettes de ce dernier excède la somme qu'il pourra payer.

Tout ceci emporte la nécessité de certaines précautions à prendre, sans lesquelles ce serait bénévolement s'exposer à de graves mécomptes.

En premier lieu, la société devra, avant la réalisation de l'apport, examiner attentivement la comptabilité de l'apporteur et faire une très précise comparaison entre son actif et son passif.

Mais, dans le cas où l'on se trouverait en présence d'un apporteur de mauvaise foi, ceci n'exclurait encore pas le risque d'une dissimulation de son passif [1] et, par suite, n'offrirait qu'une sécurité purement apparente et illusoire.

Il importe donc de prendre d'autres mesures de garantie plus efficaces.

La plus sûre est celle qui consiste à stipuler dans les statuts :

a) Ou bien que l'apport est fait sous la condition que l'associé apporteur devra produire la mainlevée de ses créanciers — mainlevée totale ou jusqu'à concurrence d'une somme fixée — et ce, dans un délai déterminé à compter du jour de l'expiration de la quinzaine accordée par la loi aux créanciers pour faire la déclaration de

---

1. Et s'il est dans l'impossibilité de pouvoir l'acquitter.

leurs créances (n° 278) ; à défaut de laquelle production de mainlevées l'apport sera considéré comme nul et non avenu ;

b) Ou bien que la constitution de la société même est subordonnée
à la condition suspensive : soit qu'aucune déclaration de créance ne
se produira dans le délai légal, — soit qu'il ne sera pas justifié de
la mainlevée des oppositions faites dans un délai fixé[1], — soit encore que les créances déclarées ne devront pas excéder un chiffre
déterminé.

287. — En présence de l'une ou de l'autre de ces conditions, il
va sans dire que, s'il se produit des déclarations de créances, ou si
elles sont supérieures au montant fixé, l'associé apporteur devra
faire toutes diligences utiles afin d'obtenir les mainlevées de ses
créanciers. A défaut de quoi son apport serait purement et simplement annulé et, dans le second cas (*b*) la société elle-même ne se
constituerait pas.

288. — **Que décider en cas d'apport « mixte » ?** — Si pour
un fonds de commerce mis en société, il y a vente à la société pour
une partie et apport pour le surplus, autrement dit s'il y a apport
« mixte » (n° 180), il y a lieu d'appliquer tout à la fois les articles 3 et 7 de la loi du 17 mars 1909, en ce qui concerne la publicité à donner à la transmission du fonds.

Et les créanciers peuvent alors, à leur choix, soit faire la déclaration dite sous les n°° 278 et suivants, soit faire opposition dans
les dix jours de la seconde insertion.

289. — Ce qui précède s'applique aussi bien au cas où l'apport
mixte est fait à une société en formation qu'au cas où il est fait à
une société existante.

290. — **Publicité en cas de « vente » d'un fonds de commerce à une société.** — Ici, la publicité à faire est exclusivement celle qu'édicte l'article 3 de la loi de 1909, sans qu'il y ait
lieu de distinguer si l'apport, payé en espèces (n° 180) est fait à la
société au moment de sa constitution, ou si la vente est faite à une
société en cours d'existence.

---

1. Cette seconde condition ne peut évidemment être stipulée que lorsque l'apport
est fait non à une société déjà existante, mais à une société qui se fonde, et au
moment de sa formation.

Dans les dix jours de la seconde insertion les créanciers du vendeur du fonds doivent former opposition entre les mains de la société au paiement du prix, par exploit d'huissier.

En cas d'oppositions, la société acquéreur doit, pour dégager sa responsabilité, satisfaire alors aux conditions imposées par la loi du 17 mars 1909, dont on trouvera le texte à sa date, en fin du présent volume.

291.— Que devient, à la dissolution de la société, le fonds apporté ? — Quand le fonds de commerce n'a été apporté qu'en jouissance, ou bien, en cas d'apport en pleine propriété, quand une clause expresse des statuts réserve à l'apporteur le droit de reprendre le fonds, lors de la dissolution de la société, cette dissolution arrivant, soit par l'échéance de son terme, soit par anticipation, le fonds est repris par celui qui en avait fait l'apport.

Quand il a été, non pas apporté, mais créé par la société elle-même (et aussi quand, ayant été apporté, il n'est pas repris par l'apporteur, en vertu d'une clause statutaire spéciale), il peut être, soit s'il est facilement partageable, partagé entre les associés, soit entièrement attribué à l'un d'eux, sauf soultes, s'il y a lieu envers ses copartageants [1].

Hors de ces deux cas, le fonds est vendu par les soins du liquidateur.

292. — Le plus généralement, on insère dans l'acte de partage, dans le contrat de vente ou dans les conditions de l'adjudication si la vente est faite aux enchères, une clause stipulant qu'il sera interdit aux anciens associés de l'associé attributaire ou acquéreur du fonds, d'exploiter, dans un rayon déterminé et durant un temps fixe, un fonds similaire [2].

C'est là une clause de garantie que l'acquéreur (ou l'attributaire) doit exiger, s'il veut se prémunir contre tout acte de concurrence déloyale de la part de ses ex-associés.

Et alors, si, dans la suite, un des anciens associés violait cette

---

1. Ici, exactement comme en matière de partage de succession. Voy. art. 833, C. civ.

2. On notera que cette clause d'interdiction doit se limiter à un « temps » et à un « lieu »; car une nombreuse jurisprudence décide que, serait nulle, la clause d'interdiction qui porterait sur toute la vie et dans quelque endroit que ce soit (V. infrà, n° 195.)

convention, non seulement le contrevenant serait condamné à des
dommages-intérêts, mais il pourrait être également condamné à la
fermeture de son établissement sous peine d'une astreinte pécuniaire pour chaque jour de retard apporté dans la fermeture (Cassation, 4 février 1901, *Sirey*, 1902, 1, 171).

293. — A noter qu'il a été jugé que cette clause de garantie ne
serait pas opposable aux membres de la famille d'un ex-associé,
particulièrement à ses fils (*Not.* Cassation, 29 mars 1909, *Journ.
des Soc.* 1910, 350).

294. — **Garantie due par l'apporteur d'un fonds de commerce.** — L'apporteur d'un fonds de commerce est tenu (de la
même manière que le vendeur), envers la société, à la garantie des
troubles et évictions provenant du fait des tiers — et à celle des
vices cachés pouvant frapper tout ou partie des éléments constitutifs du fonds.

En outre, il doit évidemment la garantie de son fait personnel,
ce qui emporte pour lui l'interdiction de se rétablir et de concurrencer la société, et l'interdiction de tout acte quelconque tendant
à déprécier le fonds apporté par lui (*Not.* Cassation, 18 juin 1897,
Dalloz, 97, 1, 384).

295. — **Remarques d'intérêt pratique sur les apports de
fonds de commerce.** — INTERDICTION DE SE RÉTABLIR. — Le plus
généralement, en cas d'apport d'un fonds de commerce à une société,
on insère, dans les statuts, une clause interdisant à l'apporteur de
se rétablir dans un rayon et dans un temps déterminés ; c'est de
bonne prudence.

On notera que si le temps ni le lieu d'interdiction n'étaient prévus, la clause serait nulle comme portant entrave à la liberté du
commerce, et que l'apporteur pourrait, à tout moment, faire prononcer cette nullité (*Not.* Lyon, 26 février 1913, *Journ. des Soc.*
1914, 359).

296. — ESTIMATION DU FONDS APPORTÉ. — Afin de réduire la ten-
dance — bien souvent involontaire et se produisant avec la plus entière
bonne foi — qu'ont fréquemment les apporteurs de fonds de commerce, à majorer la valeur de leur apport, soit parce qu'ils basent
leur évaluation sur des écritures comptables insuffisantes, soit parce

que leur comptabilité n'offre pas de données correspondant exactement à la réalité (par exemple en raison de ce que les amortissements ou les réserves sont trop élevés ou trop faibles, ou en raison encore de méthodes comptables surannées) il est nécessaire que les fondateurs de la société (ou les associés ou membres du conseil d'administration, quand l'apport est fait à une société déjà existante) procèdent à un examen très approfondi de la comptabilité, afin de déterminer avec le plus d'exactitude possible le montant réel des bénéfices nets réalisés au cours des derniers exercices.

Et nous ajouterons qu'en ce cas, ce que nous conseillons toujours, c'est de soumettre les livres de comptabilité à un expert-comptable qui, après leur examen et avoir opéré tous redressements utiles de chiffres, s'il y a lieu, rédige un rapport qu'il signe dans lequel il indique, exercice par exercice, le chiffre des bénéfices nets réalisés durant les dernières années. Ainsi, la responsabilité des coassociés de l'apporteur est couverte ; ils sont à l'abri de toutes critiques ultérieures. Et, d'autre part, les droits de l'apporteur sont d'autant mieux sauvegardés, que rien ne s'oppose à ce qu'il désigne lui-même un expert-comptable pour assister celui de la société dans son travail, et appuyer sa certification.

C'est le mode qui offre le plus de garantie pour tous.

297. — C'est d'après la quotité des bénéfices nets qu'il produit, que s'apprécie la valeur d'un fonds de commerce.

Toutefois, étant donné que les résultats d'une entreprise, quelle qu'elle soit, sont sujets à fluctuations, parfois d'un exercice à l'autre, et parfois considérables, par suite de circonstances économiques ou autres, on ne saurait évaluer un fonds avec justesse, sur le vu du produit net d'un seul ni même de deux de ses exercices.

Le plus généralement, on se base pour la fixation de cette valeur sur la moyenne des cinq derniers exercices précédant l'apport. Parfois même des quatre et même des trois derniers seulement. Ceci dépend essentiellement de la nature de l'entreprise. Mais il est manifeste que la moyenne calculée sur cinq années sera plus convaincante que celle calculée sur trois. En tous cas on ne saurait prudemment descendre au-dessous de ce dernier laps, sous peine d'avoir une base peu stable et peu probante.

298. — Une fois le chiffre de cette moyenne établi, on obtient le prix du fonds en multipliant ce chiffre par un coefficient, 2, 3, 4 et même 5 ; ce coefficient, essentiellement variable, dépend des circonstances et beaucoup aussi de la nature du commerce.

Ainsi, si nous supposons une moyenne de bénéfice net (basée par exemple sur cinq ans) de 100.000 francs par exercice, la valeur du fonds sera de 200.000, 300.000, 400.000 et même 500.000 francs, suivant les cas.

Aussi bien, est-il impossible de fixer de règle précise à cet égard, tout dépendant des circonstances. A tel fonds, le coefficient 3 est applicable, alors que le coefficient 2 l'est à tel autre, et que le coefficient 4 l'est à un troisième.

Ceci est affaire d'appréciation et dépend essentiellement des circonstances nous ne pouvons que le répéter ; c'est aux intéressés seuls qu'il appartient d'apprécier et d'en décider : ce qu'ils ne doivent évidemment faire qu'après s'être entourés de tous les éléments propres à les éclairer sur ce point et avoir, le cas échéant, pris l'avis de personnes compétentes en la matière.

299. — La seule chose qu'on puisse indiquer sont les éléments qu'il y a lieu de prendre en considération pour la détermination de la valeur d'un fonds : en dehors des résultats antérieurement obtenus, il y a lieu de tenir compte de l'ancienneté de la clientèle, de la durée du bail ou des baux des lieux où s'exploite le fonds, de celle des contrats d'achats ou de fournitures en cours, de l'emplacement des lieux qui est plus ou moins favorable au genre de l'entreprise, du plus ou moins d'importance du capital immobilisé engagé dans l'affaire, de l'état du marché et de la concurrence, de l'importance des frais généraux non susceptibles d'être réduits, des débouchés, autrement dit de l'extension possible ou impossible des opérations, du renom, *fama*, c'est-à-dire de la notoriété de la maison ou de ses produits, de leur chance de vogue, etc..., etc...

Toutes choses que l'on ne peut qu'énumérer à titre d'indication, mais sur lesquelles, on le conçoit, il est matériellement impossible de produire des données précises, celles-ci variant à l'infini, suivant les cas, et étant essentiellement dépendantes de chaque espèce particulière.

300. — Autre chose encore concourt, le plus souvent, à la valeur d'une entreprise : la personne qui est à sa tête. Ou les qualités commerciales, industrielles et administratives du chef de maison sont de premier ordre, et alors le rôle de ce chef est prépondérant

et sa présence est une garantie morale de prospérité, — ou elles sont ordinaires et son rôle est quelconque, et il peut être remplacé sans inconvénient, — ou elles sont nulles et son rôle est néfaste et il est préférable qu'il cède la place.

Toutes choses qui influent considérablement sur la valeur du fonds.

D'où il suit que, dans le premier cas, il y a généralement un gros intérêt pour la société à s'attacher l'apporteur, aux qualités duquel le fonds doit sa valeur et sa prospérité afin que la société bénéficie de son prestige, de ses connaissances, de l'excellence de ses relations ; en considérant que sa retraite pourrait avoir pour conséquence une courbe décroissante dans les affaires et, par suite, une sensible diminution des bénéfices.

S'il s'agit d'une société en nom collectif, son nom figurera heureusement dans la raison sociale ; il prendra part aux travaux sociaux, et il aura la signature sociale.

S'il s'agit d'une société en commandite simple ou par actions, il en sera préférablement le gérant.

S'il s'agit enfin d'une société anonyme, il en sera l'administrateur-délégué [1].

Ainsi sa présence effective dans l'entreprise maintiendra la clientèle et la renommée acquises grâce à lui, pour le plus grand profit de la société.

D'autre part, au regard de cette dernière, le fait que l'apporteur du fonds reçoit exclusivement des actions ou une partie des bénéfices sociaux en contre-partie de son apport, est garant de la continuité, de la persistance de ses efforts et de ses qualités d'organisation et de négoce, en raison de ce que, en tant qu'associé, qu'actionnaire important — sinon le plus important — il continue à rester personnellement intéressé à la plus grande prospérité de l'affaire.

301. — Quelques mots, pour terminer, relatifs à la justification de la propriété du fonds de commerce apporté.

Les fondateurs de la société à laquelle l'apport est fait, ou ses administrateurs lorsque l'apport lui est fait au cours de son existence, doivent s'entourer de tous les renseignements utiles concernant le droit de propriété de l'apporteur. A cet effet, il est indis-

1. Ceci, du moins, quand le fonds apporté constitue un des gros éléments actifs de la société, voire le plus important, ainsi qu'il en est le plus généralement.

pensable qu'ils se fassent produire par ce dernier son titre d'acquisition, et les exemplaires des journaux contenant publication de la vente, afin d'avoir la certitude que celle-ci a été régulière et que les formalités légales ont bien été remplies.

Régulièrement on devrait s'assurer d'une origine de propriété trentenaire, ou remontant à la création du fonds, si cette création avait moins de trente ans de date[1]. Mais ceci est le plus généralement impossible en raison des difficultés énormes qu'on rencontre à pouvoir réunir les titres de cessions successifs; la règle n'étant pas ici comme en matière de vente d'immeubles, que le vendeur d'un fonds remette ses titres de propriété, son propre acte d'acquisition, à son cessionnaire.

Les représentants de la société doivent donc y suppléer par une vigilante attention et le groupement de tous les éléments d'appréciation qu'ils peuvent rassembler.

302. — FORMULES. — Voir formules d'apports de fonds de commerce n°² 384, 386, 389, 390.

APPORT DE MARCHANDISES ET MATIÈRES PREMIÈRES

303. — **Estimation des marchandises et des matières premières.** — Lorsque des marchandises neuves et d'une vente normale sont apportées en société, leur estimation doit être faite non au cours du jour de l'apport, mais d'après leur « prix de revient ».

En effet, la société devenant, en fait, le successeur de l'apporteur quant à cet élément d'actif, il est de toute justice qu'elle réalise en les vendant, le même bénéfice qu'aurait réalisé l'apporteur lui-même. Tout autre mode d'évaluation serait inéquitable.

Cette estimation ne souffre aucune difficulté pour les commerces où les marchandises sont revendues telles qu'elles ont été achetées, autrement dit, sans qu'elles aient subi aucune transformation.

En cas d'industrie où la matière première est transformée et livrée au commerce sous forme de produits manufacturés, l'estimation au prix de revient est une opération nécessairement plus délicate ; aussi, et afin de respecter les droits de chacun, est-il à conseiller, dans ce cas, de faire faire cette estimation par deux experts qualifiés, un pour la société, et un pour l'apporteur, ayant pouvoir

---

1. Voir *infrà*, la formule donnée sous le n° 386. — V. également n° 384.

de s'adjoindre un tiers-expert, s'il y a lieu, pour les départager en cas de désaccord.

304. — Lorsque l'apport comprend des marchandises démodées, ou autrement dépréciées, ou des matières premières dont l'utilisation n'apparaît pas, — en un mot, lorsque les marchandises ou matières premières sont d'une réalisation incertaine, il convient de les sous-estimer de manière à ramener leur valeur au prix probable auquel la société pourra les vendre ou les employer en tenant compte du juste bénéfice qu'elle sera en droit d'en tirer.

Là encore le plus souvent l'avis d'experts s'imposera pour la meilleure sauvegarde des intérêts en présence.

305. — MATIÈRES PREMIÈRES. — C'est également au prix de revient et non pas au cours du jour, que les matières premières doivent être estimées.

306. — FORMULES. — Voir formules d'apports de marchandises et de matières premières, nᵒˢ 380, 384, 389 et suivants,

APPORT DE MATÉRIEL ET D'OUTILLAGE

307. — **Estimation.** — Quand le matériel et l'outillage compris dans un apport de société ne constituent pas l'élément le plus important de cet apport, leur estimation peut aisément être faite d'un commun accord par les intéressés respectifs, eux-mêmes ; en ce cas, en effet, il est aisé d'éviter les frais d'une expertise.

Ils la feront exclusivement d'après la valeur effective qu'offrent, pour la société au jour même où l'apport est effectué, les machines, appareils, outils, etc... qui lui sont apportés. En effet, c'est à partir de ce moment seul qu'elle va pouvoir, les faisant travailler, en tirer tout le rendement dont ils sont susceptibles, d'après l'état dans lequel ils se trouvent. Par suite, c'est sur cet état de production exclusivement qu'il faut se baser pour en apprécier et déterminer la valeur réelle.

On tiendra compte de leur état de nouveauté, de vétusté ou d'usure ; des réparations à y faire, de leur système mécanique plus ou moins pratique et productif, du temps pendant lequel ils pourront encore servir utilement, etc..., etc..., sans oublier la dépréciation qui peut ou pourrait prochainement résulter de lancement sur le marché de machines, appareils et outils d'un fonctionnement ou emploi plus simple et d'un rendement plus élevé.

308. — Par contre, quand le matériel et l'outillage constituent l'élément actif le plus important de l'apport, la méthode la plus sûre pour la sécurité rationnelle de chacun consiste à les faire estimer par des ingénieurs qualifiés à l'avis desquels les intéressés déclareront se soumettre.

309. — FORMULE. — Voir formules d'apports de matériel et d'outillage, nᵒˢ 388, 390.

APPORT DE BREVETS D'INVENTION

310. — **En quoi peut consister l'apport.** — On peut apporter à une société soit la toute-propriété de brevets d'invention, soit leur jouissance seulement, c'est-à-dire le droit de les exploiter pendant toute leur durée ou pendant la durée de la société.

311. — Aux termes de l'article 20 de la loi du 5 juillet 1844, (art. modifié par l'article 58 de la loi du 26 décembre 1908) « la « *cession* totale ou partielle d'un brevet, soit à titre gratuit, soit à « titre onéreux, ne peut être faite que par acte notarié et après le « paiement de la totalité de la taxe » prévue à l'article 4 de la même loi. Le montant de cette taxe est de 500 francs pour un brevet de cinq ans, 1.000 francs pour un brevet de dix ans, et 1.500 frs pour un brevet de quinze ans.

Le même article 20 dispose, en outre, que :

« Aucune cession ne sera valable à l'égard des tiers [1-2] qu'après « avoir été enregistrée [3] au secrétariat de la préfecture du dépar- « tement dans lequel l'acte aura été passé. »

« L'enregistrement des actes passés dans le département de la

1. Mais, entre les parties elles-mêmes, la non-observation de cette disposition est sans influence sur la validité du contrat.
2. Par « tiers », il faut entendre toute personne intéressée à critiquer la cession et qui n'y a pas été partie, notamment le second cessionnaire qui a fait enregistrer son titre avant l'enregistrement de la première cession (Paris, 6 juin 1912, *Journ. des Soc.* 1917, 21).
3. Cet enregistrement spécial à la préfecture départementale ou à l'office, ne doit pas être confondu avec l'enregistrement de l'acte fait au bureau de l'Enregistrement des Domaines et du Timbre.

« Seine aura toutefois lieu dans les bureaux de l'Office national de
« la propriété industrielle [1]. »

312. — Y a-t-il ou n'y a-t-il pas « cession » à la société,
en cas d'apport d'un brevet d'invention ? — Il y a controverse à cet égard.

La Cour de cassation a décidé maintes fois qu'il n'y avait pas
cession (*Not.* 24 mars 1864, *Sirey*, 64. 1. 374 ; — 22 mars 1898,
Journ. des Soc. 1899, 12, *Dalloz*, 1903, 1, 397 ; — 28 février 1906,
Pand. fr. 1906, 1, 302) [2].

313. — Du principe de cette solution, qui est très critiquable, il
résulte qu'en cas de contrefaçon c'est au titulaire même du brevet
qu'il appartient de poursuivre les contrefacteurs, la société n'étant
pas considérée comme propriétaire.

314. — D'après ce qui précède, on juge de l'importance qu'il y
a dans les statuts à indiquer avec la plus grande précision si l'apport qui est fait à la société est un apport en pleine propriété ou un
apport en jouissance.

315. — Du fait que l'apport en propriété n'est pas considéré
comme une cession (n° 312) il s'ensuit qu'en cas d'apport, le paiement de toutes les annuités dues ne serait pas exigé.

Il s'ensuit également qu'il n'y aurait pas à appliquer non plus la
disposition de l'article 20 de la loi du 5 juillet 1844 qui prescrit
pour la cession, la nécessité d'un acte notarié.

316. — Mais, en raison de ce que ce principe est très contro-
versé et, répétons-le, d'ailleurs très critiquable, il importe dans
l'état actuel de la question, de prendre toutes mesures propres à
assurer, en écartant toutes difficultés possibles, toute sécurité. C'est
pourquoi il est utile d'attirer l'attention sur ce qui suit.

---

1. L'office national de la propriété industrielle est à Paris, au Conservatoire des
Arts et Métiers, 292, rue Saint-Martin.
2. D'après ces décisions, l'apport d'un brevet d'invention à une société ne pouvant
être assimilé à une cession, les formalités prescrites par l'article 20 de la loi du 5 juillet 1844 ne sont pas applicables à l'apport d'un brevet dans une société (*Jurispr.
Gén. Dalloz*, Tables 1897-1907, Brevet d'invention, n° 74).
Jugé que, au surplus, ces formalités ne sont exigées que dans l'intérêt des tiers,
et que les ayants droit du cessionnaire ne peuvent être considérés comme tiers
(Cassation, 26 juin 1896, *Dalloz*, 1903, 1, 397).

317. — Aux termes de la loi du 5 juillet 1844, il faut, pour qu'une transmission de brevet d'invention — en propriété — soit opposable aux tiers, que cette transmission résulte d'un acte passé devant notaire, et que cet acte soit « enregistré » à la préfecture du département.

Cette disposition catégorique n'ayant été révoquée par aucune loi subséquente, il s'ensuit donc qu'à l'heure actuelle encore, un acte notarié est exigé.

Si donc l'apport d'un brevet était seulement constaté dans des statuts sous seing privé, cet apport ne serait pas opposable aux tiers.

318. — Mais ceci n'empêche nullement de constater l'apport du ou des brevets dans des statuts sous signatures privées, car la difficulté peut être très aisément tournée : il suffit, après constitution de la société, de faire faire un extrait notarié de cet apport et, par le moyen de cet extrait, de faire enregistrer l'apport à la préfecture du lieu.

319. — Il est, pour obvier de façon radicale à toutes ces difficultés, en présence de cette situation ambiguë de la question, un moyen extrêmement simple et pratique, c'est de ne faire apport à la société que de la « jouissance » seulement du brevet et ce, pour toute sa durée.

Par ce moyen l'apporteur reste propriétaire — en droit nu-propriétaire — du brevet ; quant à la société, elle bénéficie de la sorte d'une véritable « licence » d'exploitation, dont elle a l'exclusivité.

Mais, dans ce cas, il est bon de stipuler que l'apporteur donne à la société tous pouvoirs nécessaires à l'effet de poursuivre tous contrefacteurs éventuels et de toucher tous les dommages-intérêts auxquels ceux-ci pourraient être condamnés sur sa demande.

320. — Quand un brevet est apporté en pleine propriété, il importe en premier lieu de s'assurer de sa validité. En cette matière, des connaissances spéciales étant nécessaires, les intéressés agiront prudemment en ayant recours aux lumières d'un spécialiste.

Aussi bien, la question mérite-t-elle attention car, en supposant que le brevet apporté soit nul — et les cas de nullité sont nombreux — et que la société n'ait d'autre objet que l'exploitation de ce brevet, elle serait nulle elle-même, l'objet social n'existant plus par suite de la nullité de ce dernier (Cassation, 19 juin 1866, *Dalloz*, 66, 1, 320).

Mais si, bien entendu, l'exploitation du brevet ne constituait pas l'objet social unique, la société, ce brevet annulé, poursuivrait son cours (Cassation, 25 novembre 1890, *Ann. de Dr. Comm.* 1891, 278).

321. — REMARQUE POUR LE CAS D'APPORT EN JOUISSANCE. — Il a été jugé que c'est à la société à laquelle la jouissance d'un brevet est apporté, qu'il appartient d'en acquitter les annuités qui sont dues et qu'en conséquence elle est seule responsable de la déchéance du brevet survenue pour défaut de ce paiement (Cassation, 29 mai 1877, *Sirey*, 78, 1, 402).

Si donc, on convenait que le paiement des annuités de la taxe (n° 311) restera à la charge exclusive de l'apporteur, cet accord devrait faire l'objet d'une clause expresse.

322. — **Licence.** — On entend par « licence » d'un brevet le simple droit d'exploitation (ou de jouissance) de ce brevet.

Conséquemment, il y a lieu, pour le cas d'apport d'une licence, de se reporter à ce qui vient d'être dit relativement à l'apport en jouissance.

Sur la question de savoir si l'apport à une société de la licence d'un brevet confère à cette société le droit exclusif d'exploitation lui donnant la faculté de poursuivre les contrefacteurs, voir Cassation, 16 décembre 1899, *Dalloz*, 1901, 2, 239.

323. — **Estimation de la valeur commerciale du brevet apporté.** — Il faudrait, pour pouvoir estimer avec toute l'exactitude désirable, la valeur commerciale d'un brevet d'invention, connaître l'importance des bénéfices que son exploitation est susceptible de produire.

Or, comme avant toute exploitation on ne peut évidemment pas déterminer un chiffre de bénéfice certain puisque l'avenir seul fixera exactement sur l'importance de ce chiffre, force est donc de procéder par approximation. On ne peut qu'évaluer des prévisions. Et l'on conçoit combien celles-ci sont élastiques.

Aussi bien, pour pouvoir apprécier les bénéfices à venir ne faudrait-il pas d'ores et déjà savoir : 1° le montant des capitaux que nécessitera l'exploitation ; 2° le prix de revient exact de l'objet bre-

veté afin — le prix de vente pouvant à la rigueur être fixé dès
maintenant — de connaître le bénéfice brut obtenu ; 3° l'importance des débouchés et conséquemment, des ventes, etc... Toutes
choses réellement impossibles à fixer préventivement avec exactitude, quelque conscience qu'on ait apporté à dresser le devis d'exploitation.

On peut même dire que même si des expériences de fabrication
avaient déjà été faites, l'incertitude ne serait pas moindre, en raison des inventions nouvelles qui pourront naître dans un avenir
plus ou moins proche et venir concurrencer plus ou moins l'objet
exploité dont le brevet est apporté.

Il s'ensuit que l'évaluation de la valeur d'un brevet d'invention
non encore exploité est extrêmement délicate, et que la plus grande
attention jointe à la plus circonspecte prudence est de rigueur. Ici
encore, la sagesse conseillera d'en appeler aux lumières de techni-
ciens réputés et de s'entourer de tous les éléments d'appréciation
qu'il sera possible de rassembler ; car il importe que les intérêts de
chacun soient sauvegardés et que ni l'apporteur ni la société ne
soient lésés.

324. — En ce qui concerne l'apport de brevet dans une société
par actions, voir ce qui est dit sous les titres de la SOCIÉTÉ ANONYME,
et de la COMMANDITE PAR ACTIONS, au tome second.

325. — **Attribution, réalisation ou reprise du brevet en
cas de dissolution de la société.** — Lors de la dissolution de
la société, les principes généraux observés en matière de liquidation s'appliquent aux brevets d'invention comme à tous les autres
éléments d'actif. En d'autres termes, le brevet d'invention est attribué à celui d'entre eux dont les associés conviennent. S'il leur est
impossible de se mettre d'accord sur cette attribution, il y a lieu à
licitation, et l'acquéreur du brevet est alors soumis à l'accomplissement des formalités prescrites par la loi du 5 juillet 1844 (art. 20).

Ceci dit, en ce qui concerne les brevets dont apport en toute-
propriété a été fait à la société [1].

---

1. Et lorsque aucune clause de « reprise » du brevet n'est intervenue, car dans ce
dernier cas l'apporteur reprendrait la propriété du brevet. Voy. n°ˢ 327 et 375. Il y
aurait alors, au moment de cette reprise une nouvelle mutation de propriété, laquelle
nécessiterait l'accomplissement des formalités dites plus haut.

326. — Lorsque l'apport n'a été fait qu'en jouissance, il convient de considérer si la liquidation a lieu, par suite de l'expiration du terme fixé pour la durée de la société, ou si elle a lieu par suite de dissolution anticipée de celle-ci.

a) Si la liquidation a lieu après l'expiration du terme prévu pour la durée de la société, le breveté apporteur reprend purement et simplement la jouissance de son brevet.

b) Si la liquidation est faite à la suite de dissolution avant terme, le liquidateur a le droit de jouissance pour la durée restant à courir du laps pour lequel l'apport avait été fait (Bordeaux, 22 janvier 1862, *J. Bordeaux,* 1862, 24, Cassation, 26 février 1906, *Pand. Franc.* 1906, 1, 302).

A l'expiration duquel laps l'apporteur rentre en possession de la jouissance de son brevet. Il ne le peut pas avant, car ayant cédé ses droits pour une durée déterminée, tant que cette durée n'est pas expirée il ne peut se prévaloir de droits qu'il n'a plus.

327. — Reprise. — Mais l'associé apporteur peut parfaitement, par une clause expresse des statuts, se réserver, dans le cas de dissolution anticipée de la société, le droit de reprendre l'entière disposition du brevet qu'il apporte. Ainsi en a décidé notamment un arrêt de la Cour de Paris, du 21 décembre 1886 (*Rev. des soc.* 87, 89).

328. — Formules. — Voir formules d'apport de brevets d'invention, en propriété et en jouissance, nos 380 et 390.

APPORTS DE MARQUES DE FABRIQUE OU DE MARQUES DE COMMERCE

329. — **Définition.** — La loi du 23 juin 1857 définit ainsi les marques de fabrique et de commerce : « les noms, sous une forme « distinctive, les dénominations, emblèmes, empreintes, timbres, « cachets, vignettes, reliefs, lettres, chiffres, enveloppes et tous autres « signes servant à distinguer les produits d'une fabrication ou les « objets d'un commerce ».

330. — **Apport d'un fonds de commerce comprenant des marques de fabrique ou de commerce.** — Aux termes du paragraphe 3 de l'article 24 de la loi du 17 mars 1909 les *ventes* ou *cessions* de fonds de commerce comprenant des marques de fabrique ou de commerce, des dessins ou modèles industriels, doivent être inscrites à l'Office national de la Propriété industrielle (292, rue Saint-Martin, au Conservatoire des Arts et Métiers).

La loi ne parlant que des « ventes ou cessions » et distinguant par ailleurs (Rapp. les articles 3 et 7) l'« apport en société » de la vente et de la cession, il faut donc en conclure que l'apport d'un fonds comprenant des marques n'est pas soumis à la formalité de cette inscription à l'Office national.

Et de cette solution, vraiment regrettable, il n'y a pas lieu de rechercher la raison, car il n'y en a pas et il n'apparaît pas qu'il puisse y en avoir. La seule cause de cette situation singulière c'est que la loi du 17 mars 1919 — (laquelle contenait une autre anomalie tellement choquante qu'une loi nouvelle dût intervenir moins de quinze jours après (1er avril) pour la faire disparaître) — est une loi qui, comme tant d'autres depuis quelques lustres, malheureusement, a été insuffisamment étudiée par ceux qui étaient chargés de la préparer, et votée sans être comprise.

Toutefois, si l'apport d'une marque n'est pas soumis à la formalité de l'inscription à l'office national, il est soumis à la publication réglée par la loi de 1919 (n°s 268 et suiv.).

En conséquence, la société à laquelle une marque est apportée doit procéder aux publications dites *suprà* n° 275 [1] dans les mêmes formes et conditions.

Voici le cadre d'une telle publication :

AVIS D'OPPOSITIONS

PREMIÈRE INSERTION

Suivant acte sous signatures privées en date à... du... 192..., enregistré à... le... n°... [2] M. A... (*prénoms, nom, profession et domicile*) a établi les statuts de la société anonyme X.... au capital de..., dont le siège est à..., rue..., n°...

Par le même acte, M. A... a fait apport à ladite société de la marque connue sous le nom « ... » et divers autres droits incorporels désignés aux statuts.

1. V. aussi n°s 278 et suiv., 280 et suiv.
2. Ou : suivant acte reçu par M°... notaire à..., le...

Cet apport a été rémunéré de la manière énoncée en l'acte.

Ces apports et la rémunération qui en a été proposée, ont été ratifiés par les assemblées générales constitutives de la société X..., des... et... 192...

Les oppositions, s'il y a lieu, seront reçues dans les dix jours de la seconde insertion, au siège de la société X..., à... rue..., n°...

SECONDE INSERTION. — Elle se fait exactement dans les mêmes termes, sauf le dernier alinéa.

Les oppositions, s'il y a lieu, seront reçues dans les dix jours de la présente insertion, au siège etc. [1]...

331. — Lors de la dissolution de la société les marques qui appartiennent à celle-ci, tant celles qui lui sont personnelles que celles dont elle est devenue propriétaire par suite d'apport d'un ou de plusieurs des associés, sont, étant comprises dans la masse active partageable, soit attribuées à un ou à plusieurs associés en paiement de leurs droits, soit partagées en nature, soit licitées, sans que quiconque puisse élever la moindre opposition à l'une quelconque de ces opérations.

NOTA. — Voir pour FORMULES de marques de fabrique et de marques de commerce, n°ˢ 380, 386 et 387.

APPORT DE DESSINS ET MODÈLES

332. — **Définition.** — Aux termes de l'article 2 de la loi du 14 juillet 1909, et du décret du 18 juillet 1911, il faut entendre par dessins et modèles « tout dessin nouveau, toute forme plastique « nouvelle, tout objet industriel qui se différencie de ses similaires « soit par une configuration distincte et reconnaissable lui confé- « rant un caractère de nouveauté, soit par un ou plusieurs effets « extérieurs lui donnant une physionomie propre et nouvelle ».

333. — **Apport en société.** — Tout ce qui vient d'être dit sous les n°ˢ 330 et 331, concernant les marques, s'applique également ment aux dessins et modèles, sans qu'il y ait lieu de considérer si

---

1. Dans le cas où l'apport est fait à une société de personnes ou à une société en cours d'existence, on suivra le même cadre, qui sera modifié, suivant le cas, en s'inspirant des formules précédemment données *suprà* n° 279.

ces derniers sont apportés isolément en société ou s'il sont compris dans les éléments d'un fonds de commerce apporté.

APPORT DE RÉCOMPENSES COMMERCIALES ET INDUSTRIELLES

334. — Définition. — Il faut entendre par *Récompenses* industrielles les « prix, médailles, mentions, titres ou attestations quel-« conques de supériorité, ou approbation obtenus en France ou à « l'étranger dans les concours officiels, ou décernés par des corps « constitués, établissements publics, associations ou sociétés fran-« çaises ou étrangères ».

335. — Apport en société. — En cas d'apport en société, lors de l'apport d'un fonds de commerce, par exemple du droit de faire usage de récompenses industrielles ou commerciales dont l'apporteur (ou ses prédécesseurs) est propriétaire, cet apport, emportant transmission, doit faire l'objet d'une déclaration à l'Office national de la Propriété industrielle (voir n° 330) ; faute de quoi la société ne pourrait légalement faire usage de ces récompenses.

APPORT D'UNE CONCESSION

336. — Concession de mines. — On sait que pour qu'une « mine » ait une existence légale, il faut qu'elle ait fait l'objet d'une « concession », autrement dit l'objet d'une autorisation gouvernementale.

Juridiquement donc, tant que cette concession n'a pas été accordée, la mine ne peut pas être valablement cédée.

Mais dès la concession obtenue, le bénéficiaire peut, en principe, en disposer librement : il peut, soit à titre gratuit, soit contre tels avantages qui lui conviennent, en faire apport à une société spécialement constituée en vue de son exploitation.

337. — Toutefois, une restriction sensible a été apportée par la loi de finances du 13 juillet 1911, à cette libre disposition.

En effet, aux termes de l'article 138 de cette loi, les mutations « de propriété, sous quelque forme et à quelque titre que ce soit, « et les amodiations de concessions minières par actes entre vifs

« ne *peuvent être effectuées que si elles ont été autorisées par un*
« *décret rendu sur avis conforme du Conseil d'Etat.* »

Depuis cette loi, une autorisation du gouvernement est donc nécessaire tant en cas d'apport en société d'une mine, qu'en cas de vente ou même de location [1].

Et comme sanction, à défaut de décret d'autorisation, tous les actes faits seraient nuls et de nul effet, et le retrait de la concession pourrait être prononcé. Ce retrait ferait alors l'objet d'un décret rendu en Conseil d'Etat.

338. — A noter qu'il n'y a pas lieu à demande d'autorisation dans le cas où une société qui est propriétaire d'une mine, se borne à modifier seulement ses statuts : ces modifications n'entraînent en effet aucune mutation, puisqu'elles n'empêchent que la même société reste propriétaire.

339. — La demande d'autorisation doit émaner de celui qui deviendra, en vertu de l'acte de mutation, propriétaire ou locataire de la mine (Circ. Min. des Trav. Pub. 21 février 1912, n° 4).

D'où il suit que si la société est en voie de formation, la demande en autorisation doit être faite par son ou ses fondateurs, et que si la société est constituée, la demande doit être faite par ses représentants qualifiés.

340. — En ce qui concerne les justifications à produire à l'appui de la demande en autorisation, elles sont les mêmes que celles énoncées en la circulaire du ministre des Travaux Publics, du 31 octobre 1898.

341. — Il va sans autrement dire que dans le cas où une société en absorbe une autre, laquelle est propriétaire d'une mine, l'autorisation gouvernementale est nécessaire, puisqu'il y a là mutation de propriété.

342. — De ce que tant que la concession n'a pas été obtenue, la mine ne peut valablement être cédée, il ne s'ensuit pas que le ou

---

1. Un décret du 16 avril 1912, a rendu cette disposition applicable aux concessions de mines sises en Algérie.

En ce qui concerne les concessions de mines situées dans les autres colonies, leurs mutations de propriété ou amodiations ne sont pas soumises à la formalité de l'autorisation gouvernementale, sauf dans le cas de partages ou de mutations ou d'amodiations partielles.

les intéressés se trouvent dans l'impossibilité absolue de passer quelques conventions que ce soit à leur égard.

Aussi bien, ont-ils parfaitement le droit par exemple de passer toutes conventions fixant les conditions sous lesquelles fonctionnera leur association, au cas où, dans la suite, la mine serait concédée à un seul ou à plusieurs d'entre eux, au nom de qui la demande de concession serait faite.

343. — Ainsi :

a) On peut constituer la société, sous la condition suspensive que l'autorisation demandée sera obtenue.

La demande d'autorisation ne serait alors faite que lorsque la société serait constituée ; et celle-ci ne sera définitivement consti-tuée que lorsque l'autorisation aura été accordée.

Jugé que lorsqu'une société est constituée sur l'apport d'un bail de concession minière, lequel doit, conformément à l'article 138 de la loi du 13 juillet 1911, être autorisé par un décret rendu sur avis conforme du Conseil d'État, l'existence de cette société est subor-donnée légalement à la condition suspensive de l'autorisation gou-vernementale permettant d'exploiter la mine, et si cette autorisa-tion est refusée, la société doit être réputée n'avoir jamais eu d'existence légale à défaut d'objet. Qu'il importe peu dans les sta-tuts qu'il soit question d'autres buts, quand il est certain que la société avait pour but essentiel et déterminant l'exploitation de la mine (Riom, 30 décembre 1918, *Gaz. des Trib.* des 4-5 août 1919).

b) L'autorisation peut être demandée sur un simple projet de statuts. Dans ce cas, le décret mentionnera que l'autorisation accor-dée sera nulle : si la société n'est pas définitivement constituée dans un délai déterminé, ou si les statuts définitifs ne sont pas, du moins dans leurs clauses principales, exactement conformes dans toutes leurs clauses essentielles au projet de statuts produits lors de l'instruction de la demande en autorisation (déc. du 21 février 1912, précité).

344. — **Minières.** — La minière est une mine à ciel ouvert. Aucune autorisation gouvernementale n'est exigée en cas d'apport ou autres mutations de propriété de minières.

345. — **Concessions de chemins de fer d'intérêt général.** — En vertu de l'article 11 de la loi du 15 juillet 1845, les fondateurs de compagnies de chemins de fer d'intérêt général n'ont droit qu'au remboursement de leurs avances, dont le compte, appuyé des pièces justificatives est soumis à l'approbation de l'assemblée générale des actionnaires.

Tout apport d'une concession de chemins de fer d'intérêt général qui serait fait en violation de cette disposition serait radicalement nul.

346. — Il est incontestable qu'une telle disposition serait peu faite pour encourager le bénéficiaire d'une concession à en faire l'apport à une société et tendrait même à faire obstacle à toutes demandes de concessions de ce genre si, en fait, et à l'aide de moyens détournés (tels que : obtention de l'exclusivité de la construction des voies ferrées, en vertu d'un traité accordé par la société ; obtention de l'exclusivité du placement des obligations créées par la Société, etc...) l'apporteur ne pouvait être équitablement payé de ses soins, peines et démarches.

347. — L'apport en société d'une concession de chemins de fer d'intérêt général ne peut être valablement fait qu'en vertu d'une loi spéciale.

348. — **Concessions de chemins de fer d'intérêt local et concessions de tramways.** — D'après l'article 10 de la loi du 11 juin 1880, toute cession — et par conséquent tout apport — soit totale soit partielle d'une concession de chemins de fer d'intérêt local ou de tramways ne peut être valablement faite :

a) S'il s'agit de lignes concédées par les départements, qu'en vertu d'un décret rendu par le Conseil d'Etat, sur l'avis conforme du conseil général ;

b) S'il s'agit de lignes concédées par des communes, qu'en vertu d'un décret rendu par le Conseil d'Etat, sur l'avis conforme du conseil municipal.

Ici encore (Voy. n° 345) l'apporteur d'une telle concession ne peut obtenir aucun avantage spécial à raison de l'apport qu'il en fait à une société, mais, ici encore, cette difficulté peut être surmontée de l'une des manières dites *suprà* n° 346.

349. — L'article 26 de la loi du 31 juillet 1912 dispose que :
« En cas de concession, lorsque le département ou la commune n'a

« pas traité avec une société anonyme préexistante, le concession-
« naire devra se substituer une société anonyme dans le délai de
« six mois à dater de la promulgation de la loi ou de la signature
« du décret.

« Le cédant demeure solidaire avec la société pendant dix ans [1]... »

350. — Concessions de travaux publics. — Il y a controverse dans la doctrine, sur la question de savoir si une participation
aux bénéfices peut être attribuée à l'apporteur en société de concessions de travaux publics, accordée par l'Etat, les départements ou
les communes.

De l'opinion qui semble être dominante, il résulte qu'une telle concession est en dehors du commerce et que, par suite, aucune participation aux bénéfices ne saurait être accordée à l'apporteur concessionnaire.

Et les faits tendent à appuyer fortement cette opinion : c'est ainsi
que la loi du 13 décembre 1893 déclare accorder *à titre exceptionnel* aux fondateurs des forces motrices du Rhône, le droit de stipuler une part dans les bénéfices nets de la Société ; c'est ainsi encore
que lors de la déclaration d'utilité publique du chemin de fer métro-
politain de Paris, en 1898, le Conseil d'Etat a autorisé le concessionnaire à stipuler à son profit, à l'époque de la rétrocession, une
part dans les bénéfices. Or, si ces autorisations ne sont ainsi accordées qu'exceptionnellement, on est conduit à conclure que c'est donc
que la règle est que le concessionnaire apporteur n'a droit à aucune
participation aux bénéfices [2].

351. — Concessions coloniales. — Ici encore (n°° 345, 348 et
350) et en raison de ce qu'une concession coloniale est en dehors du
commerce, la règle est qu'aucune participation aux bénéfices ne peut
être accordée au concessionnaire apporteur.

Mais, en fait, l'Etat autorise parfois le concessionnaire à stipuler

---

1. Sur la faculté d'émission d'obligations par la société concessionnaire, voir
tome II, n°° 1554 et suiv.

2. Décidé que lorsque le ministre des Travaux publics a agréé comme entrepreneur de travaux publics une société composée de trois membres et qu'une décision
judiciaire a exclu de la société un des associés, le ministre peut confier l'achèvement des travaux aux deux autres membres, sans que l'associé exclu ne puisse prétendre ni exécuter les travaux jusqu'à concurrence du tiers, ni obtenir une indemnité pour manque à gagner et préjudice moral (Cons. d'Etat, 19 décembre 1902,
Dalloz, 1904, 3, 50).

à son profit une part dans les bénéfices que réalisera la société anonyme à laquelle il fait l'apport et qui se trouve ainsi subrogée dans le droit d'exploiter sa concession. Ainsi, à titre d'exemple le décret du 28 mars 1899 relatif à des concessions territoriales au Congo français.

APPORT DE NAVIRES, OU DE BATEAUX DE NAVIGATION INTÉRIEURE

352. — Bâtiments de mer. — L'apport en société de bâtiments de mer est soumis aux mêmes formalités que la vente de ces bâtiments, lesquelles sont prescrites par les articles 17 et 18 de la loi du 27 vendémiaire an II, ce dernier article modifié par la loi du 23 novembre 1897.

Tout acte de vente de bâtiment (ou de partie de bâtiment) — de même que toute clause d'apport en société, — doit contenir :

1° Le nom et la désignation du navire ;

2° La date et le numéro de l'acte de francisation ;

3° La copie *in extenso* des extraits dudit acte relatifs au port d'attache, à l'immatriculation, au tonnage [1] à l'idendité, à la construction et à l'âge du navire (art. 18).

353. — Et, d'après l'article 17, les ventes de partie du bâtiment seront inscrites au dos de l'acte de francisation et au registre de la recette principale des douanes, par le préposé.

354. — Bateaux de navigation intérieure. — Depuis la loi du 7 juillet 1917, la translation de propriété des bateaux destinés à la navigation intérieure d'un tonnage égal ou supérieur à 20 tonnes est soumise à l'observation de diverses formalités.

En premier lieu, tous *actes* ou jugements *translatifs*, constitutifs

---

1. Aux termes de l'article 34 de la loi du 27 vendémiaire an II, le tonnage des bâtiments est ainsi calculé :

« Ajouter la longueur du pont prise de tête en tête, à celle de l'étrave à l'étambot ; déduire la moitié du produit ; multiplier le reste par la plus grande largeur du navire au maître-bau ; multiplier encore le produit par la hauteur de la cale et de l'entrepont, et diviser par quatre-vingt-quatorze. »

Le même article édicte que le tonnage doit être calculé de la manière suivante, si le bâtiment n'a qu'un pont :

« Prendre la plus grande longueur du bâtiment, multiplier par la plus grande largeur au maître-bau et le produit de la plus grande hauteur, puis diviser par quatre-vingt-quatorze. »

ou déclaratifs de propriété, ou de droits réels sur les bateaux d'un tonnage égal ou supérieur à 20 tonnes[1] sont rendus publics par une inscription faite, à la requête de l'acquéreur ou du créancier, sur un registre tenu au greffe du tribunal de commerce du lieu de l'immatriculation[2] ; ils n'ont d'effet, à l'égard des tiers, qu'à dater de cette inscription.

1. Voir, en ce qui concerne le calcul du tonnage, note du n° 352.

2. Voici, en ce qui concerne l'immatriculation des bateaux de rivière les dispositions de la loi du 7 juillet 1917 :

ARTICLE PREMIER.

Tout bateau de navigation intérieure d'un tonnage égal ou supérieur à 20 tonnes doit être jaugé et immatriculé conformément à la présente loi, sur la requête du propriétaire.

ARTICLE 2

Le jaugeage et l'immatriculation des bateaux de navigation intérieure sont confiés au ministère des Travaux publics.

Des bureaux d'immatriculation et de jaugeage sont établis dans les localités désignées par un règlement d'administration publique.

Un certain nombre de bureaux de jaugeage sont rattachés à un bureau unique d'immatriculation.

ARTICLE 3

L'immatriculation consiste dans l'inscription du bateau avec un numéro d'ordre sur un registre matricule spécial, tenu au bureau d'immatriculation auquel est rattaché le bureau qui a effectué le jaugeage du bateau.

Cette inscription indique :

1° Le nom ou la devise du bateau ;

2° Le tonnage maximum du bateau ;

3° Le type auquel appartient le bateau (péniche, toue, flûte, etc...) son système de construction (bois, métal ou mixte) et le chantier sur lequel il a été construit ;

4° La plus grande longueur, gouvernail non compris et la plus grande largeur ;

5° La force en chevaux de sa machine motrice, s'il y a lieu ;

6° La cote du bateau, s'il y a lieu, à l'un des registres de classification des bateaux de navigation intérieure ;

7° Le bureau de jaugeage ;

8° Les nom, prénoms, profession, domicile et nationalité du propriétaire.

ARTICLE 4

Les registres d'immatriculation sont publics et toute personne peut en obtenir des copies certifiées conformes.

ARTICLE 5

Un certificat, dit certificat d'immatriculation reproduisant le contenu de l'inscription au registre matricule est délivré au propriétaire moyennant un droit fixe de 5 francs pour tous frais ;

ARTICLE 6

Aucun bateau de navigation intérieure d'un tonnage égal ou supérieur à 20 tonnes ne peut naviguer s'il n'est muni d'un certificat d'immatriculation.

Tout bateau doit porter, en lettres bien visibles de 20 centimètres au moins de

Mention est faite par le greffier du tribunal de commerce sur le certificat d'immatriculation, ainsi que sur l'acte translatif de propriété ou constitutif de droits réels.

355. — Conséquemment, l'apport en propriété d'un bateau à une société étant translatif, la formalité de l'inscription qui vient d'être dite sous le numéro précédent doit être remplie à la diligence de la société même.

Aucun délai n'est fixé par la loi pour l'accomplissement de cette formalité. Ceci résulte évidemment d'un oubli. Quoi qu'il en soit, il importe que l'inscription soit faite dans le plus bref délai.

356. — Lorsqu'il s'agit d'un acte translatif de propriété, le nouveau propriétaire peut demander au bureau d'immatriculation un nouveau certificat d'immatriculation.

357. — La publicité par le moyen de l'inscription, est faite, avons-nous vu (n° 354) au greffe du tribunal de commerce du lieu de

hauteur, son nom sur chacun des côtés de l'avant, et à la poupe, son nom, la désignation de son bureau d'immatriculation et son numéro d'immatriculation.

L'infraction au présent article est punie d'une amende de cent francs à trois cents francs à la charge du propriétaire ou patron et du propriétaire solidairement.

L'article 463 du Code pénal peut être appliqué.

ARTICLE 7

Toute modification aux caractéristiques du bateau inscrites sur le registre d'immatriculation, conformément à l'article 3, doit être déclarée au bureau d'immatriculation. Mention en est faite, avec indication de la date, sur le registre matricule et portée au certificat.

Si la déclaration du propriétaire comporte le changement du bureau d'immatriculation du bateau, l'autorité chargée dudit bureau procède au transfert de l'immatriculation.

Notification du transfert est faite par elle au greffier du tribunal de commerce du lieu de l'immatriculation primitive.

ARTICLE 8

L'application à un bateau d'un certificat d'immatriculation autre que celui qui a été spécialement établi pour ce bateau est punie des peines visées à l'article 162 du Code pénal.

ARTICLE 9

En cas de perte ou innavigabilité définitive dûment constatée du bateau, le propriétaire est tenu d'en faire la déclaration au bureau d'immatriculation dans le registre duquel le bateau est immatriculé en y joignant l'acte d'immatriculation, dont récépissé pour annulation lui est donné.

L'infraction à la disposition du présent article est passible d'une amende de cent à trois cents francs.

l'immatriculation ; ajoutons qu'il importe peu que le bateau soit construit ou seulement en cours de construction.

Dans ce dernier cas, le lieu d'immatriculation est le bureau dans la circonscription duquel le bateau est en construction.

358. — L'inscription des actes translatifs, constitutifs ou déclaratifs de propriété est faite sur présentation de l'acte au sujet duquel l'inscription est requise.

Elle mentionne : 1° la date et la nature de l'acte, et, s'il est authentique [1] la désignation de l'officier public ou du tribunal dont il émane ; 2° l'objet et les principaux éléments de l'acte ; 3° les nom, prénoms, professions, domiciles et nationalités des parties ; 4° et la date de l'inscription.

APPORT D'INDUSTRIE

359. — **Apport d'industrie.** — Ainsi qu'on l'a vu plus haut (n° 186) on peut faire apport de son « industrie » à une société.

En faisant un tel apport, l'intéressé s'engage à tenir compte à la société de tous les gains qu'il a faits par l'espèce d'industrie qui fait l'objet de la société (C. civ. art. 1847). Nous reviendrons sur ce point sous les numéros suivants. (V. aussi *infrà* n° 729).

En résumé, l'apport d'industrie qui est une obligation de « faire » engage l'apporteur à consacrer son activité aux affaires de la société et à mettre au service de celle-ci son expérience, son habileté professionnelle, ses connaissances techniques, etc...

360. — En s'engageant à fournir son industrie à la société dans laquelle il entre en qualité d'apporteur de cette industrie, l'associé prend l'engagement de tenir compte à sa société de tous les gains et profits qu'il a faits en exerçant séparément une industrie semblable à celle qui constitue l'objet de la société. Cette dernière a droit, d'après la loi, à tous les bénéfices réalisés par l'associé apporteur, provenant à celui-ci du genre d'industrie qu'elle-même exerce.

Ainsi, à titre d'exemple la somme donnée en prix pour l'encou-

---

1. On notera, en effet, que l'acte translatif, constitutif ou déclaratif de propriété ou de droits réels, en la présente matière, peut être rédigé indistinctement et avec autant de valeur juridique, par acte sous seing privé ou par acte notarié. Dans ce dernier cas, il peut être dressé indifféremment en minute ou en brevet.

La seule condition exigée par la loi est qu'il y ait un acte « écrit ».

ragement d'une invention, tombe dans la société constituée pour l'exploitation de cette invention, au lieu d'être la propriété personnelle de l'associé sous le nom duquel la récompense a été décernée (Trib. de Comm. Nantes, 24 juillet 1858, *Dalloz*, 59, 3, 55).

361. — De plus, si, en travaillant ainsi en dehors de la société envers laquelle il s'est engagé, l'apporteur lui cause un préjudice plus important que le profit qu'il a tiré, profit qui, ainsi qu'on vient de voir, est attribué à la société, celle-ci est fondée à lui demander des dommages-intérêts en réparation complète du préjudice qu'il lui a ainsi causé.

362. — Par contre, l'associé apporteur d'industrie qui, en dehors de la société fait un travail autre que celui qui fait l'objet de cette dernière, qui se livre à une industrie nettement différente, ne doit pas à la société les bénéfices qu'il a réalisés par ce travail ou cette industrie différents ; ces bénéfices lui demeurent personnellement acquis (Lyon, 18 juin 1856, *Dalloz*, 57, 2, 71).

Ainsi (décide le même arrêt) un brevet obtenu par un associé pour une invention étrangère à l'objet de la société ne fait pas partie de l'actif social, mais est sa propriété exclusive.

363. — En effet, quand une clause statutaire ne le lui interdit pas, rien n'empêche l'associé, si tout son temps n'est point absorbé, de s'intéresser dans une autre affaire, dans une autre société ayant un objet différent, et d'en accepter la gestion. C'est ainsi, que dans ce cas, le gérant d'une société en commandite pourrait parfaitement devenir simultanément le gérant d'une autre société.

Mais ce, à la condition, évidemment, que ce nouveau travail ne nuise en rien à celui qu'il avait précédemment promis à la société, lors de son apport.

364. — Car si, pour se livrer à un nouveau travail, étranger à celui de sa société, l'associé négligeait celui qu'il a antérieurement promis à cette dernière, il commettrait une faute, à raison de laquelle la société aurait une action contre lui.

365. — Mais quand, par une clause des statuts, l'associé a promis de consacrer tout son temps aux affaires de la société, il s'est, par cette convention même, interdit de faire quoi que ce soit en dehors de la société, et s'il exerce en dehors de celle-ci une indus-

11

trie, même étrangère, il commet une faute à son encontre qui le rend passible de dommages-intérêts.

366. — Dissolution de la société. — L'apport d'industrie étant, avons-nous vu, une « obligation de faire » est « successif », — autrement dit, il ne se réalise que jour par jour. Il s'ensuit qu'il n'est complètement effectué que le jour même fixé dans les statuts pour l'expiration de la société.

Jusqu'à ce jour-là, il est incomplet : il s'augmente bien et se réalise davantage chaque jour, mais il n'atteint entièrement sa plénitude que le jour même qui a été prévu pour la dissolution de la société. D'où il suit qu'en cas de dissolution anticipée, l'apport ne serait pas entièrement fourni par l'associé et celui-ci devrait supporter dans sa part dans les bénéfices et dans les pertes, une réduction proportionnelle au temps d'industrie qui lui resterait à fournir (*Not.* Colmar, 16 juin 1863 et sur pourvoi, Cassation, 14 juin 1865, *Dalloz*, 66, 1, 132 et 133).

367. — L'apport fait par l'un des associés à une société, de son industrie, de ses procédés de fabrication, de son nom, de sa réputation et de l'achalandage d'un établissement exploité par lui dans une autre localité, doit, quand la société a été dissoute avant le terme fixé, être considéré comme réalisé au prorata de la durée de la société, quant à l'industrie, et pour le tout quant aux autres éléments composant cet apport. Conséquemment, l'évaluation donnée à cet apport, en prévision du cas où la société, dissoute avant la date stipulée, aurait eu toute la durée qui lui était assignée, ne doit être ni maintenue intégralement ni subir dans tous ses éléments une diminution proportionnelle à la durée réelle de la société : la portion correspondante à l'apport en industrie, seule, est soumise à cette réduction, laquelle ne saurait atteindre le surplus de la mise. Et si, à défaut de détermination de l'importance relative de l'industrie et des autres éléments de l'apport, il est impossible de fixer exactement le chiffre auquel l'estimation de l'apport dont il s'agit doit être réduite, et, par suite, le crédit et le débit respectifs de chacun des associés, les tribunaux peuvent déclarer que les associés ne sont ni créanciers ni débiteurs l'un de l'autre, et les débouter réciproquement de leurs demandes (Cassation, 14 juin 1865, *Dalloz*, 66, 1, 133).

On notera que, ainsi d'ailleurs qu'on vient de le voir sous le numéro qui précède, la disposition de l'article 1847 est applicable aussi bien pour celui qui, ayant apporté des capitaux ou autres choses mobilières ou immobilières a, en outre, promis son industrie, qu'à celui qui a promis son industrie seulement.

368. — Lorsque, dans une société, un associé n'a fait apport que de son industrie, son coassocié, qui, seul, a apporté des capitaux, a-t-il le droit, lors de la liquidation de la société, de reprendre entièrement son apport.?

Il y a controverse, aussi bien en doctrine qu'en jurisprudence.

Ainsi :

Jugé que, à la liquidation d'une société en nom collectif à laquelle un seul associé a apporté des capitaux, l'autre associé n'ayant apporté que son industrie, on ne saurait refuser à ce dernier associé de le créditer de la valeur de son apport en prétextant qu'il n'a pas été évalué dans les statuts et qu'il n'en a pas été porté crédit à son nom dans la comptabilité sociale, s'il résulte de l'ensemble des conventions et des circonstances que l'intention des parties était que le capital social comprendrait aussi bien le capital en industrie que le capital-espèces (Aix, 4 août 1899, *Journ. des Soc.* 1900, 75, *Dalloz*, C. civ. ann., art. 1872, n° 194)[1].

C'est, selon nous, la solution rationnelle de la question. Celui qui, dans une société, a fait un apport d'industrie, participe, dans la mesure de la valeur attribuée à son apport par la loi[2], au partage de l'actif net social et ce, sans qu'il y ait préalablement lieu de déduire la valeur des apports effectués par les autres associés[3].

Par contre, un vieil arrêt de Cassation a décidé, contrairement à cette thèse, que lors de la dissolution de la société, l'associé qui n'a fait qu'un apport d'industrie, n'a pas le droit de prendre part dans les mises de ses coassociés (30 mai 1831, *Jurisp. Gén. Dalloz,* 787, 767).

369. — **Remarques.** — Tout ce qui vient d'être dit sous les numéros qui précèdent s'applique au cas où l'associé a mis en société une certaine industrie productive de bénéfices.

---

1. Le même arrêt décide qu'à défaut d'évaluation de l'apport-industrie dans les statuts, il y a lieu de le considérer comme équivalent de l'apport-espèces et; conséquemment, d'ordonner que le produit de la liquidation sera partagé par parts égales entre les associés.

2. Voy. les deux premières décisions citées *suprà* n° 366.

3. Jurispr. Gén. Dalloz, *Société,* 374, 787.

Il reste à examiner le cas où l'associé s'est seulement engagé à faire, pour la société, un certain travail.

370. — Lorsque l'associé s'est simplement engagé à faire, pour la société un travail déterminé, cet engagement ne l'empêche aucunement de faire le même travail, durant ses heures de liberté, pour le compte d'autres personnes ou sociétés, et le salaire ou bénéfice qu'il retire de ce fait lui appartient personnellement, sans que la société vis-à-vis de laquelle il s'est engagé ait rien à prétendre.

371. — De même, quand l'un des associés a engagé son industrie, mais seulement pour certaines opérations déterminées, il ne doit aucun compte à sa société quant aux autres opérations de même nature qu'il peut faire, en dehors de celles auxquelles son engagement a été limité.

Ainsi il a été jugé dans ce sens que, lorsqu'il n'est pas expressément stipulé dans un traité de participation, que les associés s'interdisent de faire, parallèlement à l'association des opérations personnelles de même nature, chaque associé, y compris le gérant, peut s'y livrer sans violer le pacte social, et qu'il est seulement soumis, pour ces opérations, aux règles de responsabilité posées par l'article 1850 du code civil (Paris, 16 mai 1889, *Jur. Gén. Dalloz* Suppl. SOCIÉTÉ, 2044, *Rev. des Soc.* 1890, p. 78).

372. — Un associé peut-il se fonder sur l'article 1847 du Code civil (voir n° 359) et sur une clause statutaire rappelant la disposition de cet article, et interdisant aux associés de se livrer avec des tiers à des opérations semblables à celles qui faisaient l'objet de la société, pour former une demande en liquidation et en règlement de comptes contre son coassocié, à raison d'opérations de cette nature faites clandestinement par celui-ci et qui lui ont fait réaliser des bénéfices ? — La Cour de cassation a décidé que oui (7 juillet 1879, *Dalloz*, 80, 1, 123).

APPORT DE BIENS DOTAUX

373. — **Apport de biens dotaux**. — Comme complément à ce qui a été dit précédemment sous le numéro 49, il y a lieu d'ajouter ce qui suit :

Sous le régime dotal (art. 1540 et suiv. C. civ.) les immeubles constitués en dot ne peuvent être aliénés (vendus, cédés, échangés, apportés) pendant le mariage, ni par le mari, ni par la femme, ni par les deux conjointement, sauf dans les rares cas spécifiés aux articles 1555 et suivants du code civil.

Les immeubles dotaux ne peuvent être aliénés — et par suite apportés en société — que lorsque l'aliénation en a été permise par le contrat de mariage.

374. — A côté de la décision rappelée sous le numéro 49, il y a lieu de citer les suivantes :

Jugé que la femme peut apporter sa dot mobilière dans une société commerciale, si les pouvoirs d'administration de l'article 1549 du code civil [1] lui ont été attribués par son contrat de mariage (Montpellier, 29 novembre 1897 (2ᵉ arrêt) sous Cassation, 15 mai 1899, *Dalloz*, 99, 1, 353). Et, d'après le même arrêt, on doit considérer la femme comme investie, sinon de pouvoirs aussi étendus que ceux de l'article 1549, du moins du pouvoir de faire apport de sa dot mobilière, dans une société, par la clause de son contrat de mariage qui, après avoir stipulé le régime dotal pour les biens présents et à venir, ajoute que la femme « aura le droit de vendre et de changer tous ses biens mobiliers et immobiliers, présents et à venir, de traiter, transiger, compromettre sur ces mêmes biens et droits ».

La femme mariée sous le régime dotal, avec faculté d'aliéner les biens dotaux sans formalités de justice et de faire, à l'égard de ces biens tous traités et transactions, peut valablement faire apport des biens en question à une société anonyme. Cet apport fait par la femme dotale n'a pas à être suivi d'un remploi immédiat, alors qu'il n'a pas été effectué moyennant un prix payable en argent, mais moyennant l'attribution d'actions entièrement libérées de la société, des actions devant rester attachées à la souche et ne pouvant en être détachées et devenir négociables que deux ans après la constitution de la société. Dans le cas d'aliénation de ces titres, le remploi du prix de vente serait obligatoire, mais que la charge de le surveiller devant peser alors soit sur la société elle-même soit

---

1. *Texte de cet article :*

Le mari seul a l'administration des biens dotaux pendant le mariage.

Il a seul le droit d'en poursuivre les débiteurs et détenteurs, d'en percevoir les fruits et les intérêts, et de recevoir le remboursement des capitaux.

Cependant il peut être convenu, par le contrat de mariage, que la femme touchera annuellement, sur ses seules quittances, une partie de ses revenus pour son entretien et ses besoins personnels.

sur l'agent de change, ou l'officier public chargé du remploi, le caractère dotal des actions d'apport ne saurait servir de prétexte à un tiers pour se refuser à réaliser l'acquisition faite par lui de la société d'un terrain appartenant à cette dernière et faisant partie de l'apport de la femme dotale, sous réserve de l'examen de ses titres (Trib. civ. Seine, 2 août 1900, *Dalloz*, 1905, 2, 247) [1].

REPRISE DES APPORTS

375. — Reprise des apports. — La société devenant propriétaire des choses apportées (quand l'apport consiste dans la propriété même de ces choses) il s'ensuit que tous les associés ont un droit indivis sur l'ensemble du fonds social. Conséquemment, aucun d'eux ne peut, lors de la dissolution de la société, reprendre en nature la chose même par lui apportée. Il résulte de ceci que, lors de la dissolution, alors même que l'apport serait compris dans le lot de l'associé qui l'a fait, il s'opérerait néanmoins une nouvelle mutation [2].

Par contre, si c'est la jouissance seulement qui a été apportée à la société, l'associé étant resté propriétaire de la chose, la reprend en nature, lors de la dissolution [3].

Mais il convient d'ajouter qu'on rencontre fréquemment dans des statuts une clause stipulant que tel associé se réserve le droit de, lors de la dissolution de la société, reprendre en nature le bien par lui apporté, — et que cette stipulation n'étant contraire à aucun texte, fait la loi des parties et, par suite, doit recevoir son exécution.

Jugé, (Cassation, 9 juin 1859) que l'associé qui a apporté son nom le reprend (*Dalloz*, 59, 1, 248).

En ce qui concerne l'associé qui n'a fait qu'un apport d'« industrie », voir *supra* n° 366 et suivants.

---

1. Jugé que la clause d'un contrat de mariage (contenant adoption du régime dotal) qui autorise le mari à céder les biens propres de sa femme « moyennant un prix » implique que le mari ne peut traiter sur lesdits biens et en disposer qu'à titre onéreux ; mais que cette stipulation n'implique nullement que la contre-valeur reçue par le mari doit être ferme, liquide et réalisable en dehors de toute éventualité ; qu'il s'ensuit que la mise en société par le mari des biens dotaux de sa femme ne peut être considéré comme excédant les pouvoirs du mari tels qu'ils résultent du contrat de mariage, lorsqu'elle a été faite moyennant une part dans les bénéfices que réalisera la société (Cassation, 14 février 1893, *Dalloz*, 93, 1, 261).

2. Voy. *Jurispr. Gén. Dalloz*, Société, 351 et Suppl. *Id.*, 116.

3. *Jurispr. Gén. Dalloz*, Société, 352.

En ce qui concerne la reprise des apports en matière d'association en participation, voir *infrà* n° 1248.

FORMULES

376. — **Apport fait par l'administrateur d'une société anonyme dûment autorisé.**

Aux présentes est intervenu :

M..... (*prénoms, nom, qualité et domicile*)

Agissant au nom et comme administrateur de la société anonyme dénommée « Anciens Etablissements X..... » au capital de..... dont le siège est à Paris, rue..... n°..... et dont les statuts ont été établis suivant acte sous signature privée en date à Paris du..... 192..... enregistré même ville....., ...e bureau, n°... le..... déposé et publié conformément à la loi (*ou : suivant acte passé devant Me..... notaire à Paris, le..... 192......*)

Et en exécution :

1° D'une autorisation de l'assemblée générale des actionnaires de ladite société, en date du.....

2° Et d'une décision prise par le conseil d'administration de ladite société, dans sa séance du..... le déléguant et lui conférant tous pouvoirs à l'effet des présentes.

Un extrait des procès-verbaux et des délibérations relatives à ces autorisations et décisions est demeuré annexé au présent exemplaire.

Lequel desdites qualités qu'il agit a déclaré faire apport à la présente société au nom de la société « Anciens Etablissements X..... » des biens ci-après désignés :

1° Etc... (*Désignation des apports*).

377. — **Ou encore :**

Aux présentes est intervenu M. X....., agissant en qualité de membre du conseil d'administration (ou de directeur) de la société...... au capital de......, ayant son siège à....., rue....., n°......

Et comme spécialement autorisé aux fins des présentes par délibération du conseil d'administration de ladite société en date du.....

Lequel, en ladite qualité, a fait, au profit de la présente société, sous les garanties ordinaires et de droit, et en s'obligeant à rapporter dans les six mois qui suivront la réunion de la deuxième assemblée générale constitutive, la ratification des apports qui vont suivre, par l'assemblée générale des actionnaires de la société qu'il représente, les apports suivants :

1° Etc.....

378. — Apport fait par deux associés en nom collectif.

MM. A..... et B....., agissant pour le compte de la société en nom collectif existant entre eux sous la raison sociale....., ladite société constituée (prorogée et modifiée) ainsi qu'il résulte d'actes reçus par M°..... notaire à....., les..... (ou, d'actes sous signatures privées faits en autant d'exemplaires que de parties à..... les....., portant les mentions suivantes..... (*rapporter les mentions d'enregistrement*), apportent à la société :

1° Etc.....

379. — Apport fait par tous les membres d'une société en commandite simple.

Aux présentes interviennent :

1° M. Henri X....., ingénieur des Arts et Manufactures, demeurant à..... rue..... n°....., agissant comme associé en nom collectif, seul gérant responsable ;

2° *a*) M. Albert Y....., industriel, demeurant à....., rue..... n°.....

b) M. Louis Z....., industriel, demeurant à....., rue..... n°.....

Agissant comme commanditaires, et tous trois, au nom de la société en commandite simple existant actuellement entre eux seuls, sous la raison « Henri X..... et Compagnie » dont le siège est à....., rue..., n°... ladite société constituée par acte sous signatures privées en date à..... du..... enregistrée même ville le....., n°..... (ou : par acte reçu par M°....., notaire à..... le.....), déposé et publié conformément à la loi.

Lesquels apportent, sous les garanties de droit, etc.....

380. — Apport fait par le liquidateur d'une société anonyme de tout l'actif de cette société.

M. X....., fondateur de la présente société (ou : Aux présentes est intervenu M. X.....)

Agissant en qualité de liquidateur unique (ou : conjointement avec M..... *prénoms, nom, qualité et domicile* mais avec pouvoir d'agir séparément) de la Société anonyme « ..... » ayant son siège à....., rue..... n°....., en vertu des pouvoirs qui lui ont été donnés à cet effet aux termes d'une délibération de l'assemblée générale extraordinaire des actionnaires de ladite société, tenue à..... à la date du..... le tout ainsi qu'il s'oblige à en justifier lors de la constitution définitive de la présente société.

Déclare apporter à la société en formation, la totalité de l'actif de la société en liquidation, tel qu'il existera au..... 192.....

Cet actif comprend :

Une usine sise à..... ;

La clientèle, l'achalandage y attachés, ainsi que les matériel et agencement servant à son exploitation ;

Les matières premières et marchandises fabriquées ou en cours de fabrication ;

Les marques de fabrique et tout ce qui se rapporte aux spécialités de ladite société, la propriété exclusive des brevets et marques ci-après, savoir :

Brevets.

1° Procédé pour la stérilisation des eaux potables, pris en France le..... sous le numéro..... ;

2° Procédés de fabrication de..... pris en France, le..... sous le numéro..... ;

3° Glace stérilisante, pris en France, le..... sous le numéro..... ;

4° Procédé pour la conservation du lait, pris en France, le..... sous le numéro..... et en Suisse le..... sous le numéro.....

Observation faite que les annuités restant à courir sur lesdits brevets ont été acquittés le..... ainsi que le constatent..... récépissés délivrés le même jour sous les numéros.....

Pour faire opérer et régulariser la transmission des brevets résultant du présent apport, tous pouvoirs sont donnés au porteur d'un extrait des présentes.

Marques.

5° Marque..... pris en France, le....., sous le numéro..... En Suisse, le..... sous le numéro et à l'enregistrement international suisse le..... sous le numéro..... ;

6° Marque, etc...

Le droit, pour le temps en restant à courir du..... au bail consenti par M..... demeurant à..... rue..... n°..... suivant acte sous signatures privées en date à..... du..... enregistré à....., le..... numéro..... aux droits de....., d'un moulin à eau sis sur le..... hameau de..... commune de..... (Eure), pour une durée de..... années à compter du.....

Ce bail a été fait sous diverses conditions, notamment de ne pouvoir céder sans le consentement du bailleur et moyennant un loyer annuel de....., payable en..... termes égaux, les..... de chaque année.

Le droit à toutes locations verbales ou écrites qui ont pu être consenties à ladite société à titre d'annexe au bail sus-énoncé, notamment d'un terrain, moyennant un loyer annuel de..... francs.

Ainsi que le tout se poursuit et comporte, sans aucune exception ni réserve.

CONDITIONS

La présente société disposera comme bon lui semblera de l'apport ci-dessus, à partir de sa constitution définitive, et le prendra tel qu'il existera au..... ; elle se trouvera subrogée à compter de ce jour, dans tous les droits et actions de l'apporteur, et acquittera, à compter de ce même jour, tous loyers, impôts, assurances et autres charges ; elle continuera toutes polices d'assurances contre l'incendie et autres, ainsi que toutes polices ou abonnements relatifs au gaz et à l'électricité ; elle remboursera à la société apporteuse les annuités des brevets payés par anticipation s'élevant à..... francs.

En ce qui concerne les brevets, l'apport est fait sans autre garantie que celle de leur existence, et non de leur validité, la présente société étant purement et simplement subrogée dans les droits et actions de l'apporteur sans recours contre ladite société ou ses liquidateurs.

En représentation et pour prix de cet apport, il est attribué à la société apporteuse pour être remises à ses liquidateurs et réparties comme il est indiqué à l'article..... des présents statuts....., actions de.....francs chacune entièrement libérées de la présente société, dont les titres, portant les numéros..... à....., leur seront délivrés sous les conditions prévues sous l'article..... ci-après.

381. — Apport fait par les liquidateurs d'une société en nom collectif.

M. X....., industriel, demeurant à....., rue....., n°.....

Et M. Y....., industriel, demeurant à....., rue....., n°.....

(Tous deux fondateurs soussignés).

Agissant comme seuls liquidateurs de la société en nom collectif « X..... et Cⁱᵉ », dissoute à partir du....., suivant acte reçu par Mᵉ....., notaire à..... (*ou* : suivant acte sous signatures privées en date à..... du..... enregistré à..... le..... numéro..... aux droits de.....) déposé et publié conformément à la loi, avec pouvoir, en vertu dudit acte, d'agir ensemble ou séparément.

Ladite société en nom collectif ayant été formée entre M. M....., suivant acte sous signatures privées fait à....., le....., enregistré à....., le....: numéro....:, aux droits de..... déposé et publié, conformément à la loi.

Font conjointement apport à la présente société des biens mobiliers et immobiliers dont la désignation suit :

1° Etc...

382-1. — Apport fait par mandataire.

Aux présentes est intervenu M. Alexandre X....., ingénieur, demeurant à....., rue....., n°....., agissant au nom et comme mandataire de M. Louis Y..... (profession) et Mme Aline Z..... son épouse, demeurant ensemble à....., avenue..... n°....., en vertu des pouvoirs qu'ils lui ont conjointement donnés, Mme Y..... avec l'autorisation de son mari, aux termes d'un acte sous signatures privées en date à..... du..... dernier, dont l'original est demeuré annexé à la minute d'un acte en constatant le dépôt reçu par M°..... notaire à....., le..... (ou : dont l'original, enregistré à....., le..... numéro....., est demeuré annexé à l'exemplaire des présents statuts qui restera en la possession de la société présentement constituée).

382-2. — Apport de capitaux. — Apport d'effets de commerce.

M. A... déclare faire apport à la société d'une somme de... francs, en espèces, qu'il a présentement versée dans la caisse sociale, ainsi que les soussignés le reconnaissent . . . . » fr. »

De son côté, M. B... déclare faire apport à la société, d'une somme de... francs en espèces . . . . » fr. »

Sur laquelle il a présentement versé dans la caisse sociale, ainsi que les soussignés le reconnaissent, une somme de. .

Quant au surplus de son apport, M. B... s'engage à s'en libérer aux époques suivantes (sans intérêt jusqu'aux dates d'exigibilité, mais avec intérêts au taux de... pour cent l'an, à partir de l'époque d'exigibilité; lesdits intérêts payables lors de chaque versement libératoire) savoir :

....francs le... prochain ;

... francs le... suivant ;

Et le solde, soit... francs, le...

Total, constituant le capital social... francs . . . . . » fr »

M. B.., déclare faire apport à la société, sans autre garantie que celle de l'existence de ses créances [1], des effets de commerce ci-après :

1° Un effet de... francs, tiré par l'apporteur sur M... à..., rue... n°... (accepté par ce dernier) à échéance du... prochain . . . . . » fr. »

2° Un effet de...francs, à ordre de M... à...rue... n°... (accepté par ce dernier) ; ledit effet, endossé par l'apporteur, et venant à échéance du... prochain . . . .

1. *Ou :* en garantissant à celle-ci le paiement à leurs échéances respectives.

3° Les traites suivantes, non acceptées par les tirés :
Une de... francs, sur M..., rue... n°..., à échéance du...
Une de... Etc.

383. — Apport de biens indivis. — Voici le cadre d'un apport indivis, fait lors de la constitution d'une société anonyme [1] :

APPORT. — CAPITAL SOCIAL. — ACTIONS

ARTICLE...

MM. A... B... et C..., fondateurs, font apport à la société présentement constituée des biens mobiliers et immobiliers dont la désignation suit, lesquels leur appartiennent conjointement et indivisément :

... (*Désignation des biens apportés*).

CONDITIONS DES APPORTS

(*Pour les conditions, voir formules* n°s 384, 386, 390).

La valeur de cet apport est fixé par MM. A... B... et C... d'un commun accord, à la somme de un million cinq cent mille francs.

En représentation, il leur est attribué les trois mille actions, entièrement libérées, qui représentent le capital de la société [2].

ARTICLE...

Le capital social est fixé à un million cinq cent mille francs divisé en trois mille actions de cinq cents francs chacune.

La totalité de ces actions, entièrement libérées, a été attribuée à MM. A... B... et C..., ainsi qu'il a été dit à l'article précédent, en représentation de leur apport indivis.

Ces actions ne pourront, conformément à la loi, être détachés de la souche et ne seront négociables qu'après deux ans à compter du jour de la constitution définitive de la société. A la diligence des administra-

---

1. Si l'apport est fait dans une société de personnes (société en nom collectif ou en commandite simple) la même formule peut être utilisée, en retranchant, évidemment, tout ce qui concerne les actions.

2. *S'il y a lieu :* Ces actions leur appartiendront dans les proportions suivantes :

A M. A..., à concurrence de... actions, ci 0000
A M. B..., à concurrence de... actions 0000
Et à M. C..., à concurrence de... actions 0000
Total des actions représentant le capital social. 0000

teurs, elles devront, pendant ce délai, être frappées d'un timbre mentionnant leur nature et la date de la constitution de la société [1].

384. — Apports mobiliers et immobiliers.

M. X....., fait apport à la société :

De l'ensemble de tous les biens et droits lui appartenant ou pouvant
lui appartenir, comme dépendant du fonds de commerce ci-après indiqué, ou servant à son exploitation, tel que le tout résulte de l'inventaire
commercial dressé le 31 décembre dernier (sous réserve des compensations opérées à due concurrence entre les comptes débiteurs et créditeurs) avec les augmentations ou diminutions faites depuis cette date.

Lesquels biens et droits sont ainsi désignés, sans que cette désignation
soit limitative :

I. — *Apports mobiliers.*

1° Le fonds de commerce ayant pour objet la vente au détail des vins,
liqueurs, spiritueux et autres liquides, que M..... exploite à..... rue.....
n°..... et dans les divers dépôts et succursales ci-après indiquées, tant à
Paris qu'en banlieue et en province.

Ledit fonds comprenant :

a) Les dénominations de « Dépôts X..... » et le nom commercial
« Maison X..... » et, par suite, le droit de se dire successeur de M. X.....
ou de la Maison X..... ;

b) La clientèle et l'achalandage attachés à ladite maison de commerce
et à ses dépôts et succursales, dont l'énumération suit :

PARIS. — Rue..... n°.....
         Rue..... n°.....
         Rue..... n°.....
         Rue..... n°.,....
         Etc.....

BANLIEUE. — Asnières, rue..... n°.....
         Clamart, rue..... n°.....
         Enghien, rue..... n°.....
         Fontenay-sous-Bois, rue..... n°.....
         Gonesse, rue..... n°.....
         Etc.....

---

1. Voir tome second, formule de statuts de société anonyme, *in fine* au titre « constitution de société ».

PROVINCE. — Bordeaux, place..... n°.....
            Gaen, faubourg..... n°.....
            Dinan, rue..... n°.....
            Le Hâvre, place..... n°.....
            Etc.....

c) Les objets mobiliers de toute nature, matériel, agencements et installations diverses servant à l'exploitation du dit fonds, et se trouvant
tant au siège de la maison de commerce que dans les dépôts, succursales,
magasins et entrepôts ci-dessus indiqués, ou en cours de route et aux
vignobles, et n'ayant pas le caractère d'immeubles par destination ;

d) Le droit, pour le temps en restant à courir à compter du....., aux
baux et locations des magasins de vente, boutiques, locaux et dépendances, des divers dépôts et succursales de la maison de commerce, tant
à Paris et la banlieue qu'en province, ci-dessus indiqués, ainsi qu'aux
baux et locations des magasins et entrepôts situés à Bercy, avenue.....
n°.....

Lesdits baux énoncés en un état qui est demeuré ci-annexé, après
avoir été certifié véritable par M.....

.....e) Et les marchandises de toute nature se trouvant tant dans les magasins, dépôts et succursales de vente à Paris, en banlieue et en province, qu'en magasin et en entrepôt à Bercy, ou sur les lieux d'achat et
en cours de route, à la date du 1er janvier dernier, le tout représentant,
d'après l'inventaire au 31 décembre précédent, une valeur de..... francs.

2° (*Espèces et Dépôts*). — Les espèces en caisse et les dépôts à vue en
banque, s'élevant à la somme de..... francs..... centimes.

3° (*Valeurs en portefeuille*). — Les valeurs en portefeuille, se montant à la somme de..... francs..... centimes et comprenant :

Mille cinq cents francs de rente sur l'Etat français, 4 %, au porteur,
compris en trois inscriptions de 500 francs chacune, portant les numéros.....

Trente actions de la société X....., entièrement libérées (ou libérées
de..... quart), en un certificat au nom de....., portant le numéro..... Lesdites actions portant les numéros.....

Quarante obligations du Crédit Foncier de France, emprunt 1879,
2,60 % de 500 francs chacune, au porteur, portant les numéros.....

La nue-propriété de..... francs de rente française, 3 % à prendre sur
une inscription de..... francs de rente, n°..... section....., dont l'usufruit
appartient à.....

Etc.....

4° Le montant des loyers versés d'avance sur les baux dont il est
question ci-dessus, s'élevant au total à..... francs..... centimes.

5° Les comptes débiteurs à court terme, se montant à..... francs.....
centimes.

6° Le reliquat des provisions diverses et avances faites tant aux correspondants qu'aux entrepreneurs, se montant à :...... francs...... centimes, après compensation faite des sommes dont les mêmes comptes se trouvent créditeurs.

7° Les résultats actifs et passifs des opérations faites par M...... apporteur, depuis le 1er janvier dernier, avec les charges, jusqu'au jour de la réalisation définitive de l'apport, tels que ces résultats seront déterminés par les écritures de la maison de commerce, toutes opérations, sans aucune exception, faites depuis cette date devant être considérées comme ayant été réalisées pour le compte de la présente société, à ses profits, risques et périls ;

2. — *Apports immobiliers.*

Et les immeubles suivants :

1° Un immeuble sis à......, rue......, n°......, servant à l'exploitation commerciale du fonds de commerce ci-dessus indiqué, comprenant ;

Bâtiment sur la rue, élevé de trois étages et dans lequel sont installés les bureaux de réception, d'expédition, de comptabilité, de correspondance, etc.

Le tout d'une contenance de...... mètres environ, tient par devant à la rue......, par derrière à...... d'un côté à......, et d'autre à......

2° Une propriété sise à Bercy, à l'angle de l'avenue...... et de la rue...... portant sur l'avenue le numéro......, à usage d'entrepôt des marchandises de la maison de commerce, comprenant :

Bâtiments sur l'avenue...... et sur la rue...... ;

A droite et à gauche, dans la cour, grands bâtiments doubles en profondeur ;

Au fond de la cour autre bâtiment ; grande cour intérieure ;

Le tout d'une contenance de...... mètres carrés, tenant par devant à l'avenue......, par derrière à......, d'un côté à la rue......, et d'autre à......

Ensemble, les cuves, citernes, installations de robinetterie, machines, matériel, outillage et objets de toute nature ayant le caractère d'immeubles par destination, dépendant de ladite propriété.

3° Etc......

CONDITIONS

Les apports qui précèdent sont faits sous les garanties ordinaires et de droit, et nets de tout passif, dont les causes seraient antérieures au...... autres que les sommes que la présente société sera tenue de payer comme prix partiel de son apport, ainsi qu'il sera dit sous le titre « Prix » ci-après.

La présente société aura la propriété et possession des biens et droits apportés à compter du jour de sa constitution.

Les immeubles, matériel, outillage, machines, mobilier, agencements et, en général, tous les biens apportés seront pris par la présente société dans l'état où le tout se trouvait au 1er janvier dernier. Sans aucun recours pour cause de vices apparents ou cachés ou de dégradations, comme aussi, en ce qui concerne les immeubles, sans garantie pour cause d'erreur dans la désignation ou la contenance, la différence de mesure excédât-elle un vingtième, devant faire le profit ou la perte de la présente société.

La présente société supportera des servitudes passives qui peuvent ou pourront grever lesdits immeubles, sauf à s'en défendre et à profiter de celles actives, le tout s'il en existe, à ses risques et périls, sans recours contre l'apporteur. A cet égard M..... déclare qu'il n'existe pas d'autres servitudes que celles pouvant résulter des stipulations rapportées aux contrats d'acquisitions ci-après indiqués.

Ladite société supportera, à partir du 1er janvier dernier, tous les frais et charges relatifs à l'exploitation du fonds commercial et des immeubles apportés, tels que contributions, patentes, taxes et impôts quelconques, primes d'assurances, prix d'abonnements pour l'eau, le gaz, l'électricité et le téléphone, redevances pour viabilité, émoluments du personnel et autres charges.

Elle exécutera les clauses et conditions des baux et en paiera les loyers à partir du même jour.

Elle continuera aux lieu et place de l'apporteur tous traités, marchés et contrats qui pourraient exister avec tous fournisseurs, dépositaires, agents et employés, relativement au fonds de commerce apporté.

CONDITIONS PARTICULIÈRES

Comme conséquence des apports qui précèdent et de la rémunération qui va suivre, M....., apporteur, s'interdit expressément le droit de fonder, diriger, exploiter ou faire valoir directement ou indirectement, tant en France qu'en tous autres pays, aucun fonds de commerce de la nature de celui apporté, comme aussi de s'y intéresser d'aucune façon, le tout pendant tout le temps qu'il exercera les fonctions d'administrateur de la présente société et pendant cinq années à partir du moment où lesdites fonctions auraient pris fin.

Cette interdiction ne s'appliquera pas toutefois aux fonctions que M..... pourrait être autorisé, par le conseil d'administration de la présente société, à exercer dans toute autre société française ou étrangère de nature analogue.

Etant entendu qu'après l'expiration des délais ci-dessus prévus, M.....

ne pourra jamais, en tous cas, faire usage, pour une maison de commerce de même nature, des dénominations de : « X..... » ou « Y..... » ci-dessus cédées à la présente société.

M..... s'engage, en outre, à donner son entier concours à la société au moins pendant cinq années, à compter de la constitution, aux conditions qui seront arrêtées d'accord entre lui et le conseil d'administration.

DÉCLARATIONS. — FORMALITÉS. — DÉSISTEMENTS

L'apporteur déclare :

Que le fonds de commerce apporté n'est grevé d'aucun privilège de vendeur ni d'aucun nantissement [1] ;

Que l'immeuble sis à....., rue..... n°..... est grevé du prix d'achat du terrain délégué à....., s'élevant au 31 décembre dernier à..... et du montant d'un prêt dû à..... s'élevant à la même date à..... francs ;

Que l'immeuble sis à..... est grevé du solde d'un prêt dû au..... et s'élevant au 31 décembre dernier, à..... francs.

Etc.....

Que l'immeuble sis à..... est grevé du solde du prix d'achat du terrain dû à..... s'élevant au 31 décembre dernier à..... francs.

Lesquels soldes de prix font partie du passif qui sera mis à la charge de la présente société ainsi qu'on le verra ci-après.

Et que les immeubles apportés ne sont grevés d'aucun autre privilège ou hypothèque, si ce n'est de l'hypothèque légale de Mme X..... épouse de l'apporteur, dont il s'oblige à rapporter le désistement dans le mois

---

1. *On :*

a) Que le fonds de commerce apporté est grevé d'une inscription de privilège de vendeur prise au greffe du tribunal de commerce de..... le....., sous le numéro..... au profit de M..... (*prénoms, nom, qualité et domicile du créancier*), en vertu d'un acte sous signatures privées en date à..... du..., enregistré à..... le..... numéro..... (*ou :* d'un acte reçu par M^e... notaire à... le...), contenant vente dudit fonds par M....: à M....., apporteur, moyennant le prix principal de..., sur lequel l'acquéreur a versé comptant une somme de... Le solde ayant été stipulé payable aux époques suivantes : ... Ladite inscription prise pour sûreté et garantie du solde restant dû sur le prix de la vente sus-énoncée.

b) Que le fonds de commerce apporté est grevé d'une inscription de nantissement prise au greffe du tribunal de commerce de..., le..., numéro..., au profit de M..... (*prénoms, nom, qualité et domicile du créancier*) en vertu d'un acte sous signatures privées en date à... du..., enregistré à... le..., numéro... (*ou :* d'un acte reçu par M^e... notaire à... le...) contenant ouverture de crédit par M... au profit de M... apporteur, à concurrence d'une somme de... Ladite somme stipulée remboursable le... et productive d'intérêts au taux de... pour cent l'an, payables les... de chaque année. Cette inscription, prise pour sûreté et garantie du montant de ladite ouverture de crédit.

de la constitution de la présente société, ainsi que de l'hypothèque légale de ses trois enfants mineurs issus de son premier mariage, à raison de laquelle hypothèque légale, la présente société fera remplir les formalités de purge prescrites par la loi [1].

La présente société fera transcrire un extrait des statuts, en ce qui concerne l'apport immobilier aux bureaux des hypothèques de....., et remplira en outre, à ses frais, les formalités prescrites par la loi pour la purge des hypothèques légales.

La présente société fera remplir également en ce qui concerne l'apport du fonds de commerce, les formalités de publicité et autres, prescrites par la loi du 17 mars 1909.

Si, à la suite des diverses formalités prévues, il est révélé des inscriptions (en dehors de celles garantissant les prêts et solde des prix des ventes sus-indiqués) des oppositions ou déclarations de créances, autres que celle pouvant concerner le passif mis à la charge de la présente Société, l'apporteur devra en rapporter les désistements, mainlevées et certificats de radiation, dans le mois qui suivra la date à laquelle l'accomplissement desdites formalités produira ses effets.

M. X..... se désiste de tout droit de privilège sur le fonds de commerce apporté et les accessoires en dépendant, renonçant à prendre toute inscription sur ledit fonds pour quelque cause que ce soit.

Il se désiste également de tout droit de privilège et autres droits réels pouvant lui appartenir sur les immeubles apportés pour garantie, tant de la remise des actions d'apport que de l'exécution des charges incombant à la présente société en exécution des stipulations qui précèdent, dispensant formellement MM. les conservateurs aux bureaux d'hypothèques de prendre inscription d'office lors de la transcription ci-dessus prévue.

EXÉCUTION DES MARCHÉS ET CONTRATS

La présente société sera subrogée dans tous les droits et obligations de l'apporteur relativement aux dits biens et à tous accords passés à leur sujet (notamment en ce qui concerne.....) le tout, de façon que ledit apporteur ne soit jamais inquiété ni recherché à ce sujet.

Elle continuera jusqu'à expiration tous abonnements et assurances relatifs aux objets apportés et les fera transférer à son nom dans le plus bref délai.

1. Voir infrà n° 385.

ORIGINE DE PROPRIÉTÉ

I. — *Fonds de commerce.*

Le fonds de commerce apporté qui dépendait de la communauté ayant existé entre M. X..... et sa première épouse décédée, est devenu la propriété personnelle de M. X..... apporteur, de la manière et ainsi qu'il sera établi en un acte qui sera dressé ensuite des présentes [1].

II. — *Immeubles.*

Et les immeubles apportés appartiennent, pour partie, en propre à M. X..... et dépendent, pour le surplus, de la communauté existant entre lui et Mme X......, son épouse, le tout ainsi qu'il sera établi en un acte qui sera dressé ensuite des présentes [2] [3].

---

1. Si l'origine de propriété est faite dans les statuts mêmes, voir numéro suivant.

2. *Voici le cadre, s'il s'agissait d'une société anonyme ou d'une société en commandite par actions, de la partie relative à la rémunération des apports et à la prise en charge du passif par la société :*

Prix.

Les apports qui précèdent ont lieu, savoir :

I. — 1° Les apports mobiliers, moyennant l'attribution à M. X..., apporteur de... actions de... francs chacune, entièrement libérées, de la présente société ; ci.

Et les apports mobiliers, moyennant l'attribution à M. X..., de... actions semblables. . . . .

Total des actions attribuées . . . .

II. — Le versement à faire par la présente société à M. X..., d'une somme de... en espèces, avec intérêts à ...% l'an, à compter du 1er janvier dernier ;

III. — Et l'obligation par la présente société d'acquitter au lieu et place de M. X..., tout le passif de la maison de commerce, tel qu'il résulte du bilan arrêté au 31 décembre dernier, et s'élevant à... francs... centimes, déduction faite des compensations opérées comme il est dit à l'alinéa 6 de l'apport mobilier ci-dessus.

Pour la perception du droit d'enregistrement, il est affecté pour l'acquit du passif et le paiement de la somme à verser à M. X... :

1° Les espèces en caisse, s'élevant à... francs... centimes. . . . .

2° Les valeurs en portefeuille, dont le montant s'élève à... francs ... centimes . . . .

3° Et... francs... centimes à prendre sur les marchandises faisant partie de celles comprises en e du paragraphe 1er de l'apport mobilier dont un état descriptif et estimatif est demeuré ci-annexe après avoir été certifié véritable par M. X..... ci . . . .

Ensemble, égal. . . . .

3. En ce qui concerne l'origine de propriété d'un immeuble, voy. n° 400-2.

385. — Remarque relative au cas d'apport immobilier. —
On sait qu'en vertu des articles 2121 et suivants du code civil, la
femme mariée a, sur tous les biens immobiliers de son mari, une
« hypothèque légale » ; que cette hypothèque existe sur lesdits
biens indépendamment de toute inscription sur les registres du
bureau de la conservation des hypothèques, et qu'elle « suit » ces
biens en quelques mains qu'ils passent.

Il résulte de ceci que, dans le cas d'apport à une société, d'un
ou plusieurs immeubles, par un homme marié, il y a lieu, — pour que
le ou les immeubles apportés soient radicalement affranchis de l'hypothèque légale de l'épouse et que la société ait toute sécurité à
cet égard, — d'exiger que la femme renonce, par acte notarié, à son
hypothèque légale.

Dans la pratique, et afin d'éviter cet acte, on fait habituellement
intervenir la femme aux statuts, qui, ainsi, fait conjointement l'apport avec son mari, ce qui équivaut de sa part à renonciation à son
hypothèque légale, renonciation qui a identiquement la même valeur
juridique qu'une renonciation spécialement faite par acte notarié ; de
cette manière celui-ci devient absolument inutile.

Voici, en ce cas, comment se rédige l'intitulé de l'article relatif
à l'apport :

M. X..... déclare faire apport à la présente société, avec le concours
de Mme..... (*prénoms et nom de jeune fille*) son épouse qu'il autorise,
demeurant avec lui, à ce intervenante, en s'obligeant, ainsi que Mme.....
son épouse, conjointement et solidairement entre eux, à toute garantie
de fait et de droit :
        1° Etc.....

386. — Apport d'un établissement industriel et terrain.

MM. A..... et B..... apportent à la présente société, en s'obligeant à
toutes garanties ordinaires et de droit en pareille matière :
        L'établissement industriel et commercial qu'ils exploitent à....., dépar-
tement de....., sous la dénomination de « Ateliers X..... », sans exception
ni réserve et comprenant notamment :

I. — *Mobilièrement.*

1° La clientèle et l'achalandage y attachés ;
        2° Le mobilier et le matériel de bureau consistant en un bureau Y...
une bibliothèque à trois corps, coffre-fort, deux machines à écrire,
armoires, fauteuils, chaises, tabourets, etc..., etc...

3° Le matériel de fabrication d'exploitation ou de vente, consistant en quatre poinçonneuses, trois cisailles X..., trois perceuses J..., quatre cintreuses, deux poinçonneuses R..., quatre cisailles P... à main, deux sensitives, trois meules à émeri, trois poinçonneuses à main, postes de soudure, cinq presses à main et fours, ventilateurs et moteurs électriques de ... HP. et de... HP., deux dynamos, quatre marbres, deux compresseurs K..., sableurs et récipients, enclumes, étaux de forge, bascules, deux ponts bascules, trois tables d'épure, deux batelets ;

Un lot de petit outillage à chaud : mèches, tarauds, marteaux, mandrins, forges, alésoirs, poinçons ;

Appareils de levage : portique palan cinq tonnes, pont poinçonneuse, palans 500, 1.000, 1.200 et 1.500, trolley, hangar ;

4° L'outillage d'entretien consistant en deux tours et leur renvoi, trois meules à mèche et leur renvoi, trois enclumes, étaux, deux cubilots, wagonnets, barillets, modèles, gabarits, etc... ;

5° Le bénéfice de tous marchés, traités de fournitures ou commandes se rattachant à son exploitation, aussi bien ceux en cours d'exécution ou de délivrance que ceux n'ayant encore reçu aucun commencement d'exécution.

6° La propriété de toutes marques de fabrication, de tous brevets, licences, modèles, dessins, procédés et secrets de fabrication ;

7° Le droit au bail des locaux où s'exerce ladite industrie, consistant en bâtiments, hangars, logements, terrains et dépendances, tel que le tout résulte d'un acte... (énoncer le bail).

Ensemble le bénéfice de la promesse de vente faite audit bail et pour toute sa durée, des immeubles faisant partie de la location et de divers autres immeubles désignés audit acte, moyennant le prix de... francs, qui sera payable... ;

8° Et un droit d'option au prix de ... francs le mètre superficiel sur un terrain d'environ... hectares..., ares..., appartenant à M... demeurant à..., rue..., n°..., à réaliser avant le..., date d'expiration de ladite option.

Ledit apport mobilier, estimé, etc...

Etant observé que le matériel et les installations désignées ci-dessus se trouvent dans les locaux ayant fait l'objet du bail précité exclusivement.

II. — Immobilièrement.

Les constructions nouvelles édifiées par les apporteurs pour l'aménagement des terrains faisant partie du bail sus-énoncé comprenant notamment un agrandissement de trois cents mètres carrés du bâtiment pour le rivetage et le finissage des pièces et deux soutes à charbon et à coke.

Ensemble le service d'eau, les canalisations, les installations fixes et tous immeubles par destination pouvant en dépendre, se trouvant dans les constructions édifiées par les apporteurs ;

Le tout estimé, etc...

ORIGINE DE PROPRIÉTÉ DU FONDS DE COMMERCE

Le fonds de commerce ci-dessus apporté appartient à M. A... et M. B..., conjointement et indivisément comme ayant été créé par eux en 19... [1].

APPORT DE M. Z..... INTERVENANT

Aux présentes est intervenu M. Z..... demeurant à....., rue....., n°.....,
lequel déclare apporter à la société :

Un terrain d'une contenance de..... hectares..... ares..... centiares d'après les titres, et..... hectares..... ares..... centiares..... d'après le cadastre, sis à....., rue....., n°....., lieu dit..... tenant du levant à....., du couchant à....., du nord à..... et du midi à.....

Cet apport est fait sans aucune garantie de la contenance, la différence en plus ou en moins, fût-elle même de plus d'un vingtième, devant rester à la charge ou au profit de la société.

1. *Ou, par exemple :*

Le fond de commerce ci-dessus apporté appartient à MM. A... et B... par suite de l'acquisition qu'ils en ont faite de M... (*prénoms, nom, profession et domicile*) et Mme... (*prénoms et nom de jeune fille*) son épouse, demeurant avec lui, suivant acte sous signatures privées en date à... du..., enregistré à... le..., numéro... (*ou* : suivant acte reçu par M^e... notaire à... le...) et ce, moyennant le prix principal de..., sur lequel les acquéreurs ont versé comptant une somme de..., le solde ayant été stipulé payable à terme.

Une inscription de privilège de vendeur a été prise, pour garantie de la partie du prix non payée comptant, le..., sous le numéro..., au greffe du tribunal de commerce de...

Cette inscription est aujourd'hui sans objet, mainlevée entière et définitive en ayant été donnée suivant acte, etc... MM. A... et B... s'étant entièrement libéré du solde de leur prix, entre les mains de leur vendeur, aux échéances convenues.

Enfin, les formalités de publication dudit acte de vente ont été remplies, conformément à la loi du 17 mars 1909, sans qu'il soit survenu aucune opposition dans les dix jours qui ont suivi la publication de la seconde insertion.

Du tout, les apporteurs s'engagent à produire à la société toutes justifications utiles, à première réquisition (*ou :* dans la quinzaine du jour de sa constitution).

Autre exemple :

Le fonds de commerce ci-dessus apporté appartient à M. X... comme lui ayant été constitué en dot par M... (*prénoms, nom, qualité et domicile*) et Mme... (*prénoms et nom de jeune fille*) son épouse, demeurant ensemble à... rue... n°..., ses père et mère, aux termes de son contrat de mariage reçu par M^e... notaire à..., de...

CONDITIONS DES APPORTS

M. A....., M. B...... et M. Z....., s'interdisent de faire personnellement ou de susciter aucune concurrence directe ou indirecte à la présente société, ni à prendre un intérêt direct ou indirect dans aucune autre entreprise similaire établie ou pouvant s'établir en France et dans les colonies françaises.

MM. A..... et B....., s'engagent, en outre, pendant une durée de..... années à consacrer tout le temps nécessaire et à donner tous leurs soins à la bonne marche de l'établissement industriel apporté.

Toutefois, M. B... se réserve la faculté de continuer l'exploitation de la fabrique de..... établie à....., rue....., n°......, dans laquelle il est intéressé.

Le présent apport est fait sous les charges et conditions suivantes :

1° Il est fait net de tout passif; celui qui pourrait grever les biens apportés au jour de la constitution de la société resterait à la charge des apporteurs ;

2° La société aura la pleine propriété des biens apportés et elle en aura la jouissance à compter du jour de sa constitution définitive, daté à partir de laquelle l'exploitation aura lieu pour son compte ;

3° Elle prendra les biens et droits à elle apportés dans l'état où ils se trouveront lors de l'entrée en jouissance, sans pouvoir exercer de recours contre les apporteurs pour raison de mauvais état ou vices du matériel, de l'installation, de l'outillage ou du mobilier, vices de construction apparents ou cachés des bâtiments, erreur dans la désignation ;

4° La société supportera les servitudes passives de toute nature, apparentes ou occultes, continues ou discontinues, conventionnelles ou légales, pouvant grever l'immeuble apporté, et profitera en retour de celles actives, le tout, s'il en existe, à ses risques et périls, sans recours contre les apporteurs, et sans que la présente clause puisse donner à qui que ce soit plus de droits qu'il n'en aurait en vertu de titres réguliers non prescrits ou de la loi, comme aussi sans qu'elle puisse préjudicier aux droits résultant en faveur de la société des dispositions de la loi du 23 mars 1855.

M. Z....., déclare à ce sujet qu'à sa connaissance il n'existe pas de servitudes sur l'immeuble par lui apporté et que, personnellement, il n'en a conféré aucune ;

5° La société présentement formée continuera, pour le temps en restant à courir, le bail compris dans l'apport ; elle en exécutera les charges et conditions et en paiera les loyers de façon qu'aucun recours ne soit exercé contre les apporteurs personnellement ;

6° Elle paiera, à compter de son entrée en jouissance, les impôts et charges de toute nature auxquels l'exploitation et les biens apportés sont ou pourront être assujettis ;

7° Elle continuera pour le temps en restant à courir toutes assurances contre l'incendie, les accidents et autres risques, ainsi que tous abonnements à l'eau, au gaz, à l'électricité et autres qui ont pu être contractés par les apporteurs ;

8° Elle assurera l'exécution de tous les travaux et marchés que les apporteurs peuvent avoir en cours ;

9° Elle fera publier les présents statuts dans la quinzaine de sa constitution définitive, sous forme d'extrait ou d'avis, en ce qui concerne l'apport du fonds de commerce, dans un journal du lieu dudit fonds désigné pour recevoir les annonces légales et elle devra renouveler cette publication du huitième au quinzième jour après la première insertion.

Si, par suite de cette formalité, il survient dans le délai de dix jours après la deuxième insertion des oppositions de la part des créanciers des apporteurs, ceux-ci devront en rapporter, à leurs frais, mainlevée dans les vingt jours de la dénonciation qui leur en aura été faite.

Ladite société fera, en outre, remplir, si bon lui semble, les formalités prescrites par l'article 22 de la loi du 17 mars 1909 pour la purge des inscriptions de privilège de vendeur et de nantissement.

10° Enfin, la société fera transcrire un extrait des présentes, en ce qui concerne l'apport immobilier, au bureau des hypothèques de..... et remplira, en outre, si bon lui semble, les formalités prescrites par la loi pour la purge des hypothèques légales, le tout à ses frais.

Et si, par suite de l'accomplissement de l'une ou de l'autre de ces formalités, il est révélé ou survient des inscriptions sur les immeubles apportés, les apporteurs devront en rapporter à leurs frais les mainlevées et certificats de radiation dans le mois de la dénonciation amiable qui leur en sera faite.

La société sera, au surplus, indemnisée par les apporteurs de tous frais extraordinaires de transcription et de purge.

387. — Apport fait par une personne autre que le fondateur, intervenant aux statuts.

ARTICLE.....

Aux présentes est intervenu :

M..... (prénoms, nom, qualité et domicile).

Lequel a déclaré faire apport à la présente société :

Du fonds de commerce de pâtes, crèmes, polish, radium et autres produits spéciaux pour le finissage et l'entretien des chaussures qu'il exploite à....., rue....., n°....., comprenant :

I. — La clientèle et l'achalandage ;

II. — Le droit à l'usage :

1° De la marque destinée à désigner des pâtes, crèmes et enduits spéciaux pour chaussures, déposée au greffe du tribunal de commerce de la Seine, le..... 192., sous le n°.....

2° De la marque pour produit spécial, destiné à donner le brillant à la chaussure, déposée au greffe du tribunal de commerce de la Seine le..... 192., sous le numéro.....

3° Des étiquettes ou parties d'étiquettes suivantes, destinées à être apposées sur des récipients contenant des brillants spéciaux pour chaussures, et déposées au greffe du tribunal de commerce de la Seine, le..... 191., sous les numéros.....

(*En cas de réserve :* Toutefois, il est bien convenu que la société présentement constituée ne pourra faire usage de celles de ces marques et étiquettes qui portent les mots « ..... » que pour les produits spéciaux destinés au finissage et à l'entretien des chaussures, M. X..... apporteur se réservant expressément à son profit l'usage des mêmes marques et étiquettes portant les mots : « ...... » pour tous autres produits, et notamment pour ses fabrications de peaux).

III. — Le matériel existant à ce jour à....., rue.....,'n°....., et servant à la fabrication des produits exploités par le fonds de commerce présentement apporté.

IV. — Les matières premières servant à la fabrication ;

V. — Jusqu'à concurrence d'une somme de..... francs, des marchandises dépendant dudit fonds.

Un état détaillé de ces matériel, outillage, matières premières et marchandises est demeuré ci-annexé après avoir été certifié véritable par le soussigné.

Comme conséquence de l'apport qui lui est fait du fonds de commerce ci-dessus désigné, la présente société sera tenue de reprendre les marchandises dépendant dudit fonds, qui existeront dans les magasins de l'apporteur, en excédent de celles comprises dans l'apport pour la somme de..... francs ci-dessus.

L'estimation de ces marchandises sera faite d'accord entre l'apporteur et la société présentement constituée.

Le prix de ces marchandises en excédent ainsi reprises par la société sera payable par elle à l'apporteur aussitôt après l'accomplissement des formalités légales de publication, et au plus tard le..... prochain.

ORIGINE DE PROPRIÉTÉ

M. X... déclare que le fonds de commerce par lui apporté lui appartient comme ayant été créé par lui en..... (*telle année*)[1].

---

1. V. noté du numéro précédent.

CONDITIONS DES APPORTS

La présente société aura la propriété et la jouissance des biens et droits à elle apportés à compter du..... (s'il s'agit d'une société anonyme ou en commandite par actions :..... à compter du jour de sa constitution définitive).

Elle prendra le fonds de commerce et tous les objets ci-dessus désignés en dépendant, dans l'état où le tout se trouvera lors de la prise de possession, sans recours possible contre l'apporteur pour quelque motif que ce soit.

Elle acquittera toutes les charges à compter du jour de l'entrée en jouissance.

Elle tiendra compte à l'apporteur des sommes qu'elle aurait pu payer à titre de dépôt ou cautionnement pour fournitures quelconques.

Elle exécutera tous traités, accords ou engagements qui auraient pu être passés avec tous clients, fournisseurs, maisons d'achat ou de vente, ainsi qu'avec le personnel de bureau, représentants et employés, et assurera, à ses risques et profits, l'exécution de tous marchés et commandes en cours, le tout à compter du jour de l'entrée en jouissance.

L'apporteur demeure chargé de tout le passif pouvant lui incomber, l'apport qui précède étant fait franc et quitte de toutes dettes et charges antérieures au jour fixé pour l'entrée en jouissance.

388. — Apport d'une ligne de transport de force électrique.

M. X..... apporte à la présente société :

1° Une ligne de transport à haute tension de..... à....., avec les postes élévateurs et abaisseurs correspondants et le matériel desdits postes, tel qu'il se comportait au 1er janvier dernier;

Pour une valeur de..... francs . . . . «   »

2° Le bénéfice des fournitures d'éclairage et d'énergie électrique à faire à....., ensemble les droits et obligations pouvant résulter activement et passivement de tous baux, contrats, marchés et accords qui ont pu intervenir entre l'apporteur et des particuliers et administrations, ainsi que le bénéfice de tous arrêtés préfectoraux ou autres, le tout intéressant à un titre quelconque la ligne de transport de force ci-dessus indiquée;

Evalués ensemble à..... francs. . . . . «   »

A reporter. . . . «   »

Report . . . . . . « »

3°, Le matériel, les marchandises et l'outillage affectés à cette ligne de transport de force, les approvisionnements de toute nature, suivant état ;

D'une valeur de..... francs . . . . . « »

Soit au total :..... francs . . . . . « »

CONDITIONS

La présente Société sera subrogée activement et passivement par le seul fait de sa constitution définitive dans tous les droits et obligations résultant pour l'apporteur des biens compris dans ses apports. Elle en aura la jouissance à compter de la même époque, sauf à elle à bénéficier des améliorations ou à subir les dépréciations survenues depuis le..... (*par exemple* : le 1er janvier dernier).

389. — Apport d'un fonds de commerce, avec mobilier, matériel, une partie des marchandises, loyers d'avances et créances commerciales.

M. X... apporte à la société :

1° Le fonds de commerce qu'il exploite à..... rue..... n°..... et qui comprend la clientèle, l'achalandage, les droits aux baux des locaux qu'ils occupent, le tout estimé..... francs..... centimes . . . . « »

2° Les loyers payés d'avance et les cautionnements s'élevant à..... francs..... centimes . . . . « »

3° Le mobilier, le matériel et tous accessoires composant l'agencement dudit fonds et du magasin sis à..... rue..... n°...., estimé..... francs . . . . « »

4° Un ensemble de marchandises à prendre parmi celles qui dépendront du fonds dont s'agit, à concurrence d'une somme totale de..... ; ci . . . . « »

Ces marchandises seront désignées dans un état qui sera ultérieurement dressé.

Quant au surplus des marchandises qui pourraient exister, la société aura le droit de les reprendre au prix d'inventaire, contre paiement en espèces. Faute par elle d'user de cette faculté, l'apporteur conservera la propriété de ces marchandises et celles-ci seront réalisées pour son compte personnel.

5° Diverses créances commerciales, montant à..... francs..... centimes et qui seront désignées en un état qui sera ultérieurement dressé . . . . « »

Total de l'apport :..... francs..... centimes . . « »

La société jouira et disposera aux charges de droit des biens et droits ci-dessus énoncés, comme de choses lui appartenant en pleine propriété, à compter du jour de sa constitution définitive.

390. — Apport par les représentants d'une société en commandite simple, en liquidation, à une société anonyme, de tout l'actif mobilier et immobilier de la société dissoute.

Aux présentes interviennent : etc. (*voir ci-dessus formule* n° 379).

Lesquels apportent, sous les garanties de droit, à la société anonyme dont les statuts sont présentement établis, les biens dont la désignation suit :

BIENS MOBILIERS

A. — L'établissement industriel et commercial d'ateliers de construction, formant l'établissement principal de la société en liquidation « ..... et Compagnie » qu'elle possède et exploite à son siège à..... rue..... n°....., dans l'usine ci-après apportée ; ledit établissement comprenant :

1° La clientèle et l'achalandage y attachés ;

2° Le matériel, l'outillage et les objets de nature mobilière servant à son exploitation, ainsi que le mobilier de bureaux, les tarifs, prospectus, dessins, modèles et affiches de publicité ; .

3° Les matières premières fabriquées et en cours de fabrication ;

4° Le droit à l'occupation d'une propriété sise à..... boulevard....., n°....., comprenant un terrain de..... mètres superficiels avec maison d'habitation et dépendances, et d'un autre terrain attenant, d'une superficie de..... mètres carrés, le tout, loué de M.....

B. — L'établissement industriel et commercial d'ateliers de construction que la société en liquidation « X..... et Compagnie » possède comme succursale, et exploite à....., rue....., n°..... dans une usine dont la plus grande partie est tenue en location et le surplus ci-après apporté ; ledit établissement comprenant :

1° La clientèle et l'achalandage y attachés ;

2° Le matériel, l'outillage, le mobilier de bureaux et tous autres objets de nature mobilière servant à son exploitation, ainsi que les tarifs, prospectus, dessins, modèles et affiches de publicité se trouvant pour la presque totalité dans des immeubles tenus en location ;

3° Les matières premières, etc...

4° Le droit à l'occupation d'un grand terrain édifié en partie de constructions, situé à....., rue..... n°..... d'une contenance totale de..... mètres carrés, tenant par devant à..... par derrière à....., d'un bout à....., d'autre à.....

Loué en diverses parcelles, avec le droit au passage pour aller à....., de M. et Mme.....

Ensemble les loyers d'avances qui ont pu être versés.

C. — Le bénéfice et les charges :

1° De tous traités, marchés et conventions qui ont pu être passés par la société en liquidation « X..... et Compagnie » soit pour des approvisionnements, soit pour des travaux ou des ventes et fournitures, soit avec le personnel des usines ;

2° Et de toutes conventions relatives à l'exploitation, soit par licence, soit autrement, tant en France qu'à l'étranger, de brevets d'invention dont la société en liquidation « X..... et Compagnie » peut profiter ou être tenue moyennant toutes redevances à recevoir ou payer, par suite de ces conditions ;

Le tout, à charge d'obtenir les agréments nécessaires, s'il y a lieu.

D. — I. — 1° Les inventions faisant l'objet des brevets ci-après :

2° Les brevets délivrés au nom de M..... dans les droits et obligations duquel la société apporteuse, en liquidation, a été subrogée, à raison de ses inventions, savoir :

En France. — Sous le numéro... par arrêté de M. le le ministre du commerce et de l'industrie, en date du....., pour une durée de quinze ans.

Objet du brevet. Perfectionnement apporté à.....

Taxes annuelles acquittées pour la totalité de ces brevets.

En Belgique. — Sous le numéro....., par décision ou autorisation de l'autorité compétente, en date du...

Sous le numéro....., par décision ou autorisation du.....

Objet. — Les mêmes que les précédents accordés en France.

En Grande-Bretagne. — Sous le numéro....., par décision ou autorisation de l'autorité compétente, en date du.....

Sous le numéro....., par décision ou autorisation en date du.....

Objets. — Les mêmes que précédemment.

3° Le bénéfice de toutes demandes de brevets qui ont pu être faites à raison desdites inventions dans tous autres pays, et notamment en Russie, demande du..... n°..... (en instance) au nom de la société « X..... et Compagnie ».

II. — Et généralement le bénéfice de toutes demandes de brevets faites à ce jour par la société en liquidation « X..... et Compagnie », (ainsi que toutes demandes qui pourraient être faites jusqu'à la constitution définitive de la présente société, en tous pays, à raison des inventions ci-dessus indiquées).

Ensemble, toutes modifications, additions et améliorations qui peuvent avoir été ou qui pourront être apportées à ces brevets et le droit exclusif de prendre tous autres brevets et de suivre les demandes déjà déposées, soit en France, soit à l'étranger à raison desdites inventions.

E. — Les espèces en caisse et celles en dépôt chez les banquiers, à vue, au.....

F. — Les effets à recevoir et le montant des créances diverses sur les clients.

G. — En un mot, la généralité de l'actif mobilier de la société en liquidation « X..... et compagnie », y compris tout actif indéterminé et aléatoire, dont mention figure aux registres de comptabilité, le tout sans aucune exception ni réserve, et tel qu'il sera décrit et justifié, pour l'apport du matériel, des marchandises et des créances au....., dans les états estimatifs à déposer, certifiés véritables par les apporteurs, au plus tard en même temps que les pièces constitutives de la présente société.

BIENS IMMOBILIERS

A. — Une usine à usage d'ateliers de construction, sise à....., boulevard....., n°....., consistant en :

(*Désignation*).

B. — Les installations, le matériel et les autres objets réputés immeubles par destination, servant à l'exploitation de l'usine.

Le tout, sans aucune exception ni réserve.

C. — Un terrain situé à....., rue....., n°....., se trouvant entre la ligne du chemin de fer et l'avenue....., dont la majeure partie est recouverte d'un grand hall, et ses dépendances, occupant une surface totale de..... mètres superficiels et tenant d'un côté à M..., d'autres à M..., d'un bout à... et d'autre bout à..... ;

D. — Diverses constructions à usage d'usine et d'ateliers de construction, situés en la même ville, rue....., n°....., consistant en hangars, magasins et autres bâtiments servant de dépendances ;

E. — Les machines diverses, les installations, le matériel et les autres objets réputés immeubles par destination servant à l'exploitation de l'usine.

Le tout, sans exception ni réserve.

PROPRIÉTÉ

Il sera justifié du droit de la société « X..... et Compagnie » à la propriété des biens mobiliers et immobiliers ci-dessus apportés, par un acte à établir au plus tard lors de la constitution définitive de la présente société[1].

---

[1]. En ce qui concerne l'origine de propriété d'un fonds de commerce, voir *suprà* note du n° 386, — et l'origine de propriété de biens immobiliers, *infrà* n° 400-2.

CONDITIONS

Les apports qui précèdent sont faits sous les garanties ordinaires et de droit. Toutefois, en ce qui concerne les brevets, ils sont faits sans autre garantie que celle de l'existence des brevets et des demandes de brevets susénoncées. Mais les apporteurs s'obligent à faire profiter la société de toutes additions et de tous perfectionnements se rattachant auxdits brevets, et de toutes améliorations qui pourront être apportées aux inventions qui en font l'objet, à la seule charge du remboursement des dépenses et frais occasionnés par ces perfectionnements et améliorations.

La présente société aura la propriété des biens mobiliers et immobiliers ci-dessus apportés, à compter du jour de sa constitution définitive, mais les effets de cette jouissance remonteront au....., en sorte que les résultats actifs et passifs de l'exploitation desdits biens seront pour le compte exclusif de la présente société, à compter dudit jour..... comme si elle était réellement entrée en jouissance à cette date des biens apportés.

Elle prendra les biens apportés dans l'état où ils se trouveront lors de son entrée en jouissance, sans pouvoir exercer aucun recours contre la société apporteuse pour vices de construction ou dégradation des immeubles, usure ou mauvais état du matériel, de l'outillage et des objets mobiliers, erreurs dans la désignation ou dans la contenance, la différence en plus ou en moins, fût-elle même de plus d'un vingtième, devant rester au profit ou à la charge de la société présentement constituée.

Elle souffrira les servitudes passives, apparentes ou occultes, continues ou discontinues, pouvant grever les immeubles apportés, sauf à s'en défendre et à profiter de celles actives s'il en existe ; le tout à ses risques et périls. A ce sujet, les apporteurs déclarent qu'il n'est pas à leur connaissance qu'il existe des servitudes sauf celles concernant les constructions de....., qui seront énumérées dans le même acte complémentaire contenant l'origine de propriété, et qu'ils n'en ont créé, conféré ou laissé acquérir aucune.

Elle acquittera tous impôts, taxes, primes et cotisations d'assurances, les taxes exigibles postérieurement à sa constitution sur les brevets apportés, et généralement toutes les charges grevant les biens apportés et celles qui sont inhérentes à l'exploitation de l'établissement industriel et de l'usine, le tout à compter du jour de son entrée en jouissance.

Elle devra exécuter tous les baux et locations qui ont pu être consentis ainsi que tous marchés et conventions relatifs à l'exploitation des biens apportés, toutes assurances contre l'incendie, les accidents et autres risques, et sera subrogée dans tous les droits et obligations en résultant, à ses risques et périls, sans recours contre la société apporteuse.

Elle devra également se conformer à toutes lois et à tous décrets, règlements, arrêtés et usages concernant les exploitations de la nature de celle dont font partie les biens apportés et faire son affaire personnelle de toutes autorisations qui pourraient être nécessaires, le tout à ses risques et périls.

Elle devra, à compter du même jour, exécuter tous traités, consentis ou cédés à la société apporteuse ou par elle, et en supportera et exécutera les charges et conditions de manière que ladite société apporteuse ne puisse jamais être inquiétée ni recherchée à ce sujet.

MM. X..... et Y..... déclarent :

Que la société en commandite simple « X..... et Compagnie » est un être moral non susceptible d'hypothèque légale.

Que les immeubles par elle apportés ne sont grevés d'aucun privilège ni d'aucune hypothèque.

Et qu'il n'existe sur l'établissement industriel et commercial également compris dans ses apports, aucun privilège de vendeur et de nanti, (autre que le privilège de vendeur de M. A....., pour sûreté de son prix entièrement redû, ou : pour sûreté de la somme de....., lui restant due sur son prix de vente)[1].

---

1. *Voici un exemple de charges imposées, comme conséquence de l'apport, et de rémunération de celui-ci, dans une société par actions :*

Charges des apports et rémunération.

Le présent apport est fait à charge par la société dont les statuts sont présentement établis, de payer au plus tard dans les... (six) mois de sa constitution définitive en l'acquit de la société apporteuse : ;

1° Le montant total des comptes créditeur au... 192... dont la société apporteuse, débitrice, a établi le détail sur ses registres de comptabilité, s'élevant à... francs... centimes en ce compris les... francs... centimes, avec tous intérêts dus à M. A..., pour le prix de la vente d'un fonds de commerce et de brevets, faite par lui à la société en liquidation « X... et Compagnie », résultant d'un acte reçu par M•... notaire à... le..., au profit duquel M. A..., vendeur, la société apporteuse fait spécialement toutes délégations et indications de paiement nécessaires . . . . . .

2° Et une somme de... francs... centimes représentant les salaires et la main-d'œuvre d'après le détail inscrit aux registres de comptabilité de la société apporteuse, arrêtés au... ; ci . . . .

Soit au total . . . .

La présente société devra acquitter le passif ci-dessus, de manière que tous impôts, charges et redevances pour exercices antérieurs, et tout autre passif révélé par la comptabilité, soit encore indéterminé, soit aléatoire ou litigieux, dont la société apporteuse peut être tenue, de manière que celle-ci ne soit ni inquiétée ni recherchée à ce sujet, de quelque manière que ce soit.

En outre, en représentation complémentaire de l'apport immobilier, il est attribué à la société « X et Compagnie »... actions, de... francs chacune entièrement libérées de la présente société.

Ces titres ne seront remis à la société « X... et Compagnie » qu'à l'expiration

391. — Apport de droit à un bail, avec faculté d'acquérir les biens loués.

M. X..... déclare apporter à la présente société :

1° Le droit au bail de diverses constructions édifiées sur deux terrains situés à....., rue..... n°....., loués à l'apporteur par M..... et Mᵐᵉ..... son épouse demeurant ensemble à..... rue..... n°....., par acte sous signatures privées en date à..... du.....; enregistré à..... le..... numéro....., aux droits de..... francs,..... centimes [1]; ledit bail fait pour une durée de..... années, à partir du....., (ou bien : ledit bail consenti pour une durée de... [par exemple neuf, douze, quinze ou dix-huit] années consécutives à compter du..., avec faculté réciproque par les parties de faire cesser le bail à l'une quelconque de ces périodes, mais à charge par celle qui voudra user de cette faculté de prévenir l'autre au moins six mois à l'avance et par lettre recommandée) sous diverses charges et conditions énoncées en l'acte, notamment de ne pouvoir exercer dans les lieux loués que le commerce de....., et de ne pouvoir céder sans le consentement écrit des bailleurs, et en outre moyennant un loyer annuel de..... francs, outre les impôts fonciers, payable les..... de chaque année ;

2° Le droit à la faculté d'acquérir pendant tout le cours du bail sus-énoncé et jusqu'au....., les immeubles ayant fait l'objet du bail qui vient d'être énoncé ; droit qui a été conféré dans ledit bail à l'apporteur.

Cette promesse de vente stipule que si la vente est demandée, elle aura lieu moyennant : pour la propriété à usage d'usine le prix principal de..... francs, et pour la maison d'habitation, le prix principal de..... francs, payables, savoir :..... francs, le jour de la signature de la vente, et les..... francs de solde, dans le délai de..... années à partir de la réalisation, avec intérêts au taux de..... % l'an payables par semestres.

392. — Apport d'études, travaux préparatoires, soins, etc.

M. X....., fondateur, fait apport à la présente société :

1° Des études, travaux préparatoires et programmes d'action réunis en vue de poursuivre et de réaliser l'objet social dès le point de départ de la vie sociale ;

2° Des soins et résultats apportés à l'effet d'assurer tant la constitution de la société que le commencement de ses opérations, ainsi que les concours financiers nécessaires à la formation du capital social.

des deux années suivant la constitution de la société, et après justification qu'il n'existe sur les immeubles et sur l'établissement industriel et commercial ci-dessus apporté aucune inscription de privilège, hypothèque ou nantissement, autre que celle garantissant la somme de... francs... centimes que la société est chargée de payer à M. A... vendeur de la société apporteuse en liquidation.

1. *Ou :* par acte passé devant Mᵉ... notaire à... le...

La société aura la propriété et la jouissance des-biens présentement apportés et sera subrogée et substituée dans tous les droits et obligations qui y sont attachés, à compter du jour de sa constitution définitive [1].

393. — Apport d'une somme restant due sur prix de vente d'un terrain.

M. X..... apporte à la présente société :

1°.....

2°.....

3° La somme de..... francs due par M..... demeurant à....., rue....., n°....., pour le prix de la vente à lui faite par l'apporteur d'un terrain à prendre dans la parcelle lieudit..... dépendant des terrains de l'usine susdite ; ledit terrain vendu, d'une contenance de..... mètres carrés. Vente qui a été réalisée suivant contrat passé devant Me.....notaire à....., le..... (2), transcrite au bureau des hypothèques de....., le.....volume....., numéro....., avec inscription d'office du même jour volume..... numéro.....

Cette somme a été stipulée exigible :

.....francs, le.....

..... francs, le.....

Et..... francs, pour solde, le.....

Et productive d'intérêts au taux de..... pour cent l'an payables les..... de chaque année, à compter du.....

Il a été stipulé dans l'acte susdit qu'à défaut de paiement à son échéance d'une seule fraction du principal ou d'un seul terme d'intérêts le solde de la créance restant dû deviendrait de plein droit immédiatement exigible quinze jours après un simple commandement de payer resté infructueux, et sans qu'il soit besoin de remplir aucune autre formalité judiciaire.

CONDITIONS

La présente société aura, à compter du jour de sa constitution définitive, la pleine propriété, possession et jouissance des biens, droits et créances ci-dessus désignés.

Elle sera subrogée aux lieu et place de l'apporteur dans tous droits, noms, raisons, actions et privilèges militant en sa faveur contre tous

---

(1) Voir ce qui a été dit plus haut concernant ce genre d'apports et sa rémunération.

(2) *Ou* : suivant acte sous signatures privées en date à... du..., enregistré à... le..., numéro... aux droits de...

tiers et notamment dans le plein et entier effet de l'inscription prise d'office à son profit contre l'acquéreur resté débiteur de son prix, au bureau des hypothèques de...... le.... volume..... numéro......; il en sera fait mention en marge de ladite inscription sur la seule justification d'un extrait des présentes et des pièces de constitution.

Elle sera également subrogée dans tous les droits et actions de l'apporteur contre tous tiers, administrations ou sociétés quels qu'ils soient.

Enfin, le présent apport est fait net de tout passif.

394. — Apport de promesses de marchés, de promesse de location, de la toute-propriété d'un brevet d'invention, et du bénéfice de concours financiers, travaux et études.

...M. X....., apporte à la société :

1° La promesse d'un marché et de conventions pour la vente de *tels* articles ;

2° La promesse d'un marché ou de conventions pour l'achat de matières premières ;

3° La promesse de cession par M..... d'un atelier situé à....., rue....., n°....., et du droit au bail des lieux où cet atelier est situé ;

4° La propriété d'un brevet d'invention pris en France pour..... années, le..... 19....., sous le n°.....; relatif à la fabrication en série, au moyen d'une matière plastique, d'objets dont la forme se répète dans le sens d'un même axe [1] ;

5° Le bénéfice de concours financiers garantissant la souscription du capital sans rémunération en espèces ;

6° Le bénéfice de ses travaux, études et démarches, et généralement de tous contrats, accords, engagements et promesses, faits ou traités par lui en vue de l'organisation et du fonctionnement de la Société.

CONDITIONS DE L'APPORT

La société sera subrogée dans tous les droits et obligations de l'apporteur dans les contrats de promesses ci-dessus mentionnés par le seul fait de la constitution de la société.

La société sera propriétaire du brevet apporté à compter du jour de sa constitution définitive ; elle pourra, en conséquence, le céder, concéder des licences ou en disposer autrement comme bon lui semblera, sous réserve de ce qui sera stipulé ci-après ; elle aura le droit de prendre tous autres brevets, soit en France, soit à l'étranger, à raison de ladite

---

1. Sur l'apport en « toute-propriété » d'un brevet d'invention, voir ce qui a été dit *suprà* n°° 310 et suivants.

invention. Elle supportera à partir du jour de sa constitution toutes taxes échues ou à échoir. Elle profitera de plein droit de toutes additions et de tous perfectionnements se rattachant audit brevet et de toutes améliorations qui pourront être apportés à l'invention.

L'apport dudit brevet est fait sans autre garantie que celle de son existence.

M. X....., déclare qu'il n'a encore versé aucune annuité (*ou :*..... qu'il a versé..... annuités) [1].

395. — Apport de recherches minières et de demande en concession.

M. X..... apporte à la présente société :

1° Le bénéfice de tous les travaux de prospection, recherches, etc..., effectués par lui sur les territoires des communes de....., de....., et de..., département de....., ainsi que tous les droits ou titres pouvant lui appartenir à raison desdits travaux, et tous plans, études et devis de toute nature s'y rattachant ;

2° Le bénéfice de la demande de concession des mines de....., présentée par lui à la date du....., à M. le Préfet du département de.....

3° La jouissance des terrains et constructions, ainsi que de tous appareils de forage et de sondage, le tout pris en location par lui, à diverses personnes, ainsi qu'il en justifiera à la présente société.

396-1. — Apport de concession minière.

M. X....., apporte à la présente société :

La concession dite....., des mines de... qui lui a été accordée suivant décret de M. le Président de la République à la date du.....

Lesdites mines, situées sur les territoires de....., de...., et de....., canton de..... (département de.....)

(*Autant que possible et afin d'apporter toutes précisions désirables, il y a intérêt à désigner exactement les emplacements des mines ; ceux de*

---

1. Un exemple de rémunération de tels apports dans une société par actions :

ARTICLE...

La rémunération des apports ci-dessus faits consistera en l'attribution à M. X... de... part bénéficiaires à prendre sur les... parts créées sous l'article... ci-après.

Dans le cas où le brevet apporté par ledit M. X... (art...) viendrait à être exploité, il serait, en outre, pendant la durée de la validité dudit brevet, attribué à M. X... :

10 °/₀ de son prix de vente, en cas de vente dudit brevet ;

10 °/₀ des sommes qui pourraient être remises à la société par quiconque, du fait de l'existence dudit brevet ;

Et, dans le cas où la société exploiterait elle-même les procédés décrits audit brevet en totalité, ou en partie, 10 °/₀ des avantages retirés par la société, de ce fait.

leurs puits ; et à désigner également les constructions servant à leur exploitation ; etc...)

(Pour les conditions, voir ci-dessous numéros 397 et 400.)

396-2. — Autre.

M. X..... apporte à la société :

1° La concession dite..., des mines de...., accordée à l'apporteur suivant décret de M. le Président de la République en date du....., inséré au *Bulletin des Lois*, le....., sous le numéro.....

(Dans le cas où la concession aurait fait l'objet d'une cession, il y aurait lieu d'énoncer celle-ci en rapportant toutes indications relatives à cette dernière).

2° Tous les terrains, constructions et bâtiments, ainsi que tous les immeubles par destination qui appartiennent à l'apporteur dans le périmètre de la concession ci-dessus et comprenant :..... (*les désigner*).

3° Le bénéfice d'un contrat d'amodiation des minières de....., contrat intervenu entre M....., et M....., suivant acte reçu par Mᵉ..... notaire à....., le.....

Etant observé que la présente société sera définitivement constitué après l'accomplissement des formalités constitutives légales, et en outre sous la condition suspensive de la condition du transfert de la concession ci-dessus désignée, par un décret rendu en conformité de l'article 138 de la loi du 13 juillet 1911.

397. — Clause à insérer après la rédaction de l'apport, en cas d'apport de concessions de mines.

La présente société aura la pleine propriété et jouissance des biens et droits ci-dessus apportés à compter du..... (*ou* : à compter du jour de sa constitution définitive).

Elle sera, à partir de cette date, soumise aux clauses et conditions résultant des décrets et contrats ci-dessus indiqués et des cahiers des charges y annexés.

Elle prendra ces biens et droits dans l'état où ils se trouveront au moment de la prise de possession, sans pouvoir prétendre à aucune indemnité pour quelque cause que ce soit, jouira des servitudes actives et supportera les servitudes passives, s'il en existe, sans aucun recours contre l'apporteur.

A ce sujet, M. X....., apporteur, déclare qu'il n'a personnellement créé aucune servitude sur lesdits immeubles et qu'il n'est pas à sa connaissance qu'il en ait été créé d'autres, par les précédents propriétaires, que celles pouvant être énoncées dans les titres de propriété ou pouvant résulter de la loi.

(Pour le surplus, comme en matière d'apport d'immeubles).

398. — Apport d'une concession de chemin de fer d'intérêt local. — Un exemple d'un tel apport a été donné en la note du numéro 812.

399. — Apports divers.

M. D..... déclare faire apport à la présente société :

De l'usage de son nom « Armand D..... » dans la dénomination de la société et du bénéfice de ses relations commerciales personnelles, et de tous traités, marchés et conventions qu'il a pu passer antérieurement à ce jour, sans aucune exception ni réserve.

Du bénéfice d'une promesse de bail qui lui a été consentie par M....., demeurant à....., rue....., n°....., d'un terrain avec hangar situé à....., rue....., n°..... ; ledit bail devant avoir une durée de... années à compter du... et être fait moyennant un loyer annuel de... qui sera payable les... de chaque année.

Du bénéfice de la promesse verbale de location d'une parcelle de terrain attenant au terrain ci-dessus ;

Du bénéfice de tous contrats et conventions faits avec les employés, fournisseurs et clients ;

Toutes les études faites en vue de l'organisation de l'industrie du..... pour la nouvelle exploitation ;

Des demandes de brevets déposés : le premier le...., à l'Office de la propriété industrielle, par l'apporteur, sous le n°....., et le deuxième déposé le....., sous le n°..... ;

D'un certificat d'addition délivré à M. X....., apporteur, sous le n°... ;

Des procédés de fabrication, études, recherches, soins et démarches faits en vue de la constitution de la présente société ;

Du bénéfice de tous traités, marchés, conventions, et accords de toute nature faits par l'apporteur, en ce qui concerne l'achat, la location, la construction et l'aménagement de tous terrains, immeubles, bâtiments et salles de spectacles utiles à la réalisation et au développement de l'objet social ;

Du bénéfice de tous travaux, études, plans, devis, et démarches faits par l'apporteur en vue de la constitution de la présente société et de la réalisation du but social et spécialement pour l'acquisition de terrains et de salles la construction et l'aménagement de toutes salles de spectacles et de toutes constructions sur les terrains et immeubles ci-dessus indiqués ; et les conventions qu'il a pu arrêter avec tous les éditeurs de films pour l'exclusivité en France (ou par exemple : Suisse, etc...) de leur production ;

De la promesse de vente d'une propriété située à....., rue....., n°....., consistant en..... (désignation succincte), d'une contenance totale de..... mètres superficiels, tenant d'un côté à....., d'autre à....., d'un bout à....., et d'autre à..... Ladite propriété appartenant à M....., demeurant à..... rue,...., n°..... Cette vente devant être réalisée moyennant le prix principal de... payable de la manière suivante...

Du bénéfice des études, plans, devis et travaux préparatoires faits en vue de la construction et de l'installation d'un hôtel sur la propriété ci-dessus énoncée, des démarches faites et des concours obtenus en vue de la constitution de la présente société. Lesdits plans et devis, dressés par M....., architecte, diplômé du Gouvernement, demeurant à....., rue....., n°....., auquel les travaux devront être confiés par la société.

Du bénéfice de toutes conventions d'échange ou de redressement de terrains attenant à l'usine ci-dessus désignée, à réaliser avec la ville de ..... (ou : avec M....., demeurant à....., rue....., n°.....), avec tous les droits actifs ou passifs pouvant en résulter.

Du droit concédé par l'administration des chemins de fer de,...., à deux emplacements de terrain de cette compagnie, sis à....., occupant ensemble une superficie de..... mètres, avec un embranchement particulier sur la ligne de raccordement des deux gares de.....

Ainsi que tous traités de concession par ladite administration, au droit d'embranchement à la ligne de raccordement des deux gares de....., en tant qu'ils peuvent profiter à l'apporteur.

Du bénéfice de la concession qui lui a été faite par la société anglaise « W..... limited » et par la société anglaise « H..... and C° » de la licence exclusive pour la vente et la fabrication des produits desdites sociétés anglaises en France, dans ses colonies et pays de protectorat, suivant convention du..... et du....., dont la société présentement constituée jouira des avantages y énoncés et dont elle supportera les charges aux lieu et place de l'apporteur.

Des avantages résultant au profit de l'apporteur de toutes conventions intervenues entre lui et la maison X....., ainsi que tous brevets, licences de brevets, procédés quelconques, dont il serait concessionnaire...

D'un modèle nouveau de voiturette torpédo, 10 HP, et tous les bleus de fabrication se rapportant à cette voiturette.

De la propriété exclusive de fabrication et de vente de trois appareils de chauffage :

a) un modèle de calorifère à feu continu, système X..... ;

b) un modèle de calorifère Renaissance, à feu intermittent, grande taille ;

c) un modèle de calorifère même style, à feu intermittent, petite taille ;

Et en outre, les plans, plâtres et modèles d'une cheminée à feu continu, en bois, en cours d'exécution.

Des diverses organisations qu'il a créées ou préparées en vue de permettre et d'assurer l'exécution de l'objet social ;

Des conventions qu'il a déjà passées avec divers producteurs et consommateurs, en France et à l'étranger, pour la représentation de leurs industries ou de leurs commerces et qui sont de nature à permettre à la présente société la prompte application du programme qui lui est tracé par son objet.

400-1. — Conditions d'apport de propriété immobilière et d'établissement commercial. — Établissement de propriété immobilière.

CONDITIONS DES APPORTS

1° *Garantie.* — Les apports qui précèdent sont faits sous les garanties ordinaires et de droit.

2° *Propriété.* — *Jouissance.* — La présente société aura à compter du...... (*ou* : du jour de sa constitution définitive) la propriété et jouissance des biens mobiliers et immobiliers compris dans l'apport qui précède [1].

3° *État et contenance.* — Elle prendra les biens dont il s'agit dans l'état où ils se trouveront lors de son entrée en jouissance, sans pouvoir exercer aucun recours contre M....., apporteur, pour vices de constructions et dégradation des immeubles, usure ou mauvais état du matériel et des objets mobiliers, erreurs dans la désignation et la contenance, quelle que soit la différence, ou pour toute autre cause.

4° *Servitudes.* — Elle souffrira les servitudes passives, apparentes ou occultes, continues ou discontinues, pouvant grever l'immeuble apporté, sauf à s'en défendre et à profiter de celles actives, s'il en existe, le tout à ses risques et périls. A ce sujet, M..... déclare que personnellement il n'a été créé ni laissé acquérir aucune servitude sur la propriété vendue et qu'à sa connaissance, il n'existe pas d'autre servitude que celles rappelées au contrat d'acquisition du..... auquel il est référé à cet égard.

5° *Impôts et charges.* — Elle acquittera tous impôts, taxes, primes et cotisations d'assurances et généralement toutes les charges grevant les biens apportés et celles qui sont inhérentes à l'exploitation de l'établissement industriel, le tout à compter du jour de son entrée en jouissance.

Elle devra, à compter du même jour, exécuter tous traités, marchés et conventions relatifs à l'exploitation des biens apportés, toutes assurances contre l'incendie, les accidents et autres risques, tous contrats d'abonnements à l'eau, au gaz, à l'électricité, au téléphone, etc... et sera subrogée dans tous les droits et obligations, en résultant, à ses risques et périls, sans recours contre M....., apporteur.

Elle devra également se conformer à toutes lois et à tous décrets,

---

1. *Ou* : La présente société aura la propriété des biens mobiliers et immobiliers compris dans le présent apport à compter du... mais elle n'en aura la jouissance qu'à compter du... prochain.

règlements, arrêtés et usages concernant les exploitations de la nature de celles dont font partie les biens apportés, et faire son affaire personnelle de toutes autorisations qui pourraient être nécessaires, le tout à ses risques et périls.

Elle exécutera, aux lieu et place de l'apporteur, toutes les conditions du bail cédé, et en acquittera les loyers aux époques et de la manière stipulées audit bail, le tout à compter du jour de l'entrée en jouissance. Le tout, de manière que M... ne soit jamais recherché ni inquiété.

6° *Formalités.* — La présente société fera transcrire un extrait des présentes au bureau des hypothèques de..... et remplira si bon lui semble les formalités prescrites par la loi pour la purge des hypothèques légales, le tout à ses frais. Et si l'accomplissement de ces formalités ou de l'une d'elles révèle l'existence d'inscriptions grevant l'immeuble apporté, M..... apporteur, devra justifier de leur radiation dans le mois de la demande qui lui en sera faite, à l'exception de l'inscription d'office sus-énoncée.

De même, dans le cas où il existerait sur l'établissement ci-dessus apporté des inscriptions de privilège de vendeur ou de créancier nanti, comme dans le cas où des créanciers non inscrits se seraient régulièrement déclarés conformément à la loi du 17 mars 1909, M..... apporteur, devra justifier de la mainlevée desdites inscriptions et du paiement des créanciers déclarés dans les dix jours de la notification qui lui en sera faite.

M....., déclare :

Qu'il est marié en premières noces avec M^mo (*prénoms et nom de jeune fille de l'épouse*), demeurant avec lui, sous le régime de la communauté de bien réduite aux acquets, sans clause restrictive de la capacité civile de l'épouse, aux termes de son contrat de mariage passé devant M^e....., notaire à...... le..... ;

Qu'il ne remplit et n'a jamais rempli de fonctions emportant hypothèque légale et qu'il n'est par conséquent chargé que de l'hypothèque légale de son épouse sus-nommée dont il s'oblige à rapporter le désistement dans les les deux mois de la demande qui lui en sera faite ;

Que l'immeuble compris dans l'apport qui précède n'est grevé d'aucun autre privilège ou inscription que l'inscription d'office sus-énoncée dont la présente société va être ci-après chargée d'acquitter les causes ;

Et qu'il n'existe sur l'établissement compris au même apport aucun privilège de vendeur ni aucune inscription de nantissement.

ÉTABLISSEMENT DE PROPRIÉTÉ IMMOBILIÈRE

400-2. — **Origines de propriété.** — Voici quelques exemples d'origines de propriété à insérer dans les statuts lorsqu'un apport immobilier est fait à la société, ou, le cas échéant, à dresser par acte séparé (on procède généralement ainsi lorsque l'origine est très longue à énoncer).

La propriété s'acquiert : par *acquisition*, par *échange*, par *succession*, par *donation entre vifs*, par *legs*, par attribution ou dévolution lors d'une *liquidation de société* et par la *possession et la prescription*.

Voici des exemples de ces diverses origines de propriété :

VENTE [1]

L'immeuble ci-dessus apporté appartient à M.... par suite de l'acquisition qu'il en a faite [2] de M... (*prénoms, nom, profession et domicile*) et Mme...... née...., son épouse, demeurant ensemble à..... rue..... n°....., suivant contrat passé devant M^e....., notaire à..... le..... [3].

Cette acquisition a été faite moyennant le prix principal de....., dont l'acquéreur s'est entièrement libéré ainsi qu'il sera dit ci-après [4].

Audit acte, M. et Mme...... vendeurs, ont déclaré : .... (*Transcrire la*

---

1. Lorsque la propriété résulte d'un contrat de vente, il y a lieu de vérifier : 1° si la vente a été faite par une personne ayant la « capacité » de vendre ses biens immobiliers ; quand la vente a été faite au nom d'un mineur ou d'un interdit, s'assurer que la vente a été faite judiciairement, en observation des formalités légales prescrites, et que le subrogé-tuteur a bien été appelé à l'adjudication : 2° si l'immeuble a été vendu par une femme mariée sous le régime dotal, et s'il s'agit d'une vente judiciaire, on doit s'assurer si cette vente a bien été autorisée pour l'une des causes prévues par la loi (V. art. 203, 205, 206 et 1558, C. civ.) et si les formalités légales ont été remplies : en cas de vente amiable, si elle a été permise par le contrat de mariage, et si le remploi du prix a été fait conformément aux stipulations contenues dans ce dernier contrat.

On doit vérifier encore si l'acquéreur s'est entièrement libéré de son prix, car il y a lieu que le privilège du vendeur et son action résolutoire n'existent plus. A cette fin, l'apporteur doit produire la quittance de son prix d'acquisition ; à défaut, s'assurer que l'état sur transcription ne mentionne pas l'inscription du privilège du vendeur.

Si l'immeuble était grevé d'hypothèques légales (Voy. art. 2121 C. civ.), il importe de vérifier si les formalités de purge ont bien été remplies, formalités auxquelles il peut être suppléé par la renonciation à son hypothèque légale faite par la femme.

2. *On* : L'immeuble ci-dessus apporté dépend de la communauté existant entre M... et Mme... (*prénoms et nom de jeune fille*) par suite de l'acquisition que M... en a faite au cours de cette communauté, de M... etc.

3. *On* : ... suivant acte sous signatures privées en date à... du... enregistré à... le..., aux droits de..., sous le n°...

4. *Ou* : ... dont M... s'est entièrement libéré, suivant acte passé devant M^e..., notaire à..., ledit acte contenant mainlevée de l'inscription d'office ci-après énoncée.

On encore : ... moyennant le prix principal de... que M... a payé comptant, aux termes du contrat qui en contient quittance.

déclaration d'état civil et de situation hypothécaire insérée dans le contrat de vente) [1].

Une expédition [2] de ce contrat de vente a été transcrite au bureau des hypothèques de.......le....., et inscription d'office a été prise le même jour, au profit des vendeurs, contre l'acquéreur, volume..... n°:....

Un état, délivré sur cette transcription par le conservateur des hypothèques de....., le....., n'a révélé, outre l'inscription d'office qui vient d'être dite, l'existence d'aucune inscription grevant l'immeuble vendu [3].

Deux certificats délivrés le même jour, par le même conservateur, constatent :

Le premier que, depuis le 1er janvier 1856, jusqu'au jour de la délivrance dudit certificat, inclusivement, il n'a été transcrit, à son bureau, aucun acte portant mutation de propriété, antichrèse ou bail, non plus qu'aucune saisie de l'immeuble vendu par M. et Mme..... à M....., en dehors de la vente faite à ce dernier.

Le second, que, pendant le même temps, il n'a été requis aucune mention de jugement portant rescision ou nullité du titre en vertu duquel M..... possédait ledit immeuble.

En raison des déclarations faites au contrat de vente par M..... et Mme....., concernant leur état civil, l'acquéreur n'a pas jugé utile de faire remplir les formalités prescrites par la loi pour la purge des hypothèques légales [4].

Enfin, un certificat délivré par le conservateur des hypothèques de....., le....., constate que depuis le jour de la transcription du contrat de vente consentie à l'apporteur, jusqu'au même jour.... il n'a été requis

1. *Par exemple :* ... qu'ils étaient mariés en premières noces, sous le régime de la communauté de bien réduite aux acquêts, aux termes de leur contrat de mariage reçu par Me... notaire à..., le...

Qu'ils n'étaient et n'avaient jamais été tuteurs de mineurs ni d'interdits, non plus que comptables de deniers publics, en sorte que l'immeuble vendu n'était grevé que de l'hypothèque légale de la venderesse, laquelle s'est éteinte par suite de la participation de cette dernière à la vente.

2. *On :* Un exemplaire de l'acte de vente sous seing privé a été transcrit, etc.

3. *Ou bien :* Un état délivré etc..., a révélé l'existence des inscriptions suivantes :

La première du... 192... prise au profit de M... contre M. et Mme... vendeurs, volume... n°... pour sûreté, d'une somme de... (*indiquer le motif de l'inscription*).

La deuxième et dernière du... etc.

Ces deux inscriptions ont été radiées définitivement, savoir :

La première en vertu d'une mainlevée reçue par Me..., notaire à... le...

La seconde, etc.

4. *Ou bien :* M... a en outre fait remplir sur son acquisition, les formalités prescrites pour la purge des hypothèques légales.

A cet effet, copie collationnée du contrat de vente a été déposée au greffe du tribunal civil de... le... et un extrait en a été affiché dans l'auditoire de ce tribunal, ainsi que le tout est constaté par un acte dressé le même jour au greffe.

Ce dépôt a été notifié : 1° à M. le procureur de la République près le tribunal civil

aucune inscription d'hypothèque légale contre le (ou les) vendeur, non plus que contre les précédents propriétaires dénommés audit contrat de vente.

Suivant acte reçu par Mᵉ..... notaire à......le......, M... (l'acquéreur) s'est libéré entre les mains de ses vendeurs de l'intégralité du prix de son acquisition.

ÉCHANGE [1].

L'immeuble ci-dessus apporté dépend de la communauté existant entre M....., apporteur, et Mᵐᵉ....., née....., son épouse, aux termes de leur contrat de mariage reçu par Mᵉ....., notaire à..... le....., savoir :

Les bâtiments, pour les avoir fait édifier de leurs deniers personnels, sans conférer de privilège de constructeur ;

Et le terrain, comme leur ayant été cédé en échange d'un immeuble dépendant de la communauté, par M..... (prénoms, nom, qualité et domicile) suivant acte sous signatures privées, en date à..... du..... enregistré à..... le....., nº....., aux droits de..... [2].

Cet échange a eu lieu, à la charge par M..... (l'acquéreur) de payer à M..... (coéchangiste) une soulte de....., de laquelle l'acquéreur s'est libéré, ainsi qu'il sera dit ci-après [3].

Audit acte, M..... (coéchangiste) a déclaré : ..... (Transcrire la déclaration d'état civil et de situation hypothécaire insérée dans le contrat d'échange).

Une expédition [4] de ce contrat d'échange a été transcrite au bureau des hypothèques....., le....., volume..... nº...., et le même jour inscription d'office a été prise contre M....., au profit de M. et Mᵐᵉ....., pour sûreté du montant de la soulte, volume... numéro...

de... ; 2º Mᵐᵉ, née..., épouse de M..., vendeur ; 3º et M..., vendeur, pour la validité, suivant exploit de..., huissier à..., en date du...

La notification faite à M. le procureur de la République a été insérée dans le journal d'annonces légales Le... (publié à...) feuille du...

L'extrait affiché dans l'auditoire du tribunal civil de... y est resté exposé depuis le... jusqu'au... ainsi que le constate un acte dressé audit greffe, à cette dernière date.

1. Tout ce qui a été dit plus haut pour la vente, s'applique également à l'échange. Si une soulte avait été mise à la charge de l'apporteur, il y aurait lieu de s'assurer que celui-ci s'est bien libéré de cette soulte. La preuve de son paiement doit en être rapportée de la même manière qu'en matière de vente.

Il importe, ici, non seulement de vérifier l'origine de propriété de l'immeuble donné en échange à l'apporteur, mais aussi de vérifier celle de l'immeuble cédé par lui ; ceci, en raison de ce que, en cas d'éviction de son coéchangiste, ce dernier aurait le droit de répéter son immeuble (Voy. art. 1705 du Code civil).

2. Ou : suivant acte reçu par Mᵉ... notaire à... le...

3. Ou : Cet échange a été fait sans soulte ni retour de part ni d'autre.

4. Ou : Un exemplaire de cet acte d'échange, etc...

Il a été délivré sur cette transcription, par le conservateur des hypothèques de..... le....., un certificat constatant qu'il n'existait aucune autre inscription que celle d'office, sus-énoncée, sur les immeubles réciproquement échangés.

Deux autres certificats délivrés par le même conservateur, le... constatent : ... (*Le surplus comme pour le cas de vente*).

M..... s'est libéré du montant de la soulte mise à sa charge entre les mains de son coéchangiste, suivant acte passé devant Me....., notaire à..... le..... et mainlevée de l'inscription d'office ci-dessus énoncée a été donnée dans le même acte.

SOCIÉTÉ [1]

M..... est propriétaire de l'immeuble par lui ci-dessus apporté, ainsi qu'il va être établi :

Aux termes d'un acte sous signatures privées en date à..... du..... enregistré à..... le..... n°....., aux droits de..... [2], ledit M....., M..... (*prénoms, nom, qualité et domicile*), et M..... (*Id.*) ont formé entre eux une société en nom collectif [3], au capital de..... avec siège à....., rue..... n°....., ayant pour objet......

En raison des apports immobiliers constatés dans ces statuts, ceux-ci ont été transcrits le..., au bureau des hypothèques de..., volume... n°...

(*Pour l'énonciation des formalités de transcription et de purge, voir ci-dessus à* VENTE).

Ladite société étant arrivée à expiration le..., a été liquidée et partagée entre les trois associés, suivant acte sous signatures privées, en date à... du..., enregistré à... le..., aux droits de..., n°... [4] ; [5]. D'après ledit acte, trois lots ont été formés des immeubles, et le ...e lot est échu

---

1. Lorsque l'immeuble apporté a été attribué ou a été dévolu à l'apporteur dans un partage de société, fait à sa liquidation, on doit s'assurer que la liquidation a bien été opérée suivant les règles fixées par les statuts, que tous les associés y ont participé, et que toutes les formalités imposées en matière de dissolution et de liquidation de société ont bien été remplies.

Si une soulte avait été mise à la charge de l'apporteur, celui-ci doit justifier de son entier acquittement. Cette preuve se fait de la même manière que la preuve du paiement d'un prix de vente.

2. *Ou* : Aux termes d'un acte reçu par Me..., notaire à... le...

3. *Ou* : en commandite simple.

4. *Ou* : ... suivant acte devant Me..., notaire à... le...

5. *Ou* : Les trois associés s'étant mis d'accord pour mettre fin à la société avant la date fixée pour son expiration, cette société a été dissoute, liquidée et partagée entre les associés, suivant acte, etc...

à M..., apporteur. Dans ce lot, étaient compris divers biens, parmi lesquels figurait l'immeuble présentement apporté par M...
Ce partage a été fait sans soulte de part ni d'autre [1].

DONATION ENTRE VIFS [2]

M... est devenu propriétaire de l'immeuble par lui apporté à la société par suite de la donation qui lui en a été faite, avec dispense de rapport, par M... (*prénoms, nom, profession et domicile*) son... (*père, oncle, cousin, etc.*) aux termes d'un acte reçu par Mᵉ..., notaire à... le...

Cette donation a été faite sans charge pour le donataire [3].

Elle a été transcrite au bureau des hypothèques de... le..., volume... n°...

M..., donateur est décédé à... le.... laissant pour héritiers : 1° M... ; 2° M... ; 3° Et M..., ainsi que le constate l'intitulé de l'inventaire dressé après son décès, par Mᵉ..., notaire à... le... [4].

---

1. *Ou* : Ce partage a été fait à la charge par M..., de verser à titre de soulte à M... une soulte de... etc... (Voir *suprà* Echange).

2. Il y a lieu de rappeler que, pendant la vie du donateur, une donation entre vifs peut être révoquée : a) Pour cause d'inexécution des conditions sous lesquelles elle a été faite ; b) pour cause d'ingratitude du donataire ; c) pour cause de survenance d'enfant légitime (Voy. art. 953 et suiv. C. civ.).

En outre, si la donation avait été faite en fraude de leurs droits, les créanciers du donateur pourraient la faire révoquer.

Enfin la donation peut être résolue lorsque le donateur s'est réservé le droit de retour sur les biens par lui donnés (Art. 951 et suiv. C. civ.).

De ce qui vient d'être dit, on voit donc que c'est la mort du donateur qui fixe définitivement le sort de la donation. La preuve de la mort sera faite par la production de l'acte de décès. Si le donataire est le seul héritier du donateur, il doit justifier de cette qualité par un intitulé d'inventaire ou par un acte de notoriété. Si le donataire avait eu des cohéritiers, il devrait établir que l'immeuble qui lui a été donné est resté sa propriété : il en justifie par la production du partage (ou de la liquidation) dressé après le décès du donateur de *cujus*.

Dans le cas où le donataire aurait renoncé à la succession, — ou y aurait été étranger, il convient d'établir que le donateur n'a pas laissé d'héritiers réservataires, — ou, s'il en avait laissé, que la donation n'a pas excédé la quotité disponible du donateur et que, par suite, elle n'a pas été soumise à réduction. V. à cet égard les dispositions des articles 920 et suivants du code civil.

3. *Ou* : Cette donation, qui comprenait d'autres immeubles, a été faite à la charge par le donataire... (*par exemple* : d'acquitter une somme de... due par le donateur à M... demeurant à....rue... n°... De laquelle le donataire s'est entièrement libéré aux termes d'une quittance reçue par Mᵉ... notaire à... le... dans laquelle M... a donné mainlevée de l'inscription prise à son profit contre le donateur au bureau des hypothèques de... le..., volume... n°... sur les immeubles ayant fait l'objet de la donation ci-dessus énoncée.

4. *Ou* : ... ainsi que le constate un acte de notoriété dressé à défaut d'inventaire après son décès, par Mᵉ..., notaire à... le...

SUCCESSION [1]

L'immeuble apporté par M... lui appartient comme l'ayant recueilli dans la succession de M... (*prénoms, nom, qualité et domicile*) son père, décédé veuf de Mme..., à... le... laissant ledit M... pour seul et unique héritier ainsi que le constate l'intitulé de l'inventaire dressé après ce décès par M^e... notaire à... le... (*ou* : ... un acte de notoriété dressé à défaut d'inventaire, après ce décès, par M^e... notaire à... le...).

PARTAGE [2]

M... est propriétaire de l'immeuble par lui apporté, comme l'ayant recueilli dans la succession de Mme... sa mère, décédée à... le..., veuve de M..., laissant pour seuls héritiers chacun pour un tiers, ses trois enfants, issus de son union avec son époux prédécédé : 1° M... (*prénoms, nom, profession et domicile*) ; 2° M... (*Idem*) ; 3° Et Mme... (*prénoms et nom de jeune fille*) épouse de M... (*prénoms, nom et profession*) demeurant ensemble à... rue... n°..., ainsi que le constate l'intitulé de l'inventaire dressé après le décès de Mme veuve... par M^e..., notaire à... le...

Cette succession a été partagée entre les héritiers par acte devant le même notaire en date du... et le second lot, dans lequel était compris l'immeuble apporté par M... a été dévolu à ce dernier.

Une soulte de... a été mise à la charge de M..., apporteur, au profit

1. Si l'apporteur a recueilli dans une succession l'immeuble qu'il met en société, il doit justifier de sa qualité de seul héritier par la production d'un intitulé d'inventaire ou d'un acte de notoriété.

S'il s'est trouvé n'être seul héritier que par suite de la renonciation des autres héritiers, les qualités héréditaires de tous les associés doivent être établies et on doit mentionner toutes les renonciations qui ont été faites au greffe du tribunal civil du lieu de l'ouverture de la succession.

Enfin, dans le cas de présence de plusieurs héritiers acceptants, et de partage de la succession entre eux, voir ce qui est dit *infrà* à la note du mot *Partage*.

2. Lorsque l'apporteur d'un immeuble a recueilli celui-ci dans une succession où figuraient plusieurs héritiers et qu'il a été dévolu ou attribué en partage à l'apporteur, celui-ci doit, en premier lieu, produire cet acte de partage. On devra vérifier : 1° Si tous les héritiers sans exception y ont bien concouru ; 2° si leurs qualités d'héritiers ont bien été établies ; 3° si le partage n'est pas rescindable pour cause de lésion (Voy. art. 887, C. civ.).

Au cas où, parmi les héritiers, il y avait des mineurs, des interdits ou des absents, si le partage a été fait judiciairement, et si les formalités légales ont bien été observées.

Enfin, si une soulte avait été mise, dans le partage, à la charge de l'apporteur, celui-ci devrait justifier de son acquittement de la même manière que celle dite *suprà* au mot *Echange*.

de M... et Mme... de laquelle il s'est libéré entre les mains de ces derniers, suivant quittance reçue par M^e... notaire à..., le... et cette libération est définitive, M. et Mme... ayant déclaré en cet acte qu'ils étaient
mariés sous le régime de..., sans clause d'emploi des deniers propres à
l'épouse, aux termes de leur contrat de mariage reçu par M^e..., notaire
à... le... [1].

PARTAGE D'ASCENDANT [1]

L'immeuble apporté par M... lui appartient comme faisant partie du
...^e lot qui lui est échu, aux termes d'un acte reçu par M^e... notaire à...
le..., contenant :

1° Donation à titre de partage anticipé par M..: (*prénoms, nom, profession et domicile*) veuf de Mme... (*prénoms et nom de jeune fille*) demeurant à..., rue... n°... à : 1° M... (*prénoms, nom, profession et domicile*) ; 2° M... (*Idem*) ; 3° Et Mme... (*prénoms et nom de jeune fille*)
épouse de M... (*prénoms, nom, profession*) demeurant ensemble à...,
rue... n°..., ses trois enfants et seuls présomptifs héritiers, chacun pour
un tiers ;

2° Et partage entre les donataires, tant des biens à eux donnés que de
ceux dépendant de la succession de Mme..., leur mère sus-nommée, décédée à... le..., de laquelle ils étaient héritiers chacun pour un tiers, ainsi
que le constate l'intitulé de l'inventaire dressé après ce décès, par M^e...,
notaire à... le... [3].

Aucune soulte ni aucune charge n'ont été stipulées en l'acte [4].

M... père, s'est réservé, sa vie durant, l'usufruit tant des biens par lui
donnés, que de ceux dépendant de la succession de son épouse.

---

1. *Ou* : Ce partage a été fait sans soulte ni retour de part ni d'autre.

2. Si l'immeuble apporté en société provient à l'apporteur d'un partage d'ascendants — ce que l'on nomme pratiquement la « donation à titre de partage anticipé »
— il y a lieu de considérer, outre les causes de révocation qui ont été indiquées
suprà au mot *Donation entre vifs*, les points suivants : a) La donation-partage est-
elle intervenue entre le ou les ascendants et *tous* ses enfants et descendants ; b) Aucun des copartageants ne peut-il attaquer le partage pour cause de lésion de plus
du quart (Art. 887, C. civ.)?

On devra exiger la production d'un intitulé d'inventaire, ou d'un acte de notoriété, dressé après les décès des ascendants-donateurs, constatant qu'ils n'ont pas
laissé d'autres héritiers que ceux qui ont participé à la donation-partage. Cet acte
produira implicitement la preuve que l'usufruit que les ascendants donateurs avaient
pu réserver à leur profit sur les biens par eux donnés, se trouve éteint et sans
objet.

3. *Ou* : ... par un acte de notoriété dressé à défaut d'inventaire, après ce décès,
par M^e... notaire à... le...

4. En cas de soulte, voir ce qui a été dit *suprà*, au mot *Echange*.

Une expédition dudit acte a été transcrite au bureau des hypothèques de..., le..., volume..., n°...

Le donateur est décédé à..., le..., laissant pour seuls héritiers chacun pour un tiers ses trois enfants sus-nommés, ainsi qu'il est constaté par un acte de notoriété dressé par Mᵉ..., notaire à..., le... Par suite de ce décès l'usufruit que le donateur défunt s'était réservé s'est réuni à la nue-propriété qu'avaient ses enfants [1].

LEGS PARTICULIER [2]

M... est propriétaire de l'immeuble par lui apporté par suite du legs à titre particulier qui lui en a été fait, sans charge [3] par M... (*prénoms et nom*) son... (*par exemple : oncle ou cousin germain*) en son vivant... (*profession*) demeurant à..., rue..., n°..., où il est décédé le..., aux termes de son testament fait en la forme olographe à... le..., déposé au rang des minutes de Mᵉ... notaire à... le..., en vertu d'une ordonnance rendue par M. le président du tribunal civil de..., contenue en son procès-verbal de description en date du... [4].

Suivant acte reçu par Mᵉ..., notaire à... le..., l'exécution de ce testament et la délivrance du legs fait à M... ont été consenties par M... (*prénoms, nom, profession et domicile*) en sa qualité de seul héritier de M..., testateur, son (*frère ou fils*, etc.), qualité constatée par l'intitulé de l'inventaire dressé après le décès du testateur, par Mᵉ..., notaire à... le... [5].

1. *S'il y a lieu :* enfin les trois enfants ont procédé au partage de la succession mobilière de leur père, suivant acte reçu par Mᵉ..., notaire à... le... et, dans cet acte, chacun a déclaré avoir été entièrement rempli de ses droits dans les successions de ses père et mère.

2. Lorsque la propriété de l'immeuble apporté provient d'un legs, il y a lieu de se faire représenter une expédition de la délivrance du legs, consentie par les héritiers à réserve du testateur, — à leur défaut, par les légataires universels, — enfin, à défaut de ceux-ci, par les héritiers. Il importe, en outre, de se faire justifier de la qualité de celui (ou de ceux) qui a consenti la délivrance de legs.

Dans le cas où la délivrance n'aurait pas été volontairement faite, s'assurer que la grosse du jugement en tenant lieu n'a été frappée ni d'opposition ni d'appel.

3. En cas de charges, les indiquer, et énoncer les actes constatant qu'il y a été pleinement satisfait.

4. *Ou :* ... aux termes de son testament dicté à Mᵉ... notaire, en présence des témoins requis par la loi, le...

5. *Ou :* ... par un acte de notoriété dressé à défaut d'inventaire, après le décès du testateur, par Mᵉ... notaire à..., le...

POSSESSION. — PRESCRIPTION [1]

M..., apporteur déclare qu'il possède à titre de propriétaire l'immeuble par lui mis en société, depuis plus de trente ans, sans interruption ni suspension, ce qui en a prescrit la propriété, en sa personne, à défaut de titre.

A l'appui de sa déclaration, il a produit les documents suivants :

Enoncer ces documents. Par exemple : un certificat délivré par la mairie de..., le..., établissant qu'il a constamment été en possession de l'immeuble en question, depuis... années, et qu'il a, depuis ce temps, toujours été considéré par tous, dans le pays, comme en étant le seul et exclusif propriétaire ;

Un acte de notoriété dressé par Mᵉ... notaire à..., le..., sur la déclaration de : M... (*prénoms, nom, profession et domicile*) ; M... (*Idem*) ; M..., etc., constatant, etc.

1. Si l'apporteur ne pouvait justifier, par la production d'aucun titre, de la propriété de l'immeuble qu'il met en société, il convient de voir si sa possession est assez longue pour établir la prescription. Il faut, pour que cette prescription soit acquise, que la possession ait été ininterrompue et non suspendue pendant au moins trente ans.

Cette justification peut se faire à l'aide des documents suivants, notamment : inventaires, baux consentis par le possesseur, extraits du cadastre, déclarations de mutations par décès, certificats de maires, actes de notoriété, etc.

CHAPITRE IV

QUAND Y A-T-IL SOCIÉTÉ ?

401. — **De la société et des contrats qui s'en rapprochent.** — La société, on l'a vu précédemment, est, d'après la définition même donnée par l'article 1832 du code civil, un contrat « par lequel deux ou plusieurs personnes conviennent de mettre quelque chose en commun, dans la vue de partager le bénéfice qui pourrait en résulter ».

Et ce contrat, a-t-on vu également (n⁰ˢ 174 et suiv.), ne se forme qu'à la condition que les parties, en s'obligeant, aient nettement l'intention de contracter une société, *affectio societatis*.

C'est l'*affectio societatis* qui permet de distinguer la société des autres contrats dont le caractère semble, *à priori*, offrir la plus grande similitude avec elle.

402. — La définition donné par l'article 1832 du code civil, résume avec netteté le caractère, l'objet et le but de la société.

La société naît de la volonté des parties ; son objet est la mise en commun de certaines choses ; son but, le partage des gains que peut engendrer l'exploitation de ces choses ; et c'est là ce qui distingue la société de la communauté d'intérêts que le hasard produit, ou qui résulte soit de dispositions qui ne sont pas l'œuvre des parties, soit de la loi, lorsque, dans des vues d'intérêt général, elle réunit et centralise des droits et des actions disséminés dans plusieurs mains. Ainsi, une succession s'ouvre et plusieurs héritiers sont appelés à la recueillir, un legs est fait à plusieurs, conjointement,

des mêmes objets; une faillite éclate, qui réunit en la main de syndics, toutes les actions des créanciers; c'est une communauté d'intérêts qui s'établit entre les héritiers, les légataires, les créanciers,
mais non une société; car la volonté des parties n'a pas formé le
lien qui les unit; elles ne se sont pas proposé de collaboration dont
le profit se diviserait entre elles. La nécessité a tout fait [1].

403. — Telle est donc la règle à suivre, pour éviter la confusion :
est-ce par la volonté des parties que les choses dont elles étaient
propriétaires sont apportées dans un centre commun, et l'objet est-il
de composer un fonds dont l'exploitation profite à tous dans une
proportion quelconque? — C'est le contrat de société.

S'agit-il, au contraire, d'une indivision étrangère au vœu des parties ou même d'une convention qui, en créant entre elles des rapports, n'exige pas de travail commun et ne comporte pas de bénéfices? — C'est simplement une commandite d'intérêts. Ainsi, les
assurances mutuelles et les tontines ne sont pas des sociétés. Dans
le premier cas, en effet, la position de l'assuré ne change pas. Il
demeure après l'assurance, investi des mêmes droits qu'il avait
avant; il a l'entière propriété des choses assurées. Dans le second
cas, il n'y a pas en elles l'élément essentiel de la société; car le
capital mis en commun est invariable, aucune collaboration ne tend
à le faire fructifier. L'unique objet de la convention est de profiter
des extinctions que le temps amène [2].

En résumé, la société ne peut s'établir que par contrat, — alors
que la communauté peut exister entre plusieurs personnes par l'effet de causes purement accidentelles et indépendantes de la volonté
de ces personnes.

404. — Sans nous étendre outre mesure sur cette question spéciale, qui offre plutôt un caractère théorique, mais afin de fixer les
intéressés dans la plupart des cas qui peuvent se présenter dans
la pratique, il va être rapporté sous les numéros qui suivent les
sommaires de quelques décisions qui suffiront pour permettre de
distinguer, dans les cas où un doute s'élèverait quant au caractère
réel du contrat, si l'on se trouve juridiquement en présence d'une
société ou d'un autre contrat.

1. Delangle, n° 2, Loc. cit.
2. Ibid. N° 3 Cit.

405. — La stipulation faite entre commerçants, de mettre en commun un capital, et d'en jouir alternativement pendant un certain temps, en l'appliquant à leur commerce particulier, ne constitue pas une société (Cassation, 4 juillet 1826, *Dalloz*, 26, 1, 403).

406. — Il n'y a pas société lorsque les possesseurs d'une usine conviennent que chacun d'eux l'exploitera à son tour, pour son compte personnel, pendant un certain temps fixé. Il n'y a pas dans ce cas, en effet, chance de gain ou de perte, et une société ne peut exister sans cette condition (Cassation, 5 janvier 1842, *Dalloz*, 42, 158).

407. — Un commis intéressé peut-il être assimilé à un associé ? La jurisprudence décide que non (*Not.* Cassation, 31 mai 1831, *Dalloz*, 31, 1, 206, Paris 7 mars 1835, *Dalloz*, 35, 293).

En effet, quelque analogie qu'on puisse trouver entre la condition du commis intéressé et celle de l'associé qui fait une mise d'industrie, il existe entre ces deux positions cette différence capitale que l'associé, en quoi que sa mise ait consisté, en argent, en meubles, en industrie, est maître dans une certaine proportion du fonds social ; que son droit est de la même nature et produit les mêmes effets que celui de ses coassociés ; que la cessation des rapports, nés de la société, ne peut résulter, avant le terme fixé pour leur durée, que du consentement unanime des contractants, ou d'une décision judiciaire. Tandis que le commis intéressé, comme le mot l'indique, ne cesse pas d'être un commis. De ce qu'au lieu d'un salaire fixe et sur le paiement duquel les événements commerciaux n'influent pas, il prend une part des bénéfices à la réalisation desquels il contribue par son travail, sa condition n'est pas changée. Il n'acquiert aucun droit sur le fonds social ; il ne supporte pas les pertes ; le maître peut le congédier avant le temps, sauf une juste indemnité si la mesure est imméritée. Or, la qualité d'associé n'est pas compatible avec cette dépendance.

408. — La convention intervenue entre un patron et son commis dans laquelle il est stipulé que l'intérêt de ce dernier, outre un traitement fixe annuel, sera, à l'avenir d'un tant pour cent sur les profits et les pertes des opérations de l'entreprise, bien que qualifiés par le patron d'admission à participation, peut être considéré comme n'étant qu'un réglement nouveau des conditions du louage de services (Cassation, 17 avril 1872, *Dalloz*, 73, 1, 311). Il en est ainsi spécialement lorsque cette convention stipule que le commis ne fera aucun versement et qu'il n'aura aucun droit sur le matériel de l'entreprise. D'où cette conséquence que cet arrangement n'enlève pas au patron le droit de congédier son commis, sans indemnité (à la condition que le délai de préavis soit observé) avant l'achèvement des opérations en cours d'exécution.

409. — Malgré sa sortie de la maison de commerce dans laquelle il était employé, le commis intéressé a le droit d'exiger sa part des bénéfices acquis au jour de sa sortie, bien que non compris dans les inventaires et comptes de profits et pertes dressés pendant sa participation (Paris, 19 juillet 1872, *Dalloz*, 75, 1, 417, 418).

Le même arrêt décide qu'il a également droit à une quote-part des créances nées pendant son exercice, qui seraient recouvrées après sa sortie [1].

410. — La convention par laquelle des créanciers ont laissé entre les mains d'un banquier, leur débiteur, le solde de leur compte chez lui et lui ont vendu des titres qu'il détenait pour eux, avec stipulation à leur profit d'une part dans les bénéfices de l'entreprise, ne constitue pas une société en commandite, alors que ces créanciers ne se sont pas dessaisis de leurs créances pour en faire apport, que, d'autre part le banquier a conservé la libre disposition de sa maison de banque, et qu'enfin il n'est pas établi que la clause de participation aux bénéfices ait eu, dans l'intention des parties, d'autre objet que de leur procurer le complément de leurs intérêts légitimes (Cassation, 20 juillet 1908, *Dalloz*, 1909, 1, 93).

411. — La convention par laquelle une personne fournit des capitaux pour l'exploitation d'une industrie et stipule, en plus de l'intérêt légal, une part dans les bénéfices, constitue un prêt et non une société en commandite, alors qu'il n'y a pas eu mise en commun des capitaux ni participation aux pertes (Cassation, 8 janvier 1872, *Dalloz*, 72, 1, 194).

---

1. Etant fondé à réclamer les vérifications propres à lui donner la certitude que les comptes des bénéfices qui lui sont présentés sont exacts, le commis intéressé doit être autorisé à prendre *personnellement* (mais sans déplacement) communication des livres de son patron, toutes les fois qu'il est pratiquement possible de limiter l'examen auquel il demande à se livrer aux seules opérations dans les bénéfices desquelles il a droit à une part préfixée (Rennes, 29 juin 1871, *Dalloz*, 72, 2, 135). Et ce, ajoute notre arrêt, alors même qu'il irait ailleurs exercer le même emploi.

412. — Celle par laquelle un associé s'adjoint une tierce personne pour l'exploitation de la part qu'il possède dans une société, ne constitue elle-même un contrat de société qu'à la condition d'avoir pour objet sa part aussi bien dans les pertes que dans les bénéfices (Cassation, 7 avril 1873, *Dalloz*, 73, 1, 422).

413. — La stipulation au profit du bailleur, dans un bail industriel d'une part dans les bénéfices de l'établissement du preneur, comme élément du loyer, n'est pas inconciliable avec le contrat de bail, et ne le fait pas nécessairement dégénérer en contrat de société (Cassation, 9 novembre 1869, *Dalloz*, 70, 1, 213).

414. — La convention par laquelle une personne remet à un commerçant, pour l'exploitation de l'industrie de ce dernier, une somme d'argent remboursable à une époque déterminée, avec stipulation d'une quote-part des bénéfices annuels, en sus des intérêts, sans aucune contribution aux pertes, présente le caractère non d'une société, mais d'un prêt à intérêt (Grenoble, 27 janvier 1870, *Dalloz*, 71, 2, 76 — Douai, 23 août 1882, *Dalloz*, 85, 2, 105, — Cassation, 3 mars 1903, *Dalloz*, 1904, 1, 257).

Jugé d'autre part que doit être considéré, non comme un associé, mais comme un bailleur de fonds une personne (spécialement un officier en activité de service) qui a mis une certaine somme d'argent dans une société commerciale, alors qu'aux termes des conventions intervenues entre les parties, cette personne, qualifiée de simple prêteur : 1° s'est prémunie contre toutes les conséquences des opérations commerciales que pourrait tenter le directeur de la société ; 2° s'est réservé le droit d'exiger, dans six cas et notamment en cas de pertes constatées par l'inventaire annuel, le remboursement ; 3° s'était réservée la faculté, sans contestation possible de demander à être ultérieurement associé, mais ne l'était pas, en fait, encore devenu. — Qu'il en est ainsi alors d'ailleurs qu'il n'est pas démontré que ce prêteur se soit, en quoi que ce soit, immiscé dans la direction de l'usine et dans les opérations commerciales et qu'il ait existé entre lui et ses débiteurs une association de fait (Paris, 21 mars 1914, *Rec. Gaz. des Trib.*, 1914, 2, 452 [1]).

---

1. Jugé qu'il y a lieu de considérer comme un prêt et non comme un versement à titre de commandite, la somme remise à un commerçant par un bailleur de fonds, avec stipulation d'un intérêt de 5 %, plus une part dans les bénéfices, avec droit au remboursement intégral du capital dans le cas où l'inventaire annuel accuserait des

Mais l'acte par lequel un tiers apporte des fonds à un commerçant en stipulant, outre un intérêt, une part dans les bénéfices, ou dans les pertes, constitue une société, et non pas un simple prêt (Douai, 3 février 1875, *Dalloz*, 77, 2, 140).

En pareil cas, en effet, les tribunaux peuvent restituer à la convention le caractère juridique d'une société, tant au regard des parties, pour faire participer le bailleur de fonds aux pertes, qu'au regard des créanciers, pour reconnaître à ceux-ci le droit d'exiger personnellement dudit bailleur le paiement des dettes (Cassation, 3 mars 1903, *préc.*).

415. — Par contre, les dispositions accessoires d'un contrat d'ouverture de crédit peuvent parfaitement assigner à ce contrat le caractère d'un contrat de société. Il en est ainsi notamment dans le cas où le prétendu prêteur a stipulé qu'il serait chargé de toute la comptabilité financière et qu'il lui serait attribué une part des bénéfices. Et il pourrait en être ainsi alors même que les parties n'entendaient pas constituer une société ; cette précaution tendant à montrer, au contraire, qu'elles pressentaient que la convention avait un caractère social (Cassation, 3 août 1875, *Dalloz*, 76, 1, 81).

En effet, le contrat pour lequel une personne consent une ouverture de crédit à un commerçant pour l'exploitation de son commerce constitue en réalité une société si *l'affectio societatis* résulte des stipulations du contrat (Trib. civ. Vervins, 31 juillet 1902, *Dalloz*, 1903, 2, 425).

Et ce, alors même que le prétendu prêteur serait affranchi de toute contribution aux pertes.

Il en est ainsi notamment, décide le même arrêt, quand le prétendu prêteur a droit à une part importante dans les bénéfices et que les clauses du contrat lui permettent de s'immiscer dans la gestion du commerce du débiteur.

416. — La convention par laquelle une personne s'engage à verser à des associés en nom collectif une certaine somme d'argent comme mise sociale sans qu'un remboursement soit stipulé, et à titre de commandite, en leur cédant à forfait sa part dans les bénéfices futurs de la société, constitue non pas un prêt usuraire, mais

---

pertes ne laissant au bailleur de fonds que l'intérêt de son argent (Trib. de Comm. de Marseille, 24 novembre 1890. *Jurispr. Gén. Dalloz*, suppl. Société, n° 663, Rec. de Marseille, 1891, p. 45).

une convention de société valable, alors que le commanditaire conserve ses droits sur le fonds social, et en a reçu d'ailleurs, sa part
à la liquidation (Cassation, 9 juillet 1885, *Dalloz*, 86, 1, 301).

417. — Ne peut être considéré comme un contrat de société, la
convention qui a pour objet, non pas de réaliser des bénéfices mis
en commun, mais de protéger la propriété des contractants contre
un dommage ou perte éventuels (Cassation, 27 juillet 1880, *Dalloz*,
81. 1, 165, — 29 octobre 1894, *Dalloz*, 96, 1, 145). Et, d'après ce
dernier arrêt, ce principe s'applique à toutes les sociétés non lucrati-
ves, sous quelque forme ou dénomination qu'elles se soient créées.

418. — Quand des cohéritiers ont versé dans une société commerciale (notamment dans une société en nom collectif constituée
entre eux pour un temps déterminé) l'intégralité de la succession
de l'auteur commun, il se trouve une société à la place de la succession et ce n'est qu'à l'expiration du terme ou à la dissolution de
la société que, l'indivision sociale prenant naissance, l'article 815 du
code civil pourra recevoir son application (Montpellier, 29 novembre 1897, sous Cass. 15 mai 1899, *Dalloz*, 99, 1, 353). Et, il importe peu que l'apport à la société de la part héréditaire d'une des
cohéritières ait été fait par son mari et que celui-ci figure dans l'acte
de société comme associé, si c'est par la commune volonté des cohéritiers qu'une indivision sociale comprenant l'ensemble des biens
de la succession a été substituée à l'indivision successorale (Cassation, 15 mai 1899, *Dalloz*, 99. 1. 353).

419. — Doit être considéré comme une société *civile* douée de
la personnalité juridique, et non comme une simple communauté
indivise, la réunion de plusieurs personnes s'organisant en compagnie pour l'exploitation d'un moulin, avec un directeur et des statuts, en divisant leur capital en actions et en se procurant un partage de bénéfices. Et, conséquemment, la part d'un des membres de
cette compagnie constitue une créance contre celle-ci et, au décès
de son titulaire, elle se divise de plein droit entre les héritiers du
de cujus (Toulouse, 7 mars 1904, *Dalloz*, 1904, 2, 333).

420. — La convention par laquelle une personne s'engage à rembourser à une autre le montant total des sommes que celle-ci lui a
avancées pour l'exploitation d'une entreprise commerciale sans être

en droit de lui faire supporter les pertes pouvant résulter de cette
exploitation, n'est pas contraire à la règle posée par l'article 1855
du code civil et, par conséquent, n'est pas exclusive du contrat de
société, alors que les sommes avancées et mises en commun consistaient dans la jouissance d'un capital dans les termes de l'article 1851
du même code, laquelle restait nécessairement soumise aux pertes
dont souffrirait la société, la personne qui a avancé les fonds étant
exposée à ne rien retirer de leur intérêt. Par suite, les tribunaux
peuvent attribuer à une convention de cette nature les effets d'une
société et non pas ceux d'un prêt (Cassation, 20 décembre 1893,
Dalloz, 94, 1, 224).

421. — La décision qui constate, en fait, qu'une personne a
fourni à une société de fait un apport en industrie, que les bénéfices sociaux devaient se partager également entre elle et les associés,
et qu'elle a acquis en commun avec ceux-ci les matières premières
à exploiter, décide à bon droit que cette personne avait, dans cette
société, la qualité d'associé et non pas celle de simple gérant et
qu'elle devait, par suite, subir les pertes sociales dans la même proportion que celle où elle aurait participé aux bénéfices.

422. — La convention par laquelle une personne, se qualifiant
prêteur de fonds, apporte une certaine somme dans une association,
doit être considérée comme contrat de société quand le bailleur de
fonds stipule, non la restitution de ces fonds, mais une quote-part
du capital social, — qu'il lui est promis, non pas des intérêts mais
une participation aux bénéfices, — que voix délibérative lui est
accordée ainsi que la faculté de compulser les livres, et lorsqu'il
est établi que le soi-disant prêteur traitait avec les tiers et exerçait
une action dirigeante dans l'entreprise. Par suite, ce bailleur de fonds
est tenu de contribuer aux pertes comme un associé, d'après la part
proportionnelle fixée pour ses bénéfices (Grenoble, 18 mars 1887,
Dalloz, 88, 2, 305).

423. — La convention par laquelle un industriel, après la mort
de sa femme, se met d'accord avec ses enfants pour conserver en
commun les biens maternels et les valeurs de la communauté et les
affecter à son exploitation industrielle, ne constitue pas une simple
convention d'indivision, lorsqu'il y est stipulé que cet industriel di-
rigera l'établissement en qualité de gérant, sous une raison sociale,
avec répartition des bénéfices entre les contractants, et limitation des

pertes pour chaque enfant au montant de sa part dans les biens héréditaires. Il y a là une véritable société commerciale dans laquelle les enfants ont la situation d'associés commanditaires. Conséquemment chacun des enfants est obligé envers les créanciers sociaux jusqu'à concurrence du montant de son apport, bien que l'acte en question n'ait pas reçu la publicité prescrite par la loi pour la validité des sociétés commerciales, ce défaut de publicité n'étant pas opposable aux tiers (Cassation, 28 mars 1892, *Dalloz*, 92, 1, 265).

424. — Pour qu'il y ait société entre deux propriétaires d'un immeuble, il ne suffit pas qu'ils aient acheté cet immeuble en commun, qu'ils en aient joui par indivis pendant plusieurs années, et qu'ils l'aient revendu avec bénéfice, si d'ailleurs il n'est pas établi qu'ils l'eussent acheté en vue d'en opérer la revente et de partager le bénéfice qui en pourrait résulter ; en l'absence de ces deux dernières conditions, il n'y a eu entre ces possesseurs qu'un état de communauté ou d'indivision, et non pas une société. En conséquence l'immeuble venant à être revendu, l'un des deux vendeurs n'est pas censé avoir reçu mandat de l'autre pour toucher la portion du prix revenant à ce dernier, il faut qu'il y soit spécialement autorisé ; sinon, l'acquéreur qui verse l'intégralité du prix entre ses mains n'est pas libéré envers l'autre, alors même qu'en fait l'immeuble a été revendu avec bénéfice (Cassation, 22 novembre 1852, *Dalloz*, 52, 1323. — V. aussi Trib. de Paix de Paris, 11 décembre 1890, *La Loi*, 18 janvier 1891).

425. — L'achat d'arbres fait en commun par deux commerçants (en l'espèce un charron et un forgeron) pour les employer aux besoins de leur commerce individuel et de leur industrie personnelle, constitue une simple communauté d'intérêts et non une société en participation (Aix, 30 novembre 1853, *Dalloz*, 55, 2, 117).

426. — Par contre, la convention entre plusieurs marchands d'acheter en commun divers lots d'objets mobiliers d'une vente aux enchères, suffit pour constituer une association en participation, soit que les participants doivent revendre aussi en commun, les objets ainsi achetés, soit qu'ils doivent seulement les partager entre eux, après leur achat (Cassation, 4 décembre 1839, *Jur. Gén. Dalloz*, Société, 122, 2) [1].

1. Voy. n°° 1063 et suiv.

427. — Constitue, en principe, un simple mandat salarié, — et non une société, — la convention par laquelle une personne remet à une autre une chose pour la vendre moyennant un prix déterminé, avec stipulation que si elle la vend pour un prix supérieur, elle bénéficiera, seule, du surplus. Mais, il va sans dire que les parties peuvent attribuer à leur convention le caractère d'une société.

De même constitue un mandat révocable, et non une société, a très justement décidé la cour de Rouen dans un arrêt plus que centenaire (28 février 1818) le fait par un commerçant de confier à un tiers le soin de gérer et diriger sa maison de commerce pendant un temps fixé, avec, pour rétribution, un traitement fixe ou une part dans les bénéfices [1].

428. — **Copropriété de navires. — Communauté d'intérêts ou société ?** — En l'absence de toute société régulièrement constituée entre tous les copropriétaires d'un navire [2], quelle est la nature du lien de droit qui les unit ? — En d'autres termes, y a-t-il société de fait, ou y a-t-il simple communauté d'intérêts ?

La question est controversée, mais, d'après la jurisprudence et la majorité des auteurs, il y a lieu d'admettre que, — à moins que l'intention de constituer une société (*affectio societatis*) fasse défaut [3] — une véritable société commerciale, ou, plus exactement, une association en participation, existe entre copropriétaires de navires. (Cassation, 27 février 1877, *Dalloz*, 77, 1, 209, *Sirey*, 77, 1, 209, — Rennes, 4 mars 1880, *Dalloz*, 81, 1, 210, *Sirey*, 81, 1, 265, — Trib. de comm. Dunkerque, 21 mars 1887, *Rev. Intern. de Droit maritime*, t. II, p. 668. *Dalloz*, C. civ. ann., art. 1832, n°s 321 et suiv.) [4].

1. *Jurispr. Gén. Dalloz*, Société, 138 et 139.
2. Voy. art. 220 C. de comm.
3. V. suprà, n°s 401 et 174.
4. V. aussi Douai, 5 décembre 1901, *Jurispr. Douai*, 1902, p. 45.

CHAPITRE V

RÈGLES COMMUNES
A TOUTES LES SOCIÉTÉS COMMERCIALES

§ I. — *Forme et preuve du contrat de société.*

429. — **Nécessité d'un acte écrit.** — Quelle que soit leur nature — en nom collectif, en commandite, simple ou par actions, anonyme — les sociétés commerciales doivent être constatées par des actes écrits, publics ou sous seings privés.

C'est ce qui résulte, en ce qui concerne les sociétés en nom collectif et en commandite simple, des articles 39 et 41 du code de commerce ainsi conçus : « Les sociétés en nom collectif ou en com-
« mandite doivent être constatées par des actes publics ou sous
« signatures privées, en se conformant, dans ce dernier cas, à l'ar-
« ticle 1325 du code civil » [1] et « aucune preuve par témoins ne
« peut être admise contre et outre le contenu dans les actes de
« société, ni sur ce qui serait allégué avoir été dit avant l'acte, lors
« de l'acte, ou depuis, encore qu'il s'agisse d'une somme au-dessous
« de 150 francs ».

Et en ce qui concerne les sociétés par actions, anonymes ou commandites, des articles 1er et 21 de la loi du 24 juillet 1867, modifiée par la loi du 1er août 1893.

430. — Défaut d'acte écrit. — Conséquences. — Quelques auteurs concluent, comme conséquence du défaut d'acte écrit, à la nullité *ab initio* de la société, à l'égard des associés. D'après eux donc, l'acte écrit serait exigé pour la validité même du contrat de société.

C'est là, à notre avis, une interprétation extensive des textes, non conforme à la pensée du législateur. Selon nous, l'acte écrit n'est exigé par l'article 39 précité du code de commerce qu'au seul point de vue de la « preuve » de l'existence de la société *ad probationem*, et non pas pour la validité même des sociétés commerciales, ce qui est d'ailleurs la règle de droit commun applicable à tous les contrats.

Bien que non constatée par écrit, la société commerciale n'en est pas moins pour le passé, aussi valable que si un acte public ou sous-

---

1. L'article 1325 du code civil stipule que les actes sous seing privé qui contiennent des conventions synallagmatiques (par contrat « synallagmatiques », il faut entendre ceux dans lesquels les contractants s'obligent les uns envers les autres, et c'est le cas des actes de société) ne sont valables qu'à la condition qu'ils soient faits en autant d'originaux qu'il y a de parties ayant un intérêt distinct.

Pour toutes les personnes ayant le même intérêt, un original suffit.

Chaque original doit contenir la mention du nombre des originaux qui en ont été faits.

Toutefois, le défaut de mention que les originaux ont été faits doubles, triples, etc. ne peut être opposé par celui qui a exécuté de sa part la convention portée dans l'acte.

seing privé le constatait ; mais la preuve de son existence ne pourra être faite que par *l'aveu* de la partie [1] ou le *serment* [2] ; la preuve

(1) ARTICLE 1356 DU CODE CIVIL

L'aveu judiciaire est la déclaration que fait en justice la partie ou son fondé de pouvoir spécial.

Il fait pleine foi contre celui qui l'a fait.

Il ne peut être divisé contre lui.

Il ne peut être révoqué, à moins qu'on ne prouve qu'il a été la suite d'une erreur de fait. Il ne pourrait être révoqué sous prétexte d'une erreur de droit.

(2) ARTICLE 1357 DU CODE CIVIL

Le serment judiciaire est de deux espèces :

1° Celui qu'une partie défère à l'autre pour en faire dépendre le jugement de la cause ; il est appelé *décisoire* ;

2° Celui qui est déféré d'office par le juge à l'une ou à l'autre des parties.

Du serment décisoire.

ARTICLE 1358

Le serment décisoire peut être déféré sur quelque espèce de contestation que ce soit.

ARTICLE 1359

Il ne peut être déféré que sur un fait personnel à la partie à laquelle on le défère.

ARTICLE 1360

Il peut être déféré en tout état de cause, et encore qu'il n'existe aucun commencement de preuve de la demande ou de l'exception sur laquelle il est provoqué.

ARTICLE 1361

Celui auquel le serment est déféré, qui le refuse ou ne consent pas à le référer à son adversaire, ou l'adversaire à qui il a été référé et qui le refuse, doit succomber dans sa demande ou dans son exception.

ARTICLE 1362

Le serment ne peut être référé quand le fait qui en est l'objet n'est point celui des deux parties, mais est purement personnel à celui auquel le serment avait été déféré.

ARTICLE 1363

Lorsque le serment déféré ou référé a été fait, l'adversaire n'est point recevable à en prouver la fausseté.

ARTICLE 1364

La partie qui a déféré ou référé le serment, ne peut plus se rétracter lorsque l'adversaire a déclaré qu'il est prêt à faire ce serment.

ARTICLE 1365

Le serment fait ne forme preuve qu'au profit de celui qui l'a déféré ou contre lui, et au profit de ses héritiers et ayants cause ou contre eux.

par témoins ne pourrait être faite que dans le seul cas où il existerait un « commencement de preuve par écrit » [1].

431. — Pour le passé donc, la société commerciale non constatée
par écrit est valable, à la condition *sine quâ non* que la preuve de
son existence soit faite. Il y a, pour ce temps, société *de fait*; mais
encore faut-il la prouver.

Cette preuve faite, un des associés par exemple, peut en demander et en obtenir la liquidation (Cassation, 19 mars 1862, *Dalloz*,
62, 1, 825, — Nîmes, 14 mars 1868, *Sirey*, 68, 2, 274, — Paris,
26 janvier 1883, sous Cassation, 4 novembre 1885, *Dalloz*, 86, 1,
302, — Nantes, 8 novembre 1902, *Rev. des Soc.* 1903, 433, — Marseille, 18 décembre 1911, *Journ. des Soc.* 1912, 527).

Néanmoins le serment déféré par l'un des créanciers solidaires du débiteur ne
libère celui-ci que pour la part de ce créancier ;
Le serment déféré au débiteur principal libère également les cautions ;
Celui déféré à l'un des débiteurs solidaires profite aux codébiteurs ;
Et celui déféré à la caution profite au débiteur principal.
Dans ces deux derniers cas, le serment du codébiteur solidaire ou de la caution
ne profite aux autres codébiteurs ou au débiteur principal que lorsqu'il a été déféré
sur la dette, et non sur le fait de la solidarité ou du cautionnement.

Du serment déféré d'office.

ARTICLE 1366

Le juge peut déférer à l'une des parties le serment, ou pour en faire dépendre la
décision de la cause, ou seulement pour déterminer le montant de la condamnation

ARTICLE 1367

Le juge ne peut déférer d'office le serment, soit sur la demande soit sur l'exception qui y est opposée, que sous les deux conditions suivantes ; il faut :
1° Que la demande ou l'exception ne soit pas pleinement justifiée ;
2° Qu'elle ne soit pas totalement dénuée de preuves.
Hors ces deux cas, le juge doit ou adjuger ou rejeter purement et simplement la
demande.

ARTICLE 1368

Le serment déféré d'office par le juge à l'une des parties, ne peut être par elle
déféré à l'autre.

ARTICLE 1369

Le serment sur la valeur de la chose demandée ne peut être déféré par le juge au
demandeur que lorsqu'il est d'ailleurs impossible de constater autrement cette valeur.
Le juge doit même, en ce cas, déterminer la somme jusqu'à concurrence de
laquelle le demandeur en sera cru sur son serment.

1. On appelle ainsi tout acte par écrit qui est émané de celui contre lequel la
demande est formée, ou de celui qu'il représente et qui rend vraisemblable le fait
allégué (Art. 1347, C. civ.).

432. — Mais cette société existe-t-elle pour l'avenir ? — Non, une telle société, valable pour le passé, venons-nous de voir, serait nulle pour l'avenir. En sorte que, dans une société de fait c'est-à-dire non constatée par un acte écrit, si une des parties demandait en justice la réalisation de la société par le moyen d'un acte *écrit*, cette demande serait rejetée et le tribunal déclarerait la société nulle (Toulouse, 22 juin 1872, *Dalloz*, 72, 2, 157). Ce qui est assez logique; car, à défaut d'engagement exprès d'une personne, il semblerait difficilement conciliable avec l'équité qu'on puisse contraindre cette personne à rester associée contre son gré.

433. — Voir, en ce qui concerne les sociétés de fait, n°ˢ 749 et suivants.

434. — **Acte écrit.** — Il faut donc un acte écrit aussi bien pour la société en nom collectif et en commandite simple, que pour la société anonyme et la société en commandite par actions.

Aussi bien, les règles prescrites pour la « publicité » de ces sociétés et qui seront étudiées plus loin sous les numéros 460 et suivants, ne se concevraient-elles pas s'il n'en était pas obligatoirement ainsi.

435. — En ce qui concerne l'association en participation, l'acte écrit n'est pas exigé. (Voir n°ˢ 1233 et suiv.). C'est la seule exception qui s'explique par ce fait que la participation est une « association » et non une « société ».

436. — **Nombre des originaux en cas de statuts rédigés par actes sous signatures privées.** — On a vu (note du n° 429) que lorsque l'acte est dressé sous seing privé, il doit être fait en autant d'originaux qu'il y a de parties ayant un intérêt *distinct*, — autrement dit, en autant d'originaux qu'il y a d'associés.

Ainsi :

Société en nom collectif. — Il doit être fait autant d'originaux de l'acte qu'il y a d'associés, chacun de ceux-ci ayant, ici, un intérêt particulier. Plus un original qui doit rester au siège social [1].

___

1. Et un qui est obligatoirement conservé au bureau de l'enregistrement. (V. n° 438.)

SOCIÉTÉ EN COMMANDITE SIMPLE. — Il a été jugé qu'il n'y a que deux intérêts distincts : celui du ou des gérants, et celui du ou des commanditaires ; et, dans le sens de la loi, l'intérêt des gérants entre eux est un intérêt commun ; de même l'intérêt des commanditaires entre eux est un intérêt commun. D'où cette conséquence que l'acte constitutif d'une société en commandite simple ne devrait être fait qu'en deux originaux : un pour les associés gérants quel qu'en soit le nombre, et un pour les associés commanditaires, quel qu'en soit le nombre également (Cassation, 20 décembre 1830, *Jur. Gén. Dalloz*, Société, n° 1123).

Mais nous dirons que, dans la pratique, il est d'usage, — et c'est une excellente précaution, car ce vieil arrêt n'est rien moins que probant — aussi bien en matière de commandite simple qu'en matière de société en nom collectif, de dresser l'acte en autant d'originaux qu'il y a d'associés commanditaires et d'associés commandités. Plus, ici encore, un original qui doit rester au siège social [1].

SOCIÉTÉ PAR ACTIONS (ANONYMES OU EN COMMANDITE). — Par une dérogation sur laquelle nous aurons à revenir lors de l'étude de chacune de ces sociétés (V. tome II) l'acte sous signatures privées contenant les statuts d'une société par actions peut être dressé, quel que soit le nombre des associés, en *deux originaux* seulement dont l'un est annexé à l'acte authentique de déclaration de souscription et de versement et dont l'autre reste au siège social.

437. — Indépendamment du nombre d'originaux qui vient d'être indiqué, il y a lieu de, toujours, faire *deux* originaux en plus, dont un doit être déposé au greffe de la justice de paix et dont l'autre doit l'être au greffe du tribunal de commerce, ainsi que la loi prescrit pour la publicité de l'acte de société (Voir à cet égard n°° 462 et suiv.) car, s'il n'était fait que deux exemplaires, il devrait être déposé aux greffes deux expéditions notariées dont le coût, en raison des honoraires du notaire pour ce travail, serait beaucoup plus élevé que celui de la confection de deux exemplaires sous signatures privées supplémentaires.

De plus, en cas de succursales, et attendu qu'on doit déposer un exemplaire des statuts au greffe du tribunal de commerce du lieu de chaque succursale et un au greffe de la justice de paix du même

---

1. Et un qui est obligatoirement conservé au bureau de l'enregistrement. V. n° 468.)

lieu (n° 473) il y a lieu de faire *deux* originaux en plus, par chaque succursale située dans une ville différente.

438. — Enfin, il y a lieu, dans tous les cas, de faire un dernier original en plus qui, en vertu de l'article 14 de la loi de finances du 29 juin 1918, est obligatoirement conservé au bureau de l'enregistrement de l'acte.

439-1. — *Exemple.* — Supposons une société en nom collectif composée de 4 associés ; l'acte sous seing privé devra être rédigé en 7 originaux.

Il en faut, en effet :

1 pour chaque associé 4
1 pour rester au siège social 1
1 pour le dépôt au greffe de la justice de paix. . . . 1
1 pour le dépôt au greffe du tribunal de commerce. . 1
et 1 qui doit demeurer au bureau de l'enregistrement. 1

Total. . . 7

Ceci dit pour le cas où la société n'a pas de succursales. En effet, si elle en a, il faut faire *deux* originaux en plus pour chaque succursale située dans un lieu distinct ainsi qu'il est rappelé n° 437.

439-2. — **Papier timbré.** — Bien entendu, chaque original doit être fait sur papier timbré. Les originaux étant rédigés sur papier libre, la société n'en serait pas moins parfaitement valable, car la validité d'aucun contrat ne dépend de la nature du papier sur lequel il est rédigé, mais il serait appliqué une amende, par l'administration de l'enregistrement et la nécessité de payer cette amende ne se fait nullement sentir.

Assez fréquemment, dans la pratique, les fondateurs de sociétés par actions font imprimer un certain nombre d'exemplaires des statuts sur du papier de dimension sensiblement égale à celle de la feuille de papier timbré à 4 francs. Dans ce cas on fait timbrer au bureau de l'enregistrement [1] quatre de ces exemplaires qui, signés du ou des fondateurs, servent d'originaux ; le surplus étant distribué aux actionnaires.

---

1. Avant qu'ils ne soient signés du ou des fondateurs.

440. — Modifications apportées aux statuts. — Écrit. —
Toute société, quelle que soit sa forme, doit, venons-nous de voir,
être constatée par écrit. Ainsi, le contrat forme preuve absolue à
l'égard des parties.

Il en est de même pour tous actes ou délibérations portant prorogation de la société, ou autres modifications apportées au pacte
social. Le mode de preuve pour les prorogations ou modifications
étant le même que pour la société elle-même.

441. — A signaler, toutefois, que la preuve des modifications
apportées à un acte de société, touchant l'apport d'un des associés,
peut être puisée dans les livres comptables sociaux, dans la preuve
par témoins et même dans de simples présomptions (Trib. de Comm.
Lyon, 9 janvier 1909, *Rev. des Soc,* 1909, 119).

**442. — Cas où la société doit être constituée par acte
authentique.** — Lorsqu'il s'agit d'une société constituée entre
une personne et l'un de ses successibles, l'acte doit être dressé en
la forme authentique ; sinon, le successible serait tenu de « rapporter » à la succession tous les bénéfices qu'il aurait réalisés dans
la société [1].

Se reporter à cet égard à ce qui a été dit plus haut sous les Nᵒˢ 59
à 61.

443. — De même, en cas d'apport en propriété de brevets d'invention, l'acte doit être rédigé par-devant notaire. Voir à ce sujet ce
qui a été dit précédemment sous les nᵒˢ 311 et suivants ; et sous
les nᵒˢ 317 et 319.

444. — Remarque. — On notera que, lorsque les intéressés
ont constaté, par un écrit, leurs accords sur la constitution d'une
société entre eux pour un objet déterminé, sur son point de départ,
sur les apports de chacun des contractants ainsi que sur la raison
sociale, cette société est dès lors conclue, sans que d'autres actes
soient nécessaires, la durée de la société et le partage des bénéfices
étant régis, dans le silence du contrat, par les articles 1853 et 1865
du Code civil. (Paris, 8 mars 1884, *Dalloz,* 85, 2, 247).

---

1. Voici ce que dispose à ce sujet l'article 854 du code civil : « ... il n'est pas dû
« de rapport pour les associations faites sans fraude entre le défunt et l'un de ses
« héritiers, lorsque les conditions en ont été réglées par un acte authentique. »

Mais si l'on veut éviter les difficultés pouvant naître à l'occasion de l'application de ces deux articles, il importe que l'acte constatant la formation de la société contienne toutes les stipulations requises ; ce qui est, à tous points bien préférable.

445. — Défaut d'acte écrit. — Conséquences vis-à-vis des tiers. — La question de savoir quelle est la valeur juridique d'une société non constatée par écrit, en ce qui concerne les rapports des associés avec les tiers doit être résolue par le moyen de cette distinction :

a) Lorsque les tiers ont intérêt à ne pas reconnaître la société, la preuve de celle-ci ne peut pas être fournie par les associés ;

b) Inversement, les tiers peuvent, lorsqu'ils ont intérêt à se prévaloir non seulement de l'existence mais encore du caractère de la société, en faire la preuve par tous les moyens.

446. — Jugé, en effet, que, d'une manière générale, l'existence d'une société commerciale peut toujours être prouvée par tous tiers intéressés, au moyen de simples écrits, par témoins et par présomptions. Les tiers ne devant pas avoir à souffrir de la négligence des associés (*Not.* Bordeaux, 14 décembre 1840, *Sirey*, 42, 2, 13. Cassation, 2 janvier 1906, *Dalloz*, 1906, 1, 208, *Sirey*, 1908, 1, 237).

447. — Ainsi jugé que les tribunaux peuvent considérer que l'existence, entre deux personnes, d'une société en nom collectif est suffisamment prouvée à l'égard des tiers, lorsque les associés ont conjointement et solidairement acheté, installé et exploité une usine ; lorsqu'ils ont officiellement pris et employé dans leur correspondance, dans leurs effets de commerce, etc... une raison sociale contenant le nom de l'un d'eux, suivi des mots « et Cie » ; lorsqu'ils ont employé indifféremment la signature sociale ; lorsqu'ils ont, enfin, constamment et ouvertement agi comme les membres d'une société en nom collectif (Cassation, 12 juillet 1888, *Dalloz*, 89, 1, 309, *Sirey*, 89, 1, 755).

448. — Ainsi encore, oblige chaque associé personnellement, le marché passé avec l'un des membres d'une société non constatée par écrit, mais dont l'existence est de notoriété publique, alors que le marché porte la signature sociale et a, d'ailleurs, été fait dans l'intérêt de la société (Cassation, 21 mai 1878, *Dalloz*, 78, 1, 456).

449. — Par contre, aucun autre moyen de preuve que l'acte écrit ne peut être allégué, lorsque l'existence d'une société commerciale (en l'espèce une société en nom collectif) est invoquée par l'un des associés à l'encontre d'un tiers (Cassation, 24 novembre 1905, *Dalloz*, 1906, 1, 221).

450. — **Contre-lettres.** — Ainsi qu'il en est en toutes matières, toute contre-lettre en matière commerciale et, par conséquent, en matière de société, produit ses effets entre les contractants (Cassation, 20 décembre 1852, *Sirey*, 53, 1, 27) [1].

PROMESSE DE SOCIÉTÉ

451. — **Promesse de société non réalisée.** — On sait (Voir n° 174) que l'intention de s'associer, *affectio societatis*, est une des conditions essentielles à l'existence du contrat de société. D'où il suit que tant qu'il n'existe entre les intéressés qu'un simple « projet » de société, il n'y a pas de société entre eux (*Not.* Trib. de Comm. Seine, 11 mai 1898, *Journ. des Soc.* 1899, 92).

452. — Mais la promesse de société est valable. Elle constitue une obligation de « faire » qui se résout en dommages-intérêts en cas d'inexécution (Trib. civ. Seine, 4 août 1904, *Journ. des Soc.* 1905, 274, — Paris, 11 novembre 1905, *Ibid.* 1906, 309) [2]. A moins qu'il ne résulte de la promesse que le promettant a entendu se réserver le droit de se dédire (Lyon, 22 février 1899, *Journ. des Soc.* 1900, 266) [3].

---

1. On appelle « contre-lettre » l'acte, qui est secrètement dressé entre les parties, et par lequel elles dérogent aux conventions antérieurement faites entre elles, conventions qui elles, sont publiques.

Les contre-lettres ne sont pas prohibées. Aussi bien, la loi a-t-elle estimé que les parties devaient toujours avoir le droit de modifier leurs conventions ou de revenir à la vérité lorsque ces conventions n'y étaient pas conformes.

Mais les contre-lettres ne peuvent avoir d'effet qu'entre les parties contractantes : elles n'en ont aucun contre les tiers (Art. 1321, C. civ.). En effet, il était impossible de permettre que les parties pussent déroger, à l'insu des tiers et à leur préjudice, à des actes sur la foi desquels ces tiers ont contracté.

2. Ainsi, en vue de la société projetée, un des contractants quitte la position qu'il occupait jusqu'alors, puis, la société ne se constitue pas : ce contractant en réparation du préjudice qui lui a été causé, peut demander des dommages-intérêts (Orléans, 3 janvier 1843, *Dalloz*, 43, 2, 93, — Paris, 2 décembre 1887, *Journ. des Trib. de Comm.* 1888, p. 415).

3. On ne peut contraindre une personne à exécuter, contre sa volonté, la promesse

453. — La promesse de société est valable, alors même qu'elle n'a pas été constatée par écrit.

Ainsi, l'engagement pris par le propriétaire d'un brevet de former avec lui une société pour l'exploitation de ce brevet oblige le contractant à exécuter son engagement et, en cas de refus de sa part, justifie contre lui une condamnation à des dommages-intérêts, encore qu'il n'y ait aucune preuve écrite de cet engagement (Paris, 11 avril 1861, et 1er mai 1862. *Journ. des Trib. de Comm.* 1861, p. 375 et 1862, p. 314).

454. — Tous ceux qui, en raison d'une société commerciale qu'ils se proposent de constituer, contractent des engagements vis-à-vis des tiers, sont solidairement tenus à l'exécution des obligations ainsi contractées (*Not.* Paris, 12 mars 1875, *Journ. des Trib. de Comm.* 76, 139).

455. — Mais on remarquera que, de toutes manières, c'est-à-dire qu'il y ait un acte écrit ou qu'il n'y en ait pas, il est indispensable pour que la promesse de société soit obligatoire pour toutes les parties, que tous les éléments essentiels du contrat de société se trouvent réunis.

Ainsi, ne serait pas obligatoire, la promesse qui n'indiquerait pas l'objet de la future société, sa durée, la quotité de la mise sociale (Paris, 7 novembre 1867, *Journ. des Trib. de Comm.* 1868, p. 454, — Lyon, 24 avril 1870, Dalloz, 72, 2, 198, — Marseille, 21 février 1900, *Journ. des Soc.* 1900, 357, — Paris, 11 novembre 1905, *Journ. des Soc.* 1906, 309).

456. — Jugé que, si la durée de la société et le partage des bénéfices n'avaient pas été fixés, il serait suppléé au silence de la promesse sur ces points par l'application des articles 1853 et 1855 du Code civil (*Not.* Paris, 8 mars 1884, *Rev. des Soc.* 1884, 621).

457. — Lorsque les parties n'ont pu se mettre d'accord sur toutes les conditions non prévues en leur projet d'association, non

---

qu'elle a faite d'entrer dans une société. En effet, la nature de l'engagement qui s'attache à la qualité d'associé implique nécessairement le consentement de celui qu'intéresse cet engagement (Cassation, 19 février 1907, Sirey, 1912, 1, 217).

C'est une obligation « de faire » : or, en cas d'inexécution, les obligations de faire se résolvent exclusivement en dommages-intérêts.

plus que sur le caractère à donner à leur société, il y a lieu de décider que leurs conventions verbales ne constituent qu'un projet d'association subordonnant l'existence de la société à des conditions qui ne se sont pas réalisées (Paris, 19 janvier 1872, *Journ. des Trib. de Comm.* 1872, 121).

458. — Quiconque entend exciper d'une promesse de société, est nécessairement tenu de la prouver.

La preuve, ici, se fait par tous les moyens, notre matière étant commerciale.

459. — La faillite, la déconfiture, le décès, etc... de l'un des promettants en un mot toutes les causes de dissolution de la société délient les autres de l'obligation qu'ils avaient contractée (Limoges, 15 juin 1896, *Journ. des Soc.* 1897, 208).

§ II. — *Publicité des Sociétés commerciales.*

460. — **Publicité imposée aux sociétés commerciales, sous peine de nullité.** — *Toute* société commerciale, quelle que soit sa forme, et sous la seule exception des associations en participation qui, elles, jouissent d'un régime spécial, et sont, ici encore, dispensées de cette formalité (Voy. n°ˢ 435 et 1239), doivent être sous peine de nullité « publiées » de la manière indiquée par la loi [1].

461. — Les formalités relatives à la publication des sociétés commerciales sont de deux sortes :

[1] Dès l'an 1579, le législateur avait pourvu à ce besoin de publication, nécessaire, en effet, afin de porter à la connaissance des tiers qui ont le plus grand intérêt à les connaître, en vue des contrats qu'ils sont susceptibles de passer avec la société, les clauses contenues dans le pacte social, en édictant qu' « à défaut d'enregistrement aux bailliages et sénéchaussées » les associés ne pourraient avoir, même entre eux, aucune action.

Plus tard (en 1673) une ordonnance prescrivit plus rigoureusement encore l'observation de cette formalité en édictant qu'à défaut de son accomplissement les « actes et contrats » passés seraient nuls tant entre les associés qu'avec « leurs créanciers et ayants cause ».

Et le 18 février 1814, un décret édictait, en outre, la publication par insertion dans les affiches judiciaires ou dans un journal de commerce du département où la société s'organisait.

Ainsi qu'on voit, c'est de cette législation ancienne que le législateur de 1867 s'est inspiré.

1º D'abord le dépôt de l'acte contenant les statuts sociaux, aux greffes de la justice de paix et du tribunal de commerce du lieu du siège de la société ;

2º La publication, par extrait, de l'acte contenant ces statuts [1] dans un journal d'annonces légales de l'arrondissement.

Ces deux modes sont réglés par les articles 55 et suivants de la loi du 24 juillet 1867.

462. — Dépôts aux greffes. — Dans _le mois_ [2] de la constitution de toute société commerciale, un original de l'acte constitutif s'il est sous seing privé, ou une expédition, s'il est notarié, doit être déposé au greffe de la justice de paix, et un autre original (ou expédition) doit être déposé dans ce même délai au greffe du tribunal de commerce du lieu dans lequel la société est établie (art. 55, L. 24 juillet 1867).

463. — S'il s'agit de sociétés par actions — anonymes ou en commandites, — à l'acte constitutif de ces sociétés, ainsi déposé, doivent être annexés :

1º Une expédition de l'acte notarié constatant la souscription du capital social et le versement du quart ;

2º Une copie certifiée des délibérations prises par l'assemblée générale des actionnaires, dans les cas prévus par les articles 4 et 24 de la loi du 24 juillet 1867.

Enfin, en cas de société anonyme, doit être également annexée à l'acte constitutif la liste nominative, certifiée véritable par le ou les fondateurs de la société, des souscripteurs, contenant les noms, prénoms, qualités, domiciles et le nombre d'actions souscrites par chacun d'eux [3], [4] (art. 55, L. 24 juillet 1867, _in fine_.)

---

1. Ou plus exactement des clauses essentielles indiquées par la loi même. Voy. _infrà_, nº 446.

2. V. _infrà_ nº 471, 474 et suiv., et 477 et suiv.

3. En pratique, la liste des souscripteurs est transcrite à la suite de l'expédition notariée de l'acte de déclaration de souscription et de versement. Mais rien ne s'oppose à ce qu'une liste de souscripteurs absolument identique à celle qui est annexée à l'acte notarié, soit rédigée sur timbre, certifiée véritable, et déposée à chacun des greffes de paix et de commerce.

4. Il est d'usage, dans la pratique, bien que ceci ne soit pas exigé par la loi, de joindre pareillement la liste des souscripteurs originaires lors du dépôt aux greffes de l'acte constitutif d'une société en commandite par actions.

464. — Ce sont les représentants légaux de la société, — administrateurs en cas de société anonyme, gérants en cas de société en commandite simple ou par actions, associés en cas de société en nom collectif — qui doivent effectuer le dépôt aux greffes.

Dans la pratique, afin d'éviter le déplacement de ces intéressés ou production d'un pouvoir spécial aux fins de cette formalité, il est d'usage d'insérer dans les statuts une clause pour laquelle « tous pouvoirs sont donnés au porteur d'un des originaux ou d'une expédition de l'acte constitutif, à l'effet de remplir toutes les formalités prescrites pour la publication légale. »

Ces pouvoirs, en cas de société par actions, peuvent encore être donnés dans l'une des délibérations constitutives, ou dans tout autre acte, par exemple dans l'acte notarié de déclaration de souscription et de versement.

465. — **Publication par insertion dans un journal d'annonces légales.** — Dans le délai *d'un mois* également, à partir du jour de la constitution de la société, un extrait de l'acte constitutif de la société et des pièces annexées, doit être publié dans l'un des journaux désignés pour recevoir les annonces légales, publiés dans l'arrondissement du lieu du siège social (art. 56, § 1, L. 24 juillet 1867).

Voir nos 471, 474 et suiv. et 477 et suiv.

466. — L'extrait de publication doit contenir :

1° Les noms des associés, autres que les actionnaires et commanditaires ;

On doit donc désigner, par prénoms, noms, professions et domiciles :

Dans la société en nom collectif, — tous les associés.

Dans la société en commandite simple, — les associés responsables seulement, — c'est-à-dire tous les associés sauf le ou les commanditaires.

Dans les sociétés anonymes ou en commandite par actions, la loi ne spécifie pas de désigner les actionnaires et les commanditaires. De même on ne désigne pas les fondateurs qui ne sont pas en même temps administrateurs.

2° La raison sociale ou la dénomination adoptée par la société ;

3° L'indication du siège social ;

4° La désignation des associés autorisés à gérer, administrer et signer pour la société [1];

5° Le montant du capital social ; on remarquera que l'indication des apports n'est pas exigée. C'est l'indication du capital seul qui importe ; toutefois, si la société est anonyme, l'extrait doit contenir le montant du capital social en numéraire et en autres objets [2].

6° Le montant des valeurs fournies ou à fournir par les actionnaires ou commanditaires ;

7° L'époque où la société commence ; voir quant au point de départ des sociétés, *infrà* n° 474 ;

8° Celle où elle doit finir ;

9° Et enfin, la date du dépôt fait aux greffes de la justice de paix et du tribunal de commerce (art. 57, L. 24 juillet 1867).

L'extrait inséré doit, en outre, énoncer que la société est en nom collectif, en commandite simple, en commandite par actions, ou anonyme, ou à capital variable.

467. — Si la société est anonyme, l'extrait doit indiquer, outre le montant du capital social en espèces et en autres objets, comme on vient de le voir, la quotité à prélever sur les bénéfices pour constituer le fonds de réserve.

468. — Enfin, si la société est à capital variable, l'extrait doit contenir l'indication de la somme au-dessous de laquelle le capital variable ne peut être réduit (art. 58, L. 24 juillet 1867).

469. — Dans la pratique on ne se limite pas, dans l'extrait publié, aux indications énumérées sous les trois numéros qui précèdent, et l'on insère généralement toutes les clauses statutaires qu'il importe aux tiers de connaître.

Car il est des clauses modifiant plus ou moins profondément les conditions normales qui, par cela même, doivent être connues des tiers appelés à contracter avec la société ; notamment par exemple, lorsque les statuts limitent ou étendent anormalement les pouvoirs du conseil d'administration.

---

1. L'extrait de publication d'une société anonyme doit donc contenir les noms des directeurs, s'il y a, et des administrateurs, nommés soit statutairement soit à une assemblée constitutive.

Quant à l'extrait de publication d'une société en commandite par actions, il doit simplement contenir les noms des gérants.

2. Art. 58 al. 2, L. 24 juillet 1867.

A cette fin, il est d'usage de reproduire textuellement tous les articles statutaires dont les tiers doivent avoir connaissance.

Ainsi, doivent être publiées :

1° La clause par laquelle la gestion sociale et, comme conséquence la signature sociale, sont confiées à une personne autre qu'un associé ;

2° Celle qui stipulerait qu'en cas de décès d'un des associés la société continuerait avec ses héritiers, soit sous le même type, soit si ces derniers ne restaient que comme simples commanditaires, soit transformée ;

3° Celle qui porterait limitation aux pouvoirs des administrateurs ou gérants [1];

4° Celle portant que la société ne sera tenue que des engagements signés de tous les associés en nom, de tous les gérants ou de tous les administrateurs ;

5° La clause qui stipulerait que les intérêts convenus seront versés même en l'absence de tout bénéfice aux actionnaires et aux commanditaires [2];

6° L'objet de la société ;

7° La clause mettant tout ou partie du passif dont un apport est grevé, à la charge de la société [3];

8° Les indications concernant la constitution légale de la société ;

Ainsi, l'extrait contiendra :

a) S'il s'agit d'une société en commandite par actions, un extrait de la déclaration de souscription et de versement faite par le gérant [4] et un extrait des délibérations des assemblées constitutives contenant l'approbation des apports en nature et la nomination du premier conseil de surveillance [5];

b) S'il s'agit d'une société anonyme, également un extrait de l'acte de déclaration de souscription et de versement faite par le ou les fondateurs, et un extrait des délibérations des assemblées constitutives contenant l'approbation des apports et la nomination et l'acceptation des premiers administrateurs et du commissaire des comptes.

---

1. Par exemple si, dans une société en nom collectif ou en commandite simple, il était stipulé que le ou les gérants ne pourraient passer, sans le consentement préalable de tous les associés, aucun marché supérieur à une somme déterminée.

2. *Not.* Amiens, 26 mai 1906, *Journ. des Soc.* 1908, 228.

3. Lyon, 28 février 1907, *Dalloz*, 1913, 2, 265.

4. V. formule n° 538.

5. V. formule n° 542.

470. — L'extrait à insérer dans le journal d'annonces légales est signé, pour les actes authentiques par le notaire, et pour les actes sous seing privé par les associés en nom collectif, par les gérants des sociétés en commandite, simples ou par actions, ou par les administrateurs de sociétés anonymes.

Ainsi décide l'article 60 de la loi du 24 juillet 1867. Mais, dans la pratique, la chose est beaucoup simplifiée, en ce sens que le gérant du journal où l'insertion est publiée, n'exige pas la production d'un extrait signé, pour faire la publication. Un simple extrait signé ou non, rédigé sur papier libre, qui lui est remis soit par le représentant légal de la société, soit par le notaire est suffisant.

Au surplus, lorsque la clause dite plus haut sous le numéro 464 a été insérée dans les statuts, le porteur d'un original ou d'une expédition de l'acte constitutif, qui se trouve donc être mandataire a, par cela même, qualité pour signer et faire paraître l'extrait de publication.

471. — *Quid*, en cas d'impossibilité de publier dans le délai d'un mois ? — Jugé que lorsqu'il y a impossibilité matérielle, pour les fondateurs d'une société, d'en faire la publication dans le délai légal d'un mois, à compter du jour de sa constitution définitive, le tribunal de commerce, sur leur demande, peut leur accorder une prorogation de délai (Trib. de Comm. Lyon, 12 août 1920 (*Gaz. jud. et comm. de Lyon*, 5 février 1921).

Mais il faut, pour ce, qu'il soit matériellement impossible de faire les publications dans le délai imparti. Ce qui était le cas dans l'espèce : il s'agissait, en effet, d'une société dont les statuts étaient dressés en France, qui avait des succursales multiples en France, et dont le siège social était au Tonkin.

Aussi bien, dans cet état, était-il de pure nécessité d'octroyer le délai nécessaire, — bien que la loi, imprévoyante, n'eût pas visé ce cas d'impossibilité majeure et le droit aux tribunaux d'autoriser une prorogation quelconque, — de prolonger le délai de publication ; sinon, c'eût été, pour la société l'impossibilité absolue de se constituer légalement, et la situation n'eût pas laissé d'être singulièrement paradoxale, d'une société qui veut se constituer régulièrement et qui est mise, par le fait de la loi même, dans l'impossibilité de pouvoir le faire.

Toutefois, nous estimons qu'en dehors de ce cas exceptionnel aucune prorogation du délai d'un mois ne peut être accordée.

472. — Choix du journal d'annonces. — Dans les départements, la publication peut être faite dans l'un quelconque des journaux, — indistinctement, — publié dans le département du siège de la société et, le cas échéant du siège de chacune des succursales.

A Paris, l'annonce doit être obligatoirement faite dans l'un des journaux d'annonces légales désignés annuellement par décret préfectoral.

Actuellement, les journaux désignés pour recevoir les annonces légales dans le département de la Seine sont les suivants :

La Gazette des Tribunaux ;
Le Droit ;
Les Petites Affiches ;
Les Affiches Parisiennes et Départementales ;
La Loi ;
La Gazette du Palais ;
Le Moniteur des Ventes ;
Le Courrier ;
Le Bulletin municipal officiel de la Ville de Paris ;
Le Moniteur officiel du Commerce ;
Le Journal spécial des Sociétés Françaises par actions ;
Le Moniteur des Travaux Publics ;
Les Affiches de Paris ;
La Dépêche coloniale ;
L'Acier.
Le Journal des Travaux Publics ;
Le Moniteur de l'Entreprise et de l'Industrie ;
Le Bulletin mensuel du Commerce, de l'Industrie et de l'Agriculture ;
Les Échos Parisiens ;
La Renaissance ;
Le Moniteur de Paris ;
Paris municipal et judiciaire ;
Gazette de l'Hôtel Drouot ;
Le Conseiller municipal ;
Journal de la Navigation fluviale et maritime ;
La Seine départementale ;
L'Action Coopérative ;
L'Union des Syndicats de France.

473. — Pluralité d'établissements. — Succursales. — Publicité dans le lieu de chacune d'elles. — Lorsque la société a plusieurs maisons de commerce situées dans des arrondissements différents, le dépôt dont il a été question sous les n°° 462 et suivants, et la publication dite sous les n°° 465 et suivants, ont lieu dans chacun des arrondissements où ces maisons de commerce existent.

Dans les villes divisées en plusieurs arrondissements, le dépôt sera seulement fait au greffe de la justice de paix du principal établissement (art. 59, L. 24 juillet 1867)[1].

474. — Jour où commence à courir le délai d'un mois pour faire le dépôt aux greffes et la publication dans le journal d'annonces. — Le délai d'un mois imparti par la loi pour le dépôt aux greffes et l'insertion dans un journal d'annonces légales commence à courir :

1° Pour les sociétés en nom collectif et en commandite simple, du jour de leur constitution, c'est-à-dire du jour de la date de l'acte qui les constate ; au cas où l'acte porterait plusieurs dates, du jour de la dernière ;

2° Pour les sociétés en commandite par actions, du jour de la nomination du premier conseil de surveillance ;

3° Et pour les sociétés anonymes, du jour où les premiers administrateurs et les commissaires des comptes ont accepté leurs fonctions. (L. 24 juillet 1867, art. 5 et 25).

Aucune clause statutaire ne pourrait valablement modifier ce délai.

475. — Dans le cas où la société serait constituée sous une condition « suspensive », le délai d'un mois ne courrait qu'à compter du jour où la condition se réaliserait (*Not.* Lyon, 16 février 1909, *Journ. des Soc.* 1909, 499).

Ce n'est en effet qu'à partir de ce moment que la société se forme effectivement et a toute qualité pour exercer son activité juridique.

476. — Remarques d'intérêt pratique. — Lorsqu'il n'existe pas de tribunal de commerce au chef-lieu de l'arrondissement dans

---

1. Il faut entendre ici que, lorsqu'une ville qui, comme Paris, Lyon, Bordeaux, Marseille, etc., est divisée en plusieurs cantons, c'est au greffe de la justice de paix de celui de ces cantons où se trouve le principal établissement social que doit être faite le dépôt des pièces constitutives de la société, alors même que celle-ci aurait des succursales dans chacun des autres cantons.

lequel se trouve le siège social (ou la succursale), c'est au greffe du tribunal civil, celui-ci faisant alors fonction de tribunal de commerce, que le dépôt doit être effectué.

477. — On notera que le délai d'un mois imposé pour la publication des sociétés commerciales, n'est pas un délai « franc » et qu'il se calcule de quantième à quantième sans tenir compte de l'inégalité du nombre des jours de chaque mois.

Exemples :

Une société est définitivement constituée le 15 juillet ; le jour de la constitution ne comptant pas, elle pourra être publiée jusqu'au 16 août inclusivement.

Une autre est constituée le 2 février : elle pourra être publiée jusqu'au 3 mars inclusivement.

Comme on le voit, le *dies a quo*, n'est pas compris dans le mois. Ceci dit, théoriquement, car, dans la pratique, on ne devra jamais attendre au dernier jour, même pour remplir la dernière formalité c'est-à-dire la publication dans le journal d'annonces, car il faut compter avec les retards imprévus et toujours possibles ; et l'échéance du délai étant arrivée sans que toutes les formalités aient été remplies, les sanctions dites *infrà* n°ˢ 497 et suivants seraient acquises. Voir à ce sujet ce qui est dit sous les numéros 835 et suivants.

478. — Pour l'accomplissement de toutes les formalités imposées, le délai d'un mois étant de rigueur, ainsi qu'on va le voir dans un instant, il importe de présenter les actes et procès-verbaux, au bureau de l'enregistrement, le plus tôt possible.

Puis, la formalité de l'enregistrement étant accomplie, on opère ensuite les dépôts aux greffes.

En dernier lieu, on publie dans le journal d'annonces légales.

Or, comme dans cette publication l'indication de la date de ces dépôts doit obligatoirement figurer, on voit l'intérêt qu'il y a à ce que ces dépôts soient faits le plus tôt possible.

479. — **Justification de la publication dans le journal.** — L'article 56, § 2 de la loi du 24 juillet 1867 dit qu' « il sera justifié « de l'insertion par un exemplaire du journal, certifié par l'impri- « meur, légalisé par le maire et enregistré dans les trois mois de

« sa date ». Et ce, à peine de nullité de la société (*Not.* Poitiers, 7 mars 1910, *Journ. des Soc.* 1911, 15) [1].

Ainsi donc, un simple exemplaire non légalisé ni enregistré serait insuffisant pour établir que l'insertion a régulièrement été faite.

Ce numéro légalisé et enregistré a donc une importance considérable, puisque, vient-on de voir, à défaut, la nullité de la société s'ensuivrait. Pourquoi, importe-t-il à la société de le conserver précieusement.

Dans la pratique, pour plus de sûreté, on le dépose quelquefois au rang des minutes d'un notaire avec les expéditions des procès-verbaux de dépôt aux greffes de la justice de paix et du tribunal de commerce. Le plus souvent, on préfère se faire délivrer plusieurs exemplaires légalisés et enregistrés, trois par exemple ; afin qu'un cas de perte ne soit pas fatal ; et ces exemplaires, ainsi que les procès-verbaux de dépôt aux greffes sont conservés au siège social avec un original (ou une expédition) des statuts.

Jugé que, si la production de l'exemplaire du journal constatant, dans les formes prescrites par la loi, la publication de l'acte constitutif d'une société, fait la preuve légale de l'accomplissement de ces formalités, il n'est pas interdit à la société, quand elle ne peut représenter le journal lui-même, de prouver par d'autres moyens qu'elle a rempli toutes les formalités prescrites. (Cassation, 19 juin 1918, *Journ. des Not.*, art. 32, 054).

Donc, à défaut de justification par la production d'un exemplaire du journal, certifié, enregistré et légalisé, qui est le mode impérativement imposé par la loi, — en cas de perte du numéro justificatif ou en tout autre cas d'impossibilité de le produire, — la preuve que toutes les formalités prescrites par l'article 56 de la loi de 1867 ont bien été remplies peut être faite par tout autre moyen [2]. Mais, pour ce, il faut qu'il y ait impossibilité constatée.

---

1. V. *infrà*, n°⁸ 498 et 501.

2. Par exemple : par la production d'un extrait du registre du receveur d'enregistrement constant l'enregistrement d'un exemplaire du journal d'annonces où a paru la publication. (Cassation, 18 mars 1846, *Dalloz*, 46, 1, 241, *Sirey*, 46, 1, 683) ;

Par un certificat du receveur d'enregistrement, attestant l'enregistrement du certificat de l'imprimeur constatant la publication des statuts dans *tel* journal de *telle* date et portant *tel* numéro.

Par un procès-verbal dressé par un huissier, établissant que le numéro du journal figure dans la collection des journaux déposés aux archives (nationales ou départementales). Cassation, 19 juin 1918, préc.).

Mais, dans l'espèce, la preuve par témoins n'est pas admise (Cassation, 18 mars 1846, préc. — V. aussi Lyon, 19 juin 1890, *Mon. Jud. de Lyon*, 16 octobre 1890).

480. — Publication des modifications apportées à la société. — Tous actes ainsi que toutes délibérations d'actionnaires ayant pour objet la modification des statuts, la prorogation de la société[1], sa dissolution anticipée et le mode de liquidation, tout changement ou retraite d'associés, ainsi que tout changement apporté à la raison sociale sont, comme la constitution même de la société, soumis aux formalités de dépôt aux greffes et de publication dans un journal d'annonces légales (Art. 61, § 2, L. 24 juillet 1867).

Et cela se conçoit, la publicité légale ayant pour objet de renseigner les tiers sur le mode de fonctionnement et la solvabilité des sociétés avec lesquelles ils peuvent être appelés à traiter ; il importe donc, connaissant les statuts par la publicité initiale qui en a été donnée, qu'ils connaissent également toutes les modifications ultérieurement apportées à ces statuts.

Doit être publiée, la création d'une succursale (C. de Madagascar, 27 juillet 1910, *Sirey*, 1911, 2, 265).

481. — Doivent être également déposés et publiés, les actes ou délibérations portant augmentation ou réduction [2] du capital social, et ceux portant changement du siège social.

482. — Mais ne sont pas assujettis aux formalités de dépôt et de publication les actes constatant les augmentations ou diminutions du capital social des sociétés à capital variable, non plus que les retraites d'associés autres que les gérants ou administrateurs de ces mêmes sociétés (Art. 62, L. 24 juillet 1867).

483. — Remarques. — Il a été dit sous le n° 180, d'une manière générale, quelles sont les modifications au pacte social qui emportent publication.

Afin de mieux fixer le jugement des intéressés à cet égard, quelques précisions nous semblent utiles en raison de l'importance de la question.

484. — *Exemples de modifications au pacte social, qui doivent être publiées.* — La délibération modifiant la défense faite statutai-

---

1. Ainsi jugé que si aucune publication de la prorogation d'une société en nom collectif n'a été faite, il n'a pas été satisfait à l'article 61 de la loi du 24 juillet 1867, et, conséquemment, la nullité de la prorogation doit être prononcée. (Trib. de Comm. Seine, 31 mai 1920, *Journ. des Not.*, art. 32.802).

2. Cassation, 1er août 1893, *Dalloz*, 94, 1, 126; *Sirey*, 94, 1, 22.

rement aux gérants de la société de vendre les immeubles sociaux, ou de contracter un emprunt hypothécaire avant le remboursement de toutes les obligations à émettre (Lyon, 26 novembre 1863, *Dalloz*, 64, 2, 233).

485. — La convention par laquelle la société est prorogée, sans qu'il y ait lieu de distinguer si cette prorogation résulte d'une convention écrite ou d'un simple état de fait survivant au terme de la société. Dès l'instant que la société continue à exister postérieurement au terme fixé par ses statuts, la prorogation doit être nécessairement publiée. Et, à défaut de publication, la responsabilité des associés envers les tiers subsiste, tant que la publicité donnée à la dissolution n'est pas venue la dégager (Cassation, 2 mars 1897, *Dalloz*, 98, 1, 57).

486. — La contre-lettre modifiant une société en commandite, spécialement celle par laquelle un des associés commanditaires transfère la majorité de ses actions à l'un des associés gérants, en lui vendant un immeuble qu'il avait apporté dans la société (Cassation, 26 août 1845, *Dalloz*, 45, 1, 420).

487. — Tous actes et délibérations révoquant des administrateurs ou en nommant de nouveaux, dans les sociétés anonymes.

488. — Toute dissolution de société. La dissolution non publiée n'est pas opposable aux intéressés ; et par intéressés, il faut entendre non seulement les associés, mais les tiers, et, d'une façon générale, toute personne ayant un intérêt juridique à se prévaloir du défaut de publicité de la dissolution (Rouen, 9 janvier 1890, sous Cassation, 11 janvier 1893, *Sirey*, 97, 1, 443).

489. — La nomination d'un co-gérant, faite par les gérants d'une société commerciale, bien qu'elle ait été autorisée par les statuts, lesquels ont eux-mêmes été publiés (*Not.* Paris, 23 juillet 1857, *Dalloz*, 57, 2, 208).

490. — La convention par laquelle les héritiers d'un commanditaire seront exclus de la société ; convention modifiant les statuts (lesquels stipulaient qu'en cas de décès du commanditaire ses héritiers seraient tenus de continuer sa personne dans la société) et aux termes de laquelle ces héritiers devront être remboursés de leur part commanditaire, sauf aux associés à recompléter le capital social, au moyen de fournissements égaux (Amiens, 18 février 1878, *Sirey*, 78, 2, 97).

491. — *Exemples de modifications n'emportant pas publication.* — La convention par laquelle les associés modifient le mode de partage des bénéfices et des pertes entre associés (Cassation, 21 février 1832, *Sirey*, 32, 1, 544). Le partage des bénéfices n'étant pas soumis à la publicité (Cassation, 15 juillet 1878, *Dalloz*, 79, 1, 361, *Sirey*, 80, 1, 105).

492. — Les votes d'assemblées générales, ayant trait à des actes d'administration ou d'ordre intérieur (Cassation, 22 février 1892, *Dalloz*, 94, 1, 147).

493. — Les modifications apportées aux statuts, tant que ces modifications ne sont pas devenues définitives (Cassation, 9 mai 1860, *Dalloz*, 60, 1, 278).

494. — La dissolution de la société provenant du décès d'un associé (Poitiers, 18 juillet 1894, *Dalloz*, 96, 2, 26).

495. — La dissolution ne provenant pas d'un fait volontaire des associés ; ainsi, celle provenant du décès, de la faillite ou de l'interdiction d'un associé (*Not.* Poitiers, 18 juillet 1894, préc., — Rouen, 30 janvier 1895, sous Cassation, 2 mars 1897, *Dalloz*, 98, 1, 57).

496. — DÉLAI DE LA PUBLICATION DES MODIFICATIONS APPORTÉES AU PACTE SOCIAL. — La loi ne fixe pas expressément le délai dans lequel doit être faite la publication des actes et délibérations qui modifient les statuts, mais on est d'accord pour décider qu'elle doit être faite dans le même délai que la publication originaire, c'est-à-dire dans le délai d'un mois ; délai qui court à partir de la date même de l'acte modificatif du pacte social ;
..... et non de l'événement prévu dans l'acte, par exemple dans le cas rapporté sous le n° 490 (Amiens, 18 février 1878, préc.).

497. — **Sanction, en cas d'inobservation des formalités de dépôt aux greffes et de publication dans un journal d'annonces légales.** — Cette sanction est prévue par le dernier paragraphe de l'article 56 de la loi du 24 juillet 1867 : le défaut de dépôts aux greffes des tribunaux de paix et de commerce du lieu du siège social et de chacune des succursales, s'il y a, le défaut même d'un seul de ces dépôts, le défaut d'avoir fait ces deux dépôts dans le mois de la constitution de la société (ou de l'acte modificatif), le défaut d'insertion d'un extrait des statuts (ou de l'acte modificatif), ou tardiveté de la publication de cette insertion, entraîne la NULLITÉ de l'acte de société, (ou de la clause modificative).

498. — De même le défaut de justification de l'insertion publiée dans le journal d'annonces légales, par le moyen d'un exemplaire de ce journal signé de l'imprimeur, légalisé et enregistré, est une cause de nullité.

(V. *suprà*, n° 479).

499. — Jugé que la nullité est encourue en cas d'omission de tout ou partie des formalités prescrites par la loi pour la publicité, par exemple si la publicité a été omise dans un arrondissement où la société possède une succursale (*Not.* Trib. de Comm. Amiens, 13 janvier 1910, *Journ. des Soc.* 1910, 274).

500. — Qu'elle est également encourue si toutes les mentions légales ne sont pas contenues dans le journal (Cassation, 20 juillet 1870, *Dalloz*, 71, 1, 339).

501. — Qu'elle est également encourue si l'exemplaire du journal contenant l'insertion légale n'a pas été enregistré dans les trois mois de sa date. (*Not.* Douai, 19 février 1892, *Rev. des Soc.* 1892, 248, — Lyon, 12 décembre 1902, *Journ. des Soc.* 1903, 302, — Poitiers, 7 mars 1910, *Dalloz*, 1911, 2, 286).

502. — Que le défaut d'une clause modificative des statuts a seulement pour effet de la rendre inopposable aux tiers (*Not.* Cassation, 14 décembre 1886, *Dalloz*, 87, 1, 103).

503. — Que la nullité résultant du défaut de publicité, bien qu'étant d'ordre public, ne peut être prononcée d'office par les tribunaux : *elle doit être demandée par les intéressés* (Douai, 15 novembre 1900, *Journ. des Soc.* 1901, 302).

504. — La nullité résultant du défaut de stricte observation des formalités requises a lieu A L'ÉGARD DES INTÉRESSÉS : mais le défaut d'aucune de ces formalités NE PEUT ÊTRE OPPOSÉ AUX TIERS par les associés (Art. 56, L. 24 juillet 1867, *in fine*).

Ainsi donc, elle ne peut pas être invoquée par les associés (non plus que par les actionnaires) contre les créanciers de la société.

505. — Elle peut être proposée en tout état de cause (Douai, 15 novembre 1900, préc.).

506. — QUI PEUT DEMANDER LA NULLITÉ ? — La nullité de la société pour défaut de publicité peut être invoquée par tout intéressé : il faut entendre par là toute personne ayant un intérêt juridique — autrement dit un intérêt indépendant d'un acte fait soit avec la société, soit avec l'un des associés — à se prévaloir de la nullité de la société (Rouen, 9 janvier 1890, sous Cassation, 11 janvier 1893, Dalloz, 93, 1, 317).

Par suite, sont donc fondés à demander la nullité :

1° Les créanciers de la société ;

2° Les associés eux-mêmes ;

3° Les créanciers personnels des associés ;

4° Les débiteurs de la société ;

5° Et les débiteurs personnels des associés [1].

507. — Les associés ne peuvent pas opposer aux tiers, on le sait, la nullité de la société résultant du défaut de publicité, mais ils peuvent, du moins, invoquer cette nullité entre eux et contre la société : en effet, ils ont intérêt à sortir de la situation précaire dans laquelle ils se trouvent, par suite de la nullité qui menace la société, dont ils font partie (Nombreux arrêts. *Not.* Lyon, 5 avril 1881, *Dalloz*, 82, 2, 32, — Cassation, 5 janvier 1886, *Ibid.* 86, 1, 122).

Et ils peuvent l'invoquer soit par voie d'action, soit par voie d'exception, par exemple, en se refusant à exécuter les obligations sociales, sans être passibles de dommages-intérêts (Cassation, *not.* 21 juillet 1885, *Dalloz*, 87, 1, 212, — 5 janvier 1886, préc.).

508. — L'associé qui demande cette nullité ne saurait être condamné à des dommages-intérêts ni à raison de la demande en nul-

---

1. Jugé que la nullité d'une société pour défaut de publicité ne peut pas être invoquée par des tiers qui sont sans intérêt, notamment par des débiteurs de la société qui, s'ils n'étaient pas des débiteurs sociaux, demeureraient débiteurs personnels des associés. (Nîmes, 1er juillet 1912, *Rec. Gaz. des Trib.*, 1912, 2, 308).

lité, ni à raison de son refus ou de son retard à exécuter les obligations résultant de l'acte déclaré nul (Cassation, 1er février 1881,
Dalloz, 82, 1, 21, — 21 juillet 1885, préc.).

509. — Les créanciers personnels des associés ont intérêt à faire
prononcer la nullité de la société, soit pour exercer leurs droits sur
les valeurs apportées par leur débiteur dans la société, soit pour
concourir sur le fonds social avec les créanciers sociaux. Ils peuvent
donc invoquer la nullité non seulement du chef de l'associé leur
débiteur, mais aussi de leur propre chef, et, conséquemment, opposer cette nullité aux créanciers de la société (Nombreux arrêts. *Not.*
Grenoble, 11 juillet 1873, *Dalloz*, 74, 2, 167, — Paris, 12 février
1885, *Ibid.* 86, 2, 191, — Cassation, 25 mars 1890, *Ibid.* 90, 1,
475, — 7 août 1893, *Ibid.* 94, 1, 102).

510. — La nullité pour défaut de publicité est imprescriptible
(Douai, 26 octobre 1911, *Journ. des Soc.* 1912, 171).

511. — Lorsque la nullité est prononcée, si la société a déjà fonctionné, la nullité entraîne, pour l'avenir, la dissolution de la société.
Mais elle laisse subsister entre les associés pour tout le temps pendant lequel la société a fonctionné, une communauté d'intérêts, ou
société de fait, dont il y a lieu de considérer les opérations comme
régulières, et dont la liquidation doit se faire de la même manière
que si la société avait été valablement constituée, sur la base des
statuts, conformément à l'intérêt présumé des associés (Jurisp.
const. *Not.* Nîmes, 14 mars 1868, *Sirey*, 68, 2, 274, — Cassation,
7 juillet 1873, *Dalloz*, 73, 1, 327, — 5 novembre 1892, *Sirey*, 93,
1, 364).

512. — En cas de modifications apportées aux statuts, la publicité est seulement requise pour les modifications qui intéressent les
tiers : elle ne l'est pas pour celles qui, étant d'organisation intérieure, règlent exclusivement les rapports des associés entre eux
(*Not.* Cassation, 2 février 1910, *Sirey*, 1911, 1, 145).

513. — PUBLICITÉ TARDIVE. — La tardivité de la publicité est,
nous l'avons vu, une cause de nullité de la société (n° 483).
Toutefois, la nullité est couverte pour l'avenir, si la publication
est faite — bien que le délai d'un mois soit expiré — à la condition

cependant qu'il n'ait pas encore été formé de demande en nullité au moment où la publicité tardive est faite (Jurisp. const. *Not.* Cassation, 20 décembre 1882, *Dalloz*, 83, 1, 301,—Douai, 30 décembre 1891, *Sirey* 92, 2, 317).

514. — Jugé qu'en ce cas la nullité est couverte à l'égard des tiers qui traitent avec la société postérieurement à la publicité tardive, mais non à l'égard des tiers qui ont traité antérieurement avec la société, alors même qu'en fait ils auraient eu connaissance de l'acte non publié (Cassation, 1er mars 1882, *Dalloz*, 83, 1, 130).

515. — Il suit de là que, lorsqu'on s'aperçoit, — quelle que soit l'époque de cette découverte — que la publicité requise a été omise en tout ou partie, ou qu'elle a été irrégulièrement faite, il y a lieu, de, immédiatement, faire procéder à la publicité régulière, afin d'assurer, pour l'avenir, la sécurité de la société à l'égard des tiers.

516. — **Responsabilité pour défaut de publicité régulière.** — En cas de défaut de publicité, de publicité incomplète et irrégulière, ceux à qui incombait le devoir de publier en sont responsables.

Dans les sociétés en nom collectif, ce sont tous les associés.

Dans les sociétés en commandite simple, ce sont les gérants.

Dans les sociétés en commandite par actions, ce sont les membres du conseil de surveillance.

Enfin, dans les sociétés anonymes, ce sont les premiers administrateurs.

A noter que cette responsabilité incombe à ces divers intéressés, alors même qu'ils auraient chargé un tiers du soin de remplir les formalités de publicité [1].

517. — Aux termes de l'article 5 de la loi du 1er août 1893, complétant l'article 42 de la loi du 24 juillet 1867, l'étendue de la responsabilité, en matière de sociétés par actions, a été limitée à l'égard des tiers et des actionnaires au « montant du dommage résultant de l'annulation ».

518. — **Publicité permanente des sociétés par actions.** — **Imprimés et documents divers.** — Comme complément à la

---

1. Mais il est évident que si ce tiers avait mal ou pas exécuté le mandat qui lui avait été ainsi confié, ses mandants auraient une action en dommages-intérêts contre lui, suivant les règles du droit commun

publicité étroitement réglementée par elle et qui vient d'être étudiée sous les numéros 460 et suivants, la loi exige que « dans tous « les actes, factures, annonces, publications et autres documents « *imprimés* ou *autographiés*, émanés des sociétés anonymes et des « sociétés en commandite par actions, la dénomination sociale doit « toujours être précédée ou suivié immédiatement de ces mots, « écrits visiblement en toutes lettres, *société anonyme* ou *société* « *en commandite par actions*, et de l'énonciation du montant du « capital social. »

Si la société est à capital variable, cette circonstance doit être mentionnée par l'addition de ces mots : *à capital variable* (Art. 64, L. 24 juillet 1867).

Enfin, si la société use de la faculté d'émettre des actions de travail, cette circonstance doit être mentionnée par l'addition de ces mots : *à participation ouvrière* (L. 26 avril 1917).

519. — Toute contravention à ces dispositions est punie d'une amende de 50 francs à 1.000 francs (Art. 64, L. 24 juillet 1867).

Mais on notera qu'en cas d'infraction, la pénalité doit être prononcée contre son auteur, (gérant ou administrateur) et non pas contre la société elle-même (Orléans, 8 novembre 1887, *Dalloz*, 88, 2, 97, *Sirey*, 89, 2, 172). — Le même arrêt décide que cette infraction constitue un délit soumis à la prescription de trois ans et non une contravention soumise à celle d'un an.

520. — Jugé que l'énonciation du nom de la société et du capital social, n'est exigé que dans les actes pouvant intéresser le crédit de la société et non dans les journaux et revues qu'elle publie (Paris, 2 avril 1896, *Dalloz*, 98, 2, 263, *Sirey*, 96, 2, 246).

521. — **Cession de droit sociaux.** — **Publication.** — Toute cession de ses droits sociaux, faite par un associé, doit être portée à la connaissance des tiers par le moyen d'une publication dans un journal d'annonces légales, en exécution de l'article 61 de la loi du 24 juillet 1867.

Voir n° 538 et n° 663 et suivants.

522. — **Remarque.** — Il ne faut pas confondre la publicité dont les règles viennent d'être exposées sous les numéros précédents, avec la publication qui doit être faite dans le *Bulletin des*

Annonces légales obligatoires, en cas d'émission de titres sociaux offerts au public, en exécution de la loi du 30 janvier 1907.

Ces deux publicités sont, en effet, essentiellement indépendantes, et visent à des objectifs absolument différents. Voy. à cet égard, tome II, n°ˢ 1407 et suiv.

En aucun cas, elles ne peuvent se substituer.

523. — Cas où les tiers ont droit à communication des pièces déposées aux greffes des tribunaux de commerce et de paix. — Ces cas sont prévus par l'article 63 de la loi du 24 juillet 1867.

Lorsqu'il s'agit d'une société en commandite par actions ou d'une société anonyme, dit cet article, toute personne a le droit de prendre communication des pièces déposées aux greffes de la justice de paix et du tribunal de commerce, et même de s'en faire délivrer à ses frais expédition ou extrait par le greffier ou par le notaire détenteur de la minute.

524. — Il résulte de ce texte que ce droit n'appartient aux tiers que lorsqu'il s'agit d'une société par actions.

Le droit de communication leur est refusé lorsqu'il s'agit d'une société en nom collectif ou en commandite simple.

525. — Jugé que les greffiers des tribunaux de commerce ne sont nullement tenus de délivrer aux tiers des certificats négatifs, c'est-à-dire établissant qu'il n'a été déposé d'acte portant modification des actes de société déposés précédemment. (Bordeaux, 16 août 1876, *Sirey*, 77, 2, 334).

526. — Les tiers, s'ils le préfèrent, peuvent également exiger qu'il leur soit délivré, *au siège de la société*, moyennant une somme qui ne peut excéder un franc, une copie certifiée des statuts.

527. — *Les pièces déposées doivent être affichées dans les bureaux de la société.* — Les pièces déposées lors de la publication des sociétés par actions doivent, dit l'article 63 *in fine* de la loi de 1867, être affichés d'une manière apparente dans les bureaux de la société.

A ces pièces doivent être jointes les expéditions de procès-verbaux de dépôts des pièces aux greffes des tribunaux de commerce et de paix.

528. — Dans la pratique, cet affichage n'a pas lieu. Mais on voit d'après ceci, — comme d'après ce qui vient d'être dit en fin du numéro précédent — qu'il y a lieu de conserver au siège social, et cela quelle que soit la nature de la société, avec un exemplaire des statuts ou une expédition, s'ils ont été faits par acte authentique, un exemplaire du journal d'annonces dûment légalisé et enregistré; ainsi que, dans la suite, toutes pièces contenant modification des statuts et tous journaux, légalisés et enregistrés, qui en contiennent la publication.

FORMULES D'EXTRAITS
POUR PUBLICATIONS DE SOCIÉTÉS

529. — Remarque. — Dans la pratique les extraits de publication sont fournis aux journaux sur papier libre et ne sont généralement pas signés. Les gérants des journaux les acceptent ainsi, quand du moins, ils connaissent la personne qui les leur remet.

530. — Société en nom collectif.

CONSTITUTION DE SOCIÉTÉ [1]

Par acte sous signatures privées en date à....., du.....mil neuf cent....., enregistré à.....le.....numéro....., aux droits de..... francs.....centimes [2].

Il a été formé entre :

M. Jean Albert Thouvenin,.. (*profession*) demeurant à....., rue....., n°.....

D'une part ;

M. Jacques Petit....., (*profession*) demeurant à....., rue....., N°.....

D'autre part ;

Et M. Albert Manceau..... (*profession*) demeurant à....., rue..... N°...

D'une troisième part.

---

1. V. n°ˢ 466 et suiv.

2. *Si l'acte est notarié :* Par acte reçu par Mᵉ....., notaire..... à....., le..... mil neuf cent....., enregistré,

Il a été formé entre : etc.....

Une société en nom collectif ayant pour objet.... (*exposer succinctement l'objet de la société, par exemple :* l'exploitation d'un fonds de commerce de vins en gros, sis à....., rue....., n°.....)

La durée de la société est de..... années, qui ont commencé (ou qui commenceront) à courir le....., et expireront le.....

Le siège social est à....., rue....., n°.....

La raison et la signature sociale sont : « Thouvenin, Petit et Cie » ou (Thouvenin et Cie).

La signature sociale appartient à chacun des associés ; il ne peut en être fait usage que pour les besoins de la société.

(*Ou :* les affaires de la société sont gérées et administrées par les trois associés, qui ont à cet effet les pouvoirs les plus étendus. En conséquence chacun d'eux a la signature sociale, mais il ne peut en faire usage que pour les besoins et affaires de la société. Il peut notamment... (*énoncer les pouvoirs*)[1].

Les associés ont fait apport à la société, savoir :

M. Thouvenin... (*énoncer les apports par exemple :*)

D'une somme de cent cinquante mille francs, représentée par du matériel et des marchandises de son commerce. 150.000 fr.

M. Petit, d'une somme de cent cinquante mille francs, qu'il a versée en espèces 150.000

Et M. Manceau, d'une somme de deux cent mille francs qu'il a également versée en espèces 200.000

Ensemble. . . . 500.000 fr.

constituant le capital social.

A l'expiration de la société arrivant soit à l'échéance du terme fixé, soit par suite de dissolution anticipée, la liquidation sera faite par..... (*énoncer ce qui a été prévu à cet égard dans les statuts, par exemple :* par les deux associés, ou par le survivant en cas de prédécès de l'un d'eux. Le ou les liquidateurs auront, à cet effet, les pouvoirs les plus étendus)[2].

Deux exemplaires[3] dudit acte de société ont été déposés, l'un le.....

---

1. *Ou encore :* La société sera gérée et administrée par M..., seul, qui, à cet effet, aura la signature sociale et les pouvoirs les plus étendus. Il ne pourra en faire usage que pour les besoins et affaires de la société. (*S'il y a lieu :* Il pourra notamment :..., *énonciation des pouvoirs*).

2. Si les statuts contiennent des clauses modifiant plus ou moins les conditions habituelles, il y a lieu d'énoncer ces clauses ici (Voir à ce sujet ce qui est dit sous le n° 470).

3. *Ou* deux expéditions, si l'acte est notarié.

au greffe de la justice de paix de....., et l'autre....., au greffe du tribunal de commerce de.....

Pour extrait :
(Signé) [1]

531. — Modification apportée à une société en nom collectif.

MODIFICATION AUX STATUTS

D'un acte sous signatures privées [1] en date du..... mil neuf cent....., enregistré à...., le...., numéro...., aux droits de.... francs, ...centimes.

Il appert que la société en nom collectif « Thouvenin et Petit » constituée par acte sous signatures privées en date à...., du....., enregistré à..... le...., numéro....., aux droits de..... francs..... centimes [2], ayant pour objet..... (par exemple : l'exploitation d'une fabrique de produits chimiques), avec siège social à....., rue....., n°.....

A été modifiée de la manière suivante :

Indiquer les modifications apportées ; par exemple :

Ladite société reste en nom collectif à l'égard de MM. Thouvenin et Manceau, mais elle est en commandite en ce qui concerne M. Petit.

Le siège social reste fixé à....., rue....., n° (ou est transféré à....., rue..... n°.....).

La raison et la signature sociale seront : « Thouvenin et Cie ».

Chacun des associés en nom collectif a la signature sociale mais n'en peut faire usage que pour les besoins et affaires de la société.

Le capital social n'est pas modifié.

Mais la durée de la société est prorogée de..... années, en sorte que ladite société prendra fin le..... [4].

Deux originaux [5] dudit acte ont été déposés, l'un le..... au greffe de la justice de paix de....., et l'autre le....., au greffe du tribunal de commerce de.....

Pour extrait :
(Signé) [6]

1. Voir numéro 470.
2. Voir note 1 du n° 530.
Si la modification résulte d'une décision judiciaire : aux termes d'un jugement rendu par le tribunal..... de première instance de..... (ou d'un arrêt rendu par la cour d'appel de... le...).
3. *Ou :* formée,.... suivant acte reçu par M°....., notaire à....., le..... 192.. enregistré.
4. V. n°° 466 et suiv.
5. *Ou :* deux expéditions... (si l'acte est notarié).
6. Voir numéro 470.

532. — Prorogation d'une société en nom collectif.

PROROGATION DE SOCIÉTÉ

Par acte sous signatures privées [1] en date à....., du..... 192., enregistré à....., le..... numéro....., aux droits de..... francs....., centimes.

La société en nom collectif « Thouvenin et Cie » formée pour l'exploitation d'une industrie de produits chimiques, suivant acte sous signatures privées en date à....., du..... enregistré à....., le....., numéro....., aux droits de..... [2], pour une durée de..... années à compter du....., avec siège social à....., rue....., n°.....

A été prorogée pour une durée de..... années et..... mois, jusqu'au..... 192I., et ce, aux mêmes conditions que celles spécifiées en l'acte constitutif [3].

Le capital social reste fixé à 500.000 francs.

Deux originaux (ou deux expéditions) de l'acte de prorogation ont été déposés, l'un le....., au greffe de la justice de paix de....., l'autre le....., au greffe du tribunal de commerce de.....

Pour extrait :

(*Signé*) [4]

533. — Dissolution d'une société en nom collectif.

DISSOLUTION DE SOCIÉTÉ

D'un acte sous signatures privées en date à..... du..... 192., [5] enregistré à....., le....., numéro....., aux droits de..... francs..... centimes [6].

Il appert que :

M. Jean Albert Thouvenin..... (*profession*) demeurant à....., rue....., n°.....

---

1. Voir note 1 du n° 530.

2. *Ou :* formée..... suivant acte reçu par M•......, notaire à......, le...... 192... enregistré.

3. *Si des modifications avaient été apportées au pacte social initial, ajouter :*... sauf ce qui va être dit :... (*énonciation des modifications apportées*).

4. Voir numéro 470.

5. *Ou :* D'un acte reçu par M•....., notaire à..... le.....

Ou : d'un jugement rendu par le tribunal de..... de..... (ou d'un arrêt rendu par la cour de......) le....., signifié et passé en force de chose jugée.

Il appert, etc.....

6. Voir note 1 du n° 530.

M. Jacques Petit...... (*profession*) demeurant à...., rue...... n°......

Et M. Albert Manceau..... (*profession*) demeurant à..... rue..... n°......

Seuls membres de la société en nom collectif « Thouvenin, Petit et
Cie » ayant son siège à....., rue..... n°......

Ont déclaré dissoudre purement et simplement, à partir du..... 192..,
la société en nom collectif constituée entre eux sous la raison sociale
« Thouvenin, Petit et Cie » pour l'exploitation d'une fabrique de produits
chimiques, suivant acte sous signatures privées en date à..... du..... [1]
enregistré à....., numéro.... le....., aux droits de..... francs..... centimes, et publié conformément à la loi.

En conformité de l'article..... dudit acte de société, la liquidation sera
faite par les trois associés, collectivement. A cet effet, les liquidateurs
auront, mais conjointement, les pouvoirs les plus étendus, suivant les
lois et usage du commerce, pour administrer, vendre, payer, toucher et
transporter toutes sommes et créances, agir en justice, consentir tous
désistements et mainlevées, avec ou sans paiement ; le tout, jusqu'à la
liquidation complète et définitive de la société [2].

Pour l'exécution des conventions contenues en l'acte dont est extrait
et de leurs suites, MM. Thouvenin, Petit et Manceau ont fait élection de
domicile, savoir : jusqu'au..... prochain, à....., rue....., n°....., au siège
de la société dissoute et après cette date, à....., rue..... n°.....

Tous pouvoirs ont été donnés, en l'acte dont est extrait, au porteur
d'un des originaux dudit acte, pour faire publier la dissolution, conformément à la loi.

Deux originaux (ou deux expéditions si l'acte est notarié) dudit acte de
dissolution ont été déposés, l'un au greffe de la justice de paix de.....
le..., l'autre au greffe du tribunal de commerce de..... le.....

Pour extrait :

(*Signé*) [3]

*Dans le cas où un ou plusieurs liquidateurs autres que les associés
sont nommés il y a lieu de modifier ainsi la formule qui précède :*

Au lieu de en conformité de l'article..... on mettra :

M. Georges X....., demeurant à....., rue....., n°....., a été nommé
liquidateur avec les pouvoirs les plus étendus pour la réalisation de
l'actif et l'acquit du passif, et notamment ceux nécessaires à l'effet de.....
(*indiquer les pouvoirs conférés au liquidateur*).

---

1. *Ou :* suivant acte reçu par Me..... notaire à..... le....., enregistré et publié.
2. Il va de soi que cette rédaction n'est donnée ici qu'à titre d'exemple, et qu'il
y a lieu de suivre la convention du pacte social à cet égard.
3. et 3. Voir n° 470.

Deux originaux (*ou* deux expéditions si l'acte est notarié) ont été déposés..... etc...

Si deux liquidateurs avaient été nommés, on mettrait :

M. Georges X....., demeurant à....., rue...... n°.....

Et M. Louis Z....., demeurant à....., rue....., n°.....

Ont été nommés liquidateurs, avec pouvoir d'agir ensemble ou séparément.

Et les pouvoirs les plus étendus leur ont été donnés, pour la réalisation de l'actif et l'acquit du passif, notamment ceux nécessaires à l'effet de..... (*Indiquer les pouvoirs conférés*).

Deux originaux (ou deux expéditions) ont été déposés, etc.....

Pour extrait :

Signé *

534. — Société en commandite simple.

CONSTITUTION DE SOCIÉTÉ [1]

Par acte sous signatures privées [2] en date à..... du..... mil neuf cent vingt..... enregistré à..... le..... mil neuf cent vingt, n°....., aux droits de..... francs..... centimes.

Intervenu entre :

M. Adrien Laroche..... (*profession*) demeurant à....., rue....., n°.....

M. Maurice Ancel....... (*profession*) demeurant à....., rue....., n°.....

D'une part ;

Et une autre personne dénommée, qualifiée et domiciliée audit acte [3]

D'autre part.

Il a été formé une société entre MM. Laroche et Ancel, comme associés en nom collectif solidairement responsables et l'autre associé comme commanditaire.

Cette société a pour objet..... (*par exemple* : la mise en valeur, l'exploitation ou la vente d'un brevet relatif à....., et généralement la mise en valeur de tous brevets et inventions).

La raison et la signature sociale sont : « Laroche et Cie », — *ou :* « Laroche, Ancel et Cie ».

---

1. V. n°° 466 et suiv.

2. Voir note 1 du numéro 530.

3. *S'il y a plusieurs commanditaires :* Et diverses autres personnes dénommées, qualifiées et domiciliées audit acte.

La durée de la société est de..... années, à compter du.....
Le siège social est à....., rue....., n°.....

M. Laroche a apporté à la société et a immédiatement versé dans la caisse sociale une somme de . . . . . 600.000 fr.

M. Ancel a apporté une somme de 250.000 francs qu'il s'est engagé à verser dans la caisse de la société, le..... prochain. 250.000 fr.

Total des apports des associés en nom collectif. . . 850.000 fr.

L'associé commanditaire a, de son côté, fait apport à la société d'une somme de 350.000 francs qui a été stipulée versable dans la caisse de la société, le..... prochain [1]. 350.000 fr.

Total du capital social. . , ... 1.200.000 fr.

Ce capital a été stipulé productif d'intérêts au taux de..... % par an, payables chaque année le..... et passés aux frais généraux.

MM. Laroche et Ancel ont seuls la gérance et l'administration de la société, ainsi que la signature sociale. Mais ils ne pourront faire usage de cette signature que pour les besoins et affaires de la société, ce, à peine de nullité au regard de la société, et même vis-à-vis des tiers de tous engagements contractés au mépris de cette interdiction et sous réserve pour leurs coassociés, de demander la dissolution de la société et tous dommages intérêts.

Ils ont tous pouvoirs pour, avec ou sans paiement..... (copier ces pouvoirs sur l'acte de société [2].)

Des exemplaires dudit acte [3] ont été déposés, conformément à la loi, au greffe de la justice de paix de....., le..... et au greffe du tribunal de commerce de....., le.....

Pour extrait :

(Signé) [4].

----

1. S'il y a plusieurs commanditaires : Les associés commanditaires, de leur côté, ont fait apport à la société, chacun dans la proportion indiquée audit acte, d'une somme s'élevant au total à...., qui a été stipulée versable dans la caisse de la société le.....

2. Il y a lieu de rapporter ensuite les clauses que les tiers ont intérêt à connaître. On se reportera à ce qui a été dit à cet égard sous les n°⁵ 466 et suiv.

3. Ou : deux expéditions dudit acte.

4. V. n° 470.

535. — **Modification apportée à une société en commandite simple.**

MODIFICATION AUX STATUTS

D'un acte sous signatures privées [1] en date à..... du....., enregistré à....., le....., numéro....., aux droits de.....

Il appert que la société en commandite simple « Laroche et Cᵗᵉ » constituée par acte sous signatures privées (ou par acte reçu par Mᵉ....., notaire à....., le.....) en date à....., du....., enregistré à....., le....., numéro....., aux droits de....., ayant pour objet..... (*par exemple* : l'exploitation ou la vente d'un brevet relatif à..., et généralement la mise en valeur de tous brevets et inventions), avec siège social à....., rue....., n°.....

A été modifiée de la manière suivante :
(*Insérer toutes les modifications apportées*).

Deux originaux [2] dudit acte ont été déposés le....., aux greffes de la justice de paix de....., et du tribunal de commerce de.....

Pour extrait :
(*Signé*) [3].

536. — **Prorogation d'une société en commandite simple.**
— L'extrait à insérer dans le journal d'annonces légales se rédige exactement comme dans la formule donnée plus haut sous le n° 532 en remplaçant simplement les mots « société en nom collectif » par les mots : « société en commandite simple ».

537. — **Dissolution d'une société en commandite simple.**

DISSOLUTION DE SOCIÉTÉ

D'un acte sous signatures privées [4] en date à....., du....., enregistré à....., le....., numéro....., aux droits de.....

1. *Ou : S'il s'agit d'un acte authentique.* D'un acte reçu par Mᵉ..... notaire à..... le.....

Si la modification résulte d'une décision judiciaire. D'un jugement rendu par le tribunal de....., de....., le....., enregistré *ou :* d'un arrêt rendu par la cour d'appel de....., le....., enregistré.

Ou, si l'acte est notarié, deux expéditions dudit acte ont été déposées, etc.

3. Voir numéro 470.

4. *Ou, suivant le cas :* D'un acte reçu par Mᵉ..... notaire, à....., le..... D'un jugement rendu par le tribunal de....., de..... (*ou,* d'un arrêt rendu par la cour d'appel de.....) le.....

Intervenu entre :

M. Adrien Laroche..... (*profession*) demeurant à....., rue....., n°.....

M. Maurice Ancel....... (*profession*) demeurant à....., rue....., n°.....

Et une autre personne (*ou : diverses autres personnes*) dénommée, qualifiée et domiciliée audit acte.

Il appert que la société en commandite simple constituée entre les susnommés et un (*ou divers*) commanditaire, suivant acte sous signatures privées [1] en date à....., du....., enregistré à....., le....., numéro..... aux droits de....., ayant pour objet....., avec siège social à....., rue..... n°..... pour une durée qui devait expirer le....., a été dissoute purement et simplement à compter du.....

M. X..... (*prénoms, nom, qualité et domicile*) a été nommé liquidateur, avec les pouvoirs les plus étendus, d'après les lois et usages du commerce et notamment..... (*rapporter tous les pouvoirs conférés au liquidateur*).

Deux originaux (*ou deux expéditions dudit acte, ou encore deux expéditions dudit jugement ou dudit arrêt*) ont été déposés, l'un le..... au greffe de la justice de paix de....., l'autre, le....., au greffe du tribunal de commerce de.....

Pour extrait :

(*Signé*) [2].

538. — Société en commandite par actions.

STATUTS

ETABLISSEMENTS LECOUVREUR [3]

I. — Suivant acte sous signatures privées, en date à..... du..... [4] dont l'un des originaux est demeuré annexé à la minute d'un acte reçu par Mᵉ... notaire à..... le.....

M. Armand Lecouvreur, ingénieur, demeurant à....., rue..... n°....., a établi les statuts d'une société en commandite par actions, dont il doit être le gérant.

Desquels statuts, il est extrait littéralement ce qui suit :

(*Transcrire littéralement les articles des statuts contenant les clauses dont la publication est imposée par la loi, et les énonciations qu'il importe aux tiers de connaître* [5].)

---

1. *Ou :* reçu par Mᵉ....., notaire à....., le.....
2. Voir numéro 470.
3. V. nᵒˢ 466 et suiv.
4. *Ou :* suivant acte reçu par Mᵉ....., notaire à..... le.....
5. En ce qui concerne les énonciations des statuts dont la publication est exigée par la loi, voir nᵒˢ 466 et suiv.

CONSTITUTION

II. — Suivant acte reçu par Mᵉ....., notaire à....., le....., M. Lecouvreur, gérant, a déclaré que les (nombre) actions représentant le capital
de un million cinq cent mille francs, de la société « Etablissements
Lecouvreur » ont été souscrites par diverses personnes et que chaque
souscripteur a versé une somme égale au montant intégral des actions
par lui souscrites (ou :..... une somme égale au quart ou moitié, etc....,
du montant des actions par lui souscrites, ce qui forme un total de.....
francs, déposés à.....)

A cet acte, ont été annexés un des originaux de l'acte de société et un
état certifié véritable par M. Lecouvreur, contenant les noms, prénoms,
professions ou qualités et domiciles des souscripteurs, le nombre d'actions souscrites par chacun d'eux et le montant des versements effectués
également par chacun d'eux.

III. — Des procès-verbaux (dont les pièces certifiées conformes ont
été déposées à Mᵉ..... notaire à....., le.....) des délibérations des deux
assemblées générales constitutives des actionnaires de la société en commandite par actions « Etablissements Lecouvreur ».

Il résulte savoir :

De celui de la première assemblée en date du....., que cette assemblée a :

1º Reconnu, après vérification, la sincérité de la déclaration de souscription et de versement faite par le gérant, aux termes de l'acte ci-dessus énoncé, reçu par Mᵉ....., notaire, le.....

2º Nommé un commissaire chargé d'apprécier la valeur des apports
faits à la société en formation, la rémunération de ces apports, et les
avantages particuliers stipulés par les statuts au profit du gérant, et de
dresser, sur le tout, un rapport destiné à être soumis à la seconde
Assemblée, le tout conformément à la loi.

De celui de la seconde Assemblée, en date du....., que cette Assemblée a :

1º Après avoir pris connaissance du rapport du commissaire (imprimé
et tenu à la disposition des actionnaires plus de cinq jours avant la réunion) adopté les conclusions de ce rapport et, en conséquence, approuvé
les apports ci-dessus indiqués, la rémunération de ces apports et les
avantages particuliers stipulés par les statuts au profit de M. Lecouvreur
gérant.

2º Approuvé les statuts de la société en commandite par actions
« Lecouvreur et Cie », tels qu'ils résultent de l'acte sous signatures pri-

vées du....., ci-dessus énoncé [1], et constaté la constitution définitive de la Société.

3° Et nommé membres du premier conseil de surveillance, pour une année : M..... (*prénoms, nom, qualité et domicile*) et M..... (*id*), lesquels ont immédiatement déclaré accepter ces fonctions.

Des expéditions : 1° des statuts ; 2° de l'acte de déclaration de souscription et de versement et de l'état qui y est annexé [2] ; 3° de l'acte de dépôt et des deux délibérations des Assemblées générales constitutives, y annexées, ont été déposées le....., au greffe de la justice de paix de....., et au greffe du tribunal de commerce de [3]...

Pour extrait et mention :
(*Signé*) Lecouvreur et Cⁱᵉ [4].

539. — Modifications aux statuts d'une société en commandite par actions.

MODIFICATIONS AUX STATUTS

D'un procès-verbal d'une délibération prise le....., dont une copie a été déposée au rang des minutes de Mᵉ..... notaire à....., le....., l'assemblée générale extraordinaire des actionnaires de la société en commandite par actions « Établissements Lecouvreur », dont le siège est à....., rue....., n°...., a apporté les modifications suivantes aux articles..... des statuts de ladite société, publiés dans le journal....., feuille du..... :

. (*Rapporter ici les modifications qu'il importe aux tiers de connaître*).
— V. à cet égard n°ˢ 266 *et suivants*.

Une copie du procès-verbal de ladite délibération a été déposée à chacun des greffes de la justice de paix de..... et du tribunal de commerce de....,, le..... [5]

Pour extrait et mention :
Le Conseil d'Administration.

1. *Ou :* de l'acte devant Mᵉ... notaire à... du..., sus-énoncé.

2. A noter que le dépôt d'une copie de l'état de souscription et de versement annexé à la déclaration reçue par le notaire, n'est pas exigé par la loi (V. L. 24 juillet 1867, art. 55).

3. *Si la société a des succursales, ajouter :* et aux greffes de la justice de paix de....., le....., et du tribunal de commerce de....., le.....

4. Dans la pratique, la publication de la société en commandite par actions est généralement faite par le notaire au rang des minutes duquel les pièces ont été déposées ; par suite, l'extrait est signé par lui. Mais si le gérant ou son conseil s'était réservé de remplir les formalités de publication, l'extrait serait signé de la raison sociale.

5. *S'il y avait des succursales, ajouter :* et aux greffes de la justice de paix de..... et du tribunal de commerce de....., le.....

540. — Transformation d'une société en commandite par actions en société anonyme.

TRANSFORMATION DE SOCIÉTÉ

Aux termes d'une délibération en date du....., l'Assemblée générale extraordinaire des actionnaires de la société en commandite par actions « Lecouvreur et Cⁱᵉ » dont le siège est à....., rue....., n°....., a, en exécution des statuts et sur la proposition du gérant :

1° Décidé la transformation de ladite société en société anonyme soumise au régime de la loi du 24 juillet 1867 et des lois postérieures concernant les sociétés anonymes ;

2° Adopté le texte des nouveaux statuts devant régir ladite société à compter du....., desquels statuts, il a été extrait littéralement ce qui suit :

(*Rapporter ici les articles contenant les énonciations dont la publication est exigée par la loi, et celles qu'il est utile de porter à la connaissance des tiers* [1].

3° Nommé comme administrateurs, MM. ..... (*prénoms, noms, qualités et domiciles*), lesquels ont immédiatement accepté ces fonctions.

4° Et nommé M..... (*prénoms, nom, qualité et domicile*) commissaire, et M..... (*id.*) commissaire-suppléant, pour faire un rapport à la prochaine Assemblée générale ordinaire sur les comptes de l'exercice qui prendra fin le..... ; MM..... ont immédiatement accepté ces fonctions.

Des copies du procès-verbal de la délibération ci-dessus énoncée ont été déposées le....., au greffe de la justice de paix de..... et au greffe du tribunal de commerce de..... [2].

Pour extrait et mention :
LE CONSEIL D'ADMINISTRATION.

541. — Dissolution anticipée amiable d'une société en commandite par actions.

DISSOLUTION DE SOCIÉTÉ

Par délibération en date du....., l'Assemblée générale extraordinaire des actionnaires de la société en commandite par actions « Établissements Lecouvreur », au capital de..... divisé en..... actions de..... francs cha-

---

1. V. ce qui a été dit à cet égard, *supra* nᵒˢ 466 et suivants.
2. *En cas de succursales, ajouter :* ..... et aux greffes de la justice de paix de....., et du tribunal de commerce de....., le.....

cune, dont le siège est à....., rue..... n°....... a prononcé la dissolution anticipée de ladite société à compter du.....

Et elle a nommé comme liquidateurs, avec pouvoir d'agir ensemble ou séparément, M..... (*prénoms, nom, qualité et domicile*), et M......, (*id.*) auxquels elle a conféré, en vertu de l'article..... des statuts, les pouvoirs les plus étendus pour la réalisation de l'actif et l'acquittement du passif ; notamment ceux nécessaires à l'effet de..... (*Indiquer ici tous les pouvoirs conférés aux liquidateurs*).

Une copie enregistrée et certifiée conforme a été déposée à chacun des greffes de la justice de paix de..... et du tribunal de commerce de..... le.....[1].

Pour extrait et mention :
Le Conseil d'Administration.

542. — Société anonyme.

SOCIÉTÉ ANONYME
DES ANCIENS ETABLISSEMENTS CHARPENTIER

I. — *Statuts.*

Suivant acte sous signatures privées[2] en date à....., du..... dont l'un des originaux a été annexé à la minute d'un acte reçu par Mᵉ....., notaire à....., le.....

M. Maxime Charpentier, industriel, demeurant à....., rue..... n°..... a établi les statuts d'une société anonyme, desquels il a été extrait littéralement ce qui suit :

(*Transcrire ici le texte des articles des statuts contenant les énonciations exigées par la loi*[3] *et celles que les tiers ont intérêt à connaître.*)

II. — *Déclaration de souscription et de versement.*

Aux termes d'un acte reçu par Mᵉ..... notaire à....., le....., M. Charpentier a déclaré que les 4.000 actions de 500 francs chacune, de numéraire à émettre par ladite société anonyme, ont été entièrement souscrites par diverses personnes, et qu'il a été versé par chacun des souscripteurs une somme égale au quart (*ou* : à la moitié, etc...) du montant des actions par lui souscrites.

1. *En cas de succursales de la société, ajouter :* et à chacun des greffes de la justice de paix de..... et du tribunal de commerce de....., le.....

2. *Ou :* Suivant acte reçu par Mᵉ....., notaire à....., le..... M. etc.

3. V. n°ˢ 466 et suiv.

Un double de l'acte de société et une liste nominative, certifiée sincère et véritable, des souscripteurs, contenant les noms, prénoms, qualités et domiciles de chacun d'eux, ainsi que le nombre d'actions souscrit par chacun, ont été représentés par M. Charpentier et sont annexés audit acte notarié.

III. — Assemblées générales constitutives.

Des procès-verbaux (dont copies ont été déposées au rang des minutes de Mᵉ..... notaire à....., suivant acte en date du.....) de deux délibérations prises par les Assemblées générales constitutives des actionnaires de la « Société anonyme des anciens Etablissements Charpentier », il appert :

a) Du premier de ces procès-verbaux, en date du.....

1° Que l'assemblée générale en date du..... a reconnu, après vérification, la sincérité de la déclaration de souscription et de versement faite par M. Charpentier, fondateur, aux termes de l'acte du....., devant Mᵉ..... notaire à..... ci-dessus énoncé ;

2° Et que ladite Assemblée a nommé un commissaire chargé d'apprécier la valeur des apports en nature faits par M. Charpentier, ainsi que les avantages particuliers résultant des statuts, et de rédiger à cet égard un rapport qui serait soumis à la seconde Assemblée ;

b) Du second procès-verbal, en date du.....

1° Que l'Assemblée générale, adoptant les conclusions du rapport du commissaire, a approuvé les apports faits à la société par M. Charpentier et les avantages particuliers stipulés auxdits statuts ;

2° Qu'elle a nommé, dans les termes de l'article..... des statuts, comme premiers administrateurs :

M....... (prénoms, nom, qualité et domicile).

M....... (Id.)

Etc...

Lesquels ont accepté ces fonctions ;

3° Que l'assemblée a ensuite nommé comme commissaire, M..... (prénoms, nom, qualité et domicile) et comme commissaire suppléant M... (Id.) qui ont accepté, pour faire un rapport à l'Assemblée générale sur les comptes du premier exercice ;

4° Enfin, qu'elle a approuvé les statuts et déclaré la société définitivement constituée.

Une expédition de la déclaration de souscription et de versement des statuts et de l'état de souscription et de versement annexés à cet acte et une expédition de l'acte de dépôt du....., et des copies des procès-verbaux de délibération des Assemblées constitutives ont été déposées à chacun des greffes de la justice de paix de..... et du tribunal de commerce de....., le..... [1].

Pour extrait et mention :

(Signé) [2].

543. — Modifications apportées à une société anonyme.

MODIFICATION DE SOCIÉTÉ

SOCIÉTÉ ANONYME DES ANCIENS ÉTABLISSEMENTS X.....

au capital de.....

Siège social : rue..... n°...... à.....

Suivant délibération de l'Assemblée générale des actionnaires de la Société anonyme des Anciens Etablissements X..... tenue extraordinairement le....., il a été voté les résolutions suivantes :

Première résolution :

(Transcrire les modifications que les tiers ont intérêt à connaître) [3].

Deuxième résolution :

(Même remarque).

Troisième résolution :

(Idem).

Des expéditions de la délibération précitée ont été déposées à chacun des greffes de la justice de paix de:....., et du tribunal de commerce de..... le..... [4]

Pour extrait et mention :

LE CONSEIL D'ADMINISTRATION [5].

---

1. En cas de succursales, ajouter : et le....., aux greffes de la justice de paix de..... et du tribunal de commerce de...

2. Voir en ce qui concerne la signature de l'extrait de publication ce qui est dit sous le n° 470.

3. Voir, à cet égard, ce qui a été dit supra n°s 466 et suivants, et 469.

4. C'est habituellement le notaire qui a reçu en dépôt l'extrait du procès-verbal de la délibération, qui signe l'extrait de publication, — à son défaut ce serait le président du conseil d'administration.

5. En cas de succursales, ajouter : ... et le..., à chacun des greffes de la justice de paix de... et du tribunal de commerce de...

544. — Transfert de siège social.

TRANSFERT DE SIÈGE SOCIAL

SOCIÉTÉ D'APPAREILLAGE ÉLECTRIQUE

Société anonyme au capital de..... francs

Siège social : ci-devant : rue..... nº..... à.....
et actuellement, rue..... nº..... à......

Aux termes d'une délibération du conseil d'administration de ladite société, tenue le....., dont un extrait du procès-verbal a été déposé au rang des minutes de Mᵉ..... notaire à....., suivant acte reçu par lui le..... ledit conseil, usant de la faculté à lui accordée par l'article..... des statuts, a décidé de transférer le siège de la société à..... rue..... nº..... (ledit siège était précédemment même ville, rue..... nº.....).

Une expédition des actes et délibération précités a été déposée à chacun des greffes du Tribunal de commerce de..... et de la justice de paix de....., le..... [1]

Pour extrait et mention :

(Signé [2]*).*

545. — Changement de dénomination sociale.

CHANGEMENT DE DÉNOMINATION SOCIALE

SOCIÉTÉ DES INDUSTRIES ÉLECTRIQUES

Société anonyme au capital de..... francs.

Siège social : rue..... nº..... à.....

Du procès-verbal de l'Assemblée générale extraordinaire des actionnaires de la Société Anonyme des Industries électriques, tenue au siège social le....., régulièrement constituée, il appert que la résolution suivante a été adoptée à l'unanimité des membres présents :

La Société des Industries Electriques, s'appellera désormais :

1 et 2, Voir notes 2 et 3 du numéro 543.

SOCIÉTÉ PARISIENNE DES INDUSTRIES ÉLECTRIQUES

Un extrait dudit procès-verbal dûment enregistré a été déposé le.....
au greffe de la justice de paix de..... et le....., au greffe du tribunal de
commerce de.....

Pour extrait et mention :
(Signé *)

546. — Augmentation du capital social par le moyen d'une émission d'actions nouvelles *.

AUGMENTATION DE CAPITAL

SOCIÉTÉ ANONYME X.....

Siège social : rue..... n°..... à.....

I. — Aux termes d'une délibération prise à la date du....., dont une
copie dûment certifiée du procès-verbal est annexé à la minute d'un acte
de déclaration de souscription et de versement reçu par M°....., notaire
à....., le....., l'assemblée générale extraordinaire de ladite société a
décidé :

1. *En cas de succursales, ajouter :*... et le..., au greffe de la justice de paix de...
et au greffe du tribunal de commerce de...

2. Cette publication étant faite par les soins du conseil d'administration, c'est le
président de ce conseil qui signe l'extrait.

3. *Voici une autre formule s'appliquant, ainsi qu'on va voir, à un cas différent :*

I

Suivant acte reçu par M°....., notaire à....., le....., M..... (*prénoms, nom, qualité
et domicile*) agissant en qualité d'administrateur unique de la société anonyme X...
au capital d'alors.... francs, dont le siège est à....., rue ....., n°....., a déclaré :

Qu'usant de la faculté réservée par l'article..... des statuts de ladite Société, de
porter le capital social à....., par la création de..... actions nouvelles, de..... francs
chacune, à souscrire en numéraire, il a décidé cette augmentation de capital.

Et que ces..... actions avaient été souscrites tant par lui-même que par..... (*deux,
trois, etc...*) personnes et qu'il avait été versé par chaque souscripteur une somme
égale au..... (*par exemple :* quart) du montant des actions par lui souscrites, soit.....
francs, par actions et au total..... francs.

A cet acte est demeuré annexée une liste contenant les noms, prénoms, qualités et
domiciles des souscripteurs, le nombre des actions par eux souscrites, le montant
du capital souscrit et celui des versements effectués par chaque souscripteur.

II

Aux termes d'une délibération en date du....., l'Assemblée générale extraordinaire
des actionnaires de ladite Société a, après vérification, reconnu sincère et véritable
la déclaration de souscription et de versement faite par l'administrateur unique de

1° Que le capital de la Société qui était jusqu'alors de 1.200.000 francs, serait augmenté de 800.000 francs, par l'émission au pair de..... actions de..... francs chacune, payables... *par exemple :* un quart à la souscription et le surplus aux époques qui seraient ultérieurement fixées par le conseil d'administration ; et que, par suite, ce capital serait porté à 2 millions de francs ;

2° Que, en conséquence de l'augmentation du capital, la rédaction de l'article des statuts serait modifiée et remplacée par le texte suivant :

ARTICLE...

(*Transcrire littéralement la rédaction nouvelle de cet article, par exemple :*) Le capital social est fixé à 2 millions de francs et divisé en..... actions de..... francs chacune, dont 1.200.000 francs formant le capital originaire et 800.000 francs montant de l'augmentation autorisée par décision de l'Assemblée générale extraordinaire des actionnaires en date du.....).

II. — Aux termes d'un acte reçu par ledit Mᵉ....., notaire, les membres composant le Conseil d'administration de la société anonyme X..... ont déclaré :

Que les..... actions nouvellement créées de..... francs chacune, émises en exécution de la délibération énoncée ci-dessus ont été souscrites par diverses personnes ;

Et que chacun des souscripteurs a versé en espèces une somme égale..... (*par exemple :* au quart) du montant des actions par lui souscrites.

ladite Société aux termes de l'acte devant Mᵉ....., du..... ci-dessus énoncé, et a déclaré définitivement réalisée l'augmentation du capital social qui se trouve donc porté à..... francs.

Par suite, l'Assemblée a modifié l'article..... des statuts, de la manière suivante :

ARTICLE...

(*Transcrire littéralement la rédaction nouvelle de l'article*).

Aux termes de la même délibération, ladite Assemblée a décidé de porter à trois le nombre des administrateurs.

Elle a confirmé le mandat précédemment donné à M. X..... ci-dessus nommé, et elle a nommé, pour compléter le conseil d'administration :

M..... (*prénoms, nom, qualité et domicile*)..

Et M..... (*Id.*).

Qui, tous deux, ont déclaré accepter les fonctions qui leur étaient ainsi conférées.

Une expédition de la déclaration de souscription et de versement ci-dessus énoncée et de la liste y annexée, et une expédition de la délibération de l'Assemblée générale sus-énoncée (dont l'un des originaux du procès-verbal est annexé à la minute d'un acte de dépôt reçu par Mᵉ....., notaire le.....) ont été déposées à chacun des greffes de la justice de paix de..... et du tribunal de commerce de..... le...

Pour extrait et mention :

Le Conseil d'Administration.

Une liste, certifiée sincère et véritable, contenant les noms, prénoms, qualités et domiciles des souscripteurs, ainsi que le nombre des actions souscrites et le montant des versements effectués par chacun d'eux, est demeurée annexée audit acte du...

III. — D'une délibération en date du....., dont copie a été déposée au rang des minutes de Me....., notaire à....., par acte en date du....., il appert que l'Assemblée générale de tous les actionnaires tant anciens que nouveaux, de la Société, a :

1° Reconnu la sincérité de la déclaration de souscription et de versement faite par le Conseil d'administration de ladite Société par l'acte devant Me....., notaire, du..... précité ;

2° Et reconnu que la rédaction nouvelle de l'article..... des statuts arrêtée par l'Assemblée générale des..... et....., de l'acte devant Me....., notaire, du..... et de la liste des souscripteurs qui y est annexée, ont été déposées aux greffes de la justice de paix de..... et du tribunal de commerce de...., le..... [1]

Pour extrait et mention :
(Signé) [2]

547. — Augmentation du capital social par le moyen d'apports en nature et d'émission d'actions nouvelles.

AUGMENTATION DE CAPITAL

SOCIÉTÉ ANONYME X.....
au capital de..... francs.
Siège social : rue..... n°..... à.....

I. — Aux termes d'un acte sous signatures privées, en daté à..... du..... enregistré à..... le....., numéro..... aux droits de..... [3] M..... (prénoms, noms, qualité et domicile) a fait apport à la Société anonyme X....., au capital de..... dont le siège est à....., rue..... n°..... des biens dont la désignation suit, savoir :

(Désignation des biens apportés. — Voir à cet égard numéros 384 et suivants).

Cet apport, soumis à la condition suspensive de son approbation par l'Assemblée générale des actionnaires, a été consenti moyennant l'attri-

---

1. *En cas de succursales :*... et le..., au greffe de la justice de paix de... et au greffe du tribunal de commerce de...
2. Voir n° 470.
3. *Ou :* Aux termes d'un acte reçu par Me..., notaire à... le...

bution de..... actions de......francs...... chacune, entièrement libérées, à créer à titre d'augmentation du capital social.

II. — Aux termes d'une délibération en date du....... dont une copie a été déposée au rang des minutes de Mᵉ..... notaire à....., le....., l'Assemblée générale extraordinaire des actionnaires de ladite Société a :

1° Décidé d'augmenter le capital social, d'une somme de..... par la création de..... actions nouvelles, de...... francs chacune, ce qui portera ledit capital social à..... francs ; sur ces actions..... ont été attribuées ainsi qu'il est dit ci-dessus, à M....., en représentation de ses apports sus-énoncés ; les..... actions de surplus ont été émises au taux de..... francs chacune, entièrement payables au moment de la souscription ;

2° Modifié, en conséquence, de la façon suivante les articles..... et....., des statuts, sous la condition que l'augmentation sera définitivement réalisée :

ARTICLE...

(Transcrire ici la nouvelle rédaction de chacun des articles modifiés).

III. — Du procès-verbal d'une délibération prise le....., et dont une copie a été déposée à Mᵉ....., notaire, suivant acte reçu par lui le..... il appert qu'une Assemblée générale extraordinaire de tous les actionnaires de ladite Société a approuvé et accepté provisoirement l'apport en numéraire fait par M....., et a nommé un commissaire chargé d'apprécier la valeur des apports faits en nature par M..... et de faire un rapport sur cette valeur et sur les avantages qui en sont la représentation.

IV. — Aux termes d'un acte reçu par Mᵉ....., notaire sus-nommé, le..... les membres composant le Conseil d'administration de ladite Société ont déclaré que les..... actions nouvelles, émises contre espèces ont toutes été souscrites par diverses personnes et que chacune de celles-ci a versé intégralement le montant de la valeur d'émission des actions souscrites par elle.

A cet acte, est annexé une liste contenant les noms, prénoms, qualités, domiciles des souscripteurs, ainsi que le nombre d'actions souscrites et le montant des versements effectués par chacun d'eux.

V. — Aux termes d'une délibération en date du....., dont une copie a été déposée au rang des minutes de Mᵉ..... notaire, le..... l'Assemblée générale extraordinaire de tous les actionnaires, tant anciens que nouveaux a :

1° Reconnu la sincérité de la déclaration de souscription et de versement faite par l'acte du....., ci-dessus énoncé ;

2° Adopté les conclusions du rapport de M....., commissaire, approuvé les apports faits par M....., ainsi que les avantages particuliers qui en sont la représentation ;

3° Et, par suite, de la réalisation de la double augmentation de capital dite ci-dessus, les modifications apportées aux articles..... et..... par l'Assemblée générale du....., précitée, sont devenues définitives.

Un original de l'acte d'apports du....., et des expéditions tant des procès-verbaux des délibérations de l'Assemblée générale des..... que de l'acte devant Me....., notaire, du....., et de la liste qui y est annexée, ont été déposés au greffe de la justice de paix de....., le....., et au greffe du tribunal de commerce de....., le.....[1]

Pour extrait et mention :
(Signé [2]).

548. — Réduction du capital.

RÉDUCTION DE CAPITAL

SOCIÉTÉ ANONYME X.....

au capital de .... francs.

Siège social : rue......, n°..... à.....

D'une délibération en date du....., il appert que l'Assemblée générale extraordinaire des actionnaires de la Société anonyme X...., a décidé que le capital social, qui était originairement de....., divisé en..... actions de..... francs chacune, serait réduit à..... francs, divisé en..... actions de..... francs chacune, entièrement libérées.

Par suite de cette réduction, l'Assemblée générale a modifié le texte de l'article..... des statuts, et l'a remplacé par le texte suivant :

ARTICLE...

(*Transcrire ici littéralement le nouveau texte de cet article*).

Des copies du procès-verbal de la délibération ci-dessus énoncée ont été déposées le....., au greffe du tribunal de commerce de..... et le....., au greffe de la justice de paix de.....[3]

Pour extrait et mention :
LE CONSEIL D'ADMINISTRATION

---

1. *En cas de succursale, ajouter :*... et le..., au greffe de la justice de paix de... et du tribunal de commerce de...

2. Voir numéro 470.

3. *En cas de succursale, ajouter :*... le..., au greffe de la justice de paix de... et du tribunal de commerce de...

549. — Dissolution amiable de société anonyme.

DISSOLUTION DE SOCIÉTÉ

SOCIÉTÉ ANONYME X.....

au capital de.....

Siège social : rue....., n°..... à.....

D'une délibération en date du....., il appert que l'Assemblée générale extraordinaire des actionnaires de la Société anonyme X....., au capital de....., divisé en...... actions de..... francs chacune, et dont le siège est à....., rue..... n°....., a prononcé la dissolution de ladite Société, à compter du.....

L'Assemblée a nommé comme liquidateurs :

M..... (*prénoms, nom, qualité et domicile*).

Et M..... (*Idem*).

Avec pouvoir d'agir ensemble ou séparément.

Elle leur a donné les pouvoirs les plus étendus suivant les lois et les usages du commerce, pour la réalisation de l'actif et l'acquittement du passif, et notamment ceux nécessaires à l'effet de :..... (*énoncer les pouvoirs donnés aux liquidateurs*).

Deux copies certifiées conformes de la délibération du....., et enregistrées, ont été déposées au greffe de la justice de paix de....., le..... et au greffe du tribunal de commerce de....., le..... [1]

Pour extrait et mention : ....

LE CONSEIL D'ADMINISTRATION

550. — Fusion de deux sociétés par actions.

SOCIÉTÉ FRANÇAISE A.....

I

Par acte sous signatures privées en date à....., du..... enregistré à....., le....., [2] numéro..... aux droits de.....

Le représentant légal, dûment autorisé, de la société B....., société (*par exemple* : en commandite par actions) dont le siège est à....., rue....: n°....., a fait, au nom de ladite société B....., apport à la société A.....; en vue de la fusion de la société B....., avec cette dernière, de tout l'ac-

---

1. *En cas de succursale* :... et deux autres copies de ladite délibération ont été déposées l'une au greffe de la justice de paix de... le..., et l'autre au greffe du tribunal de commerce de... le...

2. *Ou :* par acte devant Mᵉ....., notaire à....., en date du.....

tif mobilier et immobilier de la société apporteuse, tel que cet actif existait au....: et qu'il est constaté par un inventaire dressé à cette date.

Ledit actif comprenant notamment :..... (*Faire une énumération succincte de tous les éléments apportés*).

La jouissance a été fixée au.....

Cet apport a été fait sous diverses conditions énoncées en l'acte et moyennant :

1º L'obligation pour la société A..... d'acquitter intégralement le passif de la société apporteuse, passif détaillé en l'acte dont s'agit, de payer le dividende afférent aux actions de ladite société apporteuse, pour l'exercice clos le....., auxquels donneront ouverture la dissolution et la liquidation de la société B....., frais qui ont été évalués en l'acte à.....

2º L'attribution à la société B....., de..... actions de..... chacune, entièrement libérées de la société A....., que celle-ci créera à titre d'augmentation de capital.

Cet apport a été approuvé et accepté par l'Assemblée générale extraordinaire des actionnaires de la société B....., ainsi qu'il appert d'une délibération en date du....., dont une copie a été déposée au rang des minutes de Mᵉ....., notaire, suivant acte reçu par lui le.....

II

D'une délibération en date du....., dont une copie a été déposée au rang des minutes de Mᵉ....., notaire, suivant acte reçu par lui le....., il résulte qu'une Assemblée générale extraordinaire de tous les actionnaires de la société A..... a:

1º Approuvé et accepté provisoirement l'apport sus-énoncé qui lui a été fait par la société B....., sous les conditions énoncées en l'acte du..... précité ;

2º Décidé une augmentation de capital de..... francs, par la création de..... actions nouvelles de..... francs chacune, destinées à être attribuées à la société B....., en représentation de son apport ;

3º Sous la condition suspensive de la réalisation de cette augmentation de capital, modifié ainsi qu'il suit les articles..... et..... et..... de ses statuts :

(*Transcrire ici le nouveau texte de chacun des articles modifiés*).

4º Enfin, nommé (*prénoms, nom, qualité et domicile*) commissaire, pour faire un rapport sur la valeur de l'apport en question et sur les avantages et les charges qui en sont la représentation.

III

D'une délibération en date du....., dont une copie a été déposée au rang des minutes de Mᵉ....., notaire suivant acte reçu par lui le..... il résulte que l'Assemblée générale extraordinaire des actionnaires de la société A..... a :

1° Adopté les conclusions du rapport de M....., commissaire, et, par suite, approuvé les apports faits par la société B....., à titre de fusion, et approuvé les avantages particuliers et les charges convenus en représentation de ces apports ;

2° Et accepté les modifications apportées aux articles..... et..... et..... des statuts, par l'Assemblée générale du..... précités, et reconnu que ces modifications sont devenues définitives.

Un exemplaire de l'acte d'apport ci-dessus énoncé du....., une expédition de procès-verbal de chacune des délibérations prises le..... et le..... par l'Assemblée générale des actionnaires de la société A..... et une expédition du procès-verbal de la délibération prise le..... par l'Assemblée générale des actionnaires de la société B....., ont été déposés au greffe du tribunal de commerce de....., le..... et au greffe de la justice de paix de..... le..... :

Pour extrait et mention :
(Signé¹).

551. — REMARQUE POUR LA SOCIÉTÉ APPORTEUSE. — En cas de fusion de deux sociétés, — cas relaté sous le numéro précédent — la société apporteuse est tenue de publier sa dissolution dans le mois de la date à laquelle cette dissolution est devenue définitive.

Cette publication est indépendante de celle rapportée sous le numéro qui précède qui, elle, incombe à la société à laquelle l'apport est fait.

Voici un exemple de l'insertion que la société apporteuse pourra publier :

DISSOLUTION DE SOCIÉTÉ

SOCIÉTÉ B.....

Société anonyme au capital de...,.

Siège social : rue....., n°....., à.....

D'une délibération en date du...... il appert que l'Assemblée générale extraordinaire des actionnaires de la Société anonyme B..... après avoir

---

1. La publication est généralement faite par les soins du notaire dépositaire des pièces.

2. *Dans le cas de succursale, ajouter :*... et le... au greffe de la justice de paix de... et au greffe du tribunal de commerce de...

approuvé l'apport fait à titre de fusion par ladite société de tout son actif mobilier et immobilier, à la société A....., ainsi qu'il résulte d'un acte sous signatures privées en date à....., du....., enregistré à....., le..... numéro....., aux droits de....., [1]

A décidé que par le seul fait de l'approbation définitive de cet apport, et à compter du jour de cette approbation, la société B..... se trouverait de plein droit dissoute.

Et a nommé M..... comme liquidateur [2] auquel elle a donné tous les pouvoirs nécessaires à l'effet de..... (*Rapporter tous les pouvoirs conférés au liquidateur*).

L'apport ci-dessus relaté a été approuvé définitivement.

En conséquence, la dissolution de la société B..... est devenue définitive à la date du....., ainsi qu'il appert d'une déclaration faite par le (ou les) liquidateur, suivant acte devant Mᵉ....., notaire à....., en date du.....

Une copie du procès-verbal de la délibération du..... ci-dessus relatée et une expédition de l'acte reçu par Mᵉ..... notaire à....., le....., précité, ont été disposées à chacun des greffes du tribunal de commerce de..... et de la justice de paix de..... le..... [3]

Pour extrait et mention :

(*Signé* [4]).

552. — Société anonyme à capital et personnel variables [5].

COMPTOIR DES TOLES, CUIVRE, NICKEL ET LAITON
Société anonyme à capital et personnel variables.
Siège social : rue....., n°..... à.....

I

STATUTS

D'un acte sous signatures privées fait double à..... le....., dont l'un des originaux est demeuré annexé à l'acte de déclaration de souscription et de versement ci-après énoncé [6].

---

1. *Ou* :... d'un acte reçu par Mᵉ..., notaire à..., le...

2. *Ou* : Et a nommé comme liquidateurs, M..... et M..... avec le droit d'agir ensemble ou séparément, auxquels elle a donné, etc.

3. En cas de succursale, voir note du numéro précédent.

4. Cette publication est généralement faite par le notaire.

5. V. n°ˢ 466 et suiv.

6. *Ou* : suivant acte reçu par Mᵉ....., notaire à....., le (ou sous signatures privées

Il a été extrait littéralement ce qui suit :

ARTICLE PREMIER

Il est formé, par les présentes, entre les propriétaires, etc..... (*Rapporter textuellement et complètement le texte des articles des statuts contenant les énonciations dont la publication est exigée par la loi et celles que les tiers ont intérêt à connaître [1].*)

II
DÉCLARATION DE SOUSCRIPTION ET DE VERSEMENT

Suivant acte reçu par M°....., notaire à....., le.....

Il a été déclaré [2] que les..... actions de..... francs chacune, formant ..... francs, somme à laquelle le capital social a été fixé quant à présent avaient été souscrites par diverses personnes et qu'il a été versé par chaque souscripteur le montant intégral des actions par lui souscrites (*ou :* ..... *et qu'il a été versé par chaque souscripteur, une somme égale au*....., *quart, ou à la moitié du montant des actions par lui souscrites*).

Une liste des souscripteurs contenant les noms, prénoms, qualités et domiciles des souscripteurs, l'indication du nombre des actions souscrites par chacun d'eux et l'état des versements — certifiées sincères et véritables — est demeurée annexée à cet acte.

III
ASSEMBLÉE GÉNÉRALE CONSTITUTIVE

Du procès-verbal de l'Assemblée générale constitutive de ladite société en date du....., dont copie a été déposée au rang des minutes de M°..... notaire, par acte reçu par lui le.....,

Il appert que ladite Assemblée a notamment :

1° Reconnu sincère et véritable la déclaration de souscription et de versement faite par l'acte ci-dessus visé du..... ;

2° Nommé comme premiers administrateurs, en conformité de l'ar-

---

en date à....., du..... etc.). M..... (*prénoms, nom, qualité et domicile*) a établi les statuts d'une société anonyme à capital et personnel variables.

De ces statuts, il a été extrait littéralement ce qui suit :

ARTICLE PREMIER

Etc.....

1. V. nᵒˢ 469.

2. *Ou :* M..... a déclaré que, etc.....

ticle..... des statuts : M..... *(prénoms, nom, qualité et domicile)* M.....
(Id.) M..... *(Id.)*, etc...

3°. Nommé deux commissaires, M..... *(prénoms, nom, qualité et domicile)* et M..... *(Id.)* pour vérifier les comptes du premier exercice et en faire un rapport à l'Assemblée générale ;

4° Constaté l'acceptation des administrateurs et des commissaires, tous présents ou représentés ;

5° Et approuvé les statuts, tels qu'ils résultent de l'acte du..... ci-dessus énoncé et dont extrait précède [1] et déclaré la société définitivement constituée.

Une expédition entière des statuts, de l'acte de déclaration de souscription et de versement, avec la liste qui y est jointe, et du procès-verbal de l'Assemblée générale constitutive, le tout énoncé ci-dessus, a été déposé le....., à chacun des greffes du tribunal de commerce de..... et de la justice de paix de..... [2]

Pour extrait et mention :

(Signé [3]).

553. — Publication d'un apport de fonds de commerce en société.

— Deux formules de publication d'un apport de fonds de commerce en société ont été données *suprà* n° 275.

Rappelons qu'il n'y a pas de publication spéciale à faire quand l'apport d'un fonds de commerce est fait à une société au moment même de sa constitution : la publication de la société même servant alors de point de départ au délai de quinzaine fixé par la loi, aux créanciers, pour faire la déclaration de leurs créances (Voir n° 271). Dans ce dernier cas, il est seulement utile de terminer l'extrait à publier, par la mention suivante :

Le délai de quinze jours fixé aux créanciers de l'apporteur du fonds de commerce, par l'article 7 de la loi du 17 mars 1909, pour faire au greffe du tribunal de commerce de....., la déclaration de leurs créances commence à courir à compter de ce jour.

1. *Si l'Assemblée générale a modifié un ou plusieurs articles des statuts,* ajouter : ..... et dont extrait précède (en modifiant toutefois *le ou les* articles.....) dans le sens ci-dessus indiqué) et déclaré, etc...

2. *En cas de succursale,* voir note du n° 550.

3. Voir N° 470.

554. — Publication de l'attribution d'un fonds de commerce en partage à l'un des associés, après dissolution d'une société.

AVIS D'OPPOSITION

ATTRIBUTION DE FONDS DE COMMERCE

Première publication.

Aux termes d'un acte sous signatures privées [1] en date à.,...., du....., enregistré à...... le....., numéro....., aux droits de.....
Intervenu entre :

M..... (*prénoms, nom, qualité et domicile*).
Et M..... (*Id.*).

Il a été procédé au partage de l'actif dépendant de la Société....., société en nom collectif, dont le siège est à..... rue....., n°....., ayant pour objet....., dissoute par anticipation, aux termes d'un acte sous signatures privées [2] en date à........., du........., enregistré à........., le....., numéro....., aux droits de....., et publié conformément à la loi.

Aux termes de ce partage, il a été attribué à M..... sus-nommé, pour lui fournir le montant de ses droits dans la société dissoute, (*ou :* il a été attribué à M..... sus-nommé, notamment) :

1° Le fonds de commerce de....., sis à....., rue...... n°....., comprenant le nom commercial, la clientèle, l'achalandage ainsi que le droit au bail des lieux dans lequel il est exploité ;

2° Les machines, le matériel, l'outillage, le mobilier commercial et industriel, les compositions, croquis, dessins, plans, devis... (*énonciation de tous les éléments attribués*).

Et il a été attribué à M....., dans les mêmes conditions :

1° Les marchandises ;

2° Les titres en portefeuille, et le montant des créances commerciales.

La propriété et la jouissance divisées ont été fixées au...,, [3].

La première insertion est faite en conformité de l'article 3 de la loi

---

[1] et [2]. *Ou :* Aux termes d'un acte reçu par M•....., notaire à....., le.....

[3]. *Si, comme cela se produit souvent, une cession a été faite dans le même acte à l'attributaire du fonds de commerce, par le coassocié, des attributions à lui faites, ajouter :*

Aux termes du même acte, M..... a cédé et transporté à M....., moyennant un prix et sous des conditions énoncés au contrat, la totalité des attributions qui lui ont été faites par le partage susdit, comprenant les marchandises, titres en portefeuille et créances commerciales, avec stipulation que le cessionnaire en aurait la propriété et la jouissance à compter du.....

du 17 mars 1909, et domicile est élu pour les oppositions qui devront être faites dans les dix jours de la seconde insertion, chez M....., à....., rue..... n°.....

Pour extrait :

(*Signé* [1]).

Dans la quinzaine de la publication de la première insertion, une seconde publication doit être faite dans les termes suivants :

Avis d'opposition

ATTRIBUTION DE FONDS DE COMMERCE

Seconde publication.

Aux termes d'un acte..... (*Même formule que celle qui précède, sauf la mention finale qui doit être rédigée de la manière suivante*) :

La première insertion est faite en conformité de l'article 3 de la loi du 17 mars 1909, et domicile est élu pour les oppositions, qui devront être faites dans les dix jours au plus tard de la présente, insertion, chez M....., à....., rue..... n°.....

Pour extrait :

(*Signé* [2]).

555. — Dissolution de société de fait.

Dissolution de société

Suivant acte sous signatures privées, en date à..... du....., enregistré à..... le..... numéro....., aux droits de..... [3]

M..... (*prénoms, nom, qualité et domicile*).

Et M..... (*Id.*)

Ont dissous purement et simplement à compter du....., la Société de fait existant entre eux, sous la raison X..... et Y....., avec siège à....., rue..... n°....., et qui avait pour objet.....

Et ont nommé M..... (*prénoms, nom, qualité et domicile*), liquidateur,

---

1. Si le partage a eu lieu sous seing privé, l'extrait de publication est signé par l'attributaire du fonds de commerce. S'il a été fait devant notaire, c'est le notaire qui signe l'extrait.

2. Si le partage a eu lieu sous seing privé, l'extrait de publication est signé de l'attributaire du fonds de commerce. S'il a été fait devant notaire, c'est le notaire qui signe l'extrait.

3. *Ou :* Suivant acte reçu par Mᵉ...., notaire à... le...

avec les pouvoirs les plus étendus, suivant les usages du commerce et les lois, pour réaliser l'actif et acquitter le passif, et notamment : ....., *(énoncer les pouvoirs du liquidateur).*

Deux originaux dudit acte ont été déposés l'un le....., au greffe du tribunal de commerce de....., l'autre le....., au greffe de la justice de paix de.....

Pour extrait :

(Signé) (X..... et Y.....)

556. — Cession de droits sociaux.

CESSION DE DROITS SOCIAUX,

Suivant acte sous signatures privées ¹ en date à....., du....., euregistré à....., le...., numéro....., aux droits de:....

M. A..... *(prénoms, nom, qualité et domicile).*

A cédé et transporté à M. C..... *(Id.).*

Tous ses droits dans la société en nom collectif existant entre lui et M. B..... *(prénoms, nom, qualité et domicile)* sous la raison sociale... avec siège à....., rue..... n°....., société constituée suivant acte sous signatures privées ² en date à....., du..... enregistré à..... le..... numéro.... aux droits de....., et publié conformément à la loi.

Cette cession a été faite moyennant un prix qui a été payé comptant et dont le contrat contient quittance ; et, en outre, sous diverses conditions énoncées en l'acte.

Il a été notamment convenu qu'en vertu de ladite cession M. C..... serait propriétaire des droits à lui cédés à compter du....., et qu'il jouirait des intérêts et bénéfices y afférents à compter du.....

M. B....., étant intervenu à l'acte a déclaré, après en avoir pris connaissance, avoir ladite cession pour agréable, et accepter M. C..... comme associé, au lieu et place de M. A.....

(Dans le cas où le coassocié du cédant n'est pas intervenu à l'acte pour donner son agrément à la cession : M. A..... s'est engagé envers M. C....., à lui rapporter dans le mois du jour de l'acte, le consentement de M. B..... auxdites conventions, prenant tous engagements et responsabilités à ce sujet).

Par le même acte, M. B..... et M. C..... ont convenu, comme conséquence de ladite cession, de modifier ainsi qu'il suit les articles 1er et..... des statuts de la Société établis par l'acte du....., ci-dessus énoncé:

1. *Ou :* Suivant acte passé devant M°....., notaire à..... le.....,

2. *Ou :* suivant acte passé devant M°..... notaire à..... le.....

ARTICLE PREMIER

La société en nom collectif, constituée originairement entre M. A.....
et M. B...., existe à compter du....., entre M. B..... et M. C......
Elle a pour objet.....

ARTICLE...

La raison et la signature sociales sont : « B..... et C..... », ou :... B...
et compagnie.

ARTICLE...

Etc.
Deux originaux dudit acte [1] ont été déposés, l'un au greffe du tribunal de commerce de..... et l'autre au greffe de la justice de paix de.....
le..... [2]

Pour extrait et mention :
(Signé [3]).

§ III. — Nationalité des sociétés.

557. — Intérêt de la détermination de la nationalité des sociétés. — L'intérêt qui s'attache à la question de distinguer si une société est française ou étrangère, est considérable.

Aussi bien, tout d'abord, si elle est française, elle est nécessairement soumise aux codes civil et de commerce français, ainsi qu'aux lois françaises, notamment celles du 24 juillet 1867, du 1er août 1893, des 31 juillet et 22 novembre 1913 et du 26 avril 1917 ; si, au contraire, elle est étrangère, elle est, *ipso facto* soumise à ses propres lois nationales.

558. — Ainsi notamment, à titre d'exemples, si une société est étrangère :

1° Si elle este en justice en France, comme demanderesse, elle sera tenue de fournir la caution *judicatum solvi* [4] ;

---

1. *Ou : Deux expéditions, si l'acte est notarié.*

2. *En cas de succursale :... et le..., au greffe de la justice de paix de... et au greffe du tribunal de commerce de...*

3. Voir numéro 470.

4. La règle de la caution *judicatum solvi* est posée par l'article 166 du code de procédure civile, ainsi conçu : « Tous étrangers, demandeurs principaux ou intervenants, seront tenus, si le défendeur le requiert, avant toute exception, de fournir caution de payer les frais et dommages-intérêts auxquels ils pourraient être condamnés. »

2° Comme défenderesse elle peut, même si elle n'a pas de succursale en France, être assignée devant les tribunaux français, par des Français ;

3° Ses directeurs ne sont ni électeurs ni éligibles aux tribunaux de commerce et aux chambres de commerce ; alors qu'y sont électeurs et éligibles, d'après les lois du 8 décembre 1883 et du 19 février 1898, les directeurs des sociétés françaises ;

4° Les impôts qui lui sont applicables, en tant que société, ne sont pas perçus de la même manière que ceux applicables aux sociétés françaises ;

5° La négociation dans les Bourses françaises, des valeurs par elle émises est soumise à des règles particulières, non applicables en cas d'émission par des sociétés françaises.

559. — L'intérêt est donc grand, on le voit, de la distinction. Mais comment faire celle-ci, dans le silence de la loi française qui, nulle part, ne fixe les règles d'après lesquelles on puisse établir indubitablement la nationalité d'une société donnée.

C'est ce qu'on va voir :

560. — **Comment se détermine la nationalité d'une société.** — En principe, la nationalité des sociétés se détermine par le lieu de leur siège social, sans qu'il y ait lieu de considérer en quel pays se poursuivent effectivement ses opérations (Besançon, 27 juillet 1889, *Sirey*, 91, 2, 107. — Cassation, 17 juillet 1899, *Dalloz*, 1904, 1, 255. — Nancy, 18 février 1907, *Journ. des Soc.* 1907, 372, — Lille, 20 mai 1908, *Sirey*, 1908, 2, 177, — Paris, 18 mai 1909, *Dalloz*, 1909, 2, 325, — Paris, 25 avril 1913, *Journ. des Soc.* 1914, 456, et de très nombreuses autres décisions, not. les trois citées sous les trois numéros qui suivent. Voir aussi *infrà*, n° 566).

561. — Le fait, pour une société, de posséder des agences dans divers pays ne saurait, quelle que soit l'importance de ses agences, changer la nationalité de cette société. Une société constituant une personne morale, indépendante, distincte de la personnalité des associés et dont la nationalité se détermine, non pas par celle des associés ou de la majorité d'entre eux, mais par le lieu de son siège social (Rouen, 19 janvier 1916, *Journ. des Soc.* 1917, 86).

562. — Tant que le siège social demeure fixé à l'étranger, la société ne cesse pas d'être étrangère. Ainsi notamment jugé que la

nationalité d'une société anglaise n'a pu être changée, du fait qu'à
partir d'une certaine époque ses directeurs se sont le plus souvent
réunis à Paris où ont été établis son siège administratif et sa comptabilité, et qu'une grande partie de ses actions, représentant à peu
près la moitié de son capital ont été négociées à Paris, alors qu'il
est établi que cette société a maintenu son siège social à Londres
et qu'elle a, sans interruption, continué de satisfaire à toutes les
prescriptions de la loi anglaise (Cassation, 6 juillet 1914, *Journ.
des Soc.* 1917, 78).

563. — Une société est de nationalité française lorsqu'elle a été
régulièrement constituée en France, d'après la loi française et si
elle a son siège social en France. Le fait qu'elle compte parmi ses
actionnaires et administrateurs des personnes de nationalité étrangère, alors même qu'elles seraient propriétaires d'un grand nombre
d'actions de cette société, est sans aucune influence sur la nationalité
de celle-ci (Cassation, 3 décembre 1915, *Journ. des Soc.* 1916, 100).

C'est donc exclusivement le siège social (et non le principal établissement social, ainsi qu'il a été soutenu) qui permet de déterminer la nationalité d'une société, celle-ci étant essentiellement dépendante de celui-là ; ce qui est parfaitement logique, car c'est, en effet,
au siège social que se trouvent centralisés tous les intérêts de la
société, que sont réunis ses organes vitaux et ses rouages d'administration intérieure. C'est là qu'est le centre de son activité, de sa
vie juridique.

Ainsi, jugé qu'une société, être moral[1], distinct de la personne
et du patrimoine de ses membres, possède son domicile attributif
de nationalité, dans le lieu où se trouve réellement fixé son siège
social (Paris, 18 mai 1909, *Dalloz*, 1909, 2, 325, — Lille, 21 mai
1908, *Dalloz*, 1910, 2, 41, — Rouen, 19 janvier 1916, *Dalloz*, 1917,
2, 17).

564. — Mais on observera, toutefois, que si la nationalité d'une
société dépend du lieu de son siège social, en quelque pays que se
poursuivent les opérations dont s'alimente sa spéculation, c'est à la
condition que ce siège social, effectif et sérieux, n'ait pas été transporté à l'étranger d'une manière purement fictive, dans le dessein
d'échapper aux règles d'ordre public édictées par la loi française
pour la nature et le fonctionnement des sociétés (Cassation, 22 décembre 1896, *Dalloz*, 97, 1, 159).

1. V. *infrà*, n°ˢ 575 et suiv.

Ce qui revient à dire qu'une société française ne peut se dérober, de par la volonté seule de ses fondateurs, aux règles et formalités imposées par la loi française, en allant emprunter un régime moins gênant à une législation étrangère.

Et c'est judicieux, si l'on considère que certaines sociétés par actions voulant esquiver les prescriptions précises de la loi de 1867, s'en vont ailleurs chercher un régime plus élastique; en Angleterre, quand les fondateurs veulent se soustraire à l'obligation de la souscription totale des actions émises ; en Belgique, quand ils veulent avoir immédiatement la possibilité de négocier les actions d'apport, etc...

565. — Toutefois, pendant la guerre, la cour de Paris, au sujet d'une demande de mise d'une société suisse sous séquestre, a adopté une thèse juridique un peu différente et qui ne semble pas contestable.

La nationalité d'une société, pas plus que celle d'un individu, a-t-elle décidé, ne se détermine légalement ni par ses affinités ni par ses tendances. Elle est en principe celle du pays où la société s'est constituée et à la législation duquel elle a conformé ses statuts. — Dans le cas où ce caractère originel doit être considéré comme une apparence fictive, la nationalité se révèle par celle des associés qui la composent, ainsi que par l'origine des capitaux qu'elle met en œuvre. — En conséquence, lorsqu'une société a été constituée en Suisse, suivant les formes de la législation fédérale et que depuis l'origine ses actionnaires sont presque en totalité des citoyens suisses, de même que ses administrateurs, lorsque les actes de fondation, dont la sincérité est hors de discussion, lui ont assuré une autonomie incontestée, il est impossible de faire abstraction des conventions régulièrement conclues qui l'ont créée, si aucune dérogation suspecte n'y a été apportée par son fonctionnement. Il n'y a donc pas lieu de mettre cette société sous séquestre. Et il en doit être ainsi alors même qu'elle a, par divers moyens, tenté de propager l'influence allemande et a conservé des relations suivies avec une société allemande qui avait fondé l'entreprise dont l'apport lui a été fait par son fondateur. (Paris, 17 décembre 1919, *Rec. Gaz. des Trib.*, 1920, 2, 109 [1].

---

1. Aussi bien, si, durant la guerre on s'en était tenu à ce signe extérieur qu'est le lieu du siège social, de nombreuses sociétés établies en France, auraient-elles pu

566. — **Remarques.** — Jugé qu'une société peut choisir sa nationalité en fixant son siège social dans n'importe quel pays, à condition que ce choix n'ait pas été fait en fraude de la loi française, et qu'il ait été dicté par des motifs sérieux et justifiés (Trib. civ. Lille, 21 mai 1908, *Dalloz*, 1910, 2, 41).

Ainsi, d'après ce jugement, on doit considérer comme société anglaise, soumise à la loi anglaise, encore qu'elle ait son siège administratif en France, que ses fondateurs, premiers administrateurs et actionnaires soient en grande partie français et que, d'autre part, elle ait pour objet l'exploitation de mines situées au Canada, la société par actions qui a fixé son siège social à Londres, y a été incorporée régulièrement, y tient régulièrement ses assemblées générales, y opère le transfert de ses titres, alors qu'elle a un intérêt évident et légitime à choisir, préférablement à toute autre, la nationalité anglaise.

Enfin, d'après le même jugement, la nationalité étrangère une fois acquise par une société ne se perd que par la volonté unanime des associés, et non pas par le fait que des Français en deviennent administrateurs, et forment la majorité du conseil.

567. — Jugé qu'en cas de doute sur la régularité de la constitution de la société étrangère dans son pays d'origine, c'est au tribunal français qu'il appartient de trancher la difficulté en tenant compte tant des prescriptions impératives de la loi étrangère que des principes du droit commun ; que, spécialement, le tribunal peut refuser de reconnaître tout caractère régulier et sérieux à une société dont la constitution en pays étranger n'aurait été qu'un expédient imaginé par le principal intéressé pour échapper à sa responsabilité personnelle (Orléans, 29 décembre 1904, *Dalloz*, 1909, 2, 225).

568. — L'interprétation des statuts d'une société, spécialement d'une société étrangère, rentre dans les pouvoirs souverains des

favoriser les intérêts des ennemis, en mettant leurs relations commerciales ou leurs capitaux à leur service.

Pourquoi on s'est attaché au caractère et au fonctionnement réel des sociétés. C'est ainsi qu'ont été assimilées aux sujets de nationalité ennemie les sociétés dont la direction ou les capitaux étaient, en tout ou en partie entre les mains de sujets ennemis.

V. quant aux sociétés constituées suivant les formes françaises et considérées comme personnes interposées d'entreprises allemandes, notamment: Lyon, 30 mars 1915, sous Cassation, 20 juillet 1915, *Sirey*, 1916, 1, 148, Aix, 19 mai 1915, *Rev. Dr. Int. priv.*, 1917, 305, Paris, 6 juillet 1916, *Rev. Dr. Int. priv.*, 1917, 99.

juges du fond (Cassation, 14 janvier 1890, *Dalloz*, 90, 1, 326, — 21 novembre 1893, *Ibid.* 94, 1, 269).

Et en cas de doute sur la régularité de la constitution de la société étrangère dans son pays d'origine, c'est au tribunal français qu'il appartient de trancher la difficulté, en tenant compte tout à la fois des prescriptions impératives de la loi étrangère et des règles du droit commun. (Orléans, 29 décembre 1904, *Dalloz*, 1909, 2, 225).

569. — Sociétés françaises à l'étranger. — Quant à la situation des sociétés françaises à l'étranger, il est manifeste qu'elle est soumise à la législation du ou des pays dans lesquels ces sociétés contractent ou estent en justice.

Avant donc, de contracter ou de se présenter en justice dans ces pays, il importe d'étudier les lois locales, de se soumettre à leurs règles et de satisfaire aux formalités qu'elles prescrivent.

§ IV. — *Constitutions d'hypothèques.*

570. — Prescriptions de la loi du 1ᵉʳ août 1893. — Antérieurement à la loi du 1ᵉʳ août 1893, il était de jurisprudence constante, d'après le principe que la procuration donnée en vue d'un acte qui ne pouvait valablement être fait qu'en la forme notariée devait elle-même être faite en cette forme, que le mandat d'hypothéquer un ou plusieurs immeubles sociaux ne pouvait être donné valablement aux gérants ou administrateurs de la société que par un acte passé devant notaire, soit acte constitutif de la société, soit la délibération de l'assemblée générale revêtue de la forme authentique. Et ce, en raison de ce que l'article 2127 du code civil prescrit que l'hypothèque conventionnelle ne peut être consentie que par acte notarié.

Et ceci était, dans la pratique, une source de continuelles difficultés.

571. — L'article 6 de la loi du 1ᵉʳ août 1893 ajoutant l'article 69 à la loi du 24 juillet 1867 a fait table rase de cette exigence en édictant qu'« il pourra être consenti hypothèque au nom de toute « société commerciale, en vertu des pouvoirs résultant de son acte « de formation, même sous-seing privé, ou des délibérations ou auto- « risations constatées dans les formes réglées par ledit acte. »

Par conséquent, depuis la loi de 1893, l'acte qui renferme le pouvoir d'hypothéquer les immeubles sociaux, qu'il s'agisse du pacte social lui-même, d'une délibération du conseil d'administration de la société ou d'une assemblée générale d'actionnaires, ou enfin d'une procuration, peut être valablement fait en la forme sous-seing privé.

Mais, bien entendu, l'acte constitutif de l'hypothèque même doit, comme devant, et en vertu de l'article 2127 du code civil précité, être fait en la forme authentique et le mandat d'hypothéquer doit toujours être exprès [1].

572. — Et ceci s'applique à toutes les sociétés commerciales sans distinction entre celles antérieures et celles postérieures à la loi de 1893, et quelle que soit leur forme, — sauf aux associations en participation qui, elles, on le sait, ne constituent pas des sociétés et ne disposent d'ailleurs pas de biens sociaux.

573. — De ce qui précède, on doit conclure, par analogie, que les « mainlevées » d'hypothèques peuvent également être consenties dans les mêmes conditions, c'est-à-dire par actes authentiques, bien entendu, mais en vertu des statuts, ou de délibération ou de procuration sous-seing privé.

1. Cassation, 29 juin 1881, *Dalloz*, 82, 1, 106-107.

CHAPITRE VI

PERSONNALITÉ JURIDIQUE DES SOCIÉTÉS

574. — Sous ce chapitre, vont être traités les effets du contrat de société quant à la personnalité juridique acquise par les sociétés.

En ce qui concerne la question de la « compétence » des tribunaux qui doivent connaître des contestations auxquelles les sociétés commerciales peuvent se trouver mêlées, elle fera l'objet du chapitre suivant.

Quant aux engagements auxquels sont tenus les associés entre eux et vis-à-vis des tiers, ils seront examinés en leur temps lors de l'étude distincte à laquelle donnera lieu chaque type de société commerciale.

575. — Personnalité « morale » ou « juridique ». — Toute société commerciale régulièrement constituée [1] et publiée constitue un être particulier, une « personne morale » dite aussi juridique ou civile [2].

En effet, par une fiction légale, la société constitue un être de

---

[1]. *Not.* Cassation, 25 février 1879, *Dalloz*, 80, 1, 20. — Cassation, 25 mars 1890, *Dalloz*, 90, 1, 475. — Bordeaux, 17 décembre 1902, *Journ. des Soc.* 1903, 305. — Trib. Lyon, 6 février 1906, *Rev. des Soc.* 1907, 72.

La société irrégulièrement constituée serait soit une association en participation (Lyon, 7 décembre 1903, *Journ. des Soc.* 1905, 95), soit une indivision (Nîmes, 24 avril 1900, *Sirey*, 1902, 2, 302).

[2]. Jugé qu'une société coopérative de consommation constitue une personne civile, distincte de ses membres, qui acquiert et possède par elle-même (Cassation, 22 avril 1901, *Dalloz*, 1905, 1, 474).

raison, un être abstrait qui, juridiquement, a des droits et des
devoirs, identiquement comme une personne physique, à laquelle
elle peut être comparée, sauf nécessairement l'exception des choses
que son état même d'être incorporel lui interdit de faire.

L'être fictif que constitue la société, pourvu des droits actifs et
passifs théoriquement identiques à ceux d'un être physique, a une
existence juridique essentiellement distincte de celle des associés
qui le composent.

La personnalité juridique concentre en elle, dit un auteur [1] les
intérêts communs ; elle les unifie, elle donne plus de crédit à la
société et facilite les rapports avec les tiers, en traitant seule avec
eux et en écartant l'intervention des membres qui composent le
groupement.

576. — En résumé donc, toute société — sauf l'association en
participation voir n° 577 — constitue une personne morale, essentiellement distincte, indépendante de la personne et du patrimoine
de chacun des associés qui la composent.

Et, de là, découlent les conséquences qu'on va lire.

577. — **Conséquences de la « personnalité juridique ».** —
Du fait que toute société constitue une personne juridique ayant
son existence propre, ses droits et ses devoirs personnels, découlent
de nombreuses et très importantes conséquences.

Notamment :

1° La société a un domicile propre, son siège social, qui est le lien
de son activité juridique ;

2° Elle possède des biens mobiliers et immobiliers qui sont sa propriété exclusive ; et ce patrimoine est entièrement indépendant de
celui des associés (voir n° 578);

3° Le patrimoine social constitue le gage exclusif des créanciers de
la société ;

Quant aux créanciers personnels des associés, ils n'ont le droit,
durant l'existence de la société, ni de saisir ni de faire vendre la
part indivise de leur débiteur dans les biens de la société.

En résumé, le patrimoine social ne peut être aliéné que par la
société ; et les créanciers de celle-ci ont, seuls, le droit d'exercer
leurs droits sur ces biens. Quant aux créanciers personnels des asso-

---

1. Arthuys, n° 107.

ciés, ils ne peuvent saisir et faire vendre la part de leur débiteur dans les biens de la société, tant que le partage du patrimoine social n'a pas eu lieu.

Ajoutons que certains des biens sociaux peuvent être spécialement affectés à certains créanciers bénéficiant d'un gage, d'une hypothèque ou d'un privilège quelconque [1], ainsi qu'il en est, en droit commun, pour tout débiteur.

4° De même que toute personne jouissant de sa capacité juridique, la société peut, en son nom propre contracter, emprunter, hypothéquer, donner à gage, vendre, louer, acquérir, céder, transporter, déléguer, etc. etc. ;

5° Elle peut être assignée en justice et poursuivie ; inversement elle peut y ester ;

6° Comme tout commerçant, la société peut être poursuivie en faillite ; et peut être mise en liquidation judiciaire. Ces deux points feront l'objet d'une étude particulière dans le tome II du présent ouvrage ;

7° Elle peut se constituer caution [2] (Paris, 10 mai 1875, Dalloz, 75, 2, 140) ;

8° Elle peut faire partie d'une autre société ;

9° Elle peut même en être la gérante ou l'administrateur (Cassation, 10 décembre 1878, Dalloz, 79, 1, 5) ;

10° Alors même que la société comprend des biens immobiliers, le droit de chaque associé dans la société est un droit purement mobilier ;

11° Même après sa dissolution, et jusqu'au partage des biens et dettes sociaux, la société peut être assignée en justice car la personne morale survit à la dissolution et n'est anéantie que la liquidation terminée.

12° C'est, non pas en la personne des associés que la société doit être assignée, mais en celle de ses représentants légaux (gérants ou administrateurs).

L'assignation doit être donnée au siège social.

Les associés ne figurent pas personnellement et individuellement à l'instance.

---

1. Voir, relativement au *gage*, art. 2073 et suiv. C. civ., voir aussi la loi du 17 mars 1909 sur la vente et le nantissement des fonds de commerce, — relativement aux *hypothèques*, art. 2114 et suiv. C. civ. — et relativement aux *privilèges*, art. 2100 et suiv. C. civ.

2. Voir, en ce qui concerne le *cautionnement*, art. 2011 et suiv. C. civ.

578. — Autres conséquences. — Du fait que la société a un patrimoine propre, indépendant de celui des associés, découlent les conséquences suivantes :

1° Les associés ne peuvent valablement grever de leur chef, les immeubles appartenant à la société, d'hypothèques conventionnelles, légales ou judiciaires ;

2° Ils ne peuvent pas davantage vendre valablement, céder ou autrement aliéner les biens mobiliers ou immobiliers appartenant à la société ;

3° La prescription acquisitive s'accomplit contre la société, sans pouvoir être suspendue par la minorité d'un ou de plusieurs des associés[1].

579. — Une autre conséquence encore relative à la « compensation »[2].

Lorsqu'un tiers se trouve être créancier de la société et débiteur d'un des associés (ou débiteur de la société et créancier de l'un des associés) aucune compensation ne se produit, en raison de ce que les qualités de créancier et de débiteur ne se rencontrent pas dans la même personne.

Il en serait évidemment de même si la société était créancière d'un tiers qui se trouverait être créancier de l'un des associés, — ou débitrice d'un tiers dont un des associés serait créancier.

580. — De même, aucune « confusion »[3] ne se produirait si, par exemple, l'un des associés était créancier d'un tiers qui se trouverait être lui-même créancier de la société, — ou si la société se trouvait être créancière d'un tiers qui serait lui-même créancier d'un des associés.

Car, en effet, les qualités de créancier et de débiteur ne se trouveraient pas, ici, réunies dans la même personne.

581. — L'association en participation n'a pas la personnalité juridique. — Les associations en participation ne consti-

---

1. En ce qui concerne la prescription acquisitive, voir art. 2229 et suiv. C. Civ.

2. Lorsque deux personnes se trouvent être débitrices l'une envers l'autre, il s'opère entre elles une compensation de droit qui éteint les deux dettes jusqu'à concurrence de leurs quotités respectives (art. 1289, 1290. C. civ.).

3. Lorsque les qualités de créancier et de débiteur se réunissent dans la même personne, il se fait une confusion de droit qui éteint les deux créances (art. 1300, C. civ.).

tuant pas des sociétés (voir n°ˢ 1212 et suiv.) et n'existant pas au regard des tiers, ne constituent pas des êtres moraux et, par conséquent, n'ont pas la personnalité juridique.

582. — **Une société commerciale a-t-elle le droit de recevoir une libéralité par donation entre vifs ou par testament ?** — Cette question a fait l'objet en doctrine, de vives controverses, mais la jurisprudence semble être nettement constante, dans le sens de l'affirmative (nombreuses décisions. *Not.* Cassation, 29 octobre 1894, *Dalloz*, 96, 1, 145, — Seine, 25 juillet 1902, *Journ. des Soc.* 1903, 42).

Et cette solution est, en effet, entièrement conforme à la loi. Aussi bien, l'article 902 du code civil pose comme principe que « toutes « personnes peuvent disposer *et recevoir*, soit par donation entre « vifs, soit par testament, excepté celles que la loi en déclare inca- « pables ». Or, nulle part la loi ne déclarant les sociétés incapables de recevoir des dons ou des legs, on doit conclure logiquement que c'est parce qu'elle a entendu que des dons et des legs pourraient lui être faits. Et rien, d'ailleurs, ici, ne permet d'apporter un sens restrictif à ses dispositions.

« Toutes personnes... » dit-elle, et nous savons que les sociétés constituent des personnes morales.

Elles peuvent donc recevoir par donation entre vifs et par testament.

583. — **Délits.** — **Quasi-délits.** — **Responsabilité de la société**[1]. — Sur la question de savoir si, en cas de délit ou de quasi-délit commis par ses représentants, la société est, en tant que personne morale, personnellement responsable, il y a lieu de distinguer le cas de la responsabilité *civile* de celui de la responsabilité *pénale*.

584. — **RESPONSABILITÉ CIVILE.** — Les gérants de même que les administrateurs d'une société sont les « préposés » de celle-ci, laquelle est leur « commettant »[2].

---

1. *Délits et quasi-délits.* — Tout fait quelconque de l'homme qui cause à autrui un dommage, oblige celui par la faute duquel il est arrivé, à le réparer (art. 1382 C. civ.).

Chacun est responsable du dommage qu'il a causé, non seulement par son fait, mais encore par sa négligence ou par son imprudence (art. 1383 C. civ.).

2. On est responsable non seulement du dommage que l'on cause par son propre

Or, il est de principe que les commettants sont civilement responsables du dommage causé par leurs préposés dans les fonctions auxquelles ils les ont employés.

Par suite, les sociétés sont civilement responsables des fautes commises par leurs gérants et administrateurs dans l'exercice de leurs fonctions (Cassation, 13 mai 1890, *Dalloz*, 90, 1, 247). Voir aussi Nancy, 25 février 1890, *Ibid.* 90, 2, 247.

Jugé que la responsabilité d'une société en nom collectif est engagée, comme celle de tous ses associés personnellement, quand les membres qui la composent, agissant de concert et dans un intérêt social, ont déterminé une personne, à l'aide de moyens dolosifs, à céder désavantageusement son entreprise commerciale, pour apporter son concours et ses capitaux à la société qui se trouvait dans une situation désespérée ; que la convention ainsi passée doit être résiliée aux torts de la société et que la victime de ce dol peut justifier sa demande contre celle-ci, en réparation du préjudice subi par tous les moyens de preuve, sans que la règle posée par l'article 41 du code de commerce puisse lui être opposée (Cassation, 9 mai 1905, *Dalloz*, 1908, 1, 476)[1].

La cour de Cassation a décidé (13 février 1907) que l'action en responsabilité basée sur l'article 1382 du code civil, pour des faits dont résultait la nullité d'une société anonyme, peut demeurer ouverte, alors que — la cause de nullité ayant disparu — la nullité ne pourrait plus être demandée (*Dalloz*, 1911, 1, 97).

585. — RESPONSABILITÉ PÉNALE. — Les peines étant essentiellement personnelles, il est tout d'abord manifeste qu'une peine ne peut frapper les associés à l'occasion d'une faute de leurs gérants ou de leurs administrateurs.

D'autre part, une peine ne pouvant frapper un être fictif comme

---

fait, mais encore par celui qui est causé par le fait des personnes dont on doit répondre, ou des choses que l'on a sous sa garde.

Les maîtres et les commettants sont responsables du dommage causé par leurs préposés dans les fonctions auxquelles ils les ont employés (art. 1384, C. civ.).

1. A noter que la déclaration de nullité d'une société anonyme doit, en règle générale, précéder l'exercice de l'action en responsabilité solidaire ouverte contre les fondateurs et administrateurs pour les faits dont la nullité résultait ; que, conséquemment, l'action en responsabilité doit être rejetée si, à aucun moment, la société n'a été mise en cause et si la nullité n'a pas été prononcée. Que, toutefois, il en est autrement, si la nullité a été couverte ; mais que, dans ce cas, pour être recevable, l'action en responsabilité doit être intentée dans un délai de trois ans, à partir du jour où la nullité était encourue (Cassation, 19 mars 1910, *Dalloz*, 1911, 1, 148).

l'est l'être moral que constitue la société, lequel, étant moral, est dans l'impossibilité matérielle de commettre une infraction, il s'ensuit que la responsabilité pénale ne peut pas non plus atteindre la société.

Conséquemment, elle atteint non seulement les gérants et les administrateurs (Nombr. déc. en ce sens. *Not.* Orléans, 8 novembre 1887, *Rev. des Soc.* 1888, 50, — Cassation, 24 mars 1899, *Sirey*, 1902, 1, 296).

586. — Toutefois, jugé que si la peine consiste en une amende, par exemple une amende fiscale, comme il s'agit là de dommages-intérêts, en quelque sorte, et non d'une peine corporelle, la société serait civilement responsable (Nîmes, 6 mars 1898, *Journ. des Soc.* 1899, 216).

587. — Groupements. — Associations. — Syndicats. — Tout groupement non réglementé par des textes spéciaux, qu'il soit formé sous quelque nom que ce soit, hors des conditions prescrites pour constituer une société, ne constitue pas un être moral et n'a pas, par suite, la personnalité juridique.

Les associations, les syndicats, ainsi d'ailleurs que les groupements sont placés sous le régime de lois spéciales, lesquelles déterminent s'ils peuvent acquérir la personnalité juridique et dans quelles conditions ils le peuvent.

CHAPITRE VII

PROCÈS
JURIDICTIONS ET TRIBUNAUX COMPÉTENTS

588. — Règles générales de compétence. — D'une manière générale, les règles de compétence qui sont applicables aux sociétés commerciales sont posées par les articles 631 du code de commerce et 59 du code de procédure civile.

L'article 631 du code de commerce stipule : « Les tribunaux de « commerce connaîtront : 1° des contestations relatives aux enga- « gements et transactions entre négociants, marchands et ban- « quiers ; 2° des contestations entre associés, pour raison d'une « société de commerce ; 3° de celles relatives aux actes de com- « merce, à l'égard de toutes personnes. »

Et l'article 59 du code de procédure civile : « En matière per- « sonnelle, le défendeur [1] sera assigné devant le tribunal de son

---

1. Explication des termes « demandeur » et « défendeur » qui vont être employés sous les numéros qui suivent :

Le *Demandeur* est celui qui prend l'initiative de l'instance, qui intente le procès ; qui « demande » en justice.

Le *Défendeur* est celui contre qui l'instance est dirigée, contre qui est intenté le procès ; celui qui « défend » en justice à ce qui est demandé contre lui.

« domicile ; s'il n'a pas de domicile, devant le tribunal de sa rési-
« dence ;

« S'il y a plusieurs défendeurs, devant le tribunal du domicile
« de l'un d'eux, au choix du demandeur ;

« En matière réelle, devant le tribunal de la situation de l'objet
« litigieux ;

« En matière mixte, devant le juge de la situation, ou devant le
« juge du domicile du défendeur ;

« EN MATIÈRE DE SOCIÉTÉ, TANT QU'ELLE EXISTE, DEVANT LE JUGE DU
« LIEU OÙ ELLE EST ÉTABLIE... »

589. — Pour la clarté de l'examen de cette question de compétence, il est nécessaire de la scinder en étudiant distinctement les
contestations soulevées entre les associés et entre les associés et la
société, et les contestations soulevées entre la société et les tiers.

Pour chacune d'elles, on examinera en premier lieu quelle est la
juridiction compétente, juridiction civile ou juridiction commerciale,
ou compétence absolue *ratione materiæ* dont les règles sont relatives à l'ordre, au degré et à la nature de la juridiction ; en second
lieu devant quel tribunal déterminé doit être porté l'instance, —
compétence *ratione personæ*, — ou compétence relative.

590. — *Remarque.* — Ce qui va être dit sous les numéros suivants ne s'applique pas aux associations en participation, qui ne sont
pas, comme on sait, des sociétés commerciales et pour lesquelles la
question de compétence se solutionne différemment ainsi qu'on le
verra sous les n°ˢ 1263 et suivants.

§. I. — *Procès entre associés.*
Ou entre les associés et la société.

591. — **Compétence absolue ou quelle juridiction saisir ?**
— Sous l'empire du code de commerce de 1807, toutes contestations entre associés, et pour « raison de la société », étaient jugées
par des « arbitres ».

C'était l'arbitrage forcé ; et les tribunaux de commerce étaient,
d'après cet article, incompétents.

Cette juridiction exceptionnelle, dans la pratique n'atteignait pas
le but que le législateur s'était proposé, — lequel visait à la célé-

rité des décisions et au minimum de frais à exposer, — en raison de ce que la plupart des sentences arbitrales se trouvaient frappées d'appel, ce qui avait pour conséquence de porter le différend précisément devant un tribunal de droit commun qu'on avait voulu éviter.

L'article 51 qui l'imposait fut abrogé par la loi du 17 juillet 1856, qui la remplaça par celle qui forme aujourd'hui l'article 631 du code de commerce rapporté sous le numéro 588.

592. — L'arbitrage forcé étant ainsi aboli, ce sont donc les tribunaux de commerce qui, seuls, sont compétents pour connaître des contestations qui s'élèvent entre associés, ou entre les associés et la société.

Exemples :

Une contestation s'élève, relative à la liquidation de la société et à son partage ;

Un associé en nom collectif, un commanditaire, ou un actionnaire se refuse à parfaire le montant de son apport ou de sa commandite, ou un actionnaire se refuse à verser le deuxième, troisième ou dernier quart exigible des actions par lui souscrites ;

Une action en responsabilité est à introduire contre le gérant, le ou les fondateurs et les premiers administrateurs ayant pour motif une cause de nullité de la société ;

Une action en responsabilité basée sur une faute commise dans la gestion et dirigée contre les représentants de la société, gérants ou autres.

Dans tous ces cas, c'est le tribunal de commerce qui seul est compétent.

593. — Mais quel tribunal de commerce ? — C'est ce qui sera dit sous le numéro 600.

594. — LES PARTIES PEUVENT NÉANMOINS, SI MIEUX ELLES PRÉFÈRENT, SOUMETTRE LE DIFFÉREND A DES « ARBITRES ». — Bien que, ainsi qu'on vient de voir, en cas de contestations entre associés ou entre la société et les associés, c'est la juridiction consulaire qui soit seule compétente, les parties peuvent cependant toujours — du moins quand elles ont la capacité juridique de « disposer » des biens ou droits faisant l'objet du différend — soumettre celui-ci à des arbitres.

En effet, si la loi de 1856 a supprimé l'arbitrage forcé, du moins a-t-elle laissé subsister l'arbitrage facultatif auquel les intéressés ont toujours le droit de recourir,

Elles ont libre choix à cet égard.

595. — En cas d'arbitrage, les règles posées par les articles 1003 et suivants du code de procédure civile doivent être observées [1].

1. Voici les textes des articles essentiels :

Article 1003,

Toutes personnes peuvent compromettre sur les droits dont elles ont la libre disposition.

Article 1005

Le compromis pourra être fait par procès-verbal devant les arbitres choisis, ou par acte devant notaire, ou sous signature privée.

Article 1006

Le compromis désignera les objets en litige et les noms des arbitres choisis, à peine de nullité.

Article 1007

Le compromis sera valable, encore qu'il ne fixe pas de délai ; et, en ce cas, la mission des arbitres ne durera que trois mois, du jour du compromis.

Article 1008

Pendant le délai de l'arbitrage, les arbitres ne pourront être révoqués que du consentement unanime des parties.

Article 1009

Les parties et les arbitres suivront dans la procédure les délais et les formes établis pour les tribunaux, si les parties n'en sont autrement convenues.

Article 1010

Les parties pourront, lors et depuis le compromis, renoncer à l'appel.

Lorsque l'arbitrage sera sur appel ou sur requête civile, le jugement arbitral sera définitif et sans appel.

Article 1011

Les actes de l'instruction, et les procès-verbaux du ministère des arbitres, seront faits par tous les arbitres, si le compromis ne les autorise à commettre l'un d'eux.

Article 1012

Le compromis finit : 1° par le décès, refus, déport ou empêchement d'un des arbitres, s'il n'y a clause qu'il sera passé outre, ou que le remplacement sera au choix des parties ou au choix de l'arbitre ou des arbitres restants ; 2° par l'expira-

596. — Clause compromissoire. — On rencontre assez fréquemment dans certains statuts — plus spécialement dans les statuts de sociétés en nom collectif et en commandite simple — une

tion du délai stipulé, ou de celui de trois mois s'il n'en a pas été réglé ; 3° par le partage, si les arbitres n'ont pas le pouvoir de prendre un tiers arbitre.

Article 1013

Le décès, lorsque tous les héritiers sont majeurs, ne mettra pas fin au compromis, le délai pour instruire et juger sera suspendu, pendant celui pour faire inventaire et délibérer.

Article 1014

Les arbitres ne pourront se déporter, si leurs opérations sont commencées : ils ne pourront être récusés si ce n'est pour cause survenue depuis le compromis.

Article 1015

S'il est formé inscription de faux, même purement civile, ou s'il s'élève quelque incident criminel, les arbitres délaisseront les parties à se pourvoir, et les délais de l'arbitrage continueront à courir du jour du jugement de l'incident.

Article 1016

Chacune des parties sera tenue de produire ses défenses et pièces, quinzaine au moins avant l'expiration du délai du compromis ; et seront tenus les arbitres de juger sur ce qui aura été produit.

Le jugement sera signé par chacun des arbitres ; et dans le cas où il y aurait plus de deux arbitres, si la minorité refusait de le signer, les autres arbitres en feraient mention, et le jugement aura le même effet que s'il avait été signé par chacun des arbitres.

Un jugement arbitral ne sera, dans aucun cas, sujet à l'opposition.

Article 1017

En cas de partage, les arbitres autorisés à nommer un tiers seront tenus de le faire par la décision qui prononce le partage : s'ils ne peuvent en convenir, ils le déclareront sur le procès-verbal, et le tiers sera nommé par le président du tribunal qui doit ordonner l'exécution de la décision arbitrale.

Il sera, à cet effet, présenté requête par la partie la plus diligente.

Dans les deux cas, les arbitres divisés seront tenus de rédiger leur avis distinct et motivé, soit dans le même procès-verbal, soit dans des procès-verbaux séparés.

Article 1018

Le tiers arbitre sera tenu de juger dans le mois du jour de son acceptation, à moins que ce délai n'ait été prolongé par l'acte de la nomination : il ne pourra prononcer qu'après avoir conféré avec les arbitres divisés, qui seront sommés de se réunir à cet effet.

Si tous les arbitres ne se réunissent pas, le tiers arbitre prononcera seul ; et néanmoins il sera tenu de se conformer à l'un des avis des autres arbitres.

Article 1019

Les arbitres et tiers arbitres décideront d'après les règles du droit, à moins que le compromis ne leur donne pouvoir de prononcer comme amiables compositeurs.

Article 1020

Le jugement arbitral sera rendu exécutoire par une ordonnance du président du tribunal de première instance dans le ressort duquel il a été rendu : à cet effet, la

clause stipulant que les différends qui pourraient s'élever dans l'avenir entre les associés seraient soumis à la décision d'un ou de plusieurs arbitres.

minute du jugement sera déposée dans les trois jours, par l'un des arbitres, au greffe du tribunal.

S'il avait été compromis sur l'appel d'un jugement, la décision arbitrale sera déposée au greffe du tribunal d'appel, et l'ordonnance rendue par le président de ce tribunal.

Les poursuites pour les frais du dépôt et les frais d'enregistrement ne pourront être faites contre les parties.

ARTICLE 1021

Les jugements arbitraux, même ceux préparatoires, ne pourront être exécutés qu'après ordonnance qui sera accordée, à cet effet, par le président du tribunal, au bas ou en marge de la minute, sans qu'il soit besoin d'en communiquer au ministère public ; et sera ladite ordonnance expédiée en suite de l'expédition de la décision.

La connaissance de l'exécution du jugement appartient au tribunal qui a rendu l'ordonnance.

ARTICLE 1022

Les jugements arbitraux ne pourront, en aucun cas, être opposés à des tiers.

ARTICLE 1023

L'appel des jugements arbitraux sera porté, savoir : devant les tribunaux de première instance, pour les matières qui, s'il n'y eût point eu d'arbitrage, eussent été, soit en premier, soit en dernier ressort, de la compétence des juges de paix ; et devant les cours royales (les cours d'appel) pour les matières qui eussent été, soit en premier, soit en dernier ressort de la compétence des tribunaux de première instance.

ARTICLE 1024

Les règles sur l'exécution provisoire des jugements des tribunaux sont applicables aux jugements arbitraux.

ARTICLE 1025

Si l'appel est rejeté, l'appelant sera condamné à la même amende que s'il s'agissait d'un jugement des tribunaux ordinaires.

ARTICLE 1028

Il ne sera besoin de se pourvoir par appel ni requête civile dans les cas suivants :

1° Si le jugement a été rendu sans compromis, ou hors des termes du compromis ;

2° S'il l'a été sur compromis nul ou expiré ;

3° S'il n'a été rendu que par quelques arbitres non autorisés à juger en l'absence des autres ;

4° S'il l'a été par un tiers sans en avoir conféré avec des arbitres partagés ;

5° Enfin, s'il a été prononcé sur choses non demandées.

Dans tous les cas, les parties se pourvoiront par opposition à l'ordonnance d'exécution, devant le tribunal qui l'aura rendue, et demanderont la nullité de l'acte qualifié jugement arbitral.

Il ne pourra y avoir recours en cassation que contre les jugements des tribunaux, rendus soit sur requête civile, soit sur appel d'un jugement arbitral.

Une telle clause est nulle comme ne remplissant pas les conditions imposées par l'article 1006 du code de procédure civile qui, on l'a vu à la note 1 du numéro précédent, prescrit, à peine de nullité, que le compromis [1] doit contenir la désignation des « objets en litige et les noms des arbitres » (Nomb. déc. *Not.* Cassation, 1er décembre 1880, *Dalloz*, 80, 1. 321).

Jugé qu'au cas où le conseil d'administration d'une société a, conformément aux statuts, autorisé le président du conseil d'administration à conférer tout ou partie des pouvoirs à lui dévolus, on doit considérer comme valable le compromis signé par un agent de la société avec l'assentiment du président du conseil et en se conformant à ses instructions. (Cassation, 1er mars 1921. — *Gaz. des Trib.*, 18-19 mars 1921.)

597. — Remarque. — On notera toutefois que, dans le cas où les statuts contiendraient une clause aux termes de laquelle, en cas de différend entre les associés ou entre les associés et la société, c'est le tribunal « civil » qui serait seul compétent pour en connaître, cette clause serait parfaitement valable. Aussi bien, les parties ayant toujours le droit de renoncer à la juridiction d'exception qu'est la juridiction consulaire, pour revenir à la juridiction civile qui est celle de droit commun (Nombr. déc. *Not.* Cassation, 6 avril 1886, *Dalloz*, 86, 1, 97, Paris, 15 avril 1904, *Journ. des Soc.* 1905, 257).

598. — Référé. — A rappeler que le tribunal des « référés » est incompétent en matière commerciale (Nombr. déc. *Not.* Paris, 7 juillet 1904, *Journ. des Soc.* 1905, 125, — 15 octobre 1913, *Gaz. des Soc.* 1914, 36).

Par suite, en présence d'un cas exigeant l'urgence les intéressés devront présenter requête au président du tribunal de commerce aux fins d'autorisation d'assigner sur l'heure, en conformité de l'article 417 du code de procédure civile [2].

---

1. On entend par *compromis* la convention par laquelle les parties conviennent de soumettre le différend qui les divise, à des arbitres, en s'obligeant par avance à trouver bonne la décision de ces derniers, sous réserve des voies de recours admises par la loi.

(2) ARTICLE 417

C. de proc. civ. : « Dans les cas qui requerront célérité, le président du tribunal « pourra permettre d'assigner même de jour à jour et d'heure à heure, et de saisir « les effets mobiliers : il pourra suivant l'exigence des cas, assujettir le demandeur « à donner caution, ou à justifier de solvabilité suffisante. Ses ordonnances seront « exécutoires nonobstant opposition ou appel. »

599. — Compétence relative ou quel tribunal doit être saisi. — On a vu sous les numéros qui précèdent que les différends élevés entre les associés ou entre les associés et la société sont — sauf les exceptions dites — de la compétence exclusive de la juridiction commerciale.

Reste à examiner maintenant devant quel tribunal de commerce déterminé le litige doit être porté.

600. — Le tribunal de commerce qui doit être saisi du différend est celui du lieu où la société est établie (Art. 59, C. de procédure civile). Voy. *suprà*, n° 588 ; autrement dit, celui du lieu dans lequel se trouve le siège social.

Afin d'ailleurs d'obvier aux difficultés qui pourraient s'élever à cet égard, il est d'usage d'insérer dans les statuts une clause attribuant juridiction au tribunal de commerce du lieu, dans lequel le siège social est situé, en cas de contestation entre la société et ses associés ou actionnaires.

En vertu de cette clause, c'est alors ce tribunal qui seul, aura à connaître de ces contestations. Par exemple, en cas de non-libération par un actionnaire de la portion exigible des actions par lui souscrites, c'est devant ce tribunal que la société assignera l'actionnaire en retard.

601. — Remarques. — Les tribunaux de commerce sont compétents pour connaître des actions en nullité de la société (Cassation, 10 novembre 1897, *Dalloz*, 99, 1, 529).

Ils le sont également pour connaître :

Des actions en responsabilité dirigées par des tiers contre les administrateurs ou gérants de la société (Cassation, 23 juillet 1877, *Dalloz*, 78, 1, 455).

Des actions en restitution de dividendes fictifs (Cassation, 3 mars 1863, *Ibid.* 63, 1, 125).

Des actions en libération d'actions souscrites (Cassation, 25 octobre 1899, *Sirey*, 1900, 1, 65).

§ II. — *Procès entre la société et les tiers.*

602. — Compétence absolue ou quelle juridiction saisir. — Une contestation s'élève entre la société et des tiers, quelle juridiction est compétente ? — La juridiction commerciale ou la juridiction civile ?

Cela dépend s'il s'agit d'un différend élevé à propos d'une opéra-
ration commerciale tout à la fois à l'égard de la société et à l'égard
des tiers ou s'il s'agit de différends nés à propos d'opérations qui ne
sont commerciales que pour l'une des parties.

603. — L'OPÉRATION QUI DONNE NAISSANCE AU DIFFÉREND EST COM-
MERCIALE A L'ÉGARD DES DEUX PARTIES. — C'est, dans ce cas, le tribunal de commerce qui est seul compétent ; et ce, en vertu du principe posé par l'article 631 du code de commerce (voir n° 588)
d'après lequel les non-commerçants sont, comme les commerçants
eux-mêmes, justiciables des tribunaux de commerce, par cela seul
qu'ils sont poursuivis à raison d' « actes de commerce » [1].

604. — L'OPÉRATION QUI DONNE NAISSANCE AU DIFFÉREND N'EST
COMMERCIALE QU'A L'ÉGARD D'UNE SEULE DES PARTIES. — Le même
acte, la même opération, n'ont pas nécessairement le même caractère pour toutes les parties qui y ont participé, et il n'est pas rare
qu'une opération — ou un acte — soit commerciale pour l'une et

---

1. Les « actes de commerce » sont énoncés aux articles 632 et 633 du code de
Commerce. Ce sont :

ARTICLE 632

(*Modifié par la loi du 7 juin 1894*). La loi répute actes de commerce :
Tout achat de denrées et marchandises pour les revendre, soit en nature, soit
après les avoir travaillées et mises en œuvre, ou même pour en louer simplement
l'usage ;
Toute entreprise de manufactures, de commissions, de transport par terre ou par
eau ;
Toute entreprise de fournitures, d'agences, bureaux d'affaires, établissements de
ventes à l'encan, de spectacles publics ;
Toute opération de change, banque et courtage ;
Toutes les opérations des banques publiques ;
Toutes obligations entre négociants, marchands et banquiers ;
Entre toutes personnes, les lettres de change.

ARTICLE 633

La loi répute pareillement actes de commerce :
Toutes entreprises de constructions, et tous achats, ventes et reventes de bâti-
ments pour la navigation intérieure et extérieure ;
Toutes expéditions maritimes ;
Tout achat ou vente d'agrès, apparaux et avitaillements ;
Tout affrètement ou nolissement, emprunt ou prêt à la grosse ;
Toutes assurances et autres contrats concernant le commerce de mer ;
Tous accords et conventions pour salaires et loyers d'équipages ;
Tous engagements de gens de mer, pour le service de bâtiments de commerce.

non commerciale pour l'autre. Il s'agit, dans ce cas, d'une opération ou d'un acte « mixte ».

En présence d'une opération ou d'un acte mixte, quelle juridiction est compétente pour connaître du différend, la juridiction commerciale ou la juridiction civile ?

La question est controversée.

605. — Selon nous, il y a lieu d'appliquer les principes généraux du droit, d'après lesquels c'est au point de vue du *défendeur* qu'on doit se placer pour déterminer la juridiction à saisir ;

a) Si l'acte est commercial par rapport au *défendeur*, c'est le tribunal de commerce qui est compétent ; — d'où il suit qu'en cas de procès intentés par des tiers à une société commerciale, c'est le tribunal de commerce du lieu du siège de celle-ci qui sera compétent, à moins — ce qui sera l'exception — que l'acte ou l'opération donnant ouverture au litige soit civil à son égard ;

b) Si, au contraire, l'acte est *civil* par rapport au défendeur, c'est le tribunal civil d'arrondissement qui est compétent. — D'où il résulte qu'en cas de procès intentés par la société à des tiers, la société assignerait ceux-ci devant le tribunal de commerce si l'acte (ou l'opération) est commercial à leur égard, — et devant le tribunal civil, lorsque l'acte (ou l'opération) sera civil à leur égard [1].

606. — **Compétence relative.** — ou quel tribunal doit être saisi. — En cas de procès entre la société et des tiers, la juridiction compétente est, venons-nous de voir, tantôt la juridiction commerciale, tantôt la juridiction civile, suivant que l'acte duquel naît le litige est commercial ou civil par rapport au défendeur.

607. — LA SOCIÉTÉ EST DEMANDERESSE AU PROCÈS. — Lorsque la société est demanderesse au procès, le tribunal qui devra connaître de celui-ci sera, conformément au paragraphe 1er de l'article 59 du code de procédure civile (voir n° 588), le tribunal du lieu du domicile de ce défendeur, — ou s'il n'a pas de domicile, le tribunal du lieu de sa résidence.

Sauf les deux exceptions suivantes :

---

1. Ainsi, jugé dans ce sens qu'un commis ou directeur employé par une société commerciale qui n'a pas personnellement fait un acte de commerce en traitant avec elle, peut valablement l'assigner devant le tribunal civil (Cassation, 22 février 1859, *Dalloz*, 59, 1,268).

608. — *Matière réelle immobilière.* — Toutefois, en matière réelle immobilière, la société serait tenue d'assigner devant le tribunal de la situation de l'immeuble litigieux, et ce, en conformité de l'article 59, § 3 du code de procédure civile (Voir n° 588).

609. — *Autres tribunaux compétents.* — En outre, elle pourrait assigner, indépendamment du tribunal du domicile du défendeur à son choix, soit devant le tribunal dans l'arrondissement duquel la promesse a été faite et la marchandise livrée, soit devant le tribunal dans l'arrondissement duquel le paiement devait être effectué (Art. 420, C. proc. civ.) [1].

610. — Enfin, lorsqu'il y aura plusieurs défendeurs au procès, la société demanderesse peut les assigner tous devant le seul tribunal du domicile de l'un d'eux, à son choix (Art. 59, C. proc. civ. § 2).

611. — LA SOCIÉTÉ EST DÉFENDERESSE AU PROCÈS. — Quand ce sont des tiers qui intentent un procès à une société commerciale, ils doivent assigner celle-ci devant le tribunal de l'arrondissement dans lequel son siège social est situé (Art. 59, § 5, C. proc. civ.).

612. — Il en est ainsi même après la dissolution de la société et jusqu'à la clôture de la liquidation sociale; la société, en effet, étant considérée comme existant jusqu'à ce moment, ainsi qu'il sera expliqué au titre de la LIQUIDATION DES SOCIÉTÉS (V. tome II). (*Not.* Cassation, 11 mars 1884, *Dalloz*, 84, 1, 199. Nancy, 12 juin 1894, *Ibid.* 95, 2, 191). Voir N° 614.

613. — Il y a d'autres tribunaux qui peuvent être compétents, en dehors du tribunal du lieu du siège social, ce sont ceux des lieux dans lesquels se trouvent des succursales de la société.

En cas de procès intentés par eux à une société commerciale, les tiers peuvent donc assigner celle-ci devant le tribunal du siège d'une de ses succursales, sous les réserves qui vont être dites sous le numéro suivant.

---

1. Décidé toutefois que les règles de compétence posées par l'article 420, du code de procédure civile s'appliquent exclusivement à la juridiction consulaire, et qu'elles ne sauraient être invoquées devant les tribunaux civils (Grenoble, 3 mai 1909, *Dalloz*, 1909, 2, 341).

614. — Remarques. — Malgré que, en principe, le domicile d'une société commerciale soit au lieu de son siège social, et que le tribunal de ce domicile soit compétent pour procéder aux opérations de la faillite, il peut en être autrement quand, en dehors du siège social, les statuts ont créé un siège central et administratif qui, comme conséquence de la concentration des affaires et l'intensité de la vie commerciale, est devenu le principal établissement de la société. (Cassation, 19 juin 1911, *Journ. des Soc.* 1912, 30).

Un tiers peut assigner une société commerciale devant le tribunal du lieu dans lequel se trouve une de ses succursales, mais à la condition qu'il existe un lien juridique entre cette succursale et l'objet du différend (*Not.* Cassation, 7 mars 1911, *Sirey*, 1911, 1, 511) ; par exemple quand cette succursale a été le point de départ ou le point d'arrivée des marchandises que la société avait mission de transporter (Cassation, 29 mars 1909, *Dalloz*, 1911, 1, 464).

Mais si une société commerciale peut être valablement assignée devant le tribunal du lieu, où elle a une succursale, il n'en n'est ainsi que lorsque la société est actionnée par des tiers ; car lorsqu'il s'agit d'actions intentées contre la société par ses propres agents, ces actions doivent être portées devant le tribunal du lieu du siège social (Alger, 2 mars 1896, sous Cassation, 25 octobre 1897, *Dalloz*, 98, 1, 478).

L'instance introduite par un créancier contre une société doit l'être devant le tribunal du lieu où cette société est établie, au jour où la demande est formée ; il en est ainsi bien qu'il s'agisse d'une société dissoute, une pareille société étant toujours réputée exister pour les besoins de sa liquidation (Cassation, 3 janvier 1900, *Dalloz*, 1900, 1, 95).

615. — Obligations délictuelles et quasi-délictuelles. — Tout ce qui vient d'être dit sous les n°s 588 à 614, s'appliquant aux obligations contractuelles, s'applique également aux obligations délictuelles et quasi-délictuelles.

616. — Actions pénales. — En ce qui concerne les actions pénales, les sociétés ont le même droit que les particuliers ; mais elles n'ont qualité pour s'adresser aux tribunaux répressifs et mettre ainsi l'action publique en mouvement que si un délit ou un crime a porté atteinte aux intérêts généraux de leurs membres. Par suite, un dommage causé à un seul ou à plusieurs des membres d'une société ne saurait justifier l'action ou l'intervention de cette société devant la juridiction répressive (Toulouse, 12 octobre 1910, *Dalloz*, 1911, 5, 6).

617. — **Qui doit, en cas de procès, représenter la société en justice ?** — Seuls les représentants légaux de la société régulièrement autorisés à cet effet, peuvent valablement, en cas de procès, agir et représenter celle-ci en justice soit comme demanderesse, soit comme défenderesse.

618. — Le fait, pour une société, de faire valoir ses droits en justice, est reconnu n'être qu'un simple acte d'administration.

D'où il suit que celui ou ceux des associés, qui sont détenteurs des pouvoirs d'administrer la société, ont, sans qu'une autorisation spéciale ou qu'un pouvoir spécial leur soit nécessaire, le pouvoir d'ester en justice en demandant aussi bien qu'en défendant.

Il en est ainsi pour le ou les gérants d'une société en nom collectif, et d'une société en commandite simple, et pour le gérant d'une société en commandite par actions, sauf clause contraire insérée aux statuts.

Dans une société anonyme, c'est le conseil d'administration qui est l'organe détenteur des pouvoirs d'administration ; c'est donc lui qui a celui de décider si la société doit ou ne doit pas suivre l'instance et, dans l'affirmative, celui de déléguer à un de ses membres le pouvoir de la représenter en justice, à moins que cette délégation ait été préventivement faite dans les statuts.

619. — Dans les associations en participation, qui, on le sait, ne constituent pas un être moral et n'ont pas, par suite, la personnalité juridique, tous les participants, individuellement, doivent être mis en cause, en cas de procès intentés par des tiers, et, en cas de demande tous les participants individuellement doivent être demandeurs à l'instance.

620. — A noter :

Que le gérant n'est pas tenu, dans la procédure, de désigner nommément tous les associés : il est suffisant d'indiquer la raison sociale et le siège social.

Que lorsque des tiers assignent une société commerciale, il ne leur est pas nécessaire de mentionner dans l'exploit les noms des membres composant la société.

621. — **Action sociale**. — Une action est sociale, dit un arrêt de la cour de Rennes du 1ᵉʳ août 1900, toutes les fois que le préjudice éprouvé par le créancier qui en poursuit la réparation l'a été dans la même mesure par tous les autres créanciers et se confond ainsi avec celui qui atteint la société tout entière (*Dalloz* 1901, 2, 300).

La distinction entre l' « action sociale » et l' « action individuelle » dont il va être question *infrà* nᵒˢ 629 et suivants, est une question très complexe qui a donné lieu à plusieurs systèmes et à de fort nombreuses décisions judiciaires.

A s'en tenir exclusivement au principe, on peut conclure :

a) Que l'action en responsabilité dirigée contre les administrateurs d'une société anonyme (ou les gérants d'une société en commandite) en réparation du préjudice causé à la société par une faute commise dans leur gestion, est une *action sociale* ;

b) Et que l'action qui est basée sur un préjudice personnel et distinct du préjudice social, est une action individuelle [1].

L'action sociale est basée sur une faute contractuelle commise par l'administrateur dans l'exécution de son mandat et dont les conséquences réfléchissent sur la collectivité des actionnaires, tandis que l'action individuelle a sa cause génératrice dans un fait particulier, délit ou quasi-délit, accompli en dehors et en violation du pacte social, et tend à la réparation du dommage personnel à chaque intéressé (Trib. civ. Seine, 18 janvier 1913, *Rec. Gaz. des Trib.* 1913, 2, 281).

Est une action sociale, et non une action individuelle, l'action des liquidateurs d'une société ancienne contre une société nouvelle qui a tout à la fois pour objet de faire défense à celle-ci de poursuivre contre les actionnaires de la première, le recouvrement de la partie non versée de leurs actions, de faire rentrer dans la caisse de la liquidation des valeurs qui auraient été indûment recouvrées par la nouvelle société, enfin de la contraindre à fournir le compte des sommes encaissées par elle des actionnaires de l'ancienne société (Cassation, 18 novembre 1913, *Rec. Gaz. des Trib.* 1914, 105).

V. aussi Cassation, 6 juillet 1905, *Dalloz*, 1908, 5, 46, — 14 novembre 1912, *Dalloz*, 1912, 1, 237) [2].

---

1. Fuzier Herman, Répert. *Sociétés commerciales*, nᵒˢ 5074 et suiv.

2. L'action en dommages-intérêts contre les fondateurs et premiers administrateurs d'une société, à raison de la nullité de cette dernière, poursuivie par application de l'article 42 de la loi du 23 juillet 1867, constitue une action sociale, le pré-

622. — C'est exclusivement à la société qu'appartient l'exercice de l'action sociale ; en conséquence, elle ne peut être exercée en son nom par ses représentants légaux (Trib. de Comm. Seine, 9 février 1910, *Journ. des Soc.* 1910, 325, — Trib. de comm. Lyon, 28 juin 1912, *Journ. des Soc.*, 1913, 201, *Nouv. Rev. Synth.*, 2390).

Et par représentants légaux, entendons : gérants, associés en nom, assemblée générale des actionnaires, pendant la durée de la société ; — liquidateur, après sa liquidation ; syndic après sa faillite [1].

623. — Toutefois, en cas d'inaction des représentants légaux de la société, chaque actionnaire peut exercer l'action sociale.

C'est ce qui résulte de l'article 17 de la loi du 24 juillet 1867, lequel, sans établir de distinction entre l'action individuelle et l'action sociale, réserve à chaque actionnaire le droit d'agir individuellement contre les gérants et les membres du conseil de surveillance (Cassation, 3 décembre 1883, *Sirey*, 85, 1, 97 — 6 août 1894, *Dalloz*, 95, 1, 114).

Ainsi, jugé que dans les cas où les administrateurs d'une société négligent d'exercer l'action sociale dont ils sont investis, chaque sociétaire peut user individuellement de la faculté résultant pour lui de l'article 44 de la loi du 24 juillet 1867, à savoir de poursuivre la réparation des infractions aux dispositions de la loi et aux statuts, à la condition toutefois que l'action sociale soit demeurée entière, qu'elle ne soit ni épuisée, ni éteinte. — Que le corps social renonce à l'exercice de l'action qui lui est dévolue quand, par ses votes dans les assemblées générales, il ratifie et approuve les faits relevés contre les administrateurs comme constitutifs de fautes de gestion (Trib. civ. Brignoles, 28 mars 1912, *Rec. Gaz. des Trib.* 1912, 2, 413).

624. — Sont notamment considérées comme actions sociales :

L'action contre les administrateurs, pour manœuvres ou dissimulations (Cassation, 3 décembre 1883, *Sirey*, 85, 1, 97).

judice résultant de la nullité étant commun à tous les créanciers (Paris, 8 juillet 1913, *Rec. Gaz. des Trib.* 1913, 2, 326).

1. Le syndic d'une société en faillite représentant, non pas les actionnaires, mais les créanciers, un actionnaire est recevable à intenter, en conformité des articles 13, 17 et 42 de la loi du 24 juillet 1867, en son nom privé et dans la mesure du préjudice dont il a personnellement souffert, une action contre les administrateurs qui, par leurs agissements, irréguliers, ont compromis les intérêts de la société (Paris, 30 décembre 1905, *Dalloz*, 1908, 2, 79, — Nancy, 5 juillet 1913, *Nouv. Rev. Synth.*, 2388).

L'action contre le gérant en réparation du préjudice causé à la société pour fautes commises dans sa gestion ; il s'agit là, en effet, d'un dommage subi par la collectivité des associés, dans l'exercice du mandat social (Même arrêt).

L'action dirigée contre les administrateurs à raison de fautes qui ont entraîné la ruine de la société, alors que le préjudice éprouvé par le demandeur est simplement une conséquence de cette ruine (Rennes, 1er août 1900, préc.).

L'action en révocation d'un gérant de société en commandite ; car le gérant, mandataire commun des associés ne peut être révoqué que par la société de laquelle il tient son mandat ou, en cas de contestation, sur la poursuite de celle-ci (Cassation, 12 août 1889, *Dalloz*, 90, 1, 457).

L'action en dommages-intérêts, intentée contre les administrateurs, gérants ou liquidateurs à raison de fautes commises dans l'accomplissement de leur mandat, ou en raison de violation des statuts (Nombr. déc. *Not.* Cassation, 30 mars 1909, *Journ. des Soc.* 1909, 495).

L'action en nullité de la délibération de l'assemblée générale des actionnaires qui a voté la réduction du capital social (Paris, 19 janvier 1897, *Journ. des Soc.* 1897, 264).

L'action en dissolution de la société et en nomination d'un liquidateur (Toulouse, 18 janvier 1887, *Journ. des Soc.* 1890, 322).

L'action en dommages-intérêts intentée par des actionnaires contre les administrateurs, gérants, membres du conseil de surveillance, pour inexactitudes dans les bilans, et distribution de dividendes fictifs (Paris, 13 juillet 1892, *Rev. des Soc.* 1893, 223)[1].

Jugé que lorsque les actionnaires représentent le vingtième au moins du capital social, ils peuvent, dans un intérêt commun charger un mandataire de soutenir une action dirigée contre le gérant d'une société anonyme par actions, ou contre les membres du conseil de surveillance ; et que ce mandat n'étant assujetti à aucune forme spéciale peut être donné sous seing privé, et même par lettre missive (Trib. de Comm., Seine, 1er mars 1918, *Nouv. Rev. Synth.*, 2396).

---

1. L'action sociale résidant aux mains de la société avec le droit de faire tout pacte pour l'éteindre, il ne peut dépendre du fait d'un seul actionnaire, en prenant les devants, de priver, par l'exercice individuel de l'action sociale, la collectivité de son droit de poursuivre ou d'éteindre l'action dont elle dispose de ce chef, que s'il y a omission ou refus, par la société, d'y pourvoir (Paris, 20 mars 1901, *Dalloz*, 1904, 2, 121).

625. — A noter que l'action sociale, pour fautes commises dans leur gestion par des administrateurs, et poursuivie contre eux par des actionnaires commis pour représenter la société, est éteinte et irrecevable pour tout ce qui concerne le dommage applicable à la période de leur administration dans laquelle sont compris des exercices dont les comptes et les opérations ont été antérieurement soumis à l'assemblée générale qui, les ayant vérifiés et approuvés sans réserve en connaissance de cause, a donné décharge et quitus aux administrateurs (Cassation, 9 juillet 1888, *Dalloz*, 88, 1, 321, *Sirey*, 89, 1, 361).

Mais s'il n'avait pas été donné en connaissance des faits critiqués et, par conséquent, avec l'intention de les couvrir, ce quitus n'éteindrait pas l'action sociale (Bordeaux, 24 mai 1886, *Sirey et Pand.* 92, 1, 349).

626. — Lorsque l'action sociale a déjà été exercée par les représentants légaux de la société, elle ne peut plus être exercée ensuite par un ou plusieurs actionnaires isolés (Cassation, 3 décembre 1883; *Dalloz*, 84, 1, 339).

627. — EFFETS DE L'ACTION SOCIALE. — Quand l'action sociale est exercée par les représentants légaux de la société, les dommages-intérêts auxquels les administrateurs (ou les membres du conseil de surveillance) sont condamnés doivent être versés dans la caisse sociale. Ils sont tout d'abord employés au paiement des créanciers de la société, et ce n'est qu'après l'extinction du passif social que, individuellement, les actionnaires peuvent y prétendre.

628. — Mais si l'action sociale a été exercée individuellement par un actionnaire, celui-ci ne pouvant agir que dans la mesure du dommage dont il a personnellement souffert, et qu'en son nom seul, les dommages-intérêts alloués lui sont personnellement acquis, à l'exclusion des créanciers de la société (Cassation, 6 août 1894, *Dalloz*, 95, 1, 114).

629. — **Actions individuelles.** — Au contraire de celui qui exerce l'action sociale (n° 621) celui qui exerce l'action individuelle agit en vertu d'un droit qui lui est particulier, qui lui est purement personnel.

L'action individuelle découle des articles 1382 et 1383 du Code civil et elle appartient, non pas à la société, être moral, mais aux tiers qui, individuellement, ont subi un dommage.

D'après l'arrêt précité de la cour de Rennes du 1er août 1900, une action est « individuelle » quand le préjudice éprouvé par le demandeur se distingue nettement de celui dont a souffert la société, et qu'entre la faute commise par les administrateurs et le dommage dont la réparation est demandée, il existe une relation directe de cause à effet [1].

En d'autres termes, l'action individuelle est celle qui tend à donner satisfaction à un actionnaire lésé dans son intérêt « personnel ».

630. — Les actionnaires ont le droit propre et exclusif d'exercer l'action individuelle : celle-ci ne peut être exercée ni par la société ni par ses représentants.

Il en est de même pour les obligataires d'une société par actions.

631. — Exemples d'actions individuelles :

L'action intentée par des actionnaires qui, par suite de manœuvres dolosives, ont été amenés à vendre avec perte les actions qu'ils possédaient (Cassation, 3 décembre 1882, *Dalloz*, 84, 1, 339).

La demande en dissolution de la société, fondée sur de justes motifs, en conformité de l'article 1781 du Code civil (Lyon, 16 février 1881, *Dalloz*, 82, 2, 108).

L'action en redressement d'une erreur que l'actionnaire prétend s'être glissée dans son règlement de comptes avec la société (Trib. de Comm. Lyon, 28 juin 1912, *Journ. des Soc.* 1918, 201, *Nouv. Rev. Synth.*, 2360).

L'action intentée par les souscripteurs d'actions qui ont été amenés à souscrire par des faits illicites, des manœuvres frauduleuses ou des rapports mensongers (Nombr. déc. *Not.* Paris, 21 décembre 1906, *Journ. des Soc.* 1907, 430, — Trib. de Comm. Seine, 9 décembre 1909, *Ibid.* 1910, 264, — Cassation, 26 janvier 1910, *Ibid.* 1910, 511, — Trib. de Comm. Lyon, 10 février 1913, *Journ. des Soc.*, 1915, 227, *Nouv. Rev. Synth.*, 2395) [2].

632-1. — REMARQUE. — Jugé :

Que le quitus donné au conseil d'administration par l'assemblée

---

1. V. *suprà* n° 621.

2. V. aussi Cassation, 6 juillet 1905, *Dalloz*, 1908, 5, 46, — Rennes, 23 mars 1919, sous Cassation, 16 mars 1910, *Ibid.*, 1911, 1, 148.

générale est sans influence sur l'action appartenant à chaque actionnaire individuellement contre les administrateurs, responsables de
leurs fautes en vertu du droit commun (Rennes, 23 mars 1909,
sous Cassation, 16 mars 1910, *Dalloz*, 1911, 1, 148, — Trib. de
Comm. Lyon, 10 février 1913, préc.).

Que le liquidateur d'une société a qualité pour poursuivre, au
nom de la collectivité des actionnaires, la réparation du dommage
qui leur a été causé à tous par les manœuvres dolosives des fondateurs, sans préjudice de l'action *ex delicto* qui appartient individuellement à chacune des victimes du dol pour faire valoir les causes
du dommage qui leur seraient personnelles (Cassation, 13 février
1907, *Dalloz*, 1911, 1, 97).

Que l'action basée sur l'article 42 de la loi du 24 juillet 1867,
aux termes duquel les fondateurs d'une société anonyme auxquels
la nullité de cette société est imputable, et les administrateurs en
fonctions, au moment où cette nullité a été encourue, sont solidairement responsables envers les tiers, sans préjudice des droits des
actionnaires, du dommage résultant de l'annulation de la société,
n'est pas une action sociale, mais une action purement individuelle,
et personnelle aux actionnaires (Paris, 8 avril 1911, *Sirey*, 1912, 2,
233).

Que l'action en responsabilité fondée sur une publicité dolosive a
un caractère individuel et peut être intentée par un actionnaire en
son nom personnel, mais à la condition qu'il établisse que les défendeurs sont bien les auteurs de cette publicité, qu'il a connu cette
publicité et a été déterminé par elle, et qu'il y a une relation directe de cause à effet entre la faute alléguée et le préjudice subi
(Paris, 8 juillet 1913, *Rec. Gaz. des Trib.* 1913, 2, 326).

Qu'un membre d'une société ne peut, à titre individuel, mettre en
jeu la responsabilité des administrateurs de cette société à raison
de tort et dommage que lui auraient causé les fautes de gestion,
s'il n'établit pas que la cause du préjudice par lui alléguée est afférente à sa personne, née *ex delicto*, sans atteindre les autres membres de la société (Trib. civ. Brignoles, 28 mars 1912, *Rec. Gaz. des
Trib.* 1912, 2, 413).

632-2. — EFFETS DE L'ACTION INDIVIDUELLE. — L'action individuelle est exercée dans l'intérêt de l'actionnaire lésé, en vue d'obtenir réparation du préjudice dont il a personnellement souffert. Par
suite, les dommages-intérêts qui peuvent lui être alloués lui appar-

tiennent exclusivement, sans que les créanciers de la société puissent rien y prétendre (Amiens, 19 mai 1891, *Dalloz*, 92, 2, 81).

633. — Clauses statutaires réglant l'exercice des actions en justice. — La clause des statuts d'une société portant que « tout actionnaire doit, avant d'introduire contre la société, une action en justice, demander l'avis de l'assemblée générale », est licite et doit s'appliquer sans qu'il y ait lieu de rechercher si l'action est sociale ou individuelle, touchant ou non à l'ordre public (Cassation, 29 juin 1899, *Dalloz*, 1905, 1, 191).

634. — Par contre, la clause des statuts qui subordonne l'exercice individuel de l'action sociale à une autorisation de l'assemblée générale n'est pas opposable à l'actionnaire qui provoque, par la voie judiciaire, la nullité des délibérations d'une assemblée prise en violation de la loi ou des statuts (Paris, 12 avril 1902, *Dalloz*, 1906, 2, 345)[1].

Voir n° 730.

635. — Transactions. — On entend par « transaction » le contrat « par lequel les parties terminent une contestation née ou préviennent une contestation à naître » (Art. 2044, C. civ.).

La transaction ne peut se faire que moyennant un prix ou des concessions qui en tiennent lieu : elle implique nécessairement la réciprocité dans ce prix ou dans ces concessions. A défaut de cette réciprocité, il n'y aurait pas transaction.

636. — Le contrat de transaction doit être rédigé par écrit. (Art. 2044, C. civ.) sous seing privé aussi valablement que par acte authentique.

Faite verbalement, la transaction ne serait pas nulle mais, contestée, elle ne pourrait pas être prouvée par témoins.

Il est donc toujours utile de la constater par écrit, fût-ce seulement par un simple échange de lettres.

---

1. Jugé que la clause statutaire stipulant qu'aucune action touchant à l'intérêt général et collectif ne pourra être intentée qu'après examen des gérants et de l'assemblée générale ne met pas obstacle à ce qu'un associé demande la dissolution de la société, conformément à l'article 1871 du code civil, puisque le droit reconnu par cet article de provoquer la dissolution de la société pour juste motif est d'ordre public (Trib. de Comm. Seine, 16 mai 1916, *Journ. des Trib. de Comm.* 1918, 164.)

637. — Quant à la transaction qui pourrait intervenir verbalement au cours d'une assemblée générale d'actionnaires, entre ceuxci et un gérant ou un administrateur, au sujet de fautes de gestion à la charge de celui-ci, elle devra être insérée au procès-verbal de l'assemblée qui, dûment signé, établira la preuve de l'accord intervenu.

638. — Le gérant et l'associé administrateur ne peuvent transiger, en matière civile comme en matière commerciale, sur les procès de la société, sans l'avis de leurs coassociés.

Mais ils peuvent transiger et même compromettre sur les choses dont ils ont la disposition.

639. — Jugé que le gérant d'une société en commandite simple ne peut pas, par transaction, délier des commanditaires de leurs engagements (Cassation, 12 avril 1842, *Jurisp. Gén. Dalloz Transaction*, 59).

640. — Les administrateurs d'une société anonyme ne peuvent valablement transiger que si pouvoir leur en a été donné par l'assemblée générale des actionnaires, — à moins que le pouvoir de transiger ait été donné au conseil d'administration dans une clause statutaire.

641. — Un associé, dans une société en nom collectif, ne peut transiger au nom de la société sans le concours ou l'autorisation de tous ses coassociés.

642. — Les liquidateurs amiables d'une société ne trouvent pas, en principe, dans la nature même de leurs fonctions, le pouvoir de transiger, celui-ci doit leur en être donné dans l'acte qui les nomme.

Jugé toutefois qu'un liquidateur judiciaire [2], investi des pouvoirs les plus larges pour réaliser l'actif et éteindre le passif d'une société frappée de nullité, pour régler les droits des tiers et des intéressés, conséquemment pour défendre aux actions qui seraient exercées par des créanciers auxquels la nullité ne pourrait être opposée, peut, sans excéder ses pouvoirs, consentir une transaction ayant le carac-

---

1. Voir note du n° 596 et n°ˢ 594 et 595.

2. Nommé, dans l'espèce, pour la liquidation d'une société anonyme annulée pour infractions aux dispositions de la loi du 24 juillet 1867.

tère d'un acte de liquidation (Cassation, 18 février 1903, *Dalloz*, 1904, 1, 310).

648. — CADRE D'UNE TRANSACTION SUR PROCÈS SOUS SEING PRIVÉ.

Les soussignés :

1° M. A..... (*prénoms, nom, qualité et domicile*).

Agissant au nom et comme..... (*par exemple* : administrateur délégué de la société anonyme..... dont le siège est à....., rue....., n°....., en vertu des pouvoirs qui lui ont été conférés par l'Assemblée générale des actionnaires de ladite société, tenue à la date du....., dont un extrait du procès-verbal, certifié véritable est demeuré annexé à chacun des exemplaires du présent) [1].

D'une part ;

2° M. B..... (*prénoms, nom, profession et domicile*).

D'autre part.

Préalablement à la transaction faisant l'objet des présentes, ont exposé ce qui suit :

EXPOSÉ

(*Exposer en les résumant très clairement, les faits. Par exemple*) :
Par exploit de..... huissier à....., en date du....., M. A..... a formé, en sa qualité sus-exprimée, contre M. B....., une demande en ..... (*rappeler l'objet de la demande.*)

Suivant jugement rendu par défaut par le tribunal..... de....., le....., M. B..... a été condamné à payer à la société..... une somme de.....

Sur opposition de M. B....., l'affaire revint devant ledit tribunal de....., où l'instance est encore actuellement pendante.

Ceci exposé, et désirant mettre fin au différend qui les divise les soussignés ont arrêté entre eux la transaction sur procès suivante :

ARTICLE PREMIER

M. B..... paiera à titre de transaction sur procès, et ce, pour solde et règlement de tous comptes à ce jour, entre lui et la société....., la somme de....., de la manière suivante :

---

1. *Ou* :... en vertu des pouvoirs qui ont été conférés au conseil d'administration de ladite société, aux termes de l'article... des statuts de cette dernière, dressés par acte sous seing privé en date à... du... dont un exemplaire est annexé à l'acte de déclaration de souscription et de versement reçu par Mᵉ..., notaire à... le..., et en vertu des pouvoirs qui lui ont été délégués par le conseil d'administration, suivant délibération, en date du...

Un extrait de l'article... des statuts et un extrait du procès-verbal de ladite délibération est demeuré annexé à chacun des exemplaires du présent acte.

1° ..... francs, à échéance du ..... prochain ;

2° ..... francs, à échéance du ..... suivant ;

3° ..... francs, à échéance du ....., au moyen de trois billets que M. A..... reconnaît avoir présentement reçu et dont il donne à M. B..... bonne et valable quittance et décharge.

ARTICLE 2

Comme conséquence de la transaction qui précède, les parties se reconnaissent complètement quittes et libérées, les unes envers les autres, tous comptes se trouvant complètement et définitivement arrêtés entre elles, réglés et apurés pour quelque cause que ce soit.

ARTICLE 3

Il sera fait masse des frais, que les parties supporteront chacune par moitié [1].

Fait en triple exemplaire (un pour l'enregistrement), à ....., le..... mil neuf cent vingt.

Approuvé l'écriture ci-dessus et bon pour transaction.

(*Signé*) A.....

Approuvé l'écriture ci-dessus et bon pour transaction.

(*Signé*) B..... [2]

---

1. *Ou :* Tous les frais exposés à ce jour, tant d'instances, que du présent acte, seront supportés par M. B..., seul.

2. Voici à titre complémentaire, le cadre d'une autre formule de transaction sur contestation, sans procès en cours.

Les soussignés :

M..... (*prénoms, nom, profession et domicile*).   D'une part ;

Agissant, etc...   D'autre part,

Et M. B..... (*Id.*)

Désirant terminer à l'amiable la contestation qui s'est élevée entre eux relativement à..... (*énoncer l'objet du désaccord avec clarté*).

Sont convenus, à titre de transaction, de ce qui suit :

M. A..... s'oblige à.....

1°..... 2°.....

De son côté M. B..... s'oblige à.....

1°..... 2°.....

Enfin, ils s'engagent à exécuter de bonne foi réciproquement, la présente transaction ; étant entendu que celui qui n'exécuterait pas les engagements par lui contractés par le présent acte serait tenu de payer à l'autre, à titre de dommages-intérêts, une somme de.....

Tous les frais exposés à ce jour comprenant ceux de..., de... et de..., seront supportés par...

Fait en triple original (un pour l'enregistrement), à..... le..... mil neuf cent vingt.

Lu et approuvé   Lu et approuvé
et bon pour transaction   et bon pour transaction
(Signé) : A.....   (Signé) : B.....

644. — Autre cadre d'une transaction sur procès, faite sous seing privé.

Les soussignés : *etc.*

Préalablement à la transaction objet des présentes, ont exposé ce qui suit :

1° Suivant exploit de....., huissier à....., en date du....., M. A..... a assigné M. B....., devant le tribunal civil (*ou de commerce*) de....., à l'effet de....., (*copier la demande sur l'original ou la copie de l'assignation de façon complète*).

2° A cette demande, M. B..... a fait les réponses suivantes :
..... (*énoncer en les rapportant avec précision, toutes les conclusions et réponses du défendeur et du demandeur signifiés jusqu'au jour de la transaction*).

Les choses étant en cet état, les soussignés, voulant mettre fin au litige qui les divise, ont arrêté entre eux, à titre de transaction, les conventions suivantes, qu'ils s'engagent réciproquement à exécuter fidèlement, sous peine pour celui qui contreviendrait aux engagements ci-dessous pris par lui, de payer à l'autre une somme de....., à titre de dommages-intérêts.

ARTICLE PREMIER

M. A..... s'engage à.....

ARTICLE 2

.....

ARTICLE 3

M. B..... s'engage à.....

ARTICLE 4

Etc.....

Les frais exposés à ce jour, et comprenant :..., et outre ceux de la présente transaction, seront supportés par...

Fait en triple original (un pour l'enregistrement) à....., le..... mil neuf cent vingt.....

<table>
<tr><td>Lu et approuvé
et bon pour transaction
(*Signé*) : A.....</td><td>Lu et approuvé
et bon pour transaction
(*Signé*) : B.....</td></tr>
</table>

645. — **Désistement.** — D'une manière générale, le « désistement » est un contrat par lequel on renonce soit à un acte, soit à un droit.

Entendu restrictivement, dans le sens où le code de procédure

civile le prend, le désistement est le contrat par lequel on renonce
à une instance ou à l'action judiciaire dont cette instance est dépendante.

646. — Il y a donc, comme on voit, deux sortes de désistements : le désistement *d'action* qui emporte l'abandon complet et
définitif (voir n° 650) du droit même en vertu duquel l'action judiciaire était intentée ; et le désistement de *l'instance* seule, lequel
s'il anéantit le procès en cours, laisse entièrement subsister l'action,
c'est-à-dire le droit de reprendre postérieurement une nouvelle instance, tendant aux mêmes fins.

Il y a, en réalité, un troisième désistement : le désistement d'un
ou de plusieurs actes de procédure.

Ce désistement laisse entièrement subsister l'instance, et *a fortiori* l'action, et n'emporte que renonciation pour le désistant à employer ce ou ces actes de procédure, tout en conservant le droit de
les refaire comme utile lui apparaîtra dans l'avenir, suivant les circonstances.

647. — De ces divers désistements, c'est évidemment celui de
l'action elle-même qui emporte les plus importantes conséquences.
Aussi, importe-t-il de ne le faire qu'à bon escient.

648. — Le désistement peut être fait et accepté par de simples
actes signés des parties, ou de leurs mandataires et signifiés d'avoué
à avoué (art. 402, C. proc. civ.).

Devant les tribunaux de commerce, les justices de paix, où il
n'y a pas d'avoué, le désistement doit être signifié par exploit d'huissier, par la partie qui se désiste, à son adversaire.

649. — Lorsqu'il est accepté, le désistement emporte de plein
droit le consentement que les choses soient remises de part et d'autre au même état qu'elles étaient avant la demande.

Il emporte également soumission de payer les frais, au paiement
desquels le désistant sera contraint sur simple ordonnance du président du tribunal, mise au bas de la taxe (art. 403, C. proc. civ.).

650. — Jugé que le désistement d'action ne peut être opposé à
la partie adverse que s'il est fait sans conditions ni réserves de faire
renaître la contestation (Grenoble, 11 janvier 1911, *Dalloz*, 1913,
2, 47).

Si la validité d'un désistement d'instance est subordonnée à l'acceptation des parties en cause, les tribunaux ont, toutefois, le droit de passer outre à cette acceptation, et de déclarer le désistement valable lorsqu'une des parties oppose un refus non justifié (Nombr. déc. *Not.* Cassation, 29 octobre 1907, *Dalloz*, 1907, 1, 511, — Cassation, 5 avril 1909, *Dalloz*, 1909, 1, 352).

651. — Lorsqu'un désistement pur et simple a été régulièrement accepté par le défendeur, celui-ci ne peut plus retirer son acceptation. (Cons. d'État, 15 juin 1906, *Dalloz*, 1908, 5, 27).

652. — Capacité. — D'une manière générale, toute personne qui a la capacité juridique voulue pour intenter une action, peut s'en désister.

Le plus souvent, les statuts donnent plus ou moins formellement aux gérants et aux administrateurs le droit de se désister au nom de la société.

Dans le cas où ils seraient muets à cet égard, il est admis que le désistement est un acte de gestion normale rentrant dans les pouvoirs généraux d'administration ; et qu'en vertu de ceux-ci, sans qu'il soit besoin d'un pouvoir ou d'une autorisation spéciale les gérants et administrateurs de sociétés peuvent valablement se désister au nom de ces dernières.

653. — Toutefois, s'il s'agissait d'un différend concernant les droits dont, d'après la loi ou les statuts, l'assemblée générale est seule détentrice, le désistement devrait être préalablement autorisé par l'assemblée générale des actionnaires.

Dans le cas où il aurait été donné avant d'avoir été autorisé, il serait valable s'il était ratifié postérieurement par l'assemblée générale.

654. — Modèle de désistement d'instance sous seing privé avec réserve de l'action.

Le soussigné..... (*prénoms, nom, qualité et domicile*).

Agissant au nom et comme..... (*gérant, administrateur, etc...*) de la société..... dont le siège est à....., rue....., n°..... (*copier l'énonciation de la qualité sur l'original de l'assignation*).

Lequel, au nom qu'il agit, déclare que la société..... se désiste purement et simplement de l'instance introduite au nom de celle-ci contre

M..... demeurant à....., rue....., n°....., par exploit de..... huissier à.....
en date du....., tendant à..... (*indiquer sommairement l'objet de l'ins-tance*) ainsi que de la procédure suivie devant le tribunal..... (*civil ou de commerce*) de....., dans ladite instance.

En conséquence, le soussigné, ès-qualités, offre de payer les frais expo-sés par M..... (*l'adversaire*) d'après la taxe qui en sera faite.

Le tout, sans cependant, toutefois, entendre préjudicier ni renoncer à l'action ni au fond de la demande ci-dessus, introduite par lui en sadite qualité.

Voulant et entendant que ladite instance soit considérée comme nulle et non avenue.

Tous pouvoirs sont donnés au porteur du présent acte pour le faire signifier conformément à la loi.

Fait à..... le..... mil neuf cent vingt.....

Bon pour désistement d'instance,

(*Signature*).

655. — MODÈLE DE DÉSISTEMENT D'ACTION ET D'INSTANCE SOUS SEING PRIVÉ.

Même formule que la formule précédente sauf les modifications suivantes :

Lequel, au nom qu'il agit, déclare que la société..... se désiste pure-ment et simplement de l'instance ainsi que de l'action introduite au nom de ladite société contre, etc..... (*comme plus haut*).

En conséquence le soussigné, etc..... (*comme plus haut*).

Voulant et entendant que lesdites instance et action soient considé-rées, etc..... (*le surplus, comme plus haut*)[1].

656. — Acceptation. — Rétractation du désistement. —

Le désistement doit être accepté par l'adversaire du désistant. Cette acceptation se fait par le moyen d'une signification d'avoué à avoué ou par exploit d'huissier.

Tant que cette acceptation n'a pas été signifiée au désistant, celui-ci peut rétracter son désistement. En cas de rétractation, elle se signifie également par acte d'avoué à avoué — ou, s'il n'y a pas d'avoué, par exploit d'huissier.

V. *suprà*, n° 651.

---

1. Le désistant fera précéder sa signature des mots : « Bon pour désistement d'instance et d'action », écrits de sa main.

657. — Acquiescement. — On entend par « acquiescement » l'acte par lequel la partie contre laquelle une décision judiciaire a été rendue, soit par un tribunal soit par une cour, approuve cette décision, y adhère, y acquiesce en un mot, et, par cela même, renonce à user des voies de recours (opposition, appel, etc.,) que la loi met à sa disposition aux fins de réforme de la décision rendue.

Et non seulement une personne partie au procès peut acquiescer à la décision, mais encore le peuvent les tiers qui, bien que n'ayant pas pris part aux débats, auraient le droit d'attaquer la décision rendue par le moyen de la tierce opposition.

658. — L'acquiescement peut être fait purement et simplement ou sous conditions.

Le plus généralement, il est exprès — il devrait toujours en être ainsi, mais il peut être « tacite ».

En matière d'acquiescement tacite, il est nécessaire que la partie manifeste d'une manière non équivoque son intention d'acquiescer, par un acte qui suppose nécessairement cette intention. (Limoges, 13 janvier 1901, *Dalloz*, 1903, 2, 453). V. aussi Paris, 18 mai 1900, *Ibid.*, 1901, 2, 215 et Cassation, 13 janvier 1902, *Ibid.*, 1903, 1, 317.

659. — Capacité. — Tout ce qui a été dit précédemment sous les n°ˢ 652 et 653 quant à la capacité des gérants et administrateurs en matière de désistement, s'applique également à l'acquiescement.

660. — Pour pouvoir acquiescer de leur propre chef à un jugement ou à un arrêt prononçant soit la dissolution, soit la nullité de la société, l'autorisation de l'assemblée générale des actionnaires est nécessaire aux gérants et administrateurs.

661. — FORMULE D'UN ACQUIESCEMENT PUR ET SIMPLE.

Le soussigné..... (*prénoms, nom, qualité et domicile*).
Agissant..... (*comme en la formule* n° 654).

Déclare, par le présent, ès-qualité, acquiescer purement et simplement au jugement contradictoire (ou par défaut [1] rendu le....., par le tribunal civil (ou de commerce) de..... [2] entre la société..... dont le siège est à....., rue......, n°.,... et M..... (*prénoms, nom, qual. é et domicile*)

[1]. Ou : à l'arrêt rendu contradictoirement ou par défaut, etc.

[2]. Ou : par la cour d'appel de....., entre etc.

demeurant à....., rue..... n°....., aux termes duquel..... (*par exemple :* la société..... a été condamnée à payer à M...., une somme de....., plus les intérêts, frais et dépens).

Consentant à ce que ledit jugement (*ou* ledit arrêt) soit exécuté selon sa forme et teneur, et renonçant, au nom qu'il agit, à l'attaquer par quelque voie de recours que ce soit.

Fait à....., le....., mil neuf cent vingt.....

Bon pour acquiescement
(*Signature*).

662. — Formule d'acquiescement, avec engagement de payer par fractionnements le montant des condamnations, en principal, frais et dépens.

Le soussigné..... (*Comme en la formule précédente, jusqu'à*..... frais et dépens. *Continuer ensuite par ceci :*)

Renonçant dès à présent, formellement, au nom qu'il agit, à se pourvoir contre ledit jugement (*ou* arrêt) par quelque voie de recours que ce soit, et engageant la société..... à l'exécuter et à payer à M... le montant des condamnations prononcées, en principal, intérêts, frais et dépens, mais seulement aux dates suivantes :

1°..... francs, le..... prochain ;
2°..... francs, le..... suivant ;
3°..... francs, le..... suivant ;
4° Le solde du principal le..... ;
5° Et le montant des frais, intérêts et dépens, le.....

Étant convenu qu'à défaut de paiement d'une seule fraction à son échéance, le solde deviendrait de plein droit immédiatement exigible, et M..... pourrait en poursuivre le paiement de la manière qu'il jugerait utile à ses intérêts, sans avoir à remplir aucune formalité judiciaire.

Fait à....., le..... mil neuf cent vingt.....

Bon pour acquiescement,
(*Signature*).

CHAPITRE VIII

CESSIONNAIRES ET CROUPIERS
DANS LES SOCIÉTÉS DE PERSONNES

663. — **Cession d'une part sociale.** — **Cessionnaire.** — **Croupier.** — Dans les sociétés civiles, chaque associé peut, sans le consentement de ses associés, s'associer une tierce personne relativement à la part qu'il a dans la société : il ne peut pas, sans ce consentement, l'associer à la société, lors même qu'il en aurait l'administration (art. 1861, C. civ.).

Cet article prévoit deux cas :

a) Celui où l'associé consent, à un tiers, une cession totale ou partielle de sa part dont les effets sont exclusivement restreints entre lui et son cessionnaire [1].

Cette cession forme, entre le cédant et le cessionnaire, une sous-société occulte, n'existant qu'entre eux ; en sorte que, du fait de cette cession, il existe deux sociétés essentiellement distinctes et indépendantes l'une de l'autre : l'une, la société primitive de laquelle fait partie le cédant ; — l'autre, la société occulte qui n'existe qu'entre le cédant et son cessionnaire.

Dans la pratique, ce tiers cessionnaire, ce sous-associé occulte, est appelé « croupier ».

En raison de ce que les effets de cette cession sont restreints entre l'associé cédant et son croupier — puisque cette cession demeure en effet, entièrement étrangère à la société ainsi qu'on vient de

---

1. *Cessionnaire* : celui à qui une cession est faite. — *Cédant* : celui qui cède, qui consent la cession.

voir — tout associé peut consentir une telle cession sans que le consentement de ses coassociés lui soit nécessaire.

b) Au contraire, pour qu'un associé puisse se substituer un tiers dans la société en lui cédant ses droits sociaux, et puisse ainsi introduire ce tiers dans la société en ses lieu et place, le consentement de tous ses coassociés lui est indispensable ; car l'adjonction d'un associé à la société est une dérogation à la loi du contrat [1] qui ne peut être accomplie que du consentement de toutes les parties, car à défaut, cette cession serait sans valeur.

C'est qu'en effet, ici, il ne s'agit plus comme en *a* d'une convention limitée au cédant et au croupier, mais bien de l'adjonction d'un nouvel associé à la société ; c'est pour cette raison que le consentement de *tous* les associés est nécessaire ; le consentement de la majorité serait insuffisant (Lyon, 21 juillet 1892, *Rev. des Soc.* 93, 133).

664. — Si, dans les sociétés de personnes (sociétés en nom collectif, sociétés en commandite simple, sociétés civiles) le consentement unanime des coassociés est nécessaire pour la validité de la cession, que fait un associé de ses droits sociaux. C'est qu'en effet ces sociétés sont contractées *intuitu personæ*, en vue, en considération de la personne avec laquelle on s'associe et que, dans ces conditions, il est d'un intérêt capital pour les coassociés du cédant, que celui-ci ne puisse introduire en ses lieu et place, dans la société, une personne avec laquelle ils ne veulent pas être en société et avec laquelle ils n'auraient pas directement contracté.

665. — *Quid*, en matière de sociétés commerciales ? — Les règles qui viennent d'être dites, et que l'article 1861 du code civil pose pour les sociétés civiles, sont-elles également applicables en matière de sociétés commerciales ?

Les textes sont muets sur ce point, mais on est généralement d'accord pour conclure par l'affirmative, et décider que ces règles s'appliquent aux sociétés en nom collectif, aux sociétés en commandite simple, ainsi qu'aux associations en participation.

666. — Par contre, elles ne s'appliquent pas aux sociétés de capitaux, sociétés anonymes ou sociétés en commandite par actions.

---

1. *Jurisp. Gén. Dalloz*, Société, 583.

En effet, dans ces sociétés, le consentement des coassociés résulte implicitement de la division du capital social en actions.

667. — FORME DU CONSENTEMENT DES ASSOCIÉS. — Aucune forme n'est imposée pour le consentement donné par les associés. Ce consentement peut même être tacite. Mais un tel consentement est à déconseiller en raison des difficultés qui, en cas de preuve, pourraient s'élever.

Un consentement spécial donné soit dans l'acte même de cession par intervention de tous les coassociés, soit dans un acte spécial, est toujours à recommander.

668. — Jugé que le fait que les associés ont accidentellement admis le cessionnaire à s'immiscer dans la société, ou que son nom figure dans des actes passés par la société, ne constitue pas nécessairement une preuve du consentement des coassociés (Trib. de Comm. Seine, 14 décembre 1891, *Jurisp. Gén. Dalloz*, Société, 542).

669. — D'ailleurs, le consentement peut être donné par avance ; il peut notamment résulter d'une clause insérée dans les statuts, autorisant d'une manière générale toutes les cessions que les associés pourraient faire ultérieurement, de tout ou de partie de leurs droits (Paris, 28 janvier 1868, *Dalloz*, 68, 2, 244).

670. — Effets de la cession. — Par le fait de la cession qui lui est consentie, le cessionnaire devient un nouvel associé qui, subrogé dans tous les droits et obligations de son cédant, jouit au regard de la société, des mêmes droits et est soumis envers elle aux mêmes obligations que les autres associés, de la même manière que l'était son cédant, et est tenu envers eux aux mêmes obligations que l'était son cédant lui-même. (Cassation, 13 mars 1872, *Dalloz*, 72, 1, 255).

671. — Au regard des tiers, comme au regard des autres associés, le cédant reste soumis aux engagements sociaux et reste tenu pour sa part et portion, du passif existant au moment de sa retraite ; la cession par lui consentie n'ayant d'autre résultat que de le soustraire aux charges et aux dettes sociales qui seraient contractées dans l'avenir (Douai, 13 juin 1883, *Sirey*, 86, 1, 169).

672. — Remarques. — Le commanditaire, dans une société en commandite simple, peut céder sa place à un tiers, tant dans le capital que dans les bénéfices de la commandite, mais à la condition qu'il conserve sa qualité de commanditaire vis-à-vis du ou des associés en nom (Bordeaux, 10 mars 1892, *Dalloz*, 92, 2, 351).

Le cessionnaire subrogé aux droits et obligations d'un associé, et qui a provoqué la liquidation de là société est tenu des obligations de son cédant vis-à-vis des autres associés (Cassation, 13 février 1872, préc.).

673. Droit de retrait. — Dans la pratique, les statuts tempèrent généralement le droit de cession qu'ils autorisent à l'avance par le moyen d'une clause accordant aux coassociés du cédant un droit de préférence ou un droit de « retrait » à leur profit [1] ; autrement dit, un droit leur permettant d'écarter le cessionnaire de la société, à la charge si la cession est consommée, de lui en rembourser le prix.

Par le moyen de cette clause, la faculté, pour l'associé, de céder ses droits sociaux, est limitée en ce sens qu'avant de faire sa cession, il doit prévenir la société, laquelle a alors le droit d'exercer son droit de préférence, — appelé aussi droit de préemption.

Une telle clause est valable et est opposable aux tiers à la connaissance desquels elle est portée par la publication légale des statuts qui la renferment.

674. — Elle est nécessaire, car, à son défaut, l'exercice du droit de préférence ou le retrait ne pourrait pas être exercé.

675. — Formule de cession de droits, dans une société en nom collectif, faite sous signatures privées.

Entre les soussignés :

M...... (*prénoms*) Primus..... (*profession*) demeurant à....., rue.....,
n°.....

D'une part.

Et M..... (*prénoms*) Secundus..... (*profession*) demeurant à......, rue.....,
n°.....

D'autre part.

---

1. En même temps, les statuts — et c'est de bonne précaution — règlent généralement la forme et le délai dans lequel ce droit de préemption ou ce retrait devront être exercés.

Il a été arrêté et convenu ce qui suit :

M. *Primus* cède et transporte, par le présent acte, sous les garanties de droit à M. *Secundus* qui accepte :

Tous ses droits dans la société en nom collectif *Tertius, Primus et compagnie,* dont le siège est à....., rue..... n°....., ayant pour objet.....

Ladite société constituée entre MM. *Primus,* soussigné, et MM. *Tertius* et *Quartus,* sous la raison sociale susdite par acte devant M°..... notaire à....., le..... [1] et publié conformément à la loi.

Propriété et jouissance. — Au moyen de la présente cession, M. *Secundus* aura la propriété des droits à lui cédés à partir de ce jour, et il aura droit aux bénéfices qui y sont afférents à compter du....., jour de la clôture du dernier inventaire social.

Par suite, M. *Primus* met et subroge M. *Secundus* dans tous ses droits et actions contre ladite société.

Prix. — La présente cession est faite moyennant le prix principal de..... que M. *Secundus* a versé dès avant ce jour à M. *Primus,* qui le reconnaît et qui lui en donne bonne et définitive quittance [2].

Condition particulière. — Comme conséquence de la présente cession, M. *Primus* s'interdit formellement de fonder, acquérir, ou faire valoir, directement ou indirectement, aucune entreprise commerciale de la nature de celle dont l'exploitation fait l'objet de la société *Tertius, Primus et compagnie,* et de s'y intéresser directement ou indirectement [3] et ce, dans un rayon de..... kilomètres de la ville de..... (ou : dans la ville de....., *ou encore,* dans l'arrondissement de....., *ou* dans le département

1. *On :*.... par actes sous signatures privées, en date à... du..., enregistré à... le... numéro... aux droits de... et publiés conformément à la loi.

2. *Dans le cas où le prix serait payable à terme :*
'La présente cession est faite moyennant le prix principal de..... que M. *Secundus* s'oblige à payer au cédant, savoir :
1° — ... francs, le..... prochain ;
2° — ... francs, le..... suivant ;
3° — Et le solde, soit....: francs, le..... ;
Avec intérêts au taux de..... pour cent l'an qui seront payables en même temps que chaque fraction du principal.
Étant convenu : que les paiements en principal et intérêts seront effectués en la demeure de M. *Primus* (ou, en l'étude de M°..... notaire à....., *ou encore* à....., rue....., chez M.....
Que le cessionnaire a le droit à toute époque de se libérer par anticipation en tout ou en partie, mais dans ce dernier cas, par fractions qui ne pourraient être inférieures à....: francs, mais à la charge de prévenir le cédant au moins..... (un mois, *par exemple*) à l'avance, de son intention à cet égard.
Et qu'en cas de non paiement à leur échéance de la première et deuxième fraction du principal et des intérêts y afférents tout ce qui resterait alors dû deviendrait de plein droit exigible..... (*quinze jours ou un mois*) après un simple commandement de payer resté sans effet, et sans qu'il soit besoin de remplir aucune autre formalité judiciaire.

3. *On :*... ou par personne interposée.

de.....); à peine de tous dommages-intérêts, et sans préjudice du droit qu'aurait le cédant et même la société susdite de faire fermer l'établissement concurrent.

INTERVENTION. — Au présent acte sont intervenus M..... (prénoms) Tertius, demeurant à....., rue....., n°....., et M..... (prénoms) Quartus, demeurant à....., rue....., n°....., coassociés de M. Primus cédant.

Lesquels, après avoir pris connaissance de la cession qui précède, ont déclaré y donner leur consentement et accepter M. Secundus pour coassocié, aux lieu et place de M. Primus, à compter de ce jour (ou :... à compter du.....)

En outre, et par suite de la cession ci-dessus, MM. Tertius, Quartus et Secundus déclarent convenir que la raison et la signature sociale de la société Tertius, Primus et compagnie seront pour l'avenir Tertius, Secundus et compagnie.

S'il y a lieu :

Ils conviennent, en outre, que les modifications suivantes seront apportées aux statuts ci-dessus énoncés, savoir :

A l'article..... (énoncer toutes les modifications qui peuvent être apportées aux statuts).

Quant aux autres dispositions des statuts, elles continueront à produire leur plein et entier effet.

PUBLICATION. — La présente cession sera publiée conformément à la loi.

A cet effet, tous pouvoirs sont donnés au porteur d'un des exemplaires du présent acte.

DOMICILE. — Pour l'exécution de la présente cession, les soussignés élisent domicile, savoir :..... (par exemple : M. Primus et M. Secundus, en leurs demeures respectives et MM. Tertius et Quartus, au siège de la société, à....., rue....., n°.....)

FRAIS. — Tous les droits et frais auxquels le présent acte donnera ouverture seront à la charge de M. Secundus, qui s'y oblige.

Fait en autant d'exemplaires que de parties ayant un intérêt distinct, plus un pour l'enregistrement, et deux pour les dépôts aux greffes, à..., le..... mil neuf cent vingt.....

Chaque signataire fera précéder sa signature des mots :
Lu et approuvé.

676. PUBLICATION DE LA CESSION DE DROITS SOCIAUX. — La cession de droits sociaux sera publiée dans le mois de sa date, dans un journal de l'arrondissement recevant les annonces légales.

On trouvera supra, un modèle d'extrait pour la publication sous le n° 556.

Dans le même délai, deux exemplaires seront déposés, l'un au greffe de la justice de paix, l'autre au greffe du tribunal de commerce du lieu du siège social.

677. — Croupiers. — Chacun des associés peut, avons-nous vu sous le n° 663, céder à un ou plusieurs tiers, sans que le consentement de ses coassociés lui soit nécessaire, tout ou partie de sa part sociale [1]. Cession dont les effets sont limités au cédant et au cessionnaire, la société principale demeurant entièrement étrangère à cette convention.

Si la cession est totale, celui auquel elle est consentie est un « cessionnaire ».

Si elle n'est que partielle, c'est un « sous-associé ».

Dans tous les cas, il prend comme on sait le nom de « croupier », dans la pratique.

678. — Lorsque la cession comprend la totalité de la part sociale du cédant, le croupier a, à l'égard de ce dernier tous les droits d'un acheteur. Toutefois, le cédant n'est pas garant envers le croupier de l'insolvabilité de ses coassociés.

679. — Lorsque la cession ne comprend qu'une part des droits sociaux du cédant, elle est considérée comme une sous-association et non pas une simple communauté [2].

680. — La première disposition de l'article 1861 du code civil (n° 663) prévoit le cas où deux sociétés coexistent, l'une auprès de l'autre, mais absolument distinctes et indépendantes : la société primitive, et la sous-société, laquelle existe exclusivement entre le cédant et son croupier, ce dernier restant entièrement étranger à la société principale.

681. — D'où il suit que le croupier, n'étant qu'associé de son cédant, n'a d'action directe *pro socio* que contre ce dernier et n'a de compte direct à rendre qu'à lui.

---

1. Et ce, aussi bien en cas d'association en participation qu'en cas de société en nom collectif ou en commandite simple.

2. Jugé que lorsqu'un associé s'adjoint un tiers pour l'exploitation de la part qu'il possède dans une société, cette convention ne constitue un contrat de société qu'à la condition d'avoir pour objet la part de l'associé aussi bien dans les pertes que dans les bénéfices (Cassation, 7 avril 1873, *Dalloz*, 73, 1, 422).

682. — Conséquemment, le croupier n'a aucune action directe, contre la société principale ni contre les associés.

Il ne peut pas participer à la gestion de la société principale, ni même contrôler cette gestion, et ce, alors même que son cédant en serait le garant.

Jugé (Paris, 14 janvier 1893) que le croupier n'a pas même le droit de demander communication sur copie des pièces qui ont servi de base à la confection des bilans, ayant été représenté par son cédant au moment de l'apurement des comptes (*Sirey*, 94,2,269).

683. — En vertu du même principe, le croupier n'est pas recevable à critiquer les actes de la société principale.

Toutefois, il en serait autrement si ces actes étaient le résultat d'un concert frauduleux précisément dirigé contre lui.

684. — Inversement, ni la société principale, ni les associés n'ont de droit d'action directe contre le croupier (Trib. de Comm. Seine, 8 août 1889, *Ann. Du Dr. Comm.* 89, 1, 271).

Ce qui n'exclut cependant pas, pour les coassociés du cédant, le droit d'agir directement contre lui, en vertu de l'article 1382 du code civil[1].

685. — L'associé cédant est responsable, vis-à-vis de la société principale, du dommage causé à celle-ci par son croupier, alors même que ce dernier étant insolvable, le cédant ne pourrait pas exercer utilement son recours contre lui.

686. — Les créanciers de la société principale ne peuvent exercer aucune action directe contre le croupier[2].

687. — Inversement, le croupier n'est pas fondé à agir de son chef contre les débiteurs de la société principale.[3]

688. — Lorsque la société principale à laquelle elle se rattachait vient à se dissoudre, la sous-société qu'avaient formée un associé avec un croupier prend nécessairement fin.

---

1. Voir le texte de l'art. 1382, c. civ., note du n° 583.
2. Mais ils peuvent exercer contre lui, du chef du cédant, les actions que ce dernier a contre le croupier.
3. Par contre, le croupier peut exercer, du chef du cédant, les actions qui compètent à celui-ci.

689. — A la dissolution de la sous-société, sa liquidation doit s'opérer soit de la manière prévue aux conventions passées entre le cédant et le croupier, s'ils ont prévu l'événement de cette dissolution, soit d'après les comptes de la société principale même, si l'associé cédant est en mesure de les fournir. Autrement, le tribunal peut ordonner qu'il soit sursis à la liquidation jusqu'à ce que soit établi le compte de la société principale.

690. — **Pluralité de croupiers.** — Ce qui vient d'être dit sous les numéros qui précèdent, s'applique au cas où un associé cédant a formé une sous-société avec un ou plusieurs croupiers.

Supposons que le cédant n'ait pas agi ainsi ; que, après s'être associé un croupier pour un quart, puis ensuite un autre pour un quart également, il s'en soit associé un troisième pour un dernier quart : Il y aurait alors autant de sous-sociétés distinctes, auxquelles les règles dites sous les nos 677 et suivants seraient applicables.

Une autre hypothèse : supposons que, après s'être associé un croupier, sur ses droits dans la société principale, l'associé cédant s'en associe un deuxième, non plus alors sur ses droits dans la société principale, mais sur ce qui doit lui revenir dans la première sous-société : dans ce cas, il en serait exactement de la seconde sous-société envers la première, comme de celle-ci envers la société principale.

691. — **Formule de sous-association ou acte de croupier.**

Les soussignés :

M. Primus (*prénoms, nom, qualité et domicile*), d'une part.
Et M. Secundus (*prénoms, nom, qualité et domicile*), d'autre part.

Après avoir exposé :

Qu'aux termes d'un acte sous signatures privées en date... du... mil neuf cent vingt... enregistré à..., le... folio... numéro..., aux droits de... (*ou :* d'un acte reçu par Me... notaire à..., le...) il a été formé entre. M. Primus, soussigné et : 1o M. Tertius (*prénoms, nom, qualité et domicile*); 2o M. Quartus (*prénoms, nom, qualité et domicile*), une société en nom collectif à l'égard de tous les associés [1]. Ladite société ayant pour objet... (*énoncer l'objet*).

---

1. *Ou :*... une société en nom collectif à l'égard de M. M... et en commandite simple seulement à l'égard de M...

Cette société a été constituée pour une durée de... années, à compter du... mil neuf cent..., sous la raison sociale X... et Cⁱᵉ..., avec siège social à..., rue... n°..., et au capital de... francs.

Que l'apport de M. Primus a consisté en :

1°...

2°...

3° (*Désignation de ces apports*).

Que le surplus du capital social a été fourni savoir :

Par M. Tertius, à concurrence de...

Et par M. Quartus, à concurrence de...

Qu'il a été stipulé en l'acte sus-énoncé, notamment :

Sous l'article... que les apports seraient productifs d'intérêts au taux de... pour cent par an, payables le..., et imputables aux frais généraux [1].

Sous l'article... que les bénéfices constatés par chaque inventaire annuel seraient partagés de la manière suivante :...

M. Secundus déclare avoir pris connaissance dudit contrat de société, par la communication que lui a faite M. Primus, d'un des exemplaires des statuts, ainsi que des pièces constatant l'accomplissement des formalités de publications légales.

ONT CONVENU ET ARRÊTÉ CE QUI SUIT :

M. Primus fera participer M. Secundus à la société susdite, sous les conditions suivantes :

ARTICLE PREMIER

Il est formé, par le présent, entre les soussignés une sous-société ayant pour objet tant la propriété de la part d'intérêt de M. Primus dans la société... que la répartition entre les soussignés, de la part dans les bénéfices et dans les pertes revenant à M. Primus dans ladite société.

ARTICLE 2

M. Secundus a présentement versé à M. Primus qui le reconnaît, une somme de..., montant de sa part de participation.

La part de M. Primus dans la société X... et Cⁱᵉ étant de..., M. Secundus aura donc, dans cette part,... (*indiquer la proportion*, par exemple : la moitié, ou le tiers ou le quart, etc.)

ARTICLE 3

Chaque année (ou : chaque semestre) M. Primus versera, sur le montant des intérêts par lui encaissés de la société X... et Cⁱᵉ, à M. Secun-

---

1. *Ou :*... payables le..., à prélever avant toute répartition des bénéfices.

dus, les intérêts à..., pour cent sur le montant de la mise faite par ce dernier dans la présente société, ainsi qu'il a été constaté à l'article précédent.

ARTICLE 4

Chaque année, dans le mois de la clôture de l'inventaire dressé par la société X... et Cⁱᵉ, M. Primus devra, ainsi qu'il s'y oblige, produire à M. Secundus une copie certifiée véritable dudit inventaire.

Les soussignés s'engagent à accepter les résultats de cet inventaire et à fixer les bénéfices ou les pertes de la présente sous-société sur les résultats constatés par lui.

Les bénéfices nets de la présente sous-société seront répartis entre les soussignés dans la proportion suivante :

(*Indiquer la part de chacun dans les bénéfices*).

En cas de pertes, elles seront supportées dans la même proportion [1].

ARTICLE 5

La présente association étant faite pour la même durée que la société X... et Cⁱᵉ, expirera, comme cette dernière, le... et dans le cas où cette société serait prorogée, la présente sous-société le serait également pour la même durée [2].

En cas de dissolution anticipée de la société X... et Cⁱᵉ, la présente association sera dissoute à la même date et, dans ce cas, les dispositions de l'article 8 ci-après seront applicables.

ARTICLE 6

M. Secundus ne pourra, à quelque époque et pour quelque motif que ce soit, s'immiscer dans les affaires de la société X.. et Cⁱᵉ, M. Primus devant rester seul en rapport avec ladite société.

ARTICLE 7

En cas de décès de M. Primus pendant la durée de la présente sous-société, celle-ci sera dissoute [3].

---

1. *S'il y a lieu :* Toutefois, M. Secundus ne pourra, en aucun cas, être tenu des pertes au delà du montant de sa mise dans la présente sous-société.

2. *S'il y a lieu,...* sauf le droit, pour chacun des soussignés, de, dans les... (trois ou six) mois précédant l'expiration normale de la société, s'opposer à toute prorogation. Dans ce cas, celui qui entendrait user de cette faculté devrait en aviser son cocontractant, dans ledit délai, par simple lettre recommandée.

3. *Ou :* En cas de décès de l'un des participants pendant le cours de la présente association, celle-ci ne sera pas dissoute ; elle continuera, dans les mêmes conditions,

De même, elle serait immédiatement dissoute, en cas d'interdiction, de faillite ou de déconfiture de l'un des soussignés [1].

Dans l'un ou l'autre de ces cas, les stipulations de l'article ci-après seront applicables.

ARTICLE 8

En cas de dissolution de la présente sous-société arrivant par suite de la dissolution anticipée ou de l'expiration de la société X... et Cⁱᵉ, les soussignés devront attendre que la liquidation de cette dernière soit terminée et que M. Primus ait été mis en possession de la part lui revenant. Le montant net qui reviendra à ce dernier, comme représentant sa part dans ladite société, sera réparti entre les soussignés dans les proportions fixées ci-dessus à l'article 4.

En cas de dissolution anticipée de la présente association, pour l'une quelconque des causes prévues aux présentes, il y aura lieu d'attendre l'inventaire dressé par la société X... et Cⁱᵉ, à la clôture de l'exercice au cours duquel la dissolution se produira.

Et la répartition, entre les soussignés aura lieu de la manière suivante... [2] :

Fait en trois exemplaires, dont un pour l'administration de l'enregistrement, à..., le... 192...

Lu et approuvé
(*Signé*) : Primus.

Lu et approuvé
(*Signé*) : Secundus.

Remarque. — Dans le contrat dont un exemple vient d'être donné, on peut encore insérer, le cas échéant, notamment les stipulations suivantes :

ARTICLE...

Avant toute répartition de bénéfices entre les soussignés, il sera annuellement prélevé une somme de..., qui sera versée à M. Primus, en rémunération de ses fonctions de gérant de la présente association.

---

avec ses héritiers et représentants lesquels, pour leurs rapports avec l'association seront tenus de se faire représenter soit par l'un d'entre eux, soit par un mandataire unique.

1. *Ou :* En cas d'interdiction, de faillite ou de déconfiture de l'un des soussignés, la présente sous-société ne sera pas dissoute.

2. *Par exemple :* De la part nette revenant à M. Primus dans ladite société au cours de l'exercice entier, on retranchera autant de fois un douzième qu'il se sera écoulé de mois (une fraction comptant pour le mois entier) depuis le début de l'exercice, jusqu'à la dissolution de la présente association. Le solde appartiendra à M. Primus, seul, et le montant de la partie retranchée, représentant la part acquise à la présente association jusqu'au jour de sa dissolution sera réparti entre les soussignés, dans les proportions fixées à l'article 4 ci-dessus.

ARTICLE...

A aucun moment, les soussignés ne pourront céder leurs droits dans la présente association sans leur consentement réciproque et préalable.

ARTICLE...

La dissolution de la présente association pourra être demandée par l'un ou l'autre des soussignés, en cas de perte de [1]... du capital de la société X... et Cie.

Cette dissolution ne pourra être demandée que dans [2]... du jour où l'inventaire accusant cette perte aura été mis à la disposition des membres de la présente association. Passé ce délai, la dissolution ne pourrait plus être demandée que dans le cas où un inventaire postérieur accuserait une perte de l'importance qui vient d'être prise pour base.

1. La moitié ou les trois quarts par exemple.
2. Le mois ou les deux mois.

CHAPITRE IX

QUELQUES MOTS SUR LES NULLITÉS DE SOCIÉTÉS

692. — **Nullités.** — En l'absence de l'un quelconque des éléments exigés par la loi pour sa constitution, le contrat de société, on le sait, est nul.

Ainsi, avons-nous vu précédemment, la société serait nulle :

A défaut de consentement de l'une des parties contractantes (n°⁸ 21 et suiv.).

Si ce consentement était vicié, donné par erreur, sous l'empire d'une violence, ou surpris par le dol ;

En cas d'incapacité de l'un des contractants (n°⁸ 31 et suiv.) ;

A défaut de cause ou d'objet, ou en cas de cause ou d'objet illicite (n°⁸ 70 et suiv.) ;

A défaut d'apport (n°⁸ 178 et suiv.) ;

A défaut de répartition des bénéfices et des pertes entre tous les associés (n°⁸ 144 et suiv. et 160 et suiv.).

Si l'une des formalités imposées par la loi pour la publication des contrats de société n'a pas été remplie, ou si ces formalités ou l'une d'elles l'ont été incomplètement, ou l'ont été tardivement, c'est-à-dire hors délai (n°⁸ 460 et suiv.).

Serait nulle également la société contractée entre époux (n°⁸ 63 et suiv.).

693. — Outre ces cas de nullité qui ont été étudiés dans la première partie de notre ouvrage, il en est certains autres qui sont

22

particuliers à chaque espèce de sociétés ; ceux-ci seront étudiés sous
le titre relatif à chacune d'elles.

694. — Sous les numéros qui suivent, vont être cités un certain
nombre de sommaires de jurisprudence concernant des points d'ordre
général, destinés à fixer les intéressés sur ces divers cas de nullité,
ainsi que sur les personnes qui sont recevables, le cas échéant, à
les invoquer.

En ce qui concerne le délai de prescription de l'action en nullité,
voir *infrà* n° 788.

695. — **Caractères généraux**. — Les nullités pour inobservation des règles prescrites pour la constitution ne s'opèrent point
de plein droit : elles doivent être demandées en justice[1]. Et tant
qu'elles n'ont pas été prononcées, la société continue à fonctionner
absolument comme si elle avait été constituée régulièrement (Douai,
15 nov. 1900, *Journ. des Soc.* 1901, 302, — Cassation, 12 juin
1901, *Sirey*, 1902, 1, 313).

696. — **Qui peut introduire l'action en nullité ?** — D'une
manière générale, tout intéressé.

Notamment :

Les actionnaires (Nombr. déc. *Not.* Paris, 14 avril 1892, *Dalloz*,
92, 2, 34). Ils exercent l'action en nullité, même contre les tiers,
les créanciers de la société et les obligataires (Le Mans, 26 décembre 1882, *Journ. des Soc.*, 1883, 174).

Les associés, dans les sociétés de personnes. Malgré le préjudice
qu'il peut causer à ses coassociés, l'associé demandeur n'est pas passible de dommages-intérêts, à raison de sa demande en nullité
(Nombr. déc. *Not.* Caen, 25 mai 1905, *Rec.* Caen, 1905, 141, — Cassation, 28 décembre 1910, *Journ. des Trib. de Comm.*, 1911, 627).

Les créanciers des associés (Cassation, 14 avril 1893, *Dalloz*,
94, 1, 91).

Les créanciers de la société (Cassation, 10 nov. 1897, *Sirey*, 97,
1, 505).

Les débiteurs de la société (Cassation, 5 janvier 1886, *Dalloz*,
86, 1, 122).

---

1. Rien ne peut y suppléer ; à tel point que si elle n'était pas demandée, le tribunal ne pourrait pas la prononcer d'office.

Tout porteur de parts de fondateur (Paris, 3 mars 1896, *Journ. des Soc.* 97, 61).

Le liquidateur de la société ou le syndic (*Not.* Cassation, 30 avril 1900, *Dalloz*, 1900, 1, 609).

697. — Jugé que, à la condition qu'elle soit faite avant toute instance, la publicité tardive ne constitue pas une cause de nullité de la société. (Trib. de Comm. Seine, 24 novembre 1916, *Journ. des Soc.* 1917, 218).

Mais si elle était faite alors que l'action serait déjà engagée, la nullité serait encourue et prononcée.

698. — L'action en nullité a pour résultat d'entraîner la dissolution et, par conséquent, la liquidation de la société.

699. — Une clause qui défendrait l'exercice de l'action en nullité avant une époque déterminée, ou sans l'assentiment du conseil d'administration ou des autres associés, serait sans valeur (Trib. de Comm. Lyon, 9 juillet 1906, *Rev. des Soc.* 1907, 72).

Dans le même sens, Paris, 8 avril 1911, (*Sirey*, 1912, 2, 233.)

700. — La nullité peut être invoquée aussi bien par voie d'exception que par voie d'action (*Not.* Cassation, 10 nov. 1897, *Dalloz* 99, 1, 529).

701. — **Divers.** — Les nullités prenant leur source dans l'inobservation des formalités imposées par la loi pour la constitution des sociétés par actions, sont d'ordre public (Douai, 15 juillet 1910, *Dalloz*, 1911, 2, 25).

La nullité d'une société, prononcée pour inobservation des conditions de forme ou de fond prescrites par la loi du 24 juillet 1867 n'a pas d'effet rétroactif absolu et n'empêche pas qu'il ait existé entre les parties une société de fait, laquelle doit être liquidée comme en cas de dissolution. Cette nullité n'a d'autre effet que de faire cesser l'existence de la société pour l'avenir et de créer désormais, à l'égard des associés, comme des tiers, une situation nouvelle qui, en principe, à moins d'exception motivée par les circonstances de la cause ne peut dater que du jugement qui le constitue (Cassation, 27 janvier 1920. — *Rec. Gaz des Trib.*, 1920, 1, 88) [1].

---

1. Jurispr. const. V. aussi, notamment : Cassation, 15 juin 1910, *Dalloz*, 1913, 1, 35, — Cassation, 27 mars 1911, *Ibid.* 1916, 1, 222.

702. — Toutefois chacun de ceux qui ont le droit d'exercer l'action en nullité peut, en ce qui le concerne, renoncer à cette nullité (*Not.* Cassation, 30 mars 1908, *Sirey*, 1910, 1, 193).

703. — L'existence d'apports étant de l'essence de la société, la vérification des apports qui ont été faits lors de la constitution d'une société par actions, doit être sérieuse, sincère et effective, sous peine de nullité. Conséquemment, les créanciers sociaux intéressés à la réalité des apports, peuvent faire prononcer la nullité de la société, si les apporteurs-fondateurs et vérificateurs ont affirmé des faits qu'ils savaient inexacts et tait des faits qui, s'ils avaient été révélés aux actionnaires, les auraient certainement empêché de donner leur approbation aux apports (Cassation, 10 nov. 1897, *Dalloz*, 99, 1, 529).

704. — L'action en nullité d'une société, pour vice de forme, n'est pas recevable, pour défaut d'intérêt, alors que la société est dissoute au moment même où le tribunal statue, et qu'il apparaît d'ailleurs que les causes de nullité invoquées n'ont pu avoir aucune influence sur la ruine de la société et ne peuvent, par suite, engager la responsabilité des fondateurs (Agen, 23 juin 1903, *Dalloz*, 1903, 2, 318).

705. — La nullité, basée sur un vice inhérent à la constitution d'une société en commandite par actions peut être couverte par une ratification, même tacite. Il en est notamment ainsi de l'action en nullité pour défaut de souscription intégrale du capital et du versement du quart des actions, que prescrivent les articles 1 et 7 de la loi du 24 juillet 1867. D'où il suit qu'un actionnaire est non recevable à exercer cette action lorsque, dans l'assemblée générale constitutive de la société, il a reconnu la sincérité de la déclaration de la souscription intégrale du capital et du versement du quart (Trib. de Comm. Seine, 12 juin 1897, *Dalloz*, 97, 2, 489).

706. — Dans le même sens, un actionnaire n'est pas fondé à invoquer la nullité d'une société pour défaut de nomination d'un commissaire aux apports, non-vérification de ces apports et irrégularité de la seconde assemblée constitutive. Alors que ses déclarations se trouvent être contredites par les procès-verbaux des assemblées générales et par des justifications dignes de foi (Paris, 7 mai 1914, *Journ. des Soc.* 1916, 414).

707. — Doit être annulée, la société à laquelle a été fait un apport fictif (Douai, 6 août 1903, *Dalloz*, 1907, 2, 377).

708. — Lorsque la constitution d'une société par actions étant entachée de nullité, il a été réuni de nouvelles assemblées d'actionnaires afin de procéder à une reconstitution régulière, les irrégularités de ces nouvelles assemblées constitutives peuvent, seules, servir de base à une demande en nullité (Lyon, 26 février 1903, *Dalloz*, 1909, 2, 346).

709. — Il n'y a pas lieu à nullité de l'assemblée générale d'une société anonyme, demandée par un actionnaire comme n'ayant pas obtenu communication de la liste des actionnaires dans la quinzaine précédant cette assemblée, lorsque cet actionnaire n'a subi qu'un simple retard dans la communication qui lui était due, et qu'en réalité, il n'a pas été privé de l'exercice du droit de contrôle que les prescriptions de l'article 35 de la loi du 24 juillet 1867 ont pour but de sauvegarder (Cassation, 18 juin 1907, *Dalloz*, 1909, 1, 358).

710. — La nullité d'une société anonyme ne peut, quelle qu'en soit la cause, avoir pour résultat de transformer cette société en une société en nom collectif (Cassation, 30 janvier 1893, *Dalloz*, 93, 1, 224).

En effet, le contrat social doit être accepté ou répudié en son entier : les créanciers ne pourraient être admis à l'invoquer pour établir l'existence d'une société et à en faire abstraction, lorsqu'il s'agira de la qualifier ; il n'en serait différemment que si des tiers avaient été trompés par l'apparence d'une société de fait avec laquelle ils auraient contracté, dans l'ignorance des accords tendant à limiter la responsabilité de ses membres (Même arrêt).

711. — Les tiers acquéreurs d'actions d'une société nulle, ne peuvent se prévaloir de cette nullité pour refuser le complément de leur mise sociale (Cassation, 3 juin 1885, *Dalloz*, 86, 1, 25).

De même l'actionnaire dont les actions auraient été vendues par la société, faute par lui d'avoir satisfait à un appel de fonds, n'est pas recevable à intenter une action en nullité de cette société (Cassation, 23 décembre 1885, *Dalloz*, 86, 1, 261).

712. — Outre la nullité qui frappe une société pour inobservation des règles imposées par la loi pour sa constitution, toute société peut être annulée en vertu de principes autres.

Ainsi, par exemple, les créanciers d'un associé peuvent demander la nullité de la société quand elle a été constituée en fraude de leurs droits afin de soustraire à leurs poursuites les biens attribués à la personne morale que constitue la société ; et ce, en vertu du droit résultant à leur profit de l'article 1167 du Code civil [1].

Non seulement la nullité de la société sera prononcée, mais le seront également les actes faits par celle-ci, sous sa raison sociale (*Not.* Lyon, 10 mars 1898, *Journ. des Soc.* 99, 76).

713. — La nullité provenant du vice de consentement ou de l'incapacité de l'un des contractants, ne peut être invoquée que par celui dont le consentement a été vicié, ou par l'incapable (Lyon, 29 mai 1872, *Sirey*, 72, 2, 96).

714. — Les formalités diverses imposées par les statuts d'une société par actions pour réglementer le droit des intéressés d'assigner la société, ne peuvent pas valablement s'appliquer aux demandes en nullité, lesquelles sont d'ordre public (Voir n° 701) et concernent l'existence de la société. Et la clause subordonnant l'exercice de ce droit à la préalable approbation de l'assemblée générale des actionnaires, ne saurait s'appliquer après la mise en liquidation de la société qui a fait cesser ces assemblées (Trib. de Comm. Lyon, 31 décembre 1903, *Dalloz*, 1905, 5, 1).

---

1. Les créanciers peuvent, en leur nom personnel, attaquer les actes faits par leur débiteur en fraude de leurs droits (Art. 1167, C. civ.).

On appelle cette action, en droit, « action paulienne ».

Ce droit et cette action appartiennent donc en vertu de cet article aux créanciers antérieurs à l'acte qui contient fraude à leur égard.

Appartiennent-ils également aux créanciers postérieurs à l'acte ? — Oui, d'après la jurisprudence.

Si les créanciers postérieurs à l'acte frauduleux à leur égard ne peuvent, en principe, intenter l'action paulienne, il en est autrement quand la fraude a été précisément dirigée contre eux, c'est-à-dire pratiquée par le débiteur en vue de nuire à ses créanciers futurs. (Nombr. déc. *Not.* Montpellier, 16 nov. 1889, *Dalloz*, 90, 2, 171 — Cassation, 13 février 1894, *Ibid.* 95, 1, 31, — 30 mai 1905, *Ibid.* 1905, 1. 408 — Alger, 1er mars 1906, *Ibid.* 1908, 5, 32).

715. — Le cessionnaire d'une action a le droit de demander la nullité d'une société, alors même que son cédant aurait fait antérieurement usage de ladite action pour introduire une instance ayant le même objet (Même jugement). — (V. aussi Paris, 14 avril 1892, *Dalloz*, 92, 2, 247). V. *infrà* n° 720.

716. — La liquidation et le partage d'une société ne mettent pas obstacle à l'action en nullité intentée par des tiers, alors que ceux-ci ont intérêt à obtenir l'annulation de la dissolution de la société et, en même temps, de la liquidation et du partage qui en sont la conséquence (Cassation,, 7 décembre 1891, *Dalloz*, 92, 1, 617).

717. — La nullité d'une société peut être prononcée même après sa dissolution, alors surtout que la société dissoute s'en est substitué une autre avec laquelle elle a fusionné et qui, par conséquent, la représente (Cassation, 16 mars 1910, *Dalloz*, 1911, 1, 148).

718. — La nomination, comme premier administrateur d'une société anonyme, d'une personne qui n'était pas actionnaire, et qui ne l'est pas devenue depuis, est nulle et annule, par suite, la société elle-même. L'assemblée générale qui a remplacé l'administrateur ainsi nommé ne saurait couvrir le vice de nullité dont la société était atteinte par la nomination irrégulière de premier administrateur, dès lors qu'elle a délibéré comme assemblée ordinaire et non pas comme assemblée constitutive après convocation spéciale de tous les actionnaires (Cassation, 26 février 1908, *Dalloz*, 1909, 1, 410).

719. — La demande en nullité d'une société en commandite par actions peut être valablement intentée pour défaut de souscription intégrale du capital ou de versement du quart malgré la déclaration notariée qui a été faite de cette souscription et de ce versement, l'approbation donnée par l'assemblée générale à cette déclaration, et la mention du versement du quart sur les registres de la société (Limoges, 14 décembre 1900, *Dalloz*, 1901, 2, 377).

720. — Les tiers acquéreurs d'actions d'une société viciée, ne peuvent pas se prévaloir des causes de nullité viciant le contrat social pour refuser le complément de leur mise sociale (Cassation, 3 juin 1885, *Dalloz*, 86, 1, 25).

721. La substitution d'un gérant de fait au gérant statutaire, pendant le fonctionnement de la société, ne constitue pas, pour celle-ci, une cause de nullité (Limoges, 14 décembre 1900, préc.).

722. — L'irrégularité commise dans l'augmentation du capital d'une société peut entraîner la nullité des délibérations qui ont voté cette augmentation, mais elle ne saurait motiver la nullité de la société elle-même (Cassation, 21 janvier 1895, *Dalloz*, 95, 1, 112).

723. — Une société par actions est nulle lorsque, d'une part parmi les souscripteurs du capital social figurent des souscripteurs fictifs et que, d'autre part, les versements à opérer n'ont pas été effectués par chaque souscripteur individuellement (Paris, 28 juin 1888, *Dalloz*, 90, 2, 325).

724. — La nullité d'une société en commandite ne peut résulter que de l'absence d'une des conditions constitutives et initiales de la société ; les faits postérieurs à sa constitution sont seulement susceptibles de motiver une demande en dissolution.(Grenoble, 28 décembre 1871, *Dalloz*, 76, 1, 160).

725. — La participation d'un membre du conseil de surveillance aux bénéfices de la gérance ne constitue pas une cause de nullité de la société (Même arrêt).

726. — Les créanciers personnels des associés peuvent faire annuler la société non seulement à l'encontre des associés, mais à l'encontre des créanciers de la société. (Cassation, 7 août 1893, *Dalloz*, 94, 1, 102).

727. — La nullité d'une société qui a été prononcée pour vices de constitution à la requête d'un des intéressés, profite à tous les autres, bien qu'ils n'aient pas été parties au procès (Gand, 23 juillet 1887, *Dalloz*, 89, 2, 89).

Ainsi, jugé que les jugements qui prononcent la nullité d'une société statuant sur une question qui touche à l'ordre public, leurs effets ne sont pas limités à ceux qui les ont obtenus, et ils profitent à tous ceux qui ont intérêt à la nullité de la société ; qu'en conséquence, si, postérieurement au jugement qui, sur la demande d'un actionnaire, a prononcé la nullité d'une société, une nouvelle action est intentée par un autre actionnaire, cette demande doit être déclarée non recevable. (Paris, 8 avril 1911, *Sirey*, 1912, 2, 233).

728. — Une société nouvelle, dans laquelle tout l'actif d'une société précédemment existante a été apporté, est un tiers auquel les actionnaires de l'ancienne société ne peuvent opposer la nullité fondée sur le défaut de publication de la délibération autorisant cet apport (Riom, 7 février 1888, *Dalloz*, 89, 2, 67).

729. — **Apport d'industrie et de concours personnel dans une société anonyme.** — **Nullité de cette société si cet apport a été rémunéré en actions de capital.** — Jugé que l'apport d'industrie et de concours personnel fait par des fondateurs à une société anonyme ne peut être représenté par des actions faisant partie intégrale du capital social : — que la société dans laquelle il a été attribué aux fondateurs une partie du capital en représentation de ce genre d'apport doit être annulée (Caen, 26 juin 1912, *Rec. Gaz. des Trib.*, 1912, 2, 72).

Cet arrêt est le seul qui, à ce jour, ait été rendu sur cette importante question. Il consacre une thèse qui prédominait en doctrine.

730. — **La clause statutaire imposant l'avis préalable de l'assemblée générale avant toute action est-elle applicable en cas de demande en nullité de la société ?** — Ainsi qu'on l'a vu *suprà* n° 633, la clause statutaire portant que tout associé — ou tout actionnaire — doit demander l'avis de ses coassociés ou de l'assemblée générale avant d'introduire une action en justice contre la société, est licite [1].

Mais cette clause est-elle applicable et obligatoire lorsque l'action est fondée sur une prétendue violation des règles d'ordre public ?

Jugé que la clause des statuts d'une société anonyme imposant à tout actionnaire qui veut soulever une contestation touchant l'intérêt général et collectif de la société, l'obligation de provoquer, au préalable, l'avis de l'assemblée générale et de le soumettre au tribunal en même temps que la demande elle-même, est inapplicable aux actions ayant pour objet de faire prononcer la nullité de la société. — Que la recevabilité de semblables demandes qui mettent

---

1. V. indépendamment des décisions rapportées sous le n° 633 : Lyon, 10 avril 1908, (*Le Droit*, 26 mai 1908, — Nancy, 10 mars 1900, *Ibid.*, 15 mai 1900).

en question l'existence même du pacte social ne peut, en effet, être subordonnée à l'observation des prescriptions de ce pacte — et si une disposition contraire avait été insérée dans les statuts, elle devrait être tenue pour non avenue, comme entravant l'exercice d'une action intéressant l'ordre public. (Cassation, 20 décembre 1911. — *Rec. Gaz. des Trib.*, 1912, 1, 81) [1].

Jugé encore que la disposition de l'article 37 de la loi du 24 juillet 1867, qui, en cas de perte des trois quarts du capital social, donne à tout intéressé le droit de demander, devant les tribunaux, la dissolution de la société anonyme, lorsque les administrateurs n'ont pas réuni l'assemblée générale à l'effet de statuer sur la question de dissolution, a un caractère d'ordre public. — Que les statuts de la société ne sauraient, dès lors, priver les actionnaires de ce droit, ou en subordonner l'exercice à la nécessité d'une autorisation préalable donnée par l'assemblée générale. — Et que doit, par suite, être cassé l'arrêt qui déclare les actionnaires non recevables dans leur demande en dissolution, parce qu'ils n'avaient pas obtenu de l'assemblée générale l'autorisation exigée par les statuts. (Cassation, 2 janvier 1912. — *Rec. Gaz. des Trib.*, 1912, 1, 213). — V. aussi Trib. de comm. Seine, 3 avril 1911 (*Gaz. des Trib.*, 28 juin 1911) [2].

731. — Nullité des sociétés léonines. — Est léonine la convention « qui donne à l'un des associés la totalité des bénéfices ».

Est encore léonine la convention qui « affranchit de toute contribution aux pertes les sommes ou effets mis dans le fonds de la société par un ou plusieurs des associés ».

L'article 1855 du Code civil frappe de nullité absolue tout contrat contenant ces ou l'une seule de ces stipulations.

En effet, en un tel cas, ce serait la société elle-même qui serait nulle et non pas seulement la clause léonine (*Not.* Trib. civ. Vervins, 31 juillet 1902, *Dalloz*, 1903, 2, 426).

---

1. V. dans le même sens : Cahors, 31 juillet 1885, (*Sirey*, 88, 2, 191), — Trib. civ. Seine, 24 juin 1887, (*Rev. des Soc.*, 87, p. 589, — Trib. de Comm. Seine, 16 mai 1916, *Journ. des Trib. de comm.*, 1918, 164).

2. Jugé que si une adhésion à un syndicat de garantie est souscrite pour une durée inférieure à celle de dix ans prescrite par les statuts (par exemple pour la durée d'une entreprise spéciale), elle peut être être arguée de nullité ; mais en tous cas, cette nullité est simplement relative, et seul le syndicat est recevable à s'en prévaloir ; elle ne peut pas être soulevée par l'adhérent qui, maître de ses droits, a librement contracté avec le syndicat. (Cassation, 19 novembre 1919. *Gaz. des Trib.*, 5 et 6 janvier 1920).

Et ce, alors même que la clause serait insérée dans un acte séparé, et non aux statuts; en effet, rapprochée des autres stipulations des parties contenues au contrat de société, elle ferait corps avec celui-ci (Cassation, 14 juin 1882, *Sirey*, 82, 1, 423).

732. — La convention qui affranchirait un associé de toute contribution aux pertes emporterait la nullité de la société, même si l'affranchissement du créancier n'était pas total, quand, du moins, sa contribution aux dettes serait insignifiante, une contribution insignifiante équivalant à une exemption complète.

Mais une contribution seulement partielle suffit pour que le contrat ne soit pas léonin[1].

733. — Serait léonine, et par suite, la société serait nulle, la clause par laquelle un associé — par exemple un commanditaire — stipulerait que, quel que soit le résultat de l'entreprise exploitée, son apport en capital — et *a fortiori*, en capital et intérêts lui serait remboursé (Cassation, 18 mai 1896, *Dalloz*, 97, 1, 249).

734. — Serait, de même, léonine, la convention par laquelle un associé se ferait promettre, par ses coassociés, le remboursement des pertes qu'il pourrait subir du fait de sa mise en société (Cassation, 16 janvier 1867, *Sirey*, 67, 1, 173).

735. — Par contre, ne serait pas léonine la clause stipulant qu'en cas de décès de l'un des associés la liquidation de la société sera reportée à une époque déterminée, et que depuis le décès du prémourant, jusqu'à cette époque les opérations de la société devant se continuer avec le même capital, sous le même nom, etc... les bénéfices sociaux appartiendront à l'associé survivant seul.

736. — Ne serait pas léonine non plus, la clause qui attribuerait à un seul des associés la totalité des bénéfices tant que ceux-ci n'atteindraient pas un chiffre préfixé; celui-ci étant atteint, les bénéfices devant alors se partager entre tous les associés.

Mais il n'en serait évidemment pas ainsi si ce chiffre était si important qu'en fait tout partage de bénéfices entre les associés serait ainsi rendu pratiquement impossible.

1. Voir *supra* nos 150 et suiv.

737. — Une clause portant que la totalité des bénéfices sociaux appartiendra au survivant des associés est-elle valable ou léonine ?

Elle serait valable et non léonine, d'après la doctrine. Et nous estimons que c'est à juste raison. Aussi bien, de par cette clause, tous les associés sont placés sur le même pied : chacun a un droit éventuel aux bénéfices, et il n'y a aucune préférence pour aucun d'eux, puisqu'on ne sait pas, en souscrivant à cette condition, non seulement qui, des associés, sera appelé à recueillir ces bénéfices, mais même si l'un d'eux y sera même appelé, la société pouvant venir à se dissoudre pour une tout autre cause que le décès d'un des associés.

738. — Peut-on valablement stipuler qu'un associé touchera une somme déterminée à titre d'intérêts de son apport, même en cas d'absence de bénéfices ?

Ou qu'un associé touchera un dividende prélevé avant toute répartition entre les associés ?

Oui, pour ces deux cas, car, ni dans l'un ni dans l'autre, il n'y a exclusion des autres associés aux bénéfices (Cassation, 9 juillet 1885, *Sirey*, 88, 1, 477).

739. — Mais serait léonine — et nulle serait la société — la clause par laquelle un associé toucherait seulement les intérêts de son apport, alors que ses coassociés, touchant également les intérêts de leurs mises, se partageraient seuls les bénéfices sociaux (Lyon, 22 mai 1896, *Journ. des Soc.* 1897, 207).

740. — La convention par laquelle, après annulation par les associés d'une société en participation présentant les caractères d'une société léonine, le coparticipant affranchi de toutes pertes, contrairement à l'article 1855 du Code civil, renonce au bénéfice de l'association et stipule qu'il reprendra, comme créancier, la totalité de son apport, est valable, bien qu'elle ait pour résultat, de même que l'acte de société annulé, d'affranchir cet apport de toute contribution aux pertes subies par la société durant son existence de fait ; une telle convention intervenue comme conséquence de la nullité de la société illicitement formée, ne saurait être considérée comme une ratification qui serait frappée de la même nullité. Conséquemment, cette convention, obligatoire pour le coparticipant qui l'a consentie, est opposable à ses créanciers personnels, alors qu'il n'est pas établi qu'elle ait été faite en fraude de leurs droits (Cassation, 24 mai 1869, *Dalloz*, 69, 1, 321).

741. — **Où et contre qui l'action en nullité de la société doit-elle être introduite?** — L'action en nullité d'une société doit être introduite devant le tribunal de commerce du lieu où elle a son siège social (Nombr. déc. *Not.* Cassation, 10 nov. 1897, *Dalloz*, 99, 1, 529).

742. — L'action doit être introduite contre la société ou ses représentants légaux.

Elle ne pourrait pas, sans que la société elle-même soit mise en cause, être intentée contre les fondateurs personnellement (Nombr. déc. *Not.* Lyon, 12 décembre 1902, *Journ. des Soc.* 1903, 302).

743. — **Effets de la nullité.** — La nullité d'une société prononcée pour inobservation des conditions de forme ou de fond prescrites par la loi du 24 juillet 1867, n'a point d'effet rétroactif absolu ; elle n'empêche pas qu'il ait existé entre les parties une société de fait, laquelle doit être liquidée comme dans le cas de dissolution d'une société régulière (Nombr. déc. *Not.* Paris, 12 février 1885, *Dalloz*, 86, 2, 191, — Orléans, 24 juillet 1890, *Ibid.*, 91, 2, 337, 338. Grenoble, 24 décembre 1889, *Dalloz*, 92, 1, 617, — Cassation, 15 novembre 1892, *Ibid.* 93, 1, 13).

744. — Ainsi, jugé que la nullité d'une société n'a d'effet que pour l'avenir : elle n'apporte aucune modification ni aux obligations des associés à l'égard des tiers, ni aux obligations réciproques des associés entre eux (Paris, 19 décembre 1894, *Dalloz*, 96, 2, 81).

745. — L'absence d'effet rétroactif absolu de la nullité prononcée se produit sans qu'il y ait lieu de distinguer entre les diverses causes de nullité. Il en est ainsi, par exemple, non seulement du cas où les actions ont été négociées avant le versement du quart, mais aussi du cas, où, la totalité des actions n'ayant pas été souscrite, un certain nombre d'entre elles ont été placées par de prétendus vendeurs qui n'étaient en réalité que des prête-noms de la société ou du fondateur. Spécialement, le tiers qui s'est rendu acquéreur et a reçu livraison d'actions d'une société avant que le quart ait été versé, ou que la totalité des titres sociaux ait été souscrite, a droit, à compter du jour de son acquisition, à une part dans les bénéfices et dans l'actif réalisé au moment de la dissolution de la société, et il est tenu, par contre, d'effectuer entre les mains du liquidateur de la société, le versement afférent aux actions dont il est détenteur. C'est à tort, en effet, qu'on prétendrait que les actions ainsi acquises ne sauraient entraîner aucune obligation pour l'acquéreur (Cassation, 15 novembre 1892, préc.).

746. — La nullité prononcée d'une société produit effet, pour l'avenir, à l'égard de tous.

Pour le passé, elle est inopposable aux créanciers de la société qui, à leur gré, peuvent considérer la société comme ayant régulièrement existé, ou peuvent se prévaloir de sa nullité (Cassation, 3 avril 1895, *Sirey*, 97, 1, 118).

747. — Une société, déclarée nulle pour défaut de publication, constitue une simple communauté d'intérêts sur l'actif de laquelle les créanciers sociaux ne peuvent, à l'encontre des créanciers personnels de chacun des associés, invoquer ni le droit de préférence, ni l'action solidaire qui leur appartiendraient au cas où la société aurait été régulièrement établie (Rennes, 6 mars 1869, *Dalloz*, 70, 2, 224).

748. — Les créanciers de la société ne peuvent vis-à-vis des créanciers personnels des associés, se dire créanciers solidaires des associés, à raison du quasi-délit que ceux-ci auraient commis à leur égard en se présentant comme associés, la solidarité contre les auteurs du quasi-délit ne s'appliquant qu'aux restitutions et aux dommages-intérêts, et la négligence de ces créanciers à s'assurer de l'existence légale de la société constituant d'ailleurs une faute dont il ne leur est pas permis de faire peser les conséquences sur des tiers qui n'ont rien à se reprocher (Rennes, 6 mars 1869, préc.).

CHAPITRE X

DES SOCIÉTÉS DE FAIT

749. — **Sociétés « de fait » et sociétés « créées de fait ».** — Il y a lieu de faire une distinction entre les sociétés « de fait » et les sociétés « créées de fait », ainsi que l'a très justement établi un auteur [1].

Les premières sont celles qui se trouvent exister lorsque le contrat de société qui constatait la formation de la société est vicié de nullité. La société de droit disparaissant, de ce fait, fait place à une société de fait.

Pour elles, il y a eu un contrat exprès.

Les secondes sont celles dont, à aucun moment, l'existence n'a été constatée par un écrit, celles qui n'ont jamais essayé de se constituer régulièrement.

Pour celles-ci, absence de contrat écrit : il n'y a eu que des faits, des opérations en commun, desquels on peut inférer un accord, purement tacite.

750. — **Différences existant entre elles.** — Les sociétés *de fait* sont donc des sociétés réellement constituées ; elles se sont efforcées de se constituer régulièrement, mais, pour une cause quelconque, ne l'ont pas été.

Bien qu'irréguliers, leurs statuts n'en existent pas moins. Il y a eu à l'origine et il y a encore bien qu'irrégulier, un pacte social sur lequel l'accord s'était fait, et leur liquidation devra être effectuée de la manière prévue aux statuts.

---

1. Hémard, n° 100, p. 176.

751. — Il s'ensuit que les sociétés de fait peuvent être — d'après leur forme primitivement prévue au pacte social — soit civiles, soit commerciales, en nom collectif, en commandite simple ou par actions.

752. — Quant aux sociétés *créées de fait*, pour lesquelles aucun contrat en réglant la forme n'a jamais été dressé, elles peuvent être, suivant les circonstances, des sociétés civiles ou des sociétés commerciales, mais dans ce dernier cas, on conçoit qu'elles ne peuvent être que des sociétés en nom collectif ou en commandite simple, ou des associations en participation ; aussi bien, ne peuvent-elles être que des sociétés « de personnes ».

Et, en présence du défaut de conventions écrites, leur liquidation ne peut être faite qu'en conformité des principes généraux établis en matière de sociétés.

753. — Sociétés de fait. — Constituée et constatée par un écrit, à l'origine, mais entachée de nullité pour une cause quelconque (nᵒˢ 692 et suiv.), la société qui a existé jusqu'au jour du jugement prononçant la nullité est une « société de fait ». Et si, malgré la nullité prononcée, elle se continue sur les mêmes bases, par suite d'un accord tacite entre les associés, il y a encore là une société de fait.

754. — De même, il y a société de fait, lorsque la société qui a été régulièrement constituée est venue régulièrement et légalement à échéance, et s'est continuée « en fait » entre tous les associés sans qu'une prorogation, régulièrement constatée par écrit, et publiée, ait été faite.

En ce cas, il y a prorogation tacite de la société primitive, prorogation de fait, née du consentement tacite de tous les associés.

C'est une situation qui se rencontre assez fréquemment dans les sociétés en nom collectif et en commandite simple. Mais il ne paraît pas qu'elle puisse juridiquement se produire dans les sociétés par actions [1].

755. — Il y aurait également société de fait si une prorogation faite par écrit s'était trouvée nulle par suite de défaut de publicité, ou de publicité incomplète, irrégulière [2].

---

1. V. *infrà* nᵒ 772.

2. Pour la transformation des sociétés de fait en sociétés régulières, voir *infrà* nᵒˢ 789 et suiv.

756. — Notons qu'une société ne peut être continuée de fait après sa dissolution, qu'à la condition seule qu'il n'y ait pas de mineurs (par exemple, au nombre des héritiers d'un associé prédécédé) parmi les associés (*Not.* Bastia, 19 décembre 1904, *Journ. des Trib. de Comm.* 1907, 700).

757. — Et qu'une société prorogée de fait a une durée extrêmement précaire : aussi bien, tout intéressé peut-il, à tout moment, faire déclarer son irrégularité et, par suite, y mettre un terme.

Ce qui fait apparaître de suite l'intérêt qu'il y a à ne pas laisser se perpétuer une telle situation d'incertitude constante.

758. — En cas de prorogation tacite, c'est la société primitive qui subsiste : il n'y a pas de société nouvelle. Ce qui revient à dire que ce sont les règles prévues aux statuts originaires qui doivent être suivies pour la répartition des bénéfices, des pertes, etc., etc., et non pas les règles du droit commun (Cassation, 2 mars 1897, *Dalloz*, 98, 1, 57).

759. — Une hypothèse : une société, régulièrement constituée se trouve dissoute, pour une cause quelconque (prédécès d'un des associés, échéance du terme préfixé, etc., etc.). Par suite d'un simple accord tacite entre les associés, cette société poursuit ses opérations sans qu'aucun changement apparent aux personnes ou aux conventions originaires soit apporté.

C'est, autrement dit, le cas de prorogation tacite dit *suprà*, n° 754.

En cette situation, un associé serait-il recevable, voulant dégager sa responsabilité à invoquer le fait de la dissolution et à opposer celle-ci aux tiers? — Non. Car si les opérations sociales se sont continuées ainsi, c'est de son consentement aussi bien que de celui de ses coassociés, sinon il aurait introduit une demande en liquidation. Il est donc, au même titre que ses coassociés, responsable de cet état de choses envers les tiers qui, s'il n'en était pas ainsi, seraient trompés ayant cru, en traitant avec la société, postérieurement à la dissolution, traiter dans les mêmes conditions juridiques qu'avant cette dernière (*Not.* Bordeaux, 18 novembre 1907, *Sirey*, 1908, 2, 295). V. n° 766.

760. — **Divers.** — Une association commerciale entre époux, nulle en droit, comme on sait (n°ˢ 63 et suiv.), peut toutefois consti-

23

tuer une société de fait dont il est permis d'établir l'existence quant aux effets passés. Par exemple, lorsque la société a été créée dans un but d'intérêt licite en lui-même, il a pu y avoir; jusqu'au moment où la nullité est demandée, des rapports de fait qui autorisent chacun des prétendus associés à provoquer le partage, et qui doivent se régler conformément aux règles du droit et aux usages de la matière (*Not.* Grenoble, 21 mai 1902, *Dalloz*, 1903, 5, 689) [1].

761. — Jugé que, juridiquement, une société de fait devrait être publiée, qu'il n'y a pas, en effet, de distinction à faire entre les sociétés de fait et les sociétés régulières : les unes et les autres étant astreintes à la même publicité (Rouen, 30 janvier 1895, sous Cassation, 2 mars 1897, *Dalloz*, 98, 1, 57).

La publication régulière des contrats de société comportant, outre la publication dans un journal d'annonces légales, le dépôt aux greffes de la justice de paix et du tribunal de commerce, il est permis de se demander, en présence de cette décision, comment pourraient être faits ces dépôts en l'absence d'un acte écrit.

762. — L'article 64 du code de commerce, qui soumet à une prescription quinquennale les actions contre les associés non liquidateurs, est applicable aux sociétés de fait aussi bien qu'aux sociétés établies conformément à toutes les prescriptions légales (Poitiers, 18 juillet 1894, *Dalloz*, 96, 2, 26).

Par contre, la cour de Paris a décidé que la prescription quinquennale de l'article 64 n'est pas applicable aux sociétés de fait : la seule qui lui soit applicable étant celle de trente ans (14 avril 1883, *Dalloz*, 84, 2, 122).

763. — La société de fait doit être régie par les principes de droit commun, c'est-à-dire par les règles de la société en nom collectif (Amiens, 2 juillet 1892, *Dalloz*, 93, 2, 505).

764. — Lorsque la question se pose de savoir si une société de fait ayant pour objet une entreprise de travaux de constructions a existé entre deux individus dont l'un se borne à prétendre qu'il n'a été que l'ouvrier de l'autre, qu'il n'a jamais fait aucun acte de commerce et qu'il ne peut pas, conséquemment, être déclaré en faillite,

---

1. V. *infra* n° 770.

le tribunal qui repousse ce moyen de défense par le motif qu'il résulte des documents produits aux débats que la société était suffisamment établie, se réfère nécessairement en statuant ainsi à la société dont l'existence de fait et la nature commerciale étaient précisées dans la demande du syndic qu'il déclare accueillir. Et l'arrêt qui le décide ainsi détermine suffisamment le caractère de fait et la nature commerciale de la société (Cassation, 3 avril 1895, *Dalloz*, 95, 1, 433).

765. — L'arrêt qui constate qu'une partie a fourni à une société de fait, un apport en industrie, que les bénéfices réalisés par la société devaient se partager également entre elle et les autres associés, et qu'elle a acquis en commun avec ces derniers les matières premières à exploiter, décide à bon droit que cette partie avait dans la société, la qualité d'associé et non celle de simple gérant; et, en conséquence, qu'elle devait supporter les pertes sociales dans la même proportion où elle aurait participé aux bénéfices (Cassation, 4 novembre 1895, *Dalloz*, 96, 1, 287).

766. — La société de fait prend fin quant aux rapports entre les associés, au moment même où se constitue la société régulièrement formée qui lui est substituée ; toutefois, elle subsiste vis-à-vis des tiers jusqu'à ce que l'acte qui donne naissance à cette société, ait été publié conformément à la loi. Conséquemment, les associés primitifs ne sauraient se dégager d'une partie du passif créé antérieurement à cette publication, en établissant qu'ils ont refusé d'adhérer à la société nouvelle, et en prouvant, que, antérieurement à sa constitution, ils ont signifié au gérant leur volonté de ne plus faire partie de la société de fait qui l'a précédée, s'ils n'ont pas entouré cette rupture d'une publicité suffisante (Lyon, 21 décembre 1883, *Dalloz*, 86, 2, 113.)

767. — L'annulation d'une société en nom collectif pour défaut de publicité laisse subsister entre les intéressés une communauté d'intérêts qui doit être liquidée d'après les principes généraux du droit et les dispositions des statuts conformes à ces principes (*Not.* Cassation, 5 juillet 1886, *Dalloz*, 86, 1, 122).

768. — Ainsi un des associés peut se baser sur l'article 1847 du code civil et sur une clause des statuts qui rappelait la disposition

de cet article en interdisant aux membres de la société de, avec des tiers, pouvoir se livrer à des opérations semblables à celles qui faisaient l'objet de la société, pour former une demande en liquidation de celle-ci et règlement de comptes contre son coassocié, à raison d'opérations de cette nature pratiquées clandestinement par celui-ci et qui lui a rapporté des bénéfices (Cassation, 7 juillet 1879, *Dalloz*, 80, 1, 123).

769. Une société, nulle pour défaut de publicité, bien que fictivement reconstituée, pour les besoins de sa liquidation, n'est vis-à-vis des tiers qu'une simple communauté d'intérêts, sur l'actif de laquelle les créanciers de la société ne peuvent exercer un droit de préférence à l'encontre des créanciers personnels de chacun des associés (Paris, 12 février 1885, *Dalloz*, 86, 2, 191-192).

770. — La société entre époux étant entachée d'une nullité d'ordre public, il en résulte que le mariage contracté entre associés entraîne dissolution de la société (Paris, 23 mai 1919, *Gaz. des Trib.* 12 octobre 1919)[1].

Quand une semblable société a existé en fait, il y a lieu de procéder à sa liquidation en conformité des règles ordinaires.

Ainsi, la Cour de cassation a décidé que, lorsqu'un contrat de mariage contenant adoption du régime de la séparation de biens, réserve à la femme le fonds de commerce par elle apporté en mariage, sans parler des bénéfices, il y a lieu de considérer que ce fonds, — quelle que soit l'importance de l'augmentation de valeur qu'il a pu acquérir par suite de la collaboration du mari, associé de fait, — doit être exclusivement attribué à la femme, mais que, par contre, les bénéfices doivent être répartis entre les deux associés (3 juillet 1917, *Journ. des Trib. de Comm.* 1918, 463)[2].

771. — Lorsque les formalités légales prescrites pour la constitution des sociétés commerciales n'ont pas été accomplies, cette société apparaît comme une société de fait, et tous les associés sont responsables *in infinitum* du passif social (Trib. de Comm. Seine, 22 décembre 1914, *Ibid.* 1917, 44).

---

1. Par suite, décide le même arrêt, elle n'a plus qualité pour ester en justice.
2. V. *suprà* n°° 63 et suiv.

772. — Lorsqu'une prorogation de société n'a pas été publiée, en violation des dispositions de l'article 61 de la loi du 24 juillet 1867, il y a lieu de prononcer la nullité ; et si, depuis cette prorogation, la société a fonctionné à l'égard des tiers comme une société de fait, il a existé, entre les associés, une communauté d'intérêts qui doit être liquidée. Conséquemment, il y a lieu de nommer un liquidateur pour procéder à la liquidation et à l'apurement de tous comptes, à raison de la société de fait qui a existé entre les associés, ainsi qu'à la réalisation de l'actif et à l'acquittement du passif de la société déclarée nulle (Trib. de Comm. Seine, 31 mai 1920, *Journ. des Not.* 32, 802) [1].

773. — La nullité d'une société prononcée pour inobservation des conditions de forme ou de fond n'a pas d'effet rétroactif absolu ; elle n'empêche pas qu'il ait existé entre les associés une société de fait, qui doit être liquidée comme en cas de dissolution.

Cette nullité n'a d'autre effet que de faire cesser l'exécution de la société pour l'avenir et de créer désormais, aussi bien à l'égard de la société qu'à l'égard des tiers, une situation nouvelle qui, en principe, ne peut dater que du jugement qui la constate (Cassation, 27 janvier 1920, *Gaz. des Trib.*, 13 février 1920) [2].

774. — **Sociétés créées de fait.** — Comment, comme suite à ce qui a été dit sous le n° 752, déterminer la nature d'une société créée de fait, c'est-à-dire, d'une société dont, nous le savons, les statuts n'ont jamais été consignés dans un acte écrit ?

Il n'existe pas de critère, en l'espèce. Mais on peut dire que, d'une façon générale, elles sont plus spécialement, dans la pratique, des sociétés commerciales que des sociétés civiles.

On détermine la nature d'une société créée de fait, d'après les circonstances, d'après les faits.

Ainsi : s'il y a exploitation commune, ayant un objet commercial, on se trouve en présence d'une association en participation si, bien entendu, elle ne s'est pas manifestée aux tiers (Nombr. déc. *Not. Trib.* de Comm. Lyon, 7 décembre 1903, *Journ. des Soc.* 1905, 95).

---

1. Quant à l'exercice de leurs droits sur le fonds social, les associés se trouvent soumis au régime de l'indivision (Cassation, 27 janvier 1920, *Gaz. des Trib.* 13 février 1920, *Journ. des Not.* 32, 588).

2. Dans le même sens, *not.* Cassation, 15 juin 1910 (*Journ. des Not.* 29, 834). D'ailleurs, jurispr. const.

D'après d'assez nombreuses décisions, on doit décider, lorsqu'il y a doute sur la nature d'une société créée de fait et lorsqu'il ne résulte pas des faits et circonstances qu'elle revêt le caractère d'une autre forme, qu'elle constitue une société en nom collectif ; ceci, en raison de ce que celle-ci est la forme de droit commun des sociétés commerciales (*Not.* Lyon, 21 décembre 1883, *Dalloz,* 86, 2, 113).

775. — Les tribunaux sont souverains juges quant à la détermination de la nature d'une société créée de fait.

Ils le sont également quant à ses modalités.

776. — Un exemple : décidé que, dans une société commerciale de pur fait, il appartient aux juges d'apprécier souverainement, d'après les présomptions déduites des circonstances de la cause, quelles dépenses ont été prévues ou ratifiées par les associés, comme devant être portées au compte de leurs frais généraux. Que l'intérêt des sommes prélevées dans la caisse de la société, et sujettes à rapport peut être réduit à 5 °/₀ quand toutes les parties y ont consenti dans leurs conclusions. Mais qu'un semblable accord n'empêche pas que les juges puissent, tout en respectant le principe de l'égalité entre associés, condamner l'un d'entre eux à payer à titre de dommage-intérêts, les intérêts de 6 °/₀ du capital que celui-ci devait rapporter pour s'être emparé du portefeuille commun, après la dissolution de la société (Cassation, 29 décembre 1896, *Dalloz,* 97, 1, 391-392).

777. — **Déclaration de nullité d'une société de fait.** — Les sociétés de fait fonctionnent tant qu'un tribunal ne les a pas déclarées nulles.

En effet, ici non plus, la nullité n'opère pas de plein droit. Elle doit être demandée à justice ; et tout intéressé est recevable à la demander.

778. — **Intérêt des parties à prouver qu'il y a société de fait.** — Il est de l'intérêt des parties à fournir la preuve qu'on se trouve bien en présence d'une société de fait. Aussi bien, cette preuve faite, ont-ils droit à une part dans les bénéfices, et, partant, ont-ils le droit de faire procéder au règlement des comptes.

Un exemple : si un tiers qui a fourni des fonds n'établit pas la preuve qu'il y a société, il n'est qu'un simple prêteur, par suite, il n'a droit qu'aux intérêts de ses avances, et ne peut demander le règlement de comptes.

Si, au contraire, il prouve qu'il y a société, il a droit à une part dans les bénéfices, et il peut demander qu'il soit procédé au règlement de comptes.

779. — Les tiers n'ont, eux, aucun intérêt à établir qu'il y a effectivement société de fait.

780. — Sociétés entre concubins. — Une société entre concubins se forme le plus souvent de la manière suivante : par leur industrie personnelle, mise en commun, l'homme et la femme créent un fonds de commerce, et mettent en commun leur travail propre et tout ou partie de leurs économies; le fonds est exploité sous le nom du concubin [1] et tous deux collaborent à la marche de l'entreprise dans les mêmes conditions que deux associés.

Quelquefois, — le concubin étant failli, par exemple — le commerce commun est exploité, non pas sous son nom, mais sous celui de la concubine.

Parfois encore la concubine fait le commerce seule, et le fait sous le nom de son concubin. Il en est ainsi plus particulièrement lorsque la femme mariée par ailleurs, et non divorcée, est séparée de fait ou séparée de corps de son mari.

Enfin, il arrive aussi, mais plus rarement, qu'ils exploitent le commerce sous leurs deux noms.

781. — Les sociétés entre concubins sont valables si leur objet est légitime, a-t-il été dit *suprà*, nᵒˢ 66-2 et suivants.

Mais, le plus généralement, elles sont irrégulières quant à leur constitution, en raison de ce qu'elles ne sont ni constatées par un acte écrit, ni publiées. Rares, en effet, sont celles qui remplissent ces deux conditions : la mise en commun des biens personnels à chacun d'eux, de leur industrie, de leur activité, de leurs relations et connaissances commerciales, l'association a été simultanée ou consécutive à la mise en commun des existences; et l'on s'en est tenu là, ne régularisant pas davantage la société des biens que celle des personnes.

1. Quelquefois encore sous le nom de la concubine.

782. — Les effets juridiques d'une telle société, créée de fait, sont identiquement les mêmes que celles des autres sociétés, et la preuve s'en établit de la même manière.

On recherchera cette preuve exclusivement dans l'intention des intéressés de se mettre en société et de réaliser des bénéfices.

Établirait-on qu'on a mis en commun tout ou partie des biens qu'on possédait, les économies qu'on avait faites, et le travail de chacun, que ceci serait insuffisant pour prouver qu'il y a société : en effet, on n'établirait ainsi qu'une chose : qu'il a existé un état d'indivision [1]. Il faut, en outre, fournir la preuve qu'on a eu « l'intention de s'associer et de réaliser des bénéfices ».

783. — Quelques auteurs se basant sur quelques décisions de justice, soutiennent qu'une société entre concubins ne peut être reconnue — à défaut de statuts réguliers — que lorsqu'un commencement de preuve par écrit existe, complété par la preuve testimoniale (En ce sens, *Not.* Bordeaux, 19 mars 1868, *Dalloz*, 68, 2, 222, — Paris, 19 février 1911, *Journ. des Soc.* 1912, 520).

Et l'absence de commencement de preuve par écrit aurait alors pour conséquence : le seul droit pour chacun des concubins d'obtenir la restitution des biens et objets qu'il prouverait avoir apportés dans l'indivision, avec, pour la femme, celui d'obtenir des gages ou autre rémunération, si elle a été employée dans la gestion de l'affaire commune.

Cette thèse ne peut évidemment concerner que les sociétés de fait *civiles* et alors, nous sommes d'accord, mais elle ne résiste pas à l'examen en matière de sociétés commerciales, matière où tous les modes de preuve sont admis, comme on sait : aussi bien, n'y a-t-il aucun motif de créer des particularités aux sociétés commerciales créées de fait entre concubins et d'exiger d'elles des preuves plus sévères que des autres sociétés créées de fait par toutes autres personnes, desquelles en droit et juridiquement, rien ne les différencie. A toutes les mêmes moyens de preuve doivent être appliqués et pour toutes, ces mêmes moyens doivent être admis.

D'ailleurs, en pratique, est-il facile à l'un comme à l'autre des concubins de se réserver un commencement de preuve par écrit, qui, de toutes manières, lui facilitera la preuve de sa société.

---

1. Indivision qu'on pourrait évidemment faire cesser en demandant le partage des biens communs. Mais alors, un des associés pourrait se trouver privé de sa part dans les bénéfices réalisés de concert.

784. — C'est habituellement au moment de liquider la société et d'en partager les bénéfices que la preuve de son existence devient nécessaire. A ce moment, en effet, l'un peut prétendre qu'il y a, non pas société, mais simple contrat de louage de services à l'égard de l'autre. C'est à ce dernier qu'il appartient alors de faire la preuve qu'il y a réellement société.

Ou bien, en cours d'existence de la société de fait, et devant les poursuites exercées par un ou plusieurs créanciers, par exemple, les concubins, pour faire échec aux droits de ceux-ci et les frustrer, soutiennent, d'accord, qu'aucune société de fait n'existe entre eux. En ce cas, c'est au créancier qu'il incombera de prouver l'existence de la société.

785. — Les sociétés commerciales créées entre concubins, ont, suivant les circonstances, le caractère de sociétés en nom collectif ou d'associations en participation.

Et leur liquidation et leur partage s'opèrent suivant les règles de droit commun applicables à ces sociétés.

En ce qui concerne les sociétés créées de fait entre concubins, voir notamment : Paris, 13 juin 1872, *Sirey*, 74, 1, 37 — Trib. de Comm. Lyon, 8 juillet 1887, *Mon. Jud. de Lyon*, 12 déc. 1887 — Paris, 16 mai 1889, *Gaz. des Trib.* 30 mai 1890 — Lyon, 8 mars 1889, *Ann. de Dr. Comm.* 1889, 118. — Trib. civ. Seine, 22 juillet 1882, *Journ. des Soc.* 1886, 377 ; — Orléans, 3 juillet 1908, *Gaz. des Trib.* 15 novembre 1908.

786. — **Terme des sociétés de fait.** — Les causes qui mettent fin aux sociétés de fait sont les suivantes :

a) La déclaration de leur nullité ;

b) La survenance d'une cause de dissolution ;

c) Leur transformation en sociétés régulières.

Les causes *a* et *b* entraînent liquidation, — amiable ou judiciaire — puis partage entre les associés.

Sauf, évidemment, en cas de déclaration de faillite de la société ; auquel cas, la liquidation serait nécessairement faite par les syndics, dans les conditions et formes réglées par les articles 438 et suivants du Code de commerce.

Sur la transformation des sociétés de fait en sociétés régulières, voir *infrà* n°s 789 et suivants.

787. — **Remarque.** — **Un commerçant peut-il, en l'absence de société, faire suivre son nom des mots « et Cⁱᵉ » ?** — Les commerçants ont toute liberté de faire le commerce sous la dénomination commerciale qui leur convient. Il est manifeste qu'ils s'appliquent, dans le choix de cette dénomination ¹ à en arrêter un qui frappe particulièrement l'attention du public.

Mais un commerçant peut-il, n'étant pas en société, faire suivre son nom des mots « et Cⁱᵉ » ?

Non. Car ces mots seraient de nature à faire croire à l'existence d'une société et à procurer à ce commerçant un crédit fictif.

En pareil cas, tout tiers qui aurait traité avec un commerçant employant cette manœuvre pourrait faire prononcer la nullité de son contrat, comme ayant été victime d'un dol de la part de son co-contractant ou encore, comme ayant contracté avec une société qui n'existait pas (Trib. de Comm. Seine, 18 janvier 1902, *Journ. des Soc.* 1903, 38).

---

1. *Dénomination* et *Raison sociale*, sont deux choses essentiellement différentes, que l'on confond trop souvent.

La « dénomination » c'est l'appellation fantaisiste et de pure convention que s'adapte une entreprise. « Au Printemps », « A la Scabieuse », « Byrrh », qui peuvent s'appliquer indistinctement à toutes sociétés quel que soit leur objet, sont des *dénominations*.

La dénomination subsiste, quelque événement qu'il puisse survenir, par exemple en cas de décès ou de retraite d'un associé. Elle peut même survivre à la société et être cédée à un tiers, au successeur, par exemple, ou même à un autre commerçant.

La « raison sociale » est le nom de la société, personne morale : elle la désigne et la distingue des autres : « Pierre, Paul et Cⁱᵉ » ou « Société Anonyme des Anciens Etablissements X... »

La raison sociale disparaît avec la société elle-même. Nul autre qu'elle ne peut l'employer : elle ne peut être cédée (Voy. n° 797).

CHAPITRE XI

PRESCRIPTION DE L'ACTION EN NULLITÉ DE SOCIÉTÉ TRANSFORMATION D'UNE SOCIÉTÉ DE FAIT EN SOCIÉTÉ RÉGULIÈREMENT CONSTITUÉE

Sommaire. — Prescription de l'action en nullité de société, **788.** — Transformation des sociétés de fait en sociétés régulières, **789** et suiv.

788. — **Prescription de l'action en nullité de société.** — Les actions en nullité contre les actes constitutifs des sociétés sont prescrites par *dix ans*. (Art. 8, § 5, L. 24 juillet 1867.) Et ce, quel que soit le type de la société.

En d'autres termes, après dix ans, l'action et l'exception de nullité sont éteintes, et la société est dès lors transformé *ipso facto* en société régulière [1].

On est généralement d'accord pour admettre que cette prescription ne s'applique pas à la nullité provenant du défaut de publicité et qu'elle ne s'opère qu'en égard seulement aux « actes constitutifs » des sociétés, ainsi d'ailleurs que l'exprime, impérativement la disposition qui vient d'être rapportée.

Ce délai de dix ans court à partir du jour de la constitution définitive de la société, — contre les tiers aussi bien que contre les associés.

A rappeler que la nullité d'une société consécutive à une constitution irrégulière est d'ordre public [2] comme ayant pour but de protéger les actionnaires et les tiers et d'entraver la circulation de titres provenant de sociétés irrégulières. D'où il suit qu'une ratification — même expresse — des intéressés ne saurait couvrir cette nullité [3].

---

1. Ainsi qu'il est dit sous le numéro suivant, l'action et l'exception de nullité sont également éteintes même avant l'expiration de ce délai de dix ans, à partir du jour où la cause de la nullité a cessé d'exister.

2. Notamment pour défaut de publicité.

3. *Not.* Cassation, 21 juillet 1885, *Dalloz*, 87, 1, 212, *Sirey*, 85, 1, 448, — Alger, 13 juin 1895, *Dalloz*, 96, 2, 307.

Mais les tiers peuvent très valablement renoncer à leur action en nullité [1].

789. — Transformation des sociétés de fait en sociétés régulières. — Pendant le délai de dix ans, à compter du jour de la constitution définitive de la société, toute personne intéressée, — associée ou tiers — peut exercer l'action en nullité.

Mais, aux termes de la loi du 1er août 1893 [2], l'action en nullité de la société *ou des actes et délibérations postérieurs à sa constitution,* n'est plus recevable lorsque, avant l'introduction de la demande, la cause de nullité à cessé d'exister.

Ce qui revient à dire qu'une société « de fait » [3] peut être transformée en société régulière, de deux façons :

1° Par la prescription de l'action en nullité, qui vient d'être dite sous le numéro précédent ;

2° Et, soit par la reconstitution même de la société, soit par l'accomplissement de celles des formalités imposées par la loi, qui n'ont pas été accomplies.

Et alors, la question se pose de savoir quand il y a lieu à reconstitution complète de la société, — et quand il y a lieu seulement à l'accomplissement des formalités inobservées. Elle est examinée sous le numéro suivant.

790. — A la reconstitution complète de la société, est consécutive l'exposition de frais importants, perception de droits d'enregistrement nouveaux, et nouveaux débours des frais de publication légale, — la plupart, dans certains cas, c'est-à-dire lorsque quelques-unes seulement des formalités ont été omises ou incomplètement remplies, faisant double emploi.

Dans ce cas, il y a lieu, en outre, de liquider la société de fait qui a existé jusqu'alors [4], ce qui emporte un surcroît très sensible de frais [5].

---

1. Cassation, 1er mars 1882, *Dalloz,* 83, 1, 130.
2. Voy. art. 8, al. 3 et suiv., L. 24 juillet 1867.
3. V. *suprà*, nos 753 et suiv.
4. V. *suprà*, nos 760 et suiv.
5. A moins, comme un auteur le signale très justement, (HÉMAND, n° 294, p. 561) que l'ancienne société transmette la totalité de son actif et de son passif à la nouvelle société, — celle-ci reconnaissant leurs droits antérieurs aux associés ; et si la société nouvelle était une société par actions elle attribuerait de ses actions aux actionnaires de la société primitive.
Il y aurait, par ce moyen, novation de débiteurs (voy. art. 1271, C. civ.), en sorte

Au contraire, si le vice provient seulement d'une formalité non originairement observée ou observée de façon incomplète ou illégale, les débours de régularisation se trouvent considérablement moindres, puisque les frais à exposer consistent uniquement dans le débours du coût de cette formalité.

D'après ceci, on voit qu'il importe, avant de prendre une décision d'examiner de très près le cas d'irrégularité et de voir si, de par sa nature, il nécessite, pour que la société soit transformée en société régulière, la reconstitution entière de la société ou tout simplement le seul accomplissement de la formalité omise ou viciée.

S'il s'agit de vices touchant aux dispositions d'ordre public [1], la reconstitution complète de la société s'impose absolument et rien ne peut y suppléer.

S'il s'agit de vices touchant à la validité même du contrat de société, tels que par exemple : la non participation de tous les associés aux bénéfices et aux pertes sociaux, l'incapacité de l'un des associés, etc., la reconstitution complète de la société s'impose également.

S'il s'agit enfin du défaut ou de l'irrégularité de l'une ou de plusieurs des formalités imposées par la loi, il y a lieu seulement, pour rendre la société régulière [2] d'accomplir cette ou ces formalités.

Ceci posé, reste à examiner la question de savoir qui, dans ce cas, peut régulariser ces formalités inexistantes ou incomplètes.

C'est, en premier lieu, la société elle-même, et, par conséquent, ses représentants légaux.

C'est ensuite, les associés eux-mêmes, individuellement.

Ceci dit, pour les sociétés de personnes, car il va sans dire que, dans les sociétés de capitaux, il ne peut pas en être ainsi. Ici, ce sont les administrateurs de la société qui peuvent, seuls, remplir les formalités prescrites. Et s'ils ne le font pas spontanément, les actionnaires peuvent leur demander de le faire.

---

que la société nouvelle deviendrait seule débitrice envers les créanciers de l'ancienne société, aux lieu et place de cette dernière.

Ce mode nécessitant l'acceptation de « tous » les associés, on conçoit que s'il peut être assez aisément employé lorsqu'il s'agit d'une société de personnes, il n'en est plus de même lorsqu'il s'agit d'une société par actions, car s'il est toujours très malaisé de réunir tous les actionnaires et d'obtenir leur consentement, souvent même c'est impossible.

1. Défaut de publicité, non-participation de tous les associés aux bénéfices et aux pertes, par exemple.

2. A la condition, bien entendu, qu'aucune action en nullité ne soit, jusqu'à ce moment, intentée de ce chef.

Enfin, on notera que la société ne devient régulière qu'à partir du jour ou le vice de constitution initial est réparé, — ce qui revient à dire que, sauf en ce qui concerne les sociétés par actions [1], la société n'est validée que pour son présent et son avenir, et qu'elle ne l'est pas pour son passé, la régularisation n'ayant pas d'effet rétroactif. En sorte que l'action en nullité subsiste en ce qui concerne les opérations contractées par la société irrégulière. Mais il ne s'agit évidemment que de la nullité de l'ancienne, puisque la nouvelle a été régularisée et n'est plus, dès lors, attaquable de ce chef [2].

Voir, en ce qui concerne la transformation d'une société de fait en société régulière, l'arrêt de la cour de Lyon cité sous le numéro 766.

1. V. suprà, n° 789.
2. Sic. HÉMARD, n° 294, p. 564, op. cit.

DEUXIÈME PARTIE

DES SOCIÉTÉS DE PERSONNES
OU SOCIÉTÉS PAR INTÉRÊT

---

791. — Division. — Sous cette deuxième partie de notre ouvrage, vont être exclusivement étudiées les « Sociétés de Personnes ».

Il faut entendre par « sociétés de personnes », celles qui sont contractées *intuitu personæ*, c'est-à-dire celles qu'une personne contracte avec une ou plusieurs autres, considération uniquement prise par elle de la valeur commerciale ou industrielle de celles-ci, de leurs compétences techniques et professionnelles, de leur expérience, de leur honorabilité, de leur renommée, de leurs relations, de leur crédit, etc... etc. Et ce, par opposition aux « sociétés de capitaux » qui feront l'objet des troisième et quatrième parties, qui, elles, sont contractées *intuitu pecuniæ*, autrement dit dans lesquelles le seul objectif des fondateurs est non pas la valeur commerciale ou industrielle propre des souscripteurs associés qu'ils réunissent, mais seulement la recherche du nombre de souscripteurs suffisants pour fournir les fonds qui sont nécessaires à la formation, à la mise en marche de l'affaire d'après les données prévues.

Les sociétés de personnes comprennent :

a) Les sociétés EN NOM COLLECTIF ;

b) Les sociétés EN COMMANDITE SIMPLE ;

c) Et les ASSOCIATIONS EN PARTICIPATION.

L'étude de chacune d'elles va faire l'objet d'un Titre spécial.

Quant à l'étude des sociétés de capitaux, elle fera l'objet du tome second.

SOCIÉTÉS EN NOM COLLECTIF

CHAPITRE PREMIER

GÉNÉRALITÉS

792. — **Ce que c'est que la société « en nom collectif ».** — L'article 20 du code de commerce définit ainsi la société en nom collectif : « La société en nom collectif est celle que contractent « deux personnes ou un plus grand nombre et qui a pour objet de « faire le commerce sous une raison sociale. »

Cette définition est, sinon défectueuse, pour le moins incomplète ; aussi bien, résulte-t-il de cette formule que le caractère distinctif de la société en nom collectif est la « raison sociale ». Ce qui est entièrement inexact attendu que la raison sociale existe aussi dans les sociétés en commandite simple ou par actions, et n'est donc pas, par conséquent, une particularité propre à la société en nom collectif, comme le dit implicitement l'article 20.

Nous lui préférons la suivante, que donne M. Boistel [1] : *La société en nom collectif est la société dans laquelle tous les associés sont connus du public et obligés solidairement aux dettes sociales,*

---

[1]. Cours de Droit commercial, 4ᵉ édition, 1890, p. 125.

encore que nous dussions y ajouter : *chacun des associés étant tenu de ces dettes à l'infini*, pour avoir un définition vraiment complète et indiquant nettement, avec le caractère de la société en nom collectif, la nature et l'étendue des engagements que contracte chacun des associés en la souscrivant.

793. — C'est en effet dans l'obligation personnelle, indéfinie et solidaire de tous les associés, au paiement des dettes de la société, que réside le caractère essentiel de la société en nom collectif. A tel point qu'il suffit que cette solidarité existe pour qu'il y ait société en nom collectif et ce, alors même qu'il n'y aurait pas de raison sociale [1].

Ceci, parce que la solidarité au paiement des dettes sociales ne se rencontre nulle part ailleurs. Dans les sociétés en commandite simples et par actions, les commanditaires et les actionnaires n'étant engagés que jusqu'à concurrence du montant de leur commandite pour les premiers, — que jusqu'à concurrence du montant des actions par eux souscrites, pour les seconds. Et dans les sociétés anonymes, les actionnaires n'étant également engagés que jusqu'à concurrence du montant de leurs actions.

794. — En matière commerciale, la solidarité étant de règle — et de tradition — il s'ensuit que la société en nom collectif, dont la solidarité est la caractéristique, ainsi qu'on vient de voir, est la société commerciale de droit commun.

C'est, par excellence, le type parfait de la « société de personnes » (voir n° 791), car elle repose exclusivement sur la valeur et les qualités morales et professionnelles des associés, sur leur confiance réciproque en eux-mêmes, en raison de ce que si un ou plusieurs d'entre eux devenaient insolvables, leurs coassociés seraient exposés à payer la totalité des dettes de la société.

795. — De ce que la société en nom collectif est la société commerciale de droit commun, il résulte qu'en cas de doute sur la nature véritable d'une société, — doute provenant d'une rédaction obscure ou incomplète des statuts, — et quand, dans le pacte social, les parties n'ont pas manifesté de volonté contraire, elles sont présu-

---

1. Cassation, 10 août 1859, *Sirey*, 60, 1, 29.

mées avoir voulu contracter une société en nom collectif (*Not.* Amiens, 2 juillet 1892, *Dalloz*, 93, 2, 505, — Rouen, 21 décembre 1901, *Dalloz*, 1909, 5, 53).

Et le fait que les associés auraient considéré la société comme une association en participation ne saurait empêcher l'association d'être qualifiée de société en nom collectif, entraînant, par suite, la solidarité des associés (Rouen, 21 décembre 1901, préc.).

796. — Éléments caractéristiques de la société en nom collectif. — De ce qui vient d'être dit sous les numéros précédents, il résulte que les éléments caractéristiques de la société en nom collectif sont au nombre de trois :

1° Une raison sociale ;
2° La solidarité des associés ;
3° Leur obligation personnelle et indéfinie.
Examinons-les :

797. — Raison sociale. — (Voir n° 913 et suiv.). La « raison sociale » dont il a déjà été touché mot en la note du n° 790, est le nom de la société, celui qui la personnifie comme être moral, distinctement des associés qui la composent.

Nous avons vu (note du n° 790) que la raison sociale ne doit pas être confondue avec la « dénomination », appellation fantaisiste ou désignation accessoire tirée de l'objet même de la société, la raison sociale et la dénomination étant chacune soumise à des règles particulières. Nous n'ajouterons qu'un mot, afin de bien faire saisir ce qu'est exactement la raison sociale, et son importance.

La raison sociale est la formule du mandat que les associés en nom collectif se donnent réciproquement, et c'est pourquoi les engagements souscrits de la raison sociale obligent *tous* les associés ; chacun d'eux est considéré comme ayant contracté, *Qui mandat, ipse fecisse videtur.* Et, en effet, la conséquence de toute procuration n'est-elle pas d'obliger celui qui l'a donnée à l'exécution des engagements que le mandataire a pris dans la limite de ses pouvoirs[1] ?

---

1. C'est pour cette raison qu'un commanditaire dont le nom figurerait dans la raison sociale ne pourrait rien opposer au porteur d'un titre non signé de sa main, mais qu'il a ainsi autorisé à signer, qui lui réclamerait son paiement. Et c'est pourquoi, ainsi qu'on le verra sous les n°ˢ 1079 et suivants, un commanditaire ne doit jamais laisser figurer son nom dans la raison sociale.

798. — QUELS NOMS PEUT COMPRENDRE LA RAISON SOCIALE. — Les noms des associés peuvent seuls faire partie de la raison sociale (art. 21 C. de Com. [1]).

Les associés ont la plus entière liberté de faire figurer dans l'ordre qui leur convient, leur nom dans la raison sociale.

799. — En cas de débat entre les associés sur la question de savoir dans quel ordre devront être inscrits leurs noms dans la raison sociale, il y a lieu de s'arrêter à l'ordre le plus favorable aux intérêts des parties, en tenant compte des services rendus et de l'ancienneté des membres composant la société (Lyon, 16 juillet 1896, *Dalloz*, 98, 2, 256).

800. — La loi n'exige pas que tous les noms des associés y figurent ; on est donc libre de ne faire figurer que quelques noms seulement, — et même celui d'un seul des associés. Mais, en ces cas, on doit faire suivre les noms exprimés ou le seul nom des mots : « et Compagnie » (Trib. Seine, 18 janvier 1902, *Rev. des Soc.* 1902, 282), et ce, quel que soit le nombre des associés dont les noms ne sont pas désignés.

Ainsi, dans l'hypothèse d'une société constituée entre A..., B... et C..., la raison sociale peut être indifféremment, et au choix des associés : « A..., B..., et C... » ou « A..., B... et Compagnie » ou tout simplement « A... et Compagnie ».

801. — En imposant que, seuls, les noms des associés pourraient faire partie de la raison sociale, la loi a voulu éviter que des associés de mauvaise foi puissent faire figurer le nom de tiers dans la raison sociale. Et c'est judicieux ; car il n'est pas douteux que, sans cette interdiction formelle, cette fraude aurait été fréquente : des associés collectifs peu scrupuleux, dans le but d'augmenter le crédit de leur société, n'auraient pas manqué d'introduire dans la raison sociale des noms de tiers honorablement connus et d'une solvabilité réputée.

---

1. Il en résulte que tous ceux dont les noms figurent dans la raison sociale d'une société en nom collectif apparaissent aux yeux des tiers comme des associés en nom collectif, c'est-à-dire solidaires, ayant par conséquent la qualité de commerçants avec toutes les conséquences que cette qualité entraîne (Besançon, 12 mai 1899, *Dalloz*, 1900, 2, 215).

802. — Une telle manœuvre constituerait le délit d'escroquerie, qui se compliquerait du crime de faux, si les associés signaient des effets de commerce ou autres pièces, d'une raison sociale ainsi frauduleusement formée.

Les associés qui s'en rendraient coupables, dans une intention de fraude, seraient frappés des peines prévues pour ces délit et crime.

Quant au tiers dont le nom aurait été employé frauduleusement, il n'encourrait évidemment aucune peine, s'il était resté étranger à la fraude. Dans le cas contraire, il pourrait être poursuivi et condamné comme complice, et même condamné au paiement des dettes de la société. En ce cas, en effet, il serait responsable vis-à-vis des créanciers sociaux, non pas comme associé puisqu'il ne l'est pas, mais en raison du délit civil qu'il aurait commis et dont il devrait réparation en vertu de l'article 1382 du code civil.

803. — Toute personne dont le nom figure indûment dans une raison sociale est recevable à en demander judiciairement la suppression (Besançon, 12 mai 1899, préc.).

D'après ce qui vient d'être dit sous le numéro précédent, on voit que le tiers qui se trouverait dans ce cas aurait le plus grand intérêt à exercer sans retard son action.

804. — *Signature sociale.* — Voir *infra* nᵒˢ 915 et suivants.

Jugé que l'absence, dans la signature d'une convention, de la raison sociale d'une société, n'empêche pas les tiers de prouver que l'engagement a été souscrit pour les besoins et dans l'intérêt de la société (Rouen, 21 décembre 1901, *Dalloz*, 1909, 5, 53).

805. — MODIFICATION DE LA RAISON SOCIALE. — La raison sociale peut être modifiée, mais elle ne peut l'être valablement que du consentement de *tous* les associés (*Not.* Cassation, 29 décembre 1894, *Sirey*, 98, 1, 73).

Cette modification ne donne pas naissance à un nouvel être moral : la société continue, en effet, son existence normale, comme par le passé, avec le seul changement de sa raison sociale.

Mais elle entraîne publication dans un journal d'annonces légales et dépôts aux greffes. (Voir nᵒˢ 460 et suiv.) [1].

_____

1. V. aussi *infrà* nᵒˢ 836 et suiv.

806. — CE QU'IL ADVIENT DE LA RAISON SOCIALE EN CAS DE DISSO-
LUTION, DE RETRAITS OU DE DÉCÈS D'UN ASSOCIÉ. — Lorsque la société
se dissout, de même que si elle se transforme, la raison sociale qui
la personnifiait disparaît. Elle cesse d'exister en même temps qu'elle
et, par conséquent, ne peut plus être employée sous peine d'atteinte
au crédit public.

807. — Ainsi, lorsqu'une société constituée entre trois frères,
connue sous la raison « X... frères et Compagnie » est dissoute, deux
de ces frères ne peuvent former une société nouvelle pour continuer
le même commerce, sous le même nom « X... frères » (Paris, 16 janvier 1868, *Sirey*, 68, 2, 84).

Toutefois, la société nouvelle a le droit incontestable de se rattacher à l'ancienne par des indications licites (Besançon, 12 mai 1899,
Dalloz, 1900, 2, 215).

808. — Quand un associé vient à décéder, ou se retire, et quand
la société se continue entre les autres associés, en vertu d'une
clause statutaire, le nom de l'associé qui ne fait plus partie de la
société ne doit plus figurer dans la raison sociale.

Par suite, si, postérieurement au décès ou à la retraite, la raison
sociale n'est pas changée, les héritiers de l'associé décédé, ou l'associé lui-même, en cas de retraite peuvent poursuivre en justice la
modification de la raison sociale.

Ils se trouveraient alors dans le même cas que tout tiers (Voir
n⁰ˢ 801 à 805).

809. — Toutefois, lorsque l'associé décédé est remplacé par ses
héritiers dans la société, conformément aux stipulations statutaires,
il n'en est pas ainsi car, en effet, le cas n'est pas le même. La
société, ici, n'est aucunement dissoute elle n'est pas même transformée. En conformité du pacte social, elle se continue entre les
associés survivants et les héritiers du prédécédé. Elle peut conserver la raison sociale qui n'a pas cessé un instant d'en être l'expression (Cassation, 10 janvier 1870, *Sirey*, 70, 1, 157, *Dalloz*, 70,
1, 60).

810. — En cas de dissolution d'une société en nom collectif par
suite du décès de l'associé dont le nom formait la raison sociale, l'associé survivant, liquidateur de la société a le droit de faire interdire

au fils de l'associé décédé de faire usage de ce nom dans son existence commerciale. Il peut faire prescrire toutes mesures utiles à cette fin (Cassation, 29 mars 1909, *Dalloz*, 1910, 1, 84).

811. — A noter enfin, que l'associé qui serait devenu seul propriétaire du fonds de commerce dont l'exploitation faisait l'objet de la société, ne pourrait pas, malgré toutes stipulations contraires, conserver l'ancienne raison sociale (Dijon, 13 avril 1865, *Sirey*, 66, 2, 355).

Il y aurait, en effet, atteinte à la bonne foi commerciale.

812. — **Solidarité des associés en nom collectif.** — Les associés en nom collectif indiqués dans le contrat de société sont « solidaires » pour tous les engagements de la société, encore qu'un seul des associés ait signé, [pourvu que ce soit sous la raison sociale.

Ainsi dispose l'article 22 du code de commerce. Quelques développements sont nécessaires.

813. — Rappelons tout d'abord ce que c'est qu'une obligation « solidaire ».

Il y a solidarité de la part des débiteurs lorsqu'ils sont obligés à une même chose, de manière que chacun puisse être contraint pour la totalité et que le paiement fait par un seul libère les autres envers les créanciers.

Inversement il y a solidarité entre les créanciers lorsque, de par le titre de créance, chacun d'eux a le droit de demander le paiement entre ses mains du total de la créance, et que le paiement fait à l'un d'eux, libère le débiteur, encore que le bénéfice de l'obligation soit partageable et divisible entre les divers créanciers [1].

814. — Donc, d'après ce qui est dit sous le n° 812, tout enga-

---

1. Il est utile de rappeler ici la théorie de la solidarité entre les débiteurs :

Le créancier peut s'adresser à celui des débiteurs qu'il veut choisir, sans que celui-ci puisse lui opposer le bénéfice de division de la dette.

Les poursuites faites contre l'un des débiteurs n'empêchent pas le créancier d'en exercer de semblables contre les autres.

Les poursuites faites contre l'un des débiteurs solidaires interrompent la prescription à l'égard de tous.

La demande d'intérêts formée contre l'un des débiteurs solidaires fait courir les intérêts à l'égard de tous.

Le codébiteur solidaire poursuivi par le créancier peut opposer toutes les excep-

gement souscrit de la raison sociale, dans la société en nom collectif, produit la solidarité entre tous les associés.

Autrement dit, chacun d'eux est tenu pour le tout des dettes sociales. Et cela, sans qu'il y ait de distinction à faire entre ceux dont les noms figurent dans la raison sociale et ceux dont les noms n'y figurent pas.

815. — La solidarité entre les associés — qui est de l'essence même des sociétés en nom collectif — était inévitable en cette matière.

En effet, ce qui importe, surtout dans le commerce, c'est que, à l'échéance, le créancier reçoive les sommes qui lui sont dues, ou qu'il ait, pour en obtenir le paiement, une action prompte et sûre. Or, si la société, être collectif, ne payait pas sa dette, il faudrait

---

tions qui résultent de la nature de l'obligation, et toutes celles qui lui sont personnelles, ainsi que celles qui sont communes à tous les codébiteurs.

Il ne peut opposer les exceptions qui sont purement personnelles à quelques-uns des autres codébiteurs.

Lorsque l'un des débiteurs devient héritier unique du créancier, ou lorsque le créancier devient l'unique héritier de l'un des débiteurs, la confusion n'éteint la créance solidaire que pour la part et portion du débiteur ou du créancier.

Le créancier qui consent à la division de la dette à l'égard de l'un des codébiteurs, conserve son action solidaire contre les autres, mais sous la déduction de la part du débiteur qu'il a déchargé de la solidarité.

Le créancier qui reçoit divisément la part de l'un des débiteurs, sans réserver dans la quittance la solidarité ou ses droits en général, ne renonce à la solidarité qu'à l'égard de ce débiteur.

Le créancier n'est pas censé remettre la solidarité au débiteur lorsqu'il reçoit de lui une somme égale à la portion dont il est tenu, si la quittance ne porte pas que c'est pour sa part.

Il en est de même de la simple demande formée contre l'un des codébiteurs pour sa part, si celui-ci n'a pas acquiescé à la demande, ou s'il n'est pas intervenu un jugement de condamnation.

Le créancier qui reçoit divisément et sans réserve la portion de l'un des codébiteurs dans les arrérages ou intérêts de la dette, ne perd la solidarité que pour les arrérages ou intérêts échus, et non pour ceux à échoir, ni pour le capital, à moins que le payement divisé n'ait été continué pendant dix ans consécutifs.

L'obligation contractée solidairement envers le créancier se divise de plein droit entre les débiteurs, qui n'en sont tenus entre eux que chacun pour sa part et portion.

Le codébiteur d'une dette solidaire, qui l'a payée en entier, ne peut répéter contre les autres que les part et portion de chacun d'eux.

Si l'un d'eux se trouve insolvable, la perte qu'occasionne son insolvabilité se répartit, par contribution, entre tous les autres codébiteurs solvables et celui qui a fait le payement.

Dans le cas où le créancier a renoncé à l'action solidaire envers l'un des débiteurs, si l'un ou plusieurs des autres codébiteurs deviennent insolvables, la portion des insolvables sera contributoirement répartie entre tous les débiteurs, même entre ceux précédemment déchargés de la solidarité par le créancier (Art. 1200 et suiv., C. civ.).

que le créancier attaque trois, quatre associés individuellement,
réclame, contre chacun d'eux une condamnation, l'exécute et, dans
le cas d'insolvabilité constatée d'un ou de plusieurs d'entre eux,
exerce un recours contre ceux qui peuvent payer. Où serait ainsi la
sécurité des transactions commerciales ?

Pour éviter ces inconvénients, il fallait rendre les associés en
nom collectif responsables les uns des autres envers les tiers : de là
est née la solidarité entre eux.

Cette solidarité est évidemment chose grave, et nécessite pour
les contractants, avant de s'engager définitivement, réflexion et mûr
examen. C'est à eux de se peser mutuellement avant de s'engager
et d'apprécier les garanties que leur situation respective peut offrir.
Car, répétons-le, après le contrat, toutes les fortunes se confondent
et le riche doit payer pour le pauvre.

816. — En cette question de solidarité, la raison de droit est
conforme à la raison tirée de l'intérêt du commerce. Les associés
étant considérés comme préposés les uns des autres pour les affaires
de la société, le principe qui soumet tous les commettants à l'exécution solidaire des engagements contractés par le mandataire reçoit
sa pleine exécution [1].

817. — C'est un effet légal, nécessaire, des engagements contractés par une société en nom collectif, d'entraîner la solidarité, et les
créanciers ne peuvent, sans une renonciation formelle, de leur part,
être privés de cette garantie.

Il n'est pas au pouvoir des associés de décider qu'il en sera autrement.

818. — Par suite, les associés ne pourraient pas insérer dans
leurs statuts une clause stipulant que chacun d'eux ne sera tenu des
dettes sociales et ne pourra être poursuivi que jusqu'à concurrence
de sa part et portion dans ses dettes : une semblable clause serait
absolument inopposable aux tiers, alors même qu'elle aurait été régulièrement publiée, car elle leur retirerait la garantie sur laquelle ils

---

1. La solidarité, de plein droit, est attachée aux engagements sociaux. Un exemple : Quand, dans une société en nom collectif, une condamnation est prononcée
contre la raison sociale, elle l'est nécessairement contre tous les associés qui y
sont compris ou par l'indication effective de leurs noms ou seulement sous l'abré-
viation de et Compagnie. Par suite, elle est exécutoire contre tous, sans aucune
distinction (Cassation, 12 juillet 1888, Sirey, 89, 1, 308. Dalloz, 89, 2. 188).

avaient, d'après la loi, le droit de compter, en présence d'une société en nom collectif.

819. — C'est ainsi notamment que des associés non gérants ne peuvent échapper aux dangers de la solidarité en abandonnant l'émolument éventuel attaché à leur qualité d'associés. Se demander si cela pourrait être équivaudrait à se demander si, après avoir contracté l'obligation d'acquitter une certaine somme, on peut se dispenser de payer celle-ci !

En effet, la solidarité ne tient pas à la qualité de gérant, mais à la nature même des actes qui sont faits et au rapport qu'ils ont avec la société. Si l'associé non gérant ne traite pas directement avec les tiers, c'est en son nom, pour son compte, en vertu du mandat qu'il a donné, que le gérant contracte. L'un et l'autre sont donc également obligés : *qui mandat ipse fecisse videtur.*

820. — Mais rien ne s'oppose à ce que des créanciers renoncent au bénéfice de la solidarité imposée par la loi à leur profit et divisent leur créance, en demandant à chacun des associés, sa part seulement.

Dans ce cas, la dette pour laquelle l'associé est poursuivi n'est plus une dette sociale, mais une dette personnelle à lui.

821. — Une conséquence de la solidarité entre les associés en nom collectif : la faillite de la société entraîne nécessairement celle de chacun des associés sans que celle-ci ait à être prononcée distinctement (Douai, 27 mars 1907, *Rev. des Soc.* 1908, 390, — Cassation, 14 mars 1904 et 12 février 1908, *Id.* 1904, 277 et 1908, 422).

Voir *infrà*, n° 828.

822. — D'après l'article 22 du Code de commerce, sont solidaires les associés en nom collectif « indiqués dans l'acte de société ».

Il ne faudrait pas déduire de cette définition — car ce serait une erreur — que les associés dont, pour une cause quelconque les noms ne figurent pas dans le pacte social échapperaient à la solidarité. Il ne peut jamais en être ainsi : *tous* les associés, que leurs noms figurent ou ne figurent pas dans la raison sociale ou dans les statuts, sont solidairement tenus des dettes de la société.

823. — Quant aux nouveaux associés, c'est-à-dire ceux qui entrent dans la société durant le cours de son existence, ils sont, au même titre que les associés de la première heure, tenus solidairement de tous les engagements sociaux, même de ceux qui sont antérieurs à leur entrée en société.

C'est qu'en effet, la société constituant un être moral les nouveaux associés, en y entrant, font partie de cet être moral dont ils partagent, *ipso facto,* les chances de gain, de perte ainsi que les obligations actives et passives.

Cependant, serait valable — mais à la condition qu'elle soit formelle — la convention par laquelle la responsabilité des associés nouveaux serait limitée aux obligations postérieures à leur entrée en société. Il va sans dire que, pour être valable et opposable aux tiers, une telle stipulation devrait être publiée.

824. — Par contre, si un associé se retire de la société, il ne demeure obligé solidairement avec ses ex-coassociés que des dettes qui sont antérieures au jour où sa retraite a été régulièrement publiée : il n'est pas tenu des dettes postérieures à ce jour (voir n° 1007).

D'où il suit qu'il a le plus grand intérêt à surveiller la publication de sa retraite et à ce que, dès celle-ci opérée, publicité régulière en soit donnée.

825. — Nous ajouterons que la solidarité qui naît de la société en nom collectif n'est pas seulement une solidarité passive, en ce sens que chaque associé peut être contraint de payer la totalité des dettes sociales : elle est également active, ce qui signifie que chacun des associés peut exiger des débiteurs sociaux l'intégralité des sommes dues à la société.

Mais cependant quand l'un des associés a été investi de la gérance, il résume et confond dans sa personne tous les droits actifs et passifs de la société ; lui seul, ainsi qu'on le verra plus loin, a qualité pour réclamer le paiement des créances sociales ; lui seul, en signant la quittance de la raison sociale, peut libérer pleinement le débiteur.

Quant à l'associé non gérant, il ne peut pas plus valablement recevoir les sommes dues à la société, qu'il ne peut, en faisant indûment usage de la raison sociale, créer des engagements qui lient la société.

826. — En cas de décès d'un des associés, il n'y a pas solidarité entre ses héritiers. — La solidarité est attachée à la personne même de l'associé et, par suite, disparaît avec lui.

Si donc, un des associés décède, la dette de la société, qui fait partie de sa succession, passe à ses héritiers, mais ceux-ci n'en sont pas solidairement tenus : en vertu des articles 1220 et 873, chaque héritier n'est obligé au paiement que jusqu'à concurrence de sa part et portion héréditaire, et sauf renonciation de sa part, à la succession.

827. — Obligation personnelle et indéfinie des associés[1]. — Dans la société en nom collectif, non seulement les associés sont tenus solidairement des dettes sociales, mais ils y sont tenus « personnellement » et « indéfiniment ». C'est-à-dire qu'ils y sont tenus sur leurs biens personnels, *in infinitum*, même au delà du capital social, et ce, quelque part qu'ils aient ou qu'ils aient pu avoir dans la gestion.

Cette responsabilité illimitée découle des règles du droit commun, d'après lesquelles tous ceux qui prennent part à une opération commerciale doivent, si cette opération ne réussit pas, en supporter les pertes, quelque étendues que soient ces pertes. En effet, les charges ne se séparent pas de l'espérance du gain, et, en matière commerciale, la solidarité est de droit entre les débiteurs (*Dalloz*, 1920, 1, 161).

Mais cette obligation indéfinie ne leur est imposée par la loi qu'à l'égard des tiers ; autrement dit, cette condition n'est obligatoire que dans leurs rapports avec les tiers seulement.

Aussi bien, dans leurs rapports entre eux, les associés peuvent-ils parfaitement convenir qu'il n'en sera pas ainsi, et quelques-uns peuvent-ils limiter leur responsabilité personnelle, vis-à-vis de leurs coassociés, à une certaine somme préfixée ou au montant de leurs apports.

828. — Chacun des associés a la qualité de « commerçant ». — On a vu plus haut (n° 821) que la faillite de la société entraîne nécessairement celle de chacun des associés.

C'est qu'en effet toute personne qui fait partie d'une société en nom collectif à objet commercial, étant tenue solidairement avec

---

1. Voy. *infrà*, n°° 999 et suiv.

ses coassociés et indéfiniment des dettes sociales, se trouve, en fait et juridiquement dans la même situation que si elle exerçait le commerce pour son compte propre et exclusif. Ce qui emporte donc pour elle la qualité de « commerçant ».

D'où cette conséquence que chaque associé collectif est soumis aux mêmes obligations et formalités que le commerçant qui exerce seul son commerce.

829. — C'est ainsi, par exemple que les associés doivent :

1° Avoir la capacité exigée par la loi pour pouvoir exercer un commerce (Voy. nᵒˢ 31 et suiv.).

2° Faire, s'ils sont mariés, publier leur contrat de mariage [1].

Théoriquement, ils sont même soumis à l'obligation de tenir, parce que commerçants (Art. 8 C. de Comm.), des livres comptables personnels, autrement dit absolument distincts de ceux que doit obligatoirement tenir la société être moral. Mais pratiquement, combien rarement il en est ainsi. Et c'est un tort, car tout au moins chaque associé en nom collectif devrait-il tenir pour satisfaire à la loi, un livre-journal particulier sur lequel il inscrirait notamment ses recettes prévues, ses dépenses, ainsi que les sommes prélevées par lui sur les bénéfices de la société pour faire face à ses besoins.

---

[1]. Tout contrat de mariage, quand l'un des époux est commerçant, est transmis par le notaire qui l'a reçu, par extrait, dans le mois de sa date, aux greffes des tribunaux civil et de commerce et aux chambres des avoués et notaires du lieu du domicile du mari, et ce, quel que soit le régime matrimonial adopté.

Cet extrait énonce si les époux sont mariés en communauté ou sous le régime dotal ou s'ils sont séparés de biens (Art. 67, C. de Comm. et 872, C. de proc. civ.).

D'autre part, tout époux séparé de biens ou marié sous le régime dotal qui, au cours du mariage, embrasse la profession de commerçant, est tenu de faire pareille publication dans le mois du jour où il ouvre son commerce.

A défaut de ce faire, il pourrait être, en cas de faillite, condamné comme banqueroutier simple (Art. 69, C. de Comm.).

De même, tout jugement qui prononce une séparation de corps ou un divorce entre mari et femme, dont l'un est commerçant, est soumis à la même publication, dans le délai d'un mois à compter du jour où le jugement est devenu définitif.

A défaut de quoi les créanciers seraient toujours admis à s'y opposer, pour ce qui touche leurs intérêts, et à contredire toute liquidation qui en aurait été la suite. (Art. 66, c. de comm.)

Il en est de même en cas de jugement de séparation de biens, intervenu au cours du mariage.

Dans ces trois cas, lorsque c'est la femme qui est commerçante, la publication doit être faite dans le lieu où elle exerce son commerce (Sic., Trib. Sainte-Menehould, 11 janvier 1859, Dalloz, 60, 3, 31).

830. — **Remarques d'intérêt pratique.** — D'après ce qui précède, et spécialement en raison de l'obligation indéfinie et solidaire qui pèse sur chacun des associés, on voit qu'il importe de ne jamais contracter une société en nom collectif à la légère.

En effet, et comme l'a dit très justement un auteur (Delangle, n° 206), de tous les contrats que le commerce engendre, la société collective est le plus grave, en raison de ce qu'il engage le présent et l'avenir des associés, leur industrie, leur liberté et leur honneur même. Un seul associé pouvant, en abusant des pouvoirs qu'il puise dans son titre, ou que la confiance des autres parties lui confère, les entraîner avec lui dans l'abîme.

Aussi, ne saurait-on apporter trop de circonspection et de soin avant de contracter.

831. — Un très vieil auteur a donné à cet égard les plus sages conseils (Savary), dans un langage que l'on serait tenté de trouver un peu naïf aujourd'hui, mais qui n'en est pas moins empreint du plus grand bon sens, de la plus profonde expérience et qu'on ne saurait trop méditer.

Il demande qu'avant tout les mœurs et la capacité soient rigoureusement appréciés.

Au moment où la convention se forme, les choses doivent être réglées de manière à prévenir toutes les causes de dissentiment, et les attributions doivent être réparties suivant l'humeur et l'intelligence de chacun. Les plus actifs sont chargés des achats et des ventes ; les plus calmes, du maniement des fonds et de la tenue des livres.

Puis, la convention faite, les associés doivent avoir l'un pour l'autre une amitié sincère et déférente parce qu'il n'y a pas de succès sans harmonie.

Ils doivent respectivement être d'une fidélité scrupuleuse.

Quant au paiement des mises, si l'apport consiste en marchandises, elles ne doivent pas être estimées au delà de leur valeur vénale. S'il consiste en créances, il convient que la solvabilité des débiteurs soit garantie.

Si les débiteurs faisaient de nouvelles affaires avec la société, toute somme payée par eux s'imputerait d'abord sur la dette ancienne, afin d'éviter que, par une combinaison peu loyale, l'associé dont l'apport comprend des créances ne fournisse aux dépens mêmes de la société le moyen d'acquitter sa dette.

Ces vieux conseils n'ont rien perdu de leur prix ; ils sont et seront toujours d'actualité et c'est pourquoi nous avons tenu à les rapporter ici, en répétant une fois encore qu'il importe de bien réfléchir et peser chaque chose avant de s'engager définitivement ; de bien apprécier le caractère, la valeur, l'activité, les connaissances et — ce qui est le plus difficile — la loyauté de celui ou de ceux avec lesquels on se propose de constituer une société en nom collectif.

Enfin quand, après mûr examen, on se décide à contracter, il importe encore de rédiger un pacte social, qui, clairement et de la façon la plus complète, car ici encore la plus grande attention est de rigueur, règle les statuts, toutes prévisions faites des éventualités qui pourront se réaliser, de manière à éviter pour l'avenir, dans la plus large mesure possible, toutes difficultés d'interprétation entre les associés, tous différends entre eux qui, on pourrait en citer des exemples, pourraient entraîner la ruine commune.

Combien de commerçants ont payé de leur repos, et trop souvent de leur fortune, des associations contractées à la légère.

CHAPITRE II

CONSTITUTION DE LA SOCIÉTÉ EN NOM COLLECTIF ET GÉNÉRALITÉS

832. — Conditions requises pour la constitution de la société en nom collectif. — Comme pour toutes les autres sociétés, la validité de la société en nom collectif est subordonnée à la stricte observation de toutes les conditions qui ont été dites et étudiées dans la première partie de l'ouvrage, lesquelles ne seront donc qu'énoncées ici, sans autres commentaires.

Pour que le contrat soit valable, il faut :

1° Que le consentement donné par chacun des contractants soit exempt de dol et de toute espèce de contrainte (n⁰ˢ 21 et suiv.) ;

2° Que chaque partie soit capable de contracter (n⁰ˢ 31 et suiv.) ;

3° Que la société ait un objet certain (n⁰ 69) et une cause licite (n⁰ˢ 70 et suiv.) ;

4° Que chaque associé fasse un apport (n⁰ˢ 178 et suiv.) ;

5° Que l'intention des parties soit de réaliser un bénéfice avec le capital mis en commun (n⁰ˢ 138 et suiv.) ;

6° Que chaque associé ait une part dans les bénéfices (n⁰ˢ 144 et suiv.) et participe aux pertes (n⁰ˢ 160 et suiv.) ;

7° Que toutes les parties aient bien l'intention de former une société (n⁰ˢ 174 et suiv.) et non quelque autre contrat offrant plus ou moins d'analogie avec elle (n⁰ˢ 401 et suiv.).

833. — En outre le contrat de société doit :
1° Etre rédigé par écrit et sur papier timbré (n°ˢ 429 et suiv.) soit par acte notarié, soit par acte sous-seing privé [1].
2° Etre publié (n°ˢ 460 et suiv.).

834. — **Formalités à remplir et conseils pratiques.** — Nous rappellerons (Voir n° 439-1) qu'il est toujours utile, bien que ce ne soit pas exigé par la loi, de faire un original supplémentaire des statuts, lequel sera destiné à demeurer en permanence au siège social ; en sorte qu'il pourra être justifié immédiatement et à tout instant, s'il y a lieu, de l'existence de la société et des conditions sous lesquelles elle a été contractée.

835. — ENREGISTREMENT. — Aussitôt les statuts signés de tous les associés, on en déposera tous les exemplaires au bureau de l'enregistrement du lieu du siège social [2].

Il y aura lieu de faire ce dépôt *aussitôt* la signature, vient-il d'être dit : en tous cas il devra être fait dans le plus bref délai. C'est qu'en effet, dans le mois du jour de la signature (ou de la dernière signature donnée si l'acte porte plusieurs dates) les formalités de dépôt aux greffes du tribunal de commerce et de la justice de paix, ainsi que la publication dans le journal d'annonces légales, doivent être remplies sous peine de radicale nullité de la société. Et un mois passe vite : pourquoi il est prudent de ne pas perdre de temps.

836. — DÉPOT AUX GREFFES. — Dès que les exemplaires des statuts sont enregistrés et, ici encore, sans plus attendre, il y a lieu d'en déposer un au greffe du tribunal de commerce [3] et un au greffe

---

1. A rappeler que si un brevet d'invention est apporté en toute-propriété (Voir n°ˢ 310 et suiv.), ou si la société est constituée entre un auteur et ses successibles (Voir n°ˢ 59 et suiv.), les statuts doivent obligatoirement être faits par-devant notaire.

Dans tous les autres cas, les statuts peuvent toujours être faits par actes sous signatures privées avec, exactement, la même validité que s'ils étaient dressés par actes publics.

Mais en tout cas, ils doivent être faits *par écrit*, l'existence d'une société en nom collectif ne pouvant être établie par des témoignages (Cassation, 24 novembre 1905, Dalloz, 1906, 1, 221).

2. Le droit d'enregistrement, quel que soit le nombre des exemplaires, n'est perçu qu'une seule fois, mais mention du paiement du droit est faite par le receveur sur chaque exemplaire.

3. En même temps que la demande d'inscription de la société au registre du com-

de la justice de paix du lieu du siège social (Voir nᵒˢ 462 et suiv.) où, contre versement d'un droit minime, une dizaine de francs environ, procès-verbal du dépôt est dressé.

Une expédition de chacun de ces deux procès-verbaux est délivrée à la société ; et ces pièces seront jointes à l'exemplaire des statuts qui demeure au siège social.

837. — On rappellera que si l'entreprise sociale comporte des succursales, pareil dépôt doit être fait aux greffes des tribunaux de commerce et de paix du lieu de chacune de ces succursales.

Il va sans dire que, en ce cas, les expéditions des procès-verbaux de ces dépôts seront également conservées au siège social, aux fins de toutes justifications utiles.

838. — Publication dans le journal d'annonces légales. — Enfin, les formalités précédentes étant accomplies, on publiera la société par extrait, dans le journal d'annonces légales du lieu du siège social, ainsi qu'il a été exposé *suprà* sous les nᵒˢ 465 et suivants.

Et, ici encore, en cas de succursales, on fera semblable publication dans un journal d'annonces légales du lieu de chacune des succursales.

Un exemplaire du journal (ou, en cas de succursales, de chaque journal) contenant cette publication sera enregistré, après certification par l'imprimeur et légalisation de la signature de celui-ci par le maire ou le commissaire de police. Cet exemplaire restera déposé, avec l'original des statuts et les expéditions des procès-verbaux de dépôts aux greffes au siège social. Nous attirons spécialement l'attention des intéressés sur ce point en raison de l'importance de cet exemplaire (Voir nᵒ 479).

Dans la pratique, il est même bon, et c'est ce que nous conseillons, de faire légaliser et enregistrer un certain nombre d'exemplaires du journal, une demi-douzaine au minimum, car on peut être appelé à en déposer, pour justifications, dans certaines administrations publiques et privées, dans les banques, etc...

merce, dit l'article 6 de la loi du 18 mars 1919 (Voir *infrà* nᵒ 839 quant à la formalité de cette inscription).

En fait, les greffiers n'exigent pas que cette demande soit déposée en même temps que les statuts. Aussi bien, suffit-il pour sa validité qu'elle soit faite et déposée dans le mois de la constitution de la société.

839. — IMMATRICULATION DE LA SOCIÉTÉ AU REGISTRE DU COMMERCE. — Indépendamment des formalités dites sous les numéros 835 à 838, qui, elles, sont requises pour la validité même de la société, il en est une dernière qu'impose l'article 6 de la loi du 18 mars 1919[1], c'est l'inscription de la société au registre du commerce.

Cette formalité qui n'a — remplie ou non — aucune influence sur la validité de la société doit, sous peine d'amende[2] être accomplie *dans le mois* de la constitution de la société.

L'immatriculation doit être requise par le ou les gérants de la société.

A cet effet, ils produisent au greffier du tribunal de commerce du siège social une déclaration en double exemplaire, sur papier libre, signée d'eux, en même temps qu'ils font le dépôt de l'acte de société prescrit par l'article 55 de la loi du 24 juillet 1867.

La déclaration mentionne :

1° Les noms et prénoms des associés autres que les actionnaires et commanditaires, la date et le lieu de naissance, la nationalité de chacun d'eux ;

2° La raison sociale ou la dénomination de la société ;

3° L'objet de la société ;

4° Les lieux où la société a des succursales ou agences, soit en France, soit en pays étrangers ;

5° Les noms des associés ou des tiers autorisés à administrer, gérer et signer pour la société, les membres de conseils de surveillance des sociétés en commandite, la date et le lieu de leur naissance, ainsi que leur nationalité avec les indications prescrites par le 4° de l'article 4 de la loi ;

6° Le montant du capital social et le montant des sommes ou valeurs à fournir par les actionnaires et commanditaires ;

7° L'époque où la société a commencé et celle où elle doit finir ;

8° La nature de la société (Art. 6, L. 18 mars 1919).

Doivent également être mentionnés au registre du commerce :

1° Tout changement ou modification se rapportant aux faits dont l'inscription sur le registre est prescrite et qui viennent d'être dits ;

2° En cas de nomination d'un ou de plusieurs nouveaux gérants,

---

1. V. le texte de cette loi à sa date, en fin du présent tome.
2. 16 à 200 francs.

au cours de la vie sociale, les noms, prénoms, date et lieu de naissance, ainsi que la nationalité de ces nouveaux gérants ;

3° Les brevets d'invention exploités et les marques de fabrique ou de commerce employées par la société ;

Dans ces trois cas, l'inscription est requise par les gérants en fonctions au moment où elle doit être faite.

4° Les jugements et arrêts prononçant la nullité ou la dissolution de la société ;

5° Les jugements et arrêts déclarant la société en faillite ou en liquidation judiciaire (Art. 7, L. 18 mars 1919).

SUCCURSALES OU AGENCES. — L'immatriculation au registre du commerce doit être faite dans tous les lieux où il existe des succursales ou agences. Mais il suffit que, dans les registres du commerce de ces lieux, la société ayant son siège social en France soit mentionné au registre du commerce sous son nom, sa raison sociale ou sa dénomination, avec référence au registre du commerce de l'établissement principal ou du siège social.

DÉCLARATIONS INEXACTES. — Toute indication inexacte donnée de mauvaise foi en vue de l'immatriculation ou de l'inscription dans le registre du commerce est punie d'une amende de 100 à 2.000 fr. et d'un emprisonnement d'un mois à six mois ou de l'une de ces deux peines seulement.

Les coupables peuvent, en outre, être privés, pendant un temps qui n'excèdera pas cinq années, du droit de vote et d'éligibilité pour les tribunaux et chambres de commerce, pour les chambres des arts et manufactures et pour les conseils de prud'hommes (Art. 19, L. 18 mars 1919).

840. — Énonciations que doivent contenir les statuts d'une société en nom collectif. — Il faut, pour la sécurité de chacun des associés, pour celle de la société elle-même, et pour que l'existence de cette dernière soit exempte de heurts et d'entraves, dont les conséquences pourraient être désastreuses pour tous, que les statuts prévoient les hypothèses susceptibles de se réaliser, règlent les conditions de cette réalisation et précisent, dans tous les cas prévus, les droits et les devoirs de chacun des associés et de leurs successibles.

La rédaction du pacte social est donc, pour cette raison, chose délicate : aussi bien ce pacte fera-t-il la loi des parties et cette loi ne saurait-elle être trop prévoyante ni trop précise. C'est pourquoi il est essentiel qu'il contienne non seulement toutes les énonciations requises par la loi, mais encore celles que les circonstances et les prévisions rendent nécessaires ou simplement utiles.

841. — Voici les énonciations que doivent contenir les statuts, dont certaines sont indispensables et dont les autres, sans être indispensables, présentent la plus grande utilité :

1° Nom, prénoms, profession ou qualité, et domicile de chacun des associés ;

2° Objet de la société ;

3° Raison sociale ;

4° Signature sociale ;

5° Siège social ;

6° Durée de la société ;

7° Point de départ de cette durée ;

8° Fixation du capital ;

9° Énonciation des apports de chacun des associés,

10° Stipulation d'un intérêt servi aux apports ; taux de cet intérêt ;

11° Désignation de ceux des associés qui seront gérants, administreront et signeront pour la société ;

12° Indication des pouvoirs du ou des gérants ;

13° Part de chaque associé dans les bénéfices ;

14° Part de chacun dans les pertes ;

15° Interdiction ou non pour chacun des associés de s'intéresser à des affaires, similaires ou non, étrangères à la société ;

16° Fixation de l'exercice social ;

17° Époques de partage des bénéfices ;

18° Faculté ou non de verser des sommes en compte courant, et fixation, en cas de versements autorisés du taux de l'intérêt et des conditions dans lesquelles s'opéreront les retraits ;

19° Cas de retraite d'un associé et prévision comme conséquence de la dissolution ou de la continuation de la société ;

20° Interdiction ou non pour l'associé qui se retirera, de se rétablir dans un rayon de..., et pendant une durée de... et de concurrencer la société ;

21° Fixation des prélèvements des associés, époques de leur paiement et manière dont ils s'imputeront ;

22° Cas de cession de leurs droits sociaux par un ou plusieurs des associés ; autorisation ou défense de céder ses droits ;

23° Cas de dissolution de la société au cas de perte d'une partie déterminée du capital social ;

24° Dissolution, ou non, en cas de prédécès d'un associé, et conséquences de cette dissolution, ou conditions dans lesquelles la société se continuera ;

25° Interdiction pour les héritiers de faire apposer les scellés sur les biens de la société, et interdiction pour eux de faire procéder à un partage judiciaire ;

26° Mode, forme et délai dans lesquels aura lieu la liquidation de la société ;

27° Pouvoirs du ou des liquidateurs ;

28° Prévision d'assemblées générales.

Enfin, les statuts doivent toujours se terminer par une clause conférant pouvoir au porteur d'un original de l'acte constitutif de la société, de remplir toutes les formalités prescrites par la loi, notamment celles de dépôts aux greffes et de publication dans le journal d'annonces légales.

842. — Les énonciations qui viennent d'être énumérées s'appliquent indistinctement à tous les statuts de sociétés en nom collectif. En dehors d'elles il en est d'autres encore qui, essentiellement dépendantes des situations particulières que présente chaque cas, considéré individuellement, sont souvent nécessaires. On en trouvera quelques exemples dans les formules qui sont données plus loin sous les n°ˢ 1044 et suivants.

843. — **Date d'existence de la société.** — C'est à compter du jour de la signature de ses statuts, que la société en nom collectif existe, alors même que la date du début de ses opérations et de son fonctionnement serait fixée à une date postérieure.

Dans le cas où les statuts, ayant été signés par les associés à des jours différents, porteraient plusieurs dates, la société existerait à compter du jour de la dernière signature.

844. — **Modifications apportées ultérieurement aux statuts.** — Pour toutes les modifications apportées aux statuts pendant le cours de la société, le consentement exprès de tous les associés est nécessaire.

Il ne pourrait être dérogé à cette prescription légale que dans le cas seulement où une clause des statuts donnerait à la majorité des associés le droit de les modifier ou de les compléter sur certains points et dans un sens déterminés. Auquel cas, cette clause devrait être observée pour ces seules modifications prévues.

On notera qu'en cas de modification des statuts, les modifications apportées doivent, sous peine de nullité, faire l'objet du dépôt aux greffes et de la publication dits sous les n°ˢ 836 à 838.

845. — Adjonction de nouveaux associés. — Lorsque, au cours d'une société en nom collectif, de nouveaux associés entrent dans la société, la société primitive subsiste-t-elle ou y a-t-il société nouvelle ?

Il n'y a pas société nouvelle, d'après la jurisprudence (*Not.* Remiremont, 22 janvier 1900, *Journ. des Soc.* 1900, 453).

Mais, dans ce cas encore, et attendu que l'adjonction d'associés nouveaux, est une modification apportée au pacte social initial, il y a lieu aux dépôts et à la publication dans le journal dits au numéro précédent, *in fine.*

846-1. — Assemblées générales des associés en nom collectif. — Dans la pratique, quand les associés sont peu nombreux, la société est gérée soit par un seul ou plusieurs d'entre eux, nommément désignés dans les statuts. C'est le cas le plus fréquent.

A chaque clôture d'exercice, le ou les gérants dressent l'inventaire et le bilan qui sont, en vue de la distribution des bénéfices, soumis à l'approbation unanime des associés ;

Ceci n'offre ni difficulté ni retard quand les associés ne sont pas nombreux et se trouvent sur place.

Mais il n'en est pas toujours ainsi ; il est des cas où les associés sont nombreux et, parfois, disséminés en des endroits plus ou moins distants du siège social. Étant donné que certains actes ne peuvent être faits que du consentement préalable de tous les associés, on conçoit que ce consentement unanime n'est pas toujours aisé dans ces conditions et est, en tous cas, le plus généralement fort long à obtenir.

Pour obvier à ces difficultés et retards qui peuvent être préjudiciables aux intérêts communs, il est prudent de, dans les statuts, stipuler qu'il sera tenu périodiquement, et extraordinairement sur convocation du ou des gérants, des assemblées générales d'associés qui auront le pouvoir de, à la majorité, prendre toutes décisions utiles dans des cas déterminés ; décisions qui engageront les associés non présents.

Ainsi l'assemblée générale peut avoir le pouvoir d'approuver les comptes présentés par les gérants ; révoquer ces derniers, en nommer de nouveaux ; donner toutes autorisations aux gérants pour les actes excédant leurs pouvoirs, etc...

846-2. — Émission d'obligations par une société en nom collectif. — La société en nom collectif qui serait amenée à émettre des obligations — ce qui lui est parfaitement permis, contrairement à ce que certaines personnes croient — serait soumise à la déclaration d'existence, à l'administration de l'enregistrement.

Nous signalons simplement cette formalité ici, renvoyant pour plus amples indications au titre des émissions d'obligations dans les sociétés par actions, au tome second du présent ouvrage.

847. — Conséquences de ce que la société en nom collectif a la qualité de « commerçant ». — Toutes les sociétés commerciales — sociétés en nom collectif, sociétés en commandites simples ou par actions, sociétés anonymes — ont, juridiquement, la qualité de « commerçant ».

D'où il suit qu'elles sont assujetties à toutes les obligations imposées par la loi à tous les commerçants.

C'est ainsi notamment qu'elles sont soumises :

1° A la tenue des livres comptables exigés par les articles 8 et suivants du Code de commerce ;

2° A la confection d'un inventaire annuel, lequel, pour être valable, doit être revêtu de la signature de tous les associés ;

3° A déposer, en cas de cessation de leurs paiements, et dans les trois jours de cette cessation, leur bilan au greffe du tribunal de commerce du lieu de leur siège social (art. 440, C. de Comm.) en vue de la faillite ou de la liquidation judiciaire ;

4° A faire la déclaration imposée par la loi du commerce, en vue de leur inscription sur le registre tenu au greffe du tribunal de commerce (n° 839).

Et que, comme tous les commerçants, elle peut être déclarée en faillite, et obtenir le bénéfice de la liquidation judiciaire.

CHAPITRE III

ADMINISTRATION DE LA SOCIÉTÉ
GÉRANTS

848. — Gérants. — Lorsque les statuts ne contiennent aucune stipulation particulière à ce sujet, tous les associés en nom collectif ont un droit égal à l'administration de la société.

Mais, en pratique, il est d'usage — et c'est une excellente mesure — de, dans les statuts, désigner le ou les associés qui seront exclusivement chargés de cette administration. Aussi bien, est-il plutôt rare que tous les associés collectifs, sans exception, participent à l'administration effective de la société.

Dans les sociétés en nom collectif, ainsi que dans les sociétés en commandite, simples et par actions, ces associés prennent le nom de « gérants ».

849. — Nomination du gérant. — Le ou les gérants ne peuvent être valablement nommés que du consentement unanime des associés.

Leur nomination peut être faite soit, ainsi qu'on vient de le voir, dans les statuts mêmes, soit dans un acte postérieur [1].

Les associés peuvent, car aucun texte ne le leur interdit, désigner, le cas échéant, pour gérer les affaires sociales, une personne non-associée.

Les gérants nommés par une clause spéciale du pacte social portent le nom de « gérants statutaires ».

850. — Règles légales relatives à l'administration des sociétés en nom collectif. — L'administration des sociétés en nom collectif est soumise aux mêmes règles que celles des sociétés civiles, — règles qui sont posées par les articles 1856 à 1859 du code civil.

851. — L'associé chargé de l'administration par une clause spéciale des statuts peut, malgré l'opposition des autres associés, faire tous les actes qui dépendent de son administration, à la condition que ce soit sans fraude.

Ce pouvoir d'administration, statutairement donné, ne peut être révoqué sans cause légitime tant que dure la société. Mais s'il n'a été donné que par acte postérieur aux statuts, il est révocable comme un simple mandat (art. 1856, C. civ.).

852. — Lorsque plusieurs associés sont chargés d'administrer, sans que leurs fonctions soient déterminées, ou sans qu'il ait été stipulé que l'un ne pourrait agir sans l'autre, ils peuvent faire chacun

---

1. Bien que la nomination des gérants ne puisse être faite que du consentement de tous les associés, cette nomination peut, quand elle est faite par un acte postérieur aux statuts et qu'elle a été prescrite dans ceux-ci, être faite par la majorité seulement des associés.

A rappeler que si la nomination d'un gérant est faite dans un acte postérieur au pacte social, publication doit en être faite dans le journal d'annonces légales, avec dépôts aux greffes. (Voy. *infrà*, n° 932.)

séparément tous les actes de cette administration (art. 1857, C. civ.).
— Voir nᵒˢ 893 et suivants.

853. — S'il a été stipulé que l'un des gérants ne pourra rien faire
sans l'autre, un seul ne peut, sans une nouvelle convention, agir en
l'absence de l'autre, alors même que celui-ci serait dans l'impossibilité actuelle de concourir aux actes d'administration (art. 1858, C.
civ.).

854. — A défaut de conventions spéciales sur le mode d'administration, on suit les règles suivantes que pose l'article 1859 du Code
civil :

1° Les associés sont censés s'être donné réciproquement le pouvoir d'administrer l'un pour l'autre. Ce que chacun fait, est valable
même pour la part de ses associés, sans qu'il ait pris leur consentement ; sauf le droit qu'ont ces derniers, ou l'un d'eux, de s'opposer
à l'opération avant qu'elle soit conclue ;

2° Chaque associé peut se servir des choses appartenant à la
société, pourvu qu'il les emploie à leur destination fixée par l'usage,
et qu'il ne s'en serve pas contre l'intérêt de la société, ou de manière à empêcher ses coassociés d'en user selon leur droit ;

3° Chaque associé a le droit d'obliger ses coassociés à faire avec
lui les dépenses qui sont nécessaires pour la conservation des
choses de la société ;

4° L'un des associés ne peut faire d'innovations sur les immeubles dépendant de la société, même quand il les soutiendrait avantageuses à cette société, si les autres associés n'y consentent.

855. — **Pouvoirs des gérants.** — Pouvoirs donnés dans les
statuts, ou postérieurement. — Le plus généralement, et c'est une
excellente précaution que l'on ne saurait trop recommander de
prendre, afin d'éviter les discussions auxquelles cette manière peut
journellement donner lieu, les statuts contiennent l'énumération des
pouvoirs dont les gérants sont investis.

Ces pouvoirs peuvent être aussi restreints et aussi étendus que
bon semble aux associés, aucun texte n'en fixant les limites (Not.
Paris, 5 décembre 1885, Dalloz, 87, 2, 55).

Voir à cet égard ce qui est dit infra, n° 890.

856. — Si un ou plusieurs pouvoirs ont été omis, dans l'énumération statutaire, les associés peuvent, au cours de la société, don-

ner mandat aux gérants de faire ceux des actes pour lesquels pouvoir ne leur avait pas été primitivement donné.

857. — Sur la question de savoir si le consentement de tous les associés est nécessaire pour, au cours de la société, donner pouvoir aux gérants de faire un acte qu'il n'a pas, en principe, le pouvoir de faire en sa qualité d'administrateur, ou si le consentement de la majorité suffit, il y a controverse.

Selon nous, pour tous les actes qui excèdent les pouvoirs d'administration compétant aux gérants, le consentement de *tous* les associés est nécessaire. En effet les gérants ne sont que les « mandataires » des associés : or, on n'est le mandataire de quelqu'un et, par suite, on ne peut valablement faire un acte pour et au nom de ce quelqu'un, qu'à la condition que ce mandant en ait expressément donné le pouvoir. Les gérants étant les mandataires des associés ne peuvent rien faire au nom de ceux-ci, en dehors des limites de leurs pouvoirs généraux d'administration, sans être mandatés par chacun des associés.

Un exemple : le gérant d'une société en nom collectif ne peut, dans le silence des statuts, hypothéquer un immeuble de la société, sans le consentement de tous les associés (Cassation, 27 janvier 1868, *Dalloz*, 69, 1, 410).

858. — POUVOIRS DES GÉRANTS A DÉFAUT DE CLAUSE SPÉCIALE DANS LES STATUTS. — Lorsque les statuts sont muets sur les pouvoirs des gérants, on admet que ceux-ci ont, en principe, le pouvoir d'un mandataire général, mais avec plus d'étendue. La société ayant un but déterminé que le devoir du gérant est précisément de poursuivre, ses pouvoirs doivent nécessairement embrasser tout ce qui peut conduire à ce but ; d'où il suit qu'il a quelquefois le droit de faire, sans pouvoir spécial, ce qui excéderait la capacité d'un mandataire ordinaire n'ayant que des pouvoirs généraux, et que, suivant chaque espèce de société et aussi suivant l'objet particulier à chacune d'elles, ces pouvoirs peuvent se trouver être plus ou moins étendus.

Mais quels sont exactement ces pouvoirs? — C'est ce que nous allons rechercher, compte tenu de ce qui vient d'être dit.

859. — D'une façon générale, le gérant a le droit de faire tous les actes « d'administration » que comportent les opérations commerciales. Ainsi, il peut notamment toucher les créances et factures,

en donner quittances; tirer, endosser, renouveler tous effets de commerce et lettres de change, ainsi que tous chèques, lettres de voitures, connaissements, etc...; accepter toutes lettres de change tirées sur la société; poursuivre les débiteurs en justice; régler tous comptes; faire des baux d'une durée n'excédant pas neuf ans [1], engager et révoquer tous employés, contracter tous abonnements avec toutes compagnies et administrations publiques ou privées, toutes polices d'assurances, faire tous dépôts en banques, y retirer tous fonds.

Il peut encore payer toutes les sommes dont la société est débitrice, agir en justice, aussi bien en demandant qu'en défendant [2], donner mainlevées de toutes oppositions et saisies, faire faire aux bâtiments, au matériel et à l'outillage sociaux toutes réparations présentant un caractère d'utilité, engager et congédier tous employés et ouvriers, etc..., etc...

On va voir d'ailleurs de façon plus complète dans un instant les actes permis au gérant.

Par contre, les actes de « disposition » lui sont interdits, en l'absence de pouvoir spécial de ses coassociés. C'est ainsi qu'il ne peut ni vendre, ni faire de donation, ni hypothéquer, etc...

860. — Afin de fixer les intéressés en cette matière, car l'expression « pouvoirs d'administration » est assez élastique et il est, dans certains cas, malaisé de déterminer exactement où s'arrête exactement l'acte « d'administration », il va être examiné, sous les numéros qui suivent les différents actes en présence desquels le gérant peut se trouver durant le cours de la vie sociale.

861. — *Aliénation.* — L'aliénation peut rentrer dans les pouvoirs du gérant, lorsqu'elle est conforme au but de la société.

Mais cette faculté d'aliéner est limitée aux ventes qui sont le but même de la société, c'est-à-dire aux objets du commerce ou aux produits de l'usine pour l'exploitation desquels la société a été constituée [3]. A cet égard, il a pleine qualité pour passer tous marchés avec les clients [4].

---

1. V. infrà, n° 874.
2. V. infrà, n°ˢ 884 et suiv.
3. Ainsi, si la société avait pour objet de spéculer sur l'achat et la revente d'immeubles, le gérant aurait évidemment de plein droit le pouvoir de vendre les immeubles formant la matière des opérations commerciales.
4. On observera, au sujet des marchés que le gérant peut être appelé à passer

Par contre, le gérant ne pourrait pas vendre ni le fonds de commerce, ni l'usine, non plus que les meubles qui sont dans l'entreprise, pour y rester, tels que : métiers, ustensiles de commerce, chaudières, appareils, etc...

862. — Lorsqu'il s'agit de vendre soit le fonds de commerce, soit une marque, soit un immeuble appartenant à la société, le gérant doit obtenir le consentement préalable et expresse de tous les associés, car c'est là non un acte d'administration, mais un acte de disposition.

863. — Dans le cas où le gérant aurait, sans le consentement unanime des associés, vendu l'immeuble affecté aux opérations de la société, la vente ainsi faite serait nulle, non seulement à l'égard des associés, mais aussi vis-à-vis de l'acquéreur, car celui-ci devait s'assurer de la régularité et de l'étendue des pouvoirs de son vendeur

864. — *Achats.* — De même qu'il peut avoir le droit de vendre (n° 861), le gérant peut avoir aussi le droit d'acheter. Mais, de même que pour le droit de vendre, cette faculté d'acheter ne peut s'appliquer qu'à ce qui est nécessaire pour atteindre à l'objet de la société, matières premières, marchandises et approvisionnements nécessaires aux besoins de cette dernière.

Il a donc qualité pour passer tous marchés avec les fournisseurs de la société. Voir à cet égard note 2 du n° 861.

C'est ainsi, par exemple, qu'un gérant exploitant un établissement industriel, au nom de sa société, a non seulement qualité pour acheter les matières premières et les revendre fabriquées, mais aussi pour les revendre avant d'avoir été employées, si leur qualité n'est pas bonne.

865. — *Emprunts.* — Est valable, aussi bien la clause qui permet au gérant d'emprunter au nom et pour le compte de la société, que celle qui le lui interdit.

866. — Mais que décider, lorsque les statuts sont muets sur ce point ?

---

avec des clients de la société, aussi bien d'ailleurs qu'avec les fournisseurs, qu'en principe ces marchés ne doivent pas être conclus pour une durée supérieure à celle de la société.

Les avis sont partagés. Nous estimons que lorsque les statuts ne confèrent au gérant que les pouvoirs généraux ordinaires d'administration, sans aucune mention particulière relativement aux emprunts, le gérant ne peut valablement emprunter au nom de la société, et engager celle-ci, sans l'autorisation préalable de tous les associés ; à moins qu'il ne s'agisse d'emprunts modiques rentrant en quelque sorte dans les pouvoirs d'administration, exclusivement faits pour les besoins et la bonne marche de la société.

Par contre, lorsque les statuts donnent au gérant les pouvoirs « les plus étendus » pour traiter au nom de la société et « faire dans l'intérêt de celle-ci, tout ce qui lui paraîtra utile et nécessaire et tout ce que les circonstances exigeront », on ne se trouve plus alors en présence de simples pouvoirs d'administration, et ces pouvoirs généraux emportent incontestablement pour le gérant à notre avis, le pouvoir d'emprunter.

Voyez, à l'appui de notre opinion, un arrêt de la Cour de cassation du 23 novembre 1905.(Pand. français, 1906, I, 37).

867. — *Hypothèques.* — A défaut de pouvoir spécial — soit dans les statuts, soit dans un acte postérieur — le gérant ne peut valablement hypothéquer les immeubles de la société (Voir *suprà*, n° 857).

Mais il le peut, s'il réunit le consentement unanime des associés. Ainsi, jugé qu'avec ce consentement il peut hypothéquer les immeubles sociaux même en garantie d'une dette qui lui est personnelle (Paris, 11 décembre 1866, et sur pourvoi, Cassation, 27 janvier 1868, *Dalloz*, 67, 2, 165 et 69, 1, 410).

868. — Lorsque le pouvoir d'hypothéquer est contenu dans les statuts il est aussi valable si ceux-ci sont constatés par acte sous signatures privées que s'ils sont constatés par acte authentique (L. 1ᵉʳ août 1893).

Quant au consentement donné par acte postérieur, il doit être donné par acte authentique, de même que, bien entendu l'acte conférant hypothèque [1].

869. — Pour soutenir la validité de l'hypothèque qui lui a été consentie, le créancier hypothécaire ne serait pas recevable à prou-

---

1. Voy. art. 2127, C. civ.

ver que les capitaux qu'il a fournis ont tourné au profit de la société, et qu'ils sont entrés dans la caisse sociale.

Dans ce cas, il aurait seulement contre la société une action purement personnelle, l'action *de in rem verso*, ou de gestion d'affaires.

870. — *Gage.* — *Nantissement.* — Le gérant ne peut valablement, s'il n'a le consentement de tous les associés, donner en nantissement le fonds de commerce dont l'exploitation fait l'objet de la société (Paris, 18 juin 1907, *Journ. des Soc.* 1908, 458, *Rev. des Soc.* 1908, 286). Et, pour pouvoir le faire en vertu d'une clause statutaire lui donnant les pouvoirs d'aliéner et d'hypothéquer, il faut que cette clause ait été publiée.

De même, en matière de gage [1].

871. — *Recouvrements et paiements.* — Il rentre dans les pouvoirs normaux du gérant, car ce sont des actes de pure administration, de toucher toutes les sommes dues à la société, de payer toutes celles dont elle est débitrice ; de régler tous comptes ; de donner et retirer toutes quittances et décharges.

Mais il ne peut que comme conséquence d'un paiement seulement donner mainlevées de toutes inscriptions de privilège, d'hypothèque ou d'autres droits réels (Voir n° 887).

872. — *Donations entre vifs.* — Le don, autrement dit la libéralité gratuite, est interdit au gérant, s'il n'a pas l'autorisation préalable de tous les associés.

Mais, de simples gratifications accordées aux employés de la société sont généralement considérées comme rentrant dans les pouvoirs d'administration du gérant.

---

1. Jugé que lorsqu'un associé en nom collectif a consenti un gage au profit de banquiers, pour sûreté d'une dette — cette dette, dans l'espèce jugée, résultait d'avances faites à la société, — dont il est tenu en qualité d'associé au même titre que la société elle-même, ce gage ne peut pas être considéré comme constitué par un tiers, mais bien par le débiteur lui-même.

Que, conséquemment, en cas de mise en liquidation judiciaire de la société, — laquelle entraîne celle des associés en nom personnellement — l'article 542 du code de commerce (qui stipule que le créancier porteur d'engagements souscrits, endossés ou garantis solidairement par le failli et d'autres coobligés qui sont en faillite, participe aux distributions dans toutes les masses, et y figure pour la valeur nominale de son titre, jusqu'à parfait paiement) ne peut recevoir d'application et que, par suite, les banquiers nantis ne peuvent produire que pour mémoire, tant à la liquidation personnelle de l'associé en nom collectif qui a fourni le gage, qu'à celle de la société (Trib. de Comm. Tourcoing, 17 novembre 1908, *Dalloz*, 1910, 2, 217).

873. — *Remise de dette.* — La remise de dette équivaut à une libéralité : le gérant ne peut valablement la consentir qu'avec le consentement des associés.

Mais on admet généralement que le gérant peut consentir une remise partielle de la dette dans un concordat amiable ou judiciaire.

874. — *Baux et locations.* — Le fait de donner à bail rentre dans les pouvoirs ordinaires d'administration ; conséquemment, le gérant a qualité pour louer et affermer les immeubles de la société, à la condition que ce mode d'exploitation ne soit pas contraire à l'objet de la société.

Il ne peut pas louer pour une durée supérieure à neuf ans s'il n'est pas spécialement autorisé à le faire par tous les associés.

Si, non autorisé, il consentait un bail d'une durée supérieure à neuf ans, ce bail ne serait en cas de dissolution de la société obligatoire vis-à-vis de celle-ci que pour le temps qui reste à courir soit de la première période de neuf ans, si les parties s'y trouvent encore, soit de la seconde, et ainsi de suite, de manière que le locataire n'ait que le droit d'achever la période de neuf ans dans laquelle il se trouve [1].

875. — Inversement, le gérant a le droit de prendre à bail tels immeubles et objets qui sont nécessaires ou utiles aux besoins de la société.

Mais, ici encore, il ne peut prendre à bail pour une durée supérieure à neuf ans, — sous la même sanction que celle qui vient d'être dite sous le numéro précédent.

876. — *Louage d'ouvrage.* — Le gérant a pleine qualité pour engager, à son choix, les employés, représentants, courtiers, commis, ouvriers, etc., dont le concours est utile ou, à plus forte raison, nécessaire à la bonne marche de la société. Ce droit emporte nécessairement celui de fixer leurs traitements et salaires fixes ainsi que toutes commissions, remises ou participations qu'il juge utiles [2].

Il a également le droit de les révoquer, ainsi que, s'il est satisfait de leur service, de leur donner des gratifications (n° 872).

---

1. V. par analogie, art. 595, 1429 et 1718, C. civ.

2. A la condition, cependant, que ces participations conservent bien le caractère de « complément de salaires », et ne soient pas telles qu'elles affectent le caractère d'un « partage de bénéfices ».

877. — *Constructions et modifications aux immeubles et aux meubles.* — Alors même qu'il les jugerait profitables aux intérêts de la société, le gérant ne peut pas, sans le consentement préalable de tous ses co-associés, apporter des modifications aux immeubles non plus qu'aux meubles de la société ou faire des innovations sur eux.

Ainsi il ne peut pas plus ajouter des constructions à d'autres déjà existantes que construire sur un terrain nu.

Mais si, cependant, le but même de la société imposait des modifications aux immeubles, le gérant pourrait, de son chef, les faire apporter, cela va de soi.

878. — De même en ce qui concerne les meubles de la société. Sans le consentement de ces coassociés, le gérant ne peut en changer la nature ou la destination, à moins, évidemment, que ce ne soit, précisément pour satisfaire à l'objet même de la société.

C'est ainsi, par exemple, que si le matériel n'était plus en rapport avec l'état normal de l'industrie exploitée par la société et, mieux encore, s'il était hors d'usage, le gérant aurait le pouvoir de le remplacer. C'est là, en quelque sorte, un acte qui apparaît de pure administration puisque, en effet, il a pour but de permettre à la société de travailler dans les conditions les plus favorables et, partant, les plus fructueuses.

879. — On notera que si les constructions, modifications, etc., que le gérant n'avait pas le droit de faire faire sans autorisation, avaient été faites au vu et su de ses coassociés sans que ceux-ci aient élevé aucune opposition ou protestation, ils se trouveraient ainsi avoir donné une autorisation tacite au gérant qui leur enlèverait entièrement tout droit ultérieur de critique.

880. — En effet, en cas de travaux excédant les pouvoirs du gérant, les associés ont le droit de s'opposer à leur exécution tant qu'ils ne sont pas effectués.

881. — Si à leur insu, ces travaux ont été exécutés, il y a lieu de distinguer, suivant qu'ils sont utiles, qu'ils sont inutiles ou qu'ils sont nuisibles :

a) Ils sont utiles. — Dans ce cas, si leur prix est normal, il doit en être tenu compte au gérant jusqu'à concurrence de la plus-value; qu'ils ont fait acquérir à la chose ;

26

b). Ils sont inutiles. — En ce cas, il doit être permis au gérant d'enlever tout ce qui, sans détériorer le fonds, peut être enlevé;

c) Ils sont nuisibles. — Le gérant est tenu de les enlever et de faire remettre, à ses frais, les choses dans leur état primitif.

Et ceci sans préjudice des dommages-intérêts auxquels il peut être condamné à la demande de ses coassociés (*Jur. Gén. Dalloz*, SOCIÉTÉ, 471).

882. — *Réparations.* — En ce qui concerne les réparations tant aux immeubles qu'aux meubles, matériel, outillage, etc., de la société, le gérant a le pouvoir, — mieux, il a le devoir — de les faire effectuer en temps et lieu.

Et, non seulement s'il ne les faisait pas du tout, mais seulement s'il ne les faisait pas en temps utile ou insuffisamment, il serait personnellement responsable envers la société et pourrait être condamné à des dommages-intérêts envers elle. Son devoir strict étant, en effet, de maintenir constamment les immeubles, les meubles, le matériel et l'outillage sociaux dans un excellent état.

883. — **Transactions.** — **Compromis.** — Il faut au gérant, pour pouvoir transiger et compromettre au nom de la société, le consentement de tous les associés, à moins que la transaction ou le compromis ne porte sur des choses dont le gérant a la disposition, telles que les marchandises, par exemple.

884. — **Actions en justice.** — **Désistements.** — **Acquiescements.** — Le gérant a qualité pour, sans pouvoir spécial, poursuivre en justice les débiteurs de la société et pour intenter les actions *personnelles ou mobilières* [1] ainsi que les actions possessoires [2].

Mais pour les actions immobilières [3], le consentement préalable de tous les associés lui est indispensable. De même pour s'en désister.

---

1. Par « action », il faut entendre l'exercice d'un droit, en d'autres termes, la possibilité de faire valoir judiciairement ce droit.

On entend par action « personnelle » celle qui est basée sur un droit d'« obligation » (Art. 1184 et suiv. C. civ.) et qui ne peut être intentée que contre les débiteurs de l'obligation.

Une action est « mobilière » lorsqu'elle a pour objet un meuble et « immobilière » lorsqu'elle a un immeuble pour objet.

2. Les actions « possessoires » et « pétitoires » sont une subdivision des actions mobilières et immobilières.

L'action « possessoire » est l'exercice d'un droit de possession.

885. — En principe, ce consentement doit être exprès. Mais, le plus souvent, il peut n'être que tacite et résulter des circonstances, l'instance par exemple, ayant en lieu au vu et au su des associés qui ne l'ont pas désavouée.

Relativement à ces actions, il peut consentir tous désistements et accepter tous acquiescements emportant prorogation de délai de paiement.

886. — En ce qui concerne les actions qui sont intentées contre la société, le gérant ne peut y répondre sans le consentement de ses associés.

De même pour acquiescer au jugement ou à l'arrêt rendu contre la société.

887. — **Mainlevées d'hypothèque, de privilège et de nantissements.** — Le gérant n'a qualité pour consentir mainlevées d'hypothèques de privilège et de nantissements ou autres droits réels que lorsqu'elles sont la suite de paiements libératoires faits à la société.

A défaut de paiement, le gérant ne peut donner ces mainlevées sans l'autorisation des associés.

888. — **Mainlevées d'oppositions, de saisies.** — On reconnaît généralement aux gérants le pouvoir de consentir toutes mainlevées d'oppositions, saisies et autres empêchements.

889-1. — **Substitution.** — Jugé (Paris, 27 mars 1895) que le gérant peut mandater un tiers pour des opérations déterminées. Ainsi, il peut, pour ces opérations, se substituer soit un mandataire particulier, soit un fondé de pouvoirs (*Journ. des Soc.* 1895, 415). En ce cas, les actes faits par le mandataire ou le fondé de pouvoirs engagent la société.

L'action « pétitoire » est celle qui concerne le fond du droit.

La distinction du possessoire et du pétitoire intéresse seulement les matières immobilières.

Les trois actions possessoires sont :

1° La *complainte*, ou action qui compète au possesseur d'un immeuble dont la possession est troublée par un tiers ;

2° La *réintégrande*, ou action qui compète au possesseur injustement dépouillé de son bien ;

3° Et la *dénonciation de nouvel œuvre*, ou action qui compète au possesseur, lorsqu'il est menacé dans sa possession d'un trouble éventuel.

Mais il n'en serait pas de même si le gérant se substituait un tiers dans tous ses pouvoirs. Dans ce cas les actes faits par ce tiers n'engageraient pas la société, parce que la substitution dans la totalité de ses pouvoirs est interdite au gérant.

Jugé que l'association en participation contractée par le gérant avec une tierce personne, sous la signature sociale, dans le but de se livrer aux mêmes opérations que celles qui font l'objet de la société en nom collectif doit être annulée, s'il est établi que ce pacte violait les stipulations fondamentales de cette société, — et que, alors même que ces stipulations n'auraient pas été publiées, le tiers connaissait les restrictions qu'elles apportaient aux pouvoirs du gérant[1].

889-2. — Actes illicites. — Les actes illicites faits par le gérant n'engagent que lui (Rouen, 27 juillet 1892, sous Cassation, 13 mai 1896, *Dalloz*, 96, 1, 382).

La société y reste entièrement étrangère à moins que, ayant connu ces actes, elle les ait tolérés et *a fortiori*, approuvés (Cassation, 15 janvier 1872, *Sirey*, 72, 1, 102).

889-3. — Remboursement au gérant de ses débours. — Il va de soi que la société est tenue de rembourser au gérant toutes les sommes qu'il a été appelé à dépenser pour elle, dans l'exercice de sa fonction.

Mais le gérant est tenu de faire la preuve des déboursés dont il réclame le remboursement (Cassation, 8 juin 1904, *Dalloz*, 1905, 1, 136). Voir *infrà* n° 921.

890. — Restriction et extension, par les statuts, des pouvoirs du ou des gérants. — Les statuts peuvent restreindre[2] ou étendre les pouvoirs légaux et conventionnels du gérant. Toutes modifications de ces derniers étant essentiellement dépendantes de la volonté des contractants, lesquels sont entièrement libres de fixer ces pouvoirs suivant ce qu'ils jugent le plus opportun, d'après les circonstances[3].

---

1. Cassation, 31 octobre 1887, *Dalloz*, 88, 1, 472.
2. V. *suprà*, n° 889, 2.
3. Sur la question de savoir quand ces restrictions sont opposables aux tiers, voir note du n° 915.

891. — C'est ainsi, notamment, qu'il peut être stipulé :

Qu'aucune opération à crédit ne pourra être faite par le gérant, lequel n'aura qualité que pour traiter exclusivement au comptant. Et que, par suite, pour les opérations à crédit l'autorisation unanime des associés sera nécessaire.

Que, pour tout achat de marchandises en stock excédant une somme fixée, le consentement de deux associés sera nécessaire.

Que le gérant ne pourra accepter de traites ou autres effets de commerce, au nom de la société que pour les achats de marchandises ou de matières premières.

Qu'il ne pourra contracter aucun emprunt supérieur à une somme de, ni signer aucun traité et passer aucun marché excédant cette somme, sans le consentement préalable de tous les associés ou d'un certain nombre d'entre eux, sous peine de nullité de l'engagement même à l'égard des tiers.

Que les traites et autres effets de commerce tirés au nom de la société ne seront valables qu'autant qu'ils seront signés soit par tous les associés soit par quelques-uns d'entre eux nommément désignés.

Mais on notera que, pour que ces restrictions soient valables à l'égard des tiers, les clauses qui les contiennent doivent être intégralement publiées (Cassation, 22 juin 1881, *Dalloz*, 82, 1, 183), — 5 novembre 1900, *Ibid.*, 1902, 1, 6, *Sirey*, 1900, 1, 127).

892. — **Le gérant peut traiter avec sa propre société.** — Le gérant peut, au même titre et de la même manière qu'un tiers, contracter avec sa propre société, à la condition que le contrat intervienne au grand jour et sans ambiguïté.

S'il est seul gérant, il ne pourra traiter qu'avec tous les associés, ou l'un d'eux spécialement désigné à cette fin.

S'il y a plusieurs gérants, il devra traiter avec un de ceux-ci.

Car il va de soi qu'il ne pourrait, sans s'exposer à de graves difficultés, traiter avec lui-même, agissant en sa double et incompatible qualité [1].

---

1. Le gérant peut-il exercer en dehors de ses fonctions, une industrie pour son compte personnel ? Oui, à la condition que la gestion de la société n'en souffre pas et, en outre, qu'il ne s'agisse pas d'une industrie ou d'un commerce similaire à celui qui fait l'objet de la société, car il pourrait y avoir concurrence déloyale de sa part et, en tous cas, il y aurait incompatibilité.

En prévision de cette éventualité, il est important de mentionner dans l'acte de nomination du gérant que celui-ci devra consacrer tout son temps et apporter tous ses soins aux affaires de la société et qu'il lui sera interdit de s'occuper directement

893. — **Pluralité de gérants.** — **Gestion.** — La société en nom collectif peut être administrée par plusieurs gérants associés (Voir n° 852).

Il en est ainsi : 1° lorsqu'aucun gérant n'a été nommé dans les statuts ; 2° Lorsque plusieurs gérants ont été statutairement désignés.

894. — Aucun gérant n'a été désigné. — En ce cas, et ainsi qu'on a vu sous le n° 854-1°, la loi considère que les associés se sont réciproquement donné le pouvoir d'administrer la société, et alors chacun d'eux peut valablement contracter au nom de celle-ci sans avoir à en référer au préalable à ses coassociés, à moins d'opposition de ces derniers avant que le contrat soit passé.

Pour le surplus, il y a lieu de se reporter à ce qui est dit sous le n° 854.

895. — Plusieurs gérants ont été désignés soit statutairement soit dans un acte postérieur. — Ici, trois cas sont à envisager :

1° *Leurs pouvoirs ont été délimités dans l'acte qui contient leur nomination.* — Dans ce cas, chacun d'eux doit strictement se renfermer dans les limites des pouvoirs qui lui ont été conférés.

Tout acte fait par lui en dehors de ces pouvoirs et sans le consentement préalable de tous les associés serait sans valeur au regard de la société.

2° *Leurs pouvoirs individuels ne sont pas déterminés dans l'acte de nomination.* — Ils peuvent faire séparément tous les actes d'administration.

A moins que l'acte de nomination ne stipule que l'un ne pourrait agir sans l'autre, auquel cas, un gérant ne peut valablement contracter sans le concours de tous les autres gérants, — ou faire l'un des actes spécifiés si ce concours n'avait été imposé que pour certains actes seulement.

3° *Aucun pouvoir n'a été personnellement conféré à chacun des gérants.* — Chacun d'eux a alors le pouvoir de contracter seul au nom de la société, sauf opposition de la part des autres gérants. (Voir n°° 852 et 854-1°).

Voir aussi *infrà* n° 898.

_____

ou indirectement d'opérations semblables à celles qui font l'objet de la société, et de s'intéresser directement ou indirectement ou par personnes interposées, à de telles opérations.

896. — *Comment peut se faire l'opposition.* — Aucune forme particulière n'est imposée à l'associé qui entend s'opposer à la réalisation d'un acte que se propose de faire le gérant.

Par suite, elle peut aussi bien résulter d'une simple lettre recommandée adressée au gérant ou à l'associé qui veut agir, que d'un exploit d'huissier [1].

Elle peut même résulter d'un fait impliquant une volonté contraire.

897. — La seule chose qui soit exigée est que l'opposition soit faite *avant* que l'acte ne soit accompli.

En effet, si les cogérants — ou les associés — avaient laissé accomplir l'acte sans s'y opposer, ils seraient considérés comme l'ayant tacitement approuvé et leur réclamation serait irrecevable comme tardive, — à moins, cependant, que la passation de cet acte ait été précédée ou accompagnée de manœuvres dolosives de la part du gérant à leur égard. Auquel cas ils seraient admis à attaquer l'acte intervenu [2].

898. — Remarque pour le cas d'urgence. — Quelques auteurs estiment que les règles résumées sous le n° 895 peuvent cependant recevoir exception, en cas d'urgence.

C'est également notre avis. Car il nous semble de pure logique d'admettre que si un des gérants fait, en dehors des pouvoirs qui lui ont été conférés, et sans le concours de ses cogérants ou leur assentiment, un acte nécessité par un événement imprévu et exigeant une solution immédiate, il serait difficile d'incriminer et le gérant et cet acte, si ce dernier a été évidemment fait dans l'intérêt de la société, pour la sauvegarde d'un de ses droits ou pour la conservation d'un bien lui appartenant.

899. — **Désaccord entre les gérants.** — Dans le cas de pluralité de gérants ayant mêmes pouvoirs, si les gérants sont en désaccord relativement à un acte à accomplir, et d'une manière générale sur toutes questions relatives à l'administration de la société, le différend est tranché par la majorité des gérants ; en cas

---

1. Cette dernière forme est manifestement la plus probante.
2. Sans préjudice des dommages-intérêts, auxquels le gérant, auteur du dol pourrait être condamné, envers eux.

de partage de voix, le différend est tranché par la majorité des associés, votant *par tête* [1] (Rouen, 16 juillet 1880, *Journ. des Soc.* 1881, 102).

900. — Si, aucun gérant n'ayant été nommé, tous les associés gérant concurremment, il y avait désaccord entre eux, la question serait tranchée dans le sens de la volonté de la majorité des associés votant, ici encore, *par tête*.

901. — Enfin, à défaut de majorité par suite de partage des voix, l'acte envisagé ne pourrait être accompli que suivant l'indication donnée par le tribunal, auquel le différend serait alors soumis. C'est là un cas qui, dans la pratique se présente rarement.

902. — On notera que la répétition de tels désaccords — dont la fréquence léserait gravement les intérêts de la société — pourrait constituer une cause légitime de dissolution de celle-ci.

903. — De même, la répétition d'oppositions mal fondées, aux actes envisagés par le ou les gérants, pourrait entraîner la dissolution judiciaire de la société.

904. — Si l'opposant n'agissait que par mauvaise foi, malveillance ou par simple esprit de contradiction, il pourrait être condamné à des dommages-intérêts.

905. — Enfin, on notera que c'est seulement lorsqu'il s'agit de mesures d' « administration » que les pouvoirs de la majorité s'exercent. Car lorsqu'il s'agit d'actes de « disposition » ou de dérogations aux statuts le consentement de tous les associés sans exception est indispensable, l'opposition d'un seul suffisant à les empêcher.

906. — **Lorsque le gérant agit dans la limite de ses pouvoirs, aucune opposition ne peut entraver son action.** — Quand le gérant nommé par les statuts agit dans les limites des

---

1. Chaque associé n'ayant qu'une seule voix quelque infime que soit son apport et non pas un nombre de voix proportionné au montant de sa mise. Ce qui s'explique, si l'on songe qu'ici chacun étant engagé *in infinitum*, autrement dit sur toute sa fortune personnelle, doit, devant cette égalité dans les risques, venir à égalité dans les décisions à prendre.

pouvoirs qui lui ont été conférés, il peut faire tous les actes renfermés dans ces limites, malgré l'opposition d'un ou de plusieurs des associés, mais à la condition, toutefois, que ces actes soient faits sans fraude, ou qu'il n'y ait pas « faute lourde » de la part du gérant (Voir n° 950).

907. — Par contre, en dehors du cas de fraude ou de faute lourde du gérant, les associés non gérants auraient le droit de s'opposer à l'acte que se propose de faire le gérant, alors même que cet acte rentrerait dans ses pouvoirs, s'ils l'estimaient inutile et, à plus forte raison, dangereux pour les intérêts de la société.

Si les associés n'étaient pas d'accord sur l'opportunité de l'opposition, ce serait l'avis de la majorité qui prévaudrait.

Mais on notera que ceci ne s'applique exclusivement qu'au cas où il s'agit d'un gérant nommé postérieurement aux statuts. Aussi bien, l'opposition ne pouvant être faite, en cas de gérant statutaire que dans les limites dites sous le numéro précédent.

Ainsi, jugé que si, lorsque la situation personnelle du gérant vient à se modifier de manière à faire craindre une gestion moins conforme aux intérêts sociaux, les cointéressés peuvent être autorisés à exercer sur ses actes un contrôle plus étroit, ce contrôle ne saurait toutefois présenter un caractère vexatoire ni paralyser son administration ; et que toutes mesures susceptibles de transformer la surveillance nouvelle en cogérance doit être écartée. (Chambéry, 2 mai 1894, *Dalloz*, 97, 2, 149).

908-1. — Jugé que la clause des statuts interdisant l'apposition des scellés sur les meubles, livres et registres de la société ne fait pas obstacle à ce que, à la demande d'un intéressé qui accuse le gérant de fraude, de faute ou simplement de négligence, les tribunaux ordonnent telle mesure susceptible d'empêcher la dilapidation de tout ou partie de l'actif de la société (Cassation, 23 janvier 1866, *Dalloz*, 66, 2, 28).

908-2. — **Effets des engagements contractés par le gérant.**
— Lorsque le gérant a régulièrement contracté au nom de la société, autrement dit lorsqu'il a signé de la signature sociale (n° 812) et déclaré s'engager au nom de la société, c'est exactement comme si la société avait agi, elle-même, comme si elle s'était engagée elle-même.

Par suite, tous les engagements pris par le gérant dans ces conditions, sont des engagements propres à la société même, laquelle est tenue de les exécuter intégralement envers ceux qui ont contracté avec son représentant.

Jugé que lorsqu'une clause des statuts d'une société en nom collectif stipule que « l'un des associés ne peut engager la société « que pour une somme au plus égale à une somme de... » déterminée, il y a lieu de décider, encore que l'engagement contracté avec cette société excède la somme préfixée, que la société est néanmoins tenue pour l'intégralité de l'engagement, ce, alors que, avant de signer celui-ci, l'associé non signataire a été consulté, qu'il a profité du marché, et qu'il se trouve ainsi avoir ratifié cet engagement ; que, conséquemment, l'associé non signataire n'est pas recevable à se prévaloir de la clause statutaire laquelle règle, non les rapports de la société avec les tiers, mais les rapports des associés entre eux et, par suite, n'est pas opposable aux tiers. (Cassation, 7 juillet 1920, *Gaz. des Trib.*, 31 juillet 1920).

Voir, pour le cas d'abus de la signature sociale, ce qui est dit *infrà*, n° 918.

909. — Durée des fonctions des gérants. — Quand les statuts fixent la durée des fonctions des gérants, aucune difficulté : les pouvoirs des gérants expirent au jour prévu.

A ce moment, il est pourvu à l'administration de la société dans les conditions prévues aux statuts ; à défaut de stipulations contraires à cet égard, la société est alors gérée, à partir de ce moment, par tous les associés, de la manière dite *suprà*, n° 854.

910. — A défaut de fixation de leur durée dans les statuts, les fonctions des gérants se poursuivent pendant toute l'existence de la société et ne prennent fin qu'avec celle-ci.

911. — Décès du gérant. — Conséquences quant à l'administration de la société. — En cas de décès du gérant statutairement nommé, la société serait dissoute si tous les associés ne pouvaient se mettre d'accord quant à la nomination d'un nouveau gérant.

912. — Si le gérant défunt avait été nommé non dans les statuts mais par un acte postérieur, les associés *à l'unanimité* également, devraient faire choix d'un nouveau gérant ; à défaut par eux de se mettre d'accord sur ce choix, la société serait alors gérée par tous les associés à partir du décès du gérant, et ce, de la manière dite plus haut sous le n° 854.

913. — **Démission du gérant.** — Le gérant peut-il démissionner ? — Il y a lieu de distinguer s'il s'agit, ou non, d'un gérant statutaire.

a) GÉRANT STATUTAIRE. — Pour que le gérant statutaire puisse démissionner, surtout s'il est associé lui-même, il faut qu'il ait des raisons sérieuses à invoquer, par exemple, sa faiblesse, son âge avancé (Cassation, 8 décembre 1890, *Dalloz*, 91, 1, 458). A défaut de quoi il ne peut résigner ses fonctions, sans s'exposer à des dommages-intérêts envers la société.

b) GÉRANT NON STATUTAIRE. — Le gérant nommé par un acte postérieur aux statuts [1] peut, lui, démissionner quand bon lui semble et ce, en principe, sauf à encourir des dommages-intérêts envers la société en cas de démission intempestive et préjudiciable.

En effet, sa qualité équivaut à celle d'un « mandataire » : or on sait qu'un mandataire est toujours maître de résigner le mandat qui lui a été confié, à moins d'engagement contraire de sa part.

Toutefois, le démissionnaire devra faire en sorte que sa démission ne se produise pas à une époque ou dans des conditions qui préjudicieraient à la société car, en ce cas, il pourrait être condamné à des dommages-intérêts envers elle, en réparation du préjudice que son acte lui aurait causé.

914. — Dans le cas de démission d'un gérant statutaire il y aurait lieu, quant à la gestion postérieure de la société, de procéder comme il est dit sous le n° 909.

Et en cas de démission d'un gérant nommé au cours de la société ou d'un gérant non-associé, il y aurait lieu, pour la gestion postérieure à cette démission, de procéder de la manière dite sous le n° 912.

915. — **Signature sociale.** — Lorsque des gérants ont été nommés, c'est à eux qu'appartient exclusivement la « signature sociale ».

On sait que, lorsqu'un gérant contracte pour et au nom de la société qu'il représente, ce n'est pas sa propre signature qu'il appose sur le contrat, mais bien la raison sociale même, qui est la signature personnelle de la société : c'est la *signature sociale*.

---

1. De même que le gérant non-associé nommé dans les statuts.

A défaut de gérants désignés, chacun des associés (Voir n° 854) a la signature sociale.

Il est, dans la pratique, assez fréquemment apporté certaines restrictions aux droits de la signature sociale : on en trouvera quelques exemples *infrà* n° 891 [1],

916. — Si la formule qui rattache à la société les actes du gérant est nécessaire, elle n'est cependant pas sacramentelle, et quand le titre porte en lui la preuve que la convention se réfère à la société, l'omission de la raison sociale n'est pas suffisante pour retirer à l'engagement émané d'un seul des associés, le caractère et les effets d'un engagement social.

En effet, signer de la raison sociale ou exprimer dans l'acte qu'on traite pour une société portant *telle* raison de commerce, est exactement la même chose. Et c'est ainsi que de vieux arrêts ont décidé que la société se trouvait engagée quand le souscripteur avait agi comme membre ou comme gérant de la société et exprimé qu'il traitait pour la société, ou s'il avait conclu un marché pour la réparation d'un immeuble social.

917. — REMARQUE D'INTÉRÊT PRATIQUE. — Une excellente pratique, qu'on ne saurait trop conseiller d'observer, est d'adresser dès la constitution de toute société en nom collectif, à toutes les maisons avec lesquelles la société est appelée à traiter, une lettre d'avis contenant la reproduction exacte de la signature sociale et l'indication du ou des gérants de la société.

Ceci, du moins, quand l'acte du gérant lui a été préjudiciable, car, en effet, ce recours serait irrecevable s'il était établi que l'acte signé sans droits par le gérant a tourné au profit de la société.

Par ce moyen, tous ceux qui auront à traiter avec celle-ci connaîtront par avance la signature exacte qui l'engagera, ainsi que ceux qui ont qualité pour traiter en son nom, ce qui sera pour eux un contrôle et une sécurité.

Le soin de l'envoi de ces lettres d'avis incombe aux gérants.

---

1. Ces restrictions sont-elles opposables aux tiers ?

Oui lorsqu'il est statutairement stipulé qu'elles le seraient, — et que, bien entendu, cette stipulation a été publiée. (*Not.* Cassation, 5 novembre 1900, *Dalloz*, 1902, 1, 6, *Sirey*, 1900, 1, 127).

Non, lorsqu'il n'a pas été expressément stipulé dans les statuts que ces restrictions seraient opposables aux tiers.

918. — **Abus de la signature sociale.** — La signature sociale apposée par le gérant a pour effet d'engager la société, même si le gérant en fait usage en dehors des pouvoirs qui lui ont été conférés (ou de ses pouvoirs légaux, à défaut d'énumération expresse) ou dans son intérêt propre et personnel (*Not.* Cassation, 26 janvier 1903, *Sirey*, 1903, 1, 328, Bordeaux, 22 janvier 1906, *Journ. des Soc.* 1906, 315). En effet, les créanciers de la société, qui ne sont pas en faute, ne sauraient souffrir de l'acte commis par le gérant ; vis-à-vis d'eux la société répond des actes de celui-ci.

Mais il va de soi qu'en cas d'abus par le gérant de la signature sociale qui lui a été conférée, la société a un recours en indemnité contre le gérant.

919. — **Rémunération des gérants.** — En principe, les fonctions du gérant sont gratuites.

Mais, dans la pratique, le gérant est généralement rétribué, ce qui est rationnel, puisque c'est lui qui assume, en tout ou en partie, l'administration de la société et que ceci emporte nécessairement pour lui, du travail, du temps passé, des soins, des soucis et une responsabilité particulière. Et il semblerait difficile de tant demander à un homme sans lui fournir une compensation.

Cette compensation consiste en une rémunération dont les modalités sont très variables : tantôt il est uniquement attribué au gérant — en dehors de sa part dans les bénéfices, cela va de soi — un traitement fixe ; tantôt il lui est alloué tout à la fois un traitement fixe et une participation (tantième) soit sur le chiffre global d'affaires, soit sur le bénéfice brut, soit sur le bénéfice net ; soit sur le montant des bénéfices excédant un chiffre de bénéfices nets préfixées ; tantôt encore, il n'a droit à aucun traitement fixe, mais seulement à une participation calculée de l'une ou l'autre des mêmes manières ; tantôt enfin, il n'a ni traitement fixe ni tantième, mais seulement une part plus importante dans les bénéfices à distribuer.

Appointements et tantièmes qui, étant à la charge exclusive de la société, doivent être portés à son poste de frais généraux.

920. — Le montant de la rémunération au gérant et son mode de détermination, sont habituellement stipulés dans les statuts. C'est une mesure utile, qui évite toutes contestations fâcheuses à cet égard, dans la suite.

A défaut de convention expresse dans le pacte social, s'ensuivrait-il invariablement et incontestablement que la fonction du gérant serait gratuite ? — Non pas, car on ne pourrait, même en l'absence de convention portant que la gestion serait gratuite, déduire à coup sûr que les associés ont réellement et tacitement convenu de cette gratuité. En ce cas, la solution varie suivant les circonstances, et les tribunaux ont le pouvoir d'apprécier, quand les statuts sont muets sur ce point, si, dans l'espèce à eux soumise, le mandat donné au gérant est gratuit ou non, et, dans la négative, quelle doit être l'importance de sa rétribution.

921. — On sait qu'un mandataire ordinaire a le droit absolu de retenir les choses appartenant à son mandat jusqu'au complet remboursement de tout ce qui lui est dû par ce dernier, à raison de l'accomplissement régulier de son mandat.

Il n'en est pas de même pour le gérant ; il ne peut pas, s'il lui est dû quelque chose par la société à raison de sa gestion, retenir par devers lui, jusqu'à son complet désintéressement, quoi que ce soit appartenant à sa société. Son seul droit est de poursuivre celle-ci en paiement devant le tribunal compétent (Cassation, 29 novembre 1871, *Dalloz*, 71, 1, 209).

922. — **Révocation du ou des gérants.** — En matière de révocation du gérant, il y a lieu de considérer s'il s'agit d'un gérant statutaire ou bien s'il s'agit d'un gérant nommé au cours de la société.

923. — Gérant statutaire. — Lorsqu'il s'agit d'un gérant associé [1] nommé par les statuts, ce gérant ne peut être révoqué que pour des causes légitimes (Cassation, 8 mars 1892, Dalloz, 92, 1, 236).

Entendons spécialement par « causes légitimes » l'incapacité, l'infidélité, les malversations, l'administration défectueuse ou fautes répétées, etc...

924. — Il n'est pas nécessaire que la révocation soit demandée par tous les associés : la demande d'un seul suffit (Trib. Seine, 30 décembre 1898, *Journ. des Soc.* 1899, 524).

1. Voir nos 927 et 928.

925. — C'est aux tribunaux qu'il appartient d'apprécier sur la légitimité des causes de révocation ; et tout associé peut toujours, agissant seul et sans que le consentement de ses coassociés lui soit nécessaire, demander en justice la révocation du gérant. Mais on remarquera que s'il introduit une telle demande sans motif légitime, ou contre l'agrément de ses coassociés, il s'expose à être condamné à des dommages-intérêts en raison du préjudice résultant de son action inconsidérément engagée.

926. — Le gérant qui a été révoqué pour un ou plusieurs motifs légitimes est passible de dommages-intérêts envers la société.

927. — Gérant nommé postérieurement aux statuts. — Quant au gérant nommé au cours de la société, il ne profite que d'un mandat ordinaire, lequel est essentiellement révocable à la seule volonté des mandants, en l'espèce des associés.

En conséquence, le gérant nommé dans un acte postérieur aux statuts, est révocable *ad nutum*, à moins de stipulations contraires dans l'acte de nomination (Paris, 31 décembre 1901, *Journ. des Soc.* 1902, 220).

928. — Il en est exactement de même pour le gérant statutaire non associé.

929. — Ici la révocation n'a pas à être prononcée par le tribunal, mais elle doit être prononcée à la majorité des associés, la demande d'un seul ne serait pas suffisante (Paris, 31 décembre 1901, préc.).

930. — La société est-elle dissoute en cas de révocation du gérant ? — D'après la doctrine, en cas de révocation d'un gérant statutaire, la société est dissoute [1].

Elle ne l'est pas en cas de révocation d'un gérant nommé en cours de société ; un nouveau gérant doit, dans ce cas, être nommé par tous les associés ; à défaut de quoi, la société serait gérée dans les conditions dites au 1° du n° 854.

931. — Remarque. — Jugé qu'en cas d'urgence, les associés peuvent introduire un référé devant le président du tribunal pour de-

---

1. Il n'apparaît pas que la jurisprudence soit dans le même sens. Voy. Cassation, 9 mai 1860, *Dalloz*, 60, 1, 279, et Paris, 28 février 1850, *Ibid.*, 50, 2, 204).

mander la nomination d'un séquestre et l'expulsion du gérant *manu militari* (Paris, 6 janvier 1866, *Dalloz*, 66, 2, 25).

Mais il va de soi que cette exécution ne peut être faite que dans des cas très graves et présentant un caractère d'urgence absolue.

932. — PUBLICATION DE LA RÉVOCATION DU GÉRANT. — Aux termes de l'article 2005 du code civil, « la révocation notifiée au seul man-« dataire ne peut être opposée aux tiers qui ont traité dans l'igno-« rance de cette révocation, sauf au mandant son recours contre le « mandataire ».

Afin de rendre la révocation opposable aux tiers susceptibles de traiter avec le gérant, il y a lieu de la publier absolument de la même manière qu'on a publié les statuts ou l'acte de nomination lui-même.

933. — Responsabilité du gérant. — Le gérant est le mandataire de la société ; d'où cette conséquence que sa responsabilité est celle du droit commun en matière de mandat.

Pour apprécier exactement la responsabilité du gérant, il y a lieu de le considérer successivement d'abord dans ses rapports avec les associés, ensuite dans ses rapports avec les tiers.

934. — RESPONSABILITÉ DU GÉRANT DANS SES RAPPORTS AVEC LES ASSOCIÉS. — Vis-à-vis de ses associés, le gérant répond non seulement de son dol, mais aussi des fautes qu'il commet dans l'exercice de sa gestion.

Cette responsabilité s'applique moins rigoureusement au gérant dont le mandat est gratuit qu'à celui dont le mandat est salarié ; pour ce dernier, la faute même légère engage sa responsabilité.

935. — En tous cas, il faut qu'il y ait « faute » ; sans faute, pas de responsabilité engagée. C'est ainsi qu'il ne serait pas suffisant qu'une affaire ait tourné désavantageusement pour la société, si, du moins, le gérant n'a rien fait pour aider à ce résultat.

936. — Non seulement le gérant est responsable de ses propres fautes, mais il l'est encore de celles et, à plus forte raison, des abus commis par ses subordonnés lorsqu'ils résultent du défaut ou d'une insuffisance de surveillance de sa part (Lyon, 5 février 1898, *Journ. des Soc.* 1898, 508).

937. — Pour les fautes commises par lui et celles commises par ses subordonnés, qu'il est tenu de surveiller et dont il est responsable, le gérant peut être condamné à des dommages-intérêts envers la société (*Not.* Lyon, 3 décembre 1857, *Dalloz*, 59, 2, 171 — Cassation, 28 mai 1889, *Ibid.*, 90, 1, 414).

938. — A noter qu'aucune compensation ne peut s'opérer entre les dommages-intérêts dont il peut être débiteur envers la société et les avantages qu'il a pu procurer à celle-ci, notamment par son industrie.

Mais si, dans une même affaire la société a eu tout à la fois des gains et des pertes, il y a lieu d'apprécier l'ensemble et de défalquer les pertes des profits [1].

939. — C'est aux tribunaux qu'il appartient d'apprécier, d'après les circonstances, l'étendue de la responsabilité du gérant.

A cet égard, leur pouvoir est discrétionnaire (Cassation, 18 décembre 1867 *Dalloz*, 67, 1, 474).

940. — Jugé que l'action en responsabilité et, par suite, en dommages-intérêts contre le gérant est ouverte à chacun des associés dans la limite de son intérêt personnel (Cassation, 9 juin 1874, *Dalloz*, 76, 1, 387). Ce qui n'exclut pas évidemment, l'action collective des associés.

941. — Quant au gérant, associé ou non, statutaire ou pas, qui détournerait à son profit une partie de l'actif social, son acte serait un abus de confiance qui le ferait tomber sous le coup de l'article 408 du code pénal.

942. — *Responsabilité en cas de pluralité de gérants.* — Il n'y a pas de solidarité entre les divers gérants auxquels a été confiée l'administration de la société : chacun n'est responsable que des fautes qu'il a personnellement commises, sauf dans le cas de « faute commune ».

943. — RESPONSABILITÉ DU GÉRANT DANS SES RAPPORTS AVEC LES TIERS. — Le gérant qui a contracté dans la limite des pouvoirs qui lui ont été conférés (ou des pouvoirs qu'il tient de la loi, si aucune

1. Houpin et Bosvieux, p. 256, n° 2, *op. et loc. cit.*

spécification n'a été faite dans son acte de nomination) a contracté au nom et pour le compte exclusif de la société *nomine sociali*. Autrement dit, l'engagement émané de lui est réputé l'ouvrage de la société même.

Conséquemment, il n'est pas personnellement tenu, en sa qualité de gérant, des engagements qu'il a contractés : s'il est associé, il n'en est tenu qu'à ce titre et seulement pour sa part (*Not.* Cassation 18 juin 1872, *Dalloz*, 72, 1, 268) ; s'il est gérant non associé, il n'en est aucunement tenu.

944. — Par contre, si le gérant contractait en son propre nom sans indiquer au tiers envers lequel il s'oblige en quelle qualité il traite, il serait personnellement et entièrement tenu de l'engagement qu'il aurait pris ainsi (*Not.* Cassation, 16 novembre 1870, *Dalloz*, 70, 1, 350).

945. — Il en serait de même si, bien qu'ayant indiqué qu'il s'obligeait en qualité de gérant de la société et bien qu'ayant signé de la signature sociale, il avait, en contractant, dépassé les limites de ses pouvoirs.

946. — Mais, dans ces deux cas, si l'engagement pris avait tourné au profit de la société, le gérant aurait un recours contre les associés chacun pour leur part (Voy. Cassation, 7 juillet 1868, *Dalloz*, 69, 1, 319).

947. — Responsabilité du gérant envers les créanciers de la société. — Indépendamment de la responsabilité encourue par le gérant vis-à-vis des associés, celui-ci est encore responsable envers les créanciers sociaux du préjudice qu'il leur cause de par sa gestion défectueuse ou dolosive.

948. — Prescription de l'action en responsabilité du gérant. — Les actions civiles en responsabilité contre les gérants se prescrivent par trente ans.

949. — Abus de confiance. — Prescription. — Le gérant, statutaire ou non, qui détourne et s'approprie des choses de la société, commet comme tout mandataire infidèle un abus de confiance (Voy. n° 988) [1].

---

1. L'abus de confiance entraine les peines suivantes (art. 408, C, pén.) : deux mois

950. — Quant à l'action publique et à l'action civile en découlant, elle se prescrit par dix ans à compter du jour où le crime a été commis, s'il s'agit d'un crime emportant peine afflictive ou infamante, — et par trois ans, s'il s'agit d'un délit relevant de la juridiction correctionnelle. (Art. 637 et 638 C. d'inst. crim). Le tout si, dans l'intervalle, il n'a été fait aucun acte d'instruction ou de poursuite.

951. — **Droit des associés non gérants.** — Les associés non gérants ont, nous le savons (n°s 906 et 907) le droit de, dans certains cas, s'opposer à certains actes du gérant.

L'intervention d'un ou de plusieurs associés non gérants peut avoir valablement lieu, lorsque le gérant néglige de faire un acte qui semble nécessaire à l'intérêt de la société.

952. — Mais là se bornent leurs droits. En effet, dès lors qu'il a été nommé un ou plusieurs gérants, aucun des associés non gérants ne peut s'immiscer dans l'administration de la société. Et cela sans qu'il y ait de distinction à faire entre les cas où il s'agit d'un gérant statutaire, d'un gérant non-statutaire ou d'un gérant étranger.

D'où la conséquence qu'on va lire.

953. — La raison sociale, comme on sait, a un double objet : elle personnifie la société et elle est en même temps l'expression figurée du mandat que les associés ont donné. Elle ne peut donc être valablement employée que par celui ou par ceux qui en ont reçu le droit.

Par suite, l'associé non gérant ne peut, quand l'acte de société a été régulièrement publié, engager la société. De quelque nom qu'il signe les engagements qu'il contracte, la société n'en est pas tenue, pas plus que si l'acte émanait d'un tiers totalement étranger à la société. Le créancier qui contracte avec un associé sans vérifier la capacité de celui-ci et qui en reçoit un titre souscrit de la raison sociale, n'a aucune action contre la société.

Et c'est rationnel, car, en effet, il ne servirait à rien de publier le pacte social, les noms des gérants, leur nombre et les conditions de la gestion, en un mot d'avoir satisfait à toutes les conditions

d'emprisonnement et amende qui ne peut excéder le quart des restitutions et des dommages-intérêts qui sont dus aux parties lésées, ni être moindre de 25 francs.

La déchéance des droits civils et de famille peut même être prononcée pour cinq ans au moins et dix ans au plus.

légales, s'il suffisait pour rendre toutes ces mesures inapplicables,
qu'un ou plusieurs associés usurpassent les pouvoirs qui leur ont
été refusés et ont été précisément donnés à un autre ? C'est aux
tiers qui ne prennent pas de renseignements, suffisants, qui contractent à la légère, à supporter les conséquences de leur légèreté ;
ils ne sauraient prétendre rejeter sur la société les conséquences de
leur propre faute.

954. — Si un associé non gérant avait contracté un engagement
envers un tiers, non seulement ce tiers ne pourrait pas demander
l'exécution de cet engagement aux autres associés, mais l'associé
contractant après avoir satisfait à cet engagement ne pourrait pas
demander à la société de l'indemniser, — sauf ce qui va être dit.

955. — Il est cependant un cas où la règle cesse, d'après laquelle
un engagement contracté par un associé non gérant n'est pas opposable aux autres associés, c'est lorsque l'engagement a tourné au
profit de la société.

Ici, la société, en s'appliquant les résultats de l'opération irrégulière, est censée l'avoir ratifiée.

Toutefois, au lieu que cette ratification oblige la société, comme
la ratification d'un acte régulier, à toutes les conséquences de l'engagement contracté sans pouvoir, elle n'est tenue que jusqu'à concurrence du profit qu'elle en retire.

Un exemple : un associé non gérant a, de sa propre autorité
chargé un maçon de faire certaines réparations à un immeuble de
la société ; ces travaux s'élèvent à 30.000 francs, mais la plus-value
acquise par l'immeuble ne s'élève qu'à 20.000 francs ; la société ne
devra rien au delà de ces 20.000 francs, et le surplus restera à la
charge personnelle de l'associé.

Et nul ne peut se plaindre de cette solution. En effet : — l'associé ?
Il n'avait qu'à ne pas se mettre en faute en faisant ce que, régulièrement, il ne devait pas faire ; il est juste qu'il porte la peine de sa
faute. — Le créancier ? Il n'avait qu'à s'enquérir de la capacité de
l'associé avec lequel il traitait ; ne l'ayant pas fait, il est en faute,
lui aussi, et s'il éprouve un préjudice il ne peut en imputer que sa
propre légèreté.

Comment, dans ce cas, doit s'exercer l'action du tiers-créancier ?
Peut-il actionner directement la société ? ou peut-il actionner pour
le tout l'associé non gérant avec lequel il a traité ?

Il peut actionner directement la société ; mais il ne peut le faire — ainsi qu'il vient d'être dit, — qu'à concurrence du montant du profit qu'elle a tiré de l'opération. Et, évidemment, à charge par lui de fournir la preuve de l'importance réelle de ce profit.

Il peut actionner, pour le tout, c'est-à-dire pour le montant intégral de l'engagement, l'associé seul avec lequel il a contracté, sauf à ce dernier à, au moyen de l'action *de in rem verso*, obtenir contre la société une indemnité égale au profit qu'elle a tiré.

956. — On notera que si, cependant, l'opération s'était passée au vu et su des associés, sans que ceux-ci élèvent aucune protestation, leur silence équivaudrait alors à une approbation, et, dans ce cas, ils seraient alors engagés envers le tiers de la même manière que si eux-mêmes avaient signé le contrat.

957. — *Quitus* **donné aux gérants.** — Le gérant, lors de la cessation de ses fonctions par démission ou autrement, — ou sa succession s'il est décédé — doit exiger un *quitus* de tous ses coassociés.

En effet, il n'est (ou sa succession) entièrement et définitivement déchargé vis-à-vis de ces derniers que par le moyen de la remise de cette pièce.

Toutefois, il est bien évident que la décharge du gérant peut parfaitement n'être que tacite, et résulter des circonstances de fait ; elle peut résulter notamment d'une approbation d'arrêté de comptes, ou autre ; c'est ce qui se passe souvent, — à tort, car nous conseillons le *quitus* exprès qui, toujours, doit être exigé : c'est le moyen le plus certain d'éviter toutes difficultés ultérieures trop souvent possibles.

CHAPITRE IV

RAPPORTS DES ASSOCIÉS ENTRE EUX

958. — **Comment sont réglés les rapports des associés en nom collectif entre eux.** — Les rapports des associés en nom collectif entre eux sont réglés, en premier lieu, par le pacte social qui les lie et qui fait la loi des parties.

Et en cas d'insuffisance ou d'obscurité ils sont réglés — la loi commerciale ne contenant aucune disposition à leur égard — par la loi civile.

959. — **Action de l'associé contre la société.** — Chaque associé en nom collectif a action contre la société, non seulement à raison des sommes qu'il a déboursées pour elle, mais aussi à raison des obligations qu'il a contractées de bonne foi pour les affaires de la société, et des risques inséparables de sa gestion (Art. 1852, C. civ.).

960. — Les déboursés qu'un associé peut faire pour sa société sont nombreux. A citer notamment : les frais de voyages, les frais d'expéditions de sommes d'argent, de marchandises, les sommes versées en compte courant dans la société, les frais d'octroi, de douane, les prêts réguliers faits par lui à la société, etc... etc...

961. — De même que les avances faites par la société aux associés, les avances faites par ceux-ci à la société sont productives d'intérêts. Et ce, non pas à partir du jour de la demande, mais à partir de celui où les avances ont été faites (Cassation, 26 mars 1901, *Dalloz*, 1901, 1, 384).

962. — Si, dans la limite de ses pouvoirs, et de bonne foi, un associé a contracté des obligations pour les affaires de la société, celle-ci doit lui en tenir compte ; à défaut, cet associé a une action contre elle.

Ainsi, par exemple, si, en vue d'une opération avantageuse pour la société, un associé contractait, en son nom personnel, un emprunt, la société serait tenue de lui fournir les moyens de désintéresser le prêteur. Et cela, alors même que l'opération n'aurait pas été profitable à la société.

963. — **Paiement d'une dette sociale par un associé.** — Les associés en nom collectif étant tenus solidairement au paiement des dettes sociales, si l'un d'eux, sur les poursuites d'un créancier a acquitté l'intégralité d'une telle dette, il est tenu de diviser son recours contre ses coassociés, car il ne peut poursuivre un seul d'entre eux pour le remboursement de tout, conformément à la règle établie en matière de solidarité des débiteurs [1] (*Not.* Cassation, 8 juillet 1887, *Sirey*, 89, 1, 252).

964. — **Affranchissement d'un associé aux dettes sociales, au delà de sa mise.** — On sait qu'il est interdit aux associés en nom de limiter, à l'égard des tiers, leurs obligations aux dettes sociales, au montant de leurs apports. Cette clause étant contraire aux principes essentiels des sociétés de personnes où chacun des associés est tenu des engagements sociaux *in infinitum*, même sur ses biens personnels.

---

1. Le codébiteur d'une dette solidaire qui l'a payée en entier, ne peut répéter contre les autres que les parts et portions de chacun d'eux.

Si l'un d'eux se trouve insolvable, la perte qu'occasionne cette insolvabilité se répartit, par contribution, entre tous les autres codébiteurs solvables et celui qui a fait le paiement (Art. 1214, C. civ.).

Mais, entre les associés et quant à leurs rapports entre eux, la situation n'est plus la même. C'est ainsi qu'un associé peut valablement convenir avec ses coassociés qu'il ne sera tenu des dettes de la société que jusqu'à concurrence de son apport, ou jusqu'à concurrence d'une somme déterminée, inférieure même à son apport.

965. — Spécialement, l'associé qui n'apporte que son industrie peut très valablement stipuler qu'il sera dispensé de toute contribution aux dettes de la société dès l'instant qu'elles excéderont le capital social.

966. — Dans ce cas, si l'associé ainsi affranchi se trouvait poursuivi pour le tout par un créancier de la société — auquel cette convention demeurerait évidemment étrangère — cet associé aurait un recours contre ses coassociés, pour tout ce qui excéderait sa part contributoire telle qu'elle serait réduite d'après la convention en question, réglant les rapports des associés entre eux.

967. — **Contrats passés entre un associé et sa société.** — Rien ne s'oppose à ce qu'un associé contracte avec la société dont il fait partie, de la même manière que contracterait un tiers.

Dans ce cas il est bon de recommander que la convention soit rédigée aussi explicitement que possible et, ici encore, sans ambiguïté aucune.

Si l'associé qui traite avec la société est en même temps gérant, il devra observer ce que nous avons dit précédemment sous le n° 892.

968. — **Intérêts servis aux apports.** — En fait, les apports des associés étant rémunérés par les bénéfices, ils ne produisent pas d'intérêts, à moins de convention contraire.

Mais, dans la pratique — et le fait s'explique lorsque les mises des associés ne sont pas égales, ou lorsque de par la longueur des travaux d'installation et d'appropriation en vue de l'objet de la société, il est envisagé une certaine période improductive avant que la société puisse utilement fonctionner — dans la pratique, disonsnous, on convient généralement, dans les statuts mêmes, que les apports produiront des intérêts annuels déterminés, et que ces intérêts seront portés au poste des frais généraux de la société. Dans ce cas, ces intérêts constituent une charge de la société et sont servis aux associés alors même qu'il n'y aurait pas de bénéfices.

A défaut de cette convention spéciale, ces intérêts ne pourraient que s'imputer sur la part dans les bénéfices revenant à chacun des associés.

969. — **Un associé peut-il exercer pour lui-même une industrie semblable à celle qui fait l'objet de la société ?** — Les lois commerciales sont muettes sur ce point, comme sur beaucoup d'autres hélas ! et les avis sont partagés.

Nous estimons que l'associé qui a le droit, non seulement de vérifier les comptes de gestion, mais de prendre connaissance de la façon la plus complète des livres sociaux, ne saurait concurrencer la société, tout au moins sur une même place ou dans un certain rayon. Pour cette même raison et dans ces mêmes conditions, il ne saurait entrer dans une autre société ayant le même objet.

Permettre ceci serait ouvrir la porte à des agissements qui, à ne s'en tenir qu'à la concurrence déloyale, pourraient gravement compromettre les intérêts de la société.

970. — Aussi, afin d'éviter toutes difficultés sur ce point, doit-on insérer dans les statuts une clause stipulant — pareillement que pour le gérant (voir note du n° 892) — qu'aucun des associés ne pourra s'occuper directement ou indirectement, ou par personnes interposées, d'opérations industrielles ou commerciales semblables à celles qui font l'objet de la société, ni de s'y intéresser directement ou indirectement.

Jugé à cet égard que lorsqu'un article des statuts porte une telle interdiction, cette interdiction n'est faite qu'à l'associé en cette qualité et pour la durée de la société. (Douai, 20 février 1913, *Rec. Gaz. des Trib.*, 1913, 2, 397).

D'où il suit que, si l'on voulait que l'interdiction en question durât davantage, il y aurait lieu d'en fixer expressément la durée dans les statuts.

971. — En ce qui concerne l'apporteur d'industrie, la question ne se pose pas : il s'est engagé à consacrer son temps et son travail aux besoins de la société et cet engagement emporte implicitement interdiction de sa part de s'occuper dans une affaire similaire.

972. — **Prélèvements.** — **Associé mobilisé.** — **Traitement.** — En principe, les prélèvements effectués soit périodiquement, soit suivant les besoins, par un ou plusieurs des associés en nom collectif, doivent s'imputer sur la part de bénéfices revenant à chacun d'eux, en fin d'exercice ; d'où cette conséquence que la partie prélevée en trop devrait être restituée à la caisse sociale.

Mais le plus généralement ces prélèvements constituant des traitements fixes servis aux gérants en représentation, en rémunération du travail effectif qu'ils fournissent sont portés aux frais généraux conformément à une stipulation des statuts. Dans ce cas ils sont définitivement acquis aux bénéficiaires ; ils constituent une charge de la société et, par suite, figurent aux frais généraux de cette dernière [1].

L'associé qui est rémunéré par un traitement fixe porté au poste frais généraux n'a pas droit à ce traitement pendant tout le temps de sa mobilisation en raison de ce qu'il ne peut consacrer tout son temps et tous ses soins à la société pendant sa présence sous les drapeaux, comme le pacte social l'y obligeait. (Trib. de Comm. Seine, 25 avril 1916, *Journ. des Trib. de comm.*, 1918, 147).

973. — Inventaire. — Bilan. — Chaque année, à la clôture de l'exercice social, et à l'époque prévue aux statuts, un inventaire est dressé [2].

Cet inventaire, approuvé par les associés, sert de base à la confection du « bilan », lequel, résumant en chiffres les éléments actifs et passifs, détermine le chiffre du bénéfice net réalisé ; bénéfice qui sera à répartir entre les associés.

974. — Il arrive assez fréquemment que les parties conviennent dans les statuts, que passé un certain délai sans qu'aucune critique ait été élevée contre l'inventaire et, par suite, contre le bilan, cet inventaire ne pourra plus ensuite être attaqué pour quelque motif que ce soit.

Cette clause est valable, et son utilité est réelle. L'expérience nous a prouvé qu'elle est de bonne prudence, car si le délai statutairement fixé s'est écoulé sans réclamation, l'inventaire ne peut plus

---

1. V. *infrà* n° 981.

2. Il est certaines sociétés qui dressent plusieurs inventaires au cours d'un exercice annuel et à des époques préfixées aux statuts.

Ce mode peut, dans certains cas, présenter des avantages, mais, en règle générale, il n'en est dressé qu'un à la fin de l'exercice annuel.

Si besoin était, on pourrait stipuler que des « états de situation » seraient périodiquement (chaque trimestre ou semestre) remis aux associés.

être attaqué que dans le cas seulement où il contiendrait des erreurs purement matérielles, ce qui va de soi, auquel cas il serait bien entendu rectifié.

975. — Répartition des bénéfices et participation dans les pertes. — Le bénéfice net étant ainsi déterminé (n°ˢ 973 et 974) est alors réparti entre tous les associés, à chacun dans la proportion convenue aux statuts, ou, à défaut de convention à cet égard, à chacun dans la proportion de sa mise.

Voir à cet égard ce qui est dit sous les n°ˢ 144 et suivants.

976. — En ce qui concerne le cas où *la part* de chacun des associés dans les bénéfices n'a pas été fixée, voir *supra* n°ˢ 153 et suiv.

Et, eu égard à l'époque de répartition des bénéfices [1] se reporter à ce qui est dit sous les n°ˢ 151 et 156.

977. — Quant à la part contributive aux pertes, se reporter à ce qui a été dit *supra* n°ˢ 160 et suivants.

978. — Droit d'administration. — Lorsque aucun gérant n'a été désigné ni dans les statuts ni postérieurement, chaque associé a le droit d'administration (Voir n° 854).

Ces pouvoirs d'administration sont identiquement les mêmes que ceux qui appartiennent au gérant désigné, et qui ont été examinés sous les n°ˢ 855 et suivants.

Et, de même qu'en ce qui concerne le gérant (n° 908-2) les engagements contractés par un associé, ainsi qu'on vient de voir, engagent la société elle-même.

979. — Contribution aux dépenses nécessaires. — Ainsi qu'il a été dit *supra* n° 854, 3°, chacun des associés a le droit d'obliger ses coassociés à faire, avec lui, les dépenses qui sont « nécessaires » pour la conservation des choses qui appartiennent à la société.

980. — En cas de désaccord, au sujet de ces dépenses, entre les associés, la majorité peut les imposer ; et chacun des associés peut contraindre les autres.

Mais s'il s'agissait de dépenses seulement « utiles » et à plus

---

1. Pour le cas où cette époque n'aurait pas été expressément fixée.

forte raison somptuaires, — et non de dépenses *nécessaires* — comme par exemple celles qu'entraîneraient des travaux d'embellissements, d'agrandissements, l'unanimité des associés serait indispensable.

Il en serait de même si, des constructions ayant été détruites, il s'agissait de les reconstruire.

Il en serait de même encore, pour toute innovation sur les immeubles sociaux (Voy. n° 854, 4°).

981. — *Quid*, lorsqu'un associé emploie, à son usage personnel, des fonds de la société ? — L'associé est, de plein droit, et sans demande, débiteur des sommes « qu'il a prises dans la caisse « sociale, à compter du jour où il les en a tirées pour son profit « particulier... sans préjudice de plus amples dommages-intérêts, « s'il y a lieu ». (Art. 1846, C. civ.)

En d'autres termes, *de plein droit*, l'associé doit compte des intérêts des sommes par lui prises dans la caisse sociale, à compter du jour où il les en a retirées pour son usage personnel, et ce, même s'il n'a pas tiré personnellement un profit de ces sommes et même si la société n'a souffert d'aucun préjudice [1].

Jugé [2] que lorsque, par suite d'un inventaire inexact, l'associé qui a reçu une certaine somme et qui a ensuite été condamné, après rectification de cet inventaire erroné, à rapporter la somme en question à la société doit les intérêts de cette somme non pas à compter du jour de la condamnation, mais à compter du jour où elle est sortie de la caisse sociale.

Il n'est pas nécessaire de faire la preuve que les sommes tirées par un associé de la caisse sociale, ont été effectivement employées par celui-ci à son usage personnel, pour qu'il en doive les intérêts à compter du jour où elles sont sorties de la caisse de la société car, en l'occurrence, les associés sont toujours présumés avoir employé les sommes ainsi prises par eux, dans leur intérêt particulier.

Mais il est manifeste qu'il n'en serait plus de même, si les associés établissaient qu'ils ont employé ces sommes dans l'intérêt commun [3].

---

1. Baudry-Lac.-Wahl, n° 192, Houpin, 3° éd., tome I, n° 87.

Les associés sont réputés tirer de la caisse de la société non seulement les sommes qu'ils y prennent effectivement, mais aussi celles qu'ils ont reçues pour le compte de la société et qu'ils retiennent indûment par devers eux. (Baudry-Lac.-Wahl, n° 191, Houpin, *ibid.*, op. cit.

2. Cassation, 21 juillet 1884, *Dalloz*, 85, 1, 471.

3. *Jurisp. Gén. Dalloz*, Société, 532.

Tout ceci dit, pour les associés. Cette règles est-elle également applicable au « gérant » de la société ?

Nous estimons que oui, car son devoir est de ne laisser improductif aucun fonds de la société, sauf le fond de roulement nécessaire à la bonne marche des affaires sociales. Conséquemment, sur toutes sommes en excédent de ce fonds non immédiatement placées par le gérant, celui-ci doit l'intérêt à compter du jour où il les a encaissées [1].

On notera que les intérêts des sommes tirées de la caisse sociale sont dus jusqu'au jour de la liquidation [2].

Enfin si, par suite de l'emploi personnel qu'un associé a fait de fonds tirés de la société — ou appartenant à cette dernière — la société a subi un préjudice supérieur à l'intérêt légal dû par l'associé, celui-ci lui doit des dommages-intérêts complémentaires et ce, sans qu'une mise en demeure préalable soit nécessaire [3].

982. — Par analogie, les sommes dues par la société à un associé qui lui en a fait l'avance produisent-elles, de plein droit, des intérêts à compter du jour de l'avance ?

On admet généralement l'affirmative [4]. L'intérêt est dû non à compter du jour de la demande, mais à compter de celui de l'avance (Cassation, 26 mars 1901, *Dalloz*, 1901, 1, 384).

C'est ainsi que la part de bénéfices qu'un associé laisse dans la société — alors que son coassocié retire sa propre part — est productive d'intérêts [5].

983. — **Vérification des comptes de gestion.** — Chaque associé a le droit absolu de contrôler la gestion du gérant (voir n° 907) ainsi que l'exactitude des comptes de gestion fournis soit par le ou les gérants, soit par chacun des associés. Voy. *infrà* n° 987.

A cet effet, ils ont le droit strict de, à tout moment, exiger tous les renseignements les plus circonstanciés sur la marche des affaires

---

1. Houpin, 3° éd., t. 1, n° 87, *op. cit.*, Baudry-Lac.-Wahl, n° 190.
2. Houpin, *ibid.*, Baudry-Lac.-Wahl, *ibid.*
3. Houpin, *ibid.*, *op. cit.*, *Dalloz*, C. civ. ann., art. 1846, 40.
4. V. Cassation, 21 juillet 1884 préc.
5. Riom, 1er mars 1835, sous cassation, 25 mars 1839 (*Jurispr. Gén. Dalloz, Société*, 785, 788).

de la société, ce qui emporte nécessairement le droit de, à tout moment également, compulser les livres de comptabilité.

Et cela, qu'il y ait contestation ou non.

984. — Ils peuvent prendre communication des livres comptables soit en personne, soit par mandataire.

Conséquemment, chacun des associés a le droit de faire vérifier les livres de comptabilité de la société, par un tiers, notamment un expert-comptable spécialement accrédité par lui à cet effet (Seine, 1er décembre 1902, *Journ. des Soc.* 1902, 325).

Cependant, un associé en nom collectif ne peut obliger son ou ses coassociés à subir le contrôle et la surveillance d'un tiers dans les opérations sociales, sauf dans des cas graves qui mettent en danger les intérêts d'un associé absent malgré lui et justifiant des mesures exceptionnelles (Trib. de comm. Nantes, 3 juin 1916, *Journ. des Soc.* 1917, 321).

985. L'approbation des comptes du gérant, résulte de l'acceptation par tous les associés des inventaire et bilan de fin d'année.

Voy. en ce qui concerne l'approbation tacite, *suprà* n° 974.

986. — Si la situation personnelle du gérant venait à se modifier de manière à faire craindre une gestion moins conforme aux intérêts sociaux, les associés peuvent être autorisés à exercer un contrôle plus étroit. Toutefois celui-ci ne saurait présenter un caractère vexatoire ni paralyser son administration ; c'est pourquoi toutes mesures qui tendraient à transformer la surveillance nouvelle en une sorte de cogérance devront toujours être évitées (Chambéry, 2 mai 1894, *Dalloz*, 97, 2, 149).

987. — **Comptes de gestion.** — L'associé, agissant en vertu du mandat tacite que les autres associés sont censés lui avoir donné en l'absence du gérant désigné (voir n° 854-1°) qui a fait un ou plusieurs actes d'administration dans l'intérêt commun, en doit compte à ses coassociés.

988. — **Abus de confiance.** — Tout associé ayant mandat tacite de gérer, en l'absence de gérant désigné dans les termes du n° 854-1°, qui détourne à son profit un élément d'actif quelconque de la société, commet un abus de confiance envers celle-ci et est passible des peines portées en l'article 408 du code pénal (Voir note du n° 949).

989. — **Opposition des associés aux actes du gérant.** — Voir, pour l'exercice de ce droit d'opposition ce qui a été dit plus haut sous le n° 907.

990. — **Dissolution de la société en cas de perte de tout ou de partie du capital social.** — Voir n° 173-2°.

991. — **Modifications apportées aux statuts.** — **Dissolution anticipée de la société** [1]. — Les associés sont entièrement libres d'apporter aux statuts, au cours de l'existence sociale, telles modifications et adjonctions qu'ils jugent utiles à l'intérêt de la société.

Mais les statuts faisant leur loi, ne peuvent être modifiés que du consentement « unanime » des associés : le refus d'un seul suffirait pour mettre obstacle aux changements projetés.

992. — Il en serait de même si, en dehors des cas prévus aux statuts, les associés se proposaient de dissoudre la société avant l'échéance du terme convenu.

993. — **Associé créancier de la société.** — Tout associé a une action directe contre la société en raison des créances qu'il peut avoir sur elle.

En cette occurence, sa situation est absolument identique à celle de tout tiers, créancier social.

Voir, quant aux intérêts dus par la société en cas d'avances à elle faites par un associé, *suprà* n° 982.

994. — **Délibérations des associés.** — Les associés sont tenus, à défaut de convention contraire dans les statuts, d'assister en personne aux délibérations concernant les affaires sociales ; il faudrait le consentement de tous les autres pour que l'un d'eux puisse s'y faire représenter par une personne étrangère à la société.

995. — **Cession, par un associé, de sa part sociale.** — Ainsi qu'il a été dit précédemment, chacun des associés peut, sans le con-

---

1. Voir *infrà*, note du n° 1026.

sentement de ses coassociés, s'associer un tiers relativement à la
part qu'il a dans la société. C'est la sous-société et ce tiers est le
« croupier » (V. *suprà* n°ˢ 677 et suiv.).

Par contre, il ne peut pas, sans le consentement unanime de ses
coassociés, l'associer à la société, autrement dit « céder » sa part
d'associé à un tiers qui prendrait ses lieu et place dans la société.
Mais si une telle cession avait été prévue et autorisée dans les statuts, le consentement des autres associés ne serait évidemment
plus nécessaire.

En ce qui concerne les conditions et les effets d'une semblable
cession, voir n°ˢ 663 et suivants.

996. — Suppression du nom, en cas de cession, dans la raison
sociale. — On a vu précédemment [1] que les noms des associés peuvent seuls, dans une société en nom collectif, faire partie de la
raison sociale; par suite, l'ancien associé qui a cédé ses droits sans
qu'il ait aucunement été question du nom commercial dans l'acte
de cession, ni de la cession qui en aurait été consentie, est fondé à
demander que son nom soit supprimé de la raison sociale de la
société (Besançon, 12 mai 1899, *Sirey*, 1903, 2, 199).

**997. — Intervention dans les procès intentés par le gérant.
— Tierce opposition.** — Les associés ont le droit absolu d'intervenir, lorsqu'ils le jugent utile, dans les instances introduites par
le gérant.

Par contre, ils ne peuvent former tierce-opposition [2] aux jugements (dans lesquels ils ont été régulièrement représentés par le
gérant) qui ont été prononcés contre la société.

998. — Décès d'un des associés. — En cas de décès d'un des
associés au cours de la société, celle-ci est dissoute. Tel est le principe posé par l'article 1865, alinéa 3 du code civil.

Mais très souvent, dans la pratique, il est stipulé dans les statuts
qu'en cas de décès de l'un des associés la société continuera avec
ses héritiers. En ce cas, il en est ainsi, même si l'associé laisse des
héritiers mineurs. [3]

---

1. N°ˢ 798 et suiv.
2. Art. 474 et suiv. C. de proc. civ.
3. En d'autres termes, les héritiers mineurs sont, aussi bien que les héritiers
majeurs, obligés à la continuation de la société, et ce, sans que leur tuteur ait

On stipule assez souvent également qu'en cas de décès d'un associé la société continuera avec les associés survivants ; dans ce cas, l'héritier du défunt n'a droit qu'au partage de la société, eu égard à la situation active et passive de celle-ci au jour du décès; il ne participe aux droits ultérieurs qu'autant qu'ils sont une suite nécessaire de ce qui s'est fait avant le décès de l'associé auquel il succède (Art. 1868, C. civ.).

La continuation de la société entre les associés survivants peut, d'ailleurs, être laissée au choix de ces derniers.

Enfin, on rencontre assez fréquemment encore la stipulation par laquelle la société ne sera pas dissoute en cas de décès d'un associé et continuera entre les associés survivants comme associés en nom collectif et les héritiers et représentants de l'associé prédécédé, comme commanditaires jusqu'à concurrence du montant de la part qu'avait leur auteur, dans la société, telle que cette part résulte du dernier inventaire dressé avant le jour du décès — ou d'un inventaire spécial dressé au moment du décès [1].

Dans ce cas encore il en est ainsi, même si l'héritier prédécédé laisse des héritiers mineurs.

En cas de réalisation de cette dernière stipulation, une transformation de société : de société en nom collectif qu'elle était, la société se transforme en société en nom collectif à l'égard des associés survivants, et en société en commandite à l'égard des héritiers de l'associé décédé. Et, par suite de cette transformation, il y a lieu à publication légale (Voy. *supra* n°ˢ 460 et suiv.).

Nous ajouterons qu'on peut valablement stipuler dans les statuts qu'en cas de décès de l'un des associés, les associés survivants auront le droit d'opter entre ces trois partis : soit dissoudre et liquider la société, soit la continuer entre eux seuls, soit enfin la continuer

---

aucunement besoin d'autorisation pour consentir valablement à cette nomination. (Aix, 16 décembre 1868, *Dalloz*, 71, 2, 70.)

Dans le même sens, *not.* Riom, 21 mai 1884 et sur pourvoi, Cassation, 10 mars 1885, *Dalloz*, 85, 2, 86 et 85, 1, 441, — Paris, 7 avril 1887, *Jurispr. Gén. Dalloz*, suppl. société, 276, — Cassation, 6 janvier 1913, *Rec. Gaz. des Trib.*, 1913, 1, 135.

Décidé qu'il n'est nullement nécessaire que l'héritier mineur soit âgé de dix-huit ans et qu'il ait reçu l'autorisation de faire le commerce. (Rouen, 28 janvier 1884, sous Cassation, 2 mars 1885, *Dalloz*, 85, 1, 441).

Enfin, on notera que d'après l'arrêt du 2 mars 1885, l'héritier mineur n'est tenu qu'*intra vires* des dettes de la société.

1. Si on insère une telle stipulation dans les statuts, il importe de déterminer avec précision quels avantages seront respectivement réservés — en cas de réalisation de cette combinaison — aux associés qui resteront en nom collectif et quels seront ceux des héritiers qui seront associés commanditaires.

avec les héritiers et représentants de l'associé décédé. Voy. Cassation, 20 juin 1887, *Jurispr. Gén. Dalloz.* Suppl. Société, 279.

Ainsi qu'il a été dit au début du présent numéro, lorsqu'il existe dans les statuts une clause expresse stipulant qu'en cas de décès de l'un des associés, la société ne sera pas dissoute et se continuera avec ses héritiers et représentants, cette continuation s'opère de droit, même s'il y a des mineurs parmi les héritiers [1].

Mais cette continuation, qui est une charge de la succession, ne peut dépasser le temps fixé pour la durée de cette société ; à cette époque, la société cesse de plein droit et, pour la proroger, même tacitement, et en faire une société nouvelle, il faut, comme pour la formation de tout contrat, un consentement que les mineurs sont incapables de donner. (Cassation, 6 janvier 1913, *Rec. Gaz. des Trib.* 1913, 1, 135).

Aussi bien, si la continuation de la société, lors du décès, a lieu de droit, sans que les héritiers aient à faire acte de volonté, n'en est-il plus de même lorsque la société ainsi continuée arrive à expiration normale : à ce moment, une prorogation s'impose, si l'on entend que la société continue. Or, le mineur est incapable de souscrire à un tel engagement : il ne le pourrait que s'il était émancipé et autorisé à faire le commerce [2].

---

1. En effet, par l'effet de cette clause, dit l'arrêt de cassation du 10 mars 1885, précité, « les héritiers, même mineurs, sont substitués à leur auteur, sans avoir besoin de faire acte de volonté, ni de remplir les conditions qui leur seraient imposées pour l'exercice personnel du commerce.

2. V. *supra* n° 36 à 41.

CHAPITRE V

EFFETS DES ENGAGEMENTS DE LA SOCIÉTÉ

999. — **Double conséquence des engagements sociaux.** — Ainsi qu'on l'a vu précédemment (n° 812) les associés en nom collectif indiqués dans l'acte de société sont, aux termes de l'article 22 du code de commerce, « solidaires pour tous les engagements de la « société, encore qu'un seul des associés ait signé, pourvu que ce « soit sous la raison sociale ».

Il résulte de ce texte que les engagements régulièrement contractés au nom et pour le compte de la société, — et par *régulièrement*, entendons : contractés par le représentant qualifié de la société, ou, à défaut du gérant désigné, par un associé — emportent une double conséquence : 1° Obligation par la société elle-même, et des biens sociaux ; 2° Obligation par tous les associés, et des biens mobiliers et immobiliers qui leur appartiennent personnellement et ce, solidairement entre eux (Voir n°s 812 et suiv.) et indéfiniment (n°s 827 et suiv.).

On a vu sous les n°s 848 et suivants, 854, 953 et suivants, 962 et 978 par qui et comment, suivant les cas, la société est gérée et qui est qualifié pour l'obliger.

On a vu, d'autre part (n°s 959 et suiv.) quels sont les effets des engagements sociaux dans les rapports des associés entre eux. Il reste à examiner l'effet de ces engagements dans les rapports des associés avec les tiers.

1000. — Effets des engagements sociaux envers les tiers[1].
— Les tiers envers lesquels des engagements ont été contractés, au nom et pour le compte de la société, par le représentant qualifié de celle-ci[2], ont deux catégories de débiteurs.

Ils ont pour principale débitrice la société elle-même prise en qualité de personne morale (n°ˢ 908-2 et 978).

Ils ont également pour débiteurs solidaires (n°ˢ 812 et suiv.) tous les associés.

Par suite :

1° Ils ont le droit d'assigner la société en justice d'obtenir jugement de condamnation contre elle, de saisir et de faire vendre ses biens, en un mot de réaliser tout l'actif et, sur le produit de la réalisation de chacun des éléments de l'actif social, de se faire payer du montant de ce qui leur est dû avant quelque créancier personnel des associés que ce soit ; on remarquera qu'en cas de poursuites exercées par un créancier contre la société, l'assignation délivrée à sa requête n'a nullement besoin de mentionner le nom et le domicile de chacun des associés. Aussi bien, ne sont-ce pas eux qui sont personnellement en cause, mais bien uniquement la société, être moral.

D'où il suit que l'assignation doit seulement mentionner la raison sociale de la société, le type de celle-ci et son siège.

Enfin, conformément à la règle du droit commun, la société doit être assignée au lieu de son siège social ; mais il est certains cas où elle peut l'être au siège de l'une de ses succursales en la personne du gérant ;

2° Et si l'actif de la société n'est pas suffisant pour éteindre leurs créances, en principal, intérêts et accessoires, ils ont le droit d'assigner les associés personnellement[3], obtenir jugement de condamnation contre eux, faire saisir et vendre leurs biens propres, mobiliers et immobiliers et, sur le produit des ventes, se faire payer du montant de ce qui leur est dû.

Mais on notera qu'ici, les créanciers de la société viennent en concurrence avec les créanciers personnels des associés ; ce qui emporte cette conséquence qu'en cas d'insuffisance d'actif pour désin-

---

1. Gérant, ou l'un des associés quand il n'y a pas de gérant désigné.

2. Ou l'un d'eux seulement, en vertu de la solidarité qui existe entre eux. Solidarité à laquelle les créanciers peuvent toujours renoncer (n° 820). En effet, rien n'interdit aux tiers qui traitent avec la société de limiter, dans leurs contrats, la responsabilité des associés. Chacun étant toujours libre de se départir d'un droit qui lui appartient.

3. Sauf le cas cependant, où certains d'entre eux jouiraient de créances privilégiées.

téresser tout le monde, — créanciers sociaux et créanciers personnels — tous viennent au marc-le-franc [1].

**1001. — Comment doivent s'exercer les poursuites des
créanciers de la société.** — D'après la jurisprudence antérieure,
les créanciers de la société n'étaient pas recevables à actionner directement les associés en nom collectif, s'ils n'avaient au préalable
obtenu jugement contre la société. (*Not.* Cassation, 10 avril 1878
(motifs) *Dalloz*, 77, 1, 348).

Dans son état actuel, il n'en est plus ainsi : pour pouvoir poursuivre les associés en nom collectif et obtenir leur condamnation
sur leurs biens personnels, il suffit que les créanciers sociaux établissent : 1° contradictoirement avec les représentants de la société
que les obligations sur lesquelles leurs poursuites sont basées sont
bien des obligations sociales [2] ; 2° et que la société elle-même a été
préalablement invitée à payer, par un acte équivalent à une mise
en demeure.

Il a été décidé ainsi qu'il y avait lieu de prononcer la condamnation personnelle des associés du moment que la poursuite exercée
contre ces derniers avait été précédée d'un protêt faute de paiement
dressé à l'encontre de la société, suivi d'une assignation en paiement de la société et des associés et que la société d'ailleurs qui
n'avait pour seuls représentants que les associés actionnés, s'est
reconnue débitrice de la somme faisant l'objet de l'engagement
(Cassation, 28 mars 1898, *Dalloz*, 99, 1, 49). — Voir n° 1012.

Si les associés en nom collectif, poursuivis en paiement d'une dette
de la société, ne peuvent se refuser à l'acquitter, ils peuvent, toutefois, exiger qu'il soit sursis aux poursuites dirigées contre eux jusqu'à ce que la société ait été reconnue débitrice de la dette dont le
paiement leur est réclamé, et qu'elle ait été condamnée en cette

---

1. Jugé qu'est responsable des agissements de son directeur administratif la société qui n'exerçait aucune surveillance sur les actes de ce directeur, en sorte que
ce dernier a pu passer des marchés en son nom dans de telles conditions que les
tiers ont pu croire qu'ils traitaient avec la société elle-même. Cassation, 14 janvier
1920, *Gaz. des Trib.* 9 février 1920, *Nouv. Rev. Synth.*, 1133).

2. Décidé que si le créancier d'une société qui, aux termes de l'article 1863 du
code civil, conserve tous ses droits et actions contre les associés eux-mêmes, ne
peut les exercer qu'en rapportant la preuve que les engagements dont il poursuit
l'exécution contre les associés sont des engagements sociaux, il suffit que cette
preuve soit faite au cours de la même instance, contradictoirement avec le représentant de la société, c'est-à-dire, lorsqu'elle a pris fin, avec celui qui est chargé de
sa liquidation. (Cassation, 30 novembre 1928, *Gaz. des Trib.*, 6 avril 1921).

438

SOCIÉTÉ EN NOM COLLECTIF

qualité. (Trib. de comm. Tourcoing, 17 novembre 1908, *Dalloz*, 1910, 2, 217).

1002. — Jugé que la fin de non-recevoir qui n'admet de poursuites de la part de créanciers de la société contre les associés qu'autant qu'il a été jugé, contradictoirement avec les représentants de la société, qu'il s'agit bien d'une dette sociale, et que la société elle-même a été invitée à payer par une mise en demeure ou un acte équivalent, doit être invoquée avant toute prescription en raison de ce qu'elle est relative à la recevabilité même de l'action (Cassation, 27 mai 1914, *Sirey* et *Pand.* 1914, 1, 425).

1003. — La clause d'un acte de société aux termes de laquelle « la signature sociale appartiendra à chacun des associés, mais qu'il « ne pourra en être fait usage que pour les besoins de la société, « sous peine de nullité à l'égard des tiers » n'est pas opposable aux tiers qui, de bonne foi, auraient consenti un prêt à l'un des associés, prêt que celui-ci leur aurait représenté, même inexactement, comme devant être employé aux besoins de la société.

Mais il en serait autrement pour le prêteur qui aurait volontairement dissimulé à la société l'obligation que l'associé, faisant abus de la signature sociale, a pris dolosivement au nom de la société (Amiens, 16 février 1901, sous Cassation, 26 janvier 1903, *Dalloz*, 1904, 1, 391).

1004. — **Poursuites contre une société dissoute.** — Les créanciers sociaux peuvent poursuivre la société même si elle est dissoute, car par une fiction de la loi — fiction nécessaire, — l'être moral survit à la dissolution et ne s'éteint que lorsque la société est liquidée (Cassation, 10 avril 1877, *Dalloz*, 77, 1, 347)[1].

En ce cas, les poursuites doivent être exercées contre le liquidateur.

Mais si la société est complètement liquidée, et n'a plus, par conséquent, de représentant légal, les créanciers de la société n'ont plus alors que le droit de poursuivre directement les associés (Même arrêt). — (Voir nᵒˢ 1013 et suiv.).

---

1. Il est, en effet, de jurisprudence constante que, bien que dissoute, une société commerciale est réputée subsister dans la mesure nécessaire pour l'accomplissement de sa liquidation. (*Not.* Cassation, 10 mai 1897, *Dalloz*, 98, 1, 73).

1005. — Engagements non souscrits sous la signature sociale. — Un arrêt décide [1], pour que la signature d'un seul associé en nom collectif [2] oblige la société, qu'il ait donné la signature sociale ; qu'il suffit, pour qu'il en soit ainsi, qu'il ressorte des termes et de la nature de l'acte portant la signature, qu'il a été nécessairement contracté pour le compte de la société. (*Dalloz*, 91, 2, 244).

1006. — Mauvaise foi du créancier. — Preuve. — Les engagements contractés par le gérant sous la signature sociale (ou par un des associés lorsqu'il n'y a pas de gérant désigné) étant censés l'être dans l'intérêt de la société, il s'ensuit que, en cas de contestations, c'est à la société qu'il appartient de faire la preuve de la mauvaise foi du créancier.

Cette preuve peut être faite par tous les moyens admis par la loi, même à l'aide de présomption, dont les tribunaux ont la souveraine appréciation.

1007. — L'existence d'une clause des statuts stipulant que tous engagements étrangers aux affaires de la société, souscrits par l'un des associés, n'engagerait pas la société, ne serait pas suffisante pour établir la mauvaise foi du tiers créancier. En effet, et alors même qu'elle aurait été publiée, cette clause n'affecte exclusivement que les rapports des associés entre eux, qui se doivent respectivement compte de l'emploi qu'ils font de la signature sociale : elle reste entièrement étrangère et, par conséquent, sans aucun effet à l'égard des tiers.

1008. — *Quid* lorsqu'un associé se retire de la société ? — L'associé qui se retire n'étant plus tenu solidairement avec ses co-associés que des engagements sociaux contractés antérieurement au jour de sa retraite (n° 824) ne demeure obligé, malgré sa retraite, et ne peut être poursuivi que pour ces engagements.

Quant à ceux qui sont postérieurs à sa retraite, ils lui demeurent étrangers et, il ne saurait, à aucun titre, être poursuivis de leur chef.

1009. — Nouveaux associés. — Lorsqu'une société s'adjoint de nouveaux associés, sans qu'il y ait société nouvelle, il résulte de

---

1. Douai, 24 avril 1890.
2. Ou d'un seul associé « de fait ».

l'article 22 du code de commerce rapporté sous le n° 812, dont le texte ne fait aucune distinction, que ces associés nouveaux se trouvent tenus de la totalité du passif social, créé depuis le début de la société.

Toutefois, une clause contraire serait valable, et, dans ce cas, ils ne seraient tenus que de ceux des engagements sociaux contractés depuis le jour de leur entrée dans la société.

1010. — Cas où le gérant n'est pas un associé. — Si le gérant est en même temps associé, il est tenu solidairement avec ses coassociés et indéfiniment des engagements et dettes de la société, ainsi que nous savons.

Mais s'il n'est pas associé, la situation est tout autre. Il a, en contractant pour la société, obligé cette dernière et les associés qui la composent, sans aucunement s'obliger lui-même : en effet, il a agi, dans ce cas, uniquement à titre de mandataire. Or, un mandataire oblige ses mandants mais ne s'oblige pas personnellement. Et, par suite, si le gérant a agi sans dol ni fraude, dans la limite de ses pouvoirs, il ne peut être poursuivi pour quoi que ce soit ni par les associés, ni par les créanciers de la société, sauf, dans ce dernier cas, ce qui va être dit.

1011. — Toutefois, il est un cas où les créanciers sociaux pourraient comprendre le gérant dans leurs poursuites : c'est lorsque ni la société ni la nomination du gérant n'avaient été régulièrement publiées.

Ici, en effet, les tiers ignoraient, de par la faute des associés et du gérant lui-même — lequel aurait dû exiger cette publication — que celui-ci n'était pas un associé ; ils ont été en droit de le considérer comme tel, et il doit subir les conséquences de cette fausse situation qu'il a contribué à créer.

1012. — Exécution poursuivie contre les associés personnellement. — On a vu plus haut (n° 1001) sous quelle condition les associés peuvent être poursuivis par les créanciers sociaux. Nous devons ajouter qu'il en est ainsi seulement pendant l'existence de la société, c'est-à-dire tant que la société n'est pas liquidée, et alors même qu'elle serait dissoute, ou en faillite ou liquidation judiciaire [1].

---

1. La faillite, et à plus forte raison la liquidation judiciaire, n'emportant pas, de droit, la dissolution de la société.

Mais le jour où la société est liquidée, la situation se modifie : à partir de ce moment, l'être moral, la personnalité juridique, que constituait la société est éteint. Et, comme on ne peut poursuivre le néant, les créanciers sociaux ne se trouvant plus dès lors qu'en présence des anciens associés peuvent actionner ceux-ci directement, sous réserve de la prescription dont il va être question.

La condamnation prononcée contre une raison sociale l'est nécessairement contre tous les associés en nom collectif qui y sont compris, soit par l'indication expresse de leurs noms soit par la formule « et compagnie » et, de plein droit, cette condamnation est exécutoire contre tous, sans aucune exception [1].

1013. — Prescription des actions contre les associés. —
Toutes actions contre les associés non liquidateurs et leurs veuves héritiers et ayants-cause, sont prescrites *cinq ans* après l'expiration ou la dissolution de la société si les statuts qui en fixent la durée, ou l'acte de dissolution a été régulièrement publié et si, depuis cette formalité remplie, la prescription n'a été interrompue à leur égard par aucune poursuite judiciaire (Art. 64 C. de com.).

1014. — Cette prescription quinquennale ne peut être invoquée qu'en cas de « dissolution » de la société [2] et ce, aux termes mêmes du texte qui vient d'être rapporté; d'où cette conséquence que, tant qu'il n'y a pas dissolution, autrement dit pendant toute l'existence de la société, c'est la prescription de droit commun qui, seule est applicable.

1015. — En cas de retraite d'un associé, la société n'existe plus pour lui : il peut invoquer la prescription quinquennale.

1016. — Mais cette prescription ne peut pas être opposée dans le cas de simple transformation de la société, non plus que dans celui où la société aurait été déclarée en faillite, car la faillite n'emporte pas dissolution.

1017. — La prescription quinquennale ne profite qu'aux associés « non liquidateurs », d'après l'article précité.

1. Cassation, 12 juillet 1888, *Dalloz*, 89, 1, 148.
2. Et sans qu'il y ait lieu de tenir compte si la société a été liquidée ou non.

Que décider alors, dans le cas où le liquidateur est lui-même un associé ?

Il y a lieu, dans ce cas, de le considérer distinctement dans ses deux qualités :

a) Comme associé, il est évidemment tenu des obligations qui pèsent sur tous les associés et, par suite, soumis au même titre que ses coassociés à la prescription de cinq ans, pour les actions qui dérivent de ces obligations.

b) Comme liquidateur, et quant aux actions qui sont dirigées contre lui en cette seule qualité, elles se prescrivent par trente ans, comme toutes celles qui sont dirigées contre un liquidateur étranger à la société (Cassation, 27 mai 1914, *Sirey et Pand*, 1914, 1, 425).

1018. — Enfin, on remarquera que la prescription quinquennale ne s'applique pas aux actions que les associés peuvent avoir à exercer les uns contre les autres.

1019. — Quant au point de départ de cette prescription spéciale, une distinction est à faire :

Si la dissolution de la société doit obligatoirement être publiée (par exemple si, convenue d'accord entre les associés, elle a lieu avant le terme fixé) la prescription ne court qu'à compter du jour où les formalités de publication ont été accomplies, ou du dernier jour si elles n'ont pas été faites le même jour.

Si, au contraire, la dissolution a lieu par suite d'une cause qui ne donne pas ouverture à publicité légale (par exemple : décès d'un associé, arrivée du terme fixé) la prescription court du jour même de la dissolution de la société.

1019 *bis*. — Quant aux actions contre la société elle-même, elles se prescrivent par les laps ordinaires (Voy. à cet égard les art. 2262 et suiv. C. civ.)

1020. — **Exécution des décisions rendues contre le gérant.** — Les jugements et les arrêts prononcés contre le gérant, représentant qualifié de la société et des associés, sont exécutoires contre la société même, cela va sans dire, et aussi contre chacun des associés, sans que les tiers au profit desquels ils ont été rendus aient à obtenir de condamnation personnelle contre ceux-ci.

Cela résulte de ce que, ainsi qu'on dit en droit, les décisions rendues contre le gérant en sa seule qualité ont l' « autorité de la chose jugée » à l'encontre des associés.

1021. — Droits des créanciers personnels des associés. — De ce qui précède, il résulte que les créanciers de la société ont un droit exclusif sur tous les biens mobiliers et immobiliers de la société. Et qu'ils ont, en outre, un droit sur tous les biens mobiliers et immobiliers de chaque associé, chacun de ces derniers étant tenu solidairement et indéfiniment des dettes sociales. Mais lorsque les créanciers exercent leurs droits sur les biens des associés ils viennent en concours avec les créanciers personnels de ceux-ci dont les droits acquis ne peuvent évidemment être méconnus et qui, d'ailleurs, ne peuvent pas les primer.

1022. — D'autre part, le fonds social étant absolument distinct du patrimoine personnel des associés, les créanciers personnels de ceux-ci n'ont, avant la dissolution de la société, aucune action sur les biens composant l'actif de celle-ci, non plus que sur la part sociale de leur débiteur.

Leur seul droit, pendant le cours de la société, est de former saisie-arrêt entre les mains de celle-ci sur la part des bénéfices pouvant revenir à leur débiteur et sur toutes sommes que la société pourrait lui devoir à un titre quelconque.

1023. — Action paulienne. — Aux termes de l'article 1167 du code civil les créanciers peuvent, « en leur nom personnel, attaquer les actes faits par leur débiteur en fraude de leurs droits ».

C'est l'action qui dérive du droit que la loi leur confère ainsi que l'on nomme, dans la langue juridique l' « action paulienne ».

Ce n'est autre qu'une action *révocatoire*, fondée sur le droit de gage commun reconnu par la loi à tout créancier sur le patrimoine de son débiteur [1]. Elle consiste dans l'action en nullité qu'a le créancier, à raison du préjudice qui résulte pour lui d'un acte accompli par son débiteur en fraude de ses droits.

Jugé que le fait, par un débiteur se trouvant sous le coup d'une saisie suivie de désistement comme frappant le mobilier d'une société dont ce débiteur faisait partie, d'avoir pendant la liquidation de cette société dissoute peu de temps après, contracté une nouvelle

---

1. Les biens du débiteur sont le gage commun de ses créanciers. (Art. 2093 C. civ.).

société et apporté à celle-ci sa part de mobilier non encore fixée constitue une manœuvre tendant à soustraire ce mobilier à l'action du créancier [1] ; lequel, par suite, est fondé à exercer l'action paulienne, c'est-à-dire à faire prononcer la nullité de cet apport, comme étant fait en fraude de ses droits.

D'autre part, aux termes de l'article 882 du code civil, les créanciers d'un copartageant, en cas de partage d'une succession, pour éviter que le partage ne soit fait en fraude de leurs droits, peuvent s'opposer à ce qu'il y soit procédé hors de leur présence ; ils ont le droit d'y intervenir à leurs frais ; mais lorsque le partage est consommé, ils ne peuvent l'attaquer, — sauf lorsqu'il y a été procédé sans eux, au mépris d'une opposition qu'ils avaient formée.

Ce texte s'applique-t-il également en cas de partage entre associés ? — Non.

Ainsi, décidé que les créanciers d'un associé sont recevables à exercer l'action paulienne, autrement dit ils sont recevables à attaquer la cession que cet associé aurait faite de ses droits dans le capital social à ses coassociés, et ce, alors même qu'ils n'auraient pas formé opposition à cet acte. (Cassation, 6 juillet 1866, *Dalloz,* 66, 1, 369) [2].

1024. — Faillite. — Liquidation judiciaire. — Comme tout commerçant, la société en nom collectif qui est, comme toute société commerciale, une « personne morale » entièrement distincte de la personne des associés, peut, lorsqu'elle est en état de « cessation de paiements », être déclarée en faillite.

Elle peut également, à la requête d'un ou de plusieurs des associés, obtenir le bénéfice de la liquidation judiciaire.

Il est renvoyé, pour l'étude des circonstances dans lesquelles une société en nom collectif peut être déclarée en faillite ou en liquidation judiciaire, et pour l'examen des conséquences qu'entraîne la faillite à l'égard des associés au tome II du présent ouvrage où ces questions, en raison de leur importance, sont étudiées en détail.

---

1. Cassation, 28 mai 1851, *Dalloz,* 51, 1, 138.
2. Dans le même sens, jugé que l'action paulienne peut être exercée lorsqu'il s'agit d'un partage mettant fin à une indivision créée par la seule volonté des parties ensuite d'un contrat de société. (*Not.* Cassation, 28 mai 1895, *Sirey,* 95, 1, 385 et *Dalloz,* C. civ. ann., art. 1872, 227).

CHAPITRE VI

DISSOLUTION. — LIQUIDATION. — PARTAGE

1025. — Causes de dissolution de la société en nom collectif. — Les lois commerciales n'indiquant pas expressément les causes de dissolution des sociétés en nom collectif, il faut les rechercher dans la loi civile, et leur appliquer les mêmes causes que celles prévues pour les sociétés civiles.

Ces causes de dissolution sont :

1° L'EXPIRATION DU TERME POUR LEQUEL LA SOCIÉTÉ A ÉTÉ CONTRACTÉE ; terme fixé soit dans les statuts, soit postérieurement dans un acte de prorogation consentie par tous les associés [1] ;

2° L'EXTINCTION DE LA CHOSE FAISANT L'OBJET DE LA SOCIÉTÉ OU LA CONSOMMATION DE LA NÉGOCIATION ; en effet, la société qui a été constituée en vue d'une opération déterminée finit lorsque cette opération est achevée, — ou lorsque la chose qui faisait l'objet de la société vient à disparaître — et ce, alors même que le terme qui aurait pu être prévu ne serait pas encore arrivé ;

3° LA MORT DE L'UN DES ASSOCIÉS, sauf ce qui est dit *supra*, n° 998. Voir, pour le cas de décès du gérant, n°ˢ 911 et 912 ;

4° LA DÉCONFITURE D'UN ASSOCIÉ, SA MISE EN FAILLITE [2] OU EN LIQUIDATION JUDICIAIRE.

---

1. Voir art. 489 et suiv. C. civ.
2. Si, en règle générale la déclaration de faillite d'un associé entraîne de plein

5° L'INTERDICTION D'UN ASSOCIÉ [1] (art. 1865 C. civ.).

Les causes de dissolution qu'on vient de lire sont *de droit*. Celles qu'on va voir sous les deux alinéas suivants sont laissées par la loi à l'appréciation des tribunaux.

La société en nom collectif peut encore être dissoute ;

6° PAR LA VOLONTÉ QU'UN SEUL OU PLUSIEURS ASSOCIÉS EXPRIMENT DE N'ÊTRE PLUS EN SOCIÉTÉ, quand la société est à durée illimitée ;

7° S'IL Y A DE JUSTES MOTIFS DE DISSOLUTION, quand la société est à durée limitée.

Le tout, cela va de soi, indépendamment du droit qu'ont toujours les associés de dissoudre la société amiablement, et d'un commun accord ; car, notons-le bien, la dissolution amiable n'est valable qu'à la condition qu'elle soit consentie par *tous* les associés sans exception.

droit la dissolution de la société dont il est membre, cette règle n'est pas d'ordre public.

Par suite, il est permis aux parties d'y déroger par des conventions spéciales expresses, mais à la condition que ces conventions ne laissent subsister aucun doute sur leur intention.

Il n'est pas dérogé au principe général de l'article 1865 du code civil, aux termes duquel la faillite d'un associé entraine de plein droit la dissolution de la Société quand les statuts sociaux portent seulement que la société continuera entre les associés survivants au cas de décès de l'un d'eux, et que le cas d'incapacité légale d'un associé sera assimilé au cas de décès.

Le cas d'incapacité légale ainsi prévu par les statuts sociaux, comme devant constituer une dérogation au principe établi par l'article 1865 du code civil, ne saurait en effet être interprété comme s'appliquant à la faillite d'un associé, les mots d'incapacité légale étant inapplicables, en droit, à la personne d'un failli, qui, simplement dessaisi à l'égard de ses créanciers de l'administration de ses biens n'en conserve pas moins l'exercice de tous les droits dont il peut user sans compromettre l'intérêt de ces derniers.

On doit d'autant plus interpréter ainsi une telle clause des statuts sociaux, s'il résulte des circonstances de fait qu'à l'époque où a été fait l'acte de société, la situation de l'associé, déclaré postérieurement en faillite, était notoirement obérée, que les associés avaient eu connaissance de cette situation de leur coassocié au moment du contrat, et qu'il est dès lors impossible de comprendre comment, s'ils avaient voulu que la société ne fût pas dissoute par la faillite dudit associé, ils auraient omis de s'expliquer nettement sur une question qui ne pouvait manquer de les préoccuper.

Au surplus, toute clause contraire au droit commun devant être interprétée d'une manière restrictive, la faillite, qui n'est pas une incapacité de droit ne saurait être retenue comme constituant l'incapacité légale visée par les statuts. (Paris, 11 avril 1913, *Rec. Gaz. des Trib.*, 1913, 2, 446).

Dans le même sens : Cassation, 2 et 10 mars 1885, *Dalloz*, 85, 1, 441, *Sirey*, 85, 1, 862, — Riom, 21 mai 1884, *Dalloz*, 85, 2, 86, — Trib. de comm. Seine, 28 mars 1912, *Rec. Gaz. des Trib.*, 1912, 2, 8.

1. Voir numéro suivant.

A la différence des sociétés anonymes dont la personnalité, l'existence et le fonctionnement sont absolument distincts et indépendants de tout ce qui concerne leurs membres pris individuellement, dans les sociétés en nom collectif au contraire, la personnalité des associés qui se sont mutuellement choisis a une importance capitale, chacun d'eux étant considéré comme faisant le commerce avec ses associés, pour son compte personnel et s'étant mis avec eux en société pour une meilleure protection de leurs intérêts et non pour léser leurs intérêts respectifs.

Lorsque survient la dissolution d'une société anonyme la vente du fonds de commerce comprenant la cession, par la société, de la clientèle et de l'achalandage ne produit aucune restriction du droit individuel des actionnaires qui ne sont pas personnellement garants de cette cession et peuvent librement continuer à exploiter des commerces ou industries similaires ou en établir de nouveaux, en vertu du principe général de la liberté du commerce, sous la seule réserve de ne pas faire à l'acquéreur du fonds de commerce une concurrence déloyale. Dans les sociétés en nom collectif il en va tout autrement, les associés étant étroitement liés par tous les engagements pris par la société. Dans ces sociétés, la cession par une société dissoute de sa clientèle a pour conséquence, après une association de quelques années, d'en rendre les associés non acquéreurs garants solidaires.

Il ne peut en être différemment que lorsqu'en vertu d'un usage et du pacte social le fonds de commerce, la clientèle et l'achalandage n'ont pas été compris dans les apports et n'ont jamais figuré à l'actif de la société. (Douai, 20 février 1913, *Rec. Gaz. des Trib.* 1913, 2, 397).

1026. — Remarque pour le cas de prorogation de la société. — Une société en nom collectif arrivant à l'expiration du temps pour lequel elle a été constituée ne peut continuer ses opérations sans qu'une prorogation expresse en soit consentie par tous les associés ; prorogation qui est assujettie aux mêmes formalités de publication que la formation même de la société.

A défaut, la nullité de la prorogation doit être prononcée, et un liquidateur doit être nommé pour procéder à la liquidation de la société de fait qui a existé, à la réalisation du patrimoine social et à l'apurement des comptes. (Trib. de comm. Seine, 31 mai 1920, *Nouv. Rev. Synth.*, 1446).

1027. — **Motifs de dissolution anticipée des sociétés en nom collectif.** — Aux termes de l'article 1871 du code civil, « la « dissolution des sociétés à terme ne peut être demandée par l'un « des associés avant le terme convenu, qu'autant qu'il en a de justes « motifs, comme lorsqu'un associé manque à ses engagements, ou « qu'une infirmité habituelle le rend inhabile aux affaires de la « société, ou autres cas semblables, dont la légitimité et la gravité « sont laissées à l'arbitrage des juges ».

Donc, lorsqu'il a de justes motifs, un associé peut demander la dissolution judiciaire de la société.

Mais le champ d'application de ce texte est assez étendu. En effet, quand y a-t-il de « justes motifs » ?

C'est ce qu'on va voir.

1028. — L'article 1871 qu'on vient de lire en cite deux, à titre d'exemples :

1° L'INEXÉCUTION DE SES ENGAGEMENTS PAR L'UN DES ASSOCIÉS, par exemple : si l'un des associés ne réalise pas l'apport promis par lui, ou s'il ne donne pas aux affaires de la société, le concours auquel il s'était engagé, etc...

2° L'INFIRMITÉ HABITUELLE, par exemple : lorsqu'un des associés est devenu, par son âge et ses infirmités, ou par maladie incapable de concourir à la gestion [1] ; lorsqu'un associé est atteint de troubles cérébraux qui le rendent inapte aux affaires, quand même ces troubles auraient existé déjà au moment de la constitution de la société, s'ils se sont aggravés depuis lors (Lyon, 14 novembre 1901, *Dalloz*, 1902, 2, 243).

En voici quelques autres :

1029. — INCAPACITÉ ÉVIDENTE, OU INCONDUITE D'UN ASSOCIÉ. — L'incapacité manifeste d'un associé, à la condition qu'elle ait été ignorée de ses cocontractants lors de la formation de la société, est un motif à dissolution judiciaire de la société.

De même une inconduite notoire ; même si elle était antérieure à la constitution de la société, mais non connue des coassociés, et révélée depuis.

De même également toute action honteuse ou flétrissante dont un associé serait coupable.

---

1. Et ce, alors même que cet associé demanderait à se faire remplacer par un mandataire (Colmar, 8 janvier 1820, *Dalloz, Jurisp. Gén. Société*, 662).

1030. — Mauvais état des affaires sociales. — Suivant les circonstances, la perte d'une partie du capital social peut motiver la dissolution judiciaire de la société (Voir n° 173-2°).

Jugé que même la diminution du capital social pourrait entraîner une telle dissolution si ce capital se trouvait réduit au point de ne plus être suffisant pour faire face aux besoins des opérations de la société (Cassation, 16 juin 1873, *Dalloz*, 74, 1, 61).

La dissolution pourrait encore être obtenue judiciairement en cas d'absence de bénéfices (*Not.* Trib. de Comm. Seine, 15 avril 1887, *Le Droit*, 27 avril 1887)[1].

1031. — Absence d'un associé. — L'absence prolongée d'un associé qui ne donne aucunes nouvelles et qui n'a pas, en partant, pris le soin de se faire remplacer soit par un coassocié, soit par un tiers fondé de pouvoirs, peut, lorsque l'associé disparu avait un concours actif dû à la société, autoriser ses coassociés à demander la dissolution judiciaire de la société.

1032. — Associé pourvu d'un conseil judiciaire. — La dation d'un conseil judiciaire n'entraîne pas de plein droit, comme l'interdiction, la dissolution de la société (Cassation, 28 mars 1892, *Dalloz*, 92, 1, 265). Mais elle peut donner lieu à la dissolution judiciaire, si l'associé auquel ce conseil est nommé se trouve dans l'un des cas dits *supra* sous les n° 1028-2° et 1029.

1033. — Mésintelligences entre associés. — En principe, les désaccords survenus entre les associés sont une juste cause de dissolution de la société, encore que ces désaccords soient imputables à tous (*Not.* Grenoble, 20 mars 1863, *Dalloz*, 63, 5, 237), mais à condition qu'ils soient de nature à nuire aux intérêts sociaux.

En outre, la mésintelligence entre les associés ne serait pas une cause de dissolution si la reprise de la vie sociale ne paraissait pas impossible (Paris, 16 février 1894, *Rev. des Soc.* 1894, 239). Mais si le désaccord était tel que la continuation de la société ne soit plus possible, il constituerait une cause de dissolution (Montpellier, 20 novembre 1897, sous Cassation, 15 mai 1899, *Dalloz*, 99, 1, 353-356).

---

1. Mais, pour ce, il faudrait évidemment que le défaut de bénéfices se perpétuât pendant plusieurs exercices.

1034. — Des mauvais traitements exercés par l'un des associés envers l'autre, constituent une juste cause de demande en dissolution de la société (Trib. de Comm. Nantes, 8 septembre 1894, *Rec. Nantes*, 1895, 1, 92).

1035. — Jugé notamment :

Que la dissolution peut être prononcée quand l'un des associés, au lieu de surveiller le personnel dont il avait la direction, a favorisé par sa manière d'agir les habitudes immorales des ouvriers des deux sexes et que l'autre associé a publiquement pris envers son coassocié une attitude hostile, en l'injuriant et en critiquant devant témoins les actes accomplis par lui et rentrant dans ses attributions, en refusant de payer les ouvriers qu'il avait embauchés ou en refusant de lui communiquer les livres sociaux autrement qu'en présence de tiers (Rennes, 7 décembre 1883, *Dalloz*, 94, 2, 87).

Que peut constituer un juste motif de dissolution, outre la mésintelligence entre les associés, la dépense d'une importante partie du fonds social avant l'obtention des concessions que la société avait pour objet d'exploiter (Cassation, 11 novembre 1896, *Dalloz*, 97, 1, 231).

Que la dissolution d'une société à terme doit être prononcée avant le terme convenu lorsque des dissentiments graves existent entre associés et qu'une incompatibilité d'humeur et de vues est de nature à nuire gravement à la bonne marche de l'affaire commune.

Qu'il en est ainsi spécialement, lorsque les associés, ayant cessé tous rapports personnels, ne correspondent plus entre eux que par lettres rédigées en termes agressifs, connues des employés et portées au copie de lettres avec des annotations blessantes (Tribunal de commerce de Nantes, 19 mars 1920 ; Rec. Nantes, 1920, 250, *Nouv. Rev. Synth.*, 1445).

1036. — Mais bien entendu, la mésintelligence entre les associés, ne constituerait pas une cause de dissolution de la société, s'il était établi que le demandeur l'a fait naître malicieusement, dans le but de faire prononcer la dissolution pour cette cause (Chambéry, 24 mars 1887, *Rev. des Soc.* 1887, 377).

Il en serait ainsi si ce demandeur avait agi *anima injuriante*, c'est-à-dire par esprit de malice, de méchanceté, par désir de satisfaire un ressentiment.

1037. — De même, n'obtiendraient pas la dissolution de la société, les associés qui se prévaudraient de la mésintelligence existant entre eux et leurs coassociés, s'il est prouvé que cette mésintelligence provient de leur propre fait et de leur accord en vue de se séparer d'un des associés dont ils désirent la retraite (Paris, 27 mars 1895, *Dalloz*, 95, 2, 319).

1038. — La légitimité et la gravité des causes de dissolution sont laissées à l'arbitrage souverain des tribunaux dont l'appréciation échappe à la Cour de cassation et qui, suivant les circonstances décident que la mésintelligence constitue ou ne constitue pas une cause de dissolution de la société (*Not.* Cassation, 24 janvier 1899, *Dalloz*, 99, 1, 260, — 9 mars 1903, *Ibid.* 1904, 1, 89, — 25 janvier 1904, *Ibid.* 1904, 1, 601).

1039. — Qui peut demander la dissolution judiciaire ? — Nul ne pouvant se prévaloir de sa propre faute, il s'ensuit que lorsque la cause de dissolution de la société provient de la faute d'un des associés, celui-ci ne peut pas demander la dissolution : seuls, ses coassociés le peuvent (*Not.* Paris, 27 mars 1895, *Dalloz*, 95, 2, 319[1]).

La faculté de provoquer la dissolution de la société pour justes motifs est propre à chacun des associés (Cassation, 4 février 1895, *Dalloz*, 95, 1, 183). Et ce droit étant d'ordre public, ne peut pas faire l'objet d'une renonciation faite à l'avance par les associés et aucune convention ne peut y faire obstacle (Cassation, 9 mars 1903, *Dalloz*, 1904, 1, 89).

Le droit de demander la dissolution de la société pour justes motifs, est un droit « attaché à la personne » que les créanciers personnels des associés ne peuvent par conséquent pas exercer au nom de ces derniers (Trib. de Comm. Seine, 8 octobre 1895, *Le Droit*, 30 octobre 1895).

Mais, par contre, les créanciers de la société peuvent demander la dissolution de la société pour justes motifs (Trib. Seine, 31 octobre 1892, *Gaz. du Pal.* 92, 2, 570).

1040. — Dommages-intérêts. — Lorsque la dissolution de la société est prononcée pour une faute commise par un des associés, les coassociés de celui-ci peuvent obtenir contre lui une condamna-

---

1. Exemple : l'associé qui manque à ses engagements n'est pas recevable à demander la dissolution de la société.

tion à des dommages-intérêts (Cassation, 15 novembre 1876, *Dalloz*, 78, 1, 124).

Toutefois, lorsque la cause de dissolution naît chez un associé sans qu'il y ait faute de sa part (par exemple en cas d'infirmité accidentelle) cet associé peut, comme les autres, demander la dissolution de la société et, ce qui va de soi, aucune condamnation à dommages-intérêts ne doit être prononcée contre lui.

1041. — Publication de la dissolution. — En cas de dissolution anticipée d'une société en nom collectif, il y a lieu, ainsi qu'on l'a déjà dit à publication légale (n°ˢ 460 et suiv.).

À défaut de publication, chacun des associés est personnellement responsable des dettes contractées postérieurement sous le nom de la société (Douai, 29 novembre 1900 sous Cassation, 5 février 1902, *Dalloz*, 1904, 1, 115).

Ainsi, jugé que la responsabilité de chacun des associés subsiste envers les tiers, à défaut de publication de la dissolution de la société, alors même que les tiers auraient eu connaissance de celle-ci, la présomption légales qu'ils ont ignoré la dissolution n'admettant pas la preuve contraire (Rouen, 30 janvier 1895, sous Cassation, 2 mars 1897, *Dalloz*, 98, 1, 57).

1042. — Que deviennent les contrats en cours à la dissolution ? — Les contrats régulièrement passés qui se trouvent être en cours au moment de la dissolution de la société, continuent de subsister, car ils doivent recevoir leur pleine exécution pendant toute leur durée (*Not.* Marseille, 14 juin 1910, *Journ. des Soc.* 1911, 458).

S'il en était autrement, les intérêts des tiers qui traitent avec des sociétés seraient souvent en péril, car rien ne serait plus aisé pour les associés, désireux de soustraire leur société et eux-mêmes, comme conséquence aux obligations qu'elle a contractées, que d'en faire prononcer la dissolution anticipée.

1043. — Liquidation. — Partage. — L'importance de ces deux matières et les développements qu'elles entraînent, nécessitant une étude spéciale d'ensemble, il est renvoyé, à leur égard, au tome second de l'ouvrage dans lequel ces deux questions sont traitées.

CHAPITRE VII

FORMULES

1044-1. — Statuts sous signatures privées d'une société en nom collectif. — Les statuts constituent la charte de la société. Suivant qu'ils sont bien ou mal conçus et rédigés, suivant qu'ils prévoient ou non les situations particulières dans lesquelles la société — et les associés — sont appelées à se trouver, les intéressés ignorent toujours, ou rencontrent fréquemment, des difficultés irritantes, toujours dispendieuses et trop souvent même insurmontables.

Pourquoi il importe de ne jamais rédiger le pacte social à la légère ; de faire cadrer ses conditions avec le but social poursuivi, avec les circonstances particulières de l'affaire, avec les *desiderata* des intéressés en présence.

C'est que, aussi bien, n'existe-t-il — et ne peut-il pas exister — de statuts passe-partout, si l'on peut dire pouvant indistinctement s'appliquer à toutes les sociétés et dans tous les cas, pas plus qu'il n'existe et n'existera jamais de vêtement-type, taillé sur un modèle et avec des mesures immuables, susceptible d'être porté par chacun avec la même impeccabilité. Ceci, parce que chaque individu a ses formes propres, — cela parce que chaque société a son objectif et ses besoins particuliers.

La formule-type ne peut donc pas être. Il est utile de le dire bien haut ici, d'abord pour détromper ceux — et ils sont plus nombreux qu'on pourrait le penser — qui, inconsidérément — nous allions écrire inconsciemment ce qui, pour la majorité serait plus exact — pensent et prétendent le contraire ; ensuite, pour que les intéressés ne croient pas, en étudiant notre ouvrage, y trouver des formules toutes faites, répondant à tous les besoins et s'adaptant instantanément à tous les cas, des formules où, seuls, les noms sont à remplir et les sommes à changer.

Les formules qu'on va lire sont extrêmement complètes, en ce sens que chacune d'elles traite la plupart des cas susceptibles de se produire et que les diverses solutions de chacun de ces cas y sont prévues et réglementées de manières différentes, suivant les besoins de la société et les aspirations de ceux qui la composent.

C'est exclusivement présentées sous cette forme, que des formules peuvent être utiles, car c'est la seule qui permette aux intéressés d'envisager chaque question avec chacune des solutions qu'elle comporte et de retenir et dégager, en pleine connaissance de cause, celles qui répondent tout à la fois au but poursuivi, aux besoins sociaux et aux besoins des intérêts particuliers de chacun des associés.

C'est ainsi comprises, que les formules indiquées dans notre ouvrage rendront de précieux et importants services.

Et pour terminer cette petite mais utile digression, nous nous permettrons un conseil, en recommandant aux futurs associés de toujours bien peser, comprendre, — et se faire expliquer s'il y a lieu, — les termes des statuts qu'on propose à leur signature, et cela, *avant* de s'engager. Car, s'engager, ici, c'est engager son avenir, sa fortune, et la fortune des siens. Certes, lorsqu'une société se forme, chacun voit la route unie et la réussite certaine. Tout le monde est d'accord. Mais dans la suite combien autre peut être la réalité !

C'est pour cela qu'il importe de tout prévoir, c'est pour cela que chacun doit s'attacher à ce que les statuts ne contiennent que des clauses adéquates aux besoins sociaux, aux intérêts respectifs des associés. Sinon, il serait des intérêts qui seraient inévitablement et gravement lésés.

Entre les soussignés :

M. A... (*prénoms, nom, qualité et domicile*).

D'une part.

Et M. B... (*prénoms, nom, qualité et domicile*).

D'autre part.

IL A ÉTÉ CONVENU ET ARRÊTÉ CE QUI SUIT :

ARTICLE PREMIER

Il est formé entre les soussignés une société commerciale en nom collectif.

Cette société a pour objet... [1].

1. Voir pour formules d'objets de société *suprà* n°° 78 et suivants.

Article 2.

La durée de la société est fixée à... années qui commenceront à courir le... [1] et expireront le... [2-3].

Article 3

Le siège de la société est à..., rue..., n°...

Il pourra, à toute époque, être transféré partout ailleurs, d'un commun accord entre les soussignés [4].

Article 4

La raison et la signature sociales sont « A... et B... » ou « A... et Cie [5] ».

Article 5

Les affaires et intérêts de la société seront gérés et administrés par chacun des associés [6] avec les pouvoirs les plus étendus.

En conséquence, chacun d'eux aura la signature sociale, mais il n'en pourra faire usage que pour les besoins et affaires de la société [7].

---

1. *Ou :*... qui commenceront à courir rétroactivement à compter du... dernier et expireront le...

2. *S'il y a lieu :*
Toutefois les associés auront réciproquement le droit de faire cesser la société à l'expiration de chaque période de... ans (ou *bien :*... à toute époque, à l'expiration d'un exercice social, mais à partir seulement de l'expiration de la ...[6] année) à charge par celui qui voudra user de cette faculté de prévenir son coassocié de son intention à cet égard, au moins ... mois à l'avance, et par écrit.
Ou bien :
Toutefois la société pourra être dissoute à l'expiration de chaque période de... années, si un associé le demande. Dans ce cas, il devra notifier sa volonté à l'autre, par simple lettre recommandée ... mais au moins avant l'expiration desdites périodes.
A défaut de quoi la société continuera sous les conditions stipulées aux présents statuts.

3. Pour le cas où, lors de la constitution de la société, la retraite d'un associé est prévue, voir la formule indiquée *infrà* 1044 —, 2.

4. *Ou bien :* Il pourra être transféré dans tout autre endroit de la même ville, d'un commun accord entre les associés.

5. *S'il y a lieu :*
En outre, la société prend la dénomination de...

6. *Ou :* ... par M... seul ... etc.
En conséquence, M... aura seul la signature sociale, etc.

7. *Ajouter s'il y a lieu :* ... à peine de nullité de tous engagements pris en violation de cette stipulation, même à l'égard des tiers qui seront suffisamment avertis par la publication de cette clause, et ce, sans préjudice du droit qu'aurait l'as-

Chacun des associés pourra agir seul et séparément, sauf la réserve stipulée au dernier alinéa du présent article [1].

Les pouvoirs des associés comprennent notamment ceux de : faire ouvrir au nom de la société tous comptes courants à toutes banques et à tous établissements de crédit, y déposer et retirer toutes sommes et tous chèques, signer et endosser tous chèques :

Faire tous achats de marchandises et matières premières au comptant ou à terme ; faire toutes ventes de marchandises également au comptant ou à terme ;

Payer et recevoir toutes sommes, régler et arrêter tous comptes ;

Passer et signer tous marchés avec tous fournisseurs, clients, entrepreneurs, employés et ouvriers ;

Faire ouvrir tous comptes au nom de la société dans toutes administrations publiques ou privées ; contracter tous contrats et abonnements ;

Traiter, transiger, compromettre ;

Donner toutes quittances, tous désistements et mainlevées, avant ou après paiement, de toutes inscriptions, saisies, oppositions, nantissements, privilèges et autres empêchements quelconques ; se désister de tous droits ; consentir à toutes antériorités et subrogations.

Exercer toutes actions judiciaires, tant en demandant qu'en défendant ; constituer tous mandataires ;

Souscrire, endosser, accepter, négocier et acquitter tous effets de commerce.

Étant observé que les pouvoirs ci-dessus ne sont qu'énonciatifs et non limitatifs, chacun des associés ayant, ainsi qu'il a été dit plus haut, les pouvoirs les plus étendus pour la gérance et la bonne marche de la société [2].

Toutefois, aucun emprunt, non plus qu'aucune acquisition ou aliénation d'immeuble ou de fonds de commerce supérieurs à... francs ne

---

socié non contrevenant de faire prononcer la dissolution de la société, après une infraction dûment constatée et d'exercer toutes actions en dommages-intérêts.

Ou bien (lorsqu'il y a plus de deux associés) :

... Le tout, indépendamment du droit qu'auraient les associés non contrevenants de faire prononcer l'exclusion immédiate de l'associé en défaut et sa condamnation à tous dommages-intérêts.

1. Ou : ... Les deux gérants auront les pouvoirs les plus étendus conformément aux lois et aux usages du commerce, pour gérer et administrer la société, ensemble ou séparément.

2. Il est toujours préférable, en raison de ce que la société peut être appelée à contracter avec des administrations publiques ou privées, d'indiquer, dans les statuts, les principaux pouvoirs des gérants. Ceci permet d'éviter des justifications interminables et des pourparlers qui, généralement, font perdre un temps précieux.

Nous conseillons donc de ne pas omettre cette partie de notre formule, en choisissant nécessairement les seuls pouvoirs utiles ; ceux donnés ici étant intentionnellement étendus.

pourront être réalisés qu'avec la signature des deux associés qui, dans ce cas, signeront tous deux de la signature sociale[1].

Article 6

I. — M. A... fait, sous les garanties de droit, apport à la société de[2] :

1°...   «   »
2°...   «   »
3°...   «   »

(*Pour la rédaction des apports, voir les formules données supra n°[os] 376 et suivants, dont on s'inspirera suivant les besoins et les circonstances*).

II. — De son côté M. B... apporte à la société, sous les garanties de droit :

1°...   «   »
2°...   «   »
3°...   «   »

(*Même remarque*).

Total des apports constituant le capital social... francs.

ci . . . .   «   »

---

1. *Ou bien :*

Toutefois, il est expressément convenu que les marchés, traités, soumissions de travaux, ainsi que les acquisitions, les échanges, ventes d'immeubles et de fonds de commerce, les emprunts et les baux de plus de dix-huit ans ne pourront être réalisés qu'avec le concours des deux associés.

Ou encore :

Toutefois, pour tous engagements ou actes quelconques, supérieurs à ... francs la signature des deux associés sera nécessaire.

Ou :

Etant convenu que tous effets de commerce, mandats ou autres, bordereaux récépissés, chèques, factures et marchés seront valablement souscrits, endossés, acceptés ou passés pour le compte de la société, par un seul des associés, signant de la signature sociale, mais sous réserve que les obligations, engagements ou acquits en résultant n'excèdent pas ... francs. Tous engagements et actes quelconques supérieurs à cette somme, devant, pour être valables, être signés par les deux associés.

2. *Ou bien :*

Le capital social est fixé à la somme de ... francs, fourni ainsi qu'il suit :

I. — M. A... apporte à la société, sous les garanties de droit :

(*Enonciation des apports*).   «   »

II. — De son côté M. B... apporte... etc.   «   »

Total égal au capital social ... francs ci . . . . «   »

Les soussignés reconnaissent que chacun de ces apports a été présentement effectué [1].

ARTICLE 7

Le capital social produira au profit des associés, chacun dans la proportion de son apport, des intérêts au taux de... pour cent par an [2] lesquels seront payables [3]... et seront passés au compte des frais généraux de la société [4].

ARTICLE 8

Les associés devront consacrer tout leur temps et donner tous leurs soins aux affaires de la société [5].

Ils s'interdisent de la façon la plus formelle de s'intéresser directement

1. Voici un exemple de stipulation pour le cas où les intéressés conviennent que, dans l'avenir, l'importance de leurs apports devra être égalisée, — ceci lorsqu'il y a un apport en industrie (V. *suprà*, nos 359 et suiv.) ou lorsque les apports en nature ou en espèces sont d'inégale valeur :

« M. B... s'engage, afin que l'importance de son apport soit égale à celle de l'apport de M. A..., à laisser dans la société chaque année le montant de sa part dans les bénéfices de la société, telle que cette part est déterminée à l'article ci-après, jusqu'à ce que le montant de son apport ait atteint la somme de... francs.

« Toutefois il aura, bien entendu, le droit de, jusqu'à cette époque, prélever le traitement fixe auquel il a droit en vertu de l'article 10 ci-dessous.

S'il y a lieu :

Etant convenu que M. A... devra, de son côté, retirer de la société, à titre de réduction, du montant de son apport ci-dessus chaque année, une somme égale à celle laissée annuellement par M. B... dans la société ainsi qu'il vient d'être stipulé, ce, de manière que le capital social reste constamment maintenu à la somme de... francs.

2. A compter de ce jour ou à compter du ...

3. Semestriellement, les ... de chaque année, *ou* : chaque année, lors de la clôture de l'inventaire social, en même temps que les bénéfices.

4. *S'il y a lieu :*

Le capital social produira au profit des associés, chacun dans la proportion de son apport, des intérêts au taux de... pour cent par an, lesquels seront payables etc... et passés au compte des frais généraux de la société.

Ces intérêts commenceront à courir, savoir : en ce qui concerne M. A... à compter de ce jour (*ou* : à compter du...); et, en ce qui concerne M. B... à compter du jour où, lors de la clôture de chaque inventaire annuel, les bénéfices seront partageables ; ce moment étant celui auquel il doit laisser, à titre d'apport (*ou* : de complément d'apport) ainsi qu'il a été stipulé plus haut, la part lui revenant dans les bénéfices.

Au fur et à mesure que les sommes ainsi laissées par M. A... dans la caisse sociale produiront intérêts à son profit, les sommes que M. B... retirera, comme conséquence de ces versements et conformément à ce qui a été convenu plus haut, cesseront de produire intérêts à son profit.

5. *On :*

M. A... devra consacrer tout son temps et donner tous ses soins aux affaires de la société.

M. B... s'occupera des affaires de celle-ci suivant le temps que lui laisseront ses affaires en cours.

ou indirectement ou par personne interposée, dans aucune autre affaire industrielle ou commerciale, similaire ou non à celle faisant l'objet de la société présentement constituée [1].

ARTICLE 9

Les attributions des gérants sont fixées de la manière suivante :

M. A... s'occupera plus spécialement de l'administration intérieure de la société, c'est-à-dire des achats et des ventes, de la correspondance commerciale, de la caisse et de la comptabilité.

M. B..., de la clientèle [2]-[3].

ARTICLE 10

Chacun des gérants a droit à un traitement fixe annuel de... francs, qui sera prélevé mensuellement et porté au compte des frais généraux de la société [4].

Ce traitement leur sera acquis, alors même que les bénéfices sociaux de l'exercice n'atteindraient pas son montant [5]-[6].

1. *S'il y a lieu :*
Toutefois, de convention expresse, l'interdiction qui précède ne s'applique pas à M. B..., en ce qui concerne le fonds de commerce de... qu'il exploite à..., rue..., n°..., fonds que M. B... continuera d'exploiter comme par le passé.

Ou bien (dans le cas où il n'y a qu'un seul gérant) :
Étant expressément convenu que M. A... ne pourra s'intéresser directement ou indirectement dans aucune entreprise commerciale ou industrielle, étrangère à l'objet de la société présentement constituée, sans le consentement exprès et par écrit de M. B... (Toutefois M. A... se réserve le droit de s'occuper de toutes autres affaires et entreprises déjà exploitées par lui, ainsi que de toutes autres qu'il viendrait à créer et à exploiter dans l'avenir.)

2. *Ou* (dans le cas de trois associés) :
M. A... s'occupera plus particulièrement de la direction de l'usine ;
M. B..., de la direction de la maison de commerce ;
Et M. C..., des rapports de la société avec la clientèle.

3. *Le cas échéant :*
Chacun des associés aura droit, chaque année, à un congé de... mois. Les époques des congés seront arrêtées d'accord entre eux, ce, de manière que M. A... prenne toujours son congé le premier.

4. *Ou :*
MM. A... et B... auront droit à un traitement fixe annuel savoir : M. A... de... francs, et M. B... de... francs, lesquels seront prélevés mensuellement et portés aux frais généraux de la société.

Ce traitement leur sera acquis, etc.

5. Cette clause, qui est recommandée par M. E. Lecouturier (Formulaire du *Traité des sociétés commerciales* de M. Arthuys, p. 7) est, à notre avis également, très intéressante à insérer.

En effet, en son absence, les prélèvements opérés sont considérés comme simples avances sur les bénéfices de l'exercice et, dans cet ordre d'idées, ne sont pas imputables aux frais généraux de la société.

6. *Ou bien :*
Les associés auront le droit de prélever mensuellement dans la caisse sociale une

ARTICLE 11

L'année sociale commence le premier janvier et finit le trente et un décembre [1].

Par exception le premier exercice social comprendra le temps écoulé entre le... [2], et le trente et un décembre prochain [3].

ARTICLE 12

Il sera tenu, au siège social, sous la surveillance de chacun des gérants [4] des écritures comptables régulières, conformément aux lois et usages du commerce. Les livres comptables devront toujours être à jour.

Chaque année le trente et un décembre [5] et pour la première fois le trente un décembre prochain, il sera dressé un inventaire commercial de tous les biens actifs et passifs de la société.

L'inventaire devra être clôturé au plus tard le... [6] de l'exercice suivant.

Chaque inventaire sera intégralement transcrit sur un registre exclusivement destiné à cette fin, et sera signé par chacun des associés dans... [7] au plus tard de sa clôture. Ce délai passé, chacun des associés sera for-

somme de... francs chacun. Ces prélèvements seront imputables sur leurs parts respectives dans les bénéfices de l'exercice. Ils sont, évidemment, indépendants des intérêts servis aux apports en vertu de l'article 7.

Si les prélèvements ainsi opérés se trouvaient, en fin d'exercice, être supérieurs à la part d'un associé dans les bénéfices, l'excédent s'imputerait sur sa part dans les bénéfices de l'exercice suivant (ou :... cet associé devrait immédiatement restituer l'excédent à la société).

1. *Ou :*
L'année sociale commence le premier juillet et finit le trente juin.

2. Jour de départ de la société.

3. *Ou :*... et le trente juin prochain.

4. *Ou :*... sous la surveillance particulière de M...

5. *Ou :*... le trente juin.

6. 20 janvier, par exemple, si l'année sociale finit le 31 décembre, et 20 juillet si elle finit le 30 juin.

7. Huitaine, quinzaine ou mois.
Il est rationnel de ne pas fixer un délai trop court, car il convient d'accorder aux associés un délai raisonnable et suffisant pour leur permettre d'étudier à tête reposée l'inventaire qui leur est soumis.

clos du droit de le contester, et l'inventaire sera définitif à l'égard de tous, même de ceux qui ne l'auraient pas signé [1-2].

ARTICLE 13

Chaque associé pourra, avec le consentement de son coassocié, verser, dans la caisse sociale, des fonds en compte courant [1] et ce, en une ou plusieurs fois.

Les sommes ainsi versées produiront un intérêt annuel de... pour cent. Cet intérêt sera imputable au compte des frais généraux et payable chaque année lors de la clôture de l'inventaire [1].

Elles ne pourront, pour quelque motif que ce soit, être retirées, en tout ou en partie, qu'après un préavis de... mois donné par lettre recommandée à la société, et ce, sous la condition que la société dispose à ce moment de somme suffisante, de manière que ce retrait n'entrave aucunement la marche normale et régulière de ses opérations [5].

1. *Ajouter s'il y a lieu :*
Dans chaque inventaire, la même valeur sera affectée au fonds de commerce.
Le matériel sera amorti à... pour cent et le petit outillage à... pour cent.
Les marchandises en magasin au moment de l'inventaire, seront estimées au prix de revient, avec un amortissement qui ne pourra être moindre de... pour cent, sauf celles invendables pour une cause quelconque, lesquelles seront entièrement amorties.
Les mauvaises créances seront passées au compte des profits et pertes; les créances douteuses seront amorties en... exercices.
Enfin les frais d'installations nouvelles, de réparations et d'entretien seront annuellement passés au compte des profits et pertes.
Quant aux frais de constitution de la société (timbre, enregistrement, honoraires de rédaction des présents statuts, frais de publication légale) ils seront passés au compte des frais généraux et amortis dès le premier exercice.

2. *Le cas échéant :*
En outre, un état de situation... (semestriel ou trimestriel) sera dressé sur papier libre et sans aucune formalité, chaque année le... (ou : les...).
Cet état relatant la situation active et passive de la société sera remis à chacun des associés dans les... (par *exemple* : dix jours) de cette date (ou : de ces dates).

3. *S'il y a lieu :* ... jusqu'à concurrence d'une somme maxima de...

4. *Ou bien :* ... et payable semestriellement (ou : trimestriellement).

5. *On :*
Chaque associé pourra, avec le consentement de son coassocié, verser en compte courant dans la société toutes sommes dont celle-ci pourrait avoir besoin.
Ces sommes produiront un intérêt annuel de... etc.
Elles ne pourront être retirées que du consentement de l'autre associé, à moins que, lors de leur versement, les diverses époques de remboursement aient été fixées d'accord entre les associés et mentionnées dans la comptabilité (ou bien : elles ne pourront être retirées que du consentement de l'autre associé, après avertissement du retrait donné au moins... mois à l'avance à la société, sauf convention spéciale contraire, et sans que, en aucun cas, les associés puissent retirer plus de... francs par semestre ou trimestre).

ARTICLE 14

Les bénéfices sociaux constatés par chaque inventaire annuel, après déduction faite des frais généraux et des charges de la société [1], constitueront le bénéfice net partageable, lequel (sous déduction s'il y a lieu de... pour cent de son montant pour la constitution d'un fonds de prévoyance, ainsi qu'il est stipulé à l'article suivant) appartiendra aux associés, dans la proportion suivante :

A M. A..., pour... (moitié, ou les deux tiers, etc.).

Et à M. B... pour... (moitié ou un tiers, etc.) [2].

Les pertes, s'il en existe, seront supportées par chacun des associés dans la même proportion [3].

ARTICLE 15 [4]

Lorsque le montant du bénéfice net partageable, déterminé ainsi qu'il est dit à l'article précédent, atteindra le... (par exemple : dixième) du capital social, il sera prélevé avant toute répartition, entre les associés..., par exemple : cinq pour cent de ce bénéfice net, pour la constitution d'un fonds de réserve de prévoyance.

Ce prélèvement pourra cesser lorsque le montant de ce compte de réserve aura atteint le... (par exemple : dixième) du capital social. Il reprendrait son cours, si la réserve ainsi constituée venait à être entamée.

Les sommes figurant au compte de réserve de prévoyance ne produiront aucun intérêt, mais les associés auront la faculté d'employer les disponibilités de ce compte en achats de rentes françaises exclusivement, dont les arrérages seront portés au crédit du compte des profits et pertes.

---

1. *S'il y a lieu :* ... ainsi que des amortissements prévus à l'article 12 ci-dessus.

2. *Ajouter s'il y a lieu :*
La part dans les bénéfices revenant à chacun des associés ne pourra être retirée par eux qu'un mois après la clôture de l'inventaire.

3. Les bénéfices constatés par un inventaire, et distribués, ne seront pas soumis à rapport d'un bénéfice sur l'autre.
Si un ou plusieurs inventaires se soldaient en pertes, ces pertes devraient être couvertes au moyen des bénéfices de l'exercice ou des exercices suivants, de telle sorte qu'aucune répartition ne puisse être faite sur les nouveaux bénéfices avant que les pertes antérieures n'aient été préalablement couvertes.
Toutefois, les frais généraux continueraient à comprendre les frais d'exploitation, les intérêts servis aux apports et aux comptes courants des associés, ainsi que les amortissements.

4. Stipulation facultative, offrant, dans certains cas, un grand intérêt.

ARTICLE 16

En cas de perte de... [1] du capital social [2], chaque associé pourra demander la dissolution immédiate de la société, à charge par lui d'en aviser son coassocié par une simple lettre recommandée adressée dans le mois au plus tard du dernier inventaire social. Passé ce délai la demande en dissolution ne serait plus recevable [3].

Dans ce cas de dissolution, la liquidation de la société sera faite dans les formes et sous les conditions prévues à l'article 22 ci-après.

ARTICLE 17

Aucun associé ne pourra céder ses droits dans la société présentement constituée sans le consentement de son coassocié [4-5].

1. *La moitié, ou ; du tiers, ou ; des trois quarts...*

2. *S'il y a lieu :*
... Ainsi que dans le cas où deux inventaires successifs n'accuseraient aucun bénéfice...

3. *S'il y a lieu* (lorsqu'il y a plus de deux associés) :
Dans le cas où deux inventaires successifs n'accuseraient aucun bénéfice (ou : dans le cas où deux inventaires successifs accuseraient une perte de... mille francs sur le capital social) chacun des associés aura le droit de se retirer de la société, à charge de prévenir ses coassociés, par lettre recommandée dans le mois qui suivra la clôture du dernier inventaire annuel, sous peine de déchéance.
Si un seul des associés use de ce droit, les autres pourront, à charge par eux de faire connaître leur intention, par lettre recommandée, dans le mois de la réception de l'avis à eux adressé par leur coassocié, continuer, seuls, la société. Ils devront, dans ce cas, rembourser à celui qui se retirera le montant de ses droits, tels qu'ils résulteront du dernier inventaire social, sans qu'il puisse rien prétendre sur les opérations postérieures à cet inventaire.
La part revenant à l'associé qui se retire lui sera payée par les associés restant, savoir :... (*indication des échéances de versements*) et son montant sera productif d'intérêts au taux de... pour cent par an, qui seront payables en même temps que chaque fraction du principal.
Avec convention qu'en cas de dissolution ou de transformation de la société, de remise en gage ou nantissement de tout ou partie de l'actif social, les sommes dues deviendraient de plein droit immédiatement exigibles.

4. *S'il y a lieu :*
Toutefois, il est expressément convenu que M. A... aura la faculté, à l'expiration de la ...ème année à compter de ce jour, de céder tous ses droits dans la présente société à M... son... (fils, gendre, etc.).

5. *Ou bien :*
Chaque associé aura le droit, à toute époque, de céder ses droits dans la présente société, sans que son coassocié puisse élever aucune opposition à cette cession, pour quelque motif que ce soit.

Article 18

En cas de décès de l'un des associés avant le terme ci-dessus fixé de la société présentement constituée, celle-ci sera dissoute de plein droit, et la liquidation en sera faite conformément aux stipulations de l'article 22 ci-après :

A. — *Ou :*

I. — En cas de décès de l'un des associés pendant le cours de la société, celle-ci ne sera pas dissoute.

Elle continuera d'exister entre l'associé survivant comme seul associé en nom et gérant responsable, ayant la signature sociale, et les héritiers et représentants de l'associé décédé, lesquels seront alors simples commanditaires pour la part qu'avait leur auteur dans le capital de la société, telle que cette part résultera de l'inventaire commercial qui sera dressé dans la huitaine du décès [1].

Dans ce cas la dénomination de la société restera la même, mais la raison sociale comprendra le nom de l'associé survivant, suivi des mots *et Compagnie.*

En aucun cas les commanditaires ne pourront s'immiscer dans les affaires sociales ; ils devront se faire représenter par l'un d'entre eux, qui aura pouvoir de tous et exercera seul les droits qui leur appartiendront, dans leurs rapports avec la société.

Acte de la conversion de la société présentement constituée en société en commandite simple devra être dressé dans le mois du jour du décès de l'associé en nom [2-3].

Les héritiers et représentants de l'associé décédé n'auront en aucun cas droit au prélèvement stipulé à l'article 10.

Ils auront seulement droit, aux intérêts de leur capital dans la société, au taux de... pour cent par an, qui seront payables... [4], aux intérêts an

---

1. *Ou :*
... telle que cette part résultera du dernier inventaire social qui aura précédé le décès, et ce, rétroactivement, à compter du premier jour de l'exercice social au cours duquel le décès se sera produit.

2. *S'il y a lieu :*
Les bénéfices nets sociaux seront partagés ainsi qu'il suit, à compter du jour du décès :
... pour cent à l'associé survivant ;
Et... pour cent, aux héritiers et représentants de l'associé décédé.
En cas de pertes, elles seront supportées dans les mêmes proportions.

3. Il est donné, *infrà*, n° 1047, une formule d'acte de conversion de la société, opérée en exécution de la clause dont il vient d'être question.

4. Trimestriellement *ou* semestriellement, les... de chaque année (*ou bien :*... qui seront payables chaque année, lors de la clôture de l'inventaire social, en même temps que les bénéfices).

taux de... pour cent par an des sommes laissées ou versées par eux en
compte-courant dans la société, lesdits intérêts payables..., et à la part
dans les bénéfices nets sociaux qu'avait leur auteur, soit... [1], le surplus
devant appartenir aux associés en nom survivants.

En cas de décès d'un associé commanditaire, la société ne sera pas dissoute : elle continuera, dans les mêmes conditions que celles ci-dessus
stipulées, avec ses héritiers et représentants [2].

II. — Si l'un des associés commanditaires venait à décéder, la société
ne serait pas dissoute ; elle continuerait dans les mêmes conditions que
ci-dessus avec ses héritiers et représentants.

III. — Enfin, dans le cas où l'associé en nom collectif survivant viendrait lui-même à décéder, la société serait dissoute, si mieux n'aiment
les associés commanditaires ou leurs représentants et les héritiers et
représentants du second associé en nom décédé, se mettre d'accord sur
la nomination d'un nouveau gérant [3].

B. — *Clause accordant au survivant des associés en nom le droit de
conserver le fonds de commerce* :

En cas de décès de l'un des associés, la société sera dissoute immédiatement et de plein droit.

L'associé survivant continuera d'exploiter pour son compte personnel
le fonds de commerce exploité par la société, comprenant la clientèle et
l'achalandage, le droit aux baux, le matériel et les marchandises d'après

1. Moitié, *ou* tiers, *ou* quart, etc.

2. *S'il y a lieu* :
Quant au prélèvement auquel a droit l'associé survivant en nom, seul gérant, il
sera porté de... francs à.... francs par an,

3. *Si la société est constituée entre trois associés en nom*, le paragraphe III serait
à remplacer par ce qui suit :
III. — Dans le cas où, après le décès d'un premier associé, l'un des deux associés en nom survivants viendrait lui-même à décéder, la société ne serait pas dissoute, elle continuerait de subsister entre l'unique associé en nom qui aurait seul
la signature sociale, et, 1° les héritiers et représentants du premier associé décédé,
comme commanditaires, ainsi qu'il est dit ci-dessus ; 2° et les héritiers et représentants du deuxième associé décédé qui seront, eux aussi, simples commanditaires
pour la part de capital appartenant à leur auteur dans le capital de la société, telle
que cette part résultera... (*comme plus haut*).
Dans ce cas, la dénomination de la société restera la même... (*comme plus haut*).
En aucun cas les commanditaires ne pourront s'immiscer .. (*idem*).
Acte de la conversion de la société... (*idem*).
Les héritiers et représentants de l'associé décédé devenus simples commanditaires n'auront aucun droit au prélèvement stipulé à l'article 10.
En cas de décès d'un associé commanditaire... (*comme plus haut*).
IV. — Enfin, dans le cas où le dernier associé en nom collectif survivant vien-
drait lui-même à décéder avant l'expiration du terme fixé pour la présente société
celle-ci sera dissoute de plein droit, à moins que tous les associés commanditaires
ou leurs représentants ne s'entendent pour la nomination d'un nouveau gérant.

la valeur constatée dans l'inventaire commercial qui sera spécialement dressé à ce moment contradictoirement entre les intéressés ou, à défaut d'entente à cet égard, d'après la valeur qui sera fixée par deux experts choisis par les parties, lesquels devront, en cas de désaccord entre eux, s'adjoindre un tiers expert [1].

La valeur du fonds de commerce et de ses accessoires par lui conservés sera imputée sur la part revenant à l'associé survivant dans la société.

Quant à ce dont il restera être débiteur envers les héritiers et représentants de son coassocié décédé [2], tant en raison des droits sociaux de leur auteur dans la société qu'en raison de son compte courant [3] l'associé survivant devra s'en libérer de la manière suivante :

(*Enonciation des quotités et époques de paiements*).

Avec intérêts au taux de... pour cent par an, payables en même temps que chaque fraction du principal (*ou*... payables les... de chaque année).

Avec convention que les sommes restant dues deviendraient immédiatement et de plein droit exigibles... (quinze jours *ou* un mois après un simple commandement de payer resté infructueux) :

1° A défaut de paiement à son échéance d'une seule fraction du principal ou des intérêts ;

2° En cas de cession, de remise en nantissement ou d'apport en société du fonds de commerce conservé [4-5].

---

1. S'il veut bénéficier de ce droit, l'associé survivant devra, dans... (le *mois*, les *deux mois*, les *trois mois*, à compter du jour du décès de l'associé décédé, faire connaître aux héritiers et représentants de ce dernier, par lettre recommandée, son intention à cet égard.

A défaut de quoi, il serait forclos et la société serait dissoute de plein droit et liquidée conformément aux stipulations de l'article 22 ci-après.

2. *Ou* :
... envers les autres associés et les héritiers et représentants de l'associé décédé...

3. *Ou* :
... tant en raison de leurs droits sociaux et des droits qu'avait leur auteur dans la société, qu'en raison de leurs comptes courants...

4. *S'il y a lieu* :
En cas de décès de l'associé survivant, ses héritiers et représentants seront tous tenus solidairement au paiement de ce qu'il restera devoir.

5. *Cas où l'associé en nom survivant a la faculté de conserver l'actif social* :
En cas de décès de l'un des associés avant le terme d'expiration de la société présentement constituée, celle-ci sera dissoute immédiatement et de plein droit, et l'associé survivant aura le droit, si bon lui semble, de conserver tout l'actif social, pour son compte personnel, à la charge par lui d'acquitter le passif et d'exécuter, seul tous les engagements de la société et de verser aux héritiers et représentants de l'associé décédé le montant de la part sociale de ce dernier telle que cette part résultera de l'inventaire qui sera dressé... (*par exemple* : dans le mois) du jour du décès (ou : telle que cette part résultera du dernier inventaire social, sans que les héritiers et représentants de l'associé décédé aient aucun droit sur les résultats des

C. — *Clause accordant aux héritiers et représentants de l'associé en nom décédé, la faculté de continuer la société ou d'exiger sa dissolution :*

En cas de décès de l'un des associés [1] ses héritiers et représentants auront le choix entre la continuation ou la dissolution immédiate de la société, à charge par eux de faire connaître leur intention à cet égard à l'associé survivant [2], par simple lettre recommandée adressée dans... (*par exemple :* le mois) du jour du décès de leur auteur.

a) Si les héritiers et représentants de l'associé décédé optent pour la continuation de la société, la société continuera d'exister entre eux comme simples commanditaires pour la part qu'avait leur auteur dans la société, telle que cette part résultera de l'inventaire commercial qui sera dressé... (*par exemple :* dans la huitaine du jour de leur option [3]) et l'associé survivant [4] ce dernier comme seul associé en nom et gérant responsable ayant la signature sociale.

Dans ce cas, la dénomination de la société restera la même... (*comme au début de cet article, en A*).

En aucun cas les commanditaires ne pourront s'immiscer dans les affaires de la société... (*idem*).

opérations faites postérieurement à cet inventaire, résultats qui resteront au profit ou au préjudice de l'associé survivant).

Si l'associé survivant entend user du droit qui lui est ainsi accordé, il sera tenu, sous peine de forclusion de faire connaître son intention à cet égard aux héritiers et représentants de l'associé décédé, dans... (la huitaine ou la quinzaine) du jour du décès, par simple lettre recommandée.

L'associé survivant, usant du droit qui vient de lui être concédé, aura un délai de... à compter du jour de son option (ou :... à compter du jour du décès) pour se libérer envers les héritiers et représentants de son coassocié défunt de tout ce dont il sera débiteur envers eux.

Cette libération aura lieu ainsi qu'il suit :... (*énonciation des quotités et époques de versements*).

Ces sommes produiront intérêts au taux de... (*comme ci-dessus*).

Avec convention que les sommes restant dues deviendraient de plein droit immédiatement exigibles... (*comme ci-dessus*).

En cas de décès de l'associé survivant avant sa complète libération, les sommes restant dues deviendraient également de plein droit et immédiatement exigibles, et ses héritiers représentants seraient tous solidairement tenus à l'acquittement de sa dette.

1. *Lorsqu'il y a plus de deux associés...*
En cas de décès d'un ou de deux des associés.....

2. *Ou :...* aux associés survivants.

3. *Ou :*
... telle que cette part résultera du dernier inventaire social qui aura précédé le décès et ce, rétroactivement, à compter du premier jour de l'exercice au cours duquel le décès sera survenu.

4. *Ou : ...* les associés survivants:...

Acte de la conversion de la société... (*idem*).

Les héritiers et représentants de l'associé décédé n'auront en aucun cas, droit au prélèvement ci-dessus stipulé à l'article 10.

En cas de décès d'un associé commanditaire... (*comme en A ci-dessus*).

Enfin, dans le cas où l'associé en nom collectif survivant viendrait lui-même à décéder... (*idem*).

b) Dans le cas, où les héritiers et représentants de l'associé décédé n'opteraient pas, pour la continuation de la société, de même que s'ils n'avaient pas pris parti dans le délai ci-dessus fixé, la société serait dissoute [1] et sa liquidation en serait faite conformément aux stipulations de l'article 22 ci-après.

ARTICLE 19

En aucun cas, fût-ce même en cas de décès d'un associé, d'interdiction de l'un d'eux, ou de dissolution de la société et alors même qu'il se trouverait y avoir parmi les intéressés, des mineurs, des femmes mariées ou autres incapables de contracter, il ne pourra être apposé de scellés sur les biens et les valeurs de la société, ni procédé à un inventaire judiciaire ni à aucun acte quel qu'il soit, de nature à entraver la marche normale des opérations de la société ou de celles de sa liquidation.

ARTICLE 20

En cas de maladie ou d'incapacité physique d'un associé dûment constatée pendant... [2] au moins, comme en cas d'incapacité légale, la société ne sera pas dissoute [3].

Cet associé deviendra, à compter du jour de la constatation officielle de son incapacité, associé commanditaire avec les mêmes droits et dans les mêmes conditions que ceux qui ont été stipulés à l'article 18 au profit

1. *S'il y a lieu :*
... et l'associé survivant (*ou* : les asssociés survivants) aura dans ce cas la faculté de conserver pour son compte personnel le fonds de commerce exploité par la société... etc. *ou* l'actif social, etc... *comme formules plus haut données pour l'un et l'autre de ces cas*).

En en ce cas, l'associé devra, sous peine de forclusion, faire connaître par simple lettre recommandée son intention à cet égard aux héritiers et représentants de l'associé décédé dans... (la quinzaine *ou* le mois, etc.) de compter du jour où ces derniers lui auront fait connaître leur intention de faire cesser la société.

2. Six mois, un an, etc.

3. *Ou :*
... la société sera immédiatement dissoute et sa liquidation en sera opérée conformément aux stipulations de l'article 22 ci-après.

des héritiers et représentants d'un associé décédé, le cas de maladie ou d'incapacité physique ou légale étant assimilé au cas de décès [1].

Article 21

Dans tous les cas où l'un des associés deviendrait seul propriétaire du fonds de commerce exploité par la société, son coassocié, non plus que ses héritiers et représentants, ne pourront s'intéresser directement ou indirectement dans un commerce similaire, ni concurrencer en aucune manière l'ancien fonds de la société, se rétablir dans un même commerce ou industrie et ce, dans un rayon de... kilomètres (distance légale) de la ville de... [2] et ce, sous peine de tous dommages-intérêts et même, le cas échéant, de fermeture du fonds concurrent.

Article 22

A l'expiration de la société, ou en cas de dissolution anticipée arrivant pour l'une des causes prévues aux présents statuts, la liquidation en sera faite soit par les deux associés [3], soit, en cas de décès de l'un d'eux par l'associé survivant et le mandataire des héritiers et représentants de l'associé décédé.

Faute par ces derniers de ne pouvoir se mettre d'accord sur le choix d'un mandataire liquidateur, ce dernier sera nommé par le président du tribunal de commerce de... [4].

Le ou les liquidateurs auront les pouvoirs les plus étendus pour procéder conjointement (ou : séparément) à la réalisation de l'actif et l'acquittement du passif.

1. *Ou bien :*
L'incapacité physique ou légale permanente d'un associé, dûment constatée, sera assimilée au cas de décès d'un associé.

2. *S'il y a lieu :*
Dans ce cas, le prélèvement annuel de l'associé en nom restant seul gérant sera porté de... francs à... francs.

3. *Ou :*... dans toute la France continentale pendant une durée de... années à compter du jour où l'associé sera devenu seul propriétaire du fonds.

4. Soit par toute personne étrangère à la société, qu'ils désigneront d'un commun accord.

5. *Ou bien :*... (cas de trois associés).
A l'expiration de la société, ou en cas de dissolution anticipée, etc... la liquidation en sera faite par les trois associés ou les ou le survivant d'eux.
S'il y a des associés commanditaires, ceux-ci désigneront l'un deux pour procéder à la liquidation conjointement avec le ou les associés en nom collectif survivants ; et, en cas de dissolution arrivant par suite du décès du dernier associé en nom collectif, ils devront nommer un ou plusieurs liquidateurs qui pourront être choisis soit parmi eux soit en dehors de la société. A défaut pour eux de se mettre d'accord sur ce choix, le liquidateur sera désigné sur simple requête et sans frais par le président du tribunal de commerce du lieu du siège social.

Ils feront procéder à la vente aux enchères du fonds de commerce exploité par la société [1][2].

Ils pourront notamment traiter, transiger, compromettre s'il y a lieu, donner toutes quittances et mainlevées, ainsi que tous désistements, avec ou sans paiement, et exercer toutes actions en justice.

Ils devront au fur et à mesure de la réalisation de l'actif éteindre le passif et acquitter les charges de la société.

Après quoi, les associés seront d'abord remboursés de leurs comptes courants respectifs, et ensuite du montant de leurs apports [3].

L'excédent, s'il en existe, sera réparti entre eux dans les mêmes proportions que celles déterminées à l'article 14 [4].

La liquidation devra être terminée dans... [5] à compter du jour de son ouverture ; et si, à cette époque, il reste encore des créances non recouvrées, elles seront réparties à l'amiable entre les parties [6].

ARTICLE 23

Si, à l'expiration de la société, arrivant par l'échéance de son terme ci-dessus fixé ou par anticipation, il existait encore des contrats en cours, ces contrats seraient entièrement exécutés jusqu'à leur extinction et feraient alors l'objet de règlements spéciaux entre les associés ou leurs héritiers et représentants [7].

1... sauf dans le cas où l'associé survivant déclarerait entendre user du droit de conserver le fonds de commerce que lui confère l'article 18 ci-dessus. Auquel cas, il serait procédé conformément aux stipulations dudit article.

2. Ou bien: ils feront procéder à la vente aux enchères du fonds de commerce exploité par la société, à moins que l'un des associés ne déclare vouloir se le faire attribuer à valoir ou due concurrence du montant de ses droits dans la société, et ce, d'accord avec son coassocié.

3. Ou :

Après quoi, M. A..., ou ses héritiers et représentants, sera d'abord remboursé du montant de son compte courant, ainsi que de celui de ses apports.

Ensuite, M. B..., ou ses héritiers et représentants, sera également remboursé du montant de son compte courant, ainsi que de celui de ses apports.

Le reliquat disponible, s'il en existe, sera enfin réparti entre les associés ou leurs héritiers et représentants dans les proportions stipulées à l'article 14.

4. Pour autres pouvoirs donnés aux liquidateurs, voir infra n° 1051.

5. ... les six mois, ou : l'année, suivant les circonstances.

6. Ou bien :

... si, à l'expiration du terme, il reste encore des créances à recouvrer, il en sera fait des lots qui seront tirés au sort entre les associés, (ou :... entre les associés survivants et les héritiers et représentants de l'associé décédé).

7. Ou bien:

Si, en cas de dissolution anticipée, il existe des marchés passés par la société avec des administrations publiques ou privées, ces marchés seront exécutés pour le compte de la société, jusqu'à la fin des périodes pour lesquelles ils auront été contractés, ce, de manière que leur exécution n'ait aucunement à souffrir de la dissolution.

ARTICLE 24

Six mois [1] avant l'expiration de la société présentement constituée, les associés devront se mettre d'accord quant à la prorogation ou à la liquidation de la société.

Dans le premier cas, ils devront convenir des modifications à apporter, s'il y a lieu, aux présents statuts.

Dans le second cas, la liquidation commencera le jour même du terme normal de la société ci-dessus fixé à l'article 2, et,... (*par exemple :* deux mois avant ce terme, il ne sera entrepris aucune opération dont la solution pourrait être de nature à retarder la rentrée des capitaux, étant entendu qu'au contraire les associés devront faire tout le nécessaire pour hâter la réalisation des bénéfices et le recouvrement des créances.)

ARTICLE 25

Pour l'exécution des présentes et pour toutes difficultés concernant la société présentement constituée, les soussignés attribuent juridiction exclusive aux tribunaux compétents du département de..., et chacun des associés fait élection de domicile au siège social, où tous actes judiciaires seront valablement signifiés.

ARTICLE 26

Pour effectuer les dépôts aux greffes et faire publier les présents statuts, tous pouvoirs nécessaires sont donnés au porteur des pièces.

Fait en six originaux (un pour chaque associé, un destiné à demeurer au siège social, deux pour les dépôts aux greffes, et un pour l'administration de l'enregistrement) à... le... mil neuf cent vingt...

Lu et approuvé   Lu et approuvé

(*Signé*) : A...   (*Signé*) : B...

1044-2. — Société en nom collectif avec clause prévoyant la retraite d'un associé.

Entre les soussignés :

M. A... (*prénoms, nom, qualité et domicile*).

M. B... (*Idem*).

Et M. C... (*Idem*).

---

1. Ou : un an.

IL A ÉTÉ CONVENU ET ARRÊTÉ CE QUI SUIT :

ARTICLE PREMIER

Il est formé, entre les soussignés, une société commerciale en nom collectif.

Cette société a pour objet [1]...

ARTICLE 2

La durée de la société est fixée à... (*Voir art. 2, formule du n° 1044*).

Étant toutefois entendu que M... se réserve dès maintenant le droit de se retirer de la société à l'expiration des [2]... premières années c'est-à-dire le... [3], mais à charge par lui, de prévenir ses coassociés de son intention à cet égard au moins (*six*) mois à l'avance et par lettre recommandée.

ARTICLE 3

Le siège de la société est à... rue... n°...

Il pourra, à toute époque, être transféré, etc... (*tout le surplus, comme en la formule donnée sous le n° 1044. — Dans lequel texte sera seulement intercalé l'article additionnel suivant*) :

. . . .

ARTICLE...

I. — Dans le cas où M... se retirerait de la société, en conformité de la stipulation contenue à l'article 2 ci-dessus, la société continuerait entre M... et M... qui deviendraient alors propriétaires, chacun pour moitié, des droits de M... dans la société.

Le montant des droits de M... sera établi en y comprenant son apport social, les intérêts de cet apport, courus au jour de sa retraite, le solde créditeur de son compte courant et les intérêts de ce solde, courus également au jour de sa retraite, le tout, augmenté des bénéfices ou diminué des pertes constatés, au jour de la retraite, par l'inventaire social [4].

Ce qui sera ainsi dû à M... lui sera remboursé par MM... et..., solidairement entre eux, dans un délai de... années, en... fractions égales.

1. V. n°° 78 et suiv.

2. *Par exemple :* Trois ou cinq.

3. *S'il y a lieu :*

... et, à partir de cette époque, le... de chaque année.

4. Afin d'éviter la confection d'un inventaire spécial, il est toujours pratiquement préférable de faire coïncider l'époque de la retraite originairement convenue avec le dernier jour d'un exercice social.

Étant d'ores et déjà convenu :

1° Que la créance de M..., ainsi fixée, sera productive d'intérêts au taux de... pour cent par an, à partir du jour de la retraite dudit M...; lesquels intérêts seront payables les... de chaque année [1].

2° Que tous les paiements devront être effectués en la demeure de M...

3° Que tout ce qui serait dû à ce dernier deviendrait de plein droit immédiatement exigible... [2] après un simple commandement de payer resté sans effet, à défaut de paiement à l'échéance d'une seule fraction du principal ou des intérêts, ainsi qu'en cas de cessation de commerce ou de dissolution anticipée de la société et en cas de nantissement, de cession ou d'apport en société du fonds de commerce faisant l'objet de l'exploitation sociale [3].

4° Et que M. M... et..., pourront toujours se libérer par anticipation des sommes dues par eux à M... [4]

II. — Le cas de décès de M..., dans le cas où ce décès surviendrait avant sa retraite, serait assimilé à cette dernière et, par suite, les dispositions ci-dessus seraient applicables.

. . . .

1045. — Adjonction d'un associé.

Entre les soussignés :

M. A... (prénoms, nom, profession et domicile).

M. B... (Idem)   *D'une part*

Et M. C... (Idem)   *D'autre part*

IL A ÉTÉ EXPOSÉ, CONVENU ET ARRÊTÉ CE QUI SUIT :

Aux termes d'un acte sous signatures privées en date à... du... mil neuf cent vingt... enregistré à... le... suivant, n°..., aux droits de... [5] et publié conformément à la loi il a été formé entre M. A... et M. B... sous la raison... et la signature sociale..., une société en nom collectif, ayant pour objet..., avec siège social à..., rue... n°...

1. *Ou :*... en même temps que chaque fraction du principal.

2. Quinze jours *ou* un mois.

3. *Ajouter s'il y a lieu :*
... et enfin, à défaut de justification de l'acquittement du passif social au fur et à mesure de son exigibilité.

4. *S'il y a lieu :*
... mais à charge par eux de prévenir ce dernier au moins... mois à l'avance de leur intention à cet égard.

5. *Ou :*
Aux termes d'un acte reçu par Me... notaire à... le...

Cette société a été constituée pour une durée de... années, devant expirer le...[1]

M. A... a apporté à la société :

(*Désignation des apports*).

De son côté, M. B... a fait apport de :

(*Idem*).

Soit un total de... francs, formant le capital social.

En l'acte constitutif du..., précité, diverses conditions ont été en outre arrêtées qu'il est inutile de rappeler ici, ces conventions, modifiées et complétées se trouvant reproduites dans les clauses de l'acte modificatif qui fait l'objet des présentes.

MODIFICATION DE SOCIÉTÉ

Ceci exposé, M. C... déclare présentement faire apport à la société en nom collectif..., ce qui est accepté par M. M. A... et B..., seuls membres de ladite société ainsi qu'il est dit ci-dessus, d'une somme de... mille francs en espèces [2-3].

Par suite de l'apport ainsi effectué, ladite société sera modifiée, à compter de ce jour, et ce, d'un commun accord entre M. M. A... B... et C..., de la manière suivante :

ARTICLE PREMIER

Par suite de l'apport ci-dessus constaté, de M. C..., la société en nom collectif... (*dénomination*) précédemment formée entre M. M. A... et B..., existe, à compter de ce jour [4] entre MM. A... B... et C..., également en nom collectif à l'égard de tous.

Ladite société, ayant pour objet... [5]

1. *S'il y a lieu* :... avec faculté pour chacun des associés de faire cesser ladite société... (*par exemple* : tous les cinq ans, soit le... le... ou le...,) à charge par celui des associés qui voudrait user de cette faculté, à l'une quelconque de ces époques, de prévenir l'autre au moins... à l'avance et par lettre recommandée, faute de quoi la société continuerait sous les conditions statutairement fixées.

2. *S'il s'agit* d'un apport en nature, on le rédigera en s'inspirant des exemples donnés *suprà*, nᵒˢ 376 et suivants, et l'on n'omettra pas de mentionner la valeur estimative qui lui est donnée.

3. *Un cas particulier d'apport en espèces :*
Ladite somme, à prélever sur le solde créditeur du compte courant d'avances, actuellement ouvert au nom de M. C... sur les livres comptables de la société en nom collectif..., à laquelle ledit apport est fait.
S'il y a lieu : Étant convenu que l'excédent qui restera au crédit dudit compte courant d'avances, après le prélèvement des... mille francs ainsi apportés, y sera maintenu.

4. *Ou* :... à compter rétroactivement du... dernier, *ou* :... existera à compter du... prochain...

5. Voir *suprà* nᵒˢ 78 et suivants.

ARTICLE 2

La durée de la société reste fixée à... années, à compter du... (et sous les conditions contenues dans les statuts primitifs, rapportées en l'exposé ci-dessus).

ARTICLE 3

Le siège de la société est à..., rue... n°...

ARTICLE 4

La raison sociale reste... mais la signature sociale sera... [1]

ARTICLE 5

Les affaires et intérêts de la société seront gérés et administrés par... (*voir article 5 de la formule donnée suprà n° 1044*).

ARTICLE 6

Le capital social est porté à la somme de... mille francs, comprenant :

1° L'apport de la somme de... mille francs, primitivement effectué par M. A..., ainsi qu'il est dit en l'exposé qui précède.　　　»　　»
2° L'apport de la somme de... primitivement effectué par M. B..., ainsi qu'il est dit audit exposé . . . . . .　　　»　　»
3° Et l'apport de la somme de... mille francs, ci-dessus effectué par M. C... . . . .　　　»　　»

Égal, représentant le capital social... mille francs . . .　　　»　　»

ARTICLE 7

(*Pour le surplus, se reporter à la formule donnée sous le n° 1044*).

. . . .

Fait en sept exemplaires (un pour chacun des associés, un pour rester aux archives de la société, deux pour les dépôts aux greffes, et un pour l'administration de l'enregistrement), à... le... mil neuf cent vingt...

Lu et appprouvé　　　　Lu et approuvé　　　　Lu et approuvé
(*Signé*) : A...　　　　　(*Signé*) : B...　　　　(*Signé*) : C...

---

1. *Ou bien :*
La raison sociale sera....., (*nouvelle dénomination*) et la signature sociale sera...

1046. — Retraite d'un associé.

Entre les soussignés :

M. A... (prénoms, nom, qualité et domicile).
M. B... (idem).
Et M. C... (idem).

Il a été exposé, convenu et arrêté ce qui suit :

I. — Aux termes d'un acte sous signatures privées en date à... du...,
enregistré à... le... suivant, n°..., aux droits de... ¹, et publié, conformément à la loi, il a été formé entre MM. A... B... et C..., soussignés,
sous la raison... (dénomination) et la signature sociale..., une société en
nom collectif à l'égard de tous les associés, avec siège à..., rue... n°...,
et ayant pour objet...

Cette société a été constituée pour une durée de..., devant expirer
le... ².

M. A... a apporté à la société : ... (désignation des sommes et biens
apportés).

Le tout d'une valeur de... francs. . . . .　　　»　　»

M. B... a fait apport de..., d'une valeur de... francs . . .　　»　　»

Et M. C... a fait apport d'une somme de... mille francs en
espèces . . . .　　　　　»　　»

Soit un total de..., formant le capital social . . . . .　　　»　　»

II. — M. B... ayant manifesté à ses coassociés le désir de se retirer
de la société, et MM. A... et C... ayant consenti à ce retrait, les soussignés ont, d'accord entre eux, déterminé le montant des droits sociaux
de M. B..., à ce jour, lesquels s'élèvent à la somme totale de... se décom-
posant ainsi :

(Désignation détaillée) ³.

---

1. Ou :
Aux termes d'un acte passé devant Mᵉ..., notaire à... le...

2. S'il y a lieu : ... avec faculté pour chacun des associés de faire cesser ladite
société tous les... (par exemple : cinq ans) soit le..., ou le..., à charge par celui des
associés qui voudrait faire cesser la société à l'une quelconque de ces époques, de
prévenir les autres au moins... (indication du délai) à l'avance et ce, par lettre
recommandée, passé lequel délai, les associés seraient forclos et la société continuerait sous les conditions statutairement fixées.

3. Par exemple :
1° La somme de..., représentant le montant du solde créditeur du compte courant

Ceci exposé, et M. B... reconnaissant que les sommes ci-dessus détaillées représentent bien exactement tous ses droits à ce jour dans la société, MM. A... et C... pour le remplir de ces droits, lui ont à l'instant versé en espèces la somme de... francs... centimes.

De laquelle somme, M. B... donne à MM. A... et C..., et en tant que de besoin à la société, bonne et définitive quittance.

Par suite de ce versement, M. B... déclare se reconnaître entièrement rempli de ses droits et s'engage à n'élever aucune réclamation dans l'avenir, à cet égard, pour quelque motif que ce soit, autre que la découverte d'une erreur purement matérielle [1].

de M. B..., dans la société . . . .   » »

  2° Celle de..., pour intérêts dudit solde, au taux de... pour cent l'an, courus du dernier inventaire social à ce jour. . . . .   » »

  3° Celle de..., représentant le montant de l'apport social de M. B... .   » »

  4° Celle de... montant des intérêts de cet apport, courus du jour du dernier inventaire social à ce jour . . . .   » »

  5° Et celle de..., représentant la part de M. B... dans les bénéfices de la société réalisés depuis le... dernier, premier jour de l'exercice actuellement en cours, à ce jour. . . . .   » »

  Total égal... francs ... centimes . . . .   » »

Dans le cas où, au lieu de bénéfices, l'exercice en cours au jour du retrait se trouverait en pertes, on supprimerait l'alinéa 5°, on totaliserait les alinéas 1°, 2°, 3° et 4° et l'on terminerait ainsi :

De laquelle somme il y a lieu de déduire la part afférente à M. B... dans les pertes subies par la société depuis le dernier inventaire social, à ce jour soit... francs.

De sorte que le montant des droits de M. B... se trouve être de... francs... centimes.

1. *Variante* :
Ceci exposé, et M. B... reconnaissant que les sommes ci-dessus détaillées représentent bien exactement tous ses droits à ce jour dans la société, MM. A... et C..., pour le remplir de ses droits lui ont, à l'instant, versé en espèces la somme de... à valoir.

De laquelle M. B... leur donne, et en tant que de besoin, donne à la société, bonne, et définitive quittance.

Quant au surplus, MM. A... et C... s'engagent solidairement, et engagent la société qui continue entre eux ainsi qu'il sera dit ci-après, à en opérer le paiement à M. B..., savoir :

Un tiers, le... prochain ;
Un tiers, le... suivant ;
Et le dernier tiers le... suivant.

Avec intérêts au taux de... pour cent par an, payables en même temps que le principal.

Étant convenu que les sommes restant dues deviendraient de plein droit immédiatement exigibles :

1° A défaut de paiement à échéance d'une fraction du principal ou des intérêts ;
2° En cas de dissolution de la société subsistant entre M. A... et M. C... ainsi qu'il sera dit ci-après ;
3° En cas de cession ou d'apport en société des biens composant l'actif social

Il déclare ne plus faire partie de la société susdite à compter du... et sera entièrement étranger à toutes les opérations de la société faite postérieurement à cette date [1].

MODIFICATION DE SOCIÉTÉ

Comme conséquence du retrait de M. B..., la société primitivement formée entre lui et MM. A... et C..., ainsi qu'il a été énoncé en l'exposé qui précède, sera modifiée à compter du... (ou : à compter de ce jour) et ce d'un commun accord entre MM. A... et C..., de la manière suivante:

ARTICLE PREMIER

La société en nom collectif... (dénomination), précédemment constituée entre MM. A... B... et C..., existera à compter du... [2], entre M. A... et M. C..., seuls, également en nom collectif à l'égard des deux associés.

Ladite société ayant pour objet... [3].

ARTICLE 2

La durée de la société reste fixée à... années, à compter du..., sous la condition des statuts primitifs, rapportée en l'exposé ci-dessus [4].

ARTICLE 3

Le siège de la société est à..., rue... n°... [5].

ARTICLE 4

La raison sociale reste... (dénomination).
Mais la signature sociale sera... [6].

de ladite société comme dans le cas où le fond de commerce exploité par cette dernière serait donné en nantissement ;
Le tout, un mois (ou : quinze jours) après un simple commandement de payer resté sans effet.

1. Ou, s'il y a lieu :
En conséquence, M. B... demeure déchargé de tous engagements, dettes et charges de la société, antérieurs au..., MM. A... et C... devant en être seuls tenus, sans aucun recours contre lui.

2. Ou : ... à compter de ce jour.

3. V. suprá nᵒˢ 78 et suiv.

4. Ou :
La durée de la société sera de... années, à compter du... sous la condition contenue dans les statuts primitifs, et rapportée en l'exposé ci-dessus.

5. Ou : Le siège de la société est transféré à..., rue..., n° ...

6. Ou bien :
La raison sociale sera... (dénomination).
Et la signature sociale sera...

ARTICLE 5

Les affaires de la société seront gérées et administrées... (Voir *suprà* texte de l'article 5 de la formule donnée sous le n° 1044).

ARTICLE 6

Le capital social, par suite du remboursement fait à M. B... se trouve réduit à... francs, comprenant :

1° L'apport de M. A..., primitivement effectué par lui, ainsi qu'il a été dit plus haut, soit... francs. . . . . »   »

2° Et l'apport primitivement effectué par M. C..., soit... mille francs. . . . . »   »

Egal :... mille francs [1]. . . . . »   »

ARTICLE 7

Le capital social produira au profit des associés, chacun dans la proportion de son apport... (*Pour le surplus, se reporter à la formule donnée sous le n° 1044* [2]).

Fait en sept exemplaires (un pour chacune des parties, un qui restera aux archives sociales, deux pour les dépôts aux greffes, et un pour l'administration de l'enregistrement) à... le... mil neuf cent vingt...

Lu et approuvé	Lu et approuvé	Lu et approuvé
(*Signé*) : A...	(*Signé*) : B...	(*Signé*) : C...

1047. — **Acte de conversion d'une société en société en nom collectif en société en commandite simple.** — Cet acte est à dresser lorsque la stipulation A de l'article 18 contenu dans la formule donnée *suprà* n° 1044, se réalise.

---

1. *Ou bien* (dans le cas où l'un des associés restant, verse un complément d'apport): Le capital social est fixé à la somme de..., comprenant :

1° L'apport de M. A..., etc. . . . . »   ■

2° L'apport primitivement effectué par M. C..., etc. . . . . »   ■

(*Comme ci-dessus*).

3° Et la somme de... à titre de complément d'apport effectué par M. C..., et dont il a présentement effectué le versement dans la caisse sociale, ainsi que M. A... le reconnaît ; ci. . . . . »   ■

Egal :... mille francs. . . . . »   ■

2. (Aux articles 7 et suivants).

Les soussignés :

M. A... (*prénoms, nom, profession et domicile*).
M. B... (*idem*)   *D'une part.*
Et M. D... (*idem*) [1]   *D'une seconde part.*

APRÈS AVOIR EXPOSÉ :

I. — Qu'aux termes d'un acte sous signatures privées en date à... du... enregistré à... le... suivant, n°..., aux droits de... [2] et publié conformément à la loi, MM. A... B..., soussignés et M. C... (*prénoms, nom, qualité et domicile*) ont constitué, sous la dénomination... et la raison sociale..., une société en nom collectif avec siège à..., rue... n°..., ayant pour objet...

Que cette société a été constituée pour une durée de... à compter du...

Que les apports des associés ont consisté, savoir :

1° Celui de M. A..., en... (*désignation de l'apport*), d'une valeur de... francs. . . . . » »

2° Celui de M. B..., en..., d'une valeur de... francs. . . . » »

3° Et celui de M. C..., en..., d'une valeur de... francs. . » »

Soit un total de... francs. . . . . » »

constituant le capital social [3].

Qu'audit acte il a été stipulé notamment :

Sous l'article 5, que les affaires et intérêts de la société seraient gérés et administrés par chacun des associés, avec les pouvoirs les plus étendus.

Sous l'article 7, que le capital social produirait, au profit des associés et chacun dans la proportion de son apport, des intérêts au taux de... pour cent par an, payables le..., et passés au compte des frais généraux de la société;

Sous l'article 10, que chacun des gérants aurait droit à un traitement

---

1. *Ou :*
M. D... (*prénoms, nom, qualité et domicile*).
Et M. E... (*idem*).   *D'une seconde part.*

2. *Ou :*
Qu'aux termes d'un acte passé devant M*..., notaire à... le... enregistré et publié conformément à la loi.

3. *Ou bien :*
Que le capital de la société a été fixé à... francs, fourni :
1° Par M. A..., à concurrence de... francs . . . . » »
2° Par M. B..., à concurrence de... francs . . . . » »
3° Et par M. C..., à concurrence de... francs. . . . . . » »
Egal... francs. . . . . » »

fixe annuel de... qui serait prélevé mensuellement et porté également au compte des frais généraux de la société ;

(Sous l'article 13, que chaque associé pourrait, avec le consentement de ses coassociés, verser, dans la caisse sociale, des fonds en compte courant, lesquels seraient productifs d'un intérêt annuel de... pour cent par an, payables lors de la clôture de l'inventaire annuel).

Sous l'article 14, que les bénéfices nets de la société appartiendraient aux associés dans la proportion suivante :

A M. A... pour... (*moitié, tiers, quart,* etc.).

A M. B... pour...

Et à M. C..., pour...

Sous l'article 18, qu'en cas de décès d'un associé avant le terme fixé pour l'expiration de la société, celle-ci ne serait pas dissoute ; qu'elle continuerait d'exister entre les associés survivants, comme seuls associés en nom et gérants responsables, ayant la signature sociale et les héritiers et représentants de l'associé décédé, lesquels seraient alors simples commanditaires pour la part qu'avait leur auteur dans le capital de la société, telle que cette part résulterait de l'inventaire commercial qui serait dressé dans la huitaine du décès[1]. Que, dans ce cas, la dénomination de la société resterait la même, mais que la raison sociale comprendrait les noms des associés survivants suivis des mots : « et Compagnie ». Qu'en aucun cas les commanditaires ne pourraient s'immiscer dans les affaires sociales [2]. Qu'acte de la conversion de la société en société en commandite simple devrait être dressé dans le mois du jour du décès, de l'associé en nom. Qu'en aucun cas, les héritiers et représentants de l'associé décédé n'auraient droit au traitement fixe stipulé à l'article 10 ; et qu'ils auraient seulement droit : 1° aux intérêts de leur capital dans la société, au taux de... pour cent par an qui seraient payables... ; 2° aux intérêts au taux de... pour cent par an, payables... des sommes laissées ou versées par eux en compte courant dans la société ; 3° et à la part dans les bénéfices nets sociaux qu'avait leur auteur, soit... [3], le surplus devant appartenir aux associés en nom survivants.

II. — M. C... sus-dénommé, l'un des associés en nom, est décédé à..., le... mil neuf cent vingt... laissant pour seul et unique héritier

---

1. *Ou :*

... telle que cette part résulterait du dernier inventaire social ayant précédé le décès, et ce, rétroactivement, à compter du premier jour de l'exercice social au cours duquel le décès se serait produit.

2... et qu'ils devraient se faire représenter par l'un d'entre eux qui aurait pouvoir de tous et exercerait seul les droits qui leur appartiendraient dans leurs rapports avec la société.

3. Moitié ou tiers, ou quart, etc.

M. D..., soussigné [1], [2], son fils issu de son mariage avec Mme... (prénoms et nom de jeune fille) prédécédée, ainsi qu'il est constaté par un acte de notoriété dressé à défaut d'inventaire après le décès de M. C... par M^e..., notaire à... le... [3].

III. — Qu'il ressort du dernier inventaire social qui a été dressé avant le décès de M. C..., c'est-à-dire le trente-un décembre mil neuf cent vingt... [4] que le capital social de ladite société, soit ... mille francs, se trouvait appartenir pour... (par exemple : un tiers) à chaque associé [5] de sorte que les droits de M. C.,. se montaient le trente-un décembre [6] mil neuf cent vingt... à... francs [7].

Qu'il ressort des livres comptables de la société [8] que le compte courant de M. C... s'élevait au jour de son décès, en principal à... et en intérêts à...

Ont convenu et arrêté ce qui suit :

Comme conséquence du décès de M. C..., et en exécution des stipulations contenues dans les statuts en date du..., de la société..., énoncées en l'exposé qui précède, ladite société qui était formée en nom collectif entre les trois associés, se trouve convertie en une société en nom

1. On :
.. laissant pour seuls héritiers conjointement pour le tout ou divisément chacun pour moitié (par exemple) :

1° M. Louis André C... (profession) demeurant à..., rue... n°...

2° Et Mme Denise C... épouse de M. Jacques H... (profession) avec lequel elle demeure à... rue... n°...

Ses deux enfants, issus de son union avec Mme (prénoms et nom de jeune fille) son épouse prédécédée, ainsi qu'il est constaté, etc.

2. Il est bien évident que si l'associé en nom décédé avait laissé plusieurs héritiers, tous devraient participer à l'acte dont la formule nous occupe.

3. On :
... ainsi qu'il est constaté par l'intitulé de l'inventaire dressé après le décès de M. C... par M^e... notaire à... le...

4. On : ... le trente juin mil neuf cent vingt...

5. Ou : ... moitié à M. A..., un quart à M. B... et un quart à M. C... (ou toute autre proportion).

6. On : ... le trente juin...

7. S'il avait été stipulé dans les statuts qu'un inventaire social serait dressé à l'époque du décès de l'associé en nom (voir clause A de la formule donnée suprà n° 1044) on rédigerait cet alinéa ainsi :

« Que, conformément à la stipulation contenue à l'article 18 des statuts précités, « un inventaire social spécial a été dressé dans la huitaine du décès de M. C..., « soit le... mil neuf cent vingt...

« Qu'il ressort de cet inventaire que le capital de ladite société, soit... mille francs, « se trouvait appartenir etc... (le surplus comme ci-dessus).

8. Ou : Qu'il ressort, dudit inventaire que le compte courant de M. C... etc.

collectif à l'égard de MM. A... et B... et en commandite simple à l'égard
de M. D..., seul héritier de M. C..., et ce, dans les conditions suivantes :

ARTICLE PREMIER

La société existe, par rétroactivité, à compter du...[1] entre : 1° M. A... ;
2° et M. B..., comme seuls associés en nom collectif ; 3° et M. D...,
comme associé commanditaire simple.

ARTICLE 2

La raison sociale est...
Et la signature sociale est...[2].

ARTICLE 3

Les affaires et intérêts de la société seront gérés et administrés par
MM. A... et B..., associés en nom collectif, qui auront à cet effet les
pouvoirs les plus étendus.

Chacun d'eux aura la signature sociale, le tout, en conformité des stipulations contenues en l'article 5 des statuts précités.

ARTICLE 4

Le capital social s'élève à... francs.
Il est fourni :
Par M. A..., pour... francs ;
Par M. B..., pour... francs ;
Et par M. D..., comme associé commanditaire, pour le montant de la
part de son auteur M. C..., ainsi qu'il a été déterminé ci-dessus, soit
pour... francs.

ARTICLE 5

MM. A... et B..., associés en nom, auront droit à un traitement fixe,
annuel de... francs, qui sera prélevé mensuellement et porté au compte
des frais généraux de la société.

---

1. Le jour de la conversion est celui fixé par la convention statutaire ; c'est, tantôt le premier jour de l'exercice au cours duquel le décès est survenu, tantôt le jour
même du décès.

2. Ou :
« La raison et la signature sociales sont... »
On observera, à ce sujet, que, seuls, les noms des associés en nom collectif peuvent — à l'exclusion absolue des noms des associés commanditaires, — entrer dans
la raison sociale (V. à cet égard infrà n°s 1071 et suiv.).

ARTICLE 6

M. D..., associé commanditaire déclare laisser dans la société, en compte courant, la somme de... francs qui, ainsi qu'il a été exposé ci-dessus, s'y trouvait au nom de son auteur, au jour du décès de celui-ci.

Il pourra, du consentement de ses coassociés, verser toutes autres sommes dans la société... (*V. art.* 13, *formule du* n° 1044).

ARTICLE 7

Les bénéfices sociaux constatés par chaque inventaire annuel, déduction faite des frais généraux et des charges sociales [1] constituent les bénéfices nets partageables, lesquels [2] appartiendront aux associés dans la proportion suivante :

A M. A... pour... (un tiers, *ou* deux tiers *ou* moitié, etc.).

A M. B... pour...

Et à M. D... pour...

Les pertes, s'il y en a, seront supportées dans la même proportion sans que, toutefois, en aucun cas, M. D... en puisse être tenu au delà du montant de sa commandite, indiquée à l'article 4 ci-dessus.

ARTICLE 8

Toutes les autres dispositions des statuts contenus en l'acte du..., énoncé en l'exposé qui précède, auxquelles le présent acte n'apporte aucune dérogation, continueront de produire leur plein et entier effet [3].

ARTICLE 9 [4]

Tous pouvoirs sont donnés au porteur des pièces, pour opérer les dépôts aux greffes et faire la publication conformément à la loi.

Fait en autant d'exemplaires que de parties, plus un qui restera aux

1. *S'il y a lieu :*
... ainsi que des amortissements prévus à l'article (12) des statuts ci-dessus énoncés.

2. *Le cas échéant :*
(Sous déduction s'il y a lieu de... pour cent, pour la constitution d'un fonds de prévoyance).

3. Lorsque l'associé décédé a laissé plusieurs héritiers devenus *ipso facto* tous associés commanditaires, il est indispensable d'insérer en l'acte l'article suivant :

ARTICLE 9

MM. D... E... F... etc., associés commanditaires, désignent l'un d'eux M..., pour les représenter dans tous les rapports qu'ils auront avec la société.

4. Qui devient *Article 10* en cas d'adjonction de la clause indiquée à la note précédente.

archives de la société, deux pour les dépôts aux greffes et un pour l'administration de l'enregistrement, à... le... mil neuf cent vingt...

Lu et approuvé,	Lu et approuvé,	Lu et approuvé,
(Signé) : A...	(Signé) : B...	(Signé) : D...

1048. — Extrait de l'acte constitutif d'une société en nom collectif, pour la publication dans le journal d'annonces légales. — Cette formule a été donnée, *supra*, n° 530.

1049. — Modifications apportées aux statuts [1].

Les soussignés :

M..... (*prénoms, nom, qualité et domicile*).

M.....

Et M.....

APRÈS AVOIR EXPOSÉ que suivant acte sous signatures privées en date à..... du....., enregistré à..... le...... n°....., aux droits de..... (*ou : suivant acte reçu par M*e....., *notaire à*....., *le*.....) ils ont constitué entre eux une société en nom collectif, sous la raison sociale....., ayant pour objet......, avec siège social à....., rue....., n°....., et ce, pour une durée de..... années, à compter du.....

(*S'il y a lieu :* Que la durée de ladite société a été prorogée de..... années aux termes d'un acte sous signatures privées en date à..... du..... mil neuf cent vingt....., enregistré à....., le....., n°....., aux droits de..... (*ou :* d'un acte reçu par M*e*....., notaire à....., le.....).

Déclarent apporter à l'acte constitutif sus-énoncé de ladite société, les modifications suivantes :

(*Enoncer très clairement toutes les modifications apportées*).

Etant convenu que toutes les autres dispositions de l'acte constitutif du..... ci-dessus énoncé (et celles contenues en l'acte de prorogation précité) auxquelles il n'a pas été dérogé par les présentes, continueront de produire leur plein et entier effet.

Pour la publication du présent acte, tous pouvoirs sont donnés au porteur de l'un de ses originaux.

Fait en autant d'originaux que de parties, plus un qui restera aux archives de la société, deux pour les dépôts aux greffes, et un pour l'administration de l'enregistrement, à....., le..... mil neuf cent vingt.....

Lu et approuvé	Lu et approuvé	Lu et approuvé
(Signature)	(Signature)	(Signature)

1. Sous les deux numéros qui précèdent ont été données deux formules qui contiennent également des modifications de sociétés; mais, avec cette différence que, dans celle qu'on va lire les modifications portent exclusivement sur la teneur des statuts originaires, alors que dans les deux précédentes, les modifications portaient tout à la fois sur le personnel de la société et sur les conventions primitives.

1050. — **Extrait pour la publication dans le journal d'annonces légales d'une modification apportée aux statuts d'une société en nom collectif.** — Voir cette formule *suprà* n° 531.

1051. — **Prorogation avec ou sans modification d'une société en nom collectif.**

Les soussignés :

M..... (*prénoms, nom, qualité et domicile*).

M..... (*Id*).

Et M.....

Déclarent, par ces présentes, proroger purement et simplement (*on : sous réserve des modifications suivantes*) pour..... années, c'est-à-dire jusqu'au..... mil neuf cent vingt....., la durée de la société en nom collectif formée entre eux, sous la raison sociale..... ayant pour objet....., avec siège social, à....., rue....., n°....., au capital de..... et pour un temps qui devait expirer le....., par acte sous signatures privées en date à..... du....., enregistré à....., le.....) ; ledit acte publié, conformément à la loi.

Cette prorogation est consentie sous les mêmes conditions que celles stipulées en l'acte de constitution précité (*s'il y a lieu* : sauf les modifications ci-après :

....*Enoncer très clairement les modifications apportées*).

....Pour faire publier le présent acte de prorogation, tous pouvoirs sont donnés au porteur d'un de ses originaux.

Fait en d'autant d'originaux que de parties, plus un qui restera aux archives sociales, deux pour les dépôts aux greffes et un pour l'administration de l'enregistrement, à....., le..... mil neuf cent vingt.....

Lu et approuvé   Lu et approuvé   Lu et approuvé

(*Signature*)   (*Signature*)   (*Signature*)

1052. — **Extrait pour la publication dans le journal d'annonces légales de la prorogation d'une société en nom collectif.** — Voir formule n° 532.

1053. — **Dissolution amiable anticipée d'une société en nom collectif.**

Entre les soussignés :

M..... (*prénoms, nom, qualité et domicile*).

M..... (*Id*).

Et M..... (*Id.*).

Il a été convenu et arrêté ce qui suit :

Article Premier

La société en nom collectif formée entre M. M....., soussignés, par actes sous signatures privées en date à..... du....., enregistré à....., le....., aux droits de...., (ou : par acte reçu par Me..... notaire à....., le.....) déposé et publié conformément à la loi, ayant pour objet....., avec siège social à....., rue....., n°....., pour une durée de..... années, qui devait expirer le....., est purement et simplement dissoute par anticipation, à compter du.....

Article 2

Conformément à l'article..... des statuts, la liquidation sera faite par M..... (ou : par les trois associés), auxquels les pouvoirs les plus étendus sont donnés pour la réalisation de l'actif et l'acquittement du passif.

Le (ou les) liquidateur a, en vertu des statuts, notamment les pouvoirs suivants :

(Enonciation des pouvoirs).

Les honoraires du liquidateur sont fixés à.....

(Ou bien :

Les soussignés nomment comme seul liquidateur de la société dissoute, M..... (prénoms, nom, qualité et domicile) auquel ils confèrent les pouvoirs les plus étendus pour [1] la réalisation de l'actif, l'acquittement du passif et le règlement de tous comptes, et notamment ceux de : réaliser tout l'actif social ; à cet effet, vendre en bloc ou en détail, l'établissement industriel et commercial de la société, comprenant la clientèle et l'achalandage, le droit au bail, le matériel, l'outillage, les marchandises et les objets mobiliers en dépendant, ainsi que les immeubles appartenant à la société, et ce, à l'amiable ou aux enchères et aux prix, charges et conditions que le liquidateur jugera convenables [2] ; toucher et recevoir toutes sommes dues à la société à quelque titre que ce soit ; tirer, endosser et acquitter tous effets de commerce; réaliser toutes créances ; exercer toutes actions judiciaires, tant en demandant qu'en défendant ; procéder à toutes saisies ou s'en désister ; retirer et donner

---

1. S'il y avait plusieurs liquidateurs : ... pour procéder conjointement (ou séparément) à la réalisation de l'actif et à l'acquittement, etc...

2. S'il y a lieu : faire apport à toute société de l'actif net à provenir de la liquidation ; stipuler le prix ; recevoir tous prix en espèces ou en actions.

Ou encore : faire apport à toute société constituée ou en voie de constitution de tout ou partie de l'actif et de la société présentement dissoute et à charge du passif, et ce, moyennant le prix qu'il avisera, lequel prix pourra consister soit en espèces, soit en actions de la société acquéreur.

toutes quittances, tous désistements de privilèges, hypothèques et actions résolutoires, avec ou sans paiement ; consentir tous désistements, toutes mainlevées de toutes inscriptions, saisies et autres empêchements quelconques ; représenter la société dans toutes opérations de faillite ou de liquidation judiciaire ; traiter, transiger, compromettre.

Etant bien entendu que les pouvoirs ci-dessus ne sont qu'énonciatifs et non limitatifs, et aussi que le liquidateur pourra les déléguer en tout ou en partie.

Les honoraires du liquidateur sont fixés à.....)

ARTICLE 3

Les soussignés étant majeurs et maîtres de leurs droits, le liquidateur est dispensé de toutes formalités judiciaires pour la réalisation de l'actif.

ARTICLE 4

La liquidation devra être entièrement terminée au plus tard dans le délai de..... à compter de ce jour.

Si, à cette époque, il reste encore des sommes à recouvrer, elles seront réparties d'un commun accord entre les soussignés [1].

ARTICLE 5

Pour la publication de la présente dissolution, tous pouvoirs sont donnés au porteur d'un de ses originaux.

Fait en autant d'originaux que de parties, plus un pour les archives de la société, deux pour les dépôts aux greffes, et un pour l'enregistrement, à....., le....., mil neuf cent vingt.....

Lu et approuvé   Lu et approuvé   Lu et approuvé
(Signature)   *(Signature)*   *(Signature)*

1054. — Extrait pour la publication dans le journal d'annonces légales de la dissolution anticipée d'une société en nom collectif. — Voir formule n° 533.

1055. — Cession de droits sociaux sous signatures privées. — Une formule de cession a été donnée précédemment sous le n° 675.

1056. — Publication dans le journal d'annonces légales d'une cession de droits sociaux. — Voir la formule donnée *suprà* n° 556.

---

1. ... *Ou :*
... il en sera fait des lots qui seront tirés au sort entre les soussignés.

TITRE II

SOCIÉTÉS EN COMMANDITE SIMPLE

CHAPITRE PREMIER

GÉNÉRALITÉS

1057. — **Ce que c'est que la société en commandite simple.** — La société en commandite simple est celle qui « se con- « tracte entre un ou plusieurs associés responsables et solidaires, et « un ou plusieurs associés, simples bailleurs de fonds, que l'on « nomme commanditaires ou associés en commandite » (Art. 23, C. de comm.).

Quel que soit leur objet, les sociétés en commandite simple qui sont constituées sous la forme du code de commerce sont des sociétés commerciales [1].

---

[1]. D'où il suit que c'est, en cas de difficultés, la juridiction consulaire qui, seule, est compétente pour en connaître.

Ainsi, jugé que le président du tribunal civil est incompétent pour statuer en référé sur un litige soulevé entre les membres d'une société en commandite simple. (Nîmes, 5 mars 1917, *Dalloz*, 1918, 2, 53, *Nouv. Rev. Synth.*, 2409).

1058. — Principes. — L'article 23 du code de commerce ajoute que la société en commandite « est régie sous un nom social, qui « doit être nécessairement celui d'un ou plusieurs des associés res-. « ponsables et solidaires ».

1059. — S'il y a « plusieurs associés solidaires et en nom, soit « que tous gèrent ensemble, soit qu'un ou plusieurs gèrent pour « tous, la société est, à la fois, société en nom collectif à leur égard « et société en commandite à l'égard des simples bailleurs de fonds » (Art. 24, C. de comm.).

Le nom d'un associé commanditaire ne peut faire partie de la raison sociale (Art. 25, C. de comm.).

L'associé commanditaire n'est passible des pertes que jusqu'à concurrence seulement des fonds qu'il a mis ou dû mettre dans la société (Art. 26, C. de comm.).

On entrera dans les détails de ces questions sous les numéros qui suivent.

1060. — Caractéristiques. — Une première caractéristique de la société en commandite est, ainsi qu'on vient de le voir par les lignes qui précèdent, l'existence simultanée de deux classes d'associés :

1° Les associés *en nom*, ou « commandités » à responsabilité indéfinie (n° 1078) ;

2° Et les associés *commanditaires* simples « bailleurs de fonds » pour employer le terme dont se sert le code de commerce, à responsabilité limitée (n°⁵ 1079 et suiv.).

1061. — La seconde caractéristique de la société en commandite est l'exclusion absolue des noms des associés commanditaires dans la raison sociale.

Seuls, les noms des associés solidaires peuvent y figurer (n°⁵ 1071 et suiv.) où tous les noms de tous les associés indistinctement peuvent entrer dans la raison sociale.

1062. — Création de la société en commandite. — Le plus généralement une société se trouve être en commandite au moment même de sa constitution. Mais il arrive assez fréquemment qu'une société n'acquiert le caractère de la commandite qu'au cours de son existence.

Il en est ainsi notamment lorsqu'un des associés, dans une société en nom collectif, meurt, et que en vertu d'une clause statutaire, la société n'étant pas dissoute par suite de ce décès, se continue entre le ou les associés survivants, comme associés en nom, et les héritiers et représentants du prédécédé, ceux-ci comme commanditaires jusqu'à concurrence de la part sociale de leur auteur (n° 998).

Il en est ainsi encore lorsque, par exemple, tous les associés dans une société en nom collectif conviennent que l'un d'eux ne sera plus tenu, dans l'avenir, des engagements et dettes sociaux, que jusqu'à concurrence de sa mise seulement.

1063. — Analogie de certains contrats avec la société en commandite. — Il a déjà été question sous les n°° 401 et suivants de l'analogie qu'offrent certains contrats avec la société en général.

Cette analogie étant particulièrement fréquente en matière de sociétés en commandite, il est utile de compléter ici cette question, par quelques exemples :

1064. — Posons tout d'abord ce principe que, pour qu'il y ait société en commandite, il est essentiel que toutes les conditions suivantes se trouvent réunies : 1° Apports par chaque associé ; 2° Participation dans les bénéfices ; 3° Participation dans les pertes ; 4° Intention de former une société, *affectio societatis*.

Une seule de ces conditions manque-t-elle ? Il pourra y avoir un contrat valable, un contrat quelconque, mais non une société en commandite (Toulouse, 15 juin 1910, *Journ. des Soc.* 1910, 518).

Ainsi un acte, alors même qu'il est qualifié de société en commandite, n'en constitue pas une lorsque les prétendus commanditaires, au lieu de faire un apport, se sont engagés seulement comme cautions à supporter les pertes sociales à concurrence d'une somme préfixée (Cassation, 6 avril 1853, *Sirey*, 53, 1, 618).

1065. — Ne doit pas non plus être considéré comme acte de société la stipulation d'un pourcentage sur le montant brut des ventes opérées par la société, indépendamment de l'intérêt légal (Trib. de comm. Seine. 18 janvier 1843, *Jur. Gén. Dalloz*,, Rép. n° 1099).

1066. — Le versement dans une maison de commerce d'une somme remboursable à une époque convenue, constitue un prêt,

alors même qu'il aurait été stipulé que le bailleur de fonds recevrait une part des bénéfices à réaliser, en place d'intérêt de cette
somme (Bordeaux, 3 juillet 1860, *Sirey*, 61, 2, 190).

1067. — De même, constitue un prêt, et non une société en commandite, la convention par laquelle une personne s'engage à verser
dans une maison de commerce des fonds dont le remboursement
lui sera fait à une époque fixée, alors même qu'il aurait été stipulé
que cette personne recevrait, outre l'intérêt de ses fonds, une partie
des bénéfices qui seraient réalisés, si elle est affranchie de toute
contribution aux pertes (*Not.* Grenoble, 29 janvier 1870, *Sirey*, 70,
2, 217).

1068. — Bien qu'une société soit qualifiée de commandite, elle
doit être considérée comme une société en nom collectif dans les
deux cas suivants :

Quand les statuts, au lieu d'affecter une partie du capital à une
ou plusieurs commandites, divisent la propriété intégrale du capital
social entre tous les associés, sans limiter l'obligation d'aucun à un
certain chiffre (Paris, 22 novembre 1890, *Jurisp. Gén. Dalloz, Suppl.
Société*, n° 493).

Ou quand les prétendus commanditaires se sont réservé l'administration intérieure de la société et la surveillance de l'entreprise
avec voix délibérative (*Not.* Bordeaux, 7 février 1832, *Jurisp. Gén.
Dalloz*, n° 1094).

1069. — Jugé que lorsqu'un acte de société ne prévoit en faveur
des commanditaires aucune participation aux bénéfices, les associés
en nom collectif, à qui un fonds de commerce a été apporté par les
commanditaires pour un prix déterminé, sont sans droit, alors que
les intéressés, commerçants expérimentés, ne peuvent ignorer que
la participation aux bénéfices est une condition essentielle de contrat
de société en commandite, à prétendre au profit indirect résultant
pour eux de ce qu'ils ont volontairement et avec connaissance de
cause, simulé une société en commandite pour se réserver un avantage au détriment d'un des cohéritiers du commanditaire. Cet avantage doit être restitué à la succession des commanditaires par les
associés en nom collectif, tous ayant sans distinction participé
sciemment à la fraude (Cassation, 14 avril 1919, *Gaz des Trib.*
3 mai 1919).

1070. — En résumé, il n'y a effectivement et en droit, société en commandite que lorsque les quatre conditions essentielles qui viennent d'être rappelées sous le n° 1064, après avoir été étudiées sous les n°⁵ 136 et suivants se trouvent réunies.

1071. — **Raison sociale.** — Ainsi qu'on l'a vu précédemment (n° 797), la société en nom collectif est connue du public par le moyen de sa « raison sociale » c'est-à-dire du nom sous lequel elle agit ; nom qui la personnifie comme être moral et la distingue de la personnalité de chacun des associés qui la composent.

Il en est de même pour la société en commandite. Mais, ici, à la différence de ce qui est en matière de société en nom collectif, les noms de tous les associés ne peuvent pas figurer indistinctement dans la raison sociale : seuls les noms des associés responsables et solidaires, c'est-à-dire des commandités, peuvent y figurer ; l'exclusion de ceux des associés commanditaires est absolue (Voir n° 1059).

1072. — Lorsqu'il n'y a qu'un seul commandité, c'est son nom seul, suivi des mots obligatoires « ... et Compagnie » qui doit composer la raison sociale. Et l'adjonction à son nom de ces mots *et compagnie*, ne préjudicie en rien à ses associés commanditaires en ce sens qu'elle n'entraîne pas pour eux la qualité d'associés responsables tenus indéfiniment et solidairement des dettes sociales.

1073. — Par contre, si un commanditaire permettait que son nom figurât dans la raison sociale par exemple si le commandité l'y insérait de sa propre autorité et que le commanditaire l'y laissât figurer, ce commanditaire deviendrait par ce fait, associé en nom, et subirait toutes les conséquences que cette qualité entraîne : obligation indéfinie des dettes sociales, solidarité avec tous les associés en nom envers les créanciers de la société, et possibilité de faillite.

En outre, il pourrait, le cas échéant, être l'objet de poursuites pénales, comme complice d'une escroquerie (Houpin et Bosvieux, p. 312, n° 257, T. I).

1074. — Au reste, tout ce qui a été dit *suprà*, sous les n°⁵ 801 à 803 est également applicable en matière de société en commandite simple.

1075. — MODIFICATION DE LA RAISON SOCIALE. — Voir ce qui est dit n° 805.

1076. — **Signature sociale.** — Voir ce qui a été dit *suprà* nᵒˢ 915 à 917.

1077. — **Responsabilité des associés dans les sociétés en commandite simple.** — Ainsi qu'il a été dit sous le nᵒ 1060, il existe, dans la société en commandite simple, deux catégories d'associés : 1ᵒ les commandités ou associés en nom ; 2ᵒ les commanditaires ou bailleurs de fonds.

Suivant que les associés appartiennent à l'une ou à l'autre de ces deux classes, la nature de leurs obligations diffère, de même que diffère l'étendue de leur responsabilité, ainsi qu'on va voir sous les deux numéros qui suivent.

1078. — RESPONSABILITÉ DES ASSOCIÉS EN NOM. — Les associés en nom — lisez les commandités — ont, dans la société en commandite, la même responsabilité que celles qu'ont les associés dans une société en nom collectif : ils sont tenus personnellement, solidairement et indéfiniment des engagements et des dettes de la société.

La solidarité, à laquelle ils sont tenus est inhérente à leur qualité d'associés en nom et existe en dehors de tout engagement et de toute garantie personnels (Cassation, 8 avril 1903, *Dalloz*, 1903, 1, 208).

Il n'y a pas lieu de s'étendre ici sur ce sujet, cette responsabilité ayant déjà été étudiée en détail, *suprà*, nᵒˢ 793 et suivants et 827, et suivants.

1079. — RESPONSABILITÉ DES ASSOCIÉS COMMANDITAIRES. — Par contre, les associés commanditaires, eux, ne sont tenus des dettes, des pertes et engagements de la société que jusqu'à concurrence seulement de leurs apports, autrement dit jusqu'à concurrence seulement de ce qu'ils ont mis ou dû mettre dans la société, et ce, alors même que ces dettes et pertes résulteraient de quasi-délits (*Not.* Bordeaux, 14 mars 1890, *Dalloz*, 91, 2, 63) [1].

Ce qui revient à dire que, lorsque le commanditaire a fait à la société l'apport qu'il s'était engagé à faire, il ne peut rien lui être

---

[1]. Mais on notera que serait parfaitement valable la stipulation qui pourrait être insérée dans les statuts, en vertu de laquelle le ou les commanditaires seraient obligés aux passif et engagements sociaux jusqu'à concurrence d'une somme supérieure à leurs apports ; et qu'une telle convention n'aurait aucunement pour effet d'entraîner pour les commanditaires la qualité d'associés en nom, ni de les rendre responsables *in infinitum*.

réclamé au delà à quelque titre que ce soit, par qui que ce soit et quel que soit le résultat bon ou mauvais des affaires sociales. D'où il suit qu'en cas de perte du capital social, de mauvaises affaires de la société, le commanditaire perd entièrement ce qu'il a mis dans la société, mais n'est tenu à rien d'autre [1].

Ceci, sauf les trois exceptions qu'on va voir.

1080. — Il n'en serait pas ainsi, toutefois, si le nom du commanditaire figurait, contrairement à la prescription formelle de la loi, dans la raison sociale, soit que le commanditaire ait permis l'insertion de son nom dans la raison, soit qu'il l'ait simplement toléré.

Dans l'un ou l'autre de ces cas, en effet, outre les pénalités qui lui seraient applicables, il serait un associé en nom et, comme tel, tenu des dettes et engagements sociaux comme y est tenu le commandité, c'est-à-dire personnellement, solidairement et indéfiniment.

Voir à cet égard, ce qui est dit *suprà*, n° 1073, n° 797 et note du n° 798.

1081. — De même, le commanditaire perdrait le bénéfice de la limitation de sa perte au montant de son apport, et verrait dans certains cas sa responsabilité s'identifier à celle d'un associé en nom, s'il faisait un acte de gestion extérieure ou s'immisçait dans l'administration de la société, choses qui lui sont formellement interdites, ainsi qu'on le verra sous les n°s 1102 et suivants.

1082. — Enfin, une remarque d'ordre pratique est à faire, sur laquelle il importe d'attirer particulièrement l'attention : il est essentiel que le montant de la commandite soit exprimé avec précision dans les statuts ainsi que dans l'extrait de publication inséré dans le journal d'annonces légales. Ceci, afin que les tiers puissent connaître l'importance de la garantie que la commandite leur offre, indépendamment de celle offerte personnellement par le commandité.

A défaut de cette indication, le commanditaire serait, au regard des tiers, considéré comme associé en nom et tenu des engagements sociaux, solidairement, personnellement et indéfiniment (*Not.* Paris, 22 juin 1891, *Rev. des Soc.* 1891, 481).

Ce qui a été dit sous les trois numéros qui précèdent pour le motif qu'on va voir.

---

1. Voir *infrà* n° 1142.

1083. — Les règles du droit commun étant que tous ceux qui participent à une opération — commerciale ou civile — doivent, si elle ne réussit pas, en supporter les pertes quelque étendues qu'elles soient [1], il s'ensuit que l'associé commanditaire, en n'étant tenu à rien payer au delà de son apport, jouit d'un véritable privilège, et que ce privilège constitue une exception aux principes.

Par suite, pour que les intéressés puissent exciper de cette exception et en réclamer l'application, faut-il non pas seulement qu'ils aient manifesté expressément la volonté de contracter une société en commandite, mais aussi que les stipulations des statuts soient d'accord avec sa qualification.

Aussi bien, s'il apparaissait que le contrat n'est pas sincère ; en vue de se soustraire à la responsabilité illimitée qu'emporte la société collective, les intéressés ont eu recours à une dénomination démentie par les faits, le fond prévaudrait sur la forme et les tribunaux rendraient au contrat et son nom et ses effets, afin de préserver les tiers du dommage qu'on a tenté de leur causer.

1084. — **En quoi peuvent consister les apports des associés commanditaires.** — Ainsi qu'il est exigé par la loi pour toute espèce de sociétés, chacun des associés doit, dans la société en commandite, faire un apport, sous peine de nullité.

Les apports des commandités peuvent comprendre toute espèce de biens meubles et immeubles, sans distinction, et même l'industrie personnelle de l'apporteur, comme on sait.

Et ceux des commanditaires ?

C'est ce que nous allons examiner.

1085. — Le plus généralement, les associés commanditaires font apport de sommes d'argent à la société ; c'est pour cette raison que dans l'article 24 du code de commerce, le législateur les qualifie de *simples bailleurs de fonds* et que, dans l'article 26, il ne les déclare passibles des pertes sociales que jusqu'à concurrence des « fonds » qu'ils ont mis ou dû mettre dans la société.

Mais l'objet des apports des commanditaires n'est pas limité aux sommes d'argent seulement ; l'apport — ou « commandite » ainsi qu'on le nomme communément — peut parfaitement consister en biens mobiliers et immobiliers, tels qu'un fonds de commerce (Paris,

---

1. Voir *infrà* n° 1087.

8 mars 1901, *Journ. des Soc.* 1901, 410), un outillage, un matériel, un brevet d'invention, une usine, etc. [1].

Mais, par contre il ne peut, en aucun cas, comprendre ni le travail personnel du commanditaire, lequel ne peut davantage apporter, ni son expérience, ni ses connaissances techniques, etc., car un tel apport emporterait pour lui immixtion dans la gestion de la société, ce que la loi prohibe expressément, et aussi ce qui aurait pour conséquence de faire de lui, *ipso facto*, un associé en nom, personnellement, solidairement et indéfiniment responsable des dettes et charges sociales (n° 1081).

Enfin, le commanditaire peut ne faire apport que de la « jouissance » seulement d'une somme d'argent ou autre capital, par exemple, il peut apporter uniquement la jouissance d'une usine qu'il possède.

Par le moyen d'un tel apport, le capital lui est restitué lors de la dissolution de la société, encore que cette dissolution survienne par suite de mauvaises affaires de cette dernière : auquel cas, rentrant dans son capital, mobilier ou immobilier, il ne perd en réalité que les revenus qu'a produits ce capital durant l'existence de la société.

Ne saurait être considérée comme nulle, en se basant sur l'article 1855 du code civil, la convention d'après laquelle un associé commanditaire apporte seulement la jouissance d'une somme déterminée, quand le pacte social ne lui concède pas la totalité des bénéfices et ne l'affranchit pas de la totalité des pertes et que la jouissance des fonds qui constitue son apport le laisse exposé aux pertes sociales et qu'il court le risque de ne pas retirer l'intérêt de son capital. Conséquemment, quand l'associé en nom a affecté divers immeubles pour garantir la restitution de ce capital, cette affectation est parfaitement valable, et le débiteur est obligé. (Cassation, 1er février 1921, *Gaz. du Pal.*, 15 mars 1921).

1086. — Mais, de toutes manières, répétons-le (n° 1082), il est essentiel pour le commanditaire que le chiffre exact de sa mise (commandite) soit mentionné dans les statuts ainsi que dans l'extrait de publication.

1087. — Cas dans lequel le commanditaire ne contribue pas aux dettes sociales. — Le commanditaire ne peut être tenu,

---

[1]. Voir *infrà* n° 1087.

sauf convention expresse contraire, comme on sait, des dettes de la
société que jusqu'à concurrence seulement du montant de son apport.

Si celui-ci consiste en une somme d'argent ou dans des biens mobiliers ou immobiliers auxquels une estimation a été donnée dans le
pacte social, aucune difficulté : le commanditaire est tenu des dettes
de la société à concurrence de cette somme d'argent, ou à concurrence de l'estimation de ces biens mobiliers ou immobiliers.

Mais, dans l'hypothèse d'un apport consistant en un objet mobilier ou en un immeuble, auquel aucune estimation n'a été donnée
dans les statuts ?

Un très intéressant jugement du tribunal de commerce de la Seine
(2 mars 1917) décide que lorsque l'apport n'a pas été estimé le
commanditaire ne participe pas dans les dettes sociales. Lorsque
l'apport consiste dans un fonds de commerce qui n'a pas été estimé,
dit ce jugement, le commanditaire n'est tenu à aucune fraction des
pertes : peu importe qu'il ait été convenu que les bénéfices seraient
partagés à raison de 75 % pour les commandités et de 25 % pour
les commanditaires, *et que les pertes seraient supportées dans les
mêmes proportions*, le commanditaire ne peut être tenu au-delà du
montant de sa commandite qui, dans l'espèce, n'a fait l'objet d'aucune estimation [1].

Conclusion pratique : il y a lieu, de *toujours* estimer les apports
des commanditaires dans le pacte social.

**1088. — La qualité de commanditaire emporte-t-elle celle
de « commerçant » ?** — Le commanditaire devient-il commerçant
par le fait même de sa commandite et, par suite, en cas de faillite
de la société, sa faillite personnelle s'ensuit-elle, comme il est en
matière de société en nom collectif pour les associés en nom (n°s 821
et 828) ?

Le fait de faire un apport à titre de commandite dans une société,
n'emporte pas pour le commanditaire la qualité de commerçant.

Aussi bien, d'une part, le commanditaire est-il juridiquement inconnu des tiers : il ne traite pas avec eux ; il ne fait aucune opération commerciale : or, sont seuls commerçants ceux qui exercent des
actes de commerce et en font leur profession habituelle (Art. Ier C.
de comm.)

D'autre part, le fait par un non-commerçant, de prêter de l'argent à un commerçant pour les besoins de son commerce, ne cons-

_____

1. *Gaz. du Pal.* 1917, 714, *Nouv Rev. Synth.*, 2411.

titue pas un acte de commerce. Le commanditaire ne fait autre chose que prêter des fonds pour faire un commerce, mais, personnellement, il ne commerce pas.

Et c'est bien un simple prêteur d'argent : la loi ne le qualifie-t-elle pas elle-même « bailleur de fonds » dans les articles 23 et 24 du code de commerce ?

Donc, le commanditaire ne devient pas commerçant par le fait de son apport à titre de commandite dans une société commerciale [1].

De là, cette double conséquence :

1° Qu'il n'a pas à satisfaire aux conditions rapportées plus haut sous le n° 829 ;

2° Et qu'en cas de faillite de la société, s'il perd purement et simplement son apport, il reste non seulement en dehors de toutes poursuites au delà de celui-ci, ainsi qu'on sait, mais il n'est pas lui-même déclaré en faillite comme le serait en pareil cas un associé en nom (n° 821).

1089. — Charges d'agents de change. — Les agents de change près des bourses pourvues d'un parquet [2] peuvent s'adjoindre des bailleurs de fonds intéressés, participant aux bénéfices et aux pertes résultant de l'exploitation de l'office et de la liquidation de sa valeur. Ces bailleurs de fonds ne sont passibles des pertes que jusqu'à concurrence des capitaux qu'ils ont engagés.

Le titulaire de l'office doit toujours être propriétaire en son nom personnel du quart au moins de la somme représentant le prix de l'office et le montant du cautionnement.

L'extrait de l'acte et les modifications qui peuvent intervenir sont publiés, à peine de nullité, à l'égard des intéressés, sans que ceux-

1. Mais, par contre, l'obligation à laquelle est tenue le commanditaire, de faire à la société l'apport qu'il a promis, est commerciale en raison de ce que accessoirement, elle se rattache à une entreprise commerciale. (Nombr. déc. Not. Cassation, 25 octobre 1899, *Sirey*, 1900, 1, 65 — 7 novembre 1899, *Dalloz*, 1900, 1, 39, — Bourges, 26 décembre 1870, *Sirey*, 70, 2, 318, — Toulouse, 26 mai 1903, *Journ. des Soc.* 1904, 56).

D'où ces conséquences :

Que c'est exclusivement devant le tribunal de commerce que doivent être intentées par la société ou ses créanciers, contre les commanditaires, les actions en libération de ceux-ci :

Et que le commanditaire, en cas de non versement de sa mise au jour convenu, en devra les intérêts, non d'après le taux de l'intérêt civil, mais d'après celui de l'intérêt commercial.

2. En France, les seules Bourses ayant un parquet sont celles de : Paris, Lyon, Marseille, Bordeaux, Toulouse, Nantes et Lille.

ci puissent opposer aux tiers le défaut de publication (Art. 75, C.
de comm.).

D'après ceci, on voit que les sociétés formées entre agents de
change et bailleurs de fonds sont en quelque sorte des sociétés en
commandite *sui generis*, des sociétés en commandite d'une espèce
particulière.

C'est ainsi qu'il n'y a qu'un seul commandité, l'agent ; que la loi
impose un minimum pour la part sociale de ce dernier ; et qu'il n'y
a pas de raison sociale, car l'agent agit en son nom.

Les sociétés de charges d'agents sont soumises à toutes les règles
de la société en commandite et, en outre, à des règlements et usages, quant à leur fonctionnement et à leur constitution, desquels il
n'y a pas lieu de s'occuper ici.

1090. — **Division du capital social en « parts d'intérêts ».**
— Très fréquemment dans les statuts, le capital social est divisé
en un certain nombre de « parts d'intérêts », le droit de chaque
associé étant alors représenté par un nombre plus ou moins élevé
de parts, ce, en proportion des droits de chacun.

En thèse générale, la clause qui permettrait aux associés en nom
de céder la totalité des parts qui leur sont ainsi attribuées, est à
déconseiller ; bien qu'en fait, et malgré une telle cession ils n'en
resteraient pas moins engagés solidairement et indéfiniment. Quant
aux parts d'intérêts des commanditaires, la limitation du droit de
les céder n'offre aucun avantage pratique.

Sous peine des plus graves difficultés [1] les parts d'intérêts ne
doivent pas être créées en la forme d'un titre « négociable », autrement dit transmissible par endossement, par transfert ou par simple tradition, car ce serait alors non plus une part d'intérêts, mais
une *action* ; et, par suite, la société ne serait plus une société en commandite simple, mais une société en commandite par actions, et
serait entachée de nullité par suite de la non-observation des formalités imposées par la loi du 24 juillet 1867.

Aussi bien, la part d'intérêts constitue en quelque sorte un droit de
créance, résultant des statuts, au profit de son bénéficiaire, contre la
société, et par suite, ne peut pas être cédée — quand la cession en est
statutairement permise — par transfert, ou autre voie commerciale,
mais uniquement par le moyen qui sera dit plus loin sous le n° 1137.

---

1. Nullité de la société et pénalités en raison de ce qu'on va lire, (Voy. L. 24 juillet 1867, art. 7, 8 et 13.)

CHAPITRE II

CONSTITUTION DE LA SOCIÉTÉ EN COMMANDITE SIMPLE ET GÉNÉRALITÉS

1091. — **Conditions exigées pour la constitution de la société en commandite simple.** — La société en commandite simple n'est soumise, quant à sa constitution, à aucune règle spéciale.

A part quelques points de détail, elle est assujettie aux mêmes conditions que la société en nom collectif, lesquelles ont été exposées sous les n°ˢ 832 et suivants et que, par conséquent, on ne fera ici que citer pour mémoire, en renvoyant pour l'étude de chacune d'elles, aux numéros qui les traitent.

1092. — **Conditions de validité du contrat de la société en commandite simple.** — Ces conditions sont exactement les mêmes que celles qui ont été indiquées sous le n° 832, à part — paragraphe 6 — que la participation des commanditaires dans les pertes sociales, doit être limitée à la mise particulière de chacun d'eux.

On notera que la stipulation d'une simple part dans les bénéfices au profit du ou des commanditaires est insuffisante pour constituer la société en commandite : il est essentiel qu'il y ait de plus intention formelle de contracter une société (serait-ce même une société « de fait »), mise en commun d'une chose, et aussi participation aux pertes (Toulouse, 15 juin 1910, *Journ. des Soc.* 1910, 518).

1093. — Nécessité d'un acte écrit. — Le contrat de société en commandite simple doit être constaté par écrit — par acte authentique ou sous seing privé indistinctement — et sur papier timbré (n° 833).

S'il est fait sous seing privé, il doit être dressé autant d'originaux qu'il y a d'associés commanditaires et d'associés commandités (n° 437) [1].

1094. — Enregistrement. — Aussitôt les statuts signés de tous les associés, il y a lieu de les faire enregistrer.

Voir ce qui est dit à ce sujet sous le n° 835.

Voir également la remarque du n° 834.

1095. — Publication des statuts et des modifications qui y sont ultérieurement apportées. — Dans le *mois* de la date de sa constitution, la société en commandite simple doit être publiée par le moyen : *a*) du dépôt d'un exemplaire des statuts à chacun des greffes du tribunal de commerce et de la justice de paix du lieu du siège social et du lieu de chacune des succursales; *b*) et de l'insertion dans un journal d'annonces légales du ou des mêmes lieux (n°ˢ 460 et suiv.).

Lorsque des modifications sont apportées par la suite aux statuts, semblable publication doit être effectuée.

1096. — Immatriculation de la société au registre du commerce. — Dans le *mois*, également, à compter du jour de sa constitution, la société, en la personne de son ou ses gérants, doit requérir son immatriculation au registre du commerce, en conformité de la loi du 19 mars 1919.

On se reportera, pour l'accomplissement de cette formalité, à ce qui a été dit *suprà* n° 839.

1097. — Enonciations que doivent contenir les statuts d'une société en commandite simple. — A cet égard, la remar-

---

1. Ceci, quant à sa validité même. (Voy. art. 1325, C. civ.).

En outre il doit, dans la pratique, être fait :

1° Un exemplaire, pour le dépôt au greffe du tribunal de commerce ;

2° Un exemplaire, pour le dépôt au greffe de la justice de paix ;

3° Un exemplaire qui reste au bureau de l'enregistrement ;

4° Et un dernier exemplaire destiné à rester au siège social, aux archives de la société.

que qui a été faite sous le n° 840 en ce qui concerne la société en nom collectif s'applique également à la société en commandite simple.

Mais, ici, les énonciations que doivent contenir les statuts diffèrent sensiblement, ainsi qu'on va voir.

1098. — Lorsqu'il s'agit d'une société en commandite simple, les statuts doivent contenir les énonciations suivantes, dont quelques-unes sont indispensables, et les autres de la plus grande importance, — ce qui revient à dire que toutes doivent être rigoureusement observées :

1° Nom, prénoms, profession ou qualité, et domicile de chacun des commandités (associés en nom) ;

2° Indication expresse de leur qualité de commandités ;

3° Nom, prénoms, profession ou qualité, et domicile de chacun des commanditaires (bailleurs de fonds);

4° Indication expresse de leur qualité de commanditaires ;

5° Objet de la société ;

6° Raison sociale ;

7° Signature sociale ;

8° Siège social ;

9° Durée de la société ;

10° Point de départ de cette durée ;

11° Désignation du ou des associés en nom qui seront chargés de la gérance et de l'administration de la société, et qui auront la signature sociale ;

12° Indication des pouvoirs du ou des gérants avec, s'il y a lieu, indication des pouvoirs de chacun, s'il y en a plusieurs ;

13° Stipulation que le ou les gérants devront remettre des comptes périodiques de gestion à tous les associés ; fixation des dates de remise de ces comptes ;

14° (*Facultatif*) : Désignation d'un ou de plusieurs associés en nom chargés de la surveillance des opérations de la société et des livres comptables, et désignation de celui des commanditaires qui au nom des autres commanditaires sera chargé de la même surveillance, avec indication du mode de ce droit de surveillance.

Et indication de la rémunération allouée aux associés surveillants [1] ;

15° Désignation des apports respectifs de chacun des commandi-

----

1. Voir n° 1102.

tés et de chacun des commanditaires, avec estimation de chacun de ces apports et fixation du capital social ;

16° (Facultatif) : Prévision de l'augmentation du capital social ;

17° Division du capital social en parts d'intérêts (n° 1090) ou indication de la participation aux bénéfices de chacun des associés ;

18° Indication de la participation aux pertes dans les limites de son apport pour chacun des associés commanditaires et au delà du capital social pour chacun des associés commandités ;

19° (En cas de création de parts d'intérêts) : Prévision de la cession de ces parts et des forme et conditions de cette cession ;

20° (En l'absence de parts d'intérêts) : Prévision de la cession de leurs droits sociaux, par les associés, ou interdiction de céder ces droits ;

21° Interdiction pour tous les associés, ou pour quelques-uns d'eux seulement, de s'intéresser directement ou indirectement à d'autres affaires, similaires ou non à celles faisant l'objet de la société ;

22° Traitement des gérants, leurs époques de paiement et mode de comptabilisation ;

23° Faculté de verser des sommes en compte courant ; taux de l'intérêt servi, délais et conditions de retraits ;

24° Fixation de l'année sociale ;

25° Fixation des époques de règlement des bénéfices ;

26° (S'il y a lieu) : Prévision d'assemblées générales ordinaires et extraordinaires avec époques, mode et délai de convocation; choix du président et du secrétaire ; toutes précisions concernant le quorum exigé pour la tenue des assemblées ; les pouvoirs de celles-ci; la fixation de la majorité exigée pour voter les résolutions ;

27° Prévision des cas de dissolution anticipée: cas de perte d'une quotité déterminée du capital social ; cas de décès du ou des associés en nom et, dans cette dernière hypothèse, conséquences de la dissolution ;

28° Ou : En cas de décès d'un seul des associés en nom, prévision de la continuation de la société et précision des conditions de cette continuation ;

29° Interdiction aux tiers de faire apposer les scellés sur les biens de la société et de faire procéder à un partage judiciaire ;

30° Mode et forme de la liquidation ;

31° Prévision des pouvoirs du liquidateur ;

32° Mention des pouvoirs donnés au porteur des statuts pour faire la publication ;

Enfin, indépendamment de ces énonciations il en est d'autres qu'il peut être utile d'insérer dans le pacte social ; aussi bien, ces énonciations varient-elles suivant chaque cas particulier.

Au surplus, et outre ce qui précède, on pourra utilement s'inspirer à cet égard des formules données *infra* n°° 1193 et suivants, qui, telles qu'elles sont rédigées, peuvent servir de cadres dans la généralité des cas.

1099. — Date d'existence de la société. — Même observation que sous le n° 843.

1100. — Assemblées générales. — Lorsque dans une société en commandite simple, il y a de nombreux associés, il peut être avantageusement stipulé — comme il peut l'être dans les sociétés en nom collectif — que des assemblées générales, ordinaires et extraordinaires seront périodiquement tenues, au cours desquelles des décisions seront prises par les membres présents, au nom de tous les associés, sur les cas prévus aux statuts.

Voir à ce sujet ce qui est dit sous les n°° 846-1 et 1097, 26°.

En l'absence d'une telle stipulation, le consentement de *tous* les associés (commandités et commanditaires), sans exception, est nécessaire lorsqu'il s'agit de modifier le pacte social.

1101. — Conséquences de ce que la société en commandite simple a la qualité de « commerçant ». — Voir ce qui a été dit *suprà* n° 847[1].

1102. — Surveillance de la gestion et des opérations de la société. — Chaque associé, commandités et commanditaires, a personnellement le droit de contrôler et de surveiller la gestion et les opérations sociales. Ce droit ne rencontre d'autres limites que celles qui peuvent être prévues aux statuts.

Mais quand les associés sont nombreux, il est d'une excellente pratique de désigner un ou plusieurs d'entre eux en leur donnant mission d'exercer cette surveillance au nom de tous. Les conditions de leur nomination, la durée de leurs fonctions, l'étendue de leur droit de contrôle, la manière dont ils pourront l'exercer et le montant de leur rémunération (car cette mission est généralement rétri-

---

1. V. aussi n° 1088.

buée, ce qui est de bonne équité) doivent alors être prévues avec précision dans les statuts.

1103. — On notera qu'un associé commanditaire peut parfaitement accepter cette mission de surveillance et de contrôle car, ainsi qu'on le verra plus longuement dans un instant, elle n'emporte aucunement de sa part immixtion dans la gestion de la société.

Et que la plus entière liberté est laissée aux intéressés, en ce qui concerne la création et la non-création d'un « conseil de surveillance », la loi n'en imposant pas l'obligation.

Mais c'est une sage mesure quand le nombre des associés est élevé.

1104. — Donc lorsqu'aucun conseil de surveillance n'a été nommé, chacun des associés, commandités et commanditaires a le droit de surveiller l'administration de la société. Ainsi, ils peuvent, à tout moment, se faire communiquer tous les livres, tous inventaires et bilans, toutes les pièces de la société ; ils peuvent même vérifier la caisse. Mais ils sont tenus de contrôler les livres comptables au siège même de la société seulement, car ils ne peuvent les déplacer (Seine, 10 août 1903, *Journ. des Soc.* 1905, 384). En outre, ils doivent veiller à ce que le contrôle auquel ils se livrent ne gêne en quoi que ce soit le fonctionnement normal de la société (Rouen, 11 mars 1908, *Ibid.*, 1909, 125).

Ils peuvent déléguer ce droit de contrôle à un tiers ; ainsi ils peuvent nommer un mandataire afin de vérifier l'exactitude d'un inventaire dressé par le gérant (Poitiers, 22 mars 1854, *Dalloz*, 55, 2, 133).

Jugé que, de même, le commanditaire peut examiner les chantiers et magasins et même demander des états sur la situation hebdomadaire de la société, en ce qui concerne les ventes, les achats, les paiements, les engagements, les recouvrements, etc. (Rouen, 9 juin 1875, *Sirey*, 77, 2, 47).

Ce droit de contrôle et de surveillance du commanditaire doit être considéré comme étant d'ordre public, en sorte que les obstacles apportés par le gérant à l'exercice de ce droit constitueraient une juste cause de dissolution de la société à la demande de celui qui en aurait souffert (Lyon, 18 mai 1893, sous Cassation, 4 février 1895, *Dalloz*, 95, 1, 183).

1105. — **Emissions d'obligations.** — **Déclarations d'existence.** — Voir ce qui est dit à cet égard, sous le n° 846-2.

CHAPITRE III

ADMINISTRATION DE LA SOCIÉTÉ

1106. — **Gérants.** — La société en commandite simple est gérée et administrée par un plusieurs associés *commandités*, à l'exclusion absolue des commanditaires auxquels la loi interdit formellement de faire aucun acte de gestion, même en vertu de procuration (Art. 27, C. de comm.). Lorsque les statuts ne contiennent aucune convention particulière à cet égard, tous les commandités, autrement dit tous les associés en nom, sont gérants de la société en commandite.

Lorsqu'il n'y a qu'un seul associé en nom, il est, de droit, chargé de la gestion et de l'administration de la société, à moins toutefois que la gestion ne soit statutairement confiée à un tiers.

Toutes les règles qui ont été rapportées plus haut sous les n°ˢ 849 à 947 et auxquelles sont soumis les gérants des sociétés en nom collectif, sont également, et dans les mêmes termes et conditions, applicables aux gérants des sociétés en commandite simple.

Nous nous bornerons donc uniquement, dans les lignes qui suivent, à renvoyer aux numéros sous lesquels chacune de ces règles a déjà été traitée.

1107. — **Rémunération du ou des gérants.** — Se reporter à ce qui a été dit *suprà* n°ˢ 919 et suivants.

Le gérant d'une société en commandite simple mobilisé n'a plus droit à ses appointements à partir du jour de sa mobilisation, en raison de ce que, à partir de ce moment, il doit tout son temps et tout son travail à l'État, et ce, alors même qu'il aurait pu, de temps à autre, venir s'occuper des affaires de la société. (Trib. de Comm. Seine, 2 mars 1917, *Gaz. de Pal.*, 1917, 714, *Nouv. Rev. Synth.*, 1137) [1].

1108. — Nomination du ou des gérants. — Voir ce qui a été dit *suprà* n° 849.

Lorsque, dans les statuts, aucun gérant n'a été désigné, tous les commandités, autrement dit tous les associés en nom, gèrent concurremment la société.

En raison de ce que, pratiquement, cette pluralité de gérants peut, dans certains cas, être la source de difficultés, il est toujours à recommander de désigner le gérant dans le pacte social.

1109. — Règles auxquelles est soumise l'administration des sociétés en commandite simple. — Ces règles sont les mêmes que celles qui ont été exposées sous les n°ˢ 850 à 854 auxquels on voudra bien se reporter.

Il y a seulement lieu d'ajouter ce qui suit, qui a déjà été signalé d'ailleurs (n°ˢ 1081 et 1102 [2]) mais sur lequel, en raison de son importance, il y a lieu d'insister :

En cas de contravention à la prohibition qui lui est faite de s'immiscer en quoi que ce soit dans la gestion extérieure de la société, l'associé commanditaire serait obligé « solidairement avec les associés en nom collectif » pour les dettes et engagements de la société qui dérivent des actes de gestion qu'il a faits ; et il peut même, suivant le nombre et la gravité de ces actes, être déclaré « solidairement obligé pour tous les engagements de la société » ou pour quelques-uns seulement (art. 28, C. de comm.).

Toutefois, les avis et conseils, les actes de contrôle et de surveillance n'engagent pas l'associé commanditaire (même art.).

On verra dans un instant (n°ˢ 1169 et suiv.) quels sont, d'après ce texte, d'après la doctrine et d'après la jurisprudence, quels sont

---

1. Dans le même sens, Trib. de Comm. Seine, 25 avril 1916 (*Journ. des Trib. de Comm.*, 1918, 147).
2. V. également *infrà* n°ˢ 1169 à 1180.

les actes qui sont permis et quels sont ceux qui sont interdits aux commanditaires.

1110. — **Pouvoirs des gérants.** — Ce sont les mêmes que ceux qui ont été étudiés sous les n°ˢ 855 à 889.

En précisant que les pouvoirs généraux du gérant de la société en commandite ne sont que des pouvoirs d'administration, comme ceux des gérants des sociétés en nom collectif. Et que, par suite, tout acte de « disposition » ou « d'aliénation » lui sont interdits s'il ne justifie pas de l'autorisation spéciale et préalable de l'unanimité des associés, dûment publiée (Paris, 18 juin 1907, *Journ. des Soc.* 1908, 458).

1111. — Ajoutons que c'est aux gérants qu'il appartient de satisfaire aux formalités de constitution et de publication de la société, et d'immatriculation au registre du commerce, imposées par la loi, ainsi qu'à celles exigées en cas de modification des statuts.

1112. — Qu'il leur appartient également de tenir les livres de commerce déterminés par les articles 8 et suivants du code de commerce ; de dresser et signer chaque inventaire annuel ; et de, en cas de cessation de paiements de la société, déposer le bilan au greffe du tribunal de commerce du lieu du siège social, dans les trois jours de cette cessation.

1113. — Si des obligations sont émises par la société, c'est encore au gérant qu'il appartient de faire la déclaration d'existence au bureau de l'enregistrement (n° 1105).

1114. — COMPTES PÉRIODIQUES DE GESTION. — Bien que la loi ne l'impose pas, il est de bonne règle — et il est à conseiller d'insérer cette obligation dans les statuts — que les gérants remettent périodiquement à tous les associés non gérants, commandités et commanditaires, des comptes de leur gestion.

Ces comptes sont remis sur simple papier libre semestriellement ou annuellement, suivant la convention, — mais le plus habituellement annuellement.

1115. — **Extension et restriction par les statuts des pouvoirs des gérants.** Voir *supra* n°ˢ 890 et 891.

1116. — Le gérant peut traiter avec sa propre société. — Voir n° 892.

1117. — Pluralité de gérants. — Voir ce qui a été dit *suprà* n°ˢ 893 à 898.

1118. — Désaccord entre les gérants. — Voir *suprà* n°ˢ 899 à 907.

1119. — Effets des engagements contractés par le gérant. — Voir n° 908-2.

1120. — Durée des fonctions des gérants. — Voir ce qui a été dit sous les n°ˢ 909 et 910.

1121. — Décès, Démission du gérant. — Voir *suprà* n°ˢ 911 à 914.

Les qualités d'associé en nom et de gérant sont distinctes : elles peuvent être divisées. En sorte que le gérant qui démissionne n'en reste pas moins associé en nom collectif, et, par suite, tenu des dettes (Cassation, 29 décembre 1897, *Dalloz*, 98, 1, 539).

1122. — Signature sociale. — Abus. — Voir *suprà* n°ˢ 917 à 921 [1].

1123. — Les gérants seuls administrent. — Le droit d'administrer la société, de contracter pour elle et en son nom, et de l'obliger, appartient exclusivement aux gérants désignés.

Non seulement les associés commanditaires, mais encore les autres associés commandités non gérants, ne peuvent valablement faire aucun acte de gérance.

De même, ici encore, qu'en matière de société en nom collectif, aucune opposition ne peut entraver l'action du gérant, lorsqu'il agit dans la limite de ses pouvoirs. On se reportera, à cet égard à ce qui a été dit *suprà* n°ˢ 906 et suivants.

---

1. La société qui n'exerce aucune surveillance sur les actes de son directeur administratif — et ceci s'applique aussi bien aux sociétés en nom collectif qu'aux sociétés en commandite simple, — doit être déclarée responsable des agissements de ce directeur, si, par suite de ce défaut de surveillance, ce dernier a pu passer des marchés en son nom dans des conditions telles que les tiers ont pu croire que c'était avec la société qu'ils traitaient (Cassation, 14 janvier 1920, *Gaz. des Trib.*, 9 février 1920, *Nouv. Rev. Synth.*, 1133).

1124. — Révocation du gérant. — Voir ce qui a été dit *suprà* n°ˢ 922 à 932.

Dans la société en commandite, le droit de poursuivre la révocation du ou des gérants appartient indistinctement aux associés commanditaires et aux associés en nom.

1125. — Responsabilité du gérant. — Cette responsabilité est la même que celle des gérants de sociétés en nom collectif. On se reportera donc à ce qui a été dit aux n°ˢ 933 à 958, sous lesquels elle a été étudiée.

Ajoutons ici quelques mots seulement : le gérant, dans ses rapports avec les tiers, personnifie la société en contractant sous la raison sociale : il s'ensuit qu'en cas de dol ou de fraude du gérant, c'est la société elle-même qui est tenue des dommages-intérêts qui peuvent être dus en réparation du préjudice causé, en conformité de l'article 1382 du code civil (*Not.* Grenoble, 4 février 1874, *Sirey*, 74, 2, 168).

A noter que si, cependant, le gérant, violant une clause formelle des statuts, souscrivait des traites pour se libérer de dettes qui lui sont personnelles, et en payait le montant avec des fonds provenant de la société, les tiers qui auraient reçu ces effets, en paiement, seraient tenus, s'ils avaient connu le vice dont étaient entachés ces effets, de restituer les sommes qu'ils auraient ainsi reçues (Cassation, 20 avril 1906, *Journ. des Soc.* 1907, 72). Aussi bien, la société doit-elle rester étrangère à ces tractations et ne pas en être lésée.

1126. — Responsabilité en cas de nouveau gérant. — Sur la question de savoir ce qu'il en est en matière de responsabilité de la gestion sociale, lorsqu'un gérant est nommé en remplacement d'un autre, voici :

a) RESPONSABILITÉ DE L'ANCIEN GÉRANT. — Dès le jour de son remplacement, l'ancien gérant devient étranger à la société [1] ; d'où il suit que si son remplacement a été régulièrement publié, — et c'est pourquoi il doit veiller à ce que cette formalité soit remplie en temps et lieu — il n'est pas responsable à l'égard des tiers des dettes sociales créées postérieurement à la date de la cessation de ses fonctions (*Not.* Lyon, 23 mars 1903, *Rev. des Soc.* 1904, 243).

---

1. Pour qu'il ne soit pas responsable des faits et dettes postérieurs à l'époque de son remplacement, il faut qu'à partir de ce moment il devienne réellement étranger à la société ; sinon, il ne serait exonéré d'aucune responsabilité. Il en serait ainsi, notamment, s'il restait associé en nom.

b) RESPONSABILITÉ DU NOUVEAU GÉRANT. — Jugé que le gérant d'une société en commandite qui succède à un précédent gérant, est tenu non seulement de toutes les obligations qu'il contracte lui-même au nom de la société, mais aussi de toutes celles que le précédent gérant a contractées au même nom ; et ce, malgré toutes stipulations contraires que peut contenir l'acte qui l'a nommé ; ces stipulations n'étant pas opposables aux tiers, alors surtout qu'elles n'ont pas été publiées et que l'ancienne gérance n'a fait l'objet d'aucune reddition et apurement de compte ni d'aucune liquidation (Amiens, 18 mai 1895, sous Cassation, 23 novembre 1897, *Sirey*, 99, 1, 261, *Dalloz*, 98, 1, 321).

D'où il résulte que le nouveau gérant, s'il veut échapper à cette responsabilité des actes de son prédécesseur, doit exiger, avant d'entrer en fonctions, que les comptes de la précédente gérance aient été rendus et apurés ; et, si l'acte ou la délibération qui le nomme contient stipulation qu'il ne sera pas responsable des actes de celui qui l'a précédé dans la gestion, il doit faire publier cet acte ou cette délibération, afin de porter ce fait à la connaissance des tiers.

1127. — **Droits des associés non gérants.** — Voir *suprà* n°ˢ 951 et suivants.

1128. — *Quitus* **donnés aux gérants.** — Voir n° 957.

RAPPORTS DES ASSOCIÉS ENTRE EUX

1129. — Remarque. — En principe, tout ce qui a été précédemment dit sur les rapports, droits et devoirs des associés en nom collectif entre eux (nos 958 à 998) est également applicable aux associés, dans les sociétés en commandite simple, sauf, nécessairement, les changements qu'entraîne la qualité spéciale des associés commanditaires.

À cet égard, toutes précisions utiles vont être données sous les numéros qui suivent.

1130. — Apports. — Les associés — commandités et commanditaires — sont tenus de faire à la société, l'apport de la mise à laquelle chacun d'eux s'est respectivement engagé dans le pacte social.

Nous ne reviendrons pas sur les règles applicables en matière d'apports, ces règles ayant été étudiées en détail, sous les nos 178 et suivants.

Nous ferons seulement ressortir que serait radicalement nulle et sans valeur toute convention intervenue entre le ou les gérants et un des commanditaires, qui tendrait ou bien à dispenser ce dernier du versement de tout ou de partie de la mise à laquelle il s'est engagé — ou bien à lui faire obtenir par un moyen détourné, quel qu'il soit, le remboursement de tout ou de partie de la somme qu'il aurait apportée.

En ce qui concerne les règles particulières du versement de la commandite, nous renvoyons aux n°ˢ 1152 et suivants.

1131. — Retraite d'un associé en nom. — Pour qu'un associé commandité puisse se retirer de la société, il lui faut le consentement de *tous* les autres associés, si son retrait n'a pas été prévu et autorisé statutairement.

Lorsque, étant autorisée, la cession est réalisée, la formalité dite sous le n° 1135 doit être remplie.

Il a été jugé (Cassation, 21 mai 1889) que les associés commanditaires sont fondés à demander la dissolution de la société, en cas de retraite d'un des associés en nom collectif (*Rev. des Soc.* 1889, 490).

Quant à la démission d'un associé gérant, se reporter à ce qui est dit *suprà* n°ˢ 911 à 914.

1132. — Cession de la commandite. — A défaut de stipulation contraire dans les statuts, — ou de convention ultérieure, également contraire, intervenue entre tous les associés — il est interdit à un associé commanditaire de transférer à un tiers ses obligations et ses droits dans la société, et de se soustraire par le moyen d'une telle cession à l'engagement pris par lui de faire la mise qu'il avait promise.

Dans le cas où la cession est autorisée, soit dans les statuts soit dans un acte postérieur, elle doit, en cas de réalisation, être signifiée à la société (n° 1135).

1133. — Le commanditaire qui, dûment autorisé, cède tout ou partie de ses droits, n'en demeure pas moins débiteur vis-à-vis des créanciers sociaux, des sommes qui lui restent à verser sur le montant de sa mise.

1134. — A signaler qu'un arrêt de la Cour de Cassation du 13 janvier 1903, rapporté par le *Journal des Sociétés* (1903, 300) a cependant décidé qu'au cas où un commanditaire qui, sans y être expressément autorisé, a cédé sa part de commandite au gérant de la société et a régulièrement signifié sa cession à celle-ci, si la cession ainsi connue de tous n'a fait, pendant deux ans, l'objet d'aucune protestation de la part des associés, ces derniers doivent être considérés comme l'ayant acceptée, leur défaut de protestation, durant ce laps, équivalant à une acceptation tacite.

1135. — Signification de la cession, à la société. — Le cessionnaire, dans les cas dont il est question sous les nᵒˢ 1131 à 1134 n'est saisi à l'égard des tiers que par la signification de la cession, faite par huissier, à la société, en conformité de l'article 1690 du code civil [1].

1136. — Cessions permises aux commandités et aux commanditaires. — Si, à défaut de clause contraire, la cession de leurs droits dans la société par les commandités et par les commanditaires, est interdite, en revanche, ceux-ci sont toujours libres de céder leurs droits qui peuvent leur revenir dans les bénéfices sociaux à venir ou dans le capital à provenir de la liquidation de la société. Cette cession, en effet, n'étant autre chose qu'un transport de créance ; acte que le créancier a toujours le droit de faire, seul et sans autorisation de quiconque (Seine, 13 novembre 1894, *Rev. des. Soc.* 1895, 173).

Voir en ce qui concerne la cession, ce qui a été dit sous les nᵒˢ 663 et suivants.

1137. — Cession de parts d'intérêts. — Lorsque, dans les statuts, le capital social a été divisé en parts d'intérêts (nᵒ 1090), la cession ne s'en opère valablement que dans les conditions prévues aux articles 1689 et 1690 du code civil [1].

Un conseil pratique relatif à cette cession : lorsque les associés ne sont pas nombreux, il est à recommander de, toujours, insérer dans le pacte social, une clause par laquelle le cessionnaire devra être agréé par le ou les gérants.

1138. — Croupiers. — Les associés, aussi bien les commanditaires que les commandités, ont le droit de contracter une « sous-

---

1. Dans le transport d'une créance, d'un droit ou d'une action sur un tiers, la délivrance s'opère entre le cédant et le cessionnaire par la remise du titre (Article 1689, C. civ.).

Le cessionnaire n'est saisi à l'égard des tiers que par la signification du transport faite au débiteur.

Néanmoins, le cessionnaire peut être également saisi par l'acceptation du transport faite par le débiteur dans un acte authentique (Art. 1690, C. civ.).

société » avec une tierce personne quant à leur part et ce, sans que le consentement de leurs coassociés leur soit nécessaire. Autrement dit, chacun d'eux peut avoir un « croupier » sans que quiconque puisse élever aucune critique.

Nous ne nous étendrons pas ici sur cette question, les règles applicables en cas de croupiers ayant déjà été étudiées sous les n°ˢ 677 et suivants.

1139. — Intérêts servis aux apports des associés commanditaires. — Peut-on valablement stipuler dans les statuts — ou dans un acte postérieur — qu'un intérêt fixe, qui sera porté aux frais généraux de la société sera servi à l'apport de chaque commanditaire « même en l'absence de bénéfices » ?

La jurisprudence décide que oui. Par conséquent, cette clause que l'on rencontre assez fréquemment doit recevoir son exécution, quand, du moins, elle apparaît conforme à l'équité. C'est ainsi, en effet, qu'il a été jugé que le service d'un tel intérêt cesserait, s'il était établi que des pertes sociales ont absorbé le capital de la société (Paris, 18 février 1875, *Dalloz*, 75, 1, 134).

En outre, et il est très utile d'attirer l'attention sur ce point, il faut, pour qu'une telle stipulation d'intérêts puisse être opposée aux tiers, qu'elle ait été publiée (V. *not*. Amiens, 26 mai 1906, *Journ. des Soc.* 1908, 228) : à défaut de quoi, les associés commanditaires seraient tenus vis-à-vis des tiers des intérêts encaissés par eux, qu'à l'égard de ces derniers ils seraient considérés avoir indûment touchés.

Si donc, cette stipulation est faite dans un acte postérieur aux statuts, on veillera à ce que cet acte soit régulièrement publié (n°ˢ 460 et suiv.). Par contre, si elle est contenue dans les statuts mêmes, aucune publication spéciale n'est nécessaire, à la condition que dans celle du pacte social, la stipulation en question figure expressément.

1140. — Ne constitue pas une modification aux statuts, mais un simple acte d'administration intérieure, le fait, par une assemblée générale d'associés en commandite simple, de différer le paiement d'intérêts dus aux associés commanditaires.

Cette mesure, en conséquence, est valablement prise par la *majorité* des associés, et cette décision lie la minorité[1].

1. Paris, 26 octobre 1917, (*Gaz. du Pal.* 1917, 175, *Nouv. Rev. Synth.*, 1138).

1141. — Surveillance de l'administration et des affaires de la société. — Un droit de surveillance sur toutes les affaires sociales appartient à chacun des associés en nom et à chacun des associés commanditaires (voir n°⁵ 983 et 1102).

1142. — Participation dans les bénéfices et dans les pertes. — Les associés commandités — qui, comme tous associés en nom, sont tenus solidairement des dettes sociales — contribuent aux pertes chacun dans la proportion stipulée au pacte social et, à défaut de stipulation à cet égard, chacun dans la proportion de son apport.

Les associés commanditaires participent aux pertes de la même manière, mais jusqu'à concurrence, toutefois, du montant de leurs apports seulement. Et, dans le cas où les pertes sont supérieures au montant de ceux-ci, l'excédent reste à la charge exclusive des associés en nom (commandités), sauf dans le cas d'existence d'une clause semblable à celle dont il a été question en la note du n° 1079, auquel cas les commanditaires sont alors tenus jusqu'à concurrence de la somme convenue [1].

L'obligation solidaire des associés commandités ne concerne que leurs rapports avec les tiers. En effet, dans leurs rapports respectifs, les commandités et les commanditaires — qui sont des associés les uns et les autres — contribuent aux pertes dans la proportion prévue aux statuts [2] ou, à défaut de convention à cet égard, proportionnellement à leurs apports. La seule différence qui existe ici avec la société en nom collectif, c'est que les associés commanditaires ne peuvent être tenus pour une somme supérieure à leurs apports (sauf le cas de la note du n° 1079) alors que les associés commandités sont, eux, tenus du passif indéfiniment et même sur leurs biens personnels.

Si, aux termes de l'article 26 du code de commerce, les apports des commanditaires sont entièrement engagés à l'égard des tiers, cet article ne s'oppose nullement, en effet, à ce que la contribution d'un associé commanditaire dans les pertes sociales, soit, dans ses rapports avec ses associés, réglée par une stipulation des statuts [3].

A moins de convention contraire dans les statuts, les associés commanditaires n'ont, relativement à leur participation dans les pertes de la société, aucun recours contre le ou les gérants.

1. Voir *supra* n° 1087.
2. Cassation, 25 juin 1902 (*Sirey*, 1903, 1, 79).
3. Conséquemment si, après liquidation du passif social, les fonds de la comman-

1143. — **Associé créancier de la société.** — Voir ce qui est dit, *supra*, n° 993.

1144. — **Décès d'un associé.** — A moins de stipulation contraire dans les statuts, la société en commandite simple est dissoute en cas de décès d'un associé commanditaire.

Le plus habituellement, il est convenu dans les statuts qu'en cas de décès d'un commanditaire, la société continuera avec ses héritiers et représentants, ou bien encore entre les associés survivants seulement, mais, dans ce dernier cas, à charge par eux de rembourser aux héritiers et représentants du commanditaire décédé, la part qu'avait leur auteur dans la société.

Pour le cas de décès du gérant, voir ce qui est dit sous les n°s 911 et suivants.

1145. — **Faillite, liquidation judiciaire ou interdiction d'un associé commanditaire.** — En cas de faillite, de liquidation judiciaire, ou d'interdiction d'un commanditaire, la société est dissoute, sauf stipulation contraire dans les statuts.

Rappelons que la faillite ou la liquidation judiciaire de la société en commandite simple a pour conséquence d'entraîner de plein droit la faillite ou la liquidation judiciaire de chacun des associés responsables, autrement dit de chacun des associés en nom (commandités) ; mais qu'elle n'entraîne nullement celle des associés commanditaires.

Et que, par contre, la faillite ou la liquidation judiciaire personnelle d'un commandité n'entraîne pas celle de la société en commandite simple. Pas plus, est-il besoin de l'ajouter, que celle d'un associé commanditaire.

1146. — **Commanditaire pourvu d'un conseil judiciaire.** — La dation de conseil judiciaire à un associé commanditaire n'entraîne pas la dissolution de la société.

Il a même été jugé (Cassation, 28 mars 1892) que la dation d'un conseil judiciaire à un commanditaire n'empêche nullement la continuation de la société pendant toute la durée qui lui a été statutairement fixée et n'empêche pas davantage son renouvellement, à la

dite, entièrement perdus, excèdent au détriment du commanditaire, sa part contributive convenue entre lui et ses coassociés, il a contre eux une action en répétition pour faire réduire sa perte à la quotité fixée par la convention particulière. (Cassation, 11 juillet 1892, *Dalloz*, 92, 1, 485).

condition bien entendu, dans ce dernier cas, que l'acte de renouvellement ait été passé par le pourvu avec l'assistance de son conseil
(*Sirey*, 93, 1, 461).

1147-1. — Prélèvements. — Associé mobilisé : traitement.
— En ce qui concerne les prélèvements que pourraient faire les associés en nom, voir ce qui est dit sous le n° 972.

En ce qui concerne la question du traitement fixe d'un associé
appelé sous les drapeaux, voir même numéro.

**1147-2. — Fonds sociaux employés par un associé à son
usage particulier.** — De plein droit, ainsi d'ailleurs qu'en matière de société en nom collectif, lorsqu'un associé tire de la caisse
sociale des fonds pour les employer à son profit particulier, il est
débiteur envers la société de l'intérêt légal de ces sommes à compter
du jour où il les a prises, — sans préjudice de plus amples dommages-intérêts s'il y a lieu, par application de l'article 1846 du
du code civil.

Voir à cet égard, pour développements, *suprà* n° 981.

1148. — Inventaire. — Voir *suprà*, n°⁵ 973 et 974.

**1149. — Modifications apportées aux statuts. — Dissolu-
tion anticipée de la société.** — Voir n°⁵ 991 et 992.

1150. — Délibérations des associés. — Même remarque que
sous le n° 994.

1151. — Contrats passés entre un associé et sa société.
— Voir n° 967.

CHAPITRE V

DROITS ET DEVOIRS DES COMMANDITAIRES

1152. — **Versement de sa mise par l'associé commanditaire.** — Tout associé commanditaire est tenu au versement total de son apport absolument de la même manière que tout associé en nom, ou commandité, est tenu de faire entièrement l'apport par lui promis. Si ce versement n'a pas été intégralement effectué au moment de la constitution de la société ou si aucun versement n'a été fait à cette époque, le commanditaire doit se libérer de sa mise aux époques et dans les conditions prévues aux statuts.

S'il laisse passer la date fixée sans effectuer l'apport promis, il devient « de plein droit » débiteur des intérêts, à compter du jour où le paiement aurait dû être fait. Et ce sans préjudice, le cas échéant, des dommages-intérêts auxquels il peut être condamné s'il est établi que la société a subi un dommage du fait de son retard (art. 1846, C. civ.)[1].

Voir nᵒˢ 1084 et suivants.

1153. — C'est la chose même par lui promise que le commanditaire doit remettre à la société ; ainsi, s'il s'est engagé à faire apport

---

1. Voir *infrà* nᵒˢ 1154 et 1155 *in fine*.

d'une usine, il ne peut, en remplacement, offrir une somme d'argent, cette somme fût-elle même supérieure à la valeur de l'usine : c'est cette dernière et rien autre qu'il doit apporter.

Ainsi encore, si le commanditaire s'était engagé à apporter une somme de *tant*, il ne pourrait pas se libérer de son apport — à moins d'une clause expresse à cet égard dans les statuts — en faisant à la société l'abandon de la part qu'il possède dans l'actif d'une société en liquidation et, ce, ici encore, alors même que cette part serait supérieure à la somme qu'il a promis d'apporter (Rennes, 31 décembre 1867).

Toutefois, s'il se trouvait que le commanditaire fût lui-même créancier de la société, au moment de faire son apport, il serait parfaitement fondé à exciper de la « compensation » entre le montant de l'apport qu'il s'est obligé à faire et la somme dont la société se trouve être débitrice envers lui (*Not.* Cassation, 4 mars 1867, *Sirey*, 67, 1, 254).

Mais cette compensation ne pourrait évidemment s'opérer que s'il s'agissait d'un apport en espèces et d'une dette en argent ou de choses fongibles de la même espèce, également liquides et exigibles [1].

1154. — Quand, d'après les termes des statuts les apports des commanditaires doivent être effectués soit en espèces, soit en créances, mais que les commanditaires restent garants des créances par eux apportées, l'acceptation par les gérants de la société d'un certain nombre de créances irrecouvrables et la quittance qu'ils délivrent aux commanditaires de la fraction correspondante de leurs apports, ne peuvent porter atteinte aux stipulations du contrat de société relatives à la formation du capital, non plus que dégager

---

1. Lorsque deux personnes se trouvent débitrices l'une envers l'autre, il s'opère entre elles une compensation qui éteint les deux dettes, de la manière et dans les cas ci-après exprimés (art. 1289, C. civ.).

La compensation s'opère de plein droit par la seule force de la loi, même à l'insu des débiteurs ; les deux dettes s'éteignent réciproquement, à l'instant où elles se trouvent exister à la fois, jusqu'à concurrence de leurs quotités respectives (art. 1290, C. civ.).

La compensation n'a lieu qu'entre deux dettes qui ont également pour objet une somme d'argent, ou une certaine quantité de choses fongibles de la même espèce et qui sont également liquides et exigibles.

Les prestations en grains ou denrées, non contestées, et dont le prix est réglé par les mercuriales, peuvent se compenser avec des sommes liquides et exigibles (art. 1291, C. civ.).

les commanditaires de l'obligation de verser réellement et intégralement un apport qui constituait la garantie des tiers et qui ne doit, au préjudice de ces derniers, subir aucune réduction indirecte [1].

A noter, en outre, cette fort intéressante remarque : on a vu précédemment que, pour que l'associé commanditaire acquière bien cette qualité, il est essentiel que son apport soit *estimé* dans le pacte social ; qu'à défaut, il est, à juste titre considéré comme associé en nom, avec toutes les conséquences que cette qualité entraîne.

C'est ainsi, à titre d'exemple, que serait considéré comme associé solidaire, et non pas comme commanditaire, l'associé qui aurait promis d'apporter, au fur et à mesure des besoins, les fonds nécessaires au commerce social, et ce, alors même que sa part dans les bénéfices et dans les pertes aurait été fixée à une quotité déterminée [2].

1155. — Envers qui le commanditaire est-il tenu du versement de son apport ?

a) Envers la société, d'abord ; en sorte qu'en cas de non versement de l'apport qu'il avait promis, le commanditaire est judiciairement actionné par le gérant, seul représentant qualifié de la société pour ce faire ;

b) Et envers les créanciers de la société ; ceux-ci, en cas de non versement de la commandite, disposant de deux actions : 1° l'une directe, en vertu de laquelle ils peuvent poursuivre en justice le commanditaire, jusqu'à concurrence du montant de sa commandite, qu'ils peuvent exercer séparément, même après la dissolution de la société (Nombr. déc. *Not.* Cassation, 4 janvier 1887, *Dalloz*, 87, 1, 124, Lyon, 2 février 1864, Sirey, 65, 2, 259) ; mais en cas de faillite de la société, cette action appartiendrait au syndic seul (Houpin et Bosvieux, T. I, n° 270) ; 2° et une autre qui est celle de la société elle-même, que les créanciers sociaux peuvent exercer en vertu du droit existant pour eux de l'article 1166 du code civil [3].

De ces deux actions, l'action directe dite en 1° est évidemment bien préférable.

Enfin, il convient de noter que l'engagement de verser des fonds

---

1. Cassation, 7 novembre 1899, *Dalloz*, 1900, 1, 369.
2. Grenoble, 24 mars 1874, *Dalloz*, 75, 5, 411.
8. Les créanciers peuvent exercer tous les droits et actions de leur débiteur, à l'exception de ceux qui sont exclusivement attachés à la personne (art. 1166).

à titre de commandite, dans une société de commerce, constitue une dette commerciale, et que, conséquemment, l'inexécution de cette obligation donne lieu, au profit de la société, à la perception de l'intérêt suivant le taux commercial et non pas suivant le taux civil [1].

1156. — Surveillance de l'administration de la société. — Se reporter à ce qui est dit sous les n°s 1102 à 1104.

En ajoutant simplement qu'il est non seulement de l'intérêt de tout commanditaire de surveiller l'administration et la comptabilité de la société, mais que cela est aussi de son devoir. En effet, il ne pourrait arguer de sa bonne foi s'il n'était pas tenu de comptabilité par le gérant ou si cette comptabilité était irrégulière ; il ne peut y avoir ignorance invincible, a dit un auteur [2] quand on s'abstient non seulement des vérifications possibles, mais de celles-là mêmes qui sont imposées par la loi. C'est alors une ignorance volontaire et rien ne peut soustraire aux poursuites des créanciers, le commanditaire qui, suivant en aveugle la foi du gérant, acceptant sans contrôle ses paroles et ses calculs, a reçu un dividende quand il n'y avait pas de bénéfice réalisé et s'est conséquemment, au mépris des règles du droit les plus certaines, approprié une partie quelconque du fonds social (Voy. n° 1160).

On remarquera qu'il n'y a pas lieu d'appliquer, en matière de société en commandite simple les dispositions de la loi du 24 juillet 1867 sur les sociétés en commandite par actions, aux termes desquelles un conseil de surveillance doit être établi, sous peine de nullité.

D'où il suit que, dans une société en commandite simple, l'organisation d'un comité de surveillance est purement facultative et qu'elle constitue une simple mesure d'ordre intérieur, dont les tiers qui ont traité avec la société ne peuvent se prévaloir pour actionner en responsabilité les membres de ce conseil [3].

1157. — Participation aux bénéfices et contribution aux pertes. — Voy. n° 1142.

1158. — La retraite d'un commanditaire ne peut-être consentie par le gérant. — Le droit de consentir, sous quelque forme

1. Cassation, 7 novembre 1899, *Dalloz*, 1900, 1, 369.
2. Delangle, n° 357, *loc. cit.*
3. Paris, 20 mai 1879, *Dalloz*, 80, 2, 42.

que ce soit, même par transaction, la retraite d'un commanditaire ou la reprise de sa commandite, est refusé au gérant (Marseille, 12 août 1901, *Rev. des Soc.* 1903, 290).

Et le commanditaire qui aurait indûment retiré sa mise doit en faire le rapport : il peut y être contraint non seulement à la demande des créanciers de la société, mais à celle également de tous les autres commanditaires.

1159. — **Un commanditaire laisse ses bénéfices en compte courant dans la société.** — Si, au lieu d'encaisser les bénéfices qui lui reviennent à la fin d'un ou plusieurs exercices, le commanditaire les laisse dans la caisse sociale, et que son compte courant en soit crédité d'autant, il est considéré quant à ces sommes comme un créancier ordinaire de la société. Sa condition est la même que si, après avoir encaissé la somme qui lui revenait, il l'avait ensuite prêtée à la société.

Comme conséquence, en cas de pertes sociales, il est traité quant à cette somme, non pas comme un associé, mais comme un créancier qui a prêté son argent.

1160. — **Action en répétition en cas de distribution de dividendes fictifs.** — En cas de distribution de dividendes fictifs ou de sommes ne correspondant pas aux bénéfices effectivement réalisés, les créanciers sociaux ont une action en « répétition », contre les commanditaires et ce, aussi bien en cas de bonne foi de ceux-ci qu'en cas de mauvaise foi (Nombr. déc. *Not.* Orléans, 19 janvier 1898, *Journ. des Soc.* 1898, 181, — Cassation, 15 novembre 1910, *Sirey*, 1911, 1, 5).

Et ceci est judicieux, car même si les commanditaires sont de bonne foi, ils sont en faute de n'avoir pas exercé, ou de l'avoir insuffisamment exercé, leur droit de surveillance. Voir ce qui est dit à ce sujet, *supra*, n° 1156 ; et, en tous cas, ils ne doivent pas — quelle que soit leur bonne ou leur mauvaise foi — s'approprier par un moyen quelconque, une partie quelle qu'elle soit du capital social.

1161. — La seule différence qui existe alors entre les commanditaires de bonne foi et ceux de mauvaise foi, c'est que les premiers ne doivent les intérêts des sommes qu'ils doivent rapporter qu'à partir du jour de la mise en demeure qui leur est faite de restituer,

alors que les seconds doivent les intérêts à partir du jour même
où ils ont encaissé ces sommes (*Not.* Bourges, 21 août 1871, *Dalloz*,
73, 2, 34).

1162. — L'action en répétition peut s'exercer à concurrence du
montant intégral des sommes indûment touchées et ce, alors même
que ce montant serait supérieur au montant des apports des commanditaires.

1163. — Jugé que cette action se prescrit par trente ans du jour
où les dividendes indus ont été touchés (Cassation, 22 juin 1880,
Dalloz, 81, 1, 18).

**1164. — Il est interdit aux commanditaires de s'immiscer
dans la gestion de la société.** — Même comme mandataire, l'associé commanditaire ne peut faire *aucun acte de gestion* (Art. 27,
C. de comm.). La loi est des plus formelles à cet égard.

En cas de violation de cette prohibition, la sanction est la suivante : « ... L'associé commanditaire est obligé solidairement avec les
« les associés en nom collectif pour les dettes et engagements de la
« société qui dérivent des actes de gestion qu'il a faits, et il peut,
« suivant le nombre ou la gravité de ces actes, être déclaré solidai-
« rement obligé pour tous les engagements de la société ou pour
« quelques-uns seulement » (art. 28, C. de comm.).

Toutefois, d'après ce dernier article, *in fine*, « les avis et conseils,
« les actes de contrôle et de surveillance n'engagent point l'associé
« commanditaire. »

1165. — D'après ceci, on voit qu'en ce qui concerne l'immixtion
du commanditaire dans les affaires sociales, une distinction est à
faire : il y a certains actes que le commanditaire peut faire sans perdre ni sa qualité ni le privilège exceptionnel qui y est attaché, alors
que, par contre, certains autres — ceux de « gestion extérieure »
— lui sont défendus sous peine d'être obligé « solidairement » pour
les dettes sociales, avec les associés en nom collectif.

Quelques indications précises sont nécessaires à ce sujet ; on va
les lire dans un instant. Au préalable, il est utile de relater certains
points d'ordre général d'après la jurisprudence.

1166. — On doit considérer comme acte d'immixtion, c'est-à-dire
comme actes interdits au commanditaire tous les actes de « gestion

extérieure », par lesquels le commanditaire se met en relation avec les tiers, directement, personnellement, et comme représentant la société, et qui risquent ainsi d'abuser les tiers sur sa véritable qualité, en leur permettant de compter sur un crédit inexistant. Par contre, ne doivent pas être considérés comme actes d'immixtion les « actes de gestion intérieure » c'est-à-dire ceux qui touchent exclusivement aux rapports des associés entre eux (Bordeaux, 10 mai 1899, *Dalloz*, 1900, 2, 158, *Sirey*, 1901, 2, 94. — Cassation, 28 mai 1921, *Gaz. des Trib.*, 17 juin 1921).

1167. — Jugé que les actes interdits au commanditaire sont les actes qui présentent le caractère d'actes « de gestion » tels que les tiers, abusés sur la situation exacte, lui ont accordé confiance en raison de sa solvabilité personnelle, et dans la pensée qu'ils traitent avec un associé indéfiniment responsable ; que ces actes entraînent renonciation au bénéfice de la commandite, mais qu'aucune renonciation ne se présumant, tout doute sur leur caractère doit être interprété en faveur du commanditaire et ce, alors surtout quand celui-ci s'est borné à prendre des mesures exclusivement provisoires et conservatoires, en respectant le libre exercice des droits qui appartiennent au gérant (Douai, 27 janvier 1906, *Journal des Soc.* 1908, 63).

1168. — Il faut, pour que le commanditaire soit déchu de sa qualité et soit solidairement engagé avec les associés en nom que son immixtion dans les actes de gestion extérieure, soit « directe » et « personnelle ». Ainsi, par exemple, elle existerait si le commanditaire dirigeait les opérations sociales (Cassation, 7 août 1907, *Journ. des Soc.* 1908, 255, *Dalloz*, 1907, 1, 463).

1169. — **Actes permis au commanditaire.** — Aux termes du dernier alinéa de l'article 28 du code de commerce, les « avis et conseils, les actes de contrôle et de surveillance » n'engagent pas l'associé commanditaire.

Indépendamment de ces actes, il en est d'autres qui, eux non plus, ne lui font pas perdre sa qualité et ne l'engagent pas solidairement avec les commandités.

Ainsi il peut :

1° Autoriser un emprunt, le nantissement du fonds de commerce exploité par la société, ainsi que toutes cessions de droits sociaux ou de parts d'intérêts ;

2° Donner tous conseils et avis au gérant [1] ;

3° Prendre part à toutes délibérations ayant pour objet des actes que le gérant a fait ou qu'il a à faire : par suite, il peut ratifier des actes faits, et donner son autorisation au gérant, quant aux actes à faire et qui excèdent ses pouvoirs ;

4° Décider et voter toutes modifications qu'il apparaît nécessaire d'apporter aux statuts ;

5° Décider et voter la transformation de la société en société en commandite par actions ou en société anonyme (*Not.* Cassation, 9 janvier 1888, *Sirey*, 90, 1, 121).

6° Participer à la révocation du gérant et à la nomination du nouveau gérant (*Not.* Paris, 6 février 1909, *Journ. des Soc.* 1909, 359).

7° Accepter et tenir un emploi appointé dans la société (il peut être caissier, comptable, employé aux écritures, contremaître, ingénieur, etc., et même directeur technique) ; dans ce cas, en effet, il ne remplit que le rôle d'employé subalterne salarié, et non pas d'associé. Mais alors, il devra s'attacher non pas seulement à ne pas sortir du cercle de ses fonctions, mais encore à ce que celles-ci ne lui fassent, à aucun moment, envers qui et pour quelque motif que ce soit, faire un acte de gérance, ou exercer un seul des pouvoirs du gérant. A défaut de quoi, il serait déchu de sa qualité de commanditaire et tenu solidairement avec les associés en nom ; c'est ainsi, par exemple, que, quelles que soient les fonctions à titre d'employé qu'il occupe dans la société, il ne doit ni prendre des arrangements avec des débiteurs sociaux ni signer ou accepter de traites ;

Dans la pratique, cette situation est délicate, et nécessite une vigilance éclairée.

8° Garantir personnellement un crédit déterminé ouvert par un banquier à la société (Bordeaux, 10 mai 1899, préc.).

9° Consentir des prêts à la société et devenir son créancier (Lyon, 31 août 1903, *Rev. des Soc.* 1904, 245).

10° Acheter à la société des produits faisant l'objet de son exploi-

---

1. L'article 27 du code de commerce n'interdit aux commanditaires que les actes de gestion extérieure. Les délibérations prises pour approuver les propositions du gérant, tendant à étendre les opérations de la société, à contracter un emprunt et à décider la dissolution et la liquidation de la société, ne présentent pas ce caractère et n'engagent pas la responsabilité des commanditaires envers les tiers (Cassation, 28 mai 1921, *Gaz. des Trib.*, 17 juin 1921).

tation ; inversement lui vendre tous produits et marchandises ; ce qui revient à dire que le commanditaire peut faire toutes opérations commerciales avec la société, soit pour son propre compte, soit pour le compte de tiers ;

11° Faire, pour son compte personnel ou pour le compte de tiers, toutes opérations de banque et de courtage avec la société ;

12° Accepter les fonctions de liquidateur de la société ; ce qui emporte nécessairement le droit de faire tous les actes rendus nécessaires par la liquidation. Ainsi, donc, lorsque, après la dissolution de la société, un commanditaire est désigné pour la liquidation et pour la continuation jusqu'à l'issue de la liquidation des opérations de la société, il ne peut être considéré comme ayant fait, en ce faisant, acte d'administration susceptible de le rendre solidairement et indéfiniment responsable avec les associés en nom et ce, surtout, quand ceux avec lesquels il a traité connaissaient sa qualité de liquidateur (Cassation, 17 avril 1843, *Sirey*, 43, 1, 755).

Il n'y a pas immixtion du commanditaire, de nature à entraîner sa responsabilité à l'égard des tiers, dans le fait, par lui, de — sans intervenir, directement dans les marchés passés avec des tiers, ni traiter avec eux — se borner à étudier les affaires à entreprendre par le gérant, de mettre celui-ci en relation avec des personnes de sa connaissance, de l'éclairer sur certaines négociations, de se faire communiquer tous renseignements sur les prix courants, ce, dès l'instant que c'est le gérant seul qui a pu et figuré dans les marchés [1].

Ne doit pas être considéré comme un acte d'immixtion de la part du commanditaire l'approbation par lui faite de la cession consentie par le gérant de la part la plus importante de l'actif social, cession dépassant les actes de gestion ordinaire [2].

Bien que cette énumération ne soit évidemment qu'énonciative, on agira sagement en ne s'en écartant pas. Nous ajouterons une fois encore, en raison de l'importance de cette remarque, que si le commanditaire accepte un emploi dans la société, la plus grande circonspection est à lui recommander.

1170. — **Actes interdits au commanditaire.** — La loi ne donne aucune définition précise des actes qui doivent être considérés comme des actes d'immixtion interdits aux commanditaires.

---

1. Rouen, 9 juin 1875, (*Dalloz*, 75, 2, 205, *Sirey*, 77, 2, 47). — V. *infrà*, n° 1073.
2. Paris, 7 janvier 1887, (*Journ. des Trib. de Comm.*, 87, 151).

D'après la jurisprudence, la prohibition ne s'applique qu'aux seuls « actes de gestion extérieure », en d'autres termes aux actes passés par un commanditaire, agissant pour le compte exclusif de la société, avec des tiers.

Par conséquent, les actes de « gestion » proprement dite, ceux qui le représentent aux yeux des tiers comme membre actif de la société, sont interdits au commanditaire, soit qu'il les fasse personnellement, soit qu'il les fasse comme intermédiaire, soit qu'il les fasse en vertu d'une procuration du gérant.

1171. — Jugé que doit être considéré comme s'étant immiscé dans la gestion le commanditaire qui s'était réservé, par une contre-lettre, la haute main dans la direction des affaires sociales et qui, dans ce but, avait imposé au gérant l'obligation de lui communiquer tous les ordres d'achat et de subir la révision de ces ordres, lui promettant de mettre à sa disposition les frais de premier établissement et qui s'est révélé au dehors par ses agissements comme le véritable destinataire des fournitures faites à ce gérant (Cassation, 9 janvier 1893, *Rev. des Soc.* 1893, 265).

1172. — Il y a immixtion dans la gestion quand le commanditaire, au lieu de se borner à donner de simples conseils au gérant, a usé de toute son influence sur lui pour diriger les opérations de la société qu'il avait puissamment contribué à former, et a fait des actes et des démarches de nature à tromper les tiers sur sa qualité, à lui donner l'apparence d'un cogérant, alors que les faits établissent que le gérant est la créature du commanditaire auquel il doit sa situation (Caen, 16 août 1864, *Sirey*, 65, 2, 33).

1173. — L'associé commanditaire qui, présentant le gérant de la société comme son ingénieur, fait choix par lui-même (ou par son fils), dans les ateliers d'un tiers, d'un matériel mécanique dont il dit avoir besoin pour l'usine de la société, commet un acte d'immixtion dans la gérance et c'est à bon droit, par suite, qu'il est condamné à payer à ce tiers le montant de sa créance. (Cassation, 7 août 1907, *Dalloz*, 1907, 1, 463).

Si, comme on l'a vu plus haut, l'associé commanditaire n'excède pas son droit lorsqu'il fait des actes de « gestion intérieure » [1], il commet,

1. Par exemple les actes d'organisation de la gérance.

34

par contre, des actes d'immixtion entraînant pour lui la perte de sa
qualité lorsqu'il accomplit des actes qui sont exclusivement réservés
au gérant, par lesquels il se manifeste aux tiers comme un associé
en nom collectif [1].

Lorsqu'un commanditaire a retiré le montant de sa commandite [2],
il n'en demeure pas moins responsable envers les tiers du déficit
que ce retrait a produit dans la masse partageable.

Il en serait ainsi alors même qu'il y aurait eu substitution de
commanditaire, opérée avec le consentement des associés, si le substitué avait fait un versement insuffisant [3].

Si, pour le fait de s'être immiscé dans la gestion de la société,
un commanditaire n'est, d'après l'article 28 du code de commerce,
obligé qu'envers les tiers, solidairement avec les associés en nom
collectif, il doit, comme ceux-ci, répondre envers la société — cela
en vertu du droit commun — des fautes par lui commises dans
l'administration où il a joué un rôle actif [4].

1174. — Constatation et preuve de l'immixtion. — Les
faits qui constituent l'immixtion d'un commanditaire dans la gestion
extérieure de la société sont souverainement constatés par les juges
du fonds (Cassation, 25 octobre 1898, *Dalloz*, 98, 1, 565, — 29 mai
1921, *Gaz. des Trib.*, 17 juin 1921).

Toute personne créancière de la société peut fournir cette preuve [5].

1175. — La preuve de l'immixtion peut être faite par tous les
moyens de droit, par écrit, par témoins, et même par présomptions
(*Not.* Cassation, 10 juillet 1900, *Dalloz*, 1901, 1, 436, *Journ. des
Soc.* 1901, 487) [6].

**1176. — Qui peut se prévaloir des conséquences de l'im-
mixtion du commanditaire ?** — Les tiers, à qui ces conséquen-

---

1. V. numéro suivant et n° 1180.
2. D'après cet arrêt, la valeur probante de l'aveu extra-judiciaire tiré d'un écrit
qui n'était pas destiné à faire foi ne s'impose pas aux juges qui, toujours, peuvent y
faire échec par des présomptions contraires.
D'après ceci, une lettre missive émanée du commanditaire dans laquelle sont rela-
tés des actes de gestion tels que les prévoit l'article 27 du Code de commerce ne
fournit pas nécessairement la preuve de l'immixtion de ce commanditaire, Voir *infrà*,
n° 1181.
3. Limoges, 28 janvier 1898 (*Dalloz*, 99, 2, 353).
4. Fût-ce même du consentement du gérant.
5. Paris, 22 février 1885 (*Dalloz*, 86, 2, 191-192).
6. Cassation, 25 octobre 1898 (*Dalloz*, 98, 1, 565).

ces sont profitables au premier chef puisque, par elles, ils se trouvent en présence d'un associé solidaire en plus.

Et les associés en nom ? — En ce qui les concerne, la question est controversée ; mais l'opinion prédominante est que, seuls, les tiers ont le droit de se prévaloir de l'immixtion.

V. *infrà*, n° 1180.

1177. — Effets de l'immixtion. — En cas d'immixtion d'un associé commanditaire dans la gestion de la société, cet associé est, on l'a déjà vu (n° 1164), solidairement obligé avec les associés en nom collectif pour les dettes et engagements qui dérivent des actes de gestion qu'il a faits.

Et si ces actes sont répétés et importants, il peut être déclaré obligé solidairement : soit pour quelques-uns seulement des engagements de la société, soit pour tous.

Dans l'un et l'autre cas, cette solidarité est obligatoire, car elle est impérativement imposée par la loi.

1178. — Le commanditaire qui s'est immiscé dans la gestion acquiert-il pour cela la qualité de commerçant ? La question est intéressante, car, si elle est résolue par l'affirmative, c'est, pour l'intéressé, la possibilité de la faillite ou de la liquidation judiciaire.

Elle est controversée. Mais on penche généralement pour la solution suivante :

a) le commanditaire n'acquiert pas la qualité de commerçant, s'il ne s'est immiscé seulement que dans quelques actes de gestion ;

b) par contre, si ces actes de gestion sont assez réitérés et graves pour entraîner sa solidarité pour tous les engagements et dettes de la société, la qualité de commerçant lui est acquise (*Not.* DELANGLE, n°s 404 et suiv., HOUPIN ET BOSVIEUX, n° 277).

1179. — Indépendamment de l'obligation solidaire que la loi lui impose envers les tiers lorsqu'il s'est immiscé dans la gestion de la société, le commanditaire répond envers la société, comme les associés en nom et d'après les principes du droit commun, des fautes qu'il a commises dans ses actes de gestion (Cassation, 25 octobre 1898, *Dalloz*, 98, 1, 565).

1180. — Qui a qualité pour faire déclarer le commanditaire solidairement responsable en cas d'immixtion ? — La prohibition faite aux associés commanditaires de s'immiscer dans la gestion de la société, a exclusivement en vue l'intérêt des créanciers sociaux.

D'où cette conséquence que, seuls, les créanciers de la société sont qualifiés pour faire déclarer solidairement responsable à leur égard le commanditaire qui s'est immiscé dans la gestion (Trib. de Comm. Seine, 6 décembre 1911, *Journ. des Soc.* 1912, 369).

Ce droit n'appartient donc ni aux associés en nom ni au gérant ni aux autres commanditaires.

Mais il appartiendrait au syndic, en cas de faillite de la société (*Not.* Lyon, 22 février 1866, *Sirey,* 67, 2, 22, — Cassation, 30 décembre 1907, *Ibid.* 1908, 1, 124) ; ce qui est logique puisque le syndic représente la masse des créanciers de la société.

1181. — **Déclaration de l'immixtion.** — **Preuve.** — C'est aux juges du fond qu'il appartient souverainement de décider s'il y a immixtion du commanditaire.

La preuve de l'immixtion peut être faite par tous les moyens de droit, aussi bien par témoins, et même par simples présomptions que par écrit (*Not.* Cassation, 9 juillet 1893, *Dalloz,* 94, 1, 173, 10 juillet 1900, *Id.* 1901, 1, 436).

CHAPITRE VI

EFFETS DES ENGAGEMENTS DE LA SOCIÉTÉ
DISSOLUTION-LIQUIDATION

1182. — Engagements de la société en commandite simple. — On a vu sous les nᵒˢ 1106 et suivants par qui et comment sont gérées les sociétés en commandite simple. On a vu, en outre (nᵒ 1142) l'effet des engagements sociaux dans les rapports des associés commandités et commanditaires entre eux. Reste donc à parler de l'effet des engagements sociaux envers les tiers.

A cet égard, il n'y a rien de particulier à ajouter ici à ce qui a été dit *supra* nᵒˢ 1000 et suivants, lors de l'étude de la société en nom collectif. Tout ce qui a été dit en effet sous ces numéros relativement aux engagements de la société et aux poursuites des créanciers sociaux, s'applique également, et de la même manière à la société en commandite simple. Avec cette seule différence qu'ici les associés commanditaires ne sont tenus des dettes sociales que jusqu'à concurrence de leurs apports [1] ; mais, jusqu'à ce montant, ils peuvent être poursuivis par les créanciers de la société de la même manière et dans les mêmes conditions que les associés en nom [2].

---

1. V. *supra*, nᵒ 1142.
2. Le commanditaire qui n'a pas fait acte de gestion extérieure ne peut être tenu, on le sait, envers les tiers que pour le montant de sa mise. C'est là un principe qui ne comporte aucune distinction. Conséquemment, la responsabilité du commanditaire ne peut être engagée que par une faute personnelle et non pas par une faute du gérant, ce dernier n'étant point son préposé dans le sens de l'article 1384 du Code civil.

C'est ainsi qu'un tiers victime d'un accident survenu dans un établissement industriel exploité par une société en commandite simple ne peut actionner en réparation du préjudice qu'il a subi les commanditaires qui ont intégralement versé leurs mises dans la caisse sociale et ne se sont pas immiscé dans la gestion confiée par eux au gérant (Bordeaux, 14 mars 1890, *Dalloz*, 91, 2, 63).

1183. — Créanciers personnels des associés. — A noter que, de même qu'en matière de société en nom collectif, les créanciers personnels des associés d'une société en commandite simple ne peuvent exercer leurs droits sur la part de leurs débiteurs qu'après le terme d'expiration de la société arrivé, ou qu'après sa dissolution anticipée.

Ce qui revient à dire qu'ici encore les créanciers sociaux ont un droit de préférence (n°s 1021 et suiv.)

1184. — Prescription. — Se reporter à ce qui a été dit précédemment n°s 1013 et suivants.

1185. — Faillite de la société en commandite simple. — Même après sa dissolution ou son annulation, la société en commandite simple peut, de même que toute société commerciale, être déclarée en faillite ou mise en liquidation judiciaire.

Cette question est étudiée au tome second du présent ouvrage.

En cas de faillite de la société, la faillite de chacun des associés en nom s'ensuit automatiquement. Par contre, celle de chacun des commanditaires ne s'ensuit pas, sauf dans le cas cité n° 1178.

1186. — Dissolution. — Les causes de dissolution de la société en commandite simple sont les mêmes que celles de la société en nom collectif (Voy. n°s 1026 et suiv.).

Les statuts règlent généralement les causes de dissolution et fixent ce qui devra être fait dans tous les cas.

Il convient d'attirer l'attention sur l'importance de ces clauses : afin d'éviter dans la plus large mesure, des difficultés que la plus élémentaire prudence doit faire envisager, les cas de dissolution doivent être rigoureusement prévus et à chacun d'eux, il est essentiel d'appliquer une solution adéquate qui varie nécessairement suivant les circonstances et les intérêts en présence.

1187. — C'est ainsi à titre d'exemple, qu'il est généralement convenu dans le pacte social qu'en cas de décès d'un associé commanditaire avant le terme d'expiration statutairement fixé, la société continuera sans autre changement : *a*) soit avec les héritiers et représentants du défunt ; *b*) soit avec les associés survivants seulement, à charge par eux, dans ce cas, de rembourser aux héritiers et ayants-cause du prédécédé, la part de leur auteur.

1188. — Jugé (Cassation, 21 mai 1889) qu'en cas de retraite d'un des associés en nom, les commanditaires sont fondés à demander la dissolution de la société (*Rev. des Soc.* 1889, 490), sauf bien entendu, l'existence d'une stipulation contraire dans les statuts.

1189. — La faculté de provoquer la dissolution de la société dans les cas prévus par l'article 1871 du Code civil (*Voy. supra*, 1027 et suiv.) est propre à chacun des associés.

Spécialement, lorsqu'il s'agit d'une société en commandite simple, la dissolution peut être demandée par le commanditaire (Cassation, 4 mars 1895, *Dalloz*, 95, 1, 183).

1190. — **Contrats en cours au moment de la dissolution.** — Voir ce qui a été dit précédemment, n° 1042.

1191. — **Publication de la dissolution.** — Voir *supra*, n° 1041.

1192. — **Liquidation.** — **Partage.** — Ces deux matières, en raison des développements que nécessite leur importance, seront traitées dans le tome second du présent ouvrage, auquel on voudra bien se reporter [1].

1. On se bornera à faire remarquer ici, que le commanditaire devant, à la différence d'un prêteur, concourir aux pertes sociales, ne peut pas être admis au passif de la société tant que les créanciers de cette dernière n'ont pas été désintéressés (Amiens, 26 mai 1906, *Dalloz*, 1907, 2, 25).

CHAPITRE VII

FORMULES

1193. — **Statuts sous signatures privées d'une société en commandite simple.** — A l'importante remarque concernant la rédaction des statuts d'une société en nom collectif, qui a été faite au début du n° 1044, — remarque qui s'applique, cela va de soi, à toute société, quel que soit son type — il n'y a qu'un mot à ajouter : c'est que, en matière de société en commandite simple, les termes définitifs du pacte social ne doivent être arrêtés qu'après avoir été mûrement pesés et médités ; et que ceci s'impose plus encore peut-être que pour les sociétés en nom collectif.

Aussi bien, ici, toute ambiguïté, tout terme obscur ou prêtant à l'équivoque, toute stipulation irréfléchie ou contraire à la loi, au-raient-ils pour conséquence — indépendamment de la nullité radi-cale de la société, le cas échéant — de faire, de l'associé commandi-taire, un associé en nom qui, par suite, deviendrait responsable *in infinitum* des dettes et des charges de la société.

Il importe donc, spécialement pour les commanditaires qui, ainsi qu'on voit, y ont le plus grand intérêt, d'étudier de très près, ou mieux de faire étudier ou rédiger par un spécialiste les clauses de leur contrat, s'ils veulent avoir toute sécurité à cet égard.

C'est qu'en effet, répétons-le, si la formule que nous donnons ci-dessous, constitue un cadre excellent, un guide sûr, dans les cas généraux, si dans notre formule nous avons multiplié les diverses hypothèses susceptibles de réalisation et d'adaptation intéressante, cette formule —, comme toutes celles, au surplus, que l'on trouve dans les divers formulaires existants, — ne peut avoir la prétention de, ce qui serait matériellement impossible, répondre à tous les besoins, chaque cas particulier se présentant dans des circonstances spéciales, avec des besoins qui lui sont propres et, par suite, devant être réglé et solutionné différemment.

Mais elle rendra de grands services aux intéressés, en ce sens que, par la diversité et l'abondance des solutions qu'elle contient, elle leur permettra de discerner le mode de fonctionnement le plus propice aux intérêts de la société, suivant l'objectif de celle-ci, et de choisir les clauses qui, dans leur cas, seront susceptibles de jouer de la façon la plus profitable. Ainsi, ils pourront se décider en toute connaissance de cause et défendre fructueusement leurs intérêts et leurs droits.

Entre les soussignés :

M. A... (*prénoms, nom, profession et domicile*).   *D'une part.*

M. B... (*Idem*)   *D'autre part.*

Et M. C... (*Idem*)   *D'une troisième part.*

Il a été convenu et arrêté ce qui suit [1] :

Article premier

Il est formé, par les présentes une société en commandite simple entre : MM. A... et B..., comme seuls gérants responsables et associés en nom collectif, et M. C...; comme simple commanditaire.

Article 2

Cette société a pour objet : ...

---

1. *Suivant le cas :*

Les soussignés :

M. A...

M. B...

Et M. C...

Après avoir exposé que suivant acte sous signatures privées en date à... du... mil neuf cent vingt...:, enregistré à... le... numéro..., aux droits de... (*on :* que suivant acte passé devant Me... notaire à... le.,..), il a été formé entre MM. A... et B... une société en nom collectif, sous la raison sociale..., ayant pour objet..., avec siège social à..., rue... n°... et ce, pour une durée de... années, devant expirer le...

Que MM. A... et B..., désireux de donner plus d'extension à la société ainsi constituée, se sont mis d'accord pour adjoindre M. C... à leur société, en qualité d'associé commanditaire.

Ont convenu et arrêté ce qui suit :

Article premier

Il est formé, par les présentes, une société... (*comme ci-dessus*).

2. Voir, pour la rédaction de l' « objet » de la société, les formules données *supra* nos 78 et suivants.

ARTICLE 3

La durée de la société est fixée à... années qui commenceront à courir à compter de ce jour, et expireront le... [1-1]

ARTICLE 4

Le siège de la société est à..., rue... n°...

ARTICLE 5

La raison et la signature sociales sont... [2]

ARTICLE 6

Les affaires et intérêts de la société, seront gérés et administrés par chacun de MM. A... et B..., qui auront, à cet effet, les pouvoirs les plus étendus, avec faculté de les exercer ensemble ou séparément.

En conséquence, chacun d'eux a la signature sociale, mais il ne peut en faire usage que pour les besoins et affaires de la société [4].

Les pouvoirs de chacun des gérants comprennent notamment ceux de :... [5]

Remarque étant faite que les pouvoirs ci-dessus indiqués ne sont qu'énonciatifs et non limitatifs, chacun des gérants ayant tous les pouvoirs nécessaires à la bonne marche et au développement des affaires sociales.

Toutefois, il est expressément convenu que, sous peine de nullité de l'engagement, la signature des deux associés gérants sera nécessaire :

1. *Ou :*
La durée de la société est fixée à... années, à compter rétroactivement du... dernier, pour expirer le...

2. *Le cas échéant :*
Toutefois, chacun des associés aura la faculté de se retirer de la société à l'expiration de chaque période de... années, à charge par lui de prévenir ses coassociés... mois au moins à l'avance, et par lettre recommandée, de son intention à cet égard.

Dans ce cas, la société continuera, sans autre modification aux présents statuts entre les associés restants.

3. *S'il y a lieu :*
En outre, la société prendra la dénomination commerciale de...

4. *Au besoin :*... et ce, à peine, pour le contrevenant, de tous dommages-intérêts envers la société, de dissolution immédiate de celle-ci, si les autres associés la demandent, et même de nullité de l'engagement pris en violation de présente clause, à l'égard des tiers qui seront suffisamment avertis par la publication légale de la présente stipulation.

5. Voir pour l'énonciation des pouvoirs du ou des gérants la formule donnée *suprà* n° 1044 (article 5).

1° Pour tout engagement excédant la somme de... ;

2° Et pour tout emprunt social, quel que soit son montant [1-2-3].

ARTICLE 7

MM. A... et B... devront consacrer tout leur temps et tout leur travail aux affaires de la société, et ils s'interdisent, l'un et l'autre, de faire aucune affaire commerciale ou industrielle, quelle qu'elle soit, pour leur compte personnel [4-5].

ARTICLE 8

Le capital social est fixé à la somme de...

I. — M. A... apporte à la société :

1°...

D'une valeur de... ci. . . . . » »

1. La formule de cet article, lorsque la société ne comprend qu'un associé en nom et un associé commanditaire, serait ainsi conçue :

« Les affaires et intérêts de la société seront gérés et administrés par M... seul, « qui aura, à cet effet, la signature sociale, dont il ne pourra faire usage que pour les « besoins et affaires de la société (s'il y a lieu :... et ce, sous peine de tous dom- « mages-intérêts envers la société, la dissolution immédiate de celle-ci, si l'associé « commanditaire la demandait, et même de nullité de l'engagement contracté en vio- « lation de la présente clause, à l'égard des tiers, qui seront suffisamment avertis « par la publication légale de la présente stipulation).

« En conséquence, M... aura les pouvoirs les plus étendus pour, au nom de la « société, faire toutes les opérations se rattachant à son objet. Il aura, notamment, « les pouvoirs de :... (Voir ci-dessus).

« Remarque étant faite que les pouvoirs ci-dessus ne sont qu'énonciatifs et non « limitatifs, M... ayant tous les pouvoirs nécessaires à la bonne marche et au déve- « loppement des affaires sociales.

« Toutefois, il est expressément convenu... (le surplus, comme en la formule ci- « dessus).

2. Ou bien :

2° Et pour tout emprunt social, supérieur à... francs.

3. S'il y a lieu :

Enfin, sous peine de nullité, même à l'égard des tiers, tous billets à ordre, lettres de change, et d'ailleurs tous engagements contractés au nom de la société, devront exprimer la cause pour laquelle ils seront souscrits.

4. Ou :

... et ils s'interdisent, l'un et l'autre, de s'intéresser directement ou indirectement, ou par personne interposée, dans aucune affaire similaire ou se rattachant à celle faisant l'objet de la société présentement constituée.

5. S'il y a lieu :

Toutefois, il est convenu que M... pourra continuer l'exploitation de la maison de commerce de..., qu'il possède à..., rue... n°...

(Voir formule du n° 1044, article 8 note 1, page 459).

2°...

Estimé à... ci . . . . »   »

II. — M. B... apporte à la société :

. . . . »   »

III. — Et M. C... apporte à la société :

1°...

D'une valeur de... ci . . . . »   »

Egal ° au capital social : ... francs. . . . .   »   »

ARTICLE 9

Les apports ci-dessus constatés produiront au profit des associés, chacun dans la proportion de sa mise, des intérêts au taux de .. pour cent par an, qui seront payables par... [1-2] et passés au compte des frais généraux de la société.

ARTICLE 10

Les associés gérants auront droit chacun à un traitement fixe de... par an, qui sera prélevable mensuellement, et porté au compte des frais généraux de la société [4-4 bis].

1. Pour la désignation des apports, voir les formules données *suprà* n°° 376 et suivants.

2. Semestre *ou* trimestre.

3. *Ou* : ... qui seront payables chaque année, après la clôture de l'inventaire, lors de la distribution des bénéfices.

4. *S'il y a lieu* :
En outre, chacun des associés, y compris l'associé commanditaire, aura le droit de prélever chaque mois une somme maxima de...
Ces prélèvements seront effectués par imputation sur la part revenant à chacun d'eux dans les bénéfices de l'exercice, de telle sorte que, dans le cas où les sommes ainsi prélevées en exécution de la présente clause, excéderaient leur part dans les bénéfices, ils devraient, dans le délai de..., à compter du jour de la clôture de l'inventaire, opérer la restitution de l'excédent à la caisse sociale.

4 *bis. Autre formule* :
MM. A... et B..., associés en nom, auront la faculté de prélever mensuellement pour leurs besoins personnels, savoir :
M. A... francs ;
M. B... francs.
Ces prélèvements viendront en déduction de leurs parts dans les bénéfices ; ils seront portés au débit du compte particulier de chacun d'eux, au fur et à mesure qu'ils seront effectués et, devront être restitués par MM. A... et B... si leur part dans les bénéfices de l'exercice est inférieure à la somme prélevée. Dans ce cas, cette restitution devra être opérée dans le mois (*par exemple*) du jour de la clôture de l'inventaire social.

Article 11

Chacun des associés pourra, du consentement des deux gérants, verser des sommes en compte courant dans la caisse sociale... (*Pour le surplus de cette clause, voir l'article 13 et les notes de la formule donnée suprà n° 1044*) [1-2].

Article 12

Les opérations de la société seront constatées par des registres tenus conformément aux lois et aux usages du commerce.

Les écritures comptables devront être tenues constamment à jour.

M. C..., associé commanditaire, pourra, à tout moment [1] prendre ou faire prendre connaissance par un mandataire de son choix, communication de tous les documents, registres et pièces comptables de la société, ainsi que du portefeuille et de la caisse [4].

1. *Le cas échéant, on pourra ajouter cette stipulation :*
Toutefois, chacun des associés gérants pourra s'opposer, dans le cas où la société n'aurait pas l'emploi immédiat des nouveaux capitaux, à ce que le crédit du compte courant de chacun des autres associés, devienne supérieur au crédit de son propre compte.

2. *Autre formule :*
Dans le cas où, pour satisfaire aux besoins de la société, les associés gérants décideraient de verser des fonds dans la caisse sociale au-delà de leurs apports, ils ne pourraient le faire qu'avec le consentement de tous les associés.
Dans ce cas, les sommes ainsi versées seraient portées au crédit de leur compte, et produiraient à leur profit, à compter du jour de leur versement constaté, des intérêts au taux de... pour cent par an payables... (semestriellement, ou trimestriellement ou après la clôture de l'inventaire annuel, lors de la distribution des bénéfices).
Étant expressément convenu :
Que les sommes ainsi versées ne donneraient aucun droit dans le partage des bénéfices ;
Et que leur retrait ne pourrait être effectué que... mois après un avertissement donné par lettre recommandée à l'associé commanditaire (... à moins toutefois qu'une date pour le retrait ait été convenue et consignée sur les livres comptables lors du versement).

3. *Ou :* ... deux ou trois ou quatre etc., fois par an, au plus, prendre ou faire prendre connaissance, etc...

4. *Ou bien :*
M. C..., associé commanditaire, pourra etc..., prendre ou faire prendre communication par un mandataire de son choix qui, devra préalablement être agréé par les gérants, de tous les documents, registres... (*comme ci-dessus*).

Ou bien encore :
Les associés commanditaires auront individuellement et personnellement le droit de prendre communication... (*comme ci-dessus*) toutes les fois qu'ils le jugeront utile à leurs intérêts et à ceux de la société.

ARTICLE 13

L'année sociale commence le... et finit le...

Par exception, le premier exercice social comprendra le temps écoulé entre le... [1] et le... prochain.

Chaque année le... [2], et pour la première fois le..., prochain, il sera dressé [3] contradictoirement un inventaire général de l'actif et du passif de la société.

Dans chacun de ces inventaires, le fonds de commerce comprenant la clientèle et le droit au bail devront toujours être invariablement portés pour une somme de... francs [4].

Dans chaque inventaire également, le matériel sera amorti à raison de... pour cent par exercice, soit un amortissement total en... exercices ; et le petit outillage sera amorti sur le pied de... pour cent par exercice [5].

Chaque inventaire sera transcrit sur un registre spécial et signé de chacun des associés [6]. En cas de désaccord, les associés auront un délai d'un mois à compter du jour de la clôture de l'inventaire, pour produire leurs observations, lesquelles devront être formulées par écrit. Passé ce délai sans qu'aucune observation ait été présentée, l'inventaire sera définitif et valable à l'égard de tous les associés, même de ceux qui ne l'auraient pas signé [7].

1. Point de départ de la société.

2. V. ce qui est dit à cet égard en la note 5 de l'article 12 de la formule donnée *suprà*, n° 1044.

3. *S'il y a lieu* (lorsqu'il y a plusieurs commanditaires) :
Chaque année le... (au besoin : ... et le...) il sera dressé, sous la surveillance d'un commissaire de la commandite, un inventaire général, etc...

4. *Ou* :
... ne pourront jamais être portés pour une somme supérieure à ... francs.
Ou encore :
Dans aucun des inventaires sociaux il ne sera attribué de valeur au fonds de commerce, ni à la clientèle ni au droit au bail.

5. *S'il y a lieu* :
Enfin les installations et constructions nouvelles seront amorties en... exercices, soit un amortissement de... pour cent par inventaire.

6. *Ou, plus rarement* :
... et signé par tous les associés gérants.

7. *S'il y a lieu* (lorsqu'il y a plusieurs commanditaires) :
Chaque année, aussitôt la clôture de l'inventaire social, il en sera donné connaissance aux associés commanditaires qui, à cette fin, seront convoqués à jour fixe par les gérants.
Avant le jour fixé pour cette réunion, un commissaire de la commandite sera nommé, dont la fonction ne durera qu'une année.
Le commissaire de la commandite pourra toujours être réélu.
M... est nommé commissaire pour le premier exercice social. Ses fonctions partent du..., jour fixé pour le commencement de la société.

ARTICLE 14

Les bénéfices nets de chaque exercice, après déduction des intérêts du capital social, des traitements des associés gérants, des intérêts des sommes déposées en compte courant dans la société, et de tous les frais généraux et charges sociales, seront partagés entre les associés, dans les proportions suivantes :

A M. A... pour...

A M. B... pour... [1].

Les pertes, s'il en existe, seront supportées dans les mêmes proportions, sans que, en aucun cas, l'associé commanditaire puisse être engagé au delà du montant de sa commandite [2].

ARTICLE 15

La part revenant à chacun des associés dans les bénéfices lui sera versée... (par exemple : à partir de l'expiration du mois qui suivra la clôture de l'inventaire social).

ARTICLE 16

(S'il y a lieu) :

Les bénéfices constatés par chaque inventaire social, et distribués, ne seront pas soumis à rapport d'un exercice sur l'autre.

Conséquemment, si un ou plusieurs inventaires se soldaient en pertes, celles-ci devraient être couvertes au moyen des bénéfices de l'exercice ou des exercices subséquents, en sorte qu'aucune répartition des nouveaux

1. Dans le cas où une situation privilégiée serait faite au commanditaire dans la répartition des bénéfices, on pourra s'inspirer de la stipulation suivante :

Sur les bénéfices nets de chaque exercice, après déduction des intérêts servis au capital social, etc... (comme ci-dessus) il sera d'abord prélevé une somme de... (ou : ... tant pour cent de ces bénéfices) qui sera versée à M. C..., associé commanditaire, par préférence à MM. A... et B..., associés en nom.

Sur le surplus, MM. A... et B... prélèveront chacun une somme de... (ou : ... tant pour cent du montant total des bénéfices nets de l'exercice).

Et le solde des bénéfices, s'il y a, sera réparti entre tous les associés dans la proportion suivante :

... pour cent à M. A...

... pour cent à M. B...

Et... pour cent à M. C...

Les pertes, s'il en existe, etc... (comme ci-dessus).

2. Ou bien :

Les pertes, s'il en existe, seront supportées dans les mêmes proportions sans que, toutefois, en aucun cas, M. C..., associé commanditaire, puisse être engagé à l'égard des tiers et des associés gérants (ou : ... puisse être engagé à l'égard des associés gérants seulement), au delà du montant de sa commandite.

bénéfices ne puisse être opérée avant que les pertes aient d'abord été entièrement couvertes.

Mais (les associés en nom continueraient à prélever leurs traitements respectifs ci-dessus stipulés) les frais généraux continueraient à comprendre toutes les charges sociales, ainsi que les amortissements [1].

ARTICLE 17

En cas de perte de ...[2] du capital social, constatée par deux inventaires successifs, la dissolution de la société présentement constituée pourra être demandée par l'un quelconque des associés ; cette demande devra être faite par lettre recommandée adressée à chacun des coassociés du demandeur, dans le mois du jour de la clôture du dernier inventaire social.

Dans ce cas, la liquidation de la société serait faite conformément aux stipulations de l'article ci-après.

ARTICLE 18

(S'il y a lieu) :

I. — De convention expresse, M. C..., associé commanditaire, aura le droit de, dans ...[3] de la clôture de chaque inventaire annuel, se retirer de la société [4].

Dans ce cas, indépendamment de sa part dans les bénéfices [5], il exercera le retrait du montant de sa commandite, laquelle lui sera remboursée par MM. A... et B..., associés en nom, solidairement entre eux, de la manière suivante :

... francs le... mil neuf cent vingt...

... francs le...

Etc...

---

1. *Le cas échéant, la clause suivante pourra être insérée :*
Chacun des associés gérants sera tenu de laisser dans la caisse sociale... (un quart ou un tiers etc.) de sa part dans les bénéfices, jusqu'à ce que le montant de sa mise soit égal au montant de celle de M..., associé commanditaire.

La part de bénéfices ainsi laissée sera immédiatement portée au compte capital de chacun d'eux.

Afin que le capital social reste toujours fixé à la somme de ... francs, M. C..., associé commanditaire retirera, chaque année, en réduction de son apport social, une somme égale à cel c provenant des bénéfices laissés, conformément à la stipulation qui précède, par MM. A... et B...

2. *Du tiers, ou de moitié, ou des trois quarts.*

3. *Par exemple :* ... le mois.

4. *Ajouter s'il y a lieu :*
Toutefois, il ne pourra exercer cette faculté qu'après... années d'existence de la société.

5. ... *et du solde créditeur de son compte courant dans la société.*

Avec intérêts au taux de... pour cent par an, payables en même temps que chaque fraction du principal ι.

Étant expressément convenu que tout ce qui resterait dû sur le montant de ladite commandite deviendrait de plein droit immédiatement exigible, un mois (*par exemple*) après un simple commandement de payer resté sans effet :

1º A défaut de paiement à son échéance d'une seule fraction du capital ou des intérêts ;

2º En cas de dissolution de la société, de cession ou d'apport en société des biens composant l'actif social, comme au cas où le fonds de commerce exploité par la société serait donné en nantissement ².

II. — De leur côté, MM. A... et B..., associés en nom, auront la faculté, mais seulement après les... (trois *ou* quatre *ou* cinq, etc.) premières années d'existence de la société, de faire à M. C... le remboursement du montant de sa commandite.

Dans ce cas, ils devront l'aviser par lettre recommandée de leur intention à cet égard, et il cessera d'être associé commanditaire à partir du jour de cet avis. MM. A... et B... seront alors tenus solidairement entre eux au remboursement de sa commandite, lequel s'effectuera dans les

---

1. *Ou bien :*

... il exercera le retrait du montant de sa commandite, laquelle lui sera remboursée par MM. A... et B...; dans la proportion de... (*par exemple :* un tiers) pour M. A... et de... (*idem :* deux tiers) pour M. B..., mais solidairement entre eux, et ce, en autant d'annuités qu'il restera d'années à courir, de la société, à l'expiration de celle en cours au moment du retrait de M. C..., de telle sorte que la première annuité ne soit exigible que deux ans après ce retrait, et que la dernière ne soit exigible que le jour même de l'expiration de la société présentement constituée.

Avec convention que ladite commandite produira, jusqu'au remboursement de son montant intégral, des intérêts au taux de... pour cent par an, à compter du jour de la retraite de M. C... ; lesquels intérêts seront payables les..., de chaque année.

Étant expressément convenu... (*comme ci-dessus*).

2. *Autre clause* (lorsqu'il n'y a qu'un seul associé en nom) :

M. C... associé commanditaire, aura, de convention expresse, le droit de demander chaque année la dissolution de la société, mais ce, seulement après l'expiration des... (*par exemple :* cinq) premières années, à charge par lui de faire connaître son intention à cet égard, à son coassocié, par lettre recommandée dans... (*par exemple :* le mois) qui suivra la clôture de l'inventaire social.

Dans ce cas, M... (*l'associé en nom*) devra conserver pour son compte personnel, tout l'actif de la société, à charge par lui de rembourser à M. C... le montant de ses droits dans la société, tels que ceux-ci résulteront du dernier inventaire social, sans que M. C... puisse rien prétendre quant aux opérations postérieures à cet inventaire, ces opérations restant alors pour le compte exclusif de M... (*l'associé en nom*).

Ou : ... à charge par lui de rembourser à M. C.., le montant de ses droits dans la société, tels que ceux-ci résulteront de l'inventaire qui sera dressé au jour de la retraite de M. C...

35

mêmes délais et sous les mêmes conditions que ceux qui viennent d'être stipulés pour le cas de retraite de l'associé commanditaire.

III. — Enfin, dans le cas de retraite volontaire de M. C..., comme dans le cas de remboursement de sa commandite la société continuera en nom collectif à l'égard des deux associés, entre MM. A... et B... et ce, jusqu'à la date d'expiration fixée aux présents statuts.

Les bénéfices seront alors partagés dans la proportion suivante : ...(moitié ou le tiers, etc.), à M. A... et... à M. B...

Les pertes seront supportées dans la même proportion.

A ce moment, acte sera dressé de la transformation de la société.

ARTICLE 19

En cas de décès de M. C... [1] avant le terme fixé pour l'expiration de la société présentement constituée, la société ne sera pas dissoute. Elle continuera d'exister entre les deux associés en nom et les héritiers et représentants de M. C..., lesquels devront alors se faire représenter par un seul d'entre eux pour l'exercice de leurs droits dans la société [2].

(Etant observé que les héritiers et représentants de M. C... auront, ainsi que l'avait leur auteur, le droit de, dans... [3] de la clôture, de chaque inventaire social annuel, se retirer de la société.

Dans ce cas, le remboursement du montant de leurs droits sociaux leur serait fait dans les mêmes délais et sous les mêmes conditions que ceux stipulés ci-dessus à l'article 18 [4].)

1. (L'associé commanditaire).

2. S'il y a lieu :

Toutefois, les héritiers et représentants de M. C... auront la faculté de ne pas continuer la société. Dans ce cas, la décision de non-continuation devra être prise à la majorité, et portée à la connaissance des associés en nom, par lettre recommandée adressée à chacun de ceux-ci dans... (par exemple : les deux mois à compter du jour du décès.)

En cas de non-continuation de la société, la part revenant aux héritiers et représentants de l'associé commanditaire décédé, dans da société, devra leur être remboursée... (Indiquer les époques et modes de remboursement. A cet égard, voir par exemple, suprà, art. 18 et les notes de cet article.)

3. Par exemple :... le mois.

4. Autre formule :

En cas de décès de M... (l'associé commanditaire) avant l'expiration de la société présentement constituée, celle-ci continuera en société en nom collectif entre les associés survivants, lesquels se partageront les bénéfices dans la proportion suivante :

...(Par exemple : un quart ou moitié) à M. A... ;

Et... (trois quarts ou moitié) à M. B...

En cas de pertes elles seront supportées dans les mêmes proportions.

Acte de la transformation devra être dressé dans... mois à compter du jour du décès de M. C..., et publié, conformément à la loi.

Dans ce cas, les associés en nom resteront seuls propriétaires de tout l'actif

ARTICLE 20

I. — En cas de décès de l'un des associés en nom avant l'expiration de la société présentement constituée, la société ne sera pas dissoute. Elle continuera d'exister entre les associés survivants qui resteront propriétaires de tout l'actif social, à charge par eux d'en acquitter le passif, et de rembourser aux héritiers et représentants de l'associé décédé le montant des droits qu'avait leur auteur dans la société, tels qu'ils sont fixés... (*Voir la dernière note de l'article précédent*).

Les bénéfices sociaux seront, à partir du jour du décès, partagés de la manière suivante :

... A l'associé en nom survivant :

Et... à M. C..., associé commanditaire.

Les pertes, s'il y en a, seront supportées dans les mêmes proportions [1].

Toutefois, si lors du décès de l'un des associés gérants, M. C... [2] s'était retiré de la société en exécution du droit que lui confère l'article 18 ci-dessus, la société serait dissoute par le fait même de ce décès. En ce cas, le gérant survivant conserverait tout l'actif social, à charge d'acquitter le passif et d'exécuter tous les engagements sociaux, notamment le rem-

social, à charge par eux d'en acquitter le passif et, en outre, de rembourser aux héritiers et représentants de M. C... le montant des droits de leur auteur dans la société, tels qu'ils seront fixés par un inventaire spécial dressé au jour du décès (*ou :... tels qu'ils auront été fixés par le dernier inventaire social, sans que lesdits héritiers et représentants puissent rien prétendre quant aux opérations sociales effectuées depuis cet inventaire*).

Ce remboursement aura lieu de la manière suivante :... (*Voir suprà, art. 18*).

Et les sommes ainsi dues produiront des intérêts au taux de... pour cent par an, qui seront payables en même temps que chaque fraction du principal (*ou... qui seront payables par... (semestre ou trimestre)*.

Les associés survivants pourront, à tout moment, se libérer par anticipation, mais par fraction qui ne pourront être inférieures à... et à charge de prévenir les intéressés au moins... (*trois*) mois à l'avance.

Avec stipulation que toutes les sommes dues deviendraient de plein droit immédiatement exigibles, un mois après un simple commandement de payer resté sans effet, sans qu'il y ait à remplir aucune formalité judiciaire :

1° A défaut de paiement à son échéance d'une seule fraction du capital ou des intérêts ;

2° En cas de cession ou d'apport en société de l'actif social ;

3° Et dans le cas où l'entreprise exploitée par la société serait donnée en nantissement.

1. *S'il y a lieu* :

Etant expressément convenu que, en cas de décès de l'un des associés en nom, M. C... (*l'associé commanditaire*) aura la faculté de faire entrer dans la société une personne de son choix, laquelle prendrait les lieu et place de l'associé décédé et aurait identiquement les mêmes droits et pouvoirs que celui-ci.

Toutefois, passé (*deux ou trois*) mois, à partir du jour du décès, M. C... serait déchu du droit de ce faire.

2. (*L'associé commanditaire*.)

boursement de la commandite de M. C..., et le remboursement aux héritiers et représentants de l'associé en nom, décédé, de la part qu'avait leur auteur dans la société, telle que cette part sera déterminée dans le dernier inventaire social ayant précédé le décès.

Il jouira pour ce remboursement des mêmes délais que ci-dessus, à charge par lui de fournir une caution qui soit acceptée par les intéressés ; à défaut de quoi, il serait tenu aux remboursements ci-dessus dans le délai de... mois, à compter du jour du décès.

Le tout, avec intérêts au taux de... pour cent par an, à compter du même jour et jusqu'à complète libération.

Autre formule :

En cas de décès de l'un des associés gérants avant l'expiration de la société présentement constituée, la société ne sera pas dissoute ; elle continuera entre l'associé gérant survivant, l'associé commanditaire et les héritiers et représentants de l'associé gérant décédé, ces derniers, comme commanditaires pour la part qu'avait leur auteur dans la société au jour de son décès, telle que cette part sera déterminée par un inventaire dressé à cette époque (ou :... par le dernier inventaire social).

Dans ce cas, la raison et la signature sociales comprendront uniquement le nom du gérant survivant, suivi des mots *et compagnie.*

La société sera gérée et administrée par le gérant survivant seul qui, à cet effet, aura seul la signature sociale, dont il ne pourra faire usage que pour les besoins et affaires de la société.

Il aura, à cet effet, les pouvoirs les plus étendus, notamment ceux de... (*V. ci-dessus, art.* 6 [1]).

Les héritiers et représentants de l'associé en nom décédé, simples commanditaires, seront tenus de désigner l'un d'entre eux pour les représenter dans leurs rapports avec la société.

II. — Enfin, en cas de décès des deux associés en nom avant le terme fixé pour l'expiration de la société présentement constituée, celle-ci serait dissoute de plein droit et liquidée conformément aux stipulations de l'article ci-après [2-3].

1. *S'il y a lieu :*
Les bénéfices seront partagés de la manière suivante :
Telle quotité, à l'associé opérant survivant
Telle quotité, à M. C..., associé commanditaire ;
Et *telle quotité* aux héritiers et représentants de l'associé en nom décédé.
Les pertes, s'il y en a, seront supportées dans les mêmes proportions.

2. *Ou bien :*
II. — Enfin, en cas de décès du survivant des associés en nom, avant le terme fixé pour l'expiration de la société présentement constituée, celle-ci serait dissoute, etc... (*comme ci-dessus*).

3. *Formule de cet article, pour le cas d'une société constituée entre un seul associé en nom et plusieurs associés commanditaires :*
En cas de décès de M..., associé en nom, les associés commanditaires et les héri-

ARTICLE 21

En aucun cas et pour quelque cause que ce soit, fût-ce même de décès, de dissolution, de communauté ou d'interdiction d'un des associés, il ne pourra être apposé de scellés sur les biens et valeurs appartenant à la société, ni requis d'inventaire judiciaire desdits biens, soit à la requête des associés eux-mêmes, soit à celle de leurs héritiers et représentants.

ARTICLE 22

Aucun des associés ne pourra céder ou transporter ses droits dans la société sans le consentement exprès et écrit de ses coassociés.

ARTICLE 23

En cas d'incapacité physique ou légale supérieure à... (une) année¹ d'un associé en nom, il sera fait application des dispositions contenues en l'article 20 ci-dessus, ce cas étant assimilé au cas de décès.

ARTICLE 24

(*Tel temps* ²) avant le terme d'expiration ci-dessus fixé de la société présentement constituée, les associés devront statuer sur la question de savoir si elle sera prorogée.

A défaut de prorogation, la liquidation en sera faite, conformément aux stipulations de l'article suivant, à l'échéance du temps fixé aux présents statuts.

tiers et représentants de M... auront la faculté de désigner d'un commun accord un autre gérant. Dans ce cas, la société continuera entre eux, sous les mêmes conditions que celles stipulées aux présents statuts, avec le nouveau gérant seul responsable.

Si, à l'expiration de la quinzaine, suivant le jour du décès, les intéressés n'avaient pu se mettre d'accord sur le choix d'un nouveau gérant, la société serait dissoute de plein droit à compter par rétroactivité du jour du décès, et sa liquidation en serait faite par les commanditaires qui auraient, à cet effet, les pouvoirs les plus étendus pour la réalisation de l'actif et l'acquittement du passif, à moins que les associés commanditaires se mettent d'accord sur le choix d'un autre liquidateur.

Ou bien :

En cas de décès, de faillite ou de déconfiture de M... (*l'associé en nom*) la société sera dissoute de plein droit, et sa liquidation en sera faite conformément aux stipulations de l'article ci-après (*ou* : ...et sa liquidation en sera faite par la personne choisie par les associés et les héritiers et représentants du décédé.)

1. *Ou :*

En cas d'incapacité physique ou légale permanente, d'un associé en nom... (*le surplus comme notre formule*).

2. Un an ou six mois, par exemple.

ARTICLE 25

A l'expiration de la société, ou en cas de dissolution anticipée la liquidation en sera faite par les associés en nom, ou par l'associé en nom survivant, en cas de décès d'un des gérants.

Les liquidateurs auront les pouvoirs les plus étendus pour la réalisation de l'actif social et l'acquittement du passif. Ils pourront notamment: vendre le fonds de commerce exploité par la société et les immeubles appartenant à celle-ci, soit à l'amiable soit aux enchères [1]; donner tous désistements et mainlevées, avec ou sans constatation de paiement, de toutes inscriptions, saisies, oppositions et autres empêchements quelconques ; exercer toutes actions en justice.

Les premiers fonds provenant de la réalisation de l'actif serviront d'abord à éteindre le passif [2].

Les apports des associés commanditaires seront ensuite remboursés. Puis ceux des associés en nom.

L'excédent d'actif constituant les bénéfices sera réparti entre les associés, ou leurs héritiers et représentants, dans les proportions suivantes:

... pour cent à M. C... [4].

... pour cent à M. A...

Et... pour cent à M. B...

La liquidation devra être terminée dans le délai de... [5] à compter du jour de la dissolution.

Si, à ce moment, il reste encore des créances à recouvrer, elles seront partagées amiablement [6] entre les associés [7].

1. *S'il y a lieu :*
... ou, le cas échéant, en faire apport, contre rémunération en espèces (ou :... contre rémunération en espèces ou actions d'apport) soit à une société déjà existante, soit à une société en voie de formation.

2. ... et à rembourser aux associés le montant du solde créditeur de leurs comptes courants respectifs dans la société.

3. *Si une somme d'argent était apportée « en jouissance » par l'un des associés, on ajouterait ici :*
... et à rembourser à M... la somme de... par lui apportée ci-dessus en jouissance seulement.

4. (L'associé commanditaire.)

5. Une année (par exemple).

6. *Ou :* ... tirées au sort.

7. *Autre formule :*
A l'expiration de la société, comme en cas de dissolution anticipée, M. A... (ou M. A... et ses héritiers et représentants) reprendra le fonds de commerce comprenant la clientèle, l'achalandage, le droit au bail et le matériel par lui apportés à la société, dans l'état où le tout se trouvera à cette époque, et ce, moyennant la somme de... En outre, il reprendra les marchandises dépendant du fonds d'après l'estimation qui en sera faite par deux experts choisis par les intéressés ou, à défaut d'en-

ARTICLE 26

Tous les frais, droits d'enregistrement et autres auxquels les présents statuts donneront ouverture, seront portés au compte des frais de premier établissement et amortis en... exercices [1].

ARTICLE 27

Les tribunaux compétents de... [2] seront seuls compétents pour connaître de toutes les contestations et difficultés qui pourront s'élever à l'occasion de la société présentement constituée.

ARTICLE 28

Tous pouvoirs sont donnés au porteur d'un des exemplaires des présents statuts, pour faire les dépôts aux greffes et les publications légales.

tente entre ceux-ci quant à cette double nomination, par deux experts nommés, sur simple requête, par M. le président du tribunal de commerce de... Lesquels experts pourront, en cas de désaccord, s'adjoindre un tiers expert.

La liquidation de l'excédent de l'actif et du passif de la société, sera faite par M. B... S'il était décédé, un liquidateur serait nommé par les associés survivants et les héritiers et représentants de l'associé décédé.

Le liquidateur aura, pour l'accomplissement de sa mission, les pouvoirs les plus étendus.

Les sommes provenant de la réalisation de l'actif seront employées, en premier lieu, à éteindre le passif (et à rembourser aux associés le montant du solde créditeur de leurs comptes courants respectifs dans la société).

L'apport du (ou des) commanditaire sera ensuite remboursé.

Puis les apports des associés en nom.

Enfin, l'excédent, constituant les bénéfices sera réparti entre les associés, dans les proportions suivantes :

... pour cent à M. A...

... pour cent à M. B...

Et... pour cent à M. C...

La valeur du fonds de commerce et des marchandises, repris par M... sera imputée sur le montant de tout ce qui lui reviendra dans la société. Si, cette imputation faite, il restait débiteur envers ses coassociés, il serait tenu de rembourser le solde dû par lui en... (deux, trois, etc.) annuités et d'en servir, jusqu'à parfait paiement, l'intérêt au taux de... pour cent par an, payable en même temps que chaque fraction du capital (on :... payable les... de chaque année). Le tout, à compter du jour de la dissolution de la société.

Etant convenu que les sommes restant ainsi dues deviendraient de plein droit immédiatement exigibles, un mois après un simple commandement de payer resté sans effet, et sans autre formalité judiciaire : à défaut de paiement d'une seule fraction du capital ou des intérêts, à échéance ; en cas de cession, de cessation, ou d'apport en société du fonds de commerce en question : comme aussi dans le cas où il ferait l'objet d'une dation en nantissement.

La liquidation devra être terminée...(le surplus comme en la formule ci-dessus).

1. Ou : ... et amortis au cours du premier exercice social.

2. Chef-lieu d'arrondissement du lieu du siège social.

Fait en... originaux (soit un pour chacun des associés, un qui restera au siège de la société, deux pour les dépôts aux greffes, et un pour l'administration de l'enregistrement) à... le... mil neuf cent vingt... [1].

| Lu et approuvé | Lu et approuvé | Lu et approuvé |
| *(Signé)*: A... | *(Signé)*: B... | *(Signé)* : C... |

1194. — Retraite d'un associé.

Les soussignés :

M. A... *(prénoms, nom, profession et domicile.)*
M. B... *(Idem)*.
Et M. C... *(Idem)*.

Après avoir exposé :

I. — Que suivant acte sous signatures privées en date à... du... mil neuf cent vingt..., enregistré à..., le..., suivant, aux droits de... [2] et publié, conformément à la loi, il a été formé entre: MM. A... et B... comme associés en nom et gérants responsables, et M. C..., comme associé commanditaire, une société en commandite simple, sous la raison sociale..., avec siège social à..., rue... n°..., ayant pour objet..., et ce, pour une durée de... années, devant expirer le...

Le capital social a été fixé à... francs, fournis par :

M. A... pour... mille francs	«	»
M. B... pour... mille francs	«	»
Et M. C... pour... mille francs . , ...	«	»
Egal :... mille francs.	«	»

Les bénéfices nets de chaque exercice [3] ont été stipulés partageables dans les proportions suivantes :

... pour cent à M. A...
... pour cent à M. B...
Et... pour cent à M. C...

II. — Que M. A... a manifesté à ses coassociés le désir de se retirer

---

1. En cas de succursales, il y aurait lieu de faire deux exemplaires en plus pour les dépôts à effectuer aux greffes du tribunal de commerce et de la justice de paix de chacun des arrondissements du lieu des succursales.

2. Ou :
Que suivant acte passé devant M°... notaire à... le...

3. S'il y a lieu :
... après déduction faite des intérêts servis au capital social (des traitements des associés en nom) des intérêts des sommes déposées en compte courant dans la société, et de tous les frais généraux et charges sociales qui ont été stipulés, etc.

de la société, à partir du... et que MM. B... et C... ont consenti à sa retraite [1-2].

ONT CONVENU ET ARRÊTÉ CE QUI SUIT :

ARTICLE PREMIER

Du consentement de MM. B... et C..., M. B... se retire de la société A... B... et Cie, dont il ne fait plus partie à compter de ce jour [3-4].

MM. B... et C... ont présentement remboursé à M. A... le montant de son apport en société, soit... francs et lui ont versé la somme de... représentant sa part dans les bénéfices sociaux, au jour de sa retraite [5-6].

Desquelles sommes M. A... donne à MM. B... et C... quittance pleine et entière.

Par suite de ces paiements, M. A... se reconnaît rempli de tous ses

1. *Ou bien :*
II. — Que M. A... a été, depuis lors, atteint d'une maladie grave qui l'a mis depuis le... dans l'impossibilité absolue de se livrer à aucun travail ; que sa santé actuelle nécessite encore une convalescence dont il est dès maintenant impossible de prévoir la durée, et qui le tiendra encore longtemps éloigné de toute occupation sociale.

Que, dans cette situation, il fait part à MM. B... et C... de son désir de se retirer de la société, ce à quoi ces derniers ont consenti.

2. *Si la retraite de l'associé avait lieu en exécution d'une clause statutaire l'autorisant, on rédigerait ainsi :*
II. — Que, dans les statuts précédemment énoncés, il a été stipulé sous l'article... que M. A... aurait le droit de, passé les... premières années d'existence de la société, se retirer de celle-ci, à charge de prévenir ses coassociés dans... mois à compter du jour de la clôture de l'inventaire social annuel.

Qu'il a été convenu qu'il opérerait le retrait du montant de son apport (*ou*.., de sa commandite [s'il s'agit du commanditaire] lequel lui serait remboursé de la manière suivante :

(*Énoncer les époques, le mode et les conditions du remboursement*). V. à titre d'exemple les stipulations de l'article 18 de la formule donnée sous le n° 1193.

III. — Qu'en exécution de cette clause, et désirant se retirer de la société, M. A... en avisa le... dernier, par lettre recommandée chacun de MM. B... et C...

(*Le surplus, comme ci-dessus*).

3. *Ou* :... à compter rétroactivement du... dernier.

4. *Ou bien :*
Du consentement de MM. B... et C..., M. A... déclare se retirer de la société A... B... et Cie, à compter du... prochain, dont il ne fera plus partie à compter du même jour.

5. *Ou* :... représentant, par approximation et à forfait, sa part dans les bénéfices sociaux, au jour de sa retraite.

ou encore :... représentant sa part dans les bénéfices sociaux au jour de sa retraite, telle que cette part résulte de l'inventaire qui a été spécialement dressé à la date du... dernier (*ou* : ce jourd'hui même).

6. *S'il y a lieu :*
... Ainsi que le solde créditeur de son compte courant dans la société au jour de son retrait, soit... francs.

droits dans la société, et s'engage à n'élever de ce chef aucune réclamation contre MM. B... et C..., pour quelque cause que ce soit.

ARTICLE 2

Comme conséquence de ce qui précède, M. A... demeure déchargé de tous engagements, dettes et charges quelconques de la société antérieurs à ce jour[1], MM. B... et C... devant en être seuls et entièrement tenus, sans aucun recours contre lui, pour quelque motif que ce puisse être.

ARTICLE 3

La société continue d'exister, à compter du...[2] entre M. B... comme seul associé en nom et gérant responsable, et M. C... comme simple commanditaire[3].

ARTICLE 4

A partir du...[4] la raison et la signature sociales sont...
(Et la dénomination de la société est...).

ARTICLE 5

Par suite du remboursement de son apport à M. A..., le capital social se trouve réduit à... francs, comprenant :

L'apport primitif de M. B..., soit... francs . . . . « »
Et l'apport primitif de M. C..., soit... francs . . . . . . « »
    Egal... francs . . . . « »

ARTICLE 6[5]

Les bénéfices nets sociaux seront partagés dans la proportion suivante :
... pour cent à M. B...
Et... pour cent à M. C...

1. Ou :...'antérieurs au dernier ou prochain (*jour du retrait de l'associé*).
2. (Date du retrait.)
3. *Dans le cas de retraite de l'associé commanditaire, on rédigerait ainsi :*
La société continuera d'exister à compter du... entre M. B... et M. C... tous deux comme associés en nom collectif, et gérants, ayant chacun la signature sociale, mais ne pouvant en faire usage que pour les besoins et affaires de la société.
En conséquence, chacun d'eux aura les pouvoirs les plus étendus pour gérer et administrer la société. Il pourra notamment... (*Voir, pour l'énonciation des pouvoirs des gérants l'article de la formule donnée sous le* n° 1044).
4. Date de la retraite de l'associé.
5. *Dans le cas où le capital est maintenu à son montant initial :*
Le capital social reste fixé à la somme de... francs, comprenant :

L'apport primitif de M. B..., soit... francs . . . . « ».
L'apport primitif de M. C..., soit... francs. . . . . « »
Et la somme de..., versée par M. C..., à titre de complément d'apport . « »
    Egal :... francs. . . . . « »

ARTICLE 7

Il n'est apporté aucune autre modification aux statuts du..., énoncés en l'exposé qui précède [1].

ARTICLE 8

Pour effectuer les dépôts aux greffes et faire les publications légales, tous pouvoirs sont donnés au porteur d'un des exemplaires du présent acte.

Fait en... originaux (soit un pour chaque associé, un qui restera au siège social, deux pour les dépôts aux greffes et un pour l'administration de l'enregistrement) à... le... mil neuf cent vingt... [1 bis].

Lu et approuvé   Lu et approuvé
(*signé*) : A...   (*signé*) : B...

Lu et approuvé
(*signé*) : C...

1195. Société en commandite par « parts d'intérêts ». — On ne saurait apporter trop de circonspection à la rédaction des statuts d'une telle société car, ainsi qu'il a été dit précédemment — *suprà*, n° 1090 [2] — il importe essentiellement, sous peine de nullité de la société, que les parts d'intérêts ne puissent être confondues avec des « actions [2] », et, d'autre part, qu'il se dégage bien du pacte social que la société a été contractée *intuitu personæ*.

La formule que nous donnons ici n'a rien de sacramentelle — comme d'ailleurs toutes celles que contient notre ouvrage — mais elle est conçue de telle sorte qu'elle offre toute sécurité à cet égard. Pourquoi y aura-t-il intérêt à s'en éloigner le moins possible et si par suite d'intentions ou de circonstances particulières, on était dans l'obligation d'y apporter quelques modifications, du moins ne devrait-on le faire qu'avec prudence et en toute connaissance de cause.

Au surplus, il est bon de faire remarquer que, pratiquement, la

---

1. *Ou bien* :
Il est apporté aux statuts du..., énoncés en l'exposé qui précède, les modifications suivantes :
(*Enonciation des modifications apportées*).
1 bis. Voir, pour le cas où la société a des succursales, ce qui est dit en la note de la page .
2. V. aussi n° 1137.
3. Pour les caractères juridiques de l'« action », voir *infrà* n°s 1315 et suivants.

division du capital social en « parts » ne peut offrir d'intérêt sensible que lorsqu'il y a un certain nombre d'associés commanditaires. Si ceux-ci ne sont pas nombreux, il convient mieux de s'abstenir de stipuler une telle division.

Entre les soussignés :

M. A... (*prénoms, nom, profession et domicile*).

M. B... (*Idem*).   D'une part.

Et :

1° M. C... (*Idem*).

2° M. D...

3° M. E...

4° M. F...

5° M. G...

6° Etc.   D'autre part.

IL A ÉTÉ CONVENU ET ARRÊTÉ CE QUI SUIT :

ARTICLE PREMIER

Il est formé, par les présentes, une société en commandite simple entre : MM. A... et B..., comme associés en nom collectif et seuls gérants responsables, et MM. C... D... E... F... G... etc., comme simples commanditaires.

ARTICLE 2
ARTICLE 3
ARTICLE 4
ARTICLE 5   (*Comme en la formule donnée sous le n° 1193*).
ARTICLE 6
ARTICLE 7

ARTICLE 8

Le capital social est fixé à la somme de... francs.

I. — M. A... apporte à la société :

1°...

D'une valeur de... francs, ci . . . . »   »

2°...

D'une valeur de..., ci . . . . »   »

II. — M. B... apporte :

(Désignation et estimation des apports). . . . . . » »

III. — En outre, les commanditaires apportent à la société, savoir :

M. C.... : 1°... estimés à... francs . . . . » »

2° Etc.

M. D : 1°...

(Désignation et estimation des apports de chacun des associés commanditaires).

Egal : *... francs . . . . » »

ARTICLE 9

Ce capital social est divisé en... parts de *... francs chacune, lesquelles appartiennent aux associés, chacun dans la proportion du montant de son apport, soit :

A M. A..., à concurrence de... parts, représentant apport de... francs . . . . » »

A M. B..., à concurrence de... parts, représentant... francs d'apport ; ci. . . . . » »

A M. C..., à concurrence de... parts, représentant, etc.

(Et ainsi pour chaque associé).

Soit au total... parts représentant... francs... montant ² du capital social . . . . » »

---

1. Ajouter, s'il y a lieu :

« Les apports des associés devront être entièrement effectués le... prochain.

« En cas de défaut de versement (*s'il y a des apports en nature...* ou de remise) « à cette date, l'associé en retard sera débiteur envers la société, et ce, de plein droit « et sans qu'il soit besoin d'aucune mise en demeure, des intérêts de son apport non « versé (ou remis), au taux de... pour cent par an, à compter de la date ci-dessus « fixée (*s'il y a lieu:* ... lesquels intérêts s'imputeront, d'office, sur la part lui reve- « nant dans les bénéfices sociaux). »

(V. note 2 de l'Article suivant).

2. *Par exemple :* ... dix mille francs chacune.

3. Dans le cas où le versement des apports des associés commanditaires n'a pas à être effectué en totalité, de suite ou à une date fixée, on peut utiliser ici la clause suivante :

« Les apports des associés commanditaires seront versés dans la caisse de la so- « ciété au fur et à mesure des appels faits par les gérants.

« Il ne pourra rien être réclamé aux commanditaires, par la société non plus que « par les tiers, au delà de leur commandite. »

ARTICLE 10

Il ne sera créé aucun titre en représentation des parts qui appartiennent à chacun des associés.

Leurs droits résulteront seulement des présents statuts [1] et de toutes cessions qui seraient consenties en conformité des stipulations de l'article ci-après.

Un extrait de ces actes sera, à première demande, délivré à chacun des associés, aux frais de la société [2].

ARTICLE 11

Chaque part d'intérêt confère à celui qui la possède, un droit proportionnel égal, et ce, d'après le nombre des parts créées, dans les bénéfices de la société et dans l'intégralité de l'actif social.

ARTICLE 12

Chaque part d'intérêt est indivisible à l'égard de la société.

Dans le cas où, par suite de décès, notamment, une part viendrait à appartenir à plusieurs personnes, les propriétaires conjoints seraient tenus de se faire représenter par l'un d'eux qui exercerait seul tous leurs droits.

ARTICLE 13

Les associés gérants devront, pendant toute la durée de leurs fonctions, être propriétaires de... parts au moins, lesquelles seront affectées à la garantie des actes de leur gestion et ne pourront pas être cédées [4,5].

1. *S'il y a lieu :*
... des actes postérieurs, constatant une augmentation du capital social, de ceux modificatifs de tout ou partie des autres stipulations du présent acte, et de toutes cessions... (*le surplus, comme en la formule ci-dessus*).

2. *Ou :* ... à ses frais.

3. *Autre formule :*
Les parts appartenant à chacun des associés seront constatées par de simples certificats de propriété, nominatifs, lesquels seront signés par les gérants et délivrés par ceux-ci à chacun des titulaires.

4. *S'il y a lieu, ajouter :*
Il ne leur sera pas délivré de certificat de propriété quant à ce nombre de parts.

5. *Autre formule :*
Les associés gérants ne pourront céder plus... (du quart ou du tiers) des parts qui leur appartiennent, les... (trois quarts ou deux tiers) de leurs parts devant, pendant toute la durée de leurs fonctions, être affectés à la garantie des actes de leur gestion.

Étant convenu que les cessionnaires des gérants seront de simples associés commanditaires.

ARTICLE 14

Le capital social pourra être augmenté en une ou plusieurs fois, en vertu d'une décision de l'assemblée générale extraordinaire des associés.

Cette augmentation pourra être faite soit au moyen d'apports complémentaires, soit par l'adjonction de nouveaux associés. Dans ce dernier cas, le seul fait par ceux-ci, de souscrire aux nouvelles parts créées en représentation de l'augmentation du capital social, emportera de leur part adhésion à toutes les stipulations contenues dans les présents statuts [1].

Le nombre des parts ci-dessus créées sera augmenté, en cas d'augmentation du capital social, dans la proportion d'une part nouvelle par nouvel apport de... francs.

ARTICLE 15

Les parts d'intérêts ne pourront être cédées même entre associés, qu'en observation des stipulations des articles 1689 et suivants du Code civil [2].

Afin de conserver à la société présentement constituée son caractère de société de personnes en commandite simple, les soussignés conviennent de la façon la plus expresse que les parts d'intérêts ci-dessus créées ne pourront être cédées [3] qu'avec le consentement préalable des associés gérants [4].

1. *Autre rédaction :*
Le capital social pourra être augmenté, en vertu d'une décision de l'assemblée générale extraordinaire des associés, réunissant les deux tiers au moins du capital social, et prise à la majorité des deux tiers des voix des associés présents ou représentés, conformément aux stipulations de l'article ci-après.

Cette augmentation aura lieu par le moyen de la création de parts nouvelles.

Un droit de préférence à la souscription de celles-ci sera accordé aux associés dans la proportion des parts anciennes possédées par eux.

2. *V. supra,* note du n° 1137.

3. *Si telle est l'intention des parties :* ... même entre associés.

4. *Autre formule :*
Les parts d'intérêts ne pourront être cédées, même entre associés, qu'en observation des stipulations des articles 1689 et suivants du Code civil.

Afin de conserver à la société présentement constituée son caractère de société de personnes en commandite simple, les soussignés conviennent de la façon la plus expresse que les parts d'intérêts ci-dessus créées pourront être librement cédées entre associés, mais que, pour toute cession à une personne étrangère à la société, les conditions suivantes devront être rigoureusement observées et ce, sous peine, de nullité de la cession.

Tout associé qui se proposera de céder tout ou partie des parts lui appartenant sera tenu d'en informer, par lettre recommandée, les associés gérants, lesquels, dans le délai de... (trois, quatre ou cinq) jours à compter du jour de la réception de cette lettre devront en aviser tous les autres associés. Ces derniers auront alors, pendant... (les quinze jours ou le mois) à partir de la date de lettre recommandée adres-

ARTICLE 16

Les apports ci-dessus constatés produiront au profit des associés, chacun dans la proportion de sa mise des intérêts au taux de... etc. (*Pour le surplus voir Art.* 9, *formule du* n° 1193) [1].

ARTICLE 17

Chacun des associés pourra, du consentement des deux gérants, verser, au delà de sa mise, des sommes en compte courant, etc... (*V. Art.* 11, *même formule*).

ARTICLE 18

Les associés gérants auront droit chacun à un traitement fixe de... etc. (*V. Art.* 10, *même formule*).

ARTICLE 19

Les opérations de la société seront constatées... (*V. même formule, Art.* 12).

ARTICLE 20

L'année sociale commence le... etc. (*V. même formule, Art.* 13).

ARTICLE 21

Les bénéfices nets de la société seront répartis entre les associés, proportionnellement au nombre de parts respectivement possédées par chacun d'eux.

sée par le cédant au gérant, le droit de se porter cessionnaire des parts offertes, par préférence à tous autres, et ce, moyennant un prix qui, en prévision de cette éventualité, sera fixé chaque année, sur le vu du bilan, par l'assemblée générale ordinaire des associés, statuant conformément aux stipulations de l'article ci-après.

A défaut par les autres associés ou l'un d'eux, de, dans... (les quinze jours ou le mois) à partir de la date d'expédition de la lettre recommandée, adressée par le cédant au gérant, en exécution de la stipulation qui précède, l'associé cédant pourra librement céder ses parts à toute personne de son choix. (*Le cas échéant :* ... sauf toutefois aux personnes ou sociétés exerçant un commerce [ou une industrie] similaire à celui faisant l'objet de la présente société, ou pouvant le concurrencer, ce, à moins d'y être spécialement autorisé par écrit par les associés en nom.)

Les stipulations qui précèdent seront, sous peine de nullité de la cession, appliquées dans tous les cas de cessions de parts, alors même qu'elles auraient lieu par ventes aux enchères publiques, par ordonnance de justice ou autrement.

1. Lorsque les mises ne sont pas immédiatement exigibles :

Les apports des associés produiront à leur profit des intérêts de... pour cent par an, à compter du jour où les apports seront effectivement effectués.

Les intérêts seront payables etc... (*V. pour le surplus Art.* 9, *formule du* n° 1193).

Les pertes, s il y en a, seront supportées dans la même proportion, sans que, en aucun cas, les associés commanditaires puissent en être tenus au delà de leur commandite [1].

ARTICLE 22

(*Texte de l'Article 15, formule donnée sous le n° 1193*).

ARTICLE 23

(*Texte de l'Article 16 de la même formule*).

ARTICLE 24

En cas de perte de... [2] du capital social, constatée par deux inventaires successifs la dissolution anticipée de la société pourra être prononcée par l'assemblée générale extraordinaire des associés, décidant à la majorité prévue à l'article 30 ci-après.

Dans ce cas, la liquidation en sera faite conformément aux stipulations de l'article 33.

ARTICLE 25

I. — En cas de décès, faillite ou déconfiture de l'un des associés gérants, la gérance appartiendra à l'autre gérant qui aura, seul, la signature sociale et aura les pouvoirs les plus étendus à cet effet, conformément aux stipulations de l'article 6 ci-dessus.

II. — En cas de décès, faillite, interdiction ou déconfiture du dernier associé gérant, il sera convoqué une assemblée générale extraordinaire des associés qui nommera un ou plusieurs nouveaux gérants, ou prononcera la dissolution anticipée de la société ; laquelle serait alors liquidée en conformité des stipulations de l'article ci-après.

---

1. *Ou bien :*

Chaque année, sur les bénéfices nets révélés par l'inventaire social, il sera prélevé... (*par exemple :* cinq) pour cent pour la constitution d'un fonds de réserve de prévoyance. Ce prélèvement cessera lorsque ce fond aura atteint le... (*cinquième, dixième, vingtième, etc.*) du capital social. Il reprendrait si, pour une cause quelconque la réserve ainsi constituée venait à être entamée.

Le surplus des bénéfices sera réparti entre tous les associés proportionnellement au nombre de leurs parts respectives.

Les pertes, s'il y en a, seront supportées dans la même proportion, sans que, en aucun cas, les associés commanditaires puissent en être tenus au delà de leur commandite.

(*Ce dernier alinéa peut être, le cas échéant, remplacé par le suivant :*

Les pertes, s'il y en a, seront supportées par les associés proportionnellement au nombre de parts possédées par chacun d'eux, sans que, en aucun cas, les commanditaires puissent en être tenus au delà du montant de leurs parts.

2. Tiers, moitié ou trois quarts.

III. — Enfin, en cas de décès, de faillite, d'interdiction ou de déconfiture, d'un ou de plusieurs associés commanditaires, la société ne sera pas dissoute ; elle continuera entre les associés survivants et les héritiers et représentants des associés décédés, lesquels seront alors tenus de se faire représenter par l'un d'eux qui exercera leurs droits.

Article 26

En aucun cas, et pour quelque cause que ce soit, fût-ce même de décès, de dissolution de communauté ou d'interdiction d'un des associés, il ne pourra être apposé de scellés, etc... (*Le surplus comme en l'article* 21 *de la formule donnée sous le* n° 1193.

Article 27

En cas d'incapacité physique ou légale, supérieure à... (une) année [1] d'un associé en nom, il sera fait application des dispositions de l'article 25 ci-dessus, ce cas étant assimilé au cas de décès.

Article 28

(*Tel temps*) [2] avant le terme d'expiration ci-dessus fixé de la société présentement constituée, l'assemblée générale extraordinaire délibérant dans les conditions dites aux articles 29 et 30 ci-après, statuera sur la question de savoir si elle sera prorogée.

A défaut de prorogation, la liquidation de la société sera faite, à l'échéance du temps fixé aux présents statuts, conformément à l'article 33 ci-après.

Article 29

Chaque année, dans le mois de la clôture de l'inventaire social, il sera tenu, sur la convocation des gérants, une assemblée générale des associés qui statue sur toutes les affaires de la société.

Il pourra, en outre, être tenu des assemblées générales extraordinaires, qui seront provoquées par les associés opérants, soit de leur propre initiative, soit à la demande d'un ou de plusieurs associés représentant... [3] du capital social.

Les convocations auront lieu par lettres recommandées, individuelle-

---

1. *On* :
En cas d'incapacité physique ou légale permanente d'un associé en nom, etc... (*Le surplus comme ci-dessus*).
2. Une année, généralement.
3. La moitié ou le tiers ou le quart.

ment adressées aux associés... ¹ jours au moins avant la date de l'assemblée.

Chacun des associés a le droit d'assister aux assemblées générales, ou de s'y faire représenter par un mandataire pris parmi les autres associés.

La présidence de l'assemblée appartiendra à l'un ou l'autre des associés gérants. Un secrétaire sera désigné.

Une feuille de présence sera dressée par le secrétaire, signé par chacun des membres présents à la réunion, et certifiée par le président et le secrétaire.

Dans les assemblées générales annuelles, les délibérations sont prises à la majorité des voix des membres présents. Chaque associé a autant de voix qu'il procède et représente de parts ².

ARTICLE 30

Toutes modifications aux présents statuts (augmentation ou réduction du capital social, fusion de la société avec une autre, prorogation ou dissolution de la société, transformation de celle-ci en société en commandite par actions ou en société anonyme, etc.) ne pourront être valablement décidées que par l'assemblée générale extraordinaire des associés.

Pour délibérer valablement, l'assemblée doit réunir les... ² au moins du capital social, et ses décisions doivent être prises à la majorité des... des voix des associés présents à la réunion ⁴.

1. Huit, dix ou quinze jours.

2. S'il y a lieu :
Les assemblées générales annuelles, ordinaires ou extraordinaires, ne seront régulièrement constituées et ne pourront valablement délibérer qu'autant que les associés présents représenteront soit par eux-mêmes soit comme mandataire... (la moitié ou le tiers) du capital social.
Dans le cas où cette condition ne serait pas remplie, il serait dans le délai de..., convoqué une nouvelle assemblée, laquelle, quelle que soit la part du capital représentée, délibérerait valablement sur les objets qui composaient l'ordre du jour de la première assemblée.

3. Deux tiers ou trois quarts.

4. Le cas échéant, le texte des Articles 30 et 31 ci-dessus peut être remplacé par le suivant :

ARTICLE 30

Dans tous les cas où le consentement de tous les associés sera nécessaire, il sera tenu une assemblée générale des associés, laquelle sera convoquée, par les soins des gérants par lettres recommandées adressées individuellement à tous les associés au moins... (par exemple : quinze) jours avant la réunion.

Une assemblée générale ordinaire sera tenue chaque année dans le courant du mois qui suivra la clôture de l'inventaire.

A la demande de deux associés au moins, représentant le... tiers ou le quart,

Article 31

Les délibérations des assemblées générales seront constatées par des procès-verbaux qui seront transcrits sur un registre spécial et signé du président et du secrétaire.

Les copies ou extraits de ces procès-verbaux, que la société pourra être appelée à produire, seront signés par les deux associés gérants.

Article 32

Les délibérations des assemblées générales des associés, prises conformément aux stipulations contenues aux deux articles précédents seront obligatoires pour tous les associés sans exception, même pour ceux qui seraient absents ou incapables.

Article 33

A l'expiration de la société, ou en cas de dissolution anticipée, la liquidation en sera faite par les associés gérants ou le survivant d'eux, assistés d'un coliquidateur qui sera désigné par l'assemblée générale des associés, statuant comme il est dit à l'article 30.

Pendant toute la durée de la liquidation, l'assemblée générale continuera d'exercer ses pouvoirs. Elle pourra, notamment révoquer les liquidateurs, s'il y a lieu, en nommer de nouveaux ; approuver tous comptes de liquidation, en donner décharge.

Les liquidateurs auront, pour l'accomplissement de leur mission, les pouvoirs les plus étendus pour la réalisation de l'actif social et l'acquittement du passif [1].

Le produit net de la liquidation, après l'acquit du passif et l'extinction de toutes les charges sociales, sera réparti entre tous les associés proportionnellement au nombre de parts possédées par chacun d'eux [2].

par exemple) du capital social, il pourra être tenu une assemblée générale extraordinaire.

Dans chaque assemblée, le vote aura lieu à la majorité absolue du nombre de parts représentant le capital social, chaque associé ayant autant de voix qu'il possédera de parts. (S'il y a lieu : ... sans que, toutefois, il puisse avoir plus de ... (dix par exemple) voix, quel que soit le nombre de parts possédées par lui.

1. Le cas échéant :

Ils pourront notamment, mais seulement après y avoir été autorisés par l'assemblée générale des associés, céder ou faire apport à une société déjà existante ou en voie de formation française ou étrangère, de tous les biens, droits et obligations composant l'actif et le passif de la société dissoute.

2. Autre rédaction de cet article :

A l'expiration de la société, ou en cas de dissolution anticipée, il sera désigné un

Articles 34, 35 et 36

(Mêmes textes que ceux des articles 26, 27 et 38 de la formule donnée sous le n° 1193).

Fait en... originaux (soit, un pour chacun des associés, un qui restera au siège social, deux pour les dépôts aux greffes, un pour l'administration de l'enregistrement) à... le... mil neuf cent vingt...

(Chaque associé devra faire précéder sa signature des mots LU ET APPROUVÉ, *écrits de sa main).*

1196. — **Extrait, pour la publication dans le journal d'annonces légales, de l'acte constitutif d'une société en commandite simple.** — Un modèle de cet extrait a été donné *suprà*, n° 534.

1197. — **Modifications apportées aux statuts.** — Une formule de modifications aux statuts a été donnée *suprà* n° 1049. Elle pourra être employée également dans le cas de société en commandite simple : il suffira pour cela, de remplacer partout où il y aura lieu, les mots « société en nom collectif » par ceux de « société en commandite simple ».

1198. — **Extrait pour la publication dans le journal d'annonces légales, d'une modification apportée aux statuts d'une société en commandite simple.** — Voir modèle de cet extrait, *suprà* n° 535.

1199. — **Prorogation, avec ou sans modifications, d'une société en commandite simple.** — Un cadre de prorogation de société a été précédemment donné sous le n° 1051 ; il pourra être employé également pour une société en commandite simple : il suffira de remplacer partout où ce changement sera nécessaire, les mots « société en nom collectif » par ceux de « société en commandite simple ».

ou plusieurs liquidateurs par l'assemblée générale des associés. Le vote aura lieu à la majorité des parts.

Les liquidateurs auront les pouvoirs les plus étendus pour l'accomplissement de leur mission.

Ils pourront, si l'assemblée générale les y autorise, vendre le fonds de commerce à l'amiable. A défaut, cette vente ne pourrait avoir lieu qu'aux enchères publiques. Le produit net de la liquidation... etc. (*Le surplus, comme formule ci-dessus*).

1200. — Extrait pour la publication dans le journal d'annonces légales de la prorogation d'une société en commandite simple. — Voir n°s 536 et 532.

1201. — Dissolution anticipée d'une société en commandite simple. — La formule est la même que celle donnée sous le n° 1051, en remplaçant nécessairement les mots « société en nom collectif » par ceux de « société en commandite simple ».

1202. — Extrait pour la publication dans un journal d'annonces légales de la dissolution anticipée d'une société en commandite simple. — Voir cette formule, n° 537.

1203. — Cession de droits sociaux. — Une formule de cession de droits sociaux a été donnée précédemment sous le n° 675. Conçue dans le cas d'une société en nom collectif, elle pourra être également utilisée lorsqu'il s'agira d'une société en commandite simple. Il suffira d'y apporter les quelques modifications accessoires nécessitées par le type différent de la société [1].

1204. — Publication dans le journal d'annonces légales d'une cession de droits sociaux. — On pourra employer, pour cette publication, la formule donnée *supra* n° 556, en remplaçant les mots « société en nom collectif » par ceux de « société en commandite simple ».

1205-1. — Exemple d'une lettre de convocation à une assemblée générale d'associés, dans une société en commandite simple. — Un délai pour la convocation aux assemblées est généralement fixé dans les statuts : il y a donc lieu de l'observer lors de l'envoi des lettres de convocation.

Il est de bonne prudence d'adresser celles-ci *recommandées* [2] afin d'éviter toutes difficultés.

X..... le..... 192.....

M... .....

En conformité de l'article ..... des statuts, nous avons l'honneur de vous convoquer, en votre qualité d'associé de la Société en commandite

---

1. En cas de cession de droits sociaux, il importe de toujours se reporter à la clause statutaire qui la prévoit et, souvent, la réglemente. Dans ce dernier cas les conditions de cette réglementation doivent être rigoureusement observées.

2. Alors même que les statuts ne s'imposeraient pas impérativement.

Les convocations sont faites par les associés gérants.

simple A..... et Cie, à une Assemblée générale ordinaire (*ou : extraordi-naire*) qui se tiendra le ..... prochain au siège social (*ou ; à....., rue .....,* n^b .....) à ..... heures du matin (*ou : de l'après-midi*).

Ordre du jour de l'Assemblée :

(*Transcrire l'ordre du jour*).

Dans le cas où il vous serait impossible d'assister à cette Assemblée, vous pourrez vous y faire représenter par un autre associé porteur de votre pouvoir, conformément à l'article ..... précité les statuts[1].

Veuillez agréer, M.....

Signature sociale.

1205-2. — Cadre du pouvoir pour assister à l'assemblée générale. — Ce pouvoir doit être rédigé sur papier timbré.

Le soussigné... (*prénoms, nom, profession et domicile*).

Propriétaire de.....[2] parts d'intérêts de la société en commandite simple A..... et Cie, dont le siège est à....., rue....., n^o.....

Donne pouvoir à M..... (*prénoms, nom, profession et domicile*)[3].

De le représenter à l'Assemblée générale ordinaire[4] des associés de la société en commandite simple A..... et Cie, qui se tiendra le.....prochain, au siège social[5], ainsi qu'à toutes autres assemblées qui pourraient être convoquées dans la suite, dans le cas où la première ne pourrait valablement délibérer.

Prendre part à toutes délibérations, émettre tous votes sur les questions portées à l'ordre du jour.

Aux effets ci-dessus, signer toutes feuilles de présence et procès-verbaux, et généralement faire le nécessaire.

Donné à..... le..... mil neuf cent vingt.....

(*Signature*).[6]

1. Quelquefois, en prévision de l'absence de l'associé convoqué, on joint à la lettre un pouvoir prêt à signer, rédigé sur papier timbré. Dans ce cas on termine ainsi la lettre de convocation :

« Inclus, vous trouverez un pouvoir préparé que vous n'aurez qu'à signer, en « faisant précéder votre signature des mots *Bon pour pouvoir* et à adresser au siège « social. »

2. Nombre exprimé en toutes lettres.

3 *S'il y a lieu :*
..... et, à défaut, à M.....

4. *Ou :* extraordinaire.

5. *Ou :* ..... à ..., rue....., n^o.....

6. Le mandant doit faire précéder sa signature des mots « Bon pour pouvoir » écrits de sa main.

SOCIÉTÉ EN COMMANDITE SIMPLE
A... ᴇᴛ Cⁱᵉ

Assemblée générale ordinaire (ou : extraordinaire) tenue au siège social (ou : à..., rue..., n°...) le... juillet 192...

Feuille de contrôle et de présence des associés présents ou régulièrement représentés à l'Assemblée.

NOMS, PRÉNOMS adresses et qualités des associés	NOMBRE DE [1]		NOMS ET ADRESSES des mandataires	Émargements [2]
	parts	voix		
1°				
2°				
3°				
4°				
Etc.　　Totaux.				

Soit..... parts présentes ou représentées donnant..... voix.

Le Président,　　　　　　　　Le Secrétaire,
(Signature)　　　　　　　　(Signature)

1. Le plus souvent, le nombre de voix n'égale pas le nombre de parts : tantôt il faut 5 parts pour 1 voix, tantôt 10, etc. ; il y a donc lieu, à cet égard, de se reporter aux statuts qui, souvent, lorsque les parts sont nombreuses, fixent un nombre de voix maximum, quel que soit le nombre de parts possédées.
2. Dans cette colonne, les associés présents et les mandataires apposent leur signature.

1206. — **Feuille de présence, en cas d'assemblée générale d'associés, dans une société en commandite simple.** — Nous conseillons de toujours dresser la feuille de présence sur papier timbré.

On en trouvera le cadre à la page 568.

1207. — **Procès-verbal d'une assemblée générale des associés, dans une société en commandite simple.** — Ces procès-verbaux sont transcrits sur un registre spécialement réservé à cet usage.

L'an mil neuf cent vingt.....

Le....., à..... heures du.....

Messieurs les associés de la Société A..... et Cie sur la convocation qui leur en a été faite par lettres recommandées de Messieurs les gérants adressées le....... dernier, en exécution de l'article..... des statuts.

Se sont réunis au siège social, à..... rue....., n°....., en Assemblée générale ordinaire (*ou : extraordinaire*).

La présidence de l'Assemblée est dévolue à M..... [1]. M..... est nommé secrétaire.

Le bureau constatant, d'après la feuille de présence qu'il a dressée et qui, dûment certifiée, demeurera annexée au présent procès-verbal, que..... [2] associés sont personnellement présents, et..... [2] sont représentés par des mandataires, et représentent au total ..... [2] parts d'intérêt, soit le..... (tiers, *ou quart*, etc.) du capital social, que le *quorum* nécessaire est atteint, déclare l'Assemblée valablement constituée [3].

M. le Président donne lecture de l'ordre du jour et du rapport de MM. les gérants.

Quelques explications et précisions sont ensuite demandées et, après

1. Le gérant, s'il n'y en a qu'un. En cas de pluralité de gérants, la présidence est dévolue au plus âgé.

2. Nombre en toutes lettres.

3. Si le *quorum* n'était pas atteint, il y aurait lieu de convoquer une nouvelle Assemblée. Dans ce cas, le procès-verbal se terminerait ainsi :

« Le bureau constatant, d'après la feuille de présence qu'il a dressée et qui, dûment

« certifiée, demeurera annexée au présent procès-verbal, que ..... associés sont per-

« sonnellement présents, et..... sont représentés par des mandataires, et représentent

« au total..... parts d'intérêt, soit moins du..... (tiers ou quart, etc.) du capital so-

« cial, que le *quorum* n'est pas atteint.

« Dans ces conditions, l'Assemblée ne pouvant pas valablement délibérer, il y aura

« lieu de convoquer de nouveau les associés pour une prochaine date qui est dès

« maintenant fixée au ..... (ou : qui sera fixée par MM. les gérants).

« De tout ce que dessus, le présent procès-verbal a été dressé et signé par M. le

« Président et M. le Secrétaire. »

échanges de diverses observations, les résolutions suivantes sont mises aux voix :

Première Résolution [1] *:*

(*L'énoncer clairement*).

. . . .

Cette résolution a été adoptée..... (*par exemple :*) à l'unanimité.

Deuxième Résolution :

. . . .

Cette résolution a été adoptée.....(*par exemple*) par..... voix contre.....
L'ordre du jour étant épuisé, M. le Président déclare la séance levée à ..... heures.

De tout ce que dessus, le présent procès-verbal a été dressé et signé par M. le Président et M. le Secrétaire.

    Le Président :   Le Secrétaire :

    (*Signature*).   (*Signature*).

1208. — Exemple d'un certificat nominatif de parts d'intérêt, dans une société en commandite simple. — Ce certificat doit être dressé sur papier timbré.

Les soussignés :

M..... (*prénoms, nom, qualité et domicile*) ;
Et M..... (*Id*.) ;
Agissant comme gérants de la société en commandite simple X..... et Cie, dont le siège est à ....., rue ....., n° ....., ayant pour objet....., constituée par acte, sous signatures privées, en date à..... du..... mil neuf cent vingt.....; enregistré le..... numéro [2] et conformément à la loi.

Certifient que M..... (prénoms, nom, qualité et domicile) est propriétaire, en vertu des statuts de ladite Société [3] de ..... (*nombre exprimé en toutes lettres*) parts d'intérêt de cette société dont le capital social est représenté par [4] ..... parts d'intérêt de..... francs chacune.

X....., le..... 192.....

                         Signature sociale.

1. *Ou :* ..... constituée par acte devant Me ....., notaire à....., du..... mil neuf cent vingt, enregistré et, etc.
2. Il doit y avoir une résolution par objet distinct.
3. *Ou :* en vertu d'une cession dûment signifiée à la société par exploit de ..... huissier à ....., en date du ..... mil neuf cent vingt .....
4. Indication exprimée en toutes lettres du nombre total des parts sociales.

1209. — Cession de parts d'intérêt dans une société en commandite simple. — Cette cession doit être rédigée sur papier timbré.

Les soussignés :

M..... (prénoms). Primus ..... (qualité et domicile).

D'UNE PART.

Et M..... (prénoms). Secundus..... (qualité et domicile).

D'AUTRE PART.

APRÈS AVOIR EXPOSÉ :

Que M. Primus est associé [1] ..... dans la société X..... et Cⁱᵉ, dont le siège est à ....., rue ....., nº ....., société en commandite simple constituée par acte sous seing privé en date à ..... du ..... mil neuf cent vingt... enregistré à ..... le ..... folio ....., numéro ...... aux droits de ..... [2] et publié conformément à la loi. Ladite société ayant pour objet ..... et formée pour une durée de ..... à compter du ..... au capital de ..... mille francs.

Que le capital de la société est représenté par ..... parts d'intérêt de ..... francs chacune.

Que M. Primus est propriétaire de ..... de ces parts, en vertu des statuts qui viennent d'être énoncés.

Le tout, ainsi qu'il est à la connaissance de M. Secundus, lequel déclare que M. Primus lui a présentement remis une copie certifiée par lui conforme desdits statuts, et lui a remis en outre copies également certifiées conformes des ..... [3] derniers inventaires sociaux [4].

ONT CONVENU ET ARRÊTÉ CE QUI SUIT :

M. Primus cède présentement avec toutes garanties de droit à M. Secundus, qui accepte ..... [5] parts d'intérêts de la Société en commandite simple X..... et Cⁱᵉ. Cette cession est faite moyennant le prix principal de ..... que M. Secundus a présentement payé au cédant qui le reconnaît et lui en donne quittance [6].

M. Secundus aura la propriété des parts à lui présentement cédées à

1. En nom, ou commanditaire.

2. ou : ..... constituée par acte devant M⁰ ..... notaire à ..... en date du ..... mil neuf cent vingt.....

3. Deux ou trois.

4. S'il y a lieu :
..... ainsi qu'un certificat nominatif à lui délivré par les gérants de ladite société le..... mil neuf cent vingt....., constatant que M. Primus est propriétaire de..... parts de..... francs chacune, dans cette société.

5. Indication exprimée en toutes lettres du nombre de parts cédées.

6. Si le prix de la cession n'est pas payé comptant, indiquer les époques et les conditions de paiement.

compter de ce jour [1] et il en aura la jouissance, par la perception des revenus afférents à ces parts, à compter du......

(Clause à insérer lorsque le cessionnaire n'est pas un associé et que, pour être valable, la cession doit être acceptée par les gérants : Etant fait observé que la présente cession ne sera valable et définitive qu'autant qu'elle aura reçu l'agrément des gérants de la société susdite, en conformité de l'article..... des statuts.)

Au cas où cet agrément aurait été donné, la clause précédente serait remplacée par celle-ci : Etant fait observé que la présente cession est valable et définitive, comme ayant, conformément à l'article.... des statuts, été agréée par MM. X..... et Y.....; gérants de la société susdite, ainsi qu'il résulte......(*énoncer l'acte contenant l'acceptation*).

(Si la cession est faite par un associé commandité, il y a lieu d'insérer la stipulation suivante : Etant expressément convenu que la cession ci-dessus n'est qu'une simple cession de parts d'intérêts ; qu'en conséquence M. Secundus ne deviendra associé commandité, en aucun cas et pour quelque motif que ce soit ; qu'il sera commanditaire pur et simple, M. Primus demeurant seul responsable dans les termes et conditions prévus aux statuts.)

Notification de la présente cession devra être faite à la société faute d'avoir été acceptée par cette dernière dans la forme prévue par l'article 1690, paragraphe 2 du Code civil.

Les frais des présentes, le coût de leur enregistrement et les frais de notification seront à la charge de M.....

Fait triple [2] y compris un exemplaire pour l'administration de l'enregistrement, à....., le..... mil neuf cent vingt.....

Lu et approuvé   Lu et approuvé
(*Signé*) : PRIMUS.   (*Signé*) : SECUNDUS.

1210. — PUBLICATION. — SIGNIFICATION. — La signification de la cession est faite à la société par ministère d'huissier.

Lorsque les parts cédées appartiennent à des associés en nom (commandités) le contrat de cession doit être déposé aux greffes des tribunaux de commerce et de paix du lieu du siège social et publié dans un journal d'annonces légales du même lieu.

Les mêmes formalités doivent être remplies si les parts cédées par des associés commanditaires ne sont pas entièrement libérées.

Mais si des parts cédées par des commanditaires sont entièrement libérées, ces formalités ne sont pas exigées.

1. *Ou :* du ...i. prochain.

2. *Ou :* quintuple ; voir à cet égard ce qui est dit n° 1211.

1211. — **Transformation d'une société en nom collectif en une société en commandite simple.**

Les soussignés :
M. A..... (*prénoms, nom, profession et domicile*).
Et M. B..... (*Idem*).

APRÈS AVOIR EXPOSÉ :

Que suivant acte sous signatures privées en date à..... du..... mil neuf cent vingt....., enregistré à..... le....., aux droits de.....¹ et publié conformément à la loi, les soussignés ont constitué entre eux une société en nom collectif à l'égard de tous les associés, au capital de....., ayant pour objet....., avec siège social à,...., rue....., nº.....

Ladite société constituée pour une durée de....., devant expirer le.....

Que M. A....., l'un des associés en nom ayant manifesté à ses co-associés le désir de renoncer à sa qualité d'associé en nom, M. B..... a déclaré accepter cette modification.

ONT CONVENU ET ARRÊTÉ CE QUI SUIT :

ARTICLE PREMIER

M. A....., déclare renoncer, à partir de ce jour ² à sa qualité d'associé en nom collectif dans la société..... et Cⁱᵉ.

Par suite, il cessera, à compter du même jour, toute participation et immixtion dans la gérance de ladite société.

ARTICLE 2

La gérance de la société appartiendra, à compter du....., à M. B....., seul, qui, en conséquence, aura seul la signature sociale.

Dès lors, il sera seul associé en nom et administrera seul la société avec les pouvoirs et dans les conditions dits aux statuts du ..... mil neuf cent..... sus-énoncés.

ARTICLE 3

La raison sociale reste..... et Cⁱᵉ ³.

1. *Ou :* Que suivant acte passé devant Mᵉ..... notaire à..... le..... mil neuf cent vingt..... enregistré et publié conformément à la loi, les soussignés ont formé entre eux une société, etc.

2. *Ou :* ..... à partir du..... prochain.

3. *Ou bien :*
La raison sociale sera, à compter du même jour : « : ..... et Cⁱᵉ ».
La dénomination de la société demeurant la même.

Article 4

Le capital social demeure fixé à..... francs.

Article 5

Comme conséquence de son changment de qualité, M. A....., sera déchargé de toute responsabilité relative à la gestion et à l'administration de la société à compter du.....

Et, à partir du même jour, il sera simple commanditaire pour le montant de sa part sociale, s'élevant à....., francs, part au-delà de laquelle il ne pourra être engagé en cas de pertes souffertes par la société, postérieurement à ladite date.

Article 6

A compter du même jour, M. B....., aura seul droit au traitement fixe stipulé au profit des gérants par l'article..... des statuts ci-dessus énoncés.

Article 7

Aucune autre modification n'est apportée aux conditions stipulées en l'acte du....., sus-énoncé, lesquelles resteront en vigueur.

Article 8

Tous pouvoirs sont donnés au porteur d'un des exemplaires du présent acte pour effectuer les dépôts et faire les publications prescrits par la loi.

Fait en exemplaires (dont un qui restera au siège social, deux pour les dépôts, aux greffes et un pour l'administration de l'enregistrement) à....., le.... mil neuf cent vingt.....

Lu et approuvé   Lu et approuvé
(Signé) : A.....   Signé) : B.....

TITRE III

ASSOCIATION EN PARTICIPATION

CHAPITRE PREMIER

GÉNÉRALITÉS

1212. — **Caractères de l'association en participation.** — Aux termes de l'ancien article 48 du code de commerce [1], les associations commerciales en participation « sont relatives à une **ou** « plusieurs opérations de commerce ; elles ont lieu pour les objets, « dans les formes, avec les proportions d'intérêts et aux conditions « convenues entre les participants ».

Ces associations, dit l'ancien article 49 du même code, peuvent être constatées « par la représentation des livres, de la correspon- « dance, ou par la preuve testimoniale, si le tribunal juge qu'elle « peut être admise ».

Enfin, d'après l'ancien article 50, elles « ne sont pas sujettes « aux formalités prescrites pour les autres sociétés ».

1213. — Ces textes sont les seuls que le code consacrait aux associations en participation. Leur brièveté a nécessairement pour

---

1. REMARQUE IMPORTANTE. — Voir *infrà*, nº 1214 le texte de la loi du 24 juin 1921 et les remarques.

conséquence une obscurité qui ne peut être dissipée, si l'on veut rechercher les caractères propres à ces associations et leur réglementation juridique, que par l'examen de la doctrine de la jurisprudence.

Afin de ne pas alourdir ce travail, sans grand intérêt pratique, et de ne pas sortir de notre cadre, nous éviterons toutes les controverses doctrinales, ne rapportant que les données prédominantes, en nous attachant à trouver les solutions indispensables dans la jurisprudence récente.

Mais, dès maintenant, il apparaît, d'après les textes qui viennent d'être rapportés, (n° 1212) que l'association en participation a des caractères propres qui la différencient essentiellement des autres sociétés commerciales.

Ainsi, il résulte :

a) de l'article 49 du code de commerce ancien et de l'article 50 nouveau [1], que, contrairement à ce qui est imposé, sous peine de nullité, aux autres sociétés, l'association en participation qui a pour objet des actes de commerce peut n'être pas constatée par un acte écrit ; la preuve de son existence, dans ce cas, pouvant être faite de l'une des manières prévues en l'article 100 du même code et qui vont être examinées dans un instant ;

b) de l'article 49 nouveau [1] que l'association en participation dont l'objet est commercial est dispensée des formalités de publicité.

D'où cette conséquence que, n'étant soumise ni à l'obligation de l'acte écrit, ni à celle de la publication, elle n'est pas connue des tiers ; c'est d'ailleurs ce qui résulte de l'article 49 nouveau [1] ; autrement dit ne se révélant pas officiellement au public duquel elle doit rester inconnue, elle est essentiellement « occulte ». En sorte que les tiers connaissent seulement celui des participants avec lequel ils contractent. C'est là la caractéristique principale de l'association en participation (n° 1220).

Il en est d'autres qui vont être examinées sous les n°° 1215 et suivants.

1214. — Loi du 24 juin 1921 sur les associations en participation. — Pendant l'impression du présent tome, une loi — du 24 juin 1921 — vint officiellement consacrer certains points

1. Voir numéro suivant.
2. Voir numéro suivant.

qui l'étaient déjà par une jurisprudence constante et la quasi-unanimité de la doctrine.

Voici le texte de cette loi :

ARTICLE UNIQUE

Les articles 47, 48, 49, 50 du Code de commerce sont modifiés ainsi qu'il suit :

ARTICLE 47

Indépendamment des trois espèces de sociétés indiquées dans l'article 19 ci-dessus, la loi reconnaît les associations en participation.

ARTICLE 48

Les associations en participation ont lieu, pour les objets, dans les formes ou proportions d'intérêt et aux conditions convenues entre les parties.

ARTICLE 49

Les associations en participation sont des sociétés dont l'existence ne se révèle pas aux tiers.

Elles ne sont pas sujettes aux formalités de publicité prescrites pour les autres sociétés de commerce.

Chaque associé contracte avec les tiers en son nom personnel.

L'association en participation ne constitue pas une personne morale.

Il ne peut être émis de titres cessibles ou négociables au profit des associés.

ARTICLE 50

Les associations en participation peuvent être constatées conformément aux dispositions de l'article 109.

Ainsi qu'on voit, ces textes nouveaux n'innovent pas de points transcendants, susceptibles de modifier ce que nous avions écrit avant la promulgation de la loi nouvelle.

Sur un seul point — et force est de reconnaître qu'il est important, — la loi de 1921 apporte une précision digne d'intérêt : il « ne « peut être émis, dit le dernier alinéa de l'article 49 nouveau, de « *titres cessibles ou négociables au profit des associés.* »

Et ces deux lignes mettent fin aux doctes controverses qu'avait soulevées cette question dont l'importance, au point de vue pratique, n'échappe à personne.

37

Au surplus, s'il était permis à une association en participation de créer des titres cessibles ou négociables, ceux-ci lui feraient perdre son caractère occulte, qui est sa caractéristique essentielle, et elle ne serait, dès lors, une association en participation.

On remarquera que la loi nouvelle n'interdit que l'émission de titres « cessibles ou négociables » : conséquemment, il peut être valablement créé — comme il en était antérieurement — des « parts » représentant une fraction de la mise de fonds commune, parts qui, valables seulement entre les participants, ne sont ni cessibles ni transmissibles.

Enfin, l'article 49 nouveau, dans son premier alinéa, qualifie les associations en participation de « sociétés ». C'est la première fois que la loi les qualifie comme telles, et c'est un fait à noter.

1215. Ce que c'est que l'association en participation. — De ce qui vient d'être dit, il ressort que l'association en participation est la réunion de deux ou plusieurs personnes en vue d'une opération commerciale déterminée, sans lieu d'établissement, ni raison sociale, ni capital social ; cette réunion est inconnue des tiers, chacun des participants agit individuellement et ses obligations envers ses coparticipants se bornent à un compte entre eux, d'après lequel le bénéfice ou la perte se répartissent dans les proportions convenues.

1216. — Conditions constitutives de l'association en participation. — En dehors des caractères particuliers qu'elle revêt et qui viennent d'être énoncés sous les numéros qui précèdent — on va les étudier en détail dans un instant — l'association en participation est soumise à toutes les autres conditions constitutives de toute société commerciale ; c'est-à-dire : consentement des contractants, (n⁰ˢ 21 et suiv.), capacité des parties de s'associer (n⁰ˢ 31 et suiv.), leur volonté de s'associer, *affectio societatis* (n⁰ˢ 174 et suiv.), objet certain (n⁰ˢ 69 et suiv.), cause licite (n⁰ˢ 70 et suiv.), apports effectués par les associés (n⁰ˢ 178 et suiv.), participation dans les bénéfices et dans les pertes (138 et suiv. et 160 et suiv.).

Une seule de ces conditions manque-t-elle, il pourra y avoir un contrat parfaitement valable, mais ce ne sera pas un contrat d'association en participation.

1217. — Objet de la participation. — L'association en participation peut avoir pour objet soit des opérations commerciales, soit des opérations civiles, soit tout à la fois des opérations commerciales et des opérations civiles.

Elle peut avoir pour objet toutes espèces d'opérations de commerce, sous la triple condition que ces opérations soient déterminées, licites, et ne soient pas contraires à la nature même de la participation.

Elle peut avoir pour objet une ou plusieurs opérations déterminées et même toute une branche entière d'industrie ou de commerce (Douai, 28 juillet 1906, *Dalloz*, 1908, 5, 13).

Jugé ainsi que l'association en participation peut avoir pour objet une série d'opérations commerciales dont la nature ne soit désignée que par le genre d'industrie auquel elles appartiennent, et dont la durée ne soit pas limitée autrement que par le terme assigné pour la durée même de la société ; qu'en effet, le caractère distinctif de cette sorte de société doit être cherché dans sa constitution et son mode d'action et non pas dans son objet (Rennes, 28 janvier 1856, *Sirey*, 57, 2, 10, *Dalloz*, 56, 2, 181).

La convention intervenue entre deux personnes aux termes de laquelle celles-ci fondent, pour une durée déterminée, une maison de commerce que l'une d'elles doit seule gérer, et apporter à cette gérance tout son temps et tous ses soins, alors que l'autre apporte le matériel et les marchandises, en se réservant d'être le fournisseur exclusif de l'entreprise présente tous les caractères légaux d'une association en participation (Cassation, 18 mai 1896, *Dalloz*, 97, 1, 249) [1].

De même, la convention par laquelle deux personnes se réunissent pour fabriquer et vendre un produit commercial, ainsi que pour l'exploitation des marques connues de ce produit, constitue une association en participation, dès lors qu'on y trouve une indéniable communauté d'intérêts, et que les conditions dans lesquelles la liquidation devra s'opérer y sont prévues (Paris, 5 juillet 1899, *Dalloz*, 99, 2, 466).

Constitue une association en participation le contrat en vertu duquel un dépositaire s'engage à éditer les œuvres d'un sculpteur, de compte à demi avec ses héritiers et, comme conséquence, si

---

1. Dans l'espèce tranchée, cette association a été annulée comme léonine, en raison de ce que, contractuellement, l'apport d'un des participants avait été mis à l'abri de tous risques sociaux par le moyen d'une prime de tant pour cent qui lui était assurée sur les ventes, alors que l'autre participant — sous le nom duquel seul le commerce était exercé, — supportait seul les charges et dettes de l'entreprise.

ceux-ci ont droit à la moitié des gains réalisés, ils doivent également supporter la moitié des pertes (Trib. civ. Seine, 26 juin 1912, *Rec. Gaz. des Trib.*, 1912, 2, 267).

1218. — Qualification. — Bien que qualifiée par les parties d'association en participation, la convention ne peut être considérée comme telle si les caractères distinctifs de cette association indiqués sous les numéros précédents ne s'y rencontrent pas. Cette qualification ferait simplement présumer la volonté des contractants, mais serait insuffisante pour empêcher de reconnaître le caractère réel de la société.

C'est ainsi à titre d'exemple qu'il a été jugé que, bien qu'elle ait été qualifiée d'association en participation dans l'acte de constitution, une société n'en est pas moins une société en nom collectif dès l'instant qu'elle a un siège social et une raison sociale, lesquels sont les caractéristiques d'un être moral distinct de la personne même des associés (*Not.* Cassation, 29 juillet 1863, *Dalloz*, 64, 1, 27).

Un exemple encore : lorsqu'une association a été créée, grâce à l'émission de parts bénéficiaires d'intérêt *au porteur*; que, d'après l'acte constitutif elle possède un siège social et un comité de surveillance ; qu'il doit être fait chaque année un inventaire de ses biens ; que les porteurs de parts doivent tenir des assemblées générales, cette association ne présente pas le caractère occulte qui distingue essentiellement l'association en participation (Trib. corr. Seine, 19 mars 1907, *Dalloz*, 1908, 2, 395).

Le caractère véritable d'une association en participation doit lui être restituée. Ainsi, le tribunal peut, notamment, décider qu'il s'agit bien d'une participation, alors que le capitaliste qui est à la tête de l'entreprise a tenté de dissimuler sa participation sous l'apparence d'un contrat de location (Cassation, 28 janvier 1918, *Journ. des Soc. Nouv. Rev. Synth.*, 1447).

1219. — Etre moral. — Au contraire des autres sociétés commerciales, l'association en participation ne constitue pas une personne morale distincte de la personne des associés (*Not.* Paris, 8 janvier 1900, *Dalloz*, 1902, 2, 105, — Cassation, 5 février 1901, *Mon. Jud. Lyon*, 1er octobre 1901, — Paris, 27 juin 1905, *Dalloz*, 1908, 2, 395, — Paris, 16 juin 1910, *Journ. des Soc.* 1911, 429).

V. quatrième alinéa de l'article 49 nouveau du code de commerce (L. 24 juin 1921), *suprà*, n° 1214.

De là, les quatre conséquences qui vont être dites sous le numéro suivant. Et cette autre conséquence que les tiers ne peuvent avoir aucune action contre elle : ils n'ont action que contre l'associé seul qui a traité avec eux.

1220. — **Siège social.** — **Raison sociale.** — **Signature sociale.** — **Capital social.** — L'association en participation étant une société occulte, puisqu'elle est ignorée des tiers (n° 1213) [1], et ne constituant pas une personnalité juridique distincte de celle des associés (n° 1219) il s'ensuit qu'elle n'a ni lieu d'établissement, ni raison sociale, ou nom tiré de son objet, ni signature sociale, ni capital social (*Not.* Cassation, 27 juin 1893, *Rev. des Soc.*, 1893, 430, — Alger, 4 juillet 1894, *Rec. Alger*, 1894, 427, — Toulouse, 17 décembre 1895, *Rev. des Soc.*, 96, 264, — Bordeaux, 17 novembre 1897, *Rec. Bordeaux*, 1898, 1, 103, — Lyon, 28 février 1907, *Rev. des Soc.* 1907, 336).

Elle n'a pas de capital social ; il n'y a pas mise en commun de leurs apports par les contractants, ainsi qu'on va le voir plus loin et, à moins de stipulation contraire, chaque participant reste propriétaire seul de son apport.

C'est qu'en effet la participation a pour but non pas la création d'une propriété commune des apports, mais uniquement un partage de profits ou de pertes, chaque participant agissant séparément, car il n'existe pas d'administration commune.

Aussi bien, s'il existait un siège social, une raison et une signature sociales, ou un capital social, la participation perdrait-elle *ipso facto*, son caractère propre, qui est de son essence même et par conséquent, sans lequel elle ne peut exister : son caractère « occulte ».

Elle ne doit donc se révéler aux tiers par aucun signe « extérieur » ou « apparent » (Toulouse, 17 décembre 1895, *préc.* — Bordeaux, 29 juillet 1897, *Rec. Bordeaux*, 98, 1, 14, — Le Havre, 17 janvier 1900, *Rev. des Soc.*, 1901, 167, — Bordeaux, 17 novembre 1897, *préc.*, — Nîmes, 5 mars 1917, *Rec. Gaz. des Trib.*, 1918, 2, 165, Trib. de comm. Marseille, 18 octobre 1918, *Rec. Marseille*, 1919, 66).

1. Mais il est bien évident que si les tiers avaient incidemment connaissance de l'existence de la participation, celle-ci ne serait pas frappée de nullité de ce fait qu'elle ne perdrait aucunement son caractère occulte (*Not.* Douai, 15 juillet 1892, *Rev. des Soc.* 1893, 20).

De même, elle ne doit pas — sous la même sanction — se révéler aux tiers comme étant composée de personnes autres que celles qui gèrent l'entreprise commune. Il en serait ainsi, par exemple, s'il était employé des lettres à en-tête indiquant une raison sociale (Trib. de comm. Seine, 9 mars 1915, *Journ. des Trib. de comm.*, 1918, 23).

Comme on le voit, il est nécessaire — pour que la participation perde son caractère particulier et essentiel — que les agissements des participants ou leurs faits extérieurs soient de nature à faire croire aux tiers qu'ils traitent non avec une personne seule, mais avec une collectivité organisée et responsable, avec une société [1].

Toutefois :

a) S'il ne peut y avoir de siège social, ainsi qu'on vient de voir, du moins peut-il être établi — sans que la participation perde aucunement son caractère — un lieu distinct du domicile légal de chacun des participants, où les opérations communes seront centralisées, un « domicile commun », attributif de juridiction, compétent pour connaître de tous les débats entre les participants (Trib. de comm. Marseille, 18 octobre 1918, *préc.*).

b) Il peut être constitué un « fonds commun » [2], alors que ce fonds n'est pas en réalité, un capital social (chaque objet le composant restant la propriété particulière de celui auquel il appartient) et qu'il a été exclusivement constitué en vue de la répartition des bénéfices et des pertes (*Not.* Rennes, 28 janvier 1856, *Dalloz*, 56, 2, 182, *Sirey*, 57, 2, 10).

Ce fonds commun n'ayant ainsi d'existence qu'entre les participants, ne peut pas être considéré comme une manifestation extérieure entraînant pour la participation la perte de son caractère.

c) N'entraîne pas non plus cette perte, le fait que les participants ont constitué entre eux un « conseil d'administration » uniquement pour faciliter la direction, la centralisation et le contrôle des affaires communes, que ce conseil ne constitue en réalité qu'une mesure d'organisation « intérieure », absolument inconnue des tiers.

Mais, dans ce cas, il importe que chaque participant traite exclusivement sous son propre nom avec les tiers [3].

---

1. Douai, 15 juillet 1892 (*Rev. des Soc.*, 1893, 20).

2. Comprenant la valeur du matériel d'exploitation et des marchandises appartenant à chacun des participants.

3. Rennes, 28 janvier 1856, *préc.*

1221. — En ce qui concerne le « domicile », il est toutefois, ainsi qu'on vient de le voir sous le numéro précédent, reconnu aux associés le droit de constituer un domicile distinct du domicile réel de chacun d'eux, domicile qui sera le centre de leurs opérations commerciales d'où rayonnera la direction et qui, à leur égard, autrement dit pour les différends seulement qui s'élèveraient entre eux, sera attributif de juridiction (*Not.* Bordeaux, 18 mai 1900, *Gaz. des Trib.* 2ᵉ partie, 1901, 1, 105) [1].

D'après le même arrêt, ce domicile social n'a pas besoin d'être exprès, ou d'être constitué par l'acte d'association ; il peut résulter des faits et des conditions du fonctionnement de la participation.

Mais à notre avis, il est toujours préférable de faire, par une clause expresse une élection de domicile attributive de juridiction, car ceci évite la production de toute preuve.

1222. — A défaut d'une constitution de domicile attributive de juridiction, la participation n'ayant pas de siège social, il s'ensuit que les associés sont poursuivis devant les tribunaux compétents de leurs domiciles personnels respectifs (*Not.* Trib. de Comm. Marseille, 21 novembre 1907, *Rec. Jur. Marseille* 1908, 1, 102).

Complication qu'il est aisé d'éviter par une élection de domicile expresse ainsi que nous venons de le conseiller.

1223. — **Durée de la participation.** — La durée de la participation peut être déterminée ou indéterminée, suivant son objet.

Lorsqu'elle est contractée sans limitation de durée, l'article 1869 du code civil [2] lui est applicable. Conséquemment, si la volonté manifestée par l'un des associés de ne plus demeurer en société ne peut être arguée de mauvaise foi, ni d'intempestivité, cette manifestation de volonté suffit à entraîner la dissolution de la société (Douai, 28 juillet 1906, *Dalloz*, 1908, 5, 13).

---

1. Et les décisions précitées.

2. Qui ne concerne que les sociétés dont la durée est illimitée et qui décide que la dissolution de la société par la volonté de l'un des associés s'opère par une renonciation notifiée à tous les autres associés, sous la condition que la renonciation soit faite de bonne foi et non à contretemps.

Rappelons que la renonciation serait faite de *mauvaise foi* si l'associé renonçait pour s'approprier à lui seul le profit que les associés s'étaient proposés de retirer en commun.

Et qu'elle serait faite à *contretemps* si les choses n'étaient plus entières et qu'il importe à la société que sa dissolution fût différée (Art. 1870 C. civ.). Il en serait ainsi, par exemple, si la société avait de gros approvisionnements à écouler et qu'il soit de son intérêt d'attendre une époque favorable pour les vendre.

1224. — La Cour de cassation a décidé (23 octobre 1906) que le décès d'un participant ne met pas fin à l'association bien que la stipulation de la continuation entre les participants survivants ne soit pas expresse, quand la nature de la convention, l'objet et le but que s'étaient proposés les associés excluent formellement que la mort de l'un d'eux doive avoir pour conséquence la dissolution de la participation ; qu'en ce cas, il en résulte pour chacun un engagement qui constitue un droit ou une charge auxquels succèdent les héritiers, majeurs ou mineurs sans distinction, du prédécédé (*Dalloz*, 1907, 1, 43).

1225. — **Combinaisons offertes par la participation.** — L'article 48 du code de commerce (ancien, et le nouveau texte de cet article dispose de même [1]) dit que les associations en participation « ... ont lieu avec les proportions d'intérêts et aux conditions « convenues entre les participants ».

C'est clairement dire que les associés ont la liberté la plus entière quant aux conventions qu'il leur plaît d'arrêter. Cette liberté n'ayant en effet d'autre limite (indépendamment, cela va sans dire, des stipulations illicites, ou contraires aux bonnes mœurs où à l'ordre public) que l'interdiction de toute convention susceptible de faire perdre à l'association le caractère propre de la participation et de lui faire acquérir la nature d'une société commerciale autre ; ce qui aurait lieu, nécessairement, si le principe essentiel du contrat était violé.

Et l'on peut concevoir d'après ceci la variété considérable des conditions qu'offre l'association en participation.

1226. — **Analogie entre certains contrats et la participation.** — On a vu (n° 1218) que la qualification donnée par les parties à leur convention est insuffisante pour faire acquérir à celle-ci le caractère de l'association en participation : il faut que les caractères distinctifs de cette association résultent des termes mêmes et de l'ensemble de la convention. A défaut de quoi, elle peut constituer, malgré la qualification improprement donnée, un contrat tout différent.

En effet, il y a, en thèse générale, dans chaque convention, un caractère qui lui est propre.

1. Voy. *suprà*, n° 1214.

Ainsi :

L'essence de la société en nom collectif est qu'il y ait mise en commun de capitaux, ou de marchandises, pour faire le commerce et partager les bénéfices qui en pourront résulter.

L'essence de l'association est qu'une opération déterminée réunisse les volontés et les efforts des contractants.

C'est à ces signes que se reconnaît chacun de ces contrats : c'est dans ces conditions qu'il puise sa vie, sa force exécutoire, ses effets.

Les contractants essayeraient vainement de les modifier. On peut modifier ce qui est de la nature des contrats, c'est-à-dire, en respectant leurs principes, en changer quelques effets. On peut, en matière de société où la loi recommande l'égalité de position, convenir que les gains ou les pertes se répartiront dans des proportions différentes, mais on ne modifie pas *l'essence* des conventions ; en ce cas, modifier c'est détruire. Une convention n'a plus d'existence légale quand on enlève le signe particulier dont la loi l'a marquée ; il n'y a pas de société en nom collectif si la réunion n'a pas pour objet de faire le commerce sous une raison sociale ; il n'y a pas d'association en participation si le dessein des contractants est de faire, dans un certain genre de commerce, toutes les opérations qu'amènent le mouvement des affaires [1];

1227. — Or, il est parfois malaisé de distinguer si une convention constitue une participation ou une autre société commerciale, ou bien encore un contrat autre, commission, ouverture de crédit, prêt avec participation dans les bénéfices, ou vente, ou mandat, ou louage, etc.

Il y a lieu, dans ces cas, de rechercher si dans la convention se trouvent réunis les éléments constitutifs de l'association en participation et ses caractéristiques qui lui sont particulières et, dans la négative, de dégager de l'ensemble des stipulations les éléments, le caractère et la nature du véritable contrat que renferme la convention.

1228. — C'est aux juges du fond qu'il appartient, en cas de doute, de constater les faits et c'est à la Cour de cassation exclusivement qu'il appartient d'établir, d'après ces faits, s'il y a ou non association en participation (*Not.* Cassation, 5 décembre 1887, *Dalloz*, 88, 1, 430).

1. DELANGLE, t. II, n° 609, *loc. cit.*

1229. — Parts bénéficiaires. — Actions. — Les associations en participation peuvent-elles émettre des « parts bénéficiaires » ou des actions ? Les textes sont muets à cet égard, écrivions-nous dans notre manuscrit primitif.

Or, ceci n'est plus exact, depuis la loi du 24 juin 1921, dont le texte a été donné sous le numéro 1214.

Aux termes du dernier alinéa de l'article 49 nouveau du code de commerce, il ne peut, dans une association en participation, être émis de titres « cessibles » ou « négociables » au profit des associés. Et cela, aussi bien de titres nominatifs que de titres au porteur.

On a voulu ainsi éviter que certaines personnes, désireuses de se soustraire aux formalités imposées par la loi du 24 juillet 1867, adoptent, dans ce but, la forme de la participation, et, sous le couvert de celle-ci, émettent des titres sans entrave aucune et sans l'accomplissement des formalités imposées en cas d'émissions de valeurs destinées à circuler dans le public.

Au surplus, le texte nouveau ne fait, en cette matière, que consacrer les décisions de jurisprudence antérieurement rendues.

C'est ainsi qu'il a été jugé notamment :

En doctrine, la question est controversée.

Qu'une association en participation étant dépourvue de personnalité juridique et ne constituant pas un être normal distinct des associés qui la composent ne peut émettre des parts bénéficiaires au porteur, transmissibles par simple tradition ; que l'émission et la vente de pareils titres sont donc entachés d'une nullité radicale, et que les acheteurs ont droit au remboursement du prix qu'ils ont payé (*Not.* Paris, 27 juin 1905, *Dalloz*, 1908, 2, 395, — Trib. correct. Seine, 19 mars 1907, *Ibid.*).

Et que l'émission et la négociation de ces titres constituent les infractions prévues par les articles 13 et 14 [1] de la loi du 24 juillet 1867 (*Trib.* correct. Seine, 19 mars 1907, *Dalloz*, 1908, 2, 395).

Pour le même motif, une association en participation ne peut pas créer d'actions. Aussi bien, l'action représente-t-elle une part du capital social dans une société possédant la personnalité juridique.

---

1. Infractions emportant les peines suivantes :

  a) 500 francs à 10.000 francs d'amende en cas d'émission d'actions ou de coupons d'actions d'une société constituée contrairement aux prescriptions légales.

  b) 500 francs à 10.000 francs d'amende en cas de négociation d'actions ou de coupons d'actions dont la valeur ou la forme sont contraires aux dispositions légales.

Or, on le sait, l'association en participation n'a pas de capital social et ne constitue pas un être moral.

1230. — Les associations en participation ne peuvent donc émettre ni parts bénéficiaires, négociables ou cessibles, ni actions. Au surplus, souvenons-nous que le caractère essentiel de la participation est d'être « occulte » : or, comment concilier ce caractère avec la création de titres — parts ou actions — qui seraient appelés à circuler dans le public ?

Seules les sociétés anonymes et les sociétés en commandite par actions peuvent émettre des actions ou des parts bénéficiaires négociables ; et ces sociétés sont tenues de se soumettre à des formalités que la loi leur impose sous peine de nullité.

Dans le cas d'une telle création, non seulement la participation serait nulle [1], mais, ainsi qu'on vient de voir, ses fondateurs pourraient être l'objet de poursuites correctionnelles, pour avoir, sous le couvert apparent et trompeur d'une association en participation, constitué en réalité une société par actions, sans avoir satisfait aux formalités requises.

1231. — Mais, si une association en participation ne peut pas émettre des titres nominatifs ou au porteur ni *cessibles* ni *négociables*, autrement dit transmissibles par les voies commerciales, (tradition, transfert, endossement) susceptibles par cela même d'être répandus dans le public, du moins ne lui est-il pas impossible et nulle part interdit de créer des parts, lorsqu'il existe des mises en fond commun et que l'incessibilité, l'innégociabilité de ces parts sont absolues.

Aussi bien, ce qui est interdit c'est uniquement la création de titres susceptibles de faire naître une confusion dans l'esprit du public auquel ils pourraient être offerts ; ce qui ne manquerait pas de se produire si les parts pouvaient y circuler de la même manière que les actions. Et l'on ne voit pas pour quels motifs il pourrait être interdit de diviser le fond commun en parts, alors que

---

1. Notamment, jugé que si une association a été constituée grâce à l'émission de parts bénéficiaires d'intérêt au porteur, laquelle association possède un siège social et un comité de surveillance, avec cette clause que les porteurs de parts se réuniront en assemblées générales, cette association est non une participation, mais en réalité une société par actions constituer sous une forme déguisée pour échapper aux prescriptions des lois des 24 juillet 1867 et 1er août 1893 (Trib. corr., Seine, 19 mars 1907, *préc.*)

celles-ci sont destinées à demeurer ignorées du public, et qu'elles ne peuvent sortir du cercle restreint des associés.

La création de telles parts se rencontrera notamment quand le capital mis en commun sera important et que force sera par suite, de faire appel à un grand nombre d'adhérents. Plus spécialement elle se rencontrera, et y sera d'un grand secours pratique, dans les sociétés d'études — ou syndicats de recherches — constitués pour mettre une entreprise ou une invention au point, en vue d'une plus ou moins prochaine constitution en société anonyme ou en commandite par actions.

Mais — il est essentiel d'insister sur ce point — il importe, pour que ces parts ne puissent aucunement être assimilées à des actions, qu'une clause du pacte social stipule expressément qu'elles ne pourront faire l'objet d'aucune cession ou négociation [1].

1232. — Remarque d'intérêt pratique. — Les associations en participation sont, dans la pratique, extrêmement nombreuses. Et cela s'explique, car non seulement elles permettent d'obvier aux frais élevés que nécessite la constitution — et même le fonctionnement — des autres sociétés commerciales, mais encore, étant affranchies de toutes les formalités qui sont rigoureusement imposées par la loi à ces dernières, elles permettent d'agir rapidement. Elles offrent donc ce double avantage d'une économie d'argent et d'une économie de temps.

Le plus souvent la forme de la participation est adoptée pour la constitution de sociétés d'études ou de perfectionnements ; c'est l'acheminement vers — dans un avenir plus ou moins proche — la constitution d'une société anonyme ou en commandite par actions qui exploitera, avec des capitaux importants, les résultats obtenus par la modeste association en participation.

Fréquemment aussi des personnes consentent à commanditer des commerçants, mais désirent ne pas être connues du public : seule, la participation qui est exempte de toute publicité et, par suite, inconnue des tiers, leur en offre le moyen. Et, ici, et pour la même raison, elle offre au commerçant commandité l'avantage de ne pas être obligé d'exposer publiquement qu'il a dû faire appel pour l'exploitation de son commerce aux capitaux d'une tierce personne.

Cette forme de société offre donc d'incontestables avantages. Mais

---

1. V. dernier alinéa de l'article 49 nouveau du code de commerce (L. 24 juin 1921), *suprà*, n° 1214.

il importe, pour qu'elle bénéficie du régime de faveur que lui accorde la loi, qu'elle soit une véritable participation et non une société autre, offrant plus ou moins d'analogie avec elle et qui, ainsi qu'on sait, serait nulle pour inobservation des conditions et formalités imposées par la loi.

De là, la nécessité de veiller attentivement aux stipulations du pacte social, de les rédiger en parfaite connaissance de cause, et d'éviter soigneusement toutes celles qui feraient perdre au contrat son véritable caractère.

On ne saurait trop recommander l'attention en cette matière.

Car — est-il besoin de le rappeler ? — il importerait peu que les intéressés aient qualifié leur société d'association en participation, s'il résultait des conventions ou des faits eux-mêmes, qu'il s'agît en réalité d'une société commerciale autre : malgré cette qualification impropre, le contrat serait radicalement nul non seulement en tant que participation, mais également en tant qu'autre société pour inobservation des formalités prescrites par la loi. Ce qui pourrait avoir les plus graves conséquences ; sans parler des poursuites correctionnelles auxquelles les fondateurs pourraient, éventuellement, être exposés.

CHAPITRE II

CONSTITUTION DE L'ASSOCIATION EN PARTICIPATION

Sommaire. — Acte écrit facultatif, **1233.** — Preuve de l'association en participation à défaut d'acte écrit, **1234** et suiv. — Preuve de la dissolution de la participation, **1237.** — Modifications apportées au pacte social. Retraite d'un participant. Preuve, **1238.** — Dispense de publicité, **1239.** — Association en participation constituée entre époux. — Nullité, **1239-2.**

1233. — **Acte écrit facultatif.** — Il résulte des textes des articles 49 et 50 du code de commerce [1], qu'il n'est pas obligatoire que l'association en participation soit constatée par un acte écrit, l'existence de cette association, à défaut d'acte écrit, pouvant être prouvée par tous les moyens juridiquement admis.

Malgré les grandes facilités accordées pour cette preuve, il n'en résulte pas moins qu'il est toujours préférable et plus sûr, pour chacun des intéressés, de consigner par écrit les conventions intervenues et leurs modalités.

L'acte peut être dressé indifféremment en la forme authentique ou sous seing privé [2].

S'il est sous seing privé, il doit être rédigé en conformité de l'article 1325 du code civil, en autant d'originaux qu'il y a de parties ayant un intérêt distinct [3]. Au cas où l'acte serait rédigé en un seul exemplaire, il serait nul [4], mais ne serait cependant pas dénué de toute force probante ; il pourrait servir de commencement de preuve par écrit ou le juge pourrait en tenir compte à titre de présomption.

A noter que l'acte sous seing privé contenant constitution d'une

---

1. Voy. *suprà*, n° 1241.

2. Bien que l'acte authentique ne soit pas exigé, il est préférable de le dresser ainsi, dans le cas d'une association en participation constituée entre un successible et son auteur. Et ce, pour les raisons exposées *suprà*, n°ˢ 59 et suiv.

3. Plus un original destiné à rester au bureau de l'enregistrement (Art. 14, L. 29 juin 1918).

4. Car il s'agit d'un contrat « synallagmatique » (Voy. art. 1102, C. civ.).

association en participation doit être enregistré dans les trois mois de sa date (Art. 12, L. 29 juin 1918).

1234. — **Preuve de l'association en participation, à défaut d'acte écrit.** — Si elle n'est pas constatée par un acte écrit, l'association en participation peut l'être « conformément aux dispositions de l'article 109 » du code de commerce, dit l'article 50, nouveau.

Elle peut donc être prouvée [1] :

Par les livres des parties ;

Par la correspondance ;

Par une facture acceptée ;

Par la preuve testimoniale, dans le cas où le tribunal croit devoir l'admettre ;

Et, par le bordereau ou arrêté d'un agent de change ou courtier, dûment signé des parties.

Les livres de commerce font foi, même s'ils sont irréguliers, par exemple s'ils ne sont ni visés ni parafés (Cassation, 3 janvier 1860, *Dalloz*, 60, 1, 222).

Puis vient la correspondance échangée entre les parties et les présomptions fournies par les circonstances dans lesquelles cette correspondance s'est poursuivie (Cassation, 8 janvier 1906, *Dalloz*, 1906, 1, 263) [2].

La « facture acceptée » fait preuve. Cette acceptation peut être soit expresse, soit tacite, lorsqu'elle résulte des circonstances de la cause.

Enfin, la preuve par témoins, quand le tribunal croit devoir l'admettre, et qui peut être admise même en l'absence de tout commencement de preuve par écrit.

Il résulte en effet du dernier paragraphe de l'article 109 du code de commerce ainsi que du dernier alinéa de l'article 1341 du code civil que, en matière commerciale, — et par conséquent en cas de preuve de l'existence d'une association en participation, — la preuve par témoin est toujours admise, quel que soit le montant du litige.

Il en est de même des « présomptions de fait », lesquelles, d'après l'article 1353 du code civil [3] sont toujours recevables dans les cas

---

1 A défaut d'acte public vu sous-seing privé.

2. Cet arrêt décide que le juge peut faire résulter la preuve de la participation des passages de la correspondance qu'il reproduit dans sa sentence et des circonstances dans lesquelles cette correspondance s'est poursuivie.

3. L'article 1353 du code civil dispose que : « les présomptions qui ne sont point

où la preuve par témoins est admise; les tribunaux peuvent en puiser les éléments dans les faits et dans les circonstances dont l'appréciation leur appartient (*Not.* Cassation, 30 mai 1883, *Sirey*, 84, 1, 154, *Dalloz*, 84, 1, 292, — 3 janvier 1907, *Sirey*, 90, 1, 144, — 22 mars 1897, *Dalloz*, 97, 1, 356).

Enfin, dans les conditions du droit commun, l' « aveu » est également admissible comme preuve de l'existence d'une association en participation [1].

1235. — Jugé notamment :

En ce qui concerne les présomptions : que le tribunal peut, sur le fondement de simples présomptions, et par une appréciation souveraine des faits et documents de la cause, déduire de ces faits et documents l'existence d'un accord conclu entre les associés, le pouvoir de régler la proportion suivant laquelle les bénéfices seraient partagés (Cassation, 30 juillet 1877, *Sirey*, 77, 1, 473).

En ce qui concerne la preuve testimoniale :

Que les juges, en se fondant sur des témoignages, pour déclarer l'existence d'une association en participation, ne font qu'user d'un pouvoir souverain d'appréciation (Cassation, 29 avril 1890, *Dalloz*, 92, 1, 10);

Qu'en matière d'association en participation, la preuve testimoniale est admissible même de la part des tiers à l'effet d'établir non seulement l'existence de la société, mais encore que des opérations faites par l'un des participants ont eu lieu pour le compte même de l'association, et non pas pour le compte personnel de ce participant (Paris, 19 avril 1833, *Sirey*, 33, 2, 290).

Que, de même, on peut établir par toute espèce de moyens la part qui révient à chacun des coparticipants, et que les tribunaux jouissent à cet égard d'un pouvoir souverain d'appréciation (Cassation, 29 avril 1890, préc.).

« établies par la loi, sont abandonnées aux lumières et à la prudence du magistrat, « qui ne doit admettre que des présomptions graves, précises et concordantes, et « dans les cas seulement où la loi admet les preuves testimoniales, à moins que « l'acte ne soit attaqué pour cause de fraude ou de dol.

1. L'aveu judiciaire dit l'article 1356 du code civil est la déclaration que fait en justice la partie elle-même ou son mandataire régulier.

L'aveu fait pleine foi contre celui qui l'a fait.

Il ne peut être divisé contre lui.

Il ne peut être révoqué, sauf si l'on prouve qu'il a été la conséquence d'une erreur de fait. Mais il ne pourrait être révoqué sous prétexte d'une erreur de droit.

1236. — Jugé encore que la preuve de la participation peut résulter de ce que la personne assignée comme participant n'a pas dénié cette qualité devant le tribunal et a consenti à entrer en compte à l'occasion de cette participation (Colmar, 21 mai 1813).

1237. — PREUVE DE LA DISSOLUTION DE LA PARTICIPATION. — La dissolution d'une association en participation peut être prouvée par tous les mêmes genres de preuves que la loi admet pour constater son existence, c'est-à-dire, à défaut d'acte écrit, par la preuve par témoins ou à l'aide de simples présomptions, alors même que la société aurait été formée par acte sous seing privé (Cassation, 10 janvier 1831, *Sirey*, 32, 1, 207)[1].

1238. — **Modifications au pacte social. — Retraite d'un participant. — Preuve.** — Aucune modification ne peut être apportée aux statuts sans le concours de tous les coparticipants.

Dans le cas où une assemblée générale de ces derniers aurait été constituée elle ne pourrait décider de modifications à la majorité des voix que si ce droit lui avait été statutairement donné.

A défaut d'acte écrit, les divers modes de preuve au moyen desquels on peut établir l'existence d'une association en participation, ainsi que les conventions sous lesquelles elle a été formée (n°⁵ 1234 et suiv.) peuvent être également employés par les coparticipants aussi bien pour prouver les modifications par eux apportées à leur association que pour établir la retraite de l'un d'eux.

1239-1. — **Dispense de publicité.** — L'article 49 nouveau deuxième alinéa du code de Commerce dispose que les « associations « commerciales en participation ne sont pas sujettes aux formalités « prescrites pour les autres sociétés de commerce ».

Conséquemment, elles sont dispensées des formalités de publication.

Il est inutile de préciser, à cet égard, que non seulement il y a, ici, dispense de publication, mais encore qu'il est de l'intérêt des associés de s'abstenir de publier. En effet, le caractère de la participation est d'être « occulte », de n'exister qu'entre les participants, et de rester inconnue des tiers. Or, il est manifeste que ce caractère

---

1. La dissolution peut être également prouvée par la correspondance, par les livres des parties, des factures acquittées, des bordereaux d'agents de change ou de courtiers, — et par l'aveu (V. *supra*, n° 1234).

essentiel disparaîtrait si l'on effectuait les dépôts aux greffes et la
publication dans le journal d'annonces légales comme il est prescrit
pour tous les autres types de sociétés commerciales ; il en résulterait que, cessant d'être occulte, la participation, nulle *ipso facto* en
tant qu'association en participation, vaudrait soit comme société en
nom collectif, soit comme société en commandite, soit comme société
anonyme, suivant la nature des conventions intervenues, et que la
situation se trouverait considérablement modifiée de ce fait ; ce qui
pourrait avoir pour les intéressés de fort graves conséquences.

**1239-2. — Association en participation constituée entre
époux. — Nullité.** — L'association en participation formée entre
époux est entachée de nullité comme établissant entre eux une égalité incompatible avec l'exercice de la puissance maritale et de modifier leurs rapports d'intérêts au préjudice de l'immutabilité des
conventions matrimoniales [1].

Toutefois, cette nullité n'empêche pas, tant que l'association n'a
pas été annulée — quand, évidemment, elle avait un objet licite —
que cette association produise des rapports dont, en toute équité, il
doit être tenu compte.

1. Cassation, 27 juin 1894 (*Dalloz*, 95, 1, 166).

CHAPITRE III

RAPPORTS DES PARTICIPANTS ENTRE EUX

1240. — Apports. Absence de fonds social. — D'une manière générale, l'association en participation est soumise aux mêmes règles que toutes les sociétés, quant à sa formation.

C'est ainsi que, de même que chaque associé (en nom collectif ou commanditaire), chacun des participants est tenu de faire un « apport », et de garantir l'association contre toute éviction, quant aux biens dont se compose cet apport.

C'est ainsi que, de même encore que dans toutes les autres sociétés, un participant ne peut pas être entièrement affranchi des dettes de l'association [1] et, inversement, ne peut pas être attributaire de la totalité des bénéfices.

Mais ici, relativement aux apports, une importante dérogation est apportée aux principes qui régissent toutes les autres sociétés commerciales ; dans celles-ci, une réunion de tous les apports a lieu, et cette réunion constitue le « fond social » qui doit être exploité en commun et qui appartient non plus divisément aux différents appor-

---

1. *Not.* Cassation, 18 mai 1896, *Dalloz*, 97, 1, 249.

teurs, mais à la « personne morale» que constitue la société et dont
le patrimoine est absolument distinct de celui des associés. Rien de
semblable dans l'association en participation ; celle-ci n'a pas de personnalité juridique, partant point de personne morale (n°.1219) ; d'où
cette conséquence qu'il ne peut y avoir de capital social.

Et, en effet, il n'y en a pas ; en sorte que chaque participant conserve l'entière propriété des biens apportés par lui, sauf convention
contraire, ainsi qu'on va voir dans un instant (Nombr. déc. *Not.*
Cassation, 5 février 1901, *Dalloz*, 1902, 1, 41, — 7 mai 1902, *Dalloz*,
1902, 1, 286, Paris, — 15 mai 1914, *Journ. des Soc.* 1915, 198).

1241. — Jugé qu'il n'y a ni solidarité ni indivisibilité entre les
participants qui se sont engagés à fournir les capitaux nécessaires
pour le fonctionnement de la participation (Cassation, 8 juillet 1887,
Rev. des Soc. 1887, 467).

1242. — Jugé que le participant qui a acheté des marchandises
en son nom propre et avec ses deniers, pour le compte de la participation, reste seul propriétaire de ces marchandises, même s'il a
expédié celles-ci à ses coparticipants et si elles sont en leur possession ; que, par suite, en cas de faillite ou de liquidation judiciaire
des participants ou de celui d'entre eux qui détiendrait ces marchandises, le participant qui en est demeuré propriétaire pourrait les
revendiquer dans la faillite ou la liquidation et en exiger la restitution (Limoges, 2 mars 1892, *Dalloz*, 94, 2, 189, — Cassation, 5 février 1901, préc.).

1243. — **Risques.** — Chaque participant restant seul propriétaire
de son apport (ou des choses qu'il a acquises au cours de la participation) — à moins d'une convention de copropriété indivise ainsi
qu'il va être dit sous le numéro suivant — il s'ensuit que si le bien
apporté ou acquis vient à périr par cas fortuit, c'est, en principe cet
associé qui, seul, en supporte la perte : *res perit domino*. Toutefois,
il en serait autrement si cette perte procédait d'événements ou de
risques attachés aux opérations même en vue desquelles l'association
a été contractée ; dans ce cas, en effet, l'intention des parties est que
la perte entre dans le passif commun et soit ainsi répartie entre
tous (Poitiers, 8 déc. 1892, sous Cassation, 27 juin 1894, *Sirey et
Pand.*, 98, 1, 460 et *Dalloz*, 93, 2, 111).

1244. — Copropriété. — Indivision. — La participation est régie par les conventions intervenues entre les intéressés, et ceux-ci ont toute liberté (n° 1225) pour arrêter les conventions qu'ils jugent utiles.

Ils peuvent donc, par conséquent, déroger au principe de l'inexistence du fonds social, et stipuler que les apports seront la copropriété indivise de tous les participants ; de même pour les acquisitions faites au cours de l'association. Mais remarquons-le bien, il y a exclusivement dans ce cas une « indivision », puisque, ainsi qu'on sait, il ne peut y avoir de capital social. Et cette propriété commune n'aura pas d'existence vis-à-vis des tiers (Rennes, 4 janvier 1894, *Dalloz*, 94, 2, 120, *Rev. des Soc.* 1894, 299).

1245. — Cette convention peut être faite au moment même de la constitution de l'association ou postérieurement (Cassation, 27 juin 1894, *Dalloz*, 95, 1, 166).

Il n'est pas besoin qu'elle soit formellement exprimée, mais en raison de ce qu'elle déroge au droit commun, elle doit être prouvée (Cassation, 22 décembre 1874, *Dalloz*, 76, 1, 72).

1246. — Mais les biens ainsi mis en indivis n'appartiennent pas à la participation (laquelle ne peut posséder, ne constituant pas une personne morale) ; chacun des participants en reste propriétaire dans la proportion de ses droits. Ainsi, jugé que dans les associations en participation qui ont pour objet l'exploitation d'une chose commune, chaque participant conserve vis-à-vis de ses coparticipants, la part qui lui appartenait originairement, et qu'il y a seulement lieu à un compte de profits et pertes; de sorte que, malgré la faillite de l'associé gérant, ses coparticipants ont le droit, à l'encontre des créanciers de la faillite, de reprendre leur part dans la chose commune (ou dans son prix si elle a été vendue) sous déduction des sommes dont ils peuvent être débiteurs en raison des opérations de l'association (Bordeaux, 22 août 1860, *Sirey*, 61, 2, 49, — Dijon, 11 février 1874, *Dalloz*, 75, 2, 56).

1247.— Retard dans la livraison de l'apport. — Intérêts. — En cas de retard apporté par un participant dans la livraison de l'apport promis par lui, ce participant n'est pas — à moins de stipulation contraire dans les statuts — débiteur, de plein droit, des intérêts à partir du jour où l'apport devait être effectué. Ces intérêts ne commencent à courir que du jour de la mise en demeure qui lui est faite de livrer [1].

Il en serait de même pour les intérêts des sommes qu'un des associés se serait engagé à avancer pour les affaires de la participation.

On notera que le gérant a qualité pour contraindre chacun des participants à verser les sommes par lui promises (Aix, 16 mai 1868, *Dalloz*, 70, 2, 48).

1248. — Reprises des apports et des acquisitions. — Lorsqu'aucune copropriété n'a été créée par une clause expresse des statuts (n° 1243) et que, par conséquent, chaque participant reste propriétaire de ses apports, il reprend ceux-ci en nature lors de la dissolution de l'association, sauf règlement de comptes en ce qui concerne les bénéfices et les pertes de la participation (Nombr. déc. *Not.* Aix, 2 mai 1871, *Sirey*, 71, 2, 261, — Cassation, 27 juin 1894, *Sirey et Pand.*, 98, 1, 460).

Il en est de même quant aux biens qui sont acquis par les participants durant le cours de l'association ; l'associé qui les a acquis en demeure, en principe, propriétaire sauf, ici également, règlement ultérieur en ce qui concerne les profits et les pertes de la participation (*Not.* Poitiers, 22 décembre 1887, *Sirey*, 88, 2, 1).

En cas de copropriété, voir ce qui est dit *infrà* sous les n°ˢ 1303 et suivants.

1249. — Rapports des participants et du gérant. — Voir n°ˢ 1208 et suivants.

1250. — Modifications aux statuts. — Prorogation. — Preuve. — En ce qui concerne les modifications apportées aux statuts, voir ce qui a été dit précédemment sous le n° 1238.

De même que pour les modifications, le consentement de tous les participants est nécessaire lorsqu'il s'agit de proroger l'association.

Au surplus, la preuve des modifications, prorogation ou autres (lorsqu'elles ne sont pas constatées par écrit — ce qui est toujours une faute) s'établit par les mêmes moyens que la constitution même de la participation.

---

1. Sommation ou assignation. L'intérêt dû est évidemment celui du taux légal en matière commerciale.

1251. — Comptabilité. — Inventaires périodiques. — L'association en participation ne constituant pas un être moral distinct de la personnalité des associés ne peut donc évidemment pas avoir la qualité de commerçant et, par suite, n'est pas soumise aux obligations imposées par la loi aux commerçants, notamment à celle de tenir une comptabilité régulière.

Théoriquement donc, la comptabilité tenue par le gérant et les inventaires annuels dressés par lui devraient suffire ; mais, dans la pratique, il est toujours préférable — et toujours à recommander — qu'une comptabilité distincte soit tenue et que des inventaires distincts soient dressés pour l'association. Cette obligation concerne plus particulièrement le gérant.

1252. — Cession de ses droits par un participant. — L'adjonction d'un associé à l'association est une dérogation à la loi du contrat (dans les sociétés contractées *intuitu personæ*); c'est pourquoi, pour qu'elle puisse avoir lieu, il faut le consentement de tous les associés.

En vertu de ce principe, aucun participant ne peut céder en tout ou en partie ses droits dans l'association, à une tierce personne, qui, ainsi, prendrait sa place dans la participation, sans le consentement unanime de ses coparticipants ; le consentement de la majorité serait insuffisant.

1253. — Sous-participation. — Croupier. — Si, ainsi qu'on vient de voir, un participant ne peut sans l'assentiment de l'unanimité de ses coparticipants se substituer un tiers dans la participation, il a pleinement le droit, par contre, de, sans le consentement de quiconque, faire une cession totale ou partielle de sa part, dont les effets seront restreints entre lui et son cessionnaire. En d'autres termes, il peut s'associer un tiers relativement à la part qu'il a dans la société.

Ce cessionnaire ou sous-associé — suivant que la cession est totale ou partielle — est le « croupier » dont il a été question *suprà* n° 663 et suiv. et 677 et suiv.

Mais l'associé participant doit être réputé représenter valablement ses sous-associés ou croupiers dans tous les actes de gestion et d'administration jugés utiles ou nécessaires à la bonne conduite de l'entreprise. Par suite, le contrat de sous-participation ne peut, en dehors d'une stipulation spéciale et formelle, donner au sous-participant le droit d'exiger que le participant, son associé, lui rende compte des actes de gestion accomplis par la société ou par son gérant (Cassation, 8 juillet 1887, *Dalloz*, 1904, 5, 636).

En d'autres termes, les décisions et les comptes des participants sont opposables au croupier ; ils ne cesseraient de l'être que si ce dernier alléguait la mauvaise foi des participants (Même arrêt).

Enfin, cet arrêt décide encore que le sous-associé — pas plus d'ailleurs que le croupier — ne peut demander le remboursement de son capital avant que les comptes généraux et définitifs de la participation aient été apurés.

1254. — Répartition des bénéfices et des pertes. — Chacun des participants doit obligatoirement participer aux bénéfices [1] ce principe est à la base de tout contrat de société.

Les bénéfices réalisés par la participation et les pertes subies par elle sont répartis entre les participants de la manière stipulée aux statuts.

Lorsque ceux-ci ne déterminent pas la part de chaque participant dans les bénéfices ou dans les pertes, la part de chacun est en proportion de sa mise. Et si l'un n'a apporté que son industrie, sa part dans les bénéfices ou dans les pertes est réglée comme si sa mise avait été égale à celle du participant qui a le moins apporté.

Cette règle de droit commun est seulement applicable lorsque les mises sont fixées au moment de la formation de la participation. Lorsque, au contraire, les mises n'ont pas été convenues au moment de la constitution de la participation, qu'elles se sont composées de mises ultérieures successives, faites à la demande du gérant et suivant les besoins de la participation, les participants peuvent être considérés comme ayant une part égale dans les bénéfices, sans avoir égard au chiffre de leurs versements effectifs (Rennes, 29 avril 1881, sous Cassation 1er août 1883, *Dalloz*, 84, 1, 357).

Jugé [2] qu'on ne peut considérer comme attribuant à l'un des participants, pendant un temps indéfini, la totalité des bénéfices de l'association, le fait de s'engager à payer, sur ces bénéfices, les dettes de l'un des associés, alors qu'il n'est pas établi que les béné-

---

1. La participation peut être plus ou moins importante, sa quotité étant laissée à l'entière appréciation des parties. Mais elle doit être.

Et l'on notera qu'une participation dérisoire serait annulable, comme étant considérée comme inexistante en fait. De même que serait annulable la convention qui attribuerait la totalité des bénéfices à l'un des coparticipants.

2. Cassation, 8 janvier 1906 (*Dalloz*, 1906, 1, 262).

fices devaient être, avant toute répartition, affectés à ce paiement, et que les bénéfices annuels pouvaient dépasser dans une plus ou moins large mesure, les versements à faire annuellement.

1255. — Quand dans les statuts, les participants sont convenus de s'en rapporter à l'un d'eux ou à un tiers pour le règlement des parts, ce règlement ne peut être attaqué que s'il est contraire à l'équité.

Aucune réclamation n'est admise à ce sujet, s'il s'est écoulé plus de trois mois depuis que l'intéressé qui se prétend lésé a eu connaissance du règlement, ou si ce règlement a reçu de sa part un commencement d'exécution.

1256. — PERTES. — Les pertes sont supportées par les participants dans les proportions stipulées au pacte social.

A défaut de convention à cet égard, les pertes sont supportées par les intéressés dans les proportions dont ils profitent des bénéfices (Toulouse, 20 janvier 1898, *Gaz. Jur. du Midi*, 13 mars 1898, — Trib. civ. Seine, 25 juin 1912, *Rec. Gaz. des Trib.*, 1912, 2, 267).

On remarquera qu'en ce qui concerne les pertes, les parties ont toute liberté pour fixer entre eux la part qui sera supportée par chacun ; ainsi, ils peuvent convenir que la part d'un participant sera plus forte que celle des autres, — que la perte supportée par l'un d'eux ne pourra excéder (comme dans la commandite simple) le montant de sa mise — etc. Mais ils ne peuvent affranchir entièrement un ou plusieurs d'entre eux de toute contribution aux pertes, non plus que donner à l'un d'eux la totalité des bénéfices : l'association serait radicalement nulle ; car la participation aux pertes est, comme pour toutes les autres sociétés de l'essence même de l'association en participation [1].

1257. — **Epoques du partage des bénéfices et de la répartition des pertes.** — Les statuts règlent généralement — du moins quand la participation est formée pour une certaine durée — les

---

1. *Not.* Cassation, 18 novembre 1895, (*Dalloz*, 96, 1, 34).

A noter que lorsqu'un des participants se fait garantir par son coassocié le remboursement de sa mise, cette stipulation n'a pas pour effet de l'affranchir de la contribution aux pertes, mais simplement de le garantir contre l'insolvabilité personnelle de son coparticipant. Conséquemment, une telle clause est valable. (Cassation, 18 novembre 1895, *Dalloz*, 96, 1, 34).

époques auxquelles se feront le partage des bénéfices et la répartition des pertes.

A défaut de stipulation à ce sujet :

a) S'il s'agit d'une participation faite en vue d'une opération de
courte durée, ce n'est que lorsque cette opération est terminée que
doivent avoir lieu le partage des bénéfices et la répartition des pertes ;

b) S'il s'agit, au contraire, d'une participation formée en vue
d'une opération d'une certaine durée — ou d'une suite d'opérations,
— les participants ne sont pas astreints à en attendre la terminai-
son pour se faire compte de leurs profits ou de leurs pertes ; en ce
cas, la répartition peut être annuellement exigée (Voy. Rouen,
31 juillet 1845, *Dalloz*, 46, 2, 6).

D'ailleurs, dans tous les cas, les participants sont libres de stipuler, dans les statuts, la liquidation annuelle des opérations sociales
et la distribution des bénéfices pouvant résulter de chaque liquidation. Dans ce cas, les bénéfices perçus par les participants (de
même que par les croupiers) leur sont définitivement acquis (Cassation, 8 juillet 1887, *Dalloz*, 1904, 5, 630).

**1258. — Comment les participants sont tenus aux dettes
vis-à-vis du gérant.** — Sauf convention contraire, les participants
sont tenus personnellement et indéfiniment (c'est-à-dire sur tous
leurs biens) de leur part contributoire dans les pertes, envers le
gérant ; exception serait seulement faite en faveur de celui qui ne
serait tenu des pertes que jusqu'à concurrence de sa mise (n° 1256)
ou que jusqu'à concurrence d'une somme préfixée.

Ils sont donc tenus personnellement, mais ils ne le sont pas « solidairement » à moins d'une stipulation contraire formelle ou résultant
de l'ensemble des circonstances (Cassation, 8 juillet 1887, préc.).
V. numéro suivant.

D'après cet arrêt, l'obligation des participants ne présente pas le
caractère d'indivisibilité.

En ce qui concerne le cas de solidarité vis-à-vis des tiers, voir
n° 1286 et suiv.

1259. — Recours entre coparticipants. — Tout participant [1]
qui a déboursé des sommes pour le compte de la participation (par
exemple qui a désintéressé un créancier de celle-ci) ou qui, pour

---

1. Dans la pratique, c'est le plus généralement le gérant de la participation.

elle, a subi des pertes, a une action contre ses coparticipants en remboursement de ces sommes payées ou de ces pertes souffertes.

De même, il a action contre les autres associés, à raison des engagements qu'il a été amené à contracter pour le compte de la participation. Et ce, en vertu de l'article 1852 du Code civil, qui dispose qu'un associé a action contre la société « non seulement à raison des « sommes qu'il a déboursées pour elle, mais encore à raison des « obligations qu'il a contractées de bonne foi pour les affaires de la « société, et des risques inséparables de sa gestion ».

En raison de ce qu'il n'existe aucune solidarité entre les participants (Voy. numéro précédent), celui d'entre eux qui actionne les autres ne peut les poursuivre qu'individuellement et chacun pour la part seulement dont il est tenu dans les pertes. En cas d'insolvabilité d'un des associés, sa part contributoire se répartirait entre les solvables, chacun à concurrence de la portion à laquelle il est tenu dans les pertes.

Notons que si un participant n'était tenu aux pertes que jusqu'à concurrence de sa mise (n° 1256), l'action en recours ne pourrait être exercée contre lui qu'à concurrence seulement de ce montant; l'excédent se répartirait entre les autres dans la proportion qui vient d'être dite.

1260. — Liberté commerciale de chacun des participants. — Lorsque les statuts ne contiennent aucune interdiction à cet égard, les associés peuvent faire pour leur compte personnel, durant le cours de la participation, telles opérations de commerce qu'ils jugent bon.

Jugé notamment que le gérant d'une participation peut faire, personnellement, des opérations de même nature que celles faisant l'objet de l'association, à la condition que les affaires de la participation ne souffrent en rien du fait de ces opérations personnelles (Paris, 16 mai 1889, Rev. des Soc. 1890, 78).

Mais les participants devront éviter tous actes de concurrence déloyale envers leur association, car ce serait évidemment une violation du contrat de société, et de tels agissements constitueraient une cause de résiliation de l'association, aux torts et griefs de celui qui en serait l'auteur (Paris, 5 juillet 1899, Dalloz, 99, 2, 466). Et ce, indépendamment de la condamnation à dommages-intérêts qui pourrait être prononcée en réparation du préjudice causé par le fait de la concurrence.

1261. — Un participant peut-il être employé salarié de la participation ? — Rien ne s'oppose à ce qu'un associé soit employé appointé de la participation.

Ainsi, il peut être employé salarié du gérant et, comme tel, prendre part, sous la direction et la responsabilité de celui-ci à l'administration des affaires sociales. Ce fait ne modifie en rien sa propre situation juridique, contrairement à ce qu'il en serait en pareil cas s'il s'agissait d'un commanditaire.

1262. — **Prescription des actions entre participants.** — La prescription quinquennale de l'article 64 du code de commerce ne peut pas être opposée entre participants (Cassation, 22 mars 1905, *Sirey*, 1905, 1, 308).

La prescription à opposer est donc exclusivement celle du droit commun.

1263. — **Tribunal compétent pour connaître d'une demande en règlement de comptes entre coparticipants.** — Du fait que la participation n'a pas de siège social (n° 1220) il s'ensuit que l'associé qui assigne ses coparticipants en règlement de comptes, ne peut le faire que devant le tribunal du domicile de chacun de ceux-ci (Trib. de comm. Marseille, 21 novembre 1907, *Rec. jurid. Marseille*, 1908, 1, 102).

Toutefois, lorsqu'en fait les associés ont, pour la facilité de l'administration intérieure de la participation, constitué un siège social, c'est le tribunal dans le ressort duquel se trouve ce siège qui est compétent pour juger tous les différents entre associés (Trib. de com. Marseille, 18 octobre 1916, *Rec. Marseille*, 1919, 66, *Nouv. Rev. Synth.*, 1448).

1264. — **Un participant non gérant est-il commerçant ?** — La question est intéressante car, dans l'affirmative, c'est le tribunal de commerce qui, seul, est compétent en cas de contestations entre les participants.

Il semble difficile d'admettre qu'en entrant dans une association en participation, un associé non gérant ne fait pas « acte de commerce ». Mais là se borne sa qualité de commerçant eu égard à la participation ; aussi bien, ne peut-il pas être déclaré en faillite du fait des opérations de cette dernière.

1265. — Faillite. — Liquidation judiciaire. — L'association en participation ne constituant pas une « personne morale », comme on sait, ne peut être ni déclarée en faillite ni mise en liquidation judiciaire (*Not.* Rouen, 3 janvier 1898, *Journ. des Soc.* 1898, 344). Il ne peut y avoir lieu que de faillites individuelles des participants (Caen, 18 mai 1864, *Dalloz*, 66, 2, 35).

Par contre, l'associé qui s'est engagé envers les tiers peut être personnellement déclaré en faillite ou mis en liquidation judiciaire.

1266. — Rapports des participants et du gérant. — Non immixtion dans la gestion de la participation. — Le gérant est, ainsi qu'on le verra au chapitre suivant, le mandataire des participants. Il s'ensuit donc, par conséquent, que les participants non gérants ont, contre le gérant, les mêmes droits que tout mandant a contre son mandataire.

On a vu précédemment (n° 1261) qu'un associé non gérant peut être employé salarié de la participation et on verra sous le n° 1269 qu'un participant peut même être mandataire du gérant. Hors ces deux cas où l'associé n'agit pas en son propre nom, mais bien exclusivement au nom du gérant seul, les participants non gérants ne doivent pas s'immiscer dans la gestion. Pour leurs droits relativement à la surveillance de celle-ci, voir n° 1280.

Lorsqu'il a été stipulé dans les statuts d'une participation que le gérant ne pourrait effectuer aucune réalisation sans que tous les participants aient été préalablement consultés sur son opportunité, et sans que les prix aient été fixés d'un commun accord, doit être considérée comme irrégulière et sans valeur à l'égard des participants, la vente de toutes les marchandises faisant l'objet de la participation, faite par le gérant sans en avoir référé à ses co-participants. Ces derniers, par suite, sont fondés à s'opposer à ce que les résultats de cette opération entrent dans le compte de la participation (Cassation, 24 mars 1903, *Dalloz*, 1904, 1, 110).

1267. — Assemblées générales des participants. — Rien ne s'oppose à ce que les participants conviennent, dans les statuts, que des assemblées générales seront tenues, qui auront pouvoir de décider à la majorité sur les propositions intéressant la collectivité ou seulement sur certaines propositions déterminées (Voy. Seine, 19 octobre 1908, *Journ. des Soc.* 1910, 524).

C'est là un règlement d'organisation intérieure, inconnu des tiers, et qui, par conséquent, n'offre en lui-même rien d'illégal, ni de susceptible de faire perdre à l'association son caractère de participation.

L'organisation de telles assemblées présente un réel intérêt pratique, spécialement lorsque les participants sont nombreux[1].

---

1. Dans ce cas, il est d'une manière générale, très utile d'insérer une stipulation précisant les actes et résolutions qui pourront — à défaut d'unanimité — être prises à la majorité et, bien entendu, de fixer cette dernière.

CHAPITRE IV

ADMINISTRATION DE LA PARTICIPATION

1268. — Gestion. — Ainsi que dans toutes les sociétés, la gestion de la participation peut être confiée soit à chacun des participants, soit à quelques-uns, soit — c'est le mode le plus habituel — à un seul d'entre eux.

Peut-elle être confiée à un non-participant ? La Cour de cassation a décidé que oui (3 décembre 1890, *Dalloz*, 91, 1, 117, *Journ. des Soc.* 1891, 310) ; et cet arrêt ajoute que ce gérant étranger peut être spécialement chargé de contracter un emprunt pour le compte de la participation ; qu'en ce faisant, ce gérant n'oblige que ses mandants, et non lui-même, envers les tiers « s'il leur a fait connaître la nature et les conditions de ses pouvoirs ».

Nous estimons que cet arrêt (le seul en ce sens à notre connaissance) ne saurait être retenu. En effet, et ainsi qu'en décide fort justement un arrêt de la Cour de Paris du 27 janvier 1876 (*Dalloz*, 79, 2, 74) « le gérant doit agir en son nom personnel, sous peine de dénaturer la participation et de la transformer en société en nom collectif ». D'autre part, le caractère propre et essentiel de la participation est d'être « occulte », c'est-à-dire de ne pas exister, de ne pas avoir d'existence légale au regard des tiers. Or, dans le cas tranché par l'arrêt précité, du 3 décembre 1890, d'une part le gérant n'agit évidemment pas en son nom personnel, puisqu'il n'oblige « que ses mandants », et d'autre part, la participation perd son caractère occulte, puisque le gérant *doit* faire connaître aux tiers la nature et les conditions de ses pouvoirs.

Pourquoi nous estimons que le gérant ne peut être pris en dehors des participants.

1269. — Par contre, le gérant peut parfaitement nommer un mandataire (participant ou non) et le charger de diriger en ses lieu et place les affaires sociales.

Conformément au droit commun, ce mandataire ne s'oblige pas personnellement envers les tiers. Mais il a été jugé qu'il peut, dans certains cas, être considéré comme un mandataire « substitué » du gérant et, par suite, être poursuivi directement par les membres de la participation (Rouen, 31 mars 1874, *Dalloz*, 76, 2, 71). — Voy. *infrà*, n° 1261.

1270. — Mais le gérant peut être déclaré personnellement responsable des malversations dont son préposé infidèle s'est rendu coupable, et ce, quand il l'a conservé à son poste alors que des indélicatesses et des actes compromettants de ce préposé avaient dû l'édifier sur sa moralité (Cassation, 8 juillet 1887, *Sirey*, 89, 1, 252, *Dalloz*, 1904, 5, 636, *Rev. des Soc.* 1887, 467).

1271. — **Pouvoirs du gérant.** — Seul, le gérant de la participation est connu des tiers : c'est exclusivement lui qui, en son nom personnel, traite avec eux. A leur regard, il est le seul intéressé [1].

Ses pouvoirs pour l'administration des biens et des affaires sociales sont des plus étendus : étant considéré comme seul propriétaire par les tiers, il peut vendre, échanger, hypothéquer, donner en gage ou en nantissement les biens dépendant de la participation [2]. Il peut céder les créances de celle-ci ; si des effets sont souscrits au profit de la collectivité, il peut les transporter aux tiers par la voie de l'endossement.

Et quelque emploi qu'il fasse des sommes produites par ses négociations, les tiers n'ont aucune réclamation à craindre.

1272. — Toutefois, les participants qui ont la plus entière liberté pour régler entre eux les modalités de leur association, peuvent limiter les pouvoirs du gérant. Par exemple, ils peuvent convenir

---

1. Quant au regard de ses coparticipants, il agit évidemment pour leur compte proportionnellement à la part convenue de chacun d'eux, lorsqu'il se livre aux opérations qui font l'objet de l'association. D'où cette conséquence que chaque participant a qualité pour l'actionner en responsabilité lorsqu'il a compromis les intérêts dont il avait la charge, par faute lourde ou dol.

2. Mais il n'a pas le droit de, sans un pouvoir spécial, disposer des biens dont ses coparticipants ont conservé la propriété.

que celui-ci ne pourra aliéner certains biens de la participation sans l'assentiment préalable de tous ou de quelques-uns d'entre eux. Et ceux-ci, en cas de vente faite par le gérant en violation de cette stipulation, auraient le droit de s'opposer à ce que les résultats de la vente soient portés sur le compte de la participation (Voy. Cassation, 24 mars 1903, *Dalloz*, 1904, 1, 110).

En ce faisant, le gérant excède ses pouvoirs et engage sa responsabilité vis-à-vis de ses coparticipants ; à ce point que chacun d'eux peut même avoir une action en dommages-intérêts contre lui, le cas échéant.

Le gérant n'est autre que le mandataire de ses coassociés, quant à leurs rapports entre eux. De là, cette conséquence qu'il est tenu, à leur égard, de toutes les obligations du mandataire, et qu'il est responsable envers chacun d'eux de sa « faute » et de son « dol ». De même que le mandataire il est tenu d'apporter tous ses soins à la mission qu'on lui a confiée.

En ce qui concerne les obligations incombant au mandataire, voir les articles 1991 et suivants du code civil, rapportés en fin de l'ouvrage.

1273. — Le caractère de la participation étant de n'avoir pas d'existence légale au regard des tiers, c'est nécessairement au gérant seul qu'il appartient de contracter, et aussi de disposer des biens de la participation ; en effet, vis-à-vis des tiers, il en est le propriétaire exclusif.

On voit par là que le système de la participation repose sur la grande confiance qu'ont les associés dans le gérant, qui, seul est maître de ses destinées.

1274. — Nomination. Révocation. Démission du gérant. — De ce que le gérant est le mandataire des participants, découle encore cette conséquence qu'à moins de stipulations contraires dans les statuts, la nomination du gérant, sa révocation et sa démission sont régies par les mêmes règles que la nomination, la révocation et la démission du mandataire ordinaire.

Voir à cet égard, en fin de l'ouvrage, les articles 1985, 1991 et suiv. et 2003 du code civil.

La révocation du gérant ne peut être prononcée que s'il y a cause légitime, dol ou faute lourde, par exemple [1]. En ce cas, à moins de

---

[1]. Pour être recevable, la demande en révocation du gérant doit être faite par tous ses coparticipants.

convention contraire dans le pacte social, la révocation entraîne dissolution de la participation.

Les pouvoirs du gérant expirent avec la cause dont ils dérivent. Quand l'opération qui faisait l'objet de la participation est terminée, que les dettes envers les tiers sont acquittées, les pouvoirs du gérant cessent. Si la participation a pour objet une branche d'opérations, les pouvoirs du gérant n'expirent qu'avec l'association même.

1275. — Faillite du gérant. — La faillite du gérant entraîne *ipso facto* la dissolution de la participation.

1276. — Signature. — Il n'y a pas de signature sociale, on le sait, (n° 1220) dans la participation.

Conséquemment, en traitant pour le compte de l'association, le gérant ne peut faire usage que de sa propre signature.

1277. — Pluralité de gérants. — Si plusieurs gérants sont nommés par les participants, il est essentiel que l'administration de chacun d'eux soit limitée à une partie distincte des opérations qui font l'objet de l'association, afin qu'en ce qui concerne cette série d'opérations elle seule soit connue des tiers.

Mais rien ne s'oppose à ce que plusieurs participants agissent « conjointement » comme gérants vis-à-vis des tiers. Dans ce cas, et sauf convention contraire dans les statuts, ils sont solidairement responsables envers leurs coparticipants quant à ces opérations.

1278. — Traitement. — Bien qu'en principe les fonctions de gérant d'une participation soient gratuites, il est d'usage d'allouer une rémunération au gérant. Il est sage de, dans les statuts mêmes, en déterminer le montant.

A défaut de stipulation à ce sujet — et sauf dans le cas où il résulte des circonstances que les participants ont entendu ne rien lui attribuer en dehors de sa part dans les bénéfices, — il appartient au tribunal d'en fixer le chiffre quand les intéressés ne l'ont pas fixé eux-mêmes (Rennes, 29 avril 1881, sous Cassation, 1er août 1883, *Sirey*, 86, 1, 20, *Dalloz*, 84, 1, 357).

1279. — Remarques. — Le gérant peut, en l'absence de toute interdiction, faire pour son propre compte et en son nom personnel des affaires de même nature que celles qu'il a mission de faire pour le compte de la participation (n°ˢ 1260 et suiv.).

Il a qualité pour contraindre ses coparticipants à faire le versement des sommes par eux promises.

Jugé qu'il jouit également d'une action contre eux pour les obliger à verser les fonds nécessaires à l'entreprise (Aix, 16 mai 1868, *Dalloz*, 70, 2, 48).

Enfin, rappelons que s'il veut s'éviter de grandes difficultés, il doit — sans qu'aucune obligation lui soit cependant imposée à ce sujet (n° 1251) — tenir une comptabilité particulière pour les opérations et affaires de la participation.

1280. — Rapports des participants et du gérant. — Voir n° 1266. Les participants non gérants ont le droit de surveiller l'administration du gérant. En principe, et à moins de convention contraire, ils ne peuvent s'opposer aux opérations du gérant.

1281. — Reddition des comptes par le gérant. — Comme tout mandataire, le gérant est tenu de rendre des comptes à ses coparticipants, à l'expiration de ses fonctions. Il doit leur rendre compte des opérations qu'il a faites pour la collectivité et partager avec eux les bénéfices qui en peuvent résulter. De leur côté, ses coparticipants sont obligés de contribuer aux pertes qu'il a pu subir.

Ces comptes doivent permettre de pouvoir examiner la gestion, et les pièces justificatives à l'appui doivent être soumises aux intéressés.

En vertu du droit qu'ont tous les participants de surveiller la gestion, chacun d'eux peut demander au cours de la participation, que des comptes lui soient fournis sur les opérations sociales terminées et sur celles en cours (Paris, 13 mars 1912, *Journ. des Soc.* 1913, 428, *Gaz. du Pal.* 14 juin 1912). On notera que cet arrêt décide qu'à cet égard on ne saurait opposer, au coparticipant qui exige des comptes, une stipulation du pacte social d'après laquelle l'acceptation des comptes par un comité est obligatoire pour tous les associés.

1282. — Responsabilité. — Le gérant est responsable de sa gestion. Il répond envers ses coparticipants de son dol et de ses fautes lourdes. Et ses coassociés ont à cet égard une action individuelle contre lui

En outre, il est responsable de ceux qu'il se substitue dans ses fonctions (n° 1270).

A noter que, commettrait un abus de confiance le gérant qui emploierait des sommes encaissées par lui en sa qualité à d'autres besoins que ceux de la participation, ou qui emploierait à son profit des capitaux appartenant à cette dernière (Cassation, 4 juin 1886, *Rev. des Soc.* 86, 451).

CHAPITRE V

RAPPORTS DES PARTICIPANTS AVEC LES TIERS

Actions judiciaires

Sommaire. — Engagements. — Actions des créanciers de la participation, **1283** et suiv. — Remarque. Tribunal compétent, **1288**. — Actions de la participation contre les tiers, **1289**. — Droits des créanciers personnels des participants, **1290** et suiv.

1283. — **Engagements. Actions des créanciers de la participation.** — Etant donné que, ainsi qu'on l'a vu sous les chapitres précédents, l'association en participation ne constitue pas une « personne morale » et que, par suite, il n'y a pas de capital social étant donné qu'elle est essentiellement occulte autrement dit qu'elle n'existe pas au regard des tiers, lesquels ne connaissent que le gérant qui traite seul avec eux et en son nom personnel et comme seul propriétaire, il s'ensuit qu'il n'y a pas, qu'il ne peut pas y avoir de créanciers sociaux.

En effet, quand ils ont contracté avec le gérant de la participation, un simple lien individuel s'est formé entre eux : il ne s'est créé aucun lien social. En sorte que les créanciers (tiers envers lesquels le gérant s'est obligé, — et s'est obligé seul) n'ont aucun droit sur les biens de la participation, laquelle n'est pas leur débitrice ; ils n'en ont que contre celui avec lequel ils ont traité et sur ses biens : le gérant.

D'où cette conséquence que, de même que les créanciers personnels du gérant, ils ne peuvent poursuivre que celui-ci et sur ses biens personnels, aussi bien sur ceux qu'il a mis de la participation que sur les autres. Et, ainsi, ils ne peuvent que venir en concurrence avec les créanciers personnels du gérant et ses coparticipants (Nombr. déc. *Not.* Orléans, 11 août 1885, *Rev. des Soc.* 86, 20, — Seine, 24 décembre 1890, *Ibid.* 91, 273).

1284. — Un arrêt a décidé que les créanciers ont cependant, sur les bénéfices de la participation, un droit de préférence à l'encontre des coparticipants (Cassation, 17 août 1864, *Dalloz*, 65, 1, 302, *Sirey*, 65, 1, 183). Toutefois cette décision est, selon nous, justement critiquée.

1285. — Les tiers n'ont donc (sauf dans les deux cas dont il va être question sous les numéros suivants) aucune action directe contre les participants qui n'ont pas traité avec eux et qui n'ont, conséquemment, contracté personnellement aucune obligation, aucun engagement envers eux, mais à la condition, évidemment, qu'ils n'aient pas ratifié l'engagement du gérant (Nombr. déc. *Not.* Rennes, 4 mars 1880, *Dalloz*, 81, 2, 110, *Sirey*, 81, 2, 265, Cassation, 31 juillet 1893, *Dalloz*, 94, 1, 261). Car les participants ne sont aucunnement solidaires avec le gérant des obligations qu'il a contractées[1].

1286. — Toutefois, le participant qui se serait immiscé dans la gestion ou qui, par ses agissements, aurait trompé les tiers, sur la nature de l'association ou leur aurait donné de justes motifs de croire qu'il garantissait l'engagement contracté par le gérant serait tenu solidairement avec celui-ci vis-à-vis des tiers, quant à cet engagement et, comme tel, pourrait être l'objet de poursuites directes de la part de ces créanciers (Cassation, 3 décembre 1890, *Dalloz*, 94, 1, 117, *Sirey*, 94, 1, 389).

Décidé que, dans une association en participation qui est connue de l'acheteur, le coassocié qui, pour une vente, a engagé régulièrement son coparticipant de son plein consentement, doit être obligé à exécuter directement le marché et, si le second associé a seul à sa disposition les marchandises vendues, il est tenu solidairement avec le premier à l'exécution de ce marché et doit relever ce dernier de toute condamnation prononcée contre lui (Cassation, 31 mai 1921, *Gaz. des Trib.*, 8 juin 1921).

Les participants seraient encore solidairement obligés entre eux à l'égard des tiers, quant aux dettes contractées par eux tous dans l'intérêt de l'association (*Not.* Poitiers, 13 juillet 1894, *Dalloz*, suppl. n° 2069).

---

1. Houpin et Bosvieux, t. I, n° 804, loc. cit.
2. Les tiers qui ont contracté avec l'un des participants, dont ils sont demeurés créanciers, n'ont aucun compte à demander de leur chef aux autres participants ; conséquemment, ils ne peuvent prétendre à une action directe et a *fortiori* à une action solidaire contre ces derniers et cela, alors même que ceux-ci auraient profité de l'opération (*Not.* Cassation, 30 mars 1885, *Dalloz*, 86, 1, 140).

Enfin, il y aurait également solidarité si une clause expresse la stipulait.

1287. — Il est encore un cas où tous les participants seraient solidairement tenus avec le gérant des engagements contractés par lui dans l'intérêt commun : c'est lorsque l'association originairement viciée dans son caractère, constituerait non pas une participation mais bien une société en nom collectif. Dans ce cas, chacun d'eux serait personnellement et indéfiniment tenu des dettes et engagements sociaux.

1288. Remarque. — Étant donné qu'il n'y a pas de siège social dans une association en participation, c'est devant la juridiction compétente du domicile du gérant que les tiers doivent exclusivement actionner ce dernier.

En cas de solidarité des participants, l'action peut être portée devant le tribunal compétent du domicile de l'un d'eux.

1289. — **Actions de la participation contre les tiers.** — De même que les participants ne peuvent être directement actionnés par les tiers avec lesquels ils n'ont pas traité (*supra*, n° 1283 et 1285), de même, et pour les mêmes motifs, ils ne peuvent actionner les tiers qui ont exclusivement traité avec le gérant. C'est ce dernier, seul, qui a qualité pour actionner les personnes qui seraient débitrices de la participation (Voy. Paris, 16 juin 1910, *Journ. des Soc.*, 1911, 429).

1290. — **Droits des créanciers personnels des participants.** — Les créanciers personnels des participants peuvent évidemment, cela va sans dire, poursuivre leurs débiteurs sur tous les biens possédés par ceux-ci en dehors de la participation.

Ils peuvent également les poursuivre sur les biens apportés par eux à celle-ci, lorsque, par une clause expresse des statuts, ils en ont conservé la propriété, ainsi que sur ceux dont ils se sont personnellement rendus acquéreurs durant la participation et dont ils sont propriétaires ; dans ce dernier cas, aucune revendication ne peut être faite par les coparticipants (Poitiers, 22 décembre 1887, *Sirey*, 88, 2, 1).

1291. — En outre, les créanciers d'un participant sont recevables à agir contre ses coparticipants, en faisant valoir les droits de leur débiteur, conformément aux dispositions de l'article 1166 du code civil [1].

Et pour ce faire, point n'est besoin qu'ils soient porteurs d'un titre exécutoire (Cassation, 8 juillet 1901, *Dalloz*, 1901, 1, 498).

---

1. Cet article stipule que « les créanciers peuvent exercer tous les droits et actions de leur débiteur à l'exclusion de ceux qui sont exclusivement attachés à la personne ».

CHAPITRE VI

DISSOLUTION DE LA PARTICIPATION

Liquidation

Sommaire. — Causes de dissolution de l'association en participation, **1292** et suiv. — Tribunal compétent pour connaître de la demande en dissolution introduite par un participant, **1295**. — Liquidation de la participation, **1296** et suiv. — Etablissement et approbation des comptes, **1301**. — Partage, **1302** et suiv. — *Quitus* au liquidateur, **1306**.

1292. — Causes de dissolution de l'association en participation. — Sauf les cas particuliers de dissolution que les parties ont toute liberté de fixer dans les statuts, l'association en participation se dissout pour les mêmes causes que les sociétés en nom collectif (n° 1026) et les sociétés en commandite simple [1].

En outre, elle peut être dissoute, s'il y a de « justes motifs » (art. 1871, C. civ.). Voir à cet égard ce qui a été dit sous les n° 1027 et suivants.

Enfin, elle peut également être dissoute du consentement de *tous* les associés.

Ne constitue pas un dissentiment grave survenu entre associés, dans une association en participation le fait que l'un d'eux s'est adressé à justice pour faire nommer un mandataire afin de contrôler la comptabilité sociale, lorsque ses coassociés gérants ont systématiquement refusé de lui fournir les comptes.

Il y a là, de sa part, le simple exercice d'un droit qui est insuffi-

---

1. Jugé que l'association en participation constituée soit pour une seule entreprise, soit pour une suite d'entreprises successives, cesse d'exister, par le fait même que l'entreprise est terminée, sans qu'il soit nécessaire de rechercher d'autres causes de dissolution.

Que dans le cas d'un associé qui a apporté sa collaboration, l'association cesse d'exister, du fait même que cet associé ne peut plus donner sa collaboration alors même que ce serait par suite d'une cause de force majeure et contrairement à sa volonté; il en serait ainsi, par exemple, pour cause de mobilisation (Lyon, 19 mars 1920, *Gaz. Jud. de Lyon*, 2 mars 1921).

sant pour justifier la dissolution de l'association pour-dissentiments graves entre associés [1].

1293. — Lorsque l'association a été contractée sans aucune limitation de durée, l'article 1869 du code civil (qui prévoit la dissolution de la société par la volonté d'un seul des intéressés) est applicable.

Il a été jugé (Douai, 28 juillet 1906) que lorsque la volonté manifestée par l'un des participants de ne plus demeurer en société ne peut être arguée ni de mauvaise foi ni d'intempestivité, cette manifestation de volonté suffit pour entraîner la dissolution (*Dalloz*, 1908, 5, 13).

Toutefois, et ceci est à retenir, — le droit de, dans ce cas, demander la dissolution de la participation, ne pourrait plus être exercé, si, dans les statuts, une clause avait expressément réservé à chacun des participants, le droit, soit de se retirer de la société, soit de céder son intérêt dans celle-ci. Une telle stipulation a, pour conséquence, d'interdire aux participants de demander la dissolution de l'association, — sauf, évidemment, dans le cas où il existerait de justes motifs [2].

1294. — La mort d'un des participants ne met pas fin (à moins de stipulation contraire expresse) à la participation, quoique la continuation de l'association entre les survivants ne soit pas expresse, si la nature de la convention, le but et l'objet que s'étaient proposés les associés, excluent formellement que le décès de l'un d'entre eux doive avoir pour conséquence inévitable la dissolution de la participation.

En ce cas, il en résulte, pour chacun, un engagement de continuer l'association pendant la durée fixée, engagement qui constitue un droit ou une charge auxquels les héritiers majeurs et mineurs, sans distinction, succèdent (Cassation, 23 octobre 1906, *Dalloz*, 1907, 1, 43).

1295. — **Tribunal compétent pour connaître de la demande en dissolution introduite par un participant.** — Si, dans les statuts, les associés ont fait une élection de domicile attributive de juridiction, c'est exclusivement devant le tribunal de ce

---

1. Trib. de com. Seine, 25 mai 1917, *Gaz. du Pal.*, 1917, 804, *Nouv. Rev. Synth.*, 1144.

2. *Sic* Rennes, 4 janvier 1894 (*Dalloz*, 94, 2, 120).

domicile que la demande en dissolution formée par un participant, doit être introduite [1].

Dans le cas contraire, la demande doit être portée devant le tribunal du domicile du coparticipant (s'il n'y en a qu'un) ou devant le tribunal du domicile de l'un d'entre eux, — lorsqu'il y en a plusieurs.

1296. — Liquidation de la participation. — En raison de ce que l'association en participation ne constitue pas une personnalité juridique, c'est-à-dire une personnalité distincte de celles des associés qui la composent, et n'a pas, par suite, de capital personnel, il n'y a pas lieu, à l'époque de la dissolution, à liquidation dans le sens propre du terme ; il y a lieu à un simple « règlement de comptes » entre les participants.

L'appellation de « liquidateurs » appliquée à celui qui a reçu mission de procéder à ce règlement de comptes est donc impropre. Il s'agit plus exactement là d'une sorte d' « expert ».

Cet expert, qui se trouve pratiquement être le plus souvent le gérant, est généralement désigné pour cette fonction dans les statuts mêmes qui contiennent également des pouvoirs à lui conférés à cet égard. Mais rien ne s'oppose à ce qu'il le soit dans un acte postérieur. A défaut par les participants de se mettre d'accord quant à son choix, l'expert devrait être nommé par le tribunal de commerce.

1297. — L'expert-liquidateur est un simple mandataire ; sa mission consiste à établir les comptes entre les participants et à effectuer entre eux le partage des bénéfices, ou à leur répartir la proportion dans les pertes que chacun d'eux doit supporter.

Il ne peut agir en justice qu'en son nom seul (*Not.* Cassation, 10 décembre 1895, *Dalloz*, 96, 1, 20) ne pouvant agir au nom d'une société qui, on le sait, n'existe pas au regard des tiers [2]. Pour ce même motif la liquidation n'a lieu qu'à l'égard des participants et ne saurait avoir d'effets à l'égard des tiers.

Ses autres pouvoirs, à défaut d'indication spéciale, sont les mêmes

---

1. *Sic* Trib. de comm. Marseille, 18 octobre 1916, *Rec. Marseille*, 1919, 66, *Nouv. Reu. Synth.*, 1448.

2. Mais il est bien évident que si le liquidateur avait reçu un mandat spécial des participants à cet effet, il pourrait agir contre des tiers non plus alors en son nom seul mais au nom et pour le compte de tous.

que ceux des liquidateurs des autres sociétés commerciales [1] ; mais en tant, évidemment, qu'ils s'appliquent à l'association en participation, car il est manifeste que le liquidateur ne saurait avoir plus de pouvoirs que n'en avaient les participants eux-mêmes.

1298. — En résumé, le rôle du liquidateur consiste à déterminer la situation exacte des participants, de manière à mettre à même ceux au profit desquels résulterait un droit de créance, de poursuivre contre les coparticipants l'exécution du contrat (Paris, 11 juin 1885, *Rec. des Soc.* 1885, 683).

1299. — Jugé que l'expert chargé du règlement des comptes entre les participants doit faire état des valeurs ainsi que de la clientèle de l'entreprise commerciale, faisant l'objet de l'association (Rennes, 4 janvier 1894, *Dalloz*, 94, 2, 120).

1300. — Jugé que lorsque la dissolution d'une association en participation survient par la faillite d'un des participants, son coparticipant n'est pas qualifié pour procéder à la liquidation en l'absence d'un mandat du syndic de faillite, ou du tribunal (Cassation, 18 avril 1893, *Dalloz*, 93, 1, 423).

1301. — **Etablissement et approbation des comptes.** — L'établissement des comptes est le travail préliminaire et indispensable au partage subséquent entre les participants. Il doit donc nécessairement précéder le partage, de même que l'approbation des comptes.

On notera qu'en vertu de l'article 541 du code de procédure civile, la révision du compte établi par l'expert ne pourrait être obtenue que si elle était basée sur des erreurs purement matérielles (omissions, doubles emplois, etc.) (Poitiers, 8 décembre 1892, *Dalloz*, 93, 1, 111).

1302. Partage. — Les règles ordinaires observées en matière de partage des sociétés commerciales — et ce sont les mêmes que

---

1. Jugé, par exemple, que le liquidateur a tous pouvoirs pour réaliser l'actif et acquitter le passif (Paris, 16 mai 1889, *Rev. des Soc.* 1890, 78).

Egalement, il semble conforme à la logique d'admettre (malgré une décision contraire de la Cour de Bordeaux, 8 juillet 1889, *Rec. de Bordeaux*, 1889, 1, 516) qu'il a le pouvoir de poursuivre en paiement les participants qui restent devoir des sommes à la participation.

celles fixées en matière de partage de successions — sont également applicables à celui des associations en participation.

Mais, ici, certaines remarques sont à faire, qui sont étrangères au partage de sociétés (n°s 1304 et suiv.).

1303. — Rappelons tout d'abord que le partage doit être effectué de la manière et dans les proportions respectives que les parties ont stipulées aux statuts.

A défaut de convention sur ce point, le partage se fait en proportion des *apports*.

S'il existe des immeubles indivis on doit, si ainsi faire se peut, les partager en nature ; dans le cas contraire, leur licitation s'impose (Art. 827, C. civ.).

Quand la liquidation de l'association en participation entre deux associés se fait à perte, il y a lieu, en l'absence de fonds communs, uniquement de répartir le passif net entre les associés [1].

1304. — Lorsque la participation ne comporte pas d'indivision (n° 1244) autrement dit lorsque chaque participant n'a fait apport que de la « jouissance » seulement de ses biens, le partage ne comprend que les bénéfices réalisés, ou les pertes souffertes, et chacun des associés reprend son bien, dont la propriété lui est demeurée [2].

Lorsque, au contraire, la participation comporte des biens communs, des biens indivis [3] ces biens doivent être partagés en nature, en cas de possibilité (numéro précédent) sinon licités, pour le prix, en être partagé entre les participants, en proportion de leurs droits respectifs.

1305. — Ne peuvent entrer dans le partage de la participation que les bénéfices effectivement réalisés. Ceux à provenir d'opérations non encore terminées ne peuvent y figurer. De même pour ceux qui ne sont pas réalisés à titre définitif (par exemple : en cas

---

1. Trib. civ., Vervins, 31 juillet 1902, *Dalloz*, 1903, 2, 425.

2. Jugé que si la perte de la chose mise en participation est supportée par l'associé qui en est propriétaire, lorsqu'elle provient d'un cas fortuit ou d'un fait étranger à la négociation, il en est autrement lorsqu'elle procède d'événements ou de risques attachés aux opérations mêmes pour lesquelles la participation a été formée : qu'en pareil cas, la perte doit être comprise dans le passif commun et qu'elle doit, par suite, se répartir entre les participants (Poitiers, 8 décembre 1892, préc.).

3. Par exemple lorsque des biens ont été acquis pour le compte de la participation, durant le cours de celle-ci, ou lorsque l'un ou plusieurs des associés ont apporté des biens en propriété.

de créance litigieuse contre un tiers) ils ne peuvent y figurer. Sauf
pour eux à faire l'objet d'un partage complémentaire, après leur
réalisation définitive.

A l'inverse, chacun des participants doit supporter, s'il échet,
une part des pertes que les opérations non encore terminées au
moment du partage pourraient laisser.

1306. — *Quitus* au liquidateur. — Pour sa sécurité, et afin
de se prémunir contre toutes réclamations et contestations ultérieures, il est à recommander à l'expert-liquidateur de, toujours, exiger que les participants auxquels il produit son compte approuvent
expressément celui-ci et lui donnent décharge.

Au cas où l'un ou plusieurs des associés s'y refuseraient, le liquidateur aurait la ressource de les assigner devant le tribunal de commerce aux fins d'obtention de son *quitus*.

CHAPITRE VII

FORMULES

1307. — **Formule de contrat d'association en participation.**
— (Voir la remarque insérée au début du n° 1044).

Entre les soussignés :

M. A... (*prénoms, nom, profession et domicile*).

D'une part,

Et M. B... (*Idem*)

D'autre part,

Il a été convenu et arrêté ce qui suit :

Article premier

Il est formé, entre les soussignés, une association en participation ayant pour objet l'exploitation de... [1-2-3].

1. *Par exemple :*
... d'un fonds de commerce de..., sis à..., rue..., n°... appartenant à M. A...
Ou :... d'une usine de..., située à..., dont M. A... est propriétaire.

2. *Ou bien :*

Il a été convenu et arrêté ce qui suit :

M. A... étant titulaire d'un brevet d'invention relatif à... brevet délivré à... le... n°... (et d'un certificat d'addition audit brevet, délivré le...), dans le but de poursuivre la mise au point de la fabrication en série dudit appareil et son exploitation commerciale, a convenu avec M. B..., de former entre eux une association en participation sous les conditions suivantes :

Article premier

Il est formé, entre les soussignés, une association en participation, etc... (*Le surplus, comme en la formule ci-dessus*).

3. Voir, pour l'objet de la participation, n°ˢ 78 et suivants.

Article 2

Cette association, qui devra toujours demeurer inconnue des tiers est faite pour une durée de... années à compter du [1]...

Article 3

M. A... aura la direction exclusive de son entreprise. En conséquence, il s'occupera seul de l'achat et de la vente des marchandises [1-1].

Article 4

Afin de servir de base pour la répartition des bénéfices annuels, il a été dressé à la date de ce jour [1] un inventaire de l'actif et du passif de l'établissement de M. A...

De cet inventaire, il résulte qu'il existe à ladite date un actif net de... francs.

Article 5

M. B... a présentement versé entre les mains de M. A..., une somme de... francs [1] qui sera employée d'accord entre les soussignés [1].

1. S'il y a lieu :

Article...

Un domicile commun, pour l'administration intérieure de la participation, est fixé par les soussignés à..., rue... n°...

Le gérant pourra, à toute époque, transférer ce domicile dans tout autre endroit (ou :... dans tout autre endroit de la même ville) à charge par lui d'en aviser tous les participants, dans la... (par exemple), huitaine par lettres recommandées.)

2. Ou, s'il s'agit de fabrication :

M. A... aura la direction exclusive de son usine. En conséquence, il s'occupera seul des achats de matières premières, de la fabrication et de la vente des produits.

3. Ou encore :

M. A... continuera de gérer seul son établissement en son nom personnel. Par suite, tous traités, marchés, effets et billets seront passés, souscrits et signés par M. A..., seul et ce, pour son compte et en son nom seul, en sorte que M. B... ne puisse être aucunement engagé à cet égard envers les tiers.

En conséquence, M. A..., devra consacrer tout son temps et donner tous ses soins aux affaires de l'association.

4. Ou : ... il sera dressé le... prochain un inventaire de l'actif et du passif, etc...

5. Ou :

M. A... devra verser le... prochain, jour où l'inventaire ci-dessus prévu sera dressé, une somme de..., etc.

6. Ou bien :

M. B... s'oblige à verser, entre les mains de M. A..., une somme de... francs, en espèces, et ce, au fur et à mesure des besoins de la participation, sur simple demande de M. A...

Article 6

La somme représentant l'actif net de M. A... et celle de... francs, versée par M. B... à titre d'apport, produiront au profit respectif des participants et à compter de ce jour, des intérêts aux taux de... pour cent par an, qui seront portés aux frais généraux de la participation [1].

Article 7

M. A..., aura droit, en sa qualité de gérant de la participation, à un traitement fixe de... francs par mois qui sera porté aux frais généraux de l'association [3].

Article 8

Chaque année le..., il sera procédé à l'inventaire de l'établissement faisant l'objet de la présente association [4].

Article 9

Tout ce qui, dans chaque inventaire annuel, excédera la somme de... francs [5], constituera, sous déduction des frais généraux et des charges sociales, les bénéfices de l'exercice.

S'il y avait déficit, le montant de celui-ci constituerait la perte.

Les bénéfices seront répartis dans la proportion suivante :

... Pour cent à M. A...

Et... pour cent à M. B...

Les pertes, s'il y en avait, seraient supportées dans la même proportion [6].

1. *Quand l'inventaire est dressé le jour même du contrat, rédiger ainsi* : La somme représentant l'actif net de M. A..., soit... francs, et celle de... etc.

2. *Lorsque les versements de l'apport en espèces n'ont lieu qu'au fur et à mesure des besoins de l'association, rédiger ainsi* :

... Produiront au profit respectif des participants et à compter du jour du versement effectif de leurs apports, des intérêts au taux de... etc.

3. *S'il y a lieu* :

Etant entendu que M. B... participera à la gestion à titre d'employé de l'association. Il sera plus particulièrement chargé de... (*par exemple* : la tenue des livres comptables, la correspondance commerciale et, d'une manière générale, de tous les services administratifs de l'exploitation).

Sa rémunération consistera en un traitement fixe mensuel de... francs.

4. *Le cas échéant* :

En outre, un état de situation sera dressé par les soins de M..., à l'expiration de chaque semestre (*ou* trimestre).

5. Comprenez : le montant total des mises.

6. *S'il y a lieu* :

Toutefois, il est convenu qu'en cas de pertes, M. B... n'en serait tenu que jusqu'à concurrence de sa mise seulement, le surplus devant être supporté par M. A..., seul et sans aucun recours.

40

ARTICLE 10

M. B... aura, à tout moment, le droit de vérifier ou faire vérifier par un mandataire de son choix, la comptabilité de l'association.

ARTICLE 11

L'association présentement constituée sera dissoute de plein droit par le décès de l'un ou de l'autre des associés.

Dans ce cas, M. A... ou, en cas de décès, ses héritiers et ses représentants conserveront l'établissement objet de sa mise ci-dessus constatée, ainsi que tout l'actif en dépendant.

Les droits de M. B... ou, en cas de décès, de ses héritiers et représentants consisteront dans ceux qui seront constatés par l'inventaire qui sera dressé à l'époque du décès [1] et seront remboursés par M. A... ou ses héritiers et représentants, en... annuités égales, le... de chaque année, et ce, avec intérêts au taux de... pour cent par an, à compter du jour du décès et payables en même temps que chaque fraction du principal [2].

Étant convenu que tout ce qui serait dû, en principal et intérêts, deviendrait de plein droit immédiatement exigible... [3] après un simple commandement de payer sans qu'il soit besoin de remplir aucune autre formalité judiciaire.

1° A défaut de paiement à son échéance d'une seule fraction du principal ou des intérêts ;

2° En cas de vente de l'établissement ci-dessus, d'apport en société ou de dation en nantissement.

ARTICLE 12

A l'expiration de l'association présentement constituée, de même qu'en cas de dissolution survenant pour toute autre cause que le décès d'un des participants, M. A... conservera l'établissement qui a fait l'objet de

---

1. *Ou bien* :

Les droits de M. B... ou, en cas de décès, de ses héritiers et représentants, consisteront dans ceux qui auront été constatés dans le dernier inventaire social ayant précédé le décès, auxquels, en représentation des bénéfices réalisés entre cet inventaire et le jour du décès, on ajoutera une somme égale au prorata de ce temps calculée sur le bénéfice moyen des... (deux, ou trois, *etc.*) précédents exercices.

Tout ce qui sera ainsi dû à M. B... ou à ses héritiers et représentants, sera remboursé par M. A... en... annuités égales, etc. (*Le surplus, comme en la formule ci-dessus*).

2. *Ou* : ... payables les.... de chaque année.

3. *Par exemple* : ... quinze jours ou un mois.

sa mise ci-dessus, ainsi que tout l'actif en dépendant, le tout, d'après la nouvelle estimation qui en sera faite dans l'inventaire qui sera dressé à ce moment.

L'excédent d'actif et le passif seront liquidés par M. A...

Il sera tout d'abord tenu compte à M. A... de la somme de... francs, montant de l'estimation de sa mise, ainsi qu'il est constaté à l'article 4.

Ensuite, la mise de M. B... soit... francs lui sera remboursée.

L'excédent sera partagé entre MM. A... et B... dans la même proportion que celle dite à l'article 9.

La perte, s'il y en avait, serait supportée dans la même proportion.

La liquidation devra être achevée dans les... mois du jour de la dissolution[1].

ARTICLE 13

Toutes les contestations qui pourront s'élever entre les associés relativement à l'association présentement constituée seront soumises au tribunal de commerce de..., qui sera seul compétent pour en connaître.

Fait en... originaux, dont un pour l'administration de l'enregistrement, à... le... mil neuf cent vingt...

Lu et approuvé,   Lu et approuvé,
(Signé) : A...   *(Signé)* : B...

1308. — REMARQUE.— Il n'y a, ainsi qu'on sait, aucune formalité autre à remplir que celle de l'enregistrement du pacte social dans les trois mois de sa date.

1309. — Association en participation (ou société d'études) par parts d'intérêts. *Voir infra p. 636*

Entre les soussignés :

M. A... *(prénoms, nom, profession et domicile)*.

1. *Autre formule :*
A la dissolution de l'association présentement constituée, la liquidation en sera faite par M. A...

Les soussignés devront procéder à une nouvelle estimation de l'établissement commercial (ou... industriel) en vue de la détermination des résultats de la participation.

M. A... conservera l'établissement ci-dessus.

Les droits de M. B... comprenant le remboursement de sa mise et le montant de sa part dans les bénéfices, lui seront remboursés par M. A... de la manière suivante : ... *(stipuler les époques et le montant des paiements du principal et des intérêts)*.

Ou bien : ... lui seront remboursés par M. A... de la même manière que celle stipulée à l'article précédent pour le cas de décès.

Et :

1° M. B... (*Idem*).

2° M. C... (*Idem*).

3° M. D...

4° Etc.

IL A ÉTÉ CONVENU ET ARRÊTÉ CE QUI SUIT :

ARTICLE PREMIER

Il est formé, entre les soussignés, une association en participation ayant pour objet... [1].

ARTICLE 2

La durée de l'association présentement constituée sera de... années, à compter de ce jour, sauf les cas de prorogation ou de dissolution antici-pée prévus au présent contrat [2-3].

ARTICLE 3

Un domicile commun, pour l'administration intérieure de l'association est fixé par les soussignés à..., rue... n°...

Ce domicile pourra, à toute époque, être transféré par le gérant dans tout autre endroit [4] à charge par lui d'en aviser tous les participants, dans la.., [5] par lettres recommandées.

---

1. *Par exemple :*

1° L'acquisition de brevets d'invention pris par M. A... en France le..., en Suisse le..., etc. concernant...

2° La mise en valeur et l'exploitation industrielle de ces brevets ;

3° L'édification et l'installation d'une usine pour l'expérimentation, le perfection-nement et la fabrication de l'appareil faisant l'objet des brevets ci-dessus ;

4° L'organisation et la constitution d'une société anonyme ou d'une société en commandite par actions pour l'exploitation industrielle et commerciale desdits brevets ;

5° Ou, le cas échéant, l'apport de ces brevets à une société, ou leur cession à une société, à des particuliers.

2. *Ou bien :*

L'association présentement constituée aura une durée de... années, à compter rétroactivement du... dernier.

3. *Ou encore :*

Ladite association qui a commencé le... dernier, durera jusqu'à ce que son objet ait été réalisé, et au plus tard jusqu'au...

4. *Ou :* ... dans tout autre endroit de la même ville.

5. ... huitaine ou quinzaine.

ARTICLE 4

I. — M. A... apporte à la société :

1° ...

2° ...

II. — De leur côté, les autres participants font apport, savoir :

1° M. B... d'une somme de..., en espèces ;

2° M. C... d'une somme de..., également en espèces ;

3° M. D... *etc.*

ARTICLE 5 [1]

Il est créé... parts de... francs chacune, lesquelles sont attribuées aux soussignés, en représentation de leurs mises, dans les proportions suivantes :

1° A à M. A... (*tant de*) parts ;	000
2° A. M. B..., ... parts ;.	000
3° A. M. C..., etc	000
Total des parts attribuées [1].	000

Les soussignés reconnaissent que les mises ci-dessus ont été effectivement effectuées [1-1].

1. *Autre formule :*

ARTICLE 5

Le fonds commun est fixé à... francs, représentés par... parts de... francs chacune.

Ces parts ont été souscrites par les soussignés, dans les proportions suivantes :

1° Par M... *tant de* parts, représentant une mise en espèces de... francs.		»	»
2° Par M... *tant de* parts, représentant une mise en espèces de... francs.		»	»
3° Par M... etc.		»	»
Total égal : ... francs		»	»

2. *Dans le cas où des parts supplémentaires ont été créées en vue de leur souscription ultérieure, on ajoute ici :*

Les parts restant disponibles après ces attributions, soit... parts seront ultérieurement souscrites en espèces par les personnes qui déclareront adhérer aux conditions sous lesquelles la présente association est constituée. Ces souscriptions ne seront définitives qu'autant qu'elles auront été agréées par le gérant.

3. *Ou bien :*

Le montant des parts ci-dessus souscrites et celui des parts à souscrire sera payable au fur et à mesure des besoins de l'association, aux époques et dans les proportions fixées par le gérant.

Les appels de fonds devront être faits par les soins de ce dernier... (un mois ou quinze jours) à l'avance, par lettres recommandées, adressées aux participants individuellement.

A défaut de versement à la date fixée, l'intérêt de retard sera dû, au taux de... pour cent par an.

4 *S'il y a lieu :*

ARTICLE...

Le montant des mises en commun pourra être augmenté en une ou plusieurs fois

ARTICLE 6

La propriété des parts résultera des présents statuts.

Chaque part est indivisible à l'égard de l'association présentement constituée.

En cas de copropriété indivise d'une part, les copropriétaires devront désigner l'un d'entre eux, pour les représenter, dans leurs rapports avec l'association.

ARTICLE 7

Conformément aux dispositions de la loi du 24 juin 1921, les parts ci-dessus créées ne pourront être à aucun moment ni cédées ni négociées.

Elles sont essentiellement personnelles et ne peuvent être transmises que par succession, donation ou legs, seulement.

ARTICLE 8

L'association présentement constituée sera gérée et administrée par M. A..., seul, qui traitera en son nom personnel avec les tiers, desquels il sera seul connu, et qui sera seul responsable vis-à-vis d'eux.

En conséquence, M. A... aura les pouvoirs les plus étendus à l'effet de réaliser l'objet de la présente association.

Il pourra notamment : ... ¹.

par l'adjonction de nouveaux participants que, d'un commun accord, le gérant pourra accepter lorsqu'il le jugera utile aux intérêts de l'association et ce, sans être aucunement soumis à l'autorisation des soussignés.

Les nouveaux participants devront adhérer sans réserves et par un acte exprès intervenant entre eux et le gérant aux conditions du présent contrat.

La seule condition imposée au gérant est de, dans la... (huitaine ou quinzaine) des actes d'adhésion, porter ceux-ci à la connaissance de tous les participants, par simples lettres recommandées.

¹ ... (et celles qui pourront être créées dans la suite).

2. *Par exemple :*

Prendre ou donner à bail tous locaux, passer tous traités et marchés, payer et recevoir toutes sommes, accepter et endosser tous effets de commerce.

(Poursuivre et achever les études et expériences en cours nécessaires à la mise au point de l'appareil ci-dessus indiqué. En entreprendre de nouvelles s'il y a lieu. Construire ou faire construire les différents modèles de ce dernier).

Signer tous actes et pièces, arrêter et révoquer tous employés et ouvriers, fixer et payer leurs traitements et salaires.

D'une manière générale, faire tout ce qui sera utile aux intérêts de la participation en vue de la réalisation de son but, les pouvoirs ci-dessus n'étant qu'énonciatifs et non limitatifs.

3. *Le cas échéant, les pouvoirs ci-après peuvent encore être donnés :*

Céder, hypothéquer et donner en nantissement ou remettre en gage tous biens qui appartiennent indivisément aux participants.

Article 9

En rémunération de ses fonctions, il est alloué à M. A... un traitement fixe annuel de..... francs, qui lui sera payable mensuellement et sera porté au compte des frais généraux de l'association.

Seront portés au même compte tous les frais de déplacements et débours qu'il exposera ou fera pour la participation, lesquels lui seront remboursés chaque mois.

Article 10

Il sera tenu, par les soins du gérant, des écritures régulières des opérations de la participation, conformément aux lois et aux usages du commerce.

Ces écritures devront être tenues constamment à jour [1].

Article 11

Chaque année, le..., et pour la première fois le... prochain, il sera dressé un inventaire de l'actif et du passif de la présente association.

Cet inventaire sera soumis à l'approbation de l'assemblée générale qui se tiendra à l'époque et dans les conditions dites aux articles 13 et suivants ci-après.

Article 12

Les participants non gérants ne pourront, en aucun cas, s'immiscer dans la gestion de l'association.

Article 13

Il sera tenu chaque année, dans le mois de la clôture de l'inventaire, une assemblée générale des participants.

Il pourra en outre être convoqué d'autres assemblées générales chaque fois que le gérant le jugera nécessaire, ou qu'il en sera requis par... (deux ou trois, etc.) participants au moins.

Les convocations seront faites par le gérant... [2] au moins à l'avance, par lettres individuelles, recommandées et indiquant l'objet de la réunion.

1. *S'il y a lieu :*

Article...

Pendant toute la durée de l'association, présentement constituée, le gérant devra être propriétaire de... parts au moins, lesquelles seront affectées à la garantie des actes de sa gestion.

2. *Par exemple :* ... quinze jours.

Chaque membre peut se faire représenter aux assemblées, mais seulement par un autre membre, porteur d'un pouvoir spécial.

ARTICLE 14

L'assemblée est régulièrement constituée quand... [1] au moins des parts est représentée.

Lorsque ce *quorum* ne sera pas atteint, il sera convoqué une nouvelle assemblée, laquelle pourra valablement délibérer quel que soit le nombre de parts présentes ou représentées [2].

Il sera dressé une feuille de présence qui sera signée par les participants présents, et certifiée par les membres du bureau.

Chaque participant aura autant de voix qu'il possédera et représentera de parts [3].

Les délibérations seront prises à la majorité des voix. En cas de partage, la voix du président est prépondérante.

Les délibérations de l'assemblée générale seront constatées sur un registre spécial et signées de tous les membres du bureau.

ARTICLE 15

L'assemblée générale sera présidée par le gérant, assisté de deux scrutateurs, qui seront désignés par les membres présents [4], et d'un secrétaire.

Les délibérations prises en conformité des stipulations qui précèdent sont obligatoires pour tous les participants [5].

ARTICLE 16

L'assemblée générale approuve ou redresse les comptes présentés par le gérant et décide sur toutes les questions relatives à l'association.

1. ... La moitié ou les deux tiers ou les trois quarts.

2. *Ou bien :*
... Laquelle pourra valablement délibérer si... (*par exemple :* ... le quart au moins) des parts est représenté.
Mais, dans ce cas, il ne pourra être délibéré que sur les objets portés à l'ordre du jour de la première assemblée.

3. *Ajouter, s'il y a lieu :*
... Sans toutefois qu'il puisse avoir plus de x... voix.

4. *Ou :*
... qui seront les deux participants présents qui posséderont ou représenteront le plus grand nombre de parts.

5. *Le cas échéant :*
Les extraits des assemblées générales qui pourraient être demandés par les associés, ou qui devraient être produits en justice seront délivrés et certifiés par le gérant.

Elle statue notamment sur la prorogation ou la dissolution anticipée de la participation, sur toutes modifications à apporter aux clauses du présent contrat, sur les conditions de la constitution d'une société... [1] ou sur les conditions de l'apport de l'actif commun à une société déjà existante, ainsi que le cas échéant sur l'exploitation directe de l'entreprise par la participation et la réunion du capital nécessaire et, d'une manière générale, sur toutes les questions qui ne rentrent pas dans la gestion proprement dite de l'association.

Article 17

Les bénéfices nets révélés par chaque inventaire annuel seront répartis entre tous les propriétaires des parts créées à l'article 5, à chacun dans la proportion du nombre de parts possédées par lui [2].

La part revenant à chacun des participants, dans les bénéfices, lui sera versée dans... [3] de la clôture de l'inventaire annuel [4-5].

En cas de pertes, elles seront supportées dans la même proportion, mais de manière que, en aucun cas et sauf en ce qui concerne le gérant, la perte supportée par chacun des participants ne puisse excéder le montant des parts possédées par lui [6].

Article 18

En cas de perte de... [7] du montant total des parts souscrites en espèces, le gérant sera tenu de convoquer l'assemblée générale, laquelle statuera

1. Anonyme ou en commandite par actions.

2. *Ou bien :*
Les bénéfices nets révélés par chaque inventaire annuel seront attribués :
Au gérant pour... (un quart ou un tiers) ;
Et pour le surplus aux propriétaires des parts créées à l'article 5 ci-dessus, y compris le gérant, à chacun, dans la proportion du nombre de parts possédées par lui.

3. *Par exemple :* les deux mois.

4. *Ou bien:*
La part revenant à chacun des participants dans les bénéfices lui sera versée dans le mois (*par exemple*) de l'assemblée générale annuelle.

5. *S'il y a lieu :*
En cas de vente du brevet ci-dessus, de constitution d'une société par actions, ou d'apport du fonds commun à une société, il sera prélevé, sur les bénéfices réalisés par suite de l'opération, somme suffisante pour rembourser le montant de toutes les parts souscrites et libérées.
L'excédent sera réparti de la manière suivante :
On bien : L'excédent sera réparti entre tous les propriétaires de parts, à chacun dans la proportion du nombre de parts qu'il possédait.

6. *Si l'on veut préciser davantage, ajouter :*
Si les pertes subies sont supérieures au montant des parts des associés, l'excédent sera supporté par le gérant, seul et sans aucun recours.

7. La moitié, ou les deux tiers ou les trois quarts.

sur la question de savoir si l'association devra être dissoute ou si elle continuera.

Cette assemblée devra être tenue dans....¹ du jour de la perte constatée.

ARTICLE 19

En cas de décès du gérant pendant le cours de la présente association, il sera procédé à la désignation d'un nouveau gérant, pris parmi les participants, par l'assemblée générale.

ARTICLE 20

En cas de décès de l'un des participants, la société continuera sous les mêmes conditions avec ses héritiers et représentants, lesquels seront tenus de se faire représenter par l'un d'eux, dans leurs rapports avec la participation.

ARTICLE 21

En aucun cas, et alors même qu'il existerait parmi les intéressés des mineurs, des interdits ou d'autres incapables, il ne pourra être apposé de scellés ni dressé d'inventaire sur les biens mis en commun ; et la liquidation de la participation ne pourra être demandée.

ARTICLE 22

En cas d'incapacité physique ou légale d'un des participants, l'association ne sera pas dissoute.

Elle ne le sera pas non plus, en cas d'incapacité physique ou légale du gérant, mais, dans ce cas, il devra être procédé par l'assemblée générale à la désignation d'un nouveau gérant.

ARTICLE 23

Lors de la dissolution de l'association, soit par suite du temps pour lequel elle est constituée, soit par anticipation, le règlement des comptes entre les participants sera effectué par le gérant, avec les pouvoirs les plus étendus.

Ce règlement devra être terminé dans le délai de... mois, à partir de la dissolution ².

1. Le mois, par exemple.

2. Ou bien :

Lors de la dissolution de l'association, soit par suite de l'expiration du temps pour lequel elle est constituée, soit par anticipation, le mode de liquidation sera déterminé par l'assemblée générale, laquelle nommera le liquidateur et fixera ses pouvoirs.

ARTICLE 24

En cas de contestations entre participants, ou entre l'association et l'un d'eux, le tribunal de commerce de... sera seul compétent pour en connaître.

ARTICLE 25

Les frais des présents statuts et ceux qui en seront la conséquence, seront supportés par l'association et portés au compte de ses frais généraux.

Fait en autant d'originaux que de parties, plus un pour l'administration de l'enregistrement, à..., le... mil neuf cent vingt...

(Chaque signataire devra faire précéder sa signature des mots :

BON POUR POUVOIR,

écrits de sa main).

1310. — **Formule de dissolution amiable d'une association en participation.** — La formule est la même que celle donnée *suprà*, n° 1051, en remplaçant nécessairement les mots « société en nom collectif » par ceux de « association en participation. »

1311. — **Cadre de décharge donnée au liquidateur.** — Cette décharge sera préférablement donnée à la suite même du compte de liquidation.

Les soussignés :

M. A... *(prénoms, nom, qualité, domicile).*

M. B... *(Id.)* :

M. C... *(Id.)* :

Agissant en leur qualité de seuls membres de l'association en participation constituée par acte sous signatures privées en date du..... mil neuf cent..... enregistré à..... le..... numéro [1] et dissoute par acte sous signatures privées en date du..... [2].

Après avoir pris connaissance du compte de liquidation ci-dessus établi [3] par M. A....., liquidateur de ladite association, nommé par l'ar-

---

1. *Ou :* ..... constituée par acte devant M°....., notaire à....., le.....

2. *Ou :* ..... et, dissoute par l'assemblée générale tenue à....., rue......, n°....., le..... mil neuf cent vingt.....

3. *Ou :* ..... établi le.....

ticle...... des statuts ¹, ainsi que de toutes les pièces comptables produites
à l'appui, et après avoir vérifié le tout.

Déclarent approuver purement et simplement, sans réserve, les comptes
de la liquidation, tels qu'ils leur sont présentés.

Et reconnaissent avoir été exactement remplis de leurs droits respectifs dans ladite association.

En conséquence, ils donnent, sans aucune restriction, quitus à M. A......,
de sa gestion, et déclarent définitivement closes les opérations de l'association.

A...... le..... mil neuf cent vingt......

(*Chaque membre devra faire précéder sa signature des mots :*
BON POUR DÉCHARGE ET QUITTANCE *écrit de sa main.*

1312. — Bulletin d'adhésion à une société d'études et de souscription de parts.

— Les bulletins d'adhésion seraient évi-
demment inutiles si tous les adhérents signaient les statuts. Mais
ce mode de procéder ne peut pas toujours être observé. Il en est
ainsi spécialement lorsque les parts ne sont pas toutes souscrites au
moment des statuts.

Chaque bulletin d'adhésion sera préférablement fait sur papier
timbré.

En voici un exemple :

SOCIÉTÉ D'ÉTUDES DE......

Bulletin d'adhésion et de souscription.

Le soussigné (*prénoms, nom, qualité et domicile*) déclare adhérer aux
statuts de la société d'études de......, dont il lui a été remis un exemplaire et souscrire..... (*en toutes lettres*) parts de..... francs chacune de
ladite société lesquelles seront non cessibles et non négociables.

Il s'engage, en conformité de l'article..... des statuts, à verser en espèces le montant de sa souscription entre les mains de M..... aux dates
suivantes : (*indiquer les dates de libération*).

A..... le..... mil neuf cent vingt.....

(*Signature*) ².

---

1. *Ou* : ..... nommé par l'assemblée générale tenue à......, rue......, n°.....;, le......,
mil neuf cent vingt.....

2. Le signataire devra faire précéder sa signature des mots : « Bon pour.....
parts », écrits de sa main.

1313. — Fréquemment, dans le cas de nouvelles souscriptions se produisant à une même époque, on remplace le bulletin de souscription individuel par un acte collectif intervenant entre le gérant et les nouveaux adhérents.

En voici un exemple :

Entre les soussignés :

M. A....., (prénoms, nom, profession et domicile).

Agissant en qualité de gérant de la société d'études de....., constituée sous la forme d'une association en participation par acte sous signatures privées en date à..... du..... mil neuf cent....., enregistré à....., le..... numéro..... [1].

Et :

1º M. G..... (prénoms, nom, profession et domicile).
2º M. H...... (Idem).
3º M. I .... (Idem).
4º Etc.

Il a été convenu et arrêté ce qui suit :

MM. G....., H....., I....., etc., après avoir pris connaissance des statuts de la société d'études de....., dont il leur a été remis, par M. A....., une copie certifiée véritable, déclarent adhérer sans restriction ni réserve auxdits statuts.

En outre, ils déclarent souscrire, savoir :

1º M. G...., à..... parts de....., francs chacune de ladite société ;
2º M. H....., à..... parts de..... francs chacune ;
3º Etc.

Et, chacun en ce qui le concerne, ils s'engagent, en conformité de l'article..... des statuts, à verser en espèces le montant de leur souscription entre les mains de M. A....., aux dates suivantes :

Étant entendu que les parts ainsi souscrites sont incessibles et non négociables.

M. A..... déclare accepter MM. G....., H....., I....., etc. comme nouveaux participants.

1. Ou : ..... par acte devant M•....., notaire à....., en date du.....

Fait en..... originaux, plus un pour l'administration de l'enregistrement, à...., le..... mil neuf cent vingt.....

Lu et approuvé

(*Signé*) : A.....

(*Chacun des souscripteurs devra faire précéder sa signature des mots* :

Lu et approuvé et bon pour..... parts, *écrits de sa main*).

1314. — Syndicat de garantie. — Les syndicats de garantie sont des associations en participation constituées pour garantir la souscription d'actions ou d'obligations, dans les sociétés de capitaux.

On en trouvera une formule au tome second du tome du présent ouvrage (*infrà*, n° 1400) où cette matière est traitée.

TEXTES LÉGISLATIFS
RELATIFS AUX SOCIÉTÉS COMMERCIALES [1]

CODE CIVIL

TITRE IV
Du Contrat de Société

CHAPITRE PREMIER
DISPOSITIONS GÉNÉRALES

ARTICLE 1832

La société est un contrat par lequel deux ou plusieurs personnes conviennent de mettre quelque chose en commun, dans la vue de partager le bénéfice qui pourra en résulter.

ARTICLE 1833

Toute société doit avoir un objet licite, et être contractée pour l'intérêt commun des parties.

Chaque associé doit y apporter ou de l'argent, ou d'autres biens, ou son industrie.

ARTICLE 1834

Toutes sociétés doivent être rédigées par écrit lorsque leur objet est d'une valeur de plus de cent cinquante francs.

La preuve testimoniale n'est point admise contre et outre le contenu en l'acte de société, ni sur ce qui serait allégué avoir été dit avant, lors

---

1. Les textes concernant les sociétés étant extrêmement nombreux, nous n'avons pu rapporter ici que ceux qu'il est essentiel d'avoir constamment sous la main. Vouloir transcrire tous les textes disséminés un peu partout eût été sortir considérablement du cadre que nous nous sommes tracé sans intérêt pratique appréciable.

et depuis cet acte, encore qu'il s'agisse d'une somme ou valeur moindre de cent cinquante francs.

CHAPITRE II

DES DIVERSES ESPÈCES DE SOCIÉTÉS

ARTICLE 1835

Les sociétés sont universelles ou particulières.

SECTION PREMIÈRE. — *Des sociétés universelles.*

ARTICLE 1836

On distingue deux sortes de sociétés universelles, la Société de tous biens présents, et la société universelle de gains.

ARTICLE 1837

La société de tous biens présents est celle par laquelle les parties mettent en commun tous les biens meubles et immeubles qu'elles possèdent actuellement et les profits qu'elles pourront en tirer.

Elles peuvent aussi y comprendre toute autre espèce de gains ; mais les biens qui pourraient leur advenir par succession, donation ou legs, n'entrent dans cette société que pour la jouissance : toute stipulation tendant à y faire entrer la propriété de ces biens est prohibée, sauf entre époux, et conformément à ce qui est réglé à leur égard.

ARTICLE 1838

La société universelle de gains renferme tout ce que les parties acquerront par leur industrie, à quelque titre que ce soit, pendant tout le cours de la société : les meubles que chacun des associés possède au temps du contrat, y sont aussi compris ; mais leurs immeubles personnels n'y entrent que pour la jouissance seulement.

ARTICLE 1839

La simple convention de société universelle, faite sans autre explication, n'emporte que la société universelle de gains.

ARTICLE 1840

Nulle société ne peut avoir lieu qu'entre personnes respectivement capables de se donner ou de recevoir l'une de l'autre, et auxquelles il n'est point défendu de s'avantager au préjudice d'autres personnes.

SECTION II. — *De la société particulière.*

ARTICLE 1841

La société particulière est celle qui ne s'applique qu'à certaines choses déterminées ou à leur usage, ou aux fruits à en percevoir.

ARTICLE 1842

Le contrat par lequel plusieurs personnes s'associent, soit par une entreprise désignée, soit pour l'exercice de quelque métier ou profession, est aussi une société particulière.

CHAPITRE III

DES ENGAGEMENTS DES ASSOCIÉS ENTRE EUX ET A L'ÉGARD DES TIERS

SECTION PREMIÈRE. — *Des engagements des associés entre eux.*

ARTICLE 1843

La société commence à l'instant même du contrat, s'il ne désigne une autre époque.

ARTICLE 1844

S'il n'y a pas de convention sur la durée de la société, elle est censée contractée pour toute la vie des associés, sous la modification portée en l'article 1869 ; ou s'il s'agit d'une société dont la durée soit limitée, pour tout le temps que doit durer cette affaire.

ARTICLE 1845

Chaque associé est débiteur envers la société, de tout ce qu'il a promis d'y apporter.

Lorsque cet apport consiste en un corps certain, et que la société en est évincée, l'associé en est garant envers la société, de la même manière qu'un vendeur l'est envers son acheteur.

ARTICLE 1846

L'associé qui devait apporter une somme dans la société et qui ne l'a point fait, devient, de plein droit, et sans demande, débiteur des intérêts de cette somme, à compter du jour où elle devait être payée.

41

Il en est de même à l'égard des sommes qu'il a prises dans la caisse sociale, à compter du jour où il les en a tirées pour son profit particulier. Le tout, sans préjudice de plus amples dommages-intérêts, s'il y a lieu.

ARTICLE 1847

Les associés qui se sont soumis à apporter leur industrie à la société, lui doivent compte de tous les gains qu'ils ont faits par l'espèce d'industrie qui est l'objet de cette société.

ARTICLE 1848

Lorsque l'un des associés est, pour son compte particulier, créancier d'une somme exigible envers une personne qui se trouve aussi devoir à la société une somme également exigible, l'imputation de ce qu'il reçoit de ce débiteur doit se faire sur la créance de la société et sur la sienne dans la proportion des deux créances, encore qu'il eût par sa quittance dirigé l'imputation intégrale sur sa créance particulière ; mais s'il a exprimé, dans sa quittance que l'imputation serait faite en entier sur la créance de la société, cette stipulation sera exécutée.

ARTICLE 1849

Lorsque l'un des associés a reçu sa part entière de la créance commune, et que le débiteur est depuis devenu insolvable, cet associé est tenu de rapporter à la masse commune ce qu'il a reçu, encore qu'il eût spécialement donné quittance pour sa part.

ARTICLE 1850

Chaque associé est tenu envers la société, des dommages qu'il lui a causés par sa faute, sans pouvoir compenser avec ces dommages les profits que son industrie lui aurait procurés dans d'autres affaires.

ARTICLE 1851

Si les choses dont la jouissance seulement a été mise dans la société sont des corps certains et déterminés, qui ne se consomment point par l'usage, elles sont aux risques de l'associé propriétaire.

Si ces choses se consomment, si elles se détériorent en les gardant, si elles ont été destinées à être vendues, ou si elles ont été mises dans la société sur une estimation portée par un inventaire, elles sont aux risques de la société.

Si la chose a été estimée, l'associé ne peut répéter que le montant de son estimation.

Article 1852

Un associé a action contre la société, non seulement à raison des sommes qu'il a déboursées pour elle, mais encore à raison des obligations qu'il a contractées de bonne foi pour les affaires de la société et des risques inséparables de sa gestion.

Article 1853

Lorsque l'acte de société ne détermine point la part de chaque associé dans les bénéfices ou pertes, la part de chacun est en proportion de sa mise dans le fonds de la société.

À l'égard de celui qui n'a apporté que son industrie, sa part dans les bénéfices ou dans les pertes est réglée comme si sa mise eût été égale à celle de l'associé qui a le moins apporté.

Article 1854

Si les associés sont convenus de s'en rapporter à l'un d'eux ou à un tiers pour le règlement des parts, ce règlement ne peut être attaqué s'il n'est évidemment contraire à l'équité.

Nulle réclamation n'est admise à ce sujet, s'il s'est écoulé plus de trois mois depuis que la partie qui se prétend lésée a eu connaissance du règlement, ou si ce règlement a reçu de sa part un commencement d'exécution.

Article 1855

La convention qui donnerait à l'un des associés la totalité des bénéfices, est nulle.

Il en est de même de la stipulation qui affranchirait de toute contribution aux pertes les sommes ou effets mis dans le fonds de la société par un ou plusieurs des associés.

Article 1856

L'associé chargé de l'administration par une clause spéciale du contrat de société peut faire, nonobstant l'opposition des autres associés, tous les actes qui dépendent de son administration, pourvu que ce soit sans fraude.

Ce pouvoir ne peut être révoqué sans cause légitime, tant que la société dure ; mais s'il n'a été donné que par acte postérieur au contrat de société, il est révocable comme un simple mandat.

Article 1857

Lorsque plusieurs associés sont chargés d'administrer, sans que leurs fonctions soient déterminées, ou sans qu'il ait été exprimé que l'un ne pourrait agir sans l'autre, ils peuvent faire chacun séparément tous les actes de cette administration.

ARTICLE 1858

S'il a été stipulé que l'un des administrateurs ne pourra rien faire sans l'autre, un seul ne peut, sans une nouvelle convention, agir en l'absence de l'autre, lors même que celui-ci serait dans l'impossibilité actuelle de concourir aux actes d'administration.

ARTICLE 1859

A défaut de stipulations spéciales sur le mode d'administration on suit les règles suivantes :

1º Les associés sont censés s'être donné réciproquement le pouvoir d'administrer l'un pour l'autre. Ce que chacun fait est valable même pour la part de ses associés, sans qu'il ait pris leur consentement ; sauf le droit qu'ont ces derniers, ou l'un d'eux, de s'opposer à l'opération avant qu'elle soit conclue ;

2º Chaque associé peut se servir des choses appartenant à la société, pourvu qu'il les emploie à leur destination fixée par l'usage, et qu'il ne s'en serve pas contre l'intérêt de la société ou de manière à empêcher ses associés d'en user selon leur droit ;

3º Chaque associé a le droit d'obliger ses associés à faire avec lui les dépenses qui sont nécessaires pour la conservation des choses de la société ;

4º L'un des associés ne peut faire d'innovations sur les immeubles dépendant de la société, même quand il les soutiendrait avantageuses à cette société, si les autres associés n'y consentent.

ARTICLE 1860

L'associé qui n'est point administrateur ne peut aliéner ni engager les choses même mobilières qui dépendent de la société.

ARTICLE 1861

Chaque associé peut, sans le consentement de ses associés, s'associer une tierce personne relativement à la part qu'il a dans la société : il ne peut pas, sans ce consentement, l'associer à la société, lors même qu'il en aurait l'administration.

SECTION 2. — *Des engagements des associés à l'égard des tiers.*

ARTICLE 1862

Dans les sociétés autres que celles de commerce, les associés ne sont pas tenus solidairement des dettes sociales, et l'un des associés ne peut obliger les autres si ceux-ci ne lui en ont conféré le pouvoir.

ARTICLE 1863

Les associés sont tenus envers le créancier avec lequel ils ont contracté, chacun pour une somme et part égales, encore que la part de l'un d'eux dans la société fût moindre, si l'acte n'a pas spécialement restreint l'obligation de celui-ci sur le pied de cette dernière part.

ARTICLE 1864

La stipulation que l'obligation est contractée pour le compte de la société, ne lie que l'associé contractant et non les autres, à moins que ceux-ci ne lui aient donné pouvoir ou que la chose n'ait tourné au profit de la société.

CHAPITRE IV
DES DIFFÉRENTES MANIÈRES DONT FINIT LA SOCIÉTÉ

[ARTICLE 1865

La société finit :
1° Par l'expiration du temps pour lequel elle a été contractée.
2° Par l'extinction de la chose, ou la consommation de la négociation.
3° Par la mort naturelle de quelqu'un des associés.
4° Dans la mort civile [1], l'interdiction ou la déconfiture de l'un d'eux.
5° Par la volonté qu'un seul ou plusieurs expriment de n'être plus en société.

ARTICLE 1866

La prorogation d'une société à temps limité ne peut être prouvée que par un écrit revêtu des mêmes formes que le contrat de société.

---

1. La mort civile a été abolie par la loi du 31 mai 1854.

ARTICLE 1867

Lorsque l'un des associés a promis de mettre en commun la propriété d'une chose, la perte survenue avant que la mise en soit effectuée opère la dissolution de la société par rapport à tous les associés.

La société est également dissoute dans tous les cas par la perte de la chose, lorsque la jouissance seule a été mise en commun, et que la propriété en est restée dans la main de l'associé.

Mais la société n'est pas rompue par la perte de la chose dont la propriété a déjà été apportée à la société.

ARTICLE 1868

S'il a été stipulé qu'en cas de mort de l'un des associés, la société continuerait avec son héritier, ou seulement entre les associés survivants, ces dispositions seront suivies : au second cas, l'héritier du décédé n'a droit qu'au partage de la société, eu égard à la situation de cette société lors du décès, et ne participe aux droits ultérieurs qu'autant qu'ils sont une suite nécessaire de ce qui s'est fait avant la mort de l'associé auquel il succède.

ARTICLE 1869

La dissolution de la société par la volonté de l'une des parties ne s'applique qu'aux sociétés dont la durée est illimitée, et s'opère par une renonciation notifiée à tous les associés, pourvu que cette renonciation soit de bonne foi, et non faite à contretemps.

ARTICLE 1870

La renonciation n'est pas de bonne foi lorsque l'associé renonce pour s'approprier à lui seul le profit que les associés s'étaient proposé de retirer en commun.

Elle est faite à contretemps lorsque les choses ne sont plus entières, et qu'il importe à la société que sa dissolution soit différée.

ARTICLE 1871

La dissolution des sociétés à terme ne peut être demandée par l'un des associés, avant le terme convenu, qu'autant qu'il y en a de justes motifs, comme lorsqu'un autre associé manque à ses engagements, ou qu'une infirmité habituelle le rend inhabile aux affaires de la société, ou autres cas semblables dont la légitimité et la gravité sont laissés à l'arbitrage des juges.

Article 1872

Les règles concernant le partage des successions, la forme de ce partage, et les obligations qui en résultent entre les cohéritiers, s'appliquent aux partages entre associés [1].

Dispositions relatives aux sociétés de commerce

Article 1873

Les dispositions du présent titre ne s'appliquent aux sociétés de commerce que dans les points qui n'ont rien de contraire aux lois et usages du commerce.

TITRE III

Du Mandat.

CHAPITRE PREMIER

DE LA NATURE ET DE LA FORME DU MANDAT

Article 1984

Le mandat ou procuration est un acte par lequel une personne donne à une autre le pouvoir de faire quelque chose pour le mandant et en son nom.

Le contrat ne se forme que par l'acceptation du mandataire.

Article 1985

Le mandat peut être donné ou par acte public, ou par écrit sous seing privé, même par lettre. Il peut aussi être donné verbalement mais la preuve testimoniale n'en est reçue que conformément au titre : Des contrats ou des obligations conventionnelles en général.

L'acceptation du mandat peut n'être que tacite, et résulter de l'exécution qui lui a été donnée par le mandataire.

1. En ce qui concerne le partage des successions et ses règles voir les articles 815 à 841 du Code civil.

Article 1986

Le mandat est gratuit, s'il n'y a convention contraire.

Article 1987

Il est ou spécial et pour une affaire ou certaines affaires seulement, ou général et pour toutes les affaires du mandant.

Article 1988

Le mandat conçu en termes généraux n'embrasse que les actes d'administration.

S'il s'agit d'aliéner ou hypothéquer, ou de quelque autre acte de propriété le mandat doit être exprès.

Article 1989

Le mandataire ne peut rien faire au delà de ce qui est porté dans son mandat; le pouvoir de transiger ne renferme pas celui de compromettre.

Article 1990

Les femmes et les mineurs émancipés peuvent être choisis pour mandataires; mais le mandant n'a d'action contre le mandataire mineur que d'après les règles générales relatives aux obligations des mineurs, et contre la femme mariée et qui a accepté le mandat sans autorisation de son mari, que d'après les règles établies au titre: Du contrat de mariage et des droits respectifs des époux.

CHAPITRE II
DES OBLIGATIONS DU MANDATAIRE

Article 1991

Le mandataire est tenu d'accomplir le mandat tant qu'il en demeure chargé, et répond des dommages-intérêts qui pourraient résulter de son inexécution.

Il est tenu de même d'achever la chose commencée au décès du mandant s'il y a péril en la demeure.

Article 1992

Le mandataire répond non seulement du dol, mais encore des fautes qu'il commet dans sa gestion.

Néanmoins la responsabilité relative aux fautes est appliquée moins rigoureusement à celui dont le mandat est gratuit qu'à celui qui reçoit un salaire.

ARTICLE 1993

Tout mandataire est tenu de rendre compte de sa gestion et de faire raison au mandant de tout ce qu'il a reçu en vertu de sa procuration, quand même ce qu'il aurait reçu n'eût point été dû au mandant.

ARTICLE 1994

Le mandataire répond de celui qu'il s'est substitué dans la gestion : 1° quand il n'a pas reçu le pouvoir de se substituer quelqu'un ; 2° quand ce pouvoir lui a été conféré sans désignation d'une personne, et que celle dont il a fait choix était notoirement incapable ou insolvable.

Dans tous les cas, le mandant peut agir directement contre la personne que le mandataire s'est substituée.

ARTICLE 1995

Quand il y a plusieurs fondés de pouvoir ou mandataires établis par le même acte, il n'y a de solidarité entre eux qu'autant qu'elle est exprimée.

ARTICLE 1996

Le mandataire doit l'intérêt des sommes qu'il a employées à son usage, à dater de cet emploi ; et de celles dont il est reliquataire, à compter du jour qu'il est mis en demeure.

ARTICLE 1997

Le mandataire qui a donné à la partie avec laquelle il contracte en cette qualité, une suffisante connaissance de ses pouvoirs, n'est tenu d'aucune garantie pour ce qui a été fait au delà, s'il ne s'y est personnellement soumis.

CHAPITRE III

DES OBLIGATIONS DU MANDANT

ARTICLE 1998

Le mandant est tenu d'exécuter les engagements contractés par le mandataire, conformément au pouvoir qui lui a été donné.

Il n'est tenu de ce qui a pu être fait au delà, qu'autant qu'il l'a ratifié expressément ou tacitement.

ARTICLE 1999

Le mandant doit rembourser au mandataire les avances et frais que celui-ci a faits pour l'exécution du mandat, et lui payer ses salaires lorsqu'il en a été promis.

S'il n'y a aucune faute imputable au mandataire, le mandant ne peut se dispenser de faire ces remboursement et payement, lors même que l'affaire n'aurait pas réussi, ni faire réduire le montant des frais et avances sous le prétexte qu'ils pouvaient être moindres.

ARTICLE 2000

Le mandant doit aussi indemniser le mandataire des pertes que celui-ci a essuyées à l'occasion de sa gestion, sans imprudence qui lui soit imputable.

ARTICLE 2001

L'intérêt des avances faites par le mandataire lui est dû par le mandant, à dater du jour des avances constatées.

ARTICLE 2002

Lorsque le mandataire a été constitué par plusieurs personnes pour une affaire commune, chacune d'elles est tenue solidairement envers lui de tous les effets du mandat.

CHAPITRE IV

DES DIFFÉRENTES MANIÈRES DONT LE MANDAT FINIT

ARTICLE 2003

Le mandat finit :

Par la révocation du mandataire,

Par la renonciation de celui-ci au mandat,

Par la mort naturelle ou civile, l'interdiction ou la déconfiture, soit du mandant, soit du mandataire.

ARTICLE 2004

Le mandant peut révoquer sa procuration quand bon lui semble, et contraindre, s'il y a lieu, le mandataire à lui remettre, soit l'écrit sous seing privé qui la contient, soit l'original de la procuration, si elle a été délivrée en brevet, soit l'expédition, s'il en a été gardé minute.

Article 2005

La révocation notifiée au seul mandataire ne peut être opposée aux tiers qui ont traité dans l'ignorance de cette révocation, sauf au mandant son recours contre le mandataire.

Article 2006

La constitution d'un nouveau mandataire pour la même affaire, vaut révocation du premier, à compter du jour où elle a été notifiée à celui-ci.

Article 2007

Le mandataire peut renoncer au mandat, en notifiant au mandant sa renonciation.

Néanmoins, si cette renonciation préjudicie au mandant, il devra en être indemnisé par le mandataire, à moins que celui-ci ne se trouve dans l'impossibilité de continuer le mandat sans en éprouver lui-même un préjudice considérable.

Article 2008

Si le mandataire ignore la mort du mandant ou l'une des autres causes qui font cesser le mandat, ce qu'il a fait dans cette ignorance est valide.

Article 2009

Dans les cas ci-dessus, les engagements du mandataire sont exécutés à l'égard des tiers qui sont de bonne foi.

Article 2010

En cas de mort du mandataire, ses héritiers doivent en donner avis au mandant, et pourvoir, en attendant, à ce que les circonstances exigent pour l'intérêt de celui-ci.

CODE DE COMMERCE

TITRE TROISIÈME
Des sociétés.

SECTION PREMIÈRE. — *Des diverses sociétés et de leurs règles*

ARTICLE 18

Le contrat de société se règle par le droit civil, par les lois particulières au commerce, et par les conventions des parties.

ARTICLE 19

La loi reconnaît trois espèces de sociétés commerciales :
La société en nom collectif.
La société en commandite.
La société anonyme.

ARTICLE 20

La société en nom collectif est celle que contractent deux personnes ou un plus grand nombre, et qui a pour objet de faire le commerce sous une raison sociale.

ARTICLE 21

Les noms des associés peuvent seuls faire partie de la raison sociale

ARTICLE 22

Les associés en nom collectif, indiqués dans l'acte de société, sont solidaires pour tous les engagements de la société, encore qu'un seul des associés ait signé, pourvu que ce soit sous la raison sociale.

ARTICLE 23

La société en commandite se contracte entre un ou plusieurs associés, responsables et solidaires, et un ou plusieurs associés, simples bailleurs de fonds, que l'on nomme commanditaires ou associés en commandite. Elle est régie sous un nom social, qui doit être nécessairement celui d'un ou plusieurs des associés responsables et solidaires.

Article 24

Lorsqu'il y a plusieurs associés solidaires et en nom, soit que tous gèrent ensemble, soit qu'un ou plusieurs gèrent pour tous, la société est, à la fois, société en nom collectif à leur égard, et société en commandite à l'égard des simples bailleurs de fonds.

Article 25

Le nom d'un associé commanditaire ne peut faire partie de la raison sociale.

Article 26

L'associé commanditaire n'est passible des pertes que jusqu'à concurrence des fonds qu'il a mis ou dû mettre dans la société.

Article 27

(L. 6 mai 1863). L'associé commanditaire ne peut faire aucun acte de gestion, même en vertu de procuration.

Article 28

(L. 6 mai 1863). En cas de contravention à la prohibition mentionnée dans l'article précédent, l'associé commanditaire est obligé, solidairement avec les associés en nom collectif, pour les dettes et engagements de la société q i dérivent des actes de gestion qu'il a faits, et il peut, suivant le nombre et la gravité de ces actes, être déclaré solidairement obligé pour tous les engagements de la société ou pour quelques-uns seulement.

Les avis et conseils, les actes de contrôle et de surveillance, n'engagent point l'associé commanditaire.

Article 29

La société anonyme n'existe point sous un nom social : elle n'est désignée par le nom d'aucun des associés.

Article 30

Elle est qualifiée par la désignation de l'objet de son entreprise.

ARTICLE 31

(Abrogé par l'art. 47 de la loi du 24 juillet 1867) [1].

ARTICLE 32

Les administrateurs ne sont responsables que de l'exécution du mandat qu'ils ont reçu.

Ils ne contractent à raison de leur gestion, aucune obligation personnelle ni solidaire, relativement aux engagements de la société.

ARTICLE 33

Les associés ne sont passibles que de la perte du montant de leur intérêt dans la société.

ARTICLE 34

(L. 16 novembre 1903). Le capital social des sociétés par actions se divise en actions et même en coupons d'actions d'une valeur nominale égale.

Toute société par actions peut, par délibération de l'assemblée générale constituée dans les conditions prévues par l'article 31 de la loi du 24 juillet 1867, créer des actions de priorité, jouissant de certains avantages sur les autres actions en conférant des droits d'antériorité, soit sur les bénéfices, soit sur l'actif social, soit sur les deux, si les statuts n'interdisent point, par une prohibition directe et expresse, la création d'actions de cette nature.

Sauf dispositions contraires des statuts, les actions de priorité et les autres actions ont, dans les assemblées, un droit de vote égal.

Dans le cas où une décision de l'assemblée générale comporterait une modification dans les droits attachés à une catégorie d'actions, cette décision ne sera définitive qu'après avoir été ratifiée par une assemblée spéciale des actionnaires de la catégorie visée.

(Ainsi modifié par l'art. 2 de la loi du 22 novembre 1913) : Cette assemblée spéciale, pour délibérer valablement, doit réunir au moins la portion du capital que représentent les actions dont il s'agit, déterminés par les paragraphes 2, 3 et 4, de l'article 31 de la loi du 24 juillet 1867.

ARTICLE 37

Abrogé par l'art. 47 de la loi du 24 juillet 1867 [2].

1. Voir page 670.
2. Voir page 670.

ARTICLE 38

Le capital des sociétés en commandite pourra être aussi divisé en actions, sans aucune dérogation aux règles établies pour ce genre de société.

ARTICLE 39

Les sociétés en nom collectif ou en commandite doivent être constatées par des actes publics ou sous signature privée, en se conformant, dans ce dernier cas, à l'article 1325 du code civil [1].

ARTICLE 40

(Abrogé par l'art. 47 de la loi du 24 juillet 1887).

ARTICLE 41

Aucune preuve par témoins ne peut être admise contre et outre le contenu dans les actes de société, ni sur ce qui serait allégué avoir été dit avant l'acte, lors de l'acte ou depuis, encore qu'il s'agisse d'une somme au-dessous de 150 francs.

ARTICLE 42, 43, 44, 45 et 46

(Abrogés par l'article 65 de la loi du 24 juillet 1867) [2].

ARTICLE 47

(L. 24 juin 1921). — Indépendamment des trois espèces de sociétés dans l'article 19 ci-dessus, la loi reconnaît les associations commerciales en participation.

ARTICLE 48

(L. 24 juin 1921). — Les associations en participation ont lieu pour les objets, dans les formes ou proportions d'intérêt et aux conditions convenues entre les parties.

---

1. Texte de l'article 1325 du code civil: « Les actes sous seing privé qui contiennent des conventions synallagmatiques, ne sont valables qu'autant qu'ils ont été faits en autant d'originaux qu'il y a de parties ayant un intérêt distinct.

Il suffit d'un original pour toutes les personnes ayant le même intérêt. Chaque original doit contenir la mention du nombre des originaux qui en ont été faits.

Néanmoins, le défaut de mention que les originaux ont été faits doubles, triples, etc. ne peut être opposé par celui qui a exécuté de sa part la convention portée dans l'acte.

2. Voir page 674.

Article 49

(*L. 24 juin 1921*). — Les associations en participation sont des sociétés dont l'existence ne se révèle pas aux tiers.

Elles ne sont pas sujettes aux formalités de publicité prescrites pour les autres sociétés de commerce.

Chaque associé contracte avec les tiers en son nom personnel.

L'association en participation ne constitue pas une personne morale.

Il ne peut être émis de titres cessibles ou négociables au profit des associés.

Article 50

(*L. 24 juin 1921*). — Les associations en participation peuvent être constatées conformément aux dispositions de l'article 109 ¹⁻².

Section II. — *Des contestations entre associés et de la manière de les décider.*

Article 51, 52, 53, 54, 55, 56, 57, 58, 59, 60, 61, 62 et 63

(Abrogés par la loi du 17 juillet 1856).

1. Anciens textes des articles 47 à 50 :

Article 47

Indépendamment des trois espèces de sociétés ci-dessus, la loi reconnaît les associations commerciales en participation.

Article 48

Ces associations sont relatives à une ou plusieurs opérations de commerce : elles ont lieu pour les objets, dans les formes avec les proportions d'intérêt et aux conditions convenues entre les participants.

Article 49

Les associations en participation peuvent être constatées par la représentation des livres, de la correspondance, ou par la preuve testimoniale, si le tribunal juge qu'elle peut être admise.

Article 50

Les associations commerciales en participation ne sont pas sujettes aux formalités prescrites pour les autres sociétés.

2. *Texte de l'article 109 du code de commerce :*

Les achats et les ventes se constatent :

Par actes publics ;

Par actes sous signature privée ;

Par le bordereau ou arrêté d'un agent de change ou courtier, dûment signé des parties ;

Par une facture acceptée ;

Par la correspondance ;

Par les livres des parties ;

Par la preuve testimoniale, dans le cas où le tribunal croira devoir l'admettre.

ARTICLE 64

Toutes actions contre les associés non liquidateurs et leurs veuves, héritiers ou ayants-cause, sont prescrites cinq ans après la fin ou la dissolution de la société, si l'acte de société qui en énonce la durée, ou l'acte de dissolution, a été affiché et enregistré conformément aux articles 42, 43, 44 et 46, et si, depuis cette formalité remplie, la prescription n'a été interrompue, à leur égard, par aucune poursuite judiciaire.

TITRE II

ARTICLE 632

La loi répute actes de commerce :

Tout achat de denrées et marchandises pour les revendre, soit en nature, soit après les avoir travaillées et mises en œuvre, ou même pour en louer simplement l'usage :

Toute entreprise de manufactures, de commission, de transport par terre ou par eau.

Toute entreprise de fournitures, d'agences, bureaux d'affaires, établissements de ventes à l'encan, de spectacles publics :

Toute opération de change, banque et courtage :

Toutes les opérations des banques publiques ;

Toutes obligations entre négociants, marchands et banquiers ;

(Ainsi complété, L. 7 juin 1894). Entre toutes personnes, les lettres de change.

ARTICLE 633

La loi répute pareillement actes de commerce :

Toute entreprise de construction, et tous achats, ventes et reventes de bâtiments pour la navigation intérieure et extérieure ;

Toutes expéditions maritimes ;

Tout achat ou vente d'agrès, apparaux et avitaillements :

Tout affrètement ou nolissement, emprunt ou prêt à la grosse : toutes assurances et autres contrats concernant le commerce de mer ;

Tous accords et conventions pour salaires et loyers d'équipages :

Tous engagements de gens de mer, pour le service de bâtiments de commerce.

Loi du 30 mai 1857 autorisant les sociétés anonymes, et autres associations commerciales, industrielles ou financières, légalement constituées en Belgique, à exercer leurs droits en France.

Article premier

Les sociétés anonymes et autres associations commerciales, industrielles ou financières, qui sont soumises à l'autorisation du gouvernement belge, et qui l'ont obtenue, peuvent exercer tous leurs droits et ester en justice en France, en se conformant aux lois de l'Empire.

Article 2

Un décret impérial, rendu en Conseil d'Etat, peut appliquer à tous autres pays le bénéfice de l'article premier.

Loi du 24 juillet 1867 sur les sociétés.

TITRE PREMIER

Des Sociétés en commandite par actions.

Article premier

(Ainsi modifié, L. 1er août 1893). Les sociétés en commandite ne peuvent diviser leur capital en actions ou coupures d'actions de moins de 25 francs, lorsque le capital n'excède pas 200.000 francs, de moins de 100 francs lorsque le capital est supérieur à 200.000 francs.

Elles ne peuvent être définitivement constituées qu'après la souscription de la totalité du capital et le versement en espèces, par chaque actionnaire, du montant des actions ou coupures d'actions souscrites par lui lorsqu'elles n'excèdent pas 25 francs, et du quart au moins des actions lorsqu'elles sont de 100 francs et au-dessus.

Cette souscription et ces versements sont constatés par une déclaration du gérant dans un acte notarié.

A cette déclaration sont annexés la liste des souscripteurs, l'état des versements effectués, l'un des doubles de l'acte de société, s'il est sous seing privé et une expédition, s'il est notarié, et s'il a été passé devant un notaire autre que celui qui a reçu la déclaration.

L'acte sous seing privé, quel que soit le nombre des associés, sera fait en double original, dont l'un sera annexé, comme il est dit au paragraphe qui précède, à la déclaration de souscription du capital et de versement du quart, et l'autre restera déposé au siège social.

Article 2

Les actions ou coupons d'actions sont négociables après le versement du quart.

Article 3

(Ainsi modifié. L. 1er août 1893). Les actions sont nominatives jusqu'à leur entière libération. Les actions représentant des apports devront toujours être intégralement libérées au moment de la constitution de la société.

Ces actions ne peuvent être détachées de la souche et ne sont négociables que deux ans après la constitution définitive de la société.

Pendant ce temps, elles devront, à la diligence des administrateurs, être frappées d'un timbre indiquant leur nature et la date de cette constitution.

(Paragraphe ajouté, L. 9 juill. 1902 et modifié, L. 16 nov. 1903). En cas de fusion de sociétés par voie d'absorption ou de création d'une société nouvelle englobant une ou plusieurs sociétés préexistantes, l'interdiction de détacher les actions de la souche et de les négocier ne s'applique pas aux actions d'apport attribuées à une société par actions ayant, lors de la fusion, plus de deux ans d'existence.

Les titulaires, les cessionnaires, intermédiaires et les souscripteurs sont tenus solidairement du montant de l'action.

Tout souscripteur ou actionnaire qui a cédé son titre cesse, deux ans après la cession, d'être responsable des versements non encore appelés.

Article 4

Lorsqu'un associé fait un apport qui ne consiste pas en numéraire, ou stipule à son profit des avantages particuliers, la première assemblée générale fait apprécier la valeur de l'apport ou la cause des avantages stipulés.

La société n'est définitivement constituée qu'après l'approbation de l'apport ou des avantages, donnée par une autre assemblée générale, après une nouvelle convocation.

La seconde assemblée générale ne pourra statuer sur l'approbation de l'apport ou des avantages qu'après un rapport qui sera imprimé et tenu à la disposition des actionnaires, cinq jours au moins avant la réunion de cette assemblée.

Les délibérations sont prises par la majorité des actionnaires présents.

Cette majorité doit comprendre le quart des actionnaires, et représenter le quart du capital social en numéraire.

Les associés qui ont fait l'apport ou stipulé des avantages particuliers soumis à l'appréciation de l'assemblée n'ont pas voix délibérative. A défaut d'approbation, la société reste sans effet à l'égard de toutes les parties.

L'approbation ne fait pas obstacle à l'exercice ultérieur de l'action qui peut être intentée pour cause de dol ou de fraude.

Les dispositions du présent article relatives à la vérification de l'apport qui ne consiste pas en numéraire ne sont pas applicables au cas où la société à laquelle est fait ledit apport est formée entre ceux seulement qui en étaient propriétaires par indivis.

ARTICLE 5

Un conseil de surveillance, composé de trois actionnaires au moins, est établi dans chaque société en commandite par actions.

Ce conseil est nommé par l'assemblée générale des actionnaires, immédiatement après la constitution définitive de la société et avant toute opération sociale.

Il est soumis à la réélection, aux époques et suivant les conditions déterminées par les statuts.

Toutefois, le premier conseil n'est nommé que pour une année.

ARTICLE 6

Ce premier conseil doit, immédiatement après sa nomination, vérifier si toutes les dispositions contenues dans les articles qui précèdent ont été observées.

ARTICLE 7

Est nulle et de nul effet à l'égard des intéressés toute société en commandite par actions constituée contrairement aux prescriptions des articles 1er, 2, 3, 4 et 5 de la présente loi.

Cette nullité ne peut être opposée aux tiers par les associés.

ARTICLE 8

Lorsque la société est annulée, aux termes de l'article précédent, les membres du premier conseil de surveillance peuvent être déclarés responsables, avec le gérant, du dommage résultant pour la société ou pour les tiers, de l'annulation de la société.

La même responsabilité peut être prononcée contre ceux des associés dont les apports ou les avantages n'auraient pas été vérifiés et approuvés conformément à l'article 4 ci-dessus.

(Paragraphes ajoutés L. 1er août 1893). L'action en nullité de la société ou des actes et délibérations postérieures à sa constitution n'est plus recevable lorsque, avant l'introduction de la demande, la cause de nullité a cessé d'exister. L'action en responsabilité, pour les faits dont la nullité résultait, cesse également d'être recevable lorsque, avant l'introduction de la demande, la cause de nullité a cessé d'exister et, en outre, que trois ans se sont écoulés depuis le jour où la nullité était encourue.

Si, pour couvrir la nullité, une assemblée générale devait être convoquée, l'action en nullité ne sera plus recevable à partir de la date de la convocation régulière de cette assemblée.

Les actions en nullité contre les actes constitutifs des sociétés sont prescrites par dix ans.

Cette prescription ne pourra, toutefois, être opposée avant l'expiration des dix années qui suivront la promulgation de la présente loi.

Article 9

Les membres du conseil de surveillance n'encourent aucune responsabilité en raison des actes de la gestion et de leurs résultats.

Chaque membre du conseil de surveillance est responsable de ses fautes personnelles, dans l'exécution de son mandat, conformément aux règles du droit commun.

Article 10

Les membres du conseil de surveillance vérifient les livres, la caisse, le portefeuille et les valeurs de la société.

Ils font, chaque année, à l'assemblée générale, un rapport dans lequel ils doivent signaler les irrégularités et inexactitudes qu'ils ont reconnues dans leurs inventaires, et constater, s'il y a lieu, les motifs qui s'opposent aux distributions des dividendes proposés par le gérant.

Aucune répétition de dividendes ne peut être exercée contre les actionnaires, si ce n'est dans le cas où la distribution en aura été faite en l'absence de tout inventaire ou en dehors des résultats constatés par l'inventaire.

L'action en répétition, dans le cas où elle est ouverte, se prescrit pour cinq ans, à partir du jour fixé par la distribution des dividendes...

Article 11

Le conseil de surveillance peut convoquer l'assemblée générale et, conformément à son avis, provoquer la dissolution de la société.

ARTICLE 12

Quinze jours au moins avant la réunion de l'assemblée générale, tout actionnaire peut prendre par lui ou par un fondé de pouvoir, au siège social, communication du bilan, des inventaires et du rapport du conseil de surveillance.

ARTICLE 13

L'émission d'actions ou de coupons d'actions d'une société constituée contrairement aux prescriptions des articles 1, 2 et 3 de la présente loi, est punie d'une amende de 500 à 10.000 francs.

Sont punis de la même peine :

Le gérant qui commence les opérations sociales avant l'entrée en fonctions du conseil de surveillance ;

Ceux qui, en se présentant comme propriétaires d'actions ou de coupons d'actions qui ne leur appartiennent pas, ont créé frauduleusement une majorité factice dans une assemblée générale, sans préjudice de tous dommages-intérêts, s'il y a lieu, envers la société, ou envers les tiers;

Ceux qui ont remis les actions pour en faire l'usage frauduleux.

Dans les cas prévus par les deux paragraphes précédents, la peine de l'emprisonnement de quinze jours à six mois, peut, en outre, être prononcée.

ARTICLE 14

La négociation d'actions ou de coupons d'actions dont la valeur ou la forme serait contraire aux dispositions des articles 1, 2 et 3 de la présente loi, ou pour lesquels le versement du quart n'aurait pas été effectué conformément à l'article 2 ci-dessus, est punie d'une amende de 500 à 10.000 francs.

Sont punies de la même peine toute participation à ces négociations et toute publication de la valeur desdites actions.

ARTICLE 15

Sont punis des peines portées par l'article 405 du code pénal[1] sans préjudice de l'application de cet article à tous les faits constitutifs du délit d'escroquerie :

1° Ceux qui, par simulation de souscriptions ou de versements qui n'existent pas, ou de tous autres faits faux, ont obtenu ou tenté d'obtenir des souscriptions ou des versements ;

---

1. Emprisonnement, 1 an au moins, 5 ans au plus et amende de 50 francs au moins et de 3.000 francs au plus.

Le cas échéant, interdiction pendant 5 ans, à compter de l'expiration de la peine des droits mentionnés à l'article 42 du Code pénal.

2° Ceux qui, pour provoquer des souscriptions ou des versements ont, de mauvaise foi, publié les noms des personnes désignées, contrairement à la vérité, comme étant ou devant être attachées à la société à un titre quelconque ;

3° Les gérants qui, en l'absence d'inventaires, ou au moyen d'inventaires frauduleux, ont opéré entre les actionnaires la répartition de dividendes fictifs. Les membres du conseil de surveillance ne sont pas civilement responsables des délits commis par le gérant.

ARTICLE 16

L'article 463 du code pénal est applicable aux faits prévus par les trois articles qui précèdent [1].

ARTICLE 17

Des actionnaires représentant le vingtième au moins du capital social peuvent, dans un intérêt commun, charger à leurs frais, un ou plusieurs mandataires de soutenir, tant en demandant qu'en défendant, une action contre les gérants ou contre les membres du conseil de surveillance, et de les représenter, en ce cas, en justice, sans préjudice de l'action que chaque actionnaire peut intenter individuellement en son nom personnel.

ARTICLE 18

Les sociétés antérieures à la loi du 17 juillet 1856, et qui ne se seraient pas conformées à l'article 15 de cette loi, seront tenues, dans un délai de six mois, de constituer un conseil de surveillance, conformément aux dispositions qui précèdent.

A défaut de constitution du conseil de surveillance dans le délai ci-dessus fixé, chaque actionnaire a le droit de faire prononcer la dissolution de la société.

ARTICLE 19

Les sociétés en commandite par actions antérieures à la présente loi, dont les statuts permettent la transformation en société anonyme autorisée par le gouvernement, pourront se convertir en société anonyme dans les termes déterminés par le titre II de la présente loi, en se conformant aux conditions stipulées dans les statuts pour la transformation.

ARTICLE 20

Est abrogée la loi du 17 juillet 1856.

1. L'article 463 est relatif aux circonstances atténuantes.

TITRE II

Des Sociétés Anonymes.

ARTICLE 21

A l'avenir, les sociétés anonymes pourront se former sans l'autorisation du gouvernement.

Elles pourront, quel que soit le nombre des associés, être formées par un acte sous seing privé fait en double original.

Elles seront soumises aux dispositions des articles 29, 30, 32, 33, 34 et 36 du code de commerce et aux dispositions contenues dans le présent titre.

ARTICLE 22

Les sociétés anonymes sont administrées par un ou plusieurs mandataires à temps, révocables, salariés ou gratuits, pris parmi les associés.

Ces mandataires peuvent choisir parmi eux un directeur, ou, si les statuts le permettent, se substituer un mandataire étranger à la société et dont ils sont responsables envers elle.

ARTICLE 23

La société ne peut être constituée, si le nombre d'associés est inférieur à sept.

ARTICLE 24

Les dispositions des articles 1, 2, 3 et 4 de la présente loi sont applicables aux sociétés anonymes.

La déclaration imposée au gérant par l'article 1er est faite par les fondateurs de la société anonyme ; elle est soumise, avec les pièces à l'appui, à la première assemblée générale, qui en vérifie la sincérité.

ARTICLE 25

Une assemblée générale est, dans tous les cas, convoquée, à la diligence des fondateurs, postérieurement à l'acte qui constate la souscription du capital social et le versement du quart du capital, qui consiste en numéraire. Cette assemblée nomme les premiers administrateurs ; elle nomme également pour la première année, les commissaires institués par l'article 32 ci-après.

Ces administrateurs ne peuvent être nommés pour plus de six ans ; ils sont rééligibles, sauf stipulation contraire.

Toutefois ils peuvent être désignés par les statuts, avec stipulation formelle que leur nomination ne sera point soumise à l'approbation de l'assemblée générale. En ce cas, ils ne peuvent être nommés pour plus de trois ans.

Le procès-verbal de la séance constate l'acceptation des administrateurs et des commissaires présents à la réunion.

La société est constituée à partir de cette acceptation.

Article 26

Les administrateurs doivent être propriétaires d'un nombre d'actions déterminé par les statuts.

Ces actions sont affectées en totalité à la garantie de tous les actes de la gestion, même de ceux qui seraient exclusivement personnels à l'un des administrateurs.

Elles sont nominatives, inaliénables, frappées d'un timbre indiquant l'inaliénabilité et déposées dans la caisse sociale.

Article 27

Il est tenu, chaque année, une assemblée générale à l'époque fixée par les statuts. Les statuts déterminent le nombre d'actions qu'il est nécessaire de posséder, soit à titre de propriétaire, soit à titre de mandataire, pour être admis dans l'assemblée, et le nombre de voix appartenant à chaque actionnaire, eu égard au nombre d'actions dont il est porteur.

(Disposition ajoutée, L. 1er août 1893). Tous propriétaires d'un nombre d'actions inférieur à celui déterminé pour être admis dans l'assemblée, pourront se réunir pour former le nombre nécessaire et se faire représenter par l'un d'eux.

(Disposition ajoutée par l'article 3 de la loi du 22 novembre 1913). Cette disposition est applicable même aux sociétés constituées avant le 1er août 1893.

Néanmoins, dans les assemblées générales appelées à vérifier les apports, à nommer les premiers administrateurs et à vérifier la sincérité de la déclaration des fondateurs de la société, prescrite par le deuxième paragraphe de l'article 24, tout actionnaire, quel que soit le nombre des actions dont il est porteur, peut prendre part aux délibérations avec le nombre de voix déterminé par les statuts, sans qu'il puisse être supérieur à dix.

Article 28

Dans toutes les assemblées générales, les délibérations sont prises à la majorité des voix.

Il est tenu une feuille de présence, elle contient les noms et domiciles des actionnaires, et le nombre d'actions dont chacun d'eux est porteur.

Cette feuille, certifiée par le bureau de l'assemblée, est déposée au siège social et doit être communiquée à tout requérant.

ARTICLE 29

Les assemblées générales qui ont à délibérer dans les cas autres que ceux qui sont prévus par les deux articles qui suivent, doivent être composées d'un nombre d'actionnaires représentant le quart au moins du capital social.

Si l'assemblée générale ne réunit pas ce nombre, une nouvelle assemblée est convoquée dans les formes et avec les délais prescrits par les statuts, et elle délibère valablement, quelle que soit la portion du capital représenté par les actionnaires présents.

ARTICLE 30

Les assemblées qui ont à délibérer sur la vérification des apports, sur la nomination des premiers administrateurs, sur la sincérité de la déclaration faite par les fondateurs aux termes du paragraphe 2 de l'article 24, doivent être composées d'un nombre d'actionnaires représentant la moitié au moins du capital social.

Le capital social, dont la moitié doit être représentée pour la vérification de l'apport, se compose seulement des apports non soumis à la vérification.

Si l'assemblée générale ne réunit pas un nombre d'actionnaires représentant la moitié du capital social, elle ne peut prendre qu'une délibération provisoire. Dans ce cas, une nouvelle assemblée générale est convoquée. Deux avis, publiés à huit jours d'intervalle, au moins un mois à l'avance, dans l'un des journaux désignés pour recevoir les annonces légales, font connaître aux actionnaires les résolutions provisoires adoptées par la première assemblée, et ces résolutions deviennent définitives si elles ont été approuvées par la nouvelle assemblée, composée d'un nombre d'actionnaires représentant le cinquième au moins du capital social.

ARTICLE 31

Sauf dispositions contraires des statuts, l'assemblée générale, délibérant comme il est dit ci-après, peut modifier les statuts dans toutes leurs dispositions. Elle ne peut, toutefois, changer la nationalité de la société ni augmenter les engagements des actionnaires.

Nonobstant toute clause contraire de l'acte de société, dans les assemblées générales qui ont à délibérer sur les modifications aux statuts, tout actionnaire, quel que soit le nombre des actions dont il est porteur, peut prendre part aux délibérations avec un nombre de voix égal aux actions qu'il possède, sans limitation.

Les assemblées qui ont à délibérer sur les modifications touchant à l'objet ou à la forme de la société ne sont régulièrement constituées et ne délibèrent valablement qu'autant qu'elles sont composées d'un nombre d'actionnaires représentant les trois quarts au moins du capital social. Les résolutions, pour être valables, doivent réunir les deux tiers au moins des voix des actionnaires présents ou représentés.

Dans tous les cas autres que ceux prévus par le précédent paragraphe, si une première assemblée ne remplit pas les conditions ci-dessus fixées, une nouvelle assemblée peut être convoquée dans les formes statutaires et par deux insertions, à quinze jours d'intervalle, dans le Bulletin annexe du *Journal officiel* et dans un journal d'annonces légales du lieu où la société est établie. Cette convocation reproduit l'ordre du jour en indiquant la date et le résultat de la précédente assemblée. La seconde assemblée délibère valablement si elle se compose d'un nombre d'actionnaires représentant la moitié au moins du capital social. Si cette seconde assemblée ne réunit pas la moitié du capital, il peut être convoqué, dans les formes ci-dessus, une troisième assemblée qui délibère valablement, si elle se compose d'un nombre d'actionnaires représentant le tiers du capital social. Dans toutes ces assemblées, les résolutions, pour être valables, devront réunir les deux tiers des voix des actionnaires présents ou représentés.

ARTICLE 32

L'assemblée générale annuelle désigne un ou plusieurs commissaires, associés ou non, chargés de faire un rapport à l'assemblée générale de l'année suivante sur la situation de la société, sur le bilan et sur les comptes présentés par les administrateurs.

La délibération contenant approbation du bilan et des comptes est nulle si elle n'a été précédée du rapport des commissaires.

A défaut de nomination des commissaires par l'assemblée générale, ou en cas d'empêchement ou de refus d'un ou de plusieurs des commissaires nommés, il est procédé à leur nomination ou à leur remplacement par ordonnance du président du tribunal de commerce du siège de la société, à la requête de tout intéressé, les administrateurs dûment appelés.

ARTICLE 33

Pendant le trimestre qui précède l'époque fixée par les statuts pour la réunion de l'assemblée générale, les commissaires ont droit, toutes les fois qu'ils le jugent convenable, dans l'intérêt social, de prendre communication des livres et d'examiner les opérations de la société.

Ils peuvent toujours, en cas d'urgence, convoquer l'assemblée générale.

ARTICLE 34

Toute société anonyme doit dresser, chaque semestre, un état sommaire de sa situation active et passive.

Cet état est mis à la disposition des commissaires.

Il est, en outre, établi chaque année, conformément à l'article 9 du code de commerce, un inventaire contenant l'indication des valeurs mobilières et immobilières et de toutes les dettes actives et passives de la société.

L'inventaire, le bilan et le compte des profits et pertes sont mis à la disposition des commissaires le quarantième jour, au plus tard, avant l'assemblée générale. Ils sont présentés à cette assemblée.

ARTICLE 35

Quinze jours au moins avant la réunion de l'assemblée générale, tout actionnaire peut prendre, au siège social, communication de l'inventaire et de la liste des actionnaires, et se faire délivrer copie du bilan résumant l'inventaire et du rapport des commissaires.

ARTICLE 36

Il est fait annuellement, sur les bénéfices nets, un prélèvement d'un vingtième au moins, affecté à la formation d'un fonds de réserve.

Ce prélèvement cesse d'être obligatoire lorsque le fonds de réserve a atteint le dixième du capital.

ARTICLE 37

En cas de perte des trois quarts du capital social, les administrateurs sont tenus de provoquer la réunion de l'assemblée générale de tous les actionnaires, à l'effet de statuer sur la gestion, de savoir s'il y a lieu de prononcer la dissolution de la société. La résolution de l'assemblée est, dans tous les cas, rendue publique.

A défaut par les administrateurs de réunir l'assemblée générale, comme dans le cas où cette assemblée n'aurait pu se constituer régulièrement, tout intéressé peut demander la dissolution de la société devant les tribunaux.

ARTICLE 38

La dissolution peut être prononcée sur la demande de toute partie intéressée, lorsqu'un an s'est écoulé depuis l'époque où le nombre des associés est réduit à moins de sept.

ARTICLE 39

L'article 17 est applicable aux sociétés anonymes.

ARTICLE 40

Il est interdit aux administrateurs de prendre ou de conserver un intérêt direct ou indirect dans une entreprise ou dans un marché fait avec la société ou pour son compte, à moins qu'ils n'y soient autorisés par l'assemblée générale.

Il est, chaque année, rendu à l'assemblée générale un compte spécial de l'exécution des marchés ou entreprises par elle autorisés, aux termes du paragraphe précédent.

ARTICLE 41

Est nulle et de nul effet à l'égard des intéressés toute société anonyme pour laquelle n'ont pas été observées les dispositions des articles 22, 23, 24, et 25 ci-dessus.

ARTICLE 42

(Ainsi modifié, L. 1er août 1893). Lorsque la nullité de la société ou des actes et délibérations a été prononcée aux termes de l'article précédent, les fondateurs auxquels la nullité est imputable et les administrateurs en fonctions au moment où elle a été encourue, sont responsables solidairement envers les tiers et les actionnaires du dommage résultant de cette annulation.

La même responsabilité solidaire peut être prononcée contre ceux des associés dont les apports ou les avantages n'auraient pas été vérifiés et approuvés conformément à l'article 24.

(Paragraphe ajouté par la même loi). L'action en nullité et celle en responsabilité en résultant sont soumises aux dispositions de l'article 8 ci-dessus.

ARTICLE 43

L'étendue et les effets de la responsabilité des commissaires envers la société sont déterminés d'après les règles générales du mandat.

ARTICLE 44

Les administrateurs sont responsables, conformément aux règles du droit commun, individuellement ou solidairement suivant les cas, envers la société ou envers les tiers, soit des infractions aux dispositions de la présente loi, soit des fautes qu'ils auraient commises dans leur gestion, notamment en distribuant ou en laissant distribuer sans opposition des dividendes fictifs.

ARTICLE 45

Les dispositions des articles 13, 14, 15 et 16 de la présente loi sont applicables en matière de sociétés anonymes, sans distinction entre celles qui sont actuellement existantes et celles qui se constitueront sous l'empire de la présente loi. Les administrateurs qui, en l'absence d'inventaire ou au moyen d'inventaires frauduleux, auront opéré des dividendes fictifs, seront punis de la peine qui est prononcée dans ce cas par le n° 3 de l'article 15 contre les gérants des sociétés en commandite.

Sont également applicables en matière de sociétés anonymes les dispositions des trois derniers paragraphes de l'article 10.

ARTICLE 46

Les sociétés anonymes actuellement existantes continueront à être soumises pendant toute leur durée aux dispositions qui les régissent.

Elles pourront se transformer en sociétés anonymes dans les termes de la présente loi en obtenant l'autorisation du gouvernement et en observant les formes prescrites pour la modification de leurs statuts.

ARTICLE 47

Les sociétés à responsabilité limitée pourront se convertir en sociétés anonymes dans les termes de la présente loi, en se conformant aux conditions stipulées pour la modification de leurs statuts. Sont abrogés les articles 31, 37 et 40 du code de commerce et la loi du 23 mai 1863 sur les sociétés à responsabilité limitée.

TITRE III

Dispositions particulières aux sociétés à capital variable.

ARTICLE 48

Il peut être stipulé, dans les statuts de toute société, que le capital social sera susceptible d'augmentation par des versements successifs faits par les associés ou l'admission d'associés nouveaux, et de diminution par reprise totale ou partielle des apports effectués.

Les sociétés dont les statuts contiendront la stipulation ci-dessus seront soumises, indépendamment des règles générales qui leur sont propres suivant leur forme spéciale, aux dispositions des articles suivants.

ARTICLE 49

Le capital social ne pourra être porté par les statuts constitutifs de la société, au-dessus de la somme de 200.000 francs.

Il pourra être augmenté par des délibérations de l'assemblée générale prises d'année en année : chacune des augmentations ne pourra être supérieure à 200.000 francs.

ARTICLE 50

Les actions ou coupons d'actions seront nominatifs, même après leur entière libération... (voir *infra*, art. 71).

Ils ne seront négociables qu'après la constitution définitive de la société. La négociation ne pourra avoir lieu que par voie de transfert sur les registres de la société, et les statuts pourront donner, soit au conseil d'administration, soit à l'assemblée générale, le droit de s'opposer au transfert.

ARTICLE 51

Les statuts détermineront une somme au-dessous de laquelle le capital ne pourra être réduit par les reprises des apports autorisés par l'article 48.

Cette somme ne pourra être inférieure au dixième du capital social. La société ne sera définitivement constituée qu'après le versement du dixième.

ARTICLE 52

Chaque associé pourra se retirer de la société lorsqu'il le jugera convenable, à moins de conventions contraires et sauf application du § 1er de l'article précédent.

Il pourra être stipulé que l'assemblée générale aura le droit de décider, à la majorité fixée pour la modification des statuts, que l'un ou plusieurs des associés cesseront de faire partie de la société.

L'associé qui cessera de faire partie de la société, soit par l'effet de sa volonté, soit par suite de décision de l'assemblée générale, restera tenu, pendant cinq ans, envers les associés et envers les tiers, de toutes les obligations existant au moment de sa retraite.

ARTICLE 53

La société, quelle que soit sa forme, sera valablement représentée en justice par ses administrateurs.

ARTICLE 54

La société ne sera point dissoute par la mort, la retraite, l'interdiction, la faillite ou la déconfiture de l'un des associés, elle continuera de plein droit entre les autres associés.

TITRE IV

Dispositions relatives à la publication des actes de société.

ARTICLE 55

Dans le mois de la constitution de toute société commerciale, un double de l'acte constitutif, s'il est sous seing privé, ou une expédition s'il est notarié, est déposé au greffe de la justice de paix et du tribunal de commerce du lieu dans lequel est établie la société.

A l'acte constitutif des sociétés en commandite par actions et des sociétés anonymes sont annexées : 1° une expédition de l'acte notarié constatant la souscription du capital social et le versement du quart ; 2° une copie certifiée des délibérations prises par l'assemblée générale dans les cas prévus par les articles 4 et 24.

En outre, lorsque la société est anonyme, on doit annexer à l'acte constitutif la liste nominative, dûment certifiée, des souscripteurs, contenant les noms, prénoms, qualités, demeure, et le nombre d'actions de chacun d'eux.

ARTICLE 56

Dans le même délai d'un mois, un extrait de l'acte constitutif et des pièces annexées est publié dans l'un des journaux désignés pour recevoir les annonces légales.

Il sera justifié de l'insertion par un exemplaire du journal certifié par l'imprimeur, légalisé par le maire et enregistré dans les trois mois de sa date.

Les formalités prescrites par l'article précédent et par le présent article seront observées, à peine de nullité, à l'égard des intéressés ; mais le défaut d'aucune d'elles ne pourra être opposé aux tiers par les associés.

ARTICLE 57

L'extrait doit contenir les noms des associés autres que les actionnaires ou commanditaires, la raison de commerce ou la dénomination adoptée par la société et l'indication du siège social ; la désignation des associés autorisés à gérer, administrer et signer pour la société ; le montant du capital social et le montant des valeurs fournies ou à fournir par les actionnaires ou commanditaires, l'époque où la société commence, celle où elle doit finir, et la date du dépôt fait aux greffes de la justice de paix et du tribunal de commerce.

ARTICLE 58

L'extrait doit énoncer que la société est en nom collectif ou en commandite simple ou en commandite par actions, ou anonyme, ou à capital variable.

Si la société est anonyme, l'extrait doit énoncer le montant du capital social en numéraire et en autres objets, la quotité à prélever sur les bénéfices pour composer le fonds de réserve.

Enfin, si la société est à capital variable, l'extrait doit contenir l'indication de la somme au-dessous de laquelle le capital social ne peut être réduit.

ARTICLE 59

Si la société a plusieurs maisons de commerce situées dans divers arrondissements, le dépôt prescrit par l'article 55 et la publication prescrite par l'article 56 ont lieu dans chacun des arrondissements où existent les maisons de commerce.

Dans les villes divisées en plusieurs arrondissements, le dépôt sera fait seulement au greffe de la justice de paix du principal établissement.

ARTICLE 60

L'extrait des actes et pièces déposés est signé, pour les actes publics, par le notaire, et, pour les actes sous seing privé, par les associés en nom collectif, par les gérants des sociétés en commandite ou par les administrateurs des sociétés anonymes.

ARTICLE 61

Sont soumis aux formalités et aux pénalités prescrites par les articles 55 et 56 :

Tous actes et délibérations ayant pour objet la modification des statuts, la continuation de la société au delà du terme fixé pour sa durée, la dissolution avant ce terme et le mode de liquidation, tout changement ou retraite d'associés, et tout changement à la raison sociale.

Sont également soumises aux dispositions des articles 55 et 56 les délibérations prises dans les cas prévus par les articles 19, 37, 46, 47 et 49 ci-dessus.

ARTICLE 62

Ne sont pas assujettis aux formalités de dépôt et de publication les actes constatant les augmentations ou les diminutions du capital social opérées dans les termes de l'article 48, ou les retraites d'associés autres que les gérants ou administrateurs, qui auraient lieu, conformément à l'article 52.

43

ARTICLE 63

Lorsqu'il s'agit d'une société en commandite par actions ou d'une société anonyme, toute personne a le droit de prendre communication des pièces déposées aux greffes de la justice de paix et du tribunal de commerce, ou même de s'en faire délivrer à ses frais une expédition ou extrait par le greffier ou par le notaire détenteur de la minute.

Toute personne peut également exiger qu'il lui soit délivré au siège de la société une copie certifiée des statuts moyennant paiement d'une somme qui ne pourra excéder un franc.

Enfin, les pièces déposées doivent être affichées d'une manière apparente dans les bureaux de la société.

ARTICLE 64

Dans tous les actes, factures, annonces, publications et autres documents imprimés ou autographiés, émanés des sociétés anonymes ou des sociétés en commandite par actions, la dénomination sociale doit toujours être précédée ou suivie immédiatement de ces mots, écrits lisiblement en toutes lettres : Société anonyme ou Société en commandite par actions, et de l'énonciation du montant du capital social.

Si la société a usé de la faculté accordée par l'article 48, cette circonstance doit être mentionnée par l'addition de ces mots : à capital variable.

Toute contravention aux dispositions qui précèdent est punie d'une amende de 50 à 1.000 francs.

(Paragraphe ajouté par l'article 2 de la loi du 26 avril 1917) : Si la société use de la faculté d'émettre des actions de travail, cette circonstance doit être mentionnée par l'addition de ces mots « à participation ouvrière ».

TITRE V

Des tontines et des sociétés d'assurances.

ARTICLE 66

(Ainsi modifié L. 17 mars 1905, art. 22) [1]. Les autres sociétés d'assurances pourront se former sans autorisation. Un règlement d'administration publique déterminera les conditions sous lesquelles elles pourront être constituées.

1. Le premier paragraphe de cet article, abrogé par la loi de 1905, était ainsi conçu :
Les associations de la nature des tontines et les sociétés d'assurances sur la vie, mutuelles ou à primes, restent soumises à l'autorisation et à la surveillance du gouvernement.

ARTICLE 67.

Les sociétés d'assurances désignées dans le paragraphe 2 de l'article précédent, qui existent actuellement, pourront se placer sous le régime qui sera établi par le règlement d'administration publique, sans l'autorisation du gouvernement en observant les formes et les conditions prescrites pour la modification de leurs statuts. .

Dispositions diverses ajoutées par la loi du 1ᵉʳ août 1893.

ARTICLE 68

Quel que soit leur objet, les sociétés en commandite ou anonymes qui seront constituées dans les formes du code de commerce ou de la présente loi seront commerciales et soumises aux lois et usages du commerce.

ARTICLE 69

Il pourra être consenti hypothèque au nom de toute société commerciale, en vertu des pouvoirs résultant de son acte de formation, même sous seing privé, ou des délibérations ou autorisations constatées dans les formes réglées par ledit acte. L'acte d'hypothèque sera passé en forme authentique, conformément à l'article 2127 du code civil.

ARTICLE 70

Dans le cas où les sociétés ont continué à payer les intérêts ou dividendes des actions, obligations ou tous autres titres remboursables par suite d'un tirage au sort, elles ne peuvent répéter ces sommes lorsque le titre est présenté au remboursement.

ARTICLE 71

Dans l'article 50, § 1ᵉʳ, sont supprimés les mots : « Ils ne pourront être inférieurs à 50 francs. »

(Les articles 72 à 80, qui suivent, ont été ajoutés à la loi de 1867, par la loi du 26 avril 1917.)

TITRE VI

Des sociétés anonymes à participation ouvrière.

ARTICLE 72

Il peut être stipulé dans les statuts de toute société anonyme que la société sera « à participation ouvrière ».

Les sociétés dont les statuts ne contiendraient pas cette stipulation pourront se transformer en société à participation ouvrière, en procédant conformément aux paragraphes 2, 3, 4 de l'article 31 de la loi du 24 juillet 1867, modifié par la loi du 22 novembre 1913.

Les sociétés à participation ouvrière seront soumises, indépendamment des règles générales applicables aux sociétés anonymes, aux dispositions des articles suivants :

ARTICLE 73

Les actions de la société se composent :

1° D'actions ou coupures d'actions de capital.;

2° D'actions dites « actions de travail ».

ARTICLE 74

Les actions du travail sont la propriété collective du personnel salarié (ouvriers et employés des deux sexes) constitué en société commerciale coopérative de main-d'œuvre, en conformité de l'article 68 de la loi du 24 juillet 1867, modifié par la loi du 1er août 1893. Cette société de main-d'œuvre comprendra obligatoirement et exclusivement tous les salariés attachés à l'entreprise depuis au moins un an, et âgés de plus de vingt-et-un ans. La perte de l'emploi salarié, fait perdre au participant et sans indemnité, tous ses droits dans la coopérative de main-d'œuvre, sous la réserve de l'article 79 de la présente loi.

Lorsqu'une société se constituera dès son début sous le régime de la présente loi, c'est-à-dire sous la forme de société anonyme à participation ouvrière, les statuts de la société anonyme devront prévoir la mise en réserve, jusqu'à l'expiration de l'année, des actions de travail attribuées à la collectivité des salariés. A l'expiration de ce délai, les actions seront remises à la coopérative de main-d'œuvre légalement constituée.

Les dividendes attribués aux ouvriers et employés faisant partie de la coopération ouvrière, sont répartis entre eux, conformément aux règles fixées par les statuts de la société ouvrière et aux décisions de ses assemblées générales. Toutefois les statuts de la société anonyme devront dis-

poser que, préalablement à toute distribution de dividende, il sera prélevé sur les bénéfices, au profit des porteurs d'actions de capital, une
somme correspondant à celle que produirait à l'intérêt qu'ils fixeront, le
capital versé.

En aucun cas les actions de capital ne pourront être attribuées individuellement aux salariés de la société, membres de la coopérative de
main-d'œuvre.

Article 75

Les actions de travail sont nominatives, inscrites au nom de la société
coopérative de main-d'œuvre inaliénables, pendant toute la durée de la
société à participation ouvrière, et frappées d'un timbre indiquant l'inaliénabilité et l'incessibilité de ces actions.

Article 76

Les participants à la société coopérative de main-d'œuvre sont représentés aux assemblées générales par des mandataires élus par ces participants, chacun de ceux-ci disposant pour cette élection d'autant de voix
que son salaire annuel, établi sur les comptes arrêtés quinze jours avant
l'assemblée générale, comprend de fois le chiffre du salaire le plus faible
attribué par la société aux salariés âgés de plus de vingt et un ans. Ces
élections ne sont valables que si les deux tiers des participants au moins
ont assisté à la réunion où il y a été procédé.

Les mandataires élus doivent être choisis parmi les participants. Leur
nombre est fixé par les statuts de la société anonyme.

Le nombre de voix dont disposent ces mandataires à chaque assemblée générale est au nombre des voix attribuées au capital qui y est
représenté dans la même proportion que le nombre des actions de travail est à celui des actions de capital.

Les mandataires présents partagent également entre eux les voix qui
leur sont ainsi attribuées, les plus âgés bénéficiant des voix restantes.

En cas d'action judiciaire, les mandataires élus à la dernière assemblée générale désignent un ou plusieurs d'entre eux, pour représenter les
participants. Si aucune élection n'avait encore été faite ou si aucun des
mandataires élus ne faisait plus partie de la coopérative de main-d'œuvre, il serait procédé à l'élection de mandataires spéciaux dans les formes
et conditions prévues au paragraphe 1er du présent article. Toutes les
décisions des assemblées générales coopératives de main-d'œuvre devront
d'ailleurs être prises dans ces mêmes formes et conditions.

Article 77

Toutefois les assemblées générales des sociétés anonymes à participation ouvrière délibérant sur des modifications à apporter aux statuts ou

sur des propositions de continuation de la société au delà du terme fixé pour sa durée ou de dissolution avant ce terme, ne sont régulièrement constituées et ne peuvent valablement délibérer qu'autant qu'elles comprendront un nombre d'actionnaires représentant les trois quarts des actions de capital. Il en pourra être décidé autrement par les statuts.

Dans le cas où une décision de l'assemblée générale comporterait une modification dans les droits attachés aux actions de travail, cette décision ne sera définitive qu'après avoir été ratifiée par une assemblée générale de la coopérative de main-d'œuvre.

ARTICLE 78

Le conseil d'administration de la société anonyme à participation ouvrière comprend un ou plusieurs représentants de la société coopérative de main-d'œuvre ; ces représentants sont élus par l'assemblée générale des actionnaires et choisis parmi les mandataires qui représentent la coopérative à cette assemblée générale. Le nombre en est fixé par le rapport qui existe entre les actions de travail et les actions de capital. Ils sont nommés pour le même temps que les autres administrateurs, et sont comme eux rééligibles ; toutefois leur mandat prend fin s'ils cessent d'être salariés de la société, et, par suite, membres de la coopérative.

Si le conseil d'administration ne se compose que de trois membres, il devra comprendre tout au moins un représentant de la société ouvrière.

ARTICLE 79

En cas de dissolution, l'actif social n'est réparti entre les actionnaires qu'après l'amortissement intégral des actions de capital.

La part représentative des actions de travail, conformément aux décisions prises par l'assemblée générale de la coopérative ouvrière convoquée à cet effet, est alors répartie entre les participants et anciens participants comptant au moins dix ans de services consécutifs dans les établissements de la société, ou tout au moins, une durée de services sans interruption égale à la moitié de la durée de la société et ayant quitté la société pour cause de maladie ou de vieillesse.

Toutefois, les anciens participants remplissant les conditions prévues à l'alinéa précédent ne figureront à la répartition que pour 9/10, 8/10, 7/10, etc., d'une part correspondant à la durée de leurs services, suivant qu'ils auront cessé leurs services depuis un an, deux ans, trois ans, etc.

La dissolution de la société anonyme amène la dissolution de la coopérative de main-d'œuvre.

ARTICLE 80

Les sociétés qui se conformeront aux dispositions précédentes seront affranchies, en ce qui concerne leurs statuts ou actes d'augmentation de capital, des droits de timbre et d'enregistrement, exclusivement applicables au montant des actions de travail.

Celles dans lesquelles le nombre des actions de travail sera égal au moins au quart du nombre des actions de capital bénéficieront, en outre, pour leurs actions de travail, des avantages accordés par l'article 21 de la loi du 30 décembre 1903, complété par l'article 25 de la loi de finances du 8 avril 1910 aux parts d'intérêts ou actions dans les sociétés de toute nature dites de coopération, formées exclusivement entre ouvriers et artisans. Ces mêmes titres seront, de plus, affranchis du droit proportionnel de timbre édicté par la loi du 5 juin 1850 et du droit de transmission établi par la loi du 23 juin 1857.

Indépendamment des immunités fiscales ci-dessus prévues au paragraphe précédent, les sociétés à participation ouvrière bénéficieront des avantages accordés par les lois et décrets en vigueur aux sociétés coopératives en ce qui concerne les adjudications et soumissions de travaux publics.

Loi du 1er août 1893
portant modification de la loi du 24 juillet 1867
sur les sociétés par actions.

ARTICLE PREMIER

Les paragraphes 1 et 2 de l'article premier de la loi du 24 juillet 1867 sont modifiés comme suit : ... (voir ci-dessus, loi du 24 juillet 1867, art. 1er, §§ 1 et 2) [1].

ARTICLE 2

L'article 3 est modifié comme suit : ... (voir ci-dessus, loi du 24 juillet 1867, art. 3) [3].

1. Texte de l'art. 21 de la loi du 30 novembre 1903, complété par l'art. 25 de la loi du 8 avril 1910 : « Les dispositions de la loi du 29 juin 1872 (loi relative à l'impôt sur le revenu des valeurs mobilières) ne sont applicables ni aux parts d'intérêts ou actions, ni aux emprunts ou obligations des sociétés de toute nature, dites de coopération, formées exclusivement entre ouvriers ou artisans, non plus qu'aux parts d'intérêts de sociétés coopératives de production, de transformation, de conservation et de vente des produits agricoles, constituées suivant les dispositions de la loi du 29 décembre 1906.

La même exception s'applique aux associations de toute nature, quels qu'en soient l'objet ou la dénomination, formées exclusivement par ces sociétés coopératives.

Il n'y aura pas lieu au recouvrement des sommes qui peuvent être encore dues en vertu de la loi du 29 juin 1872, par ces sociétés et associations.

2. Page 658.

3. Page 659.

ARTICLE 3

A l'article 8, sont ajoutées les dispositions suivantes : ... (voir ci-dessus, loi du 24 juillet 1867, art. 8) [1].

ARTICLE 4

Au paragraphe 1er de l'article 27 est ajouté ce qui suit : ... (voir ci-dessus, loi du 24 juillet 1867, art. 27, § 1) [2].

ARTICLE 5

Dans le paragraphe 1er de l'article 42 sont substitués les termes suivants... (voir ci-dessus, loi du 24 juillet 1867, art. 42, § 1) [3].

Au même article est ajouté le paragraphe suivant : ... (voir ci-dessus, loi du 24 juillet 1867, paragraphe dernier).

ARTICLE 6

Sont ajoutées à la loi, les dispositions suivantes : ... (voir ci-dessus, loi du 24 juillet 1867, art. 68 à 71) [4].

DISPOSITIONS TRANSITOIRES

ARTICLE 7

Pour les sociétés par actions en commandite ou anonymes déjà existantes sans distinction entre celles antérieures à la loi du 24 juillet 1867 et celles postérieures, il n'est pas dérogé à la faculté qu'elles peuvent avoir de convertir leurs actions en titres au porteur avant libération intégrale.

Quant aux actions nominatives des mêmes sociétés, les deux ans après lesquels tout souscripteur ou actionnaire qui a cédé son titre, cesse d'être responsable des versements non appelés ne courront, à l'égard des créanciers antérieurs à la présente loi, qu'à partir de l'entrée en vigueur de la loi, et sauf application de l'article 2257 du code civil [5] pour les créances conditionnelles ou à terme et les actions en garantie.

1. Page 661.
2. Page 665.
3. Page 669.
4. Page 675.
5. Texte de cet article :
La prescription ne court point :
A l'égard d'une créance qui dépend d'une condition, jusqu'à ce que la condition arrive ;
A l'égard d'une créance à jour fixe, jusqu'à ce que ce jour soit arrivé.

Les dispositions de l'article 8 et celles de l'article 42 s'appliquent aux sociétés déjà constituées sous l'empire de la loi du 24 juillet 1867.

Dans les mêmes sociétés, l'action en nullité résultant des articles 7 et 41 ne sera plus recevable si les causes en nullité ont cessé d'exister au moment de la présente loi.

En tout cas, l'action en responsabilité pour les faits dont la nullité résultait ne cessera d'être recevable que trois ans après la présente loi.

Les sociétés civiles actuellement constituées sous d'autres formes pourront, si leurs statuts ne s'y opposent pas, se transformer en sociétés en commandite ou en sociétés anonymes par décision d'une assemblée générale spécialement convoquée et réunissant les conditions tant de l'acte social que de l'article 31 ci-dessus.

Loi du 16 novembre 1903 concernant les actions de priorité et la négociation des actions d'apport, en cas de fusion de la société.

ARTICLE PREMIER

L'article 34 du code de commerce est ainsi complété : ... (Voir ci-dessus le texte actuel de l'article 34 du code de commerce).

ARTICLE 2

Le paragraphe 3 de l'article 3 de la loi du 24 juillet 1867, modifié par la loi du 1er août 1893, et ainsi modifié : ... (Voir ci-dessus l'article 3 du 24 juillet 1867).

Loi du 30 janvier 1907 portant fixation du budget de 1907.

L'émission, l'exposition, la mise en vente, l'introduction sur le marché en France, d'actions, d'obligations ou de titres de quelque nature qu'ils soient, de sociétés françaises ou étrangères, seront, en ce qui concerne ceux de ces titres offerts au public à partir du 1er mars 1907, assujetties aux formalités ci-après :

Préalablement à toute mesure de publicité, les émetteurs, exposants, metteurs en vente et introducteurs devront faire insérer dans un bulletin annexe au Journal officiel, dont la forme sera déterminée par décret, une notice contenant les énonciations suivantes :

1° La dénomination de la société, ou la raison sociale;

2° L'indication de la législation (française ou étrangère) sous le régime de laquelle fonctionne la société;

3° Le siège social;

4° L'objet de l'entreprise;

5° La durée de la société;

6° Le montant du capital social, le taux de chaque catégorie d'actions et le capital non libéré;

7° Le dernier bilan certifié pour copie conforme ou la mention qu'il n'en a pas été dressé encore.

Devront être également indiqués le montant des obligations qui auraient déjà été émises par la société, avec énumération des garanties qui y sont attachées et, s'il s'agit d'une nouvelle émission d'obligations, le nombre ainsi que la valeur des titres à émettre, l'intérêt à payer pour chacun d'eux, l'époque et les conditions de remboursement et les garanties sur lesquelles repose la nouvelle émission.

Il devra, en outre, être fait mention des avantages stipulés au profit des fondateurs et des administrateurs, du gérant et de toute autre personne, des apports en nature et de leur mode de rémunération, des modalités de convocation aux assemblées générales et de leur lieu de réunion.

Les émetteurs, exposants, metteurs en vente et introducteurs devront être domiciliés en France; ils seront tenus de revêtir la notice ci-dessus de leur signature et de leur adresse.

Les affiches, prospectus et circulaires devront reproduire les énonciations de la notice et contenir mention de l'insertion de ladite notice au bulletin annexe du *Journal officiel*, avec référence au numéro dans lequel elle aura été publiée.

Les annonces dans les journaux devront reproduire sur les mêmes énonciations ou, tout au moins, un extrait de ces énonciations avec référence à ladite notice et indication du bulletin annexe du *Journal officiel*, dans lequel elle aura été publiée.

Toute société étrangère qui procède en France à une émission publique, à une exposition, à une mise en vente ou à une introduction d'actions, d'obligations ou de titres de quelque nature qu'ils soient, sera tenue, en outre, de publier intégralement ses statuts, en langue française, au même bulletin annexe du *Journal officiel* et avant tout placement de titre.

Les infractions aux dispositions édictées ci-dessus seront constatées par les agents de l'enregistrement; elles seront punies d'une amende de 10.000 à 20.000 francs.

L'article 463 du Code pénal est applicable aux peines prévues par le présent article[1].

---

1. L'article 463 du Code pénal est applicable à l'admission des circonstances atténuantes.

Décret du 27 février 1907
portant création du bulletin annexe au Journal Officiel prévu par l'article 3 de la loi du 30 janvier 1907.

ARTICLE PREMIER

Les insertions prévues à l'article 3 de la loi de finances du 30 janvier 1907 seront publiées en feuilles annexes au *Journal officiel* sous le titre : de Bulletin annexe du Journal officiel de la République Française. Ces insertions obligatoires sont à la charge des sociétés financières.

ARTICLE 2

Le tarif des insertions est fixé à deux francs (2 francs) la ligne de corps sept, la ligne du *Journal officiel* prise comme justification.

ARTICLE 3

Le bulletin annexe paraîtra le lundi de chaque semaine. Les insertions, établies sous la responsabilité des signataires, devront être transmises au plus tard le mercredi de chaque semaine à la direction du Journal officiel.

ARTICLE 4

Le Bulletin annexe sera donné sans augmentation de prix aux abonnés de l'édition complète du *Journal officiel*.

Le prix de l'abonnement spécial au Bulletin annexe est fixé en France, en Algérie et Tunisie à douze francs par an (onze francs pour les libraires et commissionnaires). Les abonnements seront invariablement d'une durée d'un an et partiront du 1er de chaque mois.

ARTICLE 5

Le bulletin sera vendu par feuille ou cahier de seize pages au maximum. Le prix de chaque feuille ou cahier est fixé à 5 centimes pour l'année courante, et à 50 centimes pour les années écoulées, à partir du 1er février de l'année qui suit.

Le prix de la feuille ou cahier légalisé du Bulletin annexe justificatif d'insertion est fixé à 75 centimes [1].

---

1. Voir, pour les prix actuellement en vigueur, le décret du 28 avril 1918, rapporté *infrà*.

ARTICLE 6

Il sera dressé un répertoire alphabétique annuel au Bulletin annexe : ce répertoire figurera dans les tables annuelles du *Journal officiel* dont le prix reste fixé à 6 francs [1].

Loi du 19 mars 1909, relative à la vente et au nantissement des fonds de commerce.

CHAPITRE PREMIER
DE LA VENTE DES FONDS DE COMMERCE

ARTICLE PREMIER

Le privilège du vendeur d'un fonds de commerce n'a lieu que si la vente a été consentie par un acte authentique ou sous seing privé, dûment enregistré, et que s'il a été inscrit sur un registre public tenu au greffe du tribunal de commerce dans le ressort duquel le fonds est exploité.

Il ne porte que sur les éléments du fonds énumérés dans la vente et dans l'inscription, et à défaut de désignation précise, que sur l'enseigne et le nom commercial, le droit au bail, la clientèle et l'achalandage.

Des prix distincts sont établis pour les éléments incorporels du fonds, le matériel et les marchandises.

Le privilège du vendeur qui garantit chacun de ces prix ou ce qui en reste dû, s'exerce distinctement sur les prix respectifs de la revente afférents aux marchandises, au matériel et aux éléments incorporels du fonds.

Nonobstant toute convention contraire, les payements partiels, autres que les payements comptants s'imputent d'abord sur le prix des marchandises, ensuite sur le prix du matériel.

Il y a lieu à ventilation du prix de revente mis en distribution s'il s'applique à un ou plusieurs éléments non compris dans la première vente.

ARTICLE 2

L'inscription doit être prise, à peine de nullité dans la quinzaine de la date de l'acte de vente. Elle prime toute inscription prise dans le même

---

1. Voir, pour les prix actuellement en vigueur, le décret du 28 avril 1918, rapporté *infrà*, pages 710 et 711.

délai du chef de l'acquéreur ; elle est opposable à la faillite et à la liquidation judiciaire de l'acquéreur, ainsi qu'à sa succession bénéficiaire.

L'action résolutoire établie par l'article 1654 du code civil doit, pour produire effet, être mentionnée et réservée expressément dans l'inscription. Elle ne peut être exercée au préjudice des tiers après l'extinction du privilège. Elle est limitée, comme le privilège aux seuls éléments qui ont fait partie de la vente.

En cas de résolution judiciaire ou amiable de la vente, le vendeur est tenu de reprendre tous les éléments du fonds qui ont fait partie de la vente, même ceux pour lesquels son privilège et l'action résolutoire sont éteints ; il est comptable du prix des marchandises et du matériel, existant au moment de sa reprise de possession d'après l'estimation qui en sera faite par expertise contradictoire, amiable ou judiciaire, sous la déduction de ce qui pourra lui rester dû par privilège sur les prix respectifs des marchandises et du matériel, le surplus, s'il y en a, devant rester le gage des créanciers inscrits et, à défaut, des créanciers chirographaires.

Le vendeur qui exerce l'action résolutoire doit la notifier aux créanciers inscrits sur le fonds au domicile par eux élu dans leurs inscriptions. Le jugement ne peut intervenir qu'après un mois écoulé depuis la notification.

Le vendeur qui a stipulé lors de la vente que, faute de paiement dans le terme convenu, la vente serait résolue de plein droit, ou qui en a obtenu de l'acquéreur la résolution à l'amiable, doit notifier aux créanciers inscrits, aux domiciles élus, la résolution encourue ou consentie qui ne deviendra définitive qu'un mois après la notification ainsi faite.

Lorsque la vente d'un fonds est poursuivie aux enchères publiques soit à la requête d'un syndic de faillite, de tous liquidateurs ou administrateurs judiciaires, soit judiciairement à la requête de tout autre ayant droit, le poursuivant doit la notifier aux précédents vendeurs, aux domiciles élus dans leurs inscriptions, avec déclaration que, faute par eux d'intenter l'action résolutoire dans le mois de la notification, ils seront déchus, à l'égard de l'adjudicataire, du droit de l'exercer.

L'article 550 du code de commerce n'est applicable ni au privilège ni à l'action résolutoire du vendeur d'un fonds de commerce.

Article 3

(Modifié par la loi du 31 juillet 1913). Toute vente ou cession de fonds de commerce, consentie même sous condition ou sous la forme d'un autre contrat, ainsi que toute mise en société ou toute attribution de fonds de commerce par partage ou licitation, sera, dans la quinzaine de sa date, publiée, à la diligence de l'acquéreur, sous forme d'extrait ou d'avis dans un journal d'annonces légales du ressort du tribunal de commerce où se trouve le fonds, ou, à défaut, dans un journal d'annonces légales de l'arrondissement.

L'extrait ou avis contiendra la date de l'acte, les noms, prénoms et domiciles de l'ancien et du nouveau propriétaire, la nature et le siège du fonds, l'indication du délai ci-après fixé pour les oppositions et une élection de domicile dans le ressort du tribunal.

La publication sera renouvelée du huitième au quinzième jour après la première insertion.

Dans dix jours au plus tard après la seconde insertion, tout créancier du précédent propriétaire, que sa créance soit ou non exigible, pourra former au domicile élu, par simple acte extra-judiciaire, opposition au paiement du prix ; l'opposition, à peine de nullité, énoncera le chiffre et les causes de la créance et contiendra une élection de domicile dans le ressort du tribunal de la situation du fonds. Le bailleur ne peut former opposition pour loyers en cours ou à échoir, et ce nonobstant toutes stipulations contraires. Aucun transport amiable ou judiciaire du prix, ou de portion du prix, ne sera opposable aux créanciers qui se seront ainsi faits connaître dans ce délai.

Au cas d'opposition du payement du prix, le vendeur pourra, en tout état de cause, après l'expiration du délai de dix jours, se pourvoir en référé devant le président du tribunal civil afin d'obtenir l'autorisation de toucher son prix malgré l'opposition, à la condition de verser à la caisse des dépôts et consignations, ou aux mains d'un tiers commis à cet effet, une somme suffisante, fixée par le juge des référés, pour répondre éventuellement des causes de l'opposition dans le cas où il se reconnaîtrait ou serait jugé débiteur. Le dépôt ainsi ordonné sera affecté spécialement, aux mains du tiers détenteur, à la garantie des créances pour sûreté desquelles l'opposition aura été faite, et privilège exclusif de tout autre leur sera attribué sur ledit dépôt, sans que, toutefois, il puisse en résulter transport judiciaire au profit de l'opposant ou des opposants en cause à l'égard des autres créanciers opposants du vendeur, s'il en existe. A partir de l'exécution de l'ordonnance de référé, l'acquéreur sera déchargé et les effets de l'opposition seront transportés sur le tiers détenteur.

Le juge des référés n'accordera l'autorisation demandée que s'il est justifié par une déclaration formelle de l'acquéreur mis en cause, faite sous sa responsabilité personnelle et dont il sera pris acte, qu'il n'existe pas d'autres créanciers opposants que ceux contre lesquels il est procédé. L'acquéreur, en exécutant l'ordonnance ne sera pas libéré de son prix, à l'égard des autres créanciers opposants antérieurs à ladite ordonnance, s'il en existe.

Si l'opposition a été faite sans titre et sans cause ou est nulle en la forme et s'il n'y a pas instance engagée au principal, le vendeur pourra se pourvoir en référé devant le président du tribunal civil, à l'effet d'obtenir l'autorisation de toucher son prix, malgré l'opposition.

L'acquéreur, qui sans avoir fait, dans les formes prescrites, les publications ou avant l'expiration du délai de dix jours aura payé son vendeur, ne sera pas libéré à l'égard des tiers.

ARTICLE 4

Si la vente ou cession de fonds de commerce comprend des succursales, situées dans la France continentale, en Algérie ou dans les colonies, l'inscription et la publication prescrite par les articles 2 et 3 doivent être faites également dans chacun des ressorts où ces succursales ont leur siège. Le délai qui est de quinzaine dans la France continentale, est d'un mois en Corse et en Algérie, de trois mois dans les colonies.

La publication comprendra élection de domicile dans le ressort du tribunal de la situation de l'établissement principal et dans le ressort où se trouve la succursale, si celle-ci forme l'objet unique de la cession.

ARTICLE 5

Pendant les vingt jours qui suivent la seconde insertion, une expédition, ou l'un des originaux de l'acte de vente, est tenu, au domicile élu, à la disposition de tout créancier opposant ou inscrit, pour être consulté sans déplacement.

Pendant le même délai, tout créancier inscrit ou qui a formé opposition dans le délai de dix jours fixé par l'article précédent peut prendre, au domicile élu, communication de l'acte de vente et des oppositions et, si le prix ne suffit pas à désintéresser les créanciers inscrits et ceux qui se sont révélés par des oppositions au plus tard dans les dix jours qui suivent la seconde insertion, former, en se conformant aux prescriptions de l'article 23 ci-après, une surenchère du sixième du prix principal du fonds de commerce, non compris le matériel et les marchandises.

La surenchère du sixième n'est pas admise après la vente judiciaire d'un fonds de commerce ou la vente poursuivie à la requête d'un syndic de faillite, de liquidateurs ou d'administrateurs judiciaires, ou de copropriétaires indivis du fonds, faite aux enchères publiques et conformément à l'article 17 de la présente loi.

L'officier public commis pour procéder à la vente devra n'admettre à enchérir que des personnes dont la solvabilité lui sera connue, ou qui auront déposé soit entre ses mains, soit à la Caisse des dépôts et consignations, avec affectation spéciale au payement du prix, une somme qui ne pourra être inférieure à la moitié du prix total de la première vente, ni la portion du prix de ladite vente stipulée payable comptant, augmentée de la surenchère.

L'adjudication sur surenchère du sixième aura lieu aux mêmes conditions et délais que la vente sur laquelle la surenchère est intervenue.

Si l'acquéreur surenchéri est dépossédé par suite de surenchère il devra, sous sa responsabilité, remettre les oppositions formées entre ses mains à l'adjudicataire, sur récépissé, dans la huitaine de l'adjudication s'il ne les a pas fait connaître antérieurement par mention insérée au cahier des charges ; l'effet de ces oppositions sera reporté sur le prix de l'adjudication.

ARTICLE 6

Lorsque le prix de la vente est définitivement fixé qu'il y ait eu ou non surenchère, l'acquéreur, à défaut d'entente entre les créanciers pour la distribution amiable de son prix est tenu, sur la sommation de tout créancier, et dans la quinzaine suivante, de consigner la portion exigible du prix, et le surplus, au fur et à mesure de l'exigibilité à la charge de toutes les oppositions faites entre ses mains, ainsi que des inscriptions grevant le fonds et des cessions qui lui ont été notifiées.

ARTICLE 7

Dans la quinzaine de la publication de l'acte de société contenant apport d'un fonds de commerce, tout créancier non inscrit de l'associé qui a fait l'apport, fera connaître au greffe du tribunal de commerce où le dépôt de l'acte a eu lieu, sa qualité de créancier et la somme qui lui est due. Il lui sera délivré par le greffier un récépissé de sa déclaration.

Si le fonds est apporté dans une société déjà formée les créanciers non inscrits de l'associé auquel le fonds appartenait feront la déclaration au greffe du tribunal de commerce de la situation du fonds, dans la quinzaine de la publication de l'acte contenant l'apport, effectuée en conformité de l'article 3 ci-dessus.

A défaut par les coassociés, ou l'un d'eux, de former, dans la quinzaine suivante une demande en annulation de la société ou de l'apport, ou si l'annulation n'en est pas prononcée, la société est tenue solidairement avec le débiteur principal, au payement du passif déclaré dans le délai ci-dessus et justifié.

CHAPITRE II

DU NANTISSEMENT DES FONDS DE COMMERCE

ARTICLE 8

Les fonds de commerce peuvent faire l'objet de nantissements, sans autres conditions et formalités que celles prescrites par la présente loi.

Le nantissement d'un fonds de commerce ne donne pas au créancier gagiste le droit de se faire attribuer le fonds en paiement et jusqu'à due concurrence.

Article 9

Sont seuls susceptibles d'être compris dans le nantissement soumis aux dispositions de la présente loi comme faisant partie d'un fonds de commerce: l'enseigne et le nom commercial, le droit au bail, la clientèle et l'achalandage, le mobilier commercial, le matériel ou l'outillage servant à l'exploitation du fonds, les brevets d'invention, les licences, les marques de fabrique et de commerce, les dessins et modèles industriels, et généralement les droits de propriété industriels, littéraire ou artistique qui y sont attachés.

Le certificat d'addition postérieur au nantissement qui comprend le brevet auquel il s'applique, suivra le sort de ce brevet et fera partie du gage constitué.

A défaut de désignation expresse et précise dans l'acte qui le constitue, le nantissement ne comprend que l'enseigne et le nom commercial, le droit au bail, la clientèle et l'achalandage.

Si le nantissement porte sur un fonds de commerce et ses succursales, celles-ci doivent être désignées par l'indication précise de leur siège.

Article 10

Le contrat de nantissement est constaté par un acte authentique, ou par un acte sous seing privé dûment enregistré.

Le privilège résultant du contrat de nantissement s'établira par le seul fait de l'inscription sur un registre public tenu au greffe du tribunal de commerce dans le ressort duquel le fonds est exploité.

La même formalité devra être remplie au greffe du tribunal de commerce dans le ressort duquel est située chacune des succursales du fonds comprise dans le nantissement.

Article 11

L'inscription doit être prise, à peine de nullité du nantissement dans la quinzaine de la date de l'acte constitutif.

En cas de faillite ou de liquidation judiciaire les articles 446, 447 et 448, paragraphe premier du code de commerce sont applicables aux nantissements de fonds de commerce.

Article 12

Le rang des créanciers gagistes entre eux est déterminé par la date de leurs inscriptions. Les créanciers qui sont inscrits le même jour viennent en concurrence.

44

CHAPITRE III

DISPOSITION A LA VENTE ET AU NANTISSEMENT DES FONDS DE COMMERCE

SECTION PREMIÈRE. — *De la réalisation du gage et de la purge des créances inscrites.*

ARTICLE 13

En cas de déplacement du fonds de commerce, les créances inscrites deviendront de plein droit exigibles si le propriétaire du fonds n'a pas fait connaître aux créanciers inscrits, quinze jours au moins d'avance, son intention de déplacer le fonds et le nouveau siège qu'il entend lui donner.

Dans la quinzaine de l'avis à eux notifié ou dans la quinzaine du jour où ils auront eu connaissance du déplacement, le vendeur ou le créancier gagiste doivent faire mentionner en marge de l'inscription existante, le nouveau siège du fonds, et si le fonds a été transféré dans un autre ressort, faire reporter à sa date l'inscription primitive avec l'indication du nouveau siège, sur le registre du tribunal de ce ressort.

Le déplacement du fonds de commerce, sans le consentement du vendeur ou des créanciers gagistes peut, s'il en résulte une dépréciation du fonds rendre leurs créances exigibles.

L'inscription d'un nantissement peut également rendre exigibles les créances antérieures ayant pour cause l'exploitation du fonds.

Les demandes en déchéance du terme formées en vertu des deux paragraphes précédents devant le tribunal de commerce sont soumises aux règles de procédure édictées par le paragraphe 8 de l'article 15 ci-après.

ARTICLE 14

Le propriétaire qui poursuit la résiliation du bail de l'immeuble dans lequel s'exploite un fonds de commerce grevé d'inscriptions doit notifier sa demande aux créanciers antérieurement inscrits, au domicile élu par eux dans leurs inscriptions. Le jugement ne peut intervenir qu'après un mois écoulé depuis la notification.

La résiliation amiable du bail ne devient définitive qu'un mois après la notification qui en a été faite aux créanciers inscrits, aux domiciles élus.

ARTICLE 15

Tout créancier qui exerce des poursuites de saisie-exécution et le débiteur contre lequel elles sont exercées, peuvent demander devant le tribunal de commerce dans le ressort duquel s'exploite le fonds, la vente du fonds de commerce du saisi, avec le matériel et les marchandises qui en dépendent.

Sur la demande du créancier poursuivant, le tribunal de commerce ordonne qu'à défaut de paiement dans le délai imparti au débiteur la vente du fonds aura lieu à la requête dudit créancier, après l'accomplissement des formalités prescrites par l'article 17 de la présente loi.

Il en sera de même, si, sur l'instance introduite par le débiteur, le créancier demande à poursuivre la vente du fonds.

S'il ne le demande pas, le tribunal de commerce fixe le délai dans lequel la vente du fonds devra avoir lieu à la requête du débiteur suivant les formalités édictées par l'article 17 ci-après et il ordonne que, faute par le débiteur d'avoir fait procéder à la vente dans ledit délai, les poursuites de saisie-exécution seront reprises et continuées sur les derniers errements.

Il nomme, s'il y a lieu, un administrateur provisoire du fonds, fixe les mises à prix, détermine les conditions principales de la vente, commet, pour y procéder, l'officier public qui dresse le cahier des charges.

La publicité extraordinaire, lorsqu'elle est utile, est réglée par le jugement ou, à défaut, par ordonnance du président du tribunal de commerce, rendue sur requête.

Il peut, par la décision rendue, autoriser le poursuivant, s'il n'y a pas d'autre créancier inscrit ou opposant, et sauf prélèvement des frais privilégiés au profit de qui de droit, à toucher le prix directement et sur sa simple quittance, soit de l'adjudicataire, soit de l'officier public vendeur selon les cas, en déduction ou jusqu'à concurrence de sa créance, en principal, intérêts et frais.

Le tribunal de commerce statue dans la quinzaine de la première audience, par jugement non susceptible d'opposition, exécutoire sur minute. L'appel du jugement est suspensif ; il est formé dans la quinzaine de sa signification à partie et jugé sommairement par la Cour dans le mois ; l'arrêt est exécutoire sur minute.

ARTICLE 16

Le vendeur et le créancier gagiste inscrits sur un fonds de commerce, peuvent également, même en vertu de titres sous seing privé, faire ordonner la vente du fonds qui constitue leur gage huit jours après sommation de payer faite au débiteur et au tiers débiteur, s'il y a lieu, demeurée infructueuse.

La demande est portée devant le tribunal de commerce dans le ressort duquel s'exploite ledit fonds, lequel statue comme il est dit aux paragraphes 5, 6, 7 et 8 de l'article précédent.

Article 17

Le poursuivant fait sommation au propriétaire du fonds et aux créanciers inscrits antérieurement à la décision qui a ordonné la vente au domicile élu par eux, dans leurs inscriptions, quinze jours au moins avant la vente, de prendre communication du cahier des charges, de fournir leurs dires et observations, et d'assister à l'adjudication si bon leur semble.

La vente a lieu dix jours au moins après l'apposition d'affiches indiquant : les noms, professions, domiciles du poursuivant et du propriétaire du fonds, la décision en vertu de laquelle on agit, une élection de domicile dans le lieu où siège le tribunal de commerce dans le ressort duquel s'exploite le fonds, les divers éléments constitutifs dudit fonds, la nature de ses opérations, sa situation, les mises à prix, les lieux, jour et heure de l'adjudication, les nom et domicile de l'officier public commis et dépositaire du cahier des charges.

Ces affiches sont obligatoirement apposées, à la diligence de l'officier public, à la porte principale de l'immeuble et de la mairie de la commune où le fonds est situé ; du tribunal de commerce dans le ressort duquel se trouve le fonds et de l'officier public commis.

L'affiche est insérée dix jours aussi avant la vente dans un journal d'annonces légales du tribunal de commerce, et, à défaut, du tribunal d'arrondissement où le fonds est situé.

La publicité sera constatée par une mention faite dans le procès-verbal de vente.

Il sera statué s'il y a lieu sur les moyens de nullité de la procédure de vente, antérieure à l'adjudication et sur les dépens, par le président du tribunal civil de l'arrondissement où s'exploite le fonds ; ces moyens devront être opposés, à peine de déchéance huit jours au moins avant l'adjudication. Le paragraphe 8, article 15, est applicable à l'ordonnance rendue par le président.

Article 18

Le tribunal de commerce, saisi de la demande en paiement d'une créance se rattachant à l'exploitation d'un fonds de commerce peut, s'il prononce une condamnation et si le créancier le requiert, ordonner par le même jugement la vente du fonds. Il statue dans les termes des paragraphes 5 et 6 de l'article 15 ci-dessus et fixe le délai après lequel à défaut de paiement, la vente pourra être poursuivie.

Les dispositions de l'article 15, paragraphe 8, et de l'article 17, sont applicables à la vente ordonnée par le tribunal de commerce.

Article 19

Faute par l'adjudicataire d'exécuter les clauses de l'adjudication, le fonds sera vendu à sa folle enchère selon les formes prescrites par l'article 17 ci-dessus.

Le fol enchérisseur est tenu, envers les créanciers du vendeur et le vendeur lui-même, de la différence entre son prix et celui de la revente sur folle enchère, sans pouvoir réclamer l'excédent, s'il y en a.

Article 20

Il ne sera procédé à la vente séparée d'un ou de plusieurs éléments d'un fonds de commerce grevé d'inscriptions, poursuivie soit sur saisie-exécution, soit en vertu de la présente loi que dix jours au plus tôt après la notification de la poursuite aux créanciers qui se sont inscrits quinze jours au moins avant ladite notification, au domicile élu par eux dans leurs inscriptions. Pendant ce délai de dix jours tout créancier inscrit, que sa créance soit ou non échue, pourra assigner les intéressés devant le tribunal de commerce dans le ressort duquel s'exploite le fonds, pour demander qu'il soit procédé à la vente de tous les éléments du fonds, à la requête du poursuivant ou à sa propre requête, dans les termes et conformément aux dispositions des articles 15, 16 et 17 ci-dessus.

Le matériel et les marchandises seront vendues en même temps que le fonds sur des mises à prix distinctes, ou moyennant des prix distincts si le cahier des charges oblige l'adjudicataire à les prendre à dire d'experts.

Il y aura lieu à ventilation du prix pour les éléments du fonds non grevés des privilèges inscrits.

Article 21

Aucune surenchère n'est admise lorsque la vente a lieu dans les formes prescrites par les articles 5, 15, 16, 17, 18, 20 et 23 de la présente loi.

Article 22.

Les privilèges du vendeur et du créancier gagiste suivent le fonds en quelques mains qu'il passe.

Lorsque la vente du fonds n'a pas eu lieu aux enchères publiques en vertu et conformité des articles 5, 15, 16, 17, 18, 20 et 23 de la présente loi, l'acquéreur qui veut se garantir des poursuites des créanciers inscrits est tenu, à peine de déchéance, avant la poursuite et dans la quinzaine de la sommation de payer à lui faite, de notifier à tous les créanciers inscrits, au domicile élu par eux dans leurs inscriptions.

1° Les nom, prénoms et domicile du vendeur, la désignation précise du fonds, le prix, non compris, le matériel et les marchandises ou l'évaluation du fonds en cas de transmission à titre gratuit, pas voie d'échange ou de reprise, sans fixation de prix, en vertu de convention de mariage, les charges, les frais et loyaux coûts exposés par l'acquéreur.

2° Un tableau sur trois colonnes, contenant : la première la date des ventes ou nantissements antérieurs et des inscriptions prises ; la seconde les noms et domiciles des créanciers inscrits ; la troisième le montant des créances inscrites, avec déclaration qu'il est prêt à acquitter sur-le-champ les dettes inscrites jusqu'à concurrence de son prix, sans distinction des dettes exigibles ou non exigibles. La notification contiendra élection de domicile dans le ressort du tribunal de commerce de la situation du fonds.

Dans le cas où le titre du nouveau propriétaire comprendrait divers éléments d'un fonds, les uns grevés d'inscriptions, les autres non grevés, situés ou non dans le même ressort, aliénés pour un seul et même prix ou pour des prix distincts, le prix de chaque élément sera déclaré dans la notification, par ventilation, s'il y a lieu, du prix total exprimé dans le titre.

Article 23

Tout créancier inscrit sur un fonds de commerce peut, l'article 21 n'est pas applicable, requérir sa mise aux enchères publiques en offrant de porter le prix principal, non compris le matériel et les marchandises, à un dixième en sus et de donner caution pour le paiement des prix et charges, ou de justifier de solvabilité suffisante.

Cette réquisition, signée du créancier, doit être, à peine de déchéance, signifiée à l'acquéreur et au débiteur précédent propriétaire dans la quinzaine des notifications, avec assignation devant le tribunal de commerce de la situation du fonds, pour voir statuer, en cas de contestation, sur la validité de la surenchère, sur l'admissibilité de la caution ou la solvabilité du surenchérisseur, et voir ordonner qu'il sera procédé à la mise aux enchères publiques du fonds avec le matériel et les marchandises qui en dépendent, et que l'acquéreur surenchéri sera tenu de communiquer son titre et l'acte de bail ou de cession de bail, à l'officier public commis. Le délai de quinzaine ci-dessus n'est pas susceptible d'augmentation à raison de la distance entre le domicile élu et le domicile réel des créanciers inscrits.

A partir de la signification de la surenchère, l'acquéreur, s'il est entré en possession du fonds, est de droit administrateur séquestre et ne pourra plus accomplir que des actes d'administration. Toutefois, il pourra demander au tribunal de commerce, ou au juge de référé, suivant les cas, à tout moment de la procédure, la nomination d'un autre administrateur ; cette demande peut également être formée par tout créancier.

Le surenchérisseur ne peut, même en payant le montant de la soumission, empêcher par un désistement l'adjudication publique si ce n'est du consentement de tous les créanciers inscrits.

Les formalités de la procédure et de la vente seront accomplies à la diligence du surenchérisseur et, à son défaut, de tout créancier inscrit ou de l'acquéreur, aux frais, risques et périls du surenchérisseur et sa caution restant engagée, selon les règles prescrites par les articles 15, paragraphes 5, 6, 7 et 8, 16, 17 et 20, paragraphe 3, ci-dessus.

A défaut d'enchère le créancier surenchérisseur est déclaré adjudicataire.

L'adjudicataire est tenu de prendre le matériel et les marchandises existant au moment de la prise de possession, aux prix fixés par une expertise amiable ou judiciaire, contradictoirement entre l'acquéreur surenchéri, son vendeur et l'adjudicataire.

Il est tenu, au delà de son prix d'adjudication, de rembourser à l'acquéreur dépossédé les frais et loyaux coûts de son contrat, ceux des notifications, ceux d'inscription et de publicité prévus par les articles 2, 3 et 4 ci-dessus, et à qui de droit ceux faits pour parvenir à la revente.

L'article 19 est applicable à la vente et à l'adjudication sur surenchère.

L'acquéreur surenchéri, qui se rendra adjudicataire par suite de la revente sur surenchère aura son recours tel que de droit contre le vendeur pour le remboursement de ce qui excède le prix stipulé par son titre et pour l'intérêt de cet excédent à compter du jour de chaque paiement.

Section 2. — *Formalités d'inscription.* — *Obligations du greffier*

ARTICLE 24

Le vendeur ou le créancier gagiste, pour inscrire leur privilège, représentent, soit eux-mêmes soit par un tiers, au greffe du tribunal de commerce, l'un des originaux de l'acte de vente ou de titre constitutif du nantissement, s'il est sous seing privé, ou une expédition s'il existe en minute. L'acte de vente ou de nantissement reste déposé au greffe.

Il est joint deux bordereaux écrits sur papier libre, l'un d'eux peut être porté sur l'original ou sur l'expédition du titre ; ils contiennent :

1° Les noms, prénoms et domiciles du vendeur et de l'acquéreur, ou du créancier ou du débiteur, ainsi que du propriétaire du fonds si c'est un tiers, leur profession, s'ils en ont une.

2° La date et la nature du titre.

3° Les prix de la vente établis distinctement pour le matériel, les marchandises et les éléments incorporels du fonds, ainsi que les charges évaluées, s'il y a lieu, ou le montant de la créance exprimée dans le titre, les conditions relatives aux intérêts et à l'exigibilité.

4° La désignation du fonds de commerce et de ses succursales, s'il y a lieu, avec l'indication précise des éléments qui les constituent et sont compris dans la vente ou le nantissement la nature de leurs opérations et leur siège, sans préjudice de tous autres renseignements propres à les faire connaître ; si la vente ou le nantissement, s'étend à d'autres éléments du fonds de commerce que l'enseigne, le nom commercial, le droit au bail et la clientèle, ces éléments doivent être nommément désignés.

5º Election de domicile par le vendeur ou le créancier gagiste dans le ressort du tribunal de la situation du fonds.

Les ventes ou cessions de fonds de commerce comprenant des marques de fabrique ou de commerce, des dessins ou modèles industriels, ainsi que les nantissements du fonds qui comprennent des brevets d'invention ou licences, des marques ou des dessins et modèles, doivent, en outre, être inscrits à l'Office national de la propriété industrielle sur la production du certificat d'incription délivré par le greffier du tribunal de commerce, dans la quinzaine qui suivra cette inscription, à peine de nullité à l'égard des tiers, des ventes, cessions ou nantissements en ce qu'ils s'appliquent aux brevets d'invention et aux licences, aux marques de fabrique et de commerce, aux dessins et modèles industriels.

Les brevets d'invention compris dans la cession d'un fonds de commerce restent soumis, pour leur transmission, aux règles édictées par la section IV du titre II de la loi du 5 juillet 1844.

Article 25

Le greffier transcrit sur son registre le contenu des bordereaux et remet au requérant tant l'expédition du titre que l'un des bordereaux au pied duquel il certifie avoir fait l'inscription.

Article 26

Il mentionne en marge des inscriptions, les antériorités, les subrogations et radiations totales ou partielles dont il est justifié. Les antériorités et les subrogations pourront résulter d'actes sous seing privé, dûment enregistrés.

Article 27

Si le titre d'où résulte le privilège inscrit est à ordre, la négociation par voie d'endossement emporte la translation du privilège.

Article 28

L'inscription conserve le privilège pendant cinq années à compter du jour de sa date ; son effet cesse si elle n'a pas été renouvelée avant l'expiration de ce délai.

Elle garantit au même rang que le principal deux années d'intérêts.

ARTICLE 29

Les inscriptions sont rayées, soit du consentement des parties inté-ressées et ayant capacité à cet effet, soit en vertu d'un jugement passé en force de chose jugée.

A défaut de jugement, la radiation totale ou partielle ne peut être opérée par le greffier que sur le dépôt d'un acte authentique de consen-tement à la radiation, donnée par le créancier ou son cessionnaire régu-lièrement subrogé et justifiant de ses droits.

La radiation totale ou partielle de l'inscription prise à l'Office natio-nal sera opérée sur la production du certificat de radiation délivré par le greffier du tribunal de commerce.

ARTICLE 30

Lorsque la radiation, non consentie par le créancier, est demandée par voie d'action principale, cette action est portée devant le tribunal de commerce du lieu où l'inscription a été prise.

Si l'action a pour objet la radiation d'inscriptions prises dans des res-sorts différents sur un fonds de ses succursales, elle sera portée pour le tout devant le tribunal de commerce dans le ressort duquel se trouve l'établissement principal.

ARTICLE 31

La radiation est opérée au moyen d'une mention faite par le greffier en marge de l'inscription.

Il en est délivré certificat aux parties qui le demandent.

ARTICLE 32

Les greffiers des tribunaux de commerce sont tenus de délivrer à tous ceux qui le requièrent soit l'état des inscriptions existantes, avec les mentions d'antériorité de radiations partielles et de subrogations par-tielles ou totales, soit un certificat qu'il n'en existe aucune, ou simple-ment que le fonds est grevé.

Un état des inscriptions ou mentions effectuées à l'Office national devra de même être délivré à toute réquisition.

L'officier public commis pour procéder à la vente d'un fonds de com-merce pourra, s'il le juge utile, se faire délivrer par le greffier copie des actes de vente sous seing privé déposés au greffe et concernant ledit fonds. Il pourra également se faire délivrer expédition des actes authen-tiques de vente concernant ce fonds.

ARTICLE 33

Dans aucun cas les greffiers ne peuvent refuser ni retarder les inscriptions ni la délivrance des états ou certificats requis.

Ils sont responsables de l'omission sur leurs registres des inscriptions requises en leur greffe et du défaut de mention dans leurs états ou certificats d'une ou plusieurs inscriptions existantes, à moins, dans ce dernier cas, que l'erreur ne provienne de désignations insuffisantes qui ne pourraient leur être imputées.

ARTICLE 34

Le droit d'inscription de la créance du vendeur ou du créancier gagiste est fixé à cinq centimes par cent francs (0 fr. 05 par 100 francs) sans addition d'aucun décime. Il sera perçu lors de l'enregistrement de l'acte de vente sur le prix ou la portion du prix non payé et lors de l'enregistrement du contrat de nantissement sur le capital de la créance.

Le droit d'inscription dû pour les inscriptions prises, soit en renouvellement, soit en vertu de la disposition transitoire ci-après, sera perçu par l'administration de l'enregistrement sur la présentation des bordereaux avant leur dépôt au greffe du tribunal de Commerce.

Sont affranchis du droit de timbre : le registre des inscriptions tenu par le greffier en exécution de l'article 25, les bordereaux d'inscription, les reconnaissances de dépôt, les états, certificats, extraits et copies dressés en exécution de la présente loi, ainsi que les pièces produites pour obtenir l'accomplissement d'une formalité et qui restent déposées au greffe, et les copies qui en seront délivrées en exécution de l'article 32, paragraphe 3, à la condition que ces pièces mentionnent expressément leur destination.

Les bordereaux d'inscription, ainsi que les états ou certificats et copies d'actes de vente sous seing privé, délivrés par les greffiers, sont exempts de la formalité de l'enregistrement.

ARTICLE 35

Le droit d'enregistrement auquel sont assujettis les actes de consentement à mainlevées totales ou partielles d'inscription est fixé à deux centimes et demi par cent francs (0 fr. 025 par 100 francs) du montant des sommes faisant l'objet de la mainlevée, sans addition d'aucun décime, et la formalité de la radiation au greffe du tribunal de commerce ne donnera lieu à aucun droit.

S'il y a seulement réduction de l'inscription, il ne sera perçu qu'un droit de deux francs (2 francs) par chaque acte, sans que ce droit puisse excéder toutefois le droit proportionnel qui serait exigible sur la mainlevée totale.

Article 36

Le paragraphe ajouté à l'article 2075 du code civil par la loi du 1er mars 1898 est abrogé.

Article 37

La présente loi ne sera exécutoire, sauf ce qui est dit aux paragraphes 1 et 2 de la disposition transitoire, que six mois après sa promulgation, et, dans ce délai, un règlement d'administration publique déterminera toutes les mesures d'exécution de la loi, notamment les émoluments à allouer aux greffiers des tribunaux de commerce, les conditions dans lesquelles seront effectuées à l'Office national de la propriété industrielle les inscriptions, radiations et délivrances d'états ou certificats négatifs concernant les ventes, cessions ou nantissements des fonds de commerce qui comprennent des brevets d'invention ou licences, des marques de fabrique et de commerce, dessins et modèles industriels.

Le règlement d'administration publique déterminera, en outre, les droits à percevoir par le Conservatoire des Arts et Métiers, pour le service de l'Office national sur les inscriptions et mentions d'antériorité de subrogation et de radiation, les états d'inscription ou certificats qu'il n'en existe aucune.

Article 38

Un règlement d'administration publique déterminera les conditions d'application de la présente loi à l'Algérie et aux Colonies.

Disposition transitoire

Les paragraphes 1, 2, 3, 4 et 6 de l'article premier, les paragraphes 1, 2, 3 et 6 de l'article 2, les paragraphes 1 et 2 de l'article 13, et les articles 14, 22 à 26, 28 à 31, 34 et 35 de la présente loi seront applicables aux ventes de fonds de commerce antérieures à la promulgation de la loi, si les vendeurs ont fait inscrire le privilège dans la quinzaine de cette promulgation.

L'article 2, paragraphes 4 et 5, l'article 6, l'article 13, paragraphes 3, 4 et 5, les articles 15 à 21, 27, 32 et 33 seront applicables dans tous les cas aux ventes antérieures à la promulgation.

Les créanciers gagistes inscrits antérieurement à la promulgation de la loi et dont l'inscription n'énoncera pas ce qui leur est dû en principal et les conditions relatives aux intérêts et à l'exigibilité, devront la régulariser en la renouvelant conformément à l'article 24, ou, s'ils le préfèrent, par une mention en marge de l'inscription existante, dans les six mois qui suivront la promulgation de la loi, à défaut de quoi cette inscription ne sera pas opposable aux créanciers qui auront satisfait aux dispositions de la présente loi.

La durée des inscriptions de nantissement prises avant la promulgation de la présente loi, est limitée à cinq années à compter de la promulgation. Elles devront à peine d'extinction du privilège, être renouvelées avant l'expiration de ce délai.

Loi du 1ᵉʳ avril 1909, modifiant l'article 37, et la disposition transitoire de la loi du 17 mars 1909, relative à la vente et au nantissement des fonds de commerce.

ARTICLE PREMIER

La loi du 17 mars 1909 relative à la vente et au nantissement des fonds de commerce sera exécutoire dès la promulgation de la présente loi, sauf en ce qui concerne les mesures d'application renvoyées à un règlement d'administration publique.

ARTICLE 2

Pourront se placer sous le régime de la loi du 17 mars 1909, les vendeurs et les créanciers gagistes dont les contrats sont intervenus entre la promulgation de ladite loi et la promulgation de la présente loi, à charge d'inscrire leur privilège dans la quinzaine de cette dernière promulgation.

ARTICLE 3

Jusqu'à la publication du règlement d'administration publique prévu par l'article 37 de la loi du 17 mars 1909, les greffiers des tribunaux de commerce sont autorisés à percevoir les émoluments fixés par l'article 8, 2°, 4°, et 8° du décret du 18 juin 1880 et par l'article 1ᵉʳ du décret du 23 juin 1892.

ARTICLE 4

Les deux premiers paragraphes de la disposition transitoire de la loi du 17 mars 1909 sont rectifiés ainsi qu'il suit :

« Les paragraphes 1, 2, 3, 4 et 6 de l'article 1er, les paragraphes 1, 2, 3 et 7 de l'article 2, les paragraphes 1 et 2 de l'article 13 et les articles 14, 22 à 26, 28 à 31, 34 et 35, de la présente loi seront applicables aux ventes de fonds de commerce antérieures à la promulgation de la loi, si les vendeurs ont fait inscrire le privilège dans le mois de cette promulgation.

« L'article 2, paragraphes 4, 5 et 6, l'article 6, l'article 13, paragraphes 3, 4 et 5, et les articles 15 à 21, 27, 32 et 33, seront applicables dans tous les cas aux ventes antérieures à la promulgation.

Décret du 28 août 1909, portant règlement d'administration publique pour l'application de la loi du 17 mars 1919, relative à la vente et au nantissement de fonds de commerce.

TITRE PREMIER

Formalités relatives à l'inscription au greffe du tribunal de commerce du Privilège résultant de la vente ou du nantissement d'un fonds de commerce.

ARTICLE PREMIER

Les pièces mentionnées à l'article 24 de la loi du 17 mars 1909 et toutes autres pièces produites aux greffes des tribunaux de commerce et des tribunaux civils jugeant commercialement, reçoivent un numéro d'entrée au moment de leur production.

Ces pièces sont enregistrées sur un registre à souche et il en est délivré un récépissé extrait dudit registre et mentionnant :

1° Le numéro d'entrée apposé sur les pièces conformément au paragraphe ci-dessus ;

2° La date du dépôt des pièces ;

3° Le nombre et la nature des pièces avec l'indication du but dans lequel le dépôt a été fait ;

4° Les noms des parties ;

5° La nature et le siège du fonds de commerce.

Le récépissé est daté et signé par le greffier auquel il est rendu contre remise de la pièce portant, conformément à l'article 25 de la loi, la certification que l'inscription du privilège a été effectuée.

Le registre est signé par première et dernière feuille, coté et paraphé en tous ses feuillets par le président du tribunal. Il est arrêté chaque jour.

Article 2

Les greffiers des tribunaux ci-dessus mentionnés sont tenus d'avoir, pour l'exécution des articles 1, 2, 10, 24 et 25 de la loi du 17 mars 1909, deux registres destinés, le premier à l'inscription du privilège du vendeur d'un fonds de commerce, le second à l'inscription du privilège résultant du contrat de nantissement d'un fonds de commerce.

Ces registres sont divisés en cinq colonnes destinées à recevoir :

1° Un numéro d'ordre ;

2° Un numéro d'entrée apposé conformément au paragraphe 1er de l'article 1er ci-dessus ;

3° La mention des antériorités, des subrogations et, des changements de siège du fonds ;

4° La copie littérale du bordereau d'inscription, lequel ne doit contenir que les indications prévues à l'article 24 précité et, s'il y a lieu, la réserve de l'action résolutoire établie par l'article 1654 du Code civil ;

5° La mention des radiations totales ou partielles.

Ils sont signés, cotés, paraphés et arrêtés comme il est dit ci-dessus.

Les inscriptions sont faites de suite et jour par jour, sans aucun blanc ni interligne.

Chaque registre contient à la fin un répertoire alphabétique des noms des débiteurs ou vendeurs avec l'indication des numéros des inscriptions qui les concernent.

Article 3

Le dépôt des actes sous seing privé de vente ou de nantissement de fonds de commerce, prescrit par l'article 24 de la loi du 17 mars 1909, est constaté sur un registre spécial que les greffiers sont tenus d'avoir. Ce registre est divisé en deux colonnes.

La première contient le numéro d'ordre du registre.

Dans la seconde est inscrit le procès-verbal de dépôt contenant la date à laquelle il a été fait ; la mention, la date et le coût de l'enregistrement de l'acte ; son numéro d'entrée ; sa nature ; l'indication du nom du créancier et du débiteur, ou du vendeur et de l'acheteur, la nature et l'adresse du fonds de commerce.

Ce procès-verbal est signé par le greffier.

Le registre de dépôt, complété par un répertoire alphabétique des noms des débiteurs ou vendeurs, est signé, coté paraphé et arrêté comme il est dit ci-dessus.

Article 4

Les déclarations de créance faites aux greffiers en exécution de l'article 7 de la loi du 17 mars 1909, sont inscrites sur un registre à souche que les greffiers sont tenus d'avoir.

Ce registre est divisé en quatre colonnes destinées à recevoir :

1° Le numéro d'ordre de la déclaration ;

2° Le procès-verbal de la déclaration contenant la date à laquelle elle a été faite, le nom du déclarant, le nom et l'adresse du débiteur avec l'indication de la nature et du siège du fonds dont il est propriétaire, le montant de la créance, l'indication de l'apport du fonds dans une société dont la nature et le siège doivent être déterminés, la date et le numéro du dépôt au greffe de l'acte de constitution de ladite société.

Ce procès-verbal est signé par le greffier.

3° La reproduction du numéro d'ordre ;

4° Le certificat de la déclaration de créance qui doit reproduire succinctement les indications portées à la colonne de la déclaration.

Ce certificat, composé des mentions des troisième et quatrième colonnes du registre, est détaché et remis au déclarant. Il doit être daté et signé par le greffier.

Le registre de déclaration de créance, complété par un répertoire alphabétique des noms des débiteurs, est signé, coté et paraphé comme il est dit ci-dessus.

Il est arrêté chaque jour.

Article 5

Chaque année au mois de décembre, le président du tribunal se fait représenter les registres prévus par les articles ci-dessus ; il en vérifie la tenue, s'assure que les prescriptions du présent règlement ont été rigoureusement suivies et en donne l'attestation au pied de la dernière inscription.

Article 6

Les registres sur lesquels les privilèges résultant des actes de vente ou de nantissement ont été, entre la date de la promulgation de la loi du 17 mars 1909 et celle de la publication du présent règlement, inscrits en exécution des articles 1er et 10 de la loi précitée, doivent mentionner, en marge ou à la suite de ces inscriptions, les antériorités, subrogations et radiations et contenir, à la fin, un répertoire alphabétique des noms des débiteurs ou vendeurs.

En ce qui concerne le dépôt des actes sous seing privé de vente ou de nantissement prescrit par l'article 24 de la loi du 17 mars 1909 et les

déclarations de créance prévues par l'article 7 de la même loi qui, antérieurement à la publication du présent décret, n'ont pas été mentionnés
sur des registres tenus au greffe, les greffiers sont autorisés à ne pas
effectuer ces mentions sur des registres conformes aux prescriptions des
articles 3 et 4 qui précèdent, mais ils doivent conserver aux minutes du
greffe, par ordre de date et de numéro d'entrée et cotés et paraphés par
le président du tribunal, les actes sous seing privé de vente ou de nantissement et ceux constatant les déclarations de créance. Un répertoire
alphabétique des noms des débiteurs ou vendeurs est dressé et annexé
à ces actes.

TITRE II

Formalités des inscriptions et mentions à l'Office national de la propriété industrielle.

ARTICLE 7

Lorsque les ventes ou cessions de fonds de commerce comprennent des
marques de fabrique et de commerce et des dessins ou modèles industriels et lorsque les nantissements desdits fonds comprennent des brevets
d'invention ou licences, des marques ou des dessins et modèles, le certificat d'inscription délivré par le greffier du tribunal de commerce en
exécution de l'article 24 de la loi du 17 mars 1909 doit mentionner :

1º En ce qui concerne les ventes, cessions ou nantissements de fonds
de commerce comprenant des marques de fabrique ou de commerce :

Les noms, prénoms et adresse du titulaire de la marque déposée, conformément à la loi du 23 juin 1857, le tribunal de commerce qui a reçu
le dépôt, la date à laquelle il a été effectué, ainsi que le numéro de ce
dépôt ; les produits que la marque sert à distinguer ; les noms, prénoms
et adresses du vendeur et de l'acquéreur, ou du créancier gagiste et du
débiteur en cas de nantissement ;

2º En ce qui concerne les ventes, cessions ou nantissements de fonds
comprenant des dessins ou modèles industriels :

Les nom, prénoms et adresse du titulaire du dessin ou modèle déposé
conformément aux lois des 18 mars 1806 et 14 juillet 1909, le conseil de
prud'hommes ou le tribunal qui a reçu le dépôt et la date à laquelle il
a été effectué ; le numéro qui a été attribué au dépôt ; enfin, les nom,
prénoms et adresses, soit du vendeur et de l'acquéreur. soit du créancier gagiste et du débiteur, dans le cas de nantissement;

3º En ce qui concerne les nantissements de fonds qui comprennent les
brevets d'invention ou licences :

Les nom, prénoms et adresse du titulaire du brevet, la date à laquelle il a été déposé, le titre de l'invention, le numéro de délivrance, les noms, prénoms et adresses du créancier gagiste et du débiteur.

Article 8

Le certificat de radiation, délivré par le greffier, en exécution de l'article 29 de la loi du 17 mars 1909, doit contenir les mêmes indications que celles qui sont prévues pour le certificat d'inscription visé à l'article 7.

Article 9

Les demandes à fin d'inscription ou de radiation, de mention d'antériorité ou de subrogation, sont déposées ou envoyées par la poste, sous pli recommandé, à l'Office national de la propriété industrielle, à l'adresse du ministre du Commerce et de l'Industrie ; elles indiquent les noms, prénoms, domiciles du demandeur et du mandataire, s'il y a lieu ; elles sont accompagnées :

1° Du certificat délivré par le greffier du tribunal de commerce conformément aux articles 24 ou 29 de la loi du 17 mars 1909, en ce qui concerne les inscriptions et radiations, ou des justifications prévues par l'article 26 de la même loi, en ce qui concerne les antériorités et subrogations ;

2° Du montant approximatif de la taxe fixée par l'article 20 ci-après. En cas d'insuffisance du versement, le déposant ou l'expéditeur sera mis en demeure de compléter la somme due dans un délai déterminé.

Article 10

Il est tenu à l'Office national de la propriété industrielle pour l'enregistrement des demandes prévues à l'article précédent, un registre-journal à souche sur lequel ces demandes sont portées dans l'ordre de leur arrivée à l'Office.

Elles reçoivent un numéro d'entrée au moment de leur production.

Il en est délivré un récépissé extrait du registre à souche et constatant la matérialité du dépôt.

Article 11

Dans aucun des cas l'Office national de la propriété industrielle ne peut refuser les certificats qu'il est requis de transcrire sur ces registres, lorsque le dépôt en a été fait dans les formes prescrites par l'article 9 du précédent règlement.

45

ARTICLE 12

Les certificats d'inscription ou de radiation sont transcrits sur un registre spécial dûment coté et paraphé. La copie de chaque certificat porte, en tête, le jour du dépôt, les nom, prénoms et domicile du requérant et ceux du mandataire s'il y a lieu.

Il est fait mention des subrogations et radiations en marge des inscriptions antérieurement portées sur le registre.

Il est tenu, pour ce registre, deux répertoires alphabétiques contenant, l'un, les noms des parties, l'autre, l'indication des marques de fabrique ou de commerce, des dessins et modèles et des brevets d'invention avec la mention des numéros des inscriptions qui les concernent.

ARTICLE 13

Les inscriptions ou radiations, les mentions d'antériorité et de subrogation prévues par l'article qui précède sont consignées, dans les archives de l'Office national, sur les registres du dépôt central, en regard des marques de fabrique ou de commerce, sur ceux des dessins et modèles s'il y a lieu, ou sur les arrêtés de délivrance des brevets d'invention que les inscriptions, radiations et mentions précitées concernent. A défaut de place sur les registres du dépôt central des marques, sur ceux des dessins et modèles ou sur les titres des brevets, les mentions ci-dessus prescrites sont portées sur des pièces spéciales, revêtues de la signature du directeur de l'Office, qui sont annexées auxdits registres ou versées aux dossiers des brevets.

ARTICLE 14

Un certificat reproduisant succinctement les indications portées sur le registre prévu à l'article 12 ci-dessus et les mentions effectuées en vertu de l'article 13, et daté et signé par le directeur de l'Office, est délivré au déposant.

ARTICLE 15

Le registre spécial prévu à l'article 12 qui précède peut être consulté, sans frais à l'Office national de la propriété industrielle.

Les mentions portées, en exécution de l'article 13 ci-dessus, aux archives de l'Office national, sur les registres des marques de fabrique ou de commerce, sur ceux des dessins et modèles, sur les arrêtés de délivrance des brevets d'invention ou sur les pièces annexées auxdits registres et arrêtés, sont communiquées au public dans les mêmes conditions que les marques de fabrique, les dessins et modèles et les brevets d'invention.

ARTICLE 16

Toute personne peut se faire délivrer, à titre de simple renseignement, à la condition d'acquitter, au préalable, les taxes prévues par le présent règlement et sur une demande écrite adressée à l'Office national de la propriété industrielle, sous le couvert du ministre du Commerce et de l'Industrie, un état des inscriptions et mentions et des mentions d'antériorité et de subrogation portées sur les registres et consignées aux archives ainsi qu'un certificat des radiations ou un certificat négatif.

ARTICLE 17

Les différentes inscriptions, radiations et mentions demandées à l'Office national depuis la promulgation de la loi du 17 mars 1909, et avant la mise en vigueur du présent règlement, sont portées, dans l'ordre du dépôt des demandes à l'Office national, sur le registre prévu à l'article 12 ci-dessus et consignées aux archives de l'Office sur les registres des marques de fabrique ou de commerce et sur les arrêtés de délivrance des brevets d'invention.

TITRE III

Emoluments et Droits.

SECTION PREMIÈRE. — *Fixation des émoluments des greffiers.*

ARTICLE 18

Il est alloué aux greffiers :

Pour l'apposition du numéro d'entrée et l'établissement tant de la souche que du récépissé prévus à l'article 1er ci-dessus, 50 centimes ;

Pour la transcription d'un bordereau sur l'un des deux registres institués par l'article 2 et pour la certification de l'inscription au pied du bordereau, 1 franc ;

Pour toute mention, sur les mêmes registres d'antériorité, de subrogation ou de changement de siège du fonds, 50 centimes;

Pour toute mention de radiation totale ou partielle ou de renouvellement d'inscription, 1 franc ;

Pour la rédaction du procès-verbal de dépôt prévu à l'article 3 du présent décret, 50 centimes ;

Pour tout certificat d'inscription des ventes, cessions ou nantissements en ce qu'ils s'appliquent aux brevets d'invention et aux licences, aux marques de fabrique et de commerce, aux dessins et modèles industriels, prévu à l'article 24 de la loi du 17 mars 1909, 1 franc ;

Pour tout état d'inscription (par inscription) ou tout certificat de radiation, 1 franc ;

Pour tout certificat négatif d'inscription, 1 franc ;

Pour la rédaction de la déclaration de créance en vertu de l'article 17 de la loi du 17 mars 1909 et pour la délivrance du certificat qui la constate, 1 franc ;

Pour tout certificat négatif de déclaration de créance, 1 franc ;

Pour la délivrance des copies des actes de vente sous seing privé déposés et des expéditions des actes authentiques de vente de fonds de commerce, par chaque rôle d'expédition, 60 centimes ;

Article 19

L'accomplissement des formalités prescrites par les lois des 17 mars et 1er avril 1909 et le présent règlement ne peut donner lieu, pour les greffiers, à aucune perception autre que celles prévues à l'article 18 ci-dessus.

Section 2. — *Fixation des droits dus pour le service de l'Office national de la propriété industrielle.*

Article 20

Les formalités d'inscription et de radiation, les mentions d'antériorité et de subrogation, ainsi que la délivrance des états d'inscription et de mention ou de certificats qu'il n'en existe aucune, donnent lieu à la perception, par le Conservatoire national des Arts et Métiers, pour le service de l'Office national de la propriété industrielle, des taxes ci-après :

Enregistrement de la demande sur le registre-journal, apposition du numéro d'entrée et établissement tant de la souche que du récépissé prévus à l'article 10 qui précède, 50 centimes.

Inscription, sur le registre institué par l'article 12, relative soit à la vente ou au nantissement d'un fonds de commerce comprenant les marques de fabrique ou de commerce, ou des dessins ou modèles, soit au nantissement d'un fonds de commerce, comprenant des brevets d'invention ou des licences et radiation de ces inscriptions, 1 franc.

Mention sur le même registre, d'antériorité ou de subrogation, 50 centimes.

Mention prescrite par l'article 13 ci-dessus, aux archives de l'Office national, sur les registres du dépôt central des marques de fabrique, sur ceux des dessins ou modèles, ou sur les arrêtés de délivrance des brevets d'invention, et radiation de ces mentions, y compris l'établissement d'un bordereau destiné à la recherche et à l'identification des marques, dessins, modèles ou brevets, 1 fr. 50.

Certificat prévu à l'article 14 du présent décret, 50 centimes.

Pour la mention ci-dessus prescrite sur les registres des marques de fabrique ou des dessins ou modèles, ou sur les arrêtés de délivrance des brevets d'invention, pour chaque marque en sus de la première, ou pour chaque brevet, dessin ou modèle en sus du premier :

Jusqu'à 50, 1 franc ;

de 51 à 100, 50 centimes ;

au-dessus de 100, 25 centimes.

Délivrance d'un état d'inscription ou de mention, ou d'un certificat de radiation, concernant, pour un même intéressé, soit une ou plusieurs marques de fabrique ou de commerce, soit un ou plusieurs brevets, une ou plusieurs licences, soit un ou plusieurs dessins ou modèles, ou délivrance d'un certificat négatif, 1 franc.

ARTICLE 21

Le montant de ces diverses taxes doit être acquitté, lors du dépôt de la demande, entre les mains de l'agent comptable du Conservatoire national des Arts et Métiers ou être envoyé par la poste.

Loi du 22 novembre 1913
modifiant l'article 34 du Code de Commerce
et les articles 27 et 31 de la loi du 24 juillet 1867.

ARTICLE PREMIER

L'article 31 de la loi du 24 juillet 1867 est remplacé par les dispositions suivantes :... (Voir ci-dessus L. du 24 juillet 1867, art. 31).

ARTICLE 2

Le dernier paragraphe de l'article 34 du code de commerce est ainsi modifié :... (voir ci-dessus, l'art. 34 du code de commerce).

ARTICLE 3

Le paragraphe 1ᵉʳ de l'article 27 de la loi du 24 juillet 1867, modifié par l'article 4 de la loi du 1ᵉʳ août 1893, est ainsi complété :... (Voir ci-dessus, L. du 24 juillet 1867, art. 27).

ARTICLE 4

Les dispositions de l'article 31, § 4 de la loi du 24 juillet 1867, et de l'article 34 du code de commerce modifiés par la présente loi s'appliquent aux sociétés déjà constituées sous l'empire de la loi du 24 juillet 1867.

Loi du 26 avril 1917
sur les sociétés anonymes à participation ouvrière complétant la loi du 24 juillet 1867.

ARTICLE PREMIER

La loi du 24 juillet 1867 sur les sociétés est complétée par les dispositions suivantes :... (voir ci-dessus les art. 72 à 80 L. du 24 juillet 1867).

ARTICLE 2

Le deuxième alinéa de l'article 64 de la loi du 24 juillet 1867 est complété par la disposition suivante :... (voir ci-dessus, l'art. 64 L. du 24 juillet 1867).

Décret du 28 avril 1918
portant augmentation du prix de vente du Bulletin des annonces légales et obligatoires à la charge des société financières et élévation du tarif des abonnements.

ARTICLE PREMIER

A partir du 1ᵉʳ mai 1918, le prix de l'abonnement spécial au Bulletin des annonces légales obligatoires à la charge des sociétés financières est fixé, en France, en Algérie, en Tunisie et au Maroc à 12 francs par an

(11 fr. par an pour les libraires et commissionnaires), à 15 francs par an dans les colonies et pays de protectorat français autres que la Tunisie et le Maroc (14 fr. pour les libraires et commissionnaires) et à 18 francs par an à l'étranger (17 fr. pour les libraires et commissionnaires). Les abonnements seront invariablement d'une durée d'un an et partiront du 1er de chaque mois.

ARTICLE 2

Le Bulletin sera vendu par feuille ou cahier de seize pages au maximum. Le prix de chaque feuille ou cahier est fixé à 10 centimes, sans remise, en France, en Algérie, en Tunisie et au Maroc, à 15 centimes pour les colonies et pays de protectorat français et autres que la Tunisie et le Maroc, et à 20 centimes pour l'étranger.

ARTICLE 3

Le prix de la feuille ou cahier de seize pages est fixé à 50 centimes, sans remise, pour les années expirées, à dater du 31 janvier de l'année qui suit, en France, en Algérie, en Tunisie et au Maroc, à 55 centimes pour les colonies et pays de protectorat français autres que la Tunisie et le Maroc, et à 60 centimes pour l'étranger.

Le prix de la feuille ou cahier de seize pages légalisé du Bulletin justificatif d'insertion est fixé à 75 centimes.

Loi du 18 mars 1919 (extrait)
portant création d'un registre du commerce.

ARTICLE PREMIER

Il sera tenu, pour le ressort de chaque tribunal de commerce ou du tribunal civil qui en tient lieu, un registre du commerce.

ARTICLE 2

Le greffier du tribunal est chargé de tenir ce registre, sous la surveillance du président du tribunal ou d'un juge spécialement désigné chaque année par celui-ci.

ARTICLE 3

Dans ce registre :

1° Sont immatriculés les commerçants français ou étrangers, ayant en France, soit leur établissement principal, soit une succursale ou une agence ; les sociétés commerciales françaises, les sociétés commerciales étrangères ayant une succursale ou une agence en France ;

2° Sont portées les mentions relatives à ces commerçants ou à ces sociétés, dont l'inscription est prescrite par la présente loi.

DES SOCIÉTÉS DE COMMERCE FRANÇAISES

ARTICLE 6

Doivent être immatriculées dans le registre du commerce du siège social les sociétés commerciales françaises en nom collectif, en commandite simple, en commandite par actions et anonymes.

L'immatriculation doit être requise dans le mois de la constitution de la société, soit par les gérants, soit par les administrateurs.

Les requérants produisent au greffier du tribunal du siège social, une déclaration en double exemplaire, sur papier libre, signée d'eux, en même temps qu'ils font le dépôt de l'acte de société prescrit par l'article 55 de la loi du 24 juillet 1867.

La déclaration mentionne :

1° Les noms et prénoms des associés autres que les actionnaires et commanditaires, la date et le lieu de naissance, la nationalité de chacun d'eux, avec toutes les indications prescrites par le 4° de l'article 5 ;

2° La raison sociale ou la dénomination de la société ;

3° L'objet de la société ;

4° Les lieux où la société a des succursales ou agences, soit en France, soit en pays étrangers ;

5° Les noms des associés ou des tiers autorisés à administrer, gérer et signer pour la société, les membres de conseils de surveillance des sociétés en commandite, la date et le lieu de leur naissance, ainsi que leur nationalité avec les indications prescrites par le 4° de l'article 4 ;

6° Le montant du capital social et le montant des sommes ou valeurs à fournir par les actionnaires et commanditaires ;

7° L'époque où la société a commencé et celle où elle doit finir ;

8° La nature de la société ;

9° Si elle est à capital variable, la somme au-dessous de laquelle le capital ne peut être réduit.

Article 7

Doivent aussi être mentionnés dans le registre du commerce :

1° Tout changement ou modification se rapportant aux faits dont l'inscription sur le registre du commerce est prescrite par l'article précédent ;

2° Les noms, prénoms, date et lieu de naissance, ainsi que la nationalité des gérants, administrateurs ou directeurs nommés pendant la durée de la société, des membres des conseils de surveillance des sociétés en commandite, avec toutes les indications prescrites par le 4° de l'article 5 ;

3° Les brevets d'invention exploités et les marques de fabrique ou de commerce employées par la société.

L'inscription est requise par les gérants ou par les administrateurs en fonctions au moment où elle doit être faite ;

4° Les jugements et arrêts prononçant la dissolution ou la nullité de la société ;

5° Les jugements et arrêts déclarant la société en faillite ou en liquidation judiciaire ainsi que les jugements et arrêts s'y rattachant mentionnés dans le 7° de l'article 5.

DES SOCIÉTÉS DE COMMERCE ÉTRANGÈRES AYANT UNE SUCCURSALE OU UNE AGENCE EN FRANCE

Article 9

Toute société commerciale étrangère qui établit une succursale ou une agence en France est soumise à l'immatriculation dans le registre du commerce.

Avant l'ouverture de cette succursale ou agence, celui qui en prend la direction doit déposer au greffe du tribunal une déclaration sur papier libre en double exemplaire, signée de lui et contenant toutes les mentions prescrites par l'article 6 de la présente loi pour les sociétés françaises. Le déclarant y ajoutera ses nom, prénoms, date et lieu de naissance, ainsi que sa nationalité avec toutes les mentions prescrites par le 4° de l'article 4.

Toutes les mentions dont l'inscription est exigée par l'article 7 de la présente loi pour les sociétés françaises doivent être inscrites sur le registre. En cas de remplacement du directeur de la succursale, les nom, prénoms, date et lieu de naissance, nationalité du nouveau directeur, avec toutes les indications prescrites par le 4° de l'article 4 doivent être inscrits dans le registre du commerce.

ARTICLE 11

L'immatriculation est exigée dans tous les lieux où il existe des succursales ou agences. Mais il suffit que dans les registres du commerce de ces lieux, le commerçant ou la société ayant son siège social en France soit mentionné au registre du commerce sous son nom, sa raison sociale ou sa dénomination avec référence au registre du commerce de l'établissement principal ou du siège social.

Les commerçants et les sociétés étrangères ayant plusieurs succursales ou agences en France ne sont soumis aux dispositions des articles 8 et 9 que dans le lieu où est située la principale de ces succursales ou agences. Dans les lieux où se trouvent d'autres succursales ou agences, il suffit que le commerçant ou la société soit mentionné au registre du commerce dans les termes indiqués dans le précédent alinéa.

ARTICLE 18

Est puni d'une amende de 16 francs à 200 francs tout commerçant, tout gérant ou administrateur d'une société française, tout directeur de la succursale d'une société étrangère qui ne requiert pas dans le délai prescrit les inscriptions obligatoires.

L'amende est prononcée par le tribunal de commerce sur la réquisition du président ou du juge chargé de la surveillance du registre du commerce, l'intéressé entendu ou dûment appelé.

Le tribunal ordonne que l'inscription omise sera faite dans un délai de quinzaine. Si, dans ce délai, elle n'a pas été opérée, une nouvelle amende peut être prononcée.

Dans ce dernier cas, s'il s'agit de l'ouverture en France d'une succursale d'un établissement situé à l'étranger sans déclaration préalable, le tribunal peut ordonner la fermeture de cette succursale jusqu'au jour où la formalité omise aura été remplie.

Les greffiers qui ne se conformeront pas aux obligations que leur impose la présente loi seront soumis à des poursuites disciplinaires.

ARTICLE 19

Toute indication inexacte donnée de mauvaise foi en vue de l'immatriculation ou de l'inscription dans le registre du commerce est punie d'une amende de 100 francs à 2.000 francs et d'un emprisonnement d'un mois à six mois ou de l'une de ces deux peines seulement.

Les coupables peuvent, en outre, être privés, pendant un temps qui n'excédera pas cinq années, du droit de vote et d'éligibilité pour les tribunaux et chambres de commerce, pour les chambres des arts et manufactures et pour les conseils de prud'hommes.

Le jugement du tribunal correctionnel prononçant la condamnation ordonne que la mention inexacte sera rectifiée dans les termes qu'il détermine.

ARTICLE 20

L'article 463 du code pénal sera applicable aux délits prévus par l'article précédent.

. . . .

Loi du 24 juin 1921,
modifiant les articles 47 à 50 du code de commerce
(relatifs aux associations en participation).

Voir les textes de ces nouveaux articles, pages 655 et 656.

MAYENNE, IMPRIMERIE CHARLES COLIN